서양으로 간 명나라 사신들의 기록

『성사승람星槎勝覽』 역주譯註

이 논문 또는 저서는 2022년 대한민국 교육부와 한국연구재단의 지원을 받아 수행된 연구임
(NRF-2022S1A5B5A16051980)

서양으로 간 명나라 사신들의 기록
『성사승람星槎勝覽』 역주譯註

비신費信 지음 · 박세욱 역주

영남대학교출판부

『성사승람』 역주를 위한 머리말

이 산에 오르면 더는 오를 산이 없으리라 생각했지만, 욕망은 본디 그런 것이 아니었던가? 저 산에서 산을 오르는 나를 바라보는 또 다른 누군가가 있을 것이라는 상상은 늘 설레면서 고함을 지르게 한다.

나는 수십 년 동안 중국을 통해 세계를 바라봤다. '중국'이라는 안경은 상당히 유용했고, 모든 길은 중국으로 통하는 것처럼 보였다. 그러나 중국의 남양과 서양 관련 자료를 공부하면서 그들이 원했던 세계관은 흔들렸다.

소위 '정사'란 권위가 무너졌다. 저 편수관들이 그랬듯이, 중국의 연구자들은 다른 세계의 자료를 참고하지 않는다. 그들은 '외국'을 연구하면서도 해당 '외국'의 기록을 인정하려 들지 않는다. 그 결과는 참혹한 검증 없는 반복이 이어지면서 '집단 신화'를 만들어 냈다.

14세기 왕대연(汪大淵)을 마르코 폴로나 이븐 바투타에 견주고 싶다면, 그만큼 그들의 기록에 대한 존중과 연구가 따라야 한다. 정화(鄭和)를 '대항해가'로 만들고 싶다면, 그에 걸맞은 검증된 자료를 제시해야 한다. 배 한 척에 수만 명이 탔다는 그런 배를 그려놓지 말아야 할 것이다. 하기야 이런 '황당선'이 있었을 것이라고 확신하는 사람도 있으니, 한심하기 그지없다.

15세기 초 바다의 소식을 견문을 토대로 기록한 중국 자료 중 원본이 전하는 책은 없다. 마르코 폴로의 책이야 사본이라도 많지만, 어떻게 소위 '정사'의 외국전에 토대 자료가 되었음에도 원본이 전하지 않는 것인가. 중국의 '하늘' 이외의 하늘을 보고 놀라, 자신들의 권위와 믿음이 훼손될까 금기시하며 없애버린 것일까.

포르투갈을 필두로 유럽인의 동방 진출이 시작된 16세기와 그 이후로, 이상하게도 중국에는 '외국' 관련 자료들이 서로를 복제하며, 서명만 바꾸어 재생산되었다. 그 최종 종합판이 위원(魏源, 1794~1857)의 『해국도지(海國圖志)』이다. 내가 아는 한, 이러한 재생산의 흐름은, 대략 왕대연-마환-비신의 정보와 '정사'에서 자랑스럽게 기록한 '조공'

기록들이다.

영락제가 즉위한 이듬해(1403)부터 심복이었던 환관 정화(鄭和)에게 달아난 건문제(建文帝)의 생사 확인하도록 하고 국위를 만방에 과시하려 했던 사실, 그리고 그 해외 임무에 따라나선 '마환(馬歡)'이라는 통역관과 문서기록을 담당한 비신(費信)이라는 문인이, 그 진위야 어찌 되었든 『영애승람』과 『성사승람』이라는 기록을 남겼다는 사실은 분명하다.

공식 명나라 역사서인 『명사』, 권304에 실린 정화의 전기는 1405년부터 1430년까지 총 일곱 차례 해외로 나간 일을 기록하고 있다. 정화 일행이 간 곳으로 ①참파[占城], ⑦자바[爪哇], ㉓캄보디아[眞臘], ⑧팔렘방[舊港], ⑥시암[暹羅], ⑲캘리컷[古里], ⑨말라카[滿刺加], ㉟보르네오[渤泥], ⑪사무드라[蘇門答刺], ㊺아루[阿魯], ⑱코친[柯枝], ㊲대퀼론[大葛蘭], ⑰소퀼론[小葛蘭], 서양쇄리(西洋瑣里), 촐라[瑣里], 카일[加異勒], 아발파단(阿撥把丹), 람브리[南巫里], 캄베이[甘把里], ⑯실론[錫蘭山], 람브리[喃渤利], 파항[彭亨], 끌란탄[急蘭丹], ⑳호르무즈[忽魯謨斯], 비랄(比刺), ㊷몰디브[溜山], 손랄(孫刺), ㊶모가디슈[木骨都束], 마림(麻林), ㉑랄살(刺撒), ㊴도파르[祖法兒], 사리만니(沙里灣泥), ㊵주보[竹步], ㉒벵골[榜葛刺], ㊹메카[天方], 리데[黎伐], 나쿠르[那孤兒] 등 무릇 30여 나라이다. (원문자의 표기는 본서의 해당 번호이다)

이들 총 37개국 중에는 인도 남동부를 차지하고 있던 촐라 왕국의 음역으로 추정하는 '쇄리(瑣里)'는 1279년 멸망했고, 남무리(南巫里)와 남발리(喃渤利)는 수마트라섬 서북단 아체를 지칭하는 같은 곳이다. 어쨌든 이들 나라 중에서 22개국의 기록이 비신의 책에 수록되어있고, 마환의 『영애승람』에는 19개국 항목에 20개의 해외를 기술하고 있다. 특히 아프리카 동해안에 해당하는 지역은 『성사승람』에만 보인다. 정화의 해외 임무를 고증하고 추적하려면 우리는 비신의 책을 택해야 한다.

중국에서는 포르투갈의 바스쿠 다 가마 함대가 인도양을 건너 1498년 인도 캘리컷 근처에 도착한 것보다 반세기 이상 앞선 시기에 인도양을 건너 아프리카 동해안까지 갔다고 주장하고 있는 터라, 15세기 전반 마환과 비신의 기록이 지니는 가치는 두말할 필요가 없다. 그러나 우리는 마환이란 사람이 과연 누구이며, 그의 견문 기록은 과연 그의 손에서 탄생했는지 밝혀지지 않았다. 물론 중국의 학자들이야 당연시하겠지만 말이다. 심지어 '대항해가'로 추켜세우는 정화란 인물이 과연, 정확히 몇 차례, 어느 나라에 갔는지를 증명해주는 자료는 없다. 소위 '정사'라는 책에 실린 고증할 수 없는 그의 열전(列傳) 기록이 고작이다.

확실히 비신의 『성사승람』을 마환의 『영애승람』과 비교해보면, 내용적 측면에서 미흡한 것이 분명하다. 하지만 비신은 1432년 확실히 자바와 니코바르에 갔다. 게다가 비신은 유일하게 아프리카 동해안의 상황을 전해주고 있다. 비신의 기록은 대부분 왕대연의 『도이지략』의 기술에 근거했다. 이러한 점에서 학자들은 마환의 기록을 우선시하지만, 나는 비신의 기록을 우위에 두어야 한다고 주장한다.

첫째, 적어도 '비신'이란 인물이 다른 자료에서 확인되며, 최소한의 인적 사항을 알 수 있다.

둘째, 기록자로서 비신은 주관적인 서술을 보여준다. 그는 기술한 나라마다 시로 내용을 정리했다. 반면 『영애승람』의 정보들은 몹시 자세하고 정확하며, 마환의 목소리와 역할을 확인할 수 없을 정도로 객관적이다. 게다가 한 사람의 작업인지 의문이 들게 하는 문장들이 많다.

셋째, 제3자의 가필 가능성이 상대적으로 적다. 결정적인 예로, 마환의 책은 1416~1451년 사이에 적어도 두 차례의 편집이 있었다.

넷째, 상당 부분 이전 자료인 왕대연의 기록을 근거하고 있다는 점이다. 학자들은 이 점을 약점으로 들고 있지만, 이는 비신이 해외 임무를 수행하면서 당시 가용한 선행학습을 했다는 말이다.

다섯째, 이후의 관찬 사료나 '서양'을 기술한 자료에서 마환의 기록보다는 비신의 『성사승람』이 더 많이 인용되고 있다.

여섯째, 『명사』 정화의 전기에서 정화 일행이 간 나라 중에서 비신이 기록한 나라가 가장 많다.

비신의 책 또한 원본은 전하지 않고 사본들만 전한다. 전하는 사본은 크게 두 종으로 나눌 수 있는데, 하나는 4권본으로, 육집(陸輯)의 『고금설해(古今說海)』(1544년)과 심절보(沈節甫)의 『기록휘편(紀錄彙編)』(1617년)이다. 이 4권본이 『사고전서』에 수록되며 더 많이 유통되었기 때문에 '통행본'이라 불린다. 다른 하나는 2권본으로, 폴 펠리오가 확인한 바에 따르면, 1917년 뤄 전위(羅振玉, 1866~1940)가 천일각(天一閣)에 소장되어있던 필사본을 편집하여 간행했다는 『족본성사승람(足本星槎勝覽)』이다. 하지만 이 책이 2권으로 구성되어있고, 천일각에서 소장하고 있던 필사본이라는 점 외에는 우리가 확인할 수 있는 서지사항은 전무하다. 폴 펠리오는 이 책을 1917년 샀다고 한다(『15세기 초 중국의 대항해』, 269쪽). 펠리오 씨도 이 책의 정확한 서지사항을 확인하려 했지만 결국 1932년 판매한 판본들의 목록에는 "명(明) 비신의 『성사승람』, 2권, 족본, 천일각(天一閣)에 소장된 명대의 필사본, 1책, $2.20"이라고 언급하고 있다는 정보만 확인했을 뿐이다(앞의 출처, 270쪽). 이 천일각본(2권본)은 청나라 말의 문인이자 장서가였던 나이지(羅以智, ?~1860)가 이 천일각본에 따라 교감한 필사본이 전해지면서 확인되었고, 주당면(朱當㴐), 그리고 등사룡(鄧士龍)의 『국조전고(國朝典故)』본과의 상호교감을 통해 2권본의 존재가 확인되었다.

'솔직한' 비신은 자신의 서문에서 자신이 직접 가본 곳은 전집에 넣었고, 직접 방문하지는 않았지만 전하는 기록을 참고하여 기술한 나라는 후집에 넣어 편집했다고 명확히 밝히고 있고, 『명사』, 권97, 「예문지(藝文志)」(2418~2419쪽)에는 "비신의 『성사승람집』, 2권·『천심기행록』, 1권【영락 연간, 정화를 따라 서양에 간 기록】(費信星槎勝覽

集二卷·天心紀行錄一卷【永樂中, 從鄭和使西洋所紀】)”이라 기록한 것을 보면, 비신의 원본은 2권으로 구성된 책이었음을 추측할 수 있다. 확실히 4권본은 2권본에 실린 시를 모두 뺐고, 상당히 개정된 모습을 보여준다. 그렇다면, 누가 2권본을 4권본으로 조정하며 문장을 정리했을까?

4권본의 서문은 “정통(正統) 원년, 병진년, 봄, 1월 길일(吉日, 초하루, 양력으로는 1436년 1월 18일)에 신하 비신이 머리를 조아리고 삼가 서문을 씀(正統元年丙辰春正月吉日臣費信稽首謹序)”이라는 서명으로 끝난다.

반면, 2권본(천일각본)은 “정통(正統) 원년, 용의 해 병진년 봄, 정월 1월(양력 1436년 1월 18일), 옥봉(玉峯, 태창 경내에 있음)의 송암(松岩) 선비, 비신 [자(字)] 공효(公曉)가 삼가 [이] 서문을 씀(正統元年龍集丙辰春正月朔日玉峯松岩生費信公曉謹序)”이라고 하였다. 이처럼 이 서문은 통행 교정본 『성사승람』의 서문과 정확하게 같은 날짜로 되어있다. 그러나 삼가 서문을 쓰면서[謹序] 비신은 자신의 자(字)를 사용하고 ‘신(臣)’이라고 칭하지도 않았으며, 머리를 조아린다[稽首]고도 하지 않았다. 이것이 황제에게 바치는 서문의 표현일까?

이상으로 우리는 2권본이 있었고, 또 황제께 올리는 간결하면서도 정리된 4권본으로도 편집되었다는 사실을 추론할 수 있다. 펠리오 씨는 이렇게 개정한 주인공이 바로 비신 자신이라고 추정했다.

육용(陸容, 1466년 진사)의 『숙원잡기(菽園雜記)』(사고전서본, 권 3, 4b~5b)에는 “영락 7년(1409)에 태감(太監) 정화(鄭和), 왕경홍(王景弘), 후현(侯顯) 등이 27,000명의 관군을 거느리고 보선(寶船) 48척을 띄워 황제의 칙령과 하사할 예물들을 가지고 가서 동남의 여러 나라를 거쳐 ‘서양(西洋)’으로 들어갔다. 이 해, 9월에 그들은 태창(太倉)의 유가항(劉家港)에서 닻을 올리고 바다로 들어갔다. 그들이 간 외국들로, 점성국(占城國), 영산(靈山), 곤륜산(崑崙山), 빈동룡국(賓童龍

國), 진랍국(眞臘國), 섬라국(暹羅國), 가마리정(假馬里丁), 교란산(交闌山), 조와국(爪哇國), 구항(舊港), 중가라(重迦羅), 길리지민(吉里地悶), 만랄가국(滿剌加國), 마일동(麻逸凍), 팽갱(彭坑), 동서축(東西竺), 용아가막(龍牙加邈), 구주산(九州山), 아로(阿魯), 담양(淡洋), 소문답랄(蘇門荅剌), 화면왕(花面王), 용서(龍嶼), 취람서(翠嵐嶼), 석란산(錫蘭山), 유산양(溜山洋), 대갈란(大葛蘭), 아지(阿枝), 방갈랄(榜葛剌), 복랄와(卜剌哇), 죽보(竹步), 목골도동(木骨都東), 아단(阿丹), 랄살(剌撒), 좌법아국(佐法兒國), 홀로모사(忽魯謨斯), 천방(天方), 유구(琉球), 삼도국(三島國), 발니국(浡泥國), 소록국(蘇祿國)이다. 영락 22년, 8월 15일(1424년 9월 7일)에 [이러한 원정을] 멈추라는 칙령이 내렸다. [이들] 여러 나라의 풍속과 산물에 대해서는 태창(太倉)의 비신이 황제에게 바친 『성사승람』에 자세하다(永樂七年太監鄭和·王景弘·侯顯等, 統率官兵二萬七千有奇, 駕寶船四十八艘, 齎奉詔旨·賞賜, 歷東南諸蕃, 以通西洋. 是歲九月, 由太倉劉家港開船, 出海. 所歷諸蕃地面, 曰占城國, 曰靈山, 曰崑崙山, 曰賓童龍國, 曰眞臘國, 曰暹羅國, 曰假馬里丁, 曰交闌山, 曰爪哇國, 曰舊港, 曰重迦邏, 曰吉里地悶, 曰滿剌加國, 曰麻逸凍, 曰彭坑, 曰東西竺, 曰龍牙加邈, 曰九州山, 曰阿魯, 曰淡洋, 曰蘇門荅剌, 曰花面王, 曰龍嶼, 曰翠嵐嶼, 曰錫蘭山, 曰溜山洋, 曰大葛蘭, 曰阿枝國, 曰榜葛剌, 曰卜剌哇, 曰竹步, 曰木骨都東, 曰阿丹, 曰剌撒, 曰佐法兒國, 曰忽魯謨斯, 曰天方, 曰琉球, 曰三島國, 曰浡泥國, 曰蘇祿國. 至永樂二十二年八月十五日, 詔書停止. 諸蕃風俗·土產, 詳見太倉費信所上星槎勝覽)"라고 기록하고 있다.

육용(陸容)의 인적 사항은 『명사』, 권286에 언급될 정도로 알려진 인물이지만, 정확한 생몰연대는 확인되지 않는다. 그의 자는 문량(文量)이고 호는 시재(式齋)로, 태창주(太倉州, 현 쑤저우) 출신이라고 한다. 『태창부지(太倉州志)』, 권18에 따르면, 성화(成化) 2년(1466년) 진사에 급제했다. 비신이 서문을 쓴 해는 1436년으로, 육용이 진사에 오른 시기와 30년 정도 차이가 있다. 육용이 거명한 나라들은 모두 2권본과 4권본의 『성사승람』과 일치한다. 2권본에는 기록이 보이지만, 4권본에 빠진 나라로는 ㉗용아선제(龍牙善提), ㉚유구국(琉球國), ㉛삼도(三島), ㉟발니국(渤泥國), ㊱소록국(蘇祿國) 등 다섯 곳이 있고, 2권본에 나라 이름만 있고 기록이 없는 '아로(阿魯)'가 있다는 점은, 이미 2권본도 4권본과 함께 육용이 이 글을 쓰기 이전에 이미 통행되고 있었다고 확인할 수 있다. 이 문제에 관해 펠리오 씨는 다음과 같은 결론을 내렸다(「15세기 초 중국의 대항해」, 338~339쪽).

> 이처럼 『성사승람』의 통행본(4권본)은 15세기 중후반부터 확실히 존재했다. 이처럼 이 개정본을 비신 자신에게 돌려야 하는가 하는 물음으로 이끈다. 우리는 이러한 수정본을 만들게 된 원인을 충분히 알 수 있다. 바로 『성사승람』의 수정본은 비신의 동향 사람인 육용이 말하고 있는 것처럼 황제에게 바치기 위한 것이었다. 우리는 이 현상이 통행본(4권본) 서문 형식과 관계되는 것이지, 천일각본(2권본)의 서문과 관계되는 것이 아님을 보았다. 이 가정에서 책의 새로운 목적에 맞추어 같은 날짜로 완전히 그의 서문을 수정한 것은 비신 자신이 된다. 그는 스타일을 바꾸었고 시들을 삭제했다. 게다가 수정된 서문에 따르면 그는 도(圖)를 첨부했다. 이는 또한 책이 완성되었을 때 두 권으로 되어있었던 그 자료가, 시편들을 삭제하여 4분의 1로 줄이면서 네 권으로 만들었음을 설명한다. 이 네 권은 사실 네 첩(帖)으로, 각 나라 조목에 해당하는 그림 즉 삽도가 있었을 것이다. 천일각본에서 아로(阿魯) 조목이 빠진 것이 우연한 것이 아니라면, 이는 아마도 아로(阿魯) 조목이 추가될 때일 것이다. 비신은 수정된 원문의 사본을 가지고 있었을 것이다. 1544년[『고금설해』]과 1618년[『기록휘편』]의 4권본이 나온 것은 바로 이 사본의 (끝이 불완전한) 사본이었

> 을 것이다. 그렇지만 천일각본이 보여주는 원본[2권본]이 유통되고 있었기 때문에, 황제에게 바친 첩(帖), 즉 비신의 눈에 일종의 결정판을 이루는 것이 즉각 이루어지지 않았던 것으로 보인다. 정말 1436년의 것이라고 말할 수 있는 것은 천일각본으로 대표되는 원본[2권본]이다. 통행본[4권본]은 틀림없이 이보다 늦은 것이지만 그것은 몇 년에 불과하다.

하지만 이 펠리오 씨의 설을 근거 없다고 추정하고 주복준(朱復俊)이란 사람으로 추정한 학자는 바로 펠리오에게 수학했던 펑 청쥔 씨이다. 부록에 펑씨가 교주한 서문을 번역해두었지만, 논의를 위해 여기 일부만 인용한다(『성사승람교주』, 서문, 2쪽).

> 그러나 이 설[펠리오의 설]은 근거가 없다. 원본의 문자를 보면 비신은 고아한 글을 지을 수 없는 사람인 것으로 보인다. 곤산(崑山) 신양(新陽) 두 현을 합한 현지(縣志) 권30, 「문원(文苑)」에 실린 비신의 전기【뒤에서 다시 볼 것임】에, ⓐ"문채가 있고 논의에 유식한 선비를 골라 책서(策書)에 전념하게 하여, 갖추어 볼 수 있도록[清覽] 올리게 하였다(簡文采論識之士, 顓一策書, 備上清覽)"라는 말이 있는데, 아마도 현지를 편수한 사람이 지어낸 말로 근거로 삼기에 부족하다. 나의 친구인 시앙 다(向達)가 『건륭곤산신양합지(乾隆崑山新陽合志)』【권35 「예문(藝文)」】에 실린 주복준(朱復俊)의 「성사승람서」를 검토하였는데, 그 끝에 ⓑ"내가 칩거할 때, 한가한 틈이 많아, 조금 보태고 삭제하여 깨끗한 한 본(本)으로 기록하여 육매재(六梅齋)에 두었다. 훗날 의자에 기대어 옛 도서를 보며 즐긴다면, 구주(九洲)를 알고, 오악(五嶽)에 임할 무슨 필요가 있으리오(予屛居多暇, 稍加刪析, 錄一淨本, 寘六梅齋中. 他時隱囊臥遊, 又何必識九洲而臨五嶽也)"라고 하였

다. 이로써 추단하자면 개정한 사람은 바로 주복준이다【『소설월보』, 제20권 1호, 53~54쪽을 보시오】. 이 설이 가장 진실에 가깝다.

우리는 펑씨가 ⓐ의 기술은 부정하면서 ⓑ의 정보를 확신하는 근거는 무엇인가라고 반문해야 한다. 우리는 '주복준(朱復俊)'이란 사람이 언제 사람인지 전혀 알지 못하고, 펑씨가 밝히고 있는 것처럼, 그의 문집은 현재 전하지 않는다. '조금 고치고 뺐다[稍加刪析]'라는 말도 주복준이 가지고 있던 사본이 형편없어 다른 완전한 사본에 따라 고치고 증감한 것인지 확인할 수 없다. 설령 주복준이 편집 가감했다고 하더라도, 2권본과 4권본에 보이는 다른 '서명 정보'를 어떻게 설명할 것인가? 게다가 현존하는 기록상 육용을 가장 이른 시기에 『성사승람』의 2권본과 4권본을 본 사람으로 볼 수밖에 없다. ⓐ의 정보는 각 나라 끝에 붙인 시에서 고스란히 확인된다. 각 시의 마지막 두 구는 대체로 명나라 황제에 대한 찬양을 빠뜨리지 않고 있으며, 특히 참파 왕국[1], 방갈랄 왕국[22], 아단 왕국[38], 몰디브 왕국[42], 마지막 메카 왕국[44]의 시에서는 자신이 맡은 소임이 외국의 풍물을 기록하는 것이며, 장차 자신이 기록한 것을 조정 황제께 바칠 것임을 다짐하는 시구를 마지막 두 구에 담고 있다. 펑씨는 펠리오의 논거를 정확히 확인하지 않았고, 이들 시편도 검토하지 않았다. 가설에 근거가 없는 사람은 바로 펑씨이다.

근래 확인되지 않은 가설 내지는 일설을, 정설로 기술하면서도 '교양'이라는 명목 아래, 아무런 참조 사항이 없으면, 독자는 저자의 권위에 휩쓸려 정설로 이해한다. 어느 한 오락 프로그램에 한 교수가 출연하여 정화의 배와 콜럼버스의 배를 비교해 그래픽으로 보여준 적이 있다. 친절하게 선박의 길이는 130m이고, 함대 규모는 300척이며, 승조원 수는 1척당 2만여 명이라는 도표로 만들어 보여주었다. 이런 소설이 어디서 나왔을까? '정화 원정 600주년'이라는 2005년부터 이러한 '황당선'이 중국뿐만 아니라 한국에도 출현했다. 사실 정화가 이끈 보선(寶船, 보물선이라는 뜻)의 실체를 확인시켜주는 '믿을만한' 자료는 없다.

소위 '정사'로는 『명사』, 권304, 「정화전」(중화서국, 7766쪽)의 기록이 유일하다. "영락 3년(1405) 6월 정화와 그의 동료 왕경홍 등을 서양에 사신으로 보냈다. 장병 27,800여 명을 거느리고 많은 황금과 예물을 가져가기 위해, 길이 44장(丈), 폭 18장이나 되는 62척의 선박을 건조했다. 소주(蘇州), 유가하(劉家河)를 거쳐 복건(福建)에 이르렀고, 다시 복건에서 오호문(五虎門)에서 돛을 폈다. 맨 먼저 참파[占城]에 도착한 다음 여러 외국을 두루 돌아다니며 천자의 조서를 선포하고, 그를 계기로 그곳의 군장(君長)들에게 하사품을 내렸고, 복종하지 않는 [나라는] 무력으로 윽박질렀다"라고 기록하고 있다.

오해는 이 밑줄 친 문장에서 시작되었다. 1장(丈)은 사전적 정의로 약 3.03m이다. 3m로 계산하면 길이 44x3=132m이고, 폭 18x3=54m인 62척을 건조했다는 말이다. 정난지변(靖難之變)으로 1402년 6월 등극한 영락제가 3년 만에 이처럼 큰 선박을 무려 62척이나 건조할 정치적 경제적 여력이 있었을까. 또, 27,800명을 실어 가기 위해 62척을 건조했다면, 1척당 승선 인원은 대략 448명이다. 이 인원이 저 거대한 배를 어떻게 돛대와 노로 끌어갔을까. 거꾸로 1척에 27,800명이 탔다면, 동원된 인력은 1,723,600명이나 된다. 또, 길이 132m에 폭 54m인 배에 어떻게 27,800명이 탈 수 있을까? 한 사람이 차지하는 면적을 1m로 줄을 세운다고 하더라도, 132x54=7,127명이고 2층이라 해도, 14,256명이다. 한 사람의 몸무게를 60kg이라 한다면, 1,668,000kg(1,838톤)이다. 이는 무협지 수준이다.

마환은 정화 일행의 배나 규모에 관해 담생당(淡生堂) 필사본과 『설집(說集)』본에는 목차 뒤에 선단의 규모를 다음과 같이 기술했다.

보선(寶船) 63척[號]. 큰 것은 44장 4척이고 폭[濶]이 18장이다. 중간 것은 길이 37장이고 폭 15장이다. 서양에 가는 관교(官校, 장교), 기군(旗軍, 의장대), 용사(勇士), 통사(通事, 통역사), 민초(民稍), 매판(買辦, 승무원), 서수(書手, 서기), 통계(通計, 계산수) ⓒ모두 계산하여 27,670명이다. ⓓ관원은 868명, 군사는 26,800명이다. ⓔ지휘(指揮, 지휘관)는 93명, 도지휘(都指揮, 총지휘관)는 2명, 천호(千戶)는 140명, 백호(百戶)는 403명이다. 호부낭중(戶部郎中) 1명, 음양관(陰陽官) 1명, 교유(教諭) 1명, 사인(舍人)은 2명이다. 의관(醫官)과 의사(醫士)는 180명이다. 여정(餘丁, 군역 이외의 장정) 2명이다. 정사 태감 7명, 감승(監丞, 환관으로 정5품에 해당) 5명, 소감(少監) 10명, 내관(內官)과 내사(內使) 53명이다(寶船六十三號. 大者四十四丈四尺, 闊一十八丈. 中者長三十七丈, 闊一十五丈. 計下西洋官校·旗軍·勇士·通事·民稍·買辦·書手·通計二萬七千六百七十員名. 官八百六十八員·軍二萬六千八百名. 指揮九十三員·都指揮二員·千戶一百四十員·百戶四百三員. 戶部郎中一員·陰陽官一員·教諭一員·舍人二名. 醫官·醫士一百八十員名. 餘丁二名. 正使太監七員·監丞五員·少監十員·內官內使五十三員)"라고 하였다.

ⓒ의 숫자와 ⓓ의 숫자는 같아야 하겠지만 ⓓ의 숫자는 27,668명으로 두 명의 차이가 있다. ⓔ는 군사 이외의 인원으로 관원의 실제 구성 인원일 것이다. 이들의 총합은 899명이다. 어쨌든 이 정보는 앞서본 『명사』의 기록과 크게 다르지 않다. 다만 『명사』에서는 '길이 44장(丈), 폭 18장이나 되는 62척의 선박'만 언급했지만, 이 『영애승람』 판본에는 '길이 37장(111m), 폭 15장(45m)' 크기의 중간 크기의 배를 언급하고 있다는 정보가 추가되어 있다. 이 중간 크기의 배 역시 길이가 111m에 달한다. 상당히 자세한 기술을 보여주고 있지만, 이들 인원이 63척

의 배에 옮겨 탔다는 말인지, 아니면 '대자'와 '중자' 두 배에 탔다는 말인지, 아니면 '대자'에만 이들 인원이 탔다는 말인지 확인되지 않는다.

비신은 『성사승람』에서 참파를 기술하면서 "영락(永樂) 7년 기축년(1409)에 황상은 정사 태감 정화(鄭和) 등에게 관병을 통솔하여, 바다 선박[海船] 48척[號]을 타고 여러 외국으로 가서 [황제의 칙서를] 읽어주고 상을 내리게 하였다"라고 출항의 계기를 기술했다. 이들의 배는 담생당본과 『설집』본의 63척이 비신에게서는 48척으로 줄었고, 『명사』에서는 다시 62척으로 되었다. 승조원 수를 『명사』의 인원대로 27,800으로 계산하면, 배 한 척당 579명이 돌아간다. 만약 배 한 척에 27,800명이 탔다면, 1,334,400명이 움직였다는 계산이 나온다.

『기록휘편(紀錄彙編)』, 권202, 36~37쪽에 수록된, 축윤명(祝允明, 1460~1526)의 『전문기(前聞記)』에는 "영락 연간(1403~1424)에 황제의 군대는 여러 차례 서양으로 갔다. 당시에 사신들은[使人] 『영애일람(瀛涯一覽)』과 『성사승람(星槎勝覽)』이라는 두 책을 지어 기이한 견문들을 기록했다. 이제 나는 선덕(宣德) 시기(1426~1435)의 한 사건에 관한 자료를 얻어 빠르게 그 대강을 베껴둔다"라고 기술한 다음 이들 선단에 대한 또 다른 정보를 제공하고 있다.

> 인원—장교[官校], 의장대[旗軍], 화장(火長), 조타수[舵工], 반정수(班碇手), 통사(通事), 판서(辦書), 산수(算手), 의사, 철묘(鐵猫), 목념(木艌), 목수[搭材] 등등, 수수민(水手民), 초인(稍人) 등등 모두 27,550명이다. …선박의 이름으로 청화(淸和), 혜강(惠康), 장녕(長寧), 안제(安濟), 청원(淸遠) 등등의 유(類)였다. 또한 하나, 둘 숫자로 지칭된 것들도 있다. 배의 [종류] 이름—대팔노(大八櫓), 이팔노(二八櫓) 등등이 있었다.

축윤명이 든 인원들이 어떤 실제 임무를 맡았는지 성격을 다 확인할 수는 없지만, 총인원은 27,550명으로 줄었고, 선박의 명칭이 있는

다섯 척과 '1', '2'로 명명된 배들도 있었다고 증언한다. 이는 여러 척의 배에 인원들이 나누어 탔음을 말하고 있다. 가장 중요한 정보는 배를 노[櫓]의 종류에 따라 구분하고 있다는 점이다. '대팔'이니 '이팔'이니 하는 노의 구성을 확인할 수는 없지만, 어쨌든 정화의 일행이 타고 간 배에는 '노'가 있었다는 말로, 단지 바람에 의존하는 범선이 아니라, 바람과 노를 동력으로 가는 선박이었음을 말하고 있다.

이상이 정화의 일행이 타고 간 배와 규모에 관한 정보로서 중국 자료에서 참조할 수 있는 전부이다. 어느 자료에서도 한 척에 27,550~27,800명이 승선했다는 정보는 없다. 오히려 중국의 자료들은 이런 대규모의 인원이 48~63척의 배에 나누어 탔음을 암시하고 있다. 우리의 합리적인 생각을 방증해 주는 이븐바투타가 기록한 정보가 있다.

이븐바투타는 1342년경 판다라이나(Fandaraina, 코일란디)에서 캘리컷으로 가서, 중국으로의 항해를 준비하며, 석 달을 캘리컷에서 체류했다. 그는 그곳에서 정박하고 있는 13척의 '중국배'를 목격한다. 그는 **"중국의 바다는 중국의 배들만 항해할 수 있다"**고 알고 있었다. 결국 이들 배를 타고 중국으로 가야 했기 때문에, 그는 이 중국 배들을 상당히 자세하게 살펴 다음과 같이 기술했다. 이 번역문은 데프레메리(C. Defrémery)와 상귀네티(B. R. Sanguinetti)가 1877년 불어로 번역한 것에 따른다(『Voyages d'Ibn Batoutah』, IV, 91~94쪽).

> [91쪽][중국의 배에는] 세 종류가 있다. 1) 가장 큰 것은 고누크(gonoūk)이고 단수형은 곤크(gonk)[즉 종끄(jongque), 중국어로는 선(船)임]이다. 2) 자우(zaou)[sao 또는 seou]라고 부르는 중간 것, 3) 카캄(cacam)[hoa-hang, 貨船?]이라 부르는 작은 것들이다. ⓕ큰 배들에는 3~12개의 돛이 있었다. 돛은 대나무 조각을 돗자리처럼 짜서 만들었다. 결코 돛을 다 내리지 않고, 바람이 부는 방향에 따라 방향을 바꾼다.

이 선박들이 닻을 내리면 돛을 바람에 날리게 둔다. ⓖ이 배들은 각기 1,000명, 즉 600명의 선원과 400명의 병사가 조정하는데, [92쪽]이 병사 중에는 궁수들, 방패로 무장한 사람들, 나프타(naphte)를 쏘는 사람들인 사수(射手)들이 있다. 큰 배에는 중형의 니스피(nisfy), 3분의 1크기의 툴티(thoulthy), 그리고 4분의 1 크기의 루비(roub'y) 등 세 척이 따른다. 중국의 자이툰(Zeitoūn, 柘東), 또는 신 칼란(Syn-Calān)[광동], 즉 신-아씬(Syn-Assyn)에서만 건조된다. 다음과 같은 방식으로 건조한다. 나무로 두 벽을 세우고, 분리되어있는 그 사이에, 아주 두꺼운 판자를 길이가 3꾸데(약 150cm)인 대못을 박아 가로세로로 연결한다. 두 벽이 판자로 연결되면, 배의 바닥을 만든 다음 바다에 띄워서 건조를 마무리한다. 물이 닿는 나무 방과 두 벽면은 선원들이 내려가 씻고 생필품을 채우는 데 쓴다. 돛대처럼 큰 노가 있는 곳은 이들 나무 방들 쪽이다. [93쪽]

ⓗ10~15명이 모여 노 하나를 잡는데, 그들은 서서 노를 젓는다. 배 한 척에는 4개의 갑판을 만들어, 방, 선실 그리고 상인들을 위한 거실을 넣는다. 이 선실들[misryah]에는 감방과 화장실이 들어있다. 그들은 첩이나 부인들을 데려간다. 배에 탄 사람 그 누구도 어떤 지역에 도착해 서로 만날 때까지 그의 존재를 모른 채 각자의 선실에 있는 경우가 많다.

선원들은 그들 자식과 함께 이 선실에 산다. 그들은 식용식물, 채소, 생강 등을 나무통에 심어 기른다. 선박의 감독관은 [이슬람국의] 에미르와 비슷하다. 그가 뭍에 내리면 궁수와 아비시니아 사람들(Abyssins)이 긴 창, 검, 북, 뿔피리, 나팔을 들고 그 앞에서 행진한다. 그가 거처할 숙소에 도착하면 그들은 문의 양쪽에 그들의 창을 꽂아 놓는데, 그가 체류하는 동안 이렇게 한다. [94쪽]ⓘ중국에서 온 주민 중에는 많은 선박을 보유한 사람이 있는데, 그들은 외국으로 대리인을 파견한다. 세상에서 중국인들보다 더 부유한 사람들은 없다.

"중국의 바다는 중국의 배들만 항해할 수 있다"라는 정보는 중국의 배들은 중국해역을 항해하는데 최적화되어있다는 말로, 인도양을 항해하는 데에는 적합하지 않다는 말로 읽어야 한다. ⓕ의 정보는 중국의 큰 배가 3~12개의 돛이 있다고 한다. 이 정보는 '큰 배'가 아니라, 다른 나라의 배에 비해 상대적으로 큰 중국의 배들은 3~12개의 돛이 있다는 말로 읽어야겠다. 한편, 돛은 대나무 조각을 돗자리처럼 엮어 만들었다고 한다. 하지만 아랍어 원문을 직역했다고 하는 정수일 씨의 역본에는 "돛은 등나무(khaizarān) 줄기를 돗자리처럼 엮어서 만들었다"다고 했다(『이븐바투타 여행기』, 2, 241쪽). 이 재료가 대나무 조각을 이어 붙여 만든 것은 베킹햄(C.F. Beckingham)의 영역본에서도 확인된다(『The Travels of Ibn Battuta AD 1325~1354』, IV, 1994, 813쪽).

ⓖ중국 배 중에서 큰 배에는, 과장되었을 수는 있지만, 1천 명이 승선한다는 말이다. 이 인원은 앞서 48척의 배에 27,800명이 나누어 탔을 경우, 평균 579명이었으므로, 큰 배에는 1천 명이 승선했다는 점은 무리한 숫자는 아니다.

ⓗ의 문장은 정수일 씨의 역본에 "배의 노는 돛대처럼 굵다. 노 하나에 10~15명씩 모여 서서 젓는다"(앞의 출처)라고 했다. 이 번역은 확실히 베킹햄의 번역문을 옮긴 것이다. 위의 불어 역본처럼 해석하는 것이 맞다. 어쨌든 이 정보는 앞서 본 축윤명의 『전문기』의 개술을 확인시켜준나. 다시 말해서 중국의 배들은 바람과 노를 동력으로 항해하는 배라는 말이다.

ⓘ의 전치사구에 해당하는 불어 번역 원문은 중국에서 와 [그곳에 사는] 주민 중에는(Parmi les habitants de la Chine)으로 되어있다. 이를 베킹햄은 "큰 배들을 소유한 중국인 중에는"으로 영역했고, 정수일 씨

는 "중국인들은 일단 배만 여러 척 가지고 있으면"으로 번역했다(앞의 책, 242쪽). '중국 출신으로 그곳에 사는 중국인'과 그냥 '중국인'은 의미 차이가 크다. 전자로 읽어야 다음 문장을 이해할 수 있다. 캘리컷에 사는 중국인들은 큰 배를 소유하고 있으며, 이들은 자신의 대리인들을 여러 나라에 보내 장사를 시키므로 그곳의 중국인들만큼 부유한 사람들도 없다는 말일 것이다.

이븐바투타가 중국의 배를 목격한 시기는 1342년경으로, 원나라 말로, 영락제가 등극한 1403년과 60여 년의 차이이다. 건국 초기와 정변을 겪었던 명나라 초기에 과연 최대 승조원 1,000명을 수용하는 선박이 27,800명을 태울 수 있는 배로 변신하는 비약적인 기술적 발전이 가능한가? 이븐바투타의 기술에 따르면, 이들 중국 배는 나무로 만들었다. 과연 목선으로 전장 130m의 배가 가능한가? 이러한 '황당선'의 출현은 21세기에도 이어지고 있다.

존 리더(John Reader, 1937~)가 1997년 출간한 아프리카 대륙의 역사와 문화를 다룬 '전문' 서적이 우리나라에도 2013년 '아프리카 대륙의 일대기'라는 서명으로 번역 소개되었다. "폭넓은 문명사의 관점에서 아프리카를 바라보려는" 시도에는 응원하겠지만, 학술적 글쓰기 형태를 취할 필요는 없었다. 많은 정보를 문화사적 관점에서 다루다 보면, 약점을 드러내기 마련이다. 그러나 그 약점은 선행 연구를 통해 보완될 수 있다. 그러나 선택한 선행 연구가 일설에 지나지 않는다면, 전체의 신뢰성을 잃게 된다.

> 14세기 말에 중국 동해안 일대의 지방정부들은 대양 항해용 선박을 건조하라는 명을 받았다. 그에 따라 1405년까지 다양한 종류와 크기의 선박 1,180척이 건조되었으며, 1405년부터 1433년까지 정화(鄭和)의 지휘 아래 일곱 차례의 '남해 원정'이 전개되었다. 정화는 열 살에 거세를 받은 뒤부터 환관으로 황제의 시중을 들었던 군사 지도자였다. 첫 함대는 63척의 대

> 형선박과 255척의 소형 선박에 승선 인원은 전부 2만 7,800명이었는데, 군 지휘관 95명, 장교 543명, 관리 868명, 의무장교와 보조인력 180명, 각종 대사, 사무원, 하인, 그리고 병사 2만 6,000여 명으로 구성되었다(남경태 옮김, 『아프리카 대륙의 일대기』, Humanist, 2013, 405~406쪽).

이 단락은 미국 워싱턴 대학 소속의 창 쿠에이-셩(Chang Kuei-Sheng)이 「명나라 해상 사업과 대발견의 시대 이전 아프리카에 관한 중국의 지식(The Ming Maritime Enterprise and China's Knowledge of Africa Prior to the Age of Great Discoveries)」(『Terrae Incognitae』, 3(1971), 36쪽)의 기술을 참고하여 썼다고 밝혔다. 다시 창 쿠에이-셩이 참고한 자료는 바오 준-펑(Pao Tsen-peng, 包遵彭)이 1962년 「정화의 배에 관하여(On the ships of Cheng Ho)」라는 발표 자료이다(『Proceedings of the international association of Historians of Asia, Second Biennial conference』(Taipei, 1962), 409~428쪽). 창씨는 3년 뒤, 「유럽인의 대발견 여명 시기 중국의 해상 상황(The Maritime Scene in China at the Dawn of Great European Discoveries)」이라는 논문에서도 (『Journal of the American Oriental Society』, 1974, 347~359쪽) 같은 자료를 활용하며, 급기야 검증되지 않은 『명사』의 「정화전」에 근거한 이상의 정보와 바오 준펑의 자료에 따라 불명의 다음과 같은 도표를 제시했다.

종류	돛대 수	길이(feet)	폭
보선	9	444[135m]	180[54m]
마선	8	370	150
보급선	7	280	120
철선	6	240	94
전투선	5	180	68

이러한 '황당선'을 만들어 낸 엉터리 정보에 힘입은 존 리더 씨의 생각은 비약으로 치달았다. "당대의 기록과 해도는 중국 선원들이 아프리카를 얼마나 알고 있었는지 말해준다. 그들은 킬와를 넘어가지 않았으나 대륙의 남단에 이르기까지 동아프리카 해안을 소상히 알고 있었으며, 아프리카 서해안에 관해서도 제법 정확하게 파악하고 있었다. 중국은 그런 지식에다 우수한 선박과 항해 도구를 바탕으로 15세기 초에 아프리카 일주를 할 수도 있었으나 결국은 항해를 중단했다. 처음에는 인도양 무역만으로도 충분히 만족한 탓이었고, 나중에는 내부 고립주의 때문이었다(앞의 출처, 406쪽)."

후 시아오웨이(胡晓伟)는 「정화의 보선 척도에 관한 새로운 고찰(郑和宝船尺度新考)」(『海交史研究』, 2018-2, 111~112쪽)에서 『동서양고(東西洋考)』에서 홍이포(紅夷砲)의 길이를 2장(丈) 남짓이라고 했고, 현재 남아 있는 홍이포는 길이가 대략 239~380cm이므로, 1장은 1.5~1.6m에 해당한다고 그럴법한 추론을 제시했다. 이에 따라 후씨는 『명사』 정화전에서 말하는 보선의 규모를 길이 44장은 70.4m, 폭 18장은 28.8m로 환산했다. 상당히 수긍할만한 계산이지만, 어떻게 『동서양고』에서 언급한 홍이포의 길이를 믿을 수 있으며, 그것은 일례에 지나지 않는다. 설령 큰 보선의 길이가 70m라고 하더라도, 15세기 초의 조선술로는 무협지 수준의 규모이다. 이러한 조선 능력을 갖추었다면, 몽골의 자바 원정은 왜 실패했으며, 명나라는 왜 쇄국으로 바닷길을 닫았던가. 아방궁은 불타 없어졌는데, 어떻게 더 큰 궁궐이 등장했던가! 정화가 여러 번 아프리카 동해안에 진출했다면, 왜 그곳에 가지도 않은 비신만 그 기록을 남겼으며, 왜 그렇게 초라했던가!

이제, 『제번지』-『도이지략』-『영애승람』에 이어 『성사승람』이 나오게 되었다. 일련의 공부를 통해 『성사승람』의 '완성도'가 가장 높게 되었다. 그래서 나의 첫 작업인 『제번지』 역주가 아픈 손가락이 되었다.

그래도 이러한 일련의 공부가 여전히 진행 중이라서, 참으로 다행이다. 비신의 전집에서는 이전 『도이지략』과 『영애승람』 작업에서 미흡한 점들을 보충할 수 있었고, 후집에서는 『제번지』의 오류를 일부 바로잡을 수 있었다.

평 청쥔 씨는 『성사승람』을 교주하면서 바로 나이지(羅以智) 교감본을 채택했다. 그러나 나이지의 교감본은 자신이 근거한 천일각본보다 더 많은 오류를 남겼다. 그 결과 평 청쥔 씨는 거꾸로 『족본성사승람』으로 교감해야 했다. 이는 무의미한 작업으로 보이지만, 평씨의 교주는 결국 '족본성사승람'의 권위를 입증하는 계기가 되었다. 이제 역자는 이 '족본성사승람'을 역주한다.

평씨 이전에도, 흐루너펠트, 슐레겔, 록힐, 후지타 도요하치, 폴 펠리오 등과 같은 중국학자들이 부분적으로 이 '천일각본'을 토대로 연구에 활용했다. 그러나 『성사승람』의 역주본은 70년대 밀스(Mills)의 손에서 이루어졌고, 그 역주는 평씨의 교주본을 저본으로 삼았다. 그러나 밀스 씨는 비신이 상당 부분 참고하고 있는 왕대연의 『도이지략』을 충분히 검토하지 못하고 소략한 주석을 붙여, 자신의 『영애승람역주』의 자매편 정도로 출간했다.

역자에게 많은 '실망'을 안겨 주었던 평 청쥔 씨의 주석은 거의 따르지 않았다. 아무리 시대적 상황을 고려하더라도 그의 '교주'는 신뢰를 잃었다고 생각한다. 비신의 기록을 검증하기 위해, 중국 자료보다는 가능한 동시대의 아랍과 유럽 자료를 소개하려 했다. 또한 15세기 초 중국인들이 과연 자신들의 배로 아프리카 동해안에 이르렀을까 하는 문제에 답하려 했다.

나의 책은 원문을 옮긴 내용보다 주석이 많다. 우리 학계에서는 너무나도 저서에 큰 비중을 두기 때문에, 주석 작업보다는 저술에 심혈을 기울인다. 전문 학술 도서는 주석을 달아야 한다. 미주가 아닌 각주로 정확하게 기술해야 한다. 출판사가 손사래를 치더라도 그렇게 해야 한다. 어느 시점부터 학술 도서에는 주석과 원문이 거의 사라졌다. 외국의 연구 자료를 번역하여 나름의 '이해'를 기술하는 행위 또한 표절이다. 원문 없이 기존 번역을 참고하여 윤문하는 것은 더욱 용서받을 길이 없다. 독자들은 풍부한 참고사항에 환호할 줄 것이다.

'권위' 있는 학자의 발언과 글은 영향력이 크다. 한유(韓愈)가 중국 남쪽의 오랑캐 중에 언급한 탐부라(耽浮羅)는 조선의 학자들이 인용하면서 제주도의 별칭이 되었다. 한유가 '탐부라'가 어디 있는지 알기는 알았을까? 개방형 백과사전인 위키백과를 보면, 한국어판만 유난히 참고사항이 부실하기 그지없다. 백과사전은 예로부터 '유서(類書)'로 많은 학문적 길잡이가 되어왔다. 학문은 독자와 함께 성장한다. 전공학자들의 전유물이 아니다.

마르코 폴로의 기록은 지금까지 사실 여부를 놓고 논란이 많다. 이제 『영애승람』과 『성사승람』이 무대에 올려졌다. 아니 서양에서는 일찍이 올려졌다. 그러나 이들의 진위를 따지는 글들은 거의 없다. 이 두 책을 통해 적어도 소위 '정사'라는 명나라 역사서가 기록하고 있는 외국 '전(傳)'들이 신뢰할 자료들이 아님을 방증할 수 있는 계기가 되기를 바란다. '중국 정사 외국전'이 세계 최초로 완역되어 온라인으로 서비스하고 있는 근본적 취지는 이를 보여주려 함이라고 생각한다. 부디 '소설'과 '미스터리'들이 더는 반복되지 않기를.

지봉(芝峯) 이수광(李睟光, 1563~1629)은 정효(鄭曉)의 『황명사이고(皇明四夷考)』를 참고하여, 외국을 기술했다. 그러나 그는 특히 일본 기술에서 보여주는 것처럼, 조선 학자의 시선으로 외국을 읽고 고증했다. 시대적 환경과 검증할 자료의 부재 속에서도 학문적 자세를 견지했다. 나는 지봉보다 더 많은 곳을 돌아봤고, 책상머리에서 위성지도까지 볼 수 있는 시대를 살고 있다. 그러나 지봉의 박식함을 따라가려면 아직도 멀게만 느껴져 부지런한 독서를 독촉해 본다.

꿈을 자주 꾼다. 오역, 오류의 감옥에서 사는 나에게 어느 한 고수께서 정오표로 가득 채운 문건을 보내주는 그런 꿈 말이다. 이런 작업을 그만두고 논문으로 돌아서면 그만일 텐데 하면서도 중독된 사람처럼 반복하니 그 또한 신기하다. 허점투성이인 이 사람을 '학자'로 응원하는 분들에게 더 잘 보이고 싶은 '선의의' 욕심 때문이라고 해 두자.

2022년 10월 1일 메토도스 연구실에서

차례

부록

일러두기

○ 본 역주서는 뤄 전위(羅振玉, 1866~1940)가 천일각(天一閣)에 소장된 명나라 필사본을 편집하여 출간한 것으로 알려진, 『족본성사승람(足本星槎勝覽)』(대만대학도서관 소장본)을 저본으로 삼았다. 정확한 서지사항은 알려지지 않았다. '저본' 또는 '2권본'으로 약칭했다.

○ 원문 교감에 활용한 판본은 '2권본'으로 주당면(朱當㴐)의 『국조전고(國朝典故)』와 등사룡(鄧士龍)의 『국조전고』[쉬 다링(許大齡), 왕 티안유(王天有)가 표점하고 교감한 『국조전고』, 북경대학출판사, 1993]를 활용했고, '개정본'인 『고금설해(古今說海)』와 『기록휘편(紀錄彙編)』본(이하 '4권본'으로 약칭)으로 『사고전서』본에 따랐다. 나이지(羅以智)가 교감한 판본은 평청쥔(馮承鈞, 1887~1946)의 『성사승람교주(星槎勝覽校注)』(상무인서관, 1938)를 참조했다.

○ 본서에 등장하는 많은 산물은 역자의 『제번지』, 『도이지략』, 『영애승람』 역주에 자세하므로 교정이나 추가사항이 있는 경우에만 다루었다.

○ 원문의 첨자는 저본의 글자이고, 저본에 빠진 글자도 [첨자]로 표기했다.

○ 고유명사, 특히 지명은 칼그렌(Klas Bernhard Johannes Karlgren, 1889~1978) 중고음을 [첨자]로 표기했다. 중고음이 없는 경우는 상고음을 따랐다. 표기는 汉典(https://www.zdic.net/)을 기준으로 삼았다.

○ 번역문과 원문은 편의상 임의로 단락을 나누어 설명했다. 또한 확인하기 쉽도록 원문자 숫자를 표기했다.

○ 2권본과 4권본이 다른 부분은 굵은 글씨로 표시했다. 또한 비교를 위해 강조할 때도 굵은 글씨를 사용했다.

○ 책 이름은 '『』'로, 논문명과 편명은 '「」'로 표기했고, 원문의 주석인 원주(原註)는 '【】'로 표기했다.

약칭

『통보』: T'oung Pao

『JA』: Journal Asiatique

『BEFEO』: Bulletin de l'École française d'Extrême-Orient

『차이나리뷰』: China Reviews

『AQR』: Asiatic Quarterly Review

『JRAS』: The Journal of the Royal Asiatic Society of Great Britain and Ireland

『JCBRAS』: Journal of the China Branch of the Royal Asiatic Society

『JMBRAS』: Journal of the Malayan Branch Royal Asiatic Society

『JGIS』: Journal of the Greater India Society

『TBG』: Tijdschrift v. Indische Taal-, Land- en Volkenkunde van het Bat. Gen.

『등사룡국조전고』	許大齡, 王天有 點校, 『國朝典故』, 北京大學出版社, 1993.
『대당서역기』	玄奘 著, 季羨林 等校注, 『大唐西域記校注』, 中華書局, 2000.
『남해기귀내법전』	義淨 著, 王邦維 校注, 『南海寄歸內法傳校注』, 中華書局, 1995.
『대당서역구법고승전』	義淨 著, 王邦維 校注, 『大唐西域求法高僧傳校注』, 中華書局, 1988
『통전』	杜佑 著, 『通典』, 中華書局, 1988.
『만서교주』	樊綽 著, 向達 校注, 『蠻書校注』, 中華書局, 1962.
『문헌통고』	馬端臨 著, 『文獻通考』(点校本), 中華書局, 2011.
『계해우형지』	范成大 著, 嚴沛 校注, 『桂海虞衡志校注』, 廣西人民出版社, 1986.
『영외대답』	周去非 著, 楊武泉 校注, 『嶺外代答校注』, 中華書局, 1999.

『제번지교주』	趙汝适 著, 馮承鈞 校注, 『諸蕃志校注』, 商務印書館, 1940.
『제번지교석』	趙汝适 著, 楊博文 校釋, 『諸蕃志校釋』, 『中華書局』, 1996.
『제번지역주』	박세욱 역주, 『바다의 왕국들: 제번지역주』, 영남대출판부, 2019.
『진랍풍토기』	周達觀 著, 夏鼐 等校注, 『眞臘風土記校注』, 中華書局, 2000.
『진랍풍토기역주』	박세욱 역주, 『앙코르 캄보디아: 진랍풍토기역주』, 역락, 2022.
『도이지략광증』	沈曾植, 『島夷誌略廣證』, 叢書集成本
『도이지략교주』	汪大淵 著, 藤田豊八 校注, 『島夷誌略校注』, 文殿閣書莊, 1936.
『도이지략교석』	汪大淵 著, 蘇繼廎 校釋, 『島夷志略校釋』, 中華書局, 1981.
『도이지략역주』	박세욱 역주, 『바다와 문명: 도이지략역주』, 영남대출판부, 2022.
『마환』	J.J.L. Duyvendak, 『Ma Huan Re-examined』, Amsterdam, Noord- Hollandsche uitgeversmaatschappij, 1933.
『영애승람역주』	J.V.G. Mills, Ying-Yai Sheng-Lan 'The Overall Survey Of The Ocean's Shores', Cambridge, Published for the Hakluyt Society, at the University Press. 1970.
『영애승람역주』,	박세욱 역주, 세창출판사, 2023.
『명초본영애승람교주』	馬歡 著, 萬明 校注, 『明鈔本瀛涯勝覽校注』, 海軍出版社, 2005.
『서양번국지』	鞏珍 著, 向達 校注, 『西洋番國志』, 中華書局, 1961|1982.
『서양조공전록』	黃省曾 著, 謝方 校注, 『西洋朝貢典錄校注』, 中華書局, 2000.
『동서양고』	張燮 著, 謝方 点校, 『東西洋考』, 中華書局, 2000.

『고대남해지명회석』	陳佳榮, 謝方, 陸峻嶺 著, 『古代南海地名匯釋』, 中華書局, 1986.
『인도와 실론의 항구들』	「The seaports of India and Ceylon」, 『Journal of the China Branch of the Royal Asiatic Society』, XX, 1885; 「The seaports of India and Ceylon」, 『Journal of the China Branch of the Royal Asiatic Society』, XXI, 1886.
『조여괄』	Friedrich Hirth and William Woodville Rockhill, 『CHAU JU-KUA: His Work on the Chinese and Arab Trade in the Twelfth and Thirteenth Centuries, entitled Chi-fan-chi』, St. Peterbourg, Printing Office of Imperial Academy of Sciences, 1911.
「15세기 초 중국의 대항해」	P. Pelliot, 「Les Grands voyages maritimes chinois au début du XVe siècle」, 『통보』, Vol. 30, 1933. 237~452.
「8세기 말 중국에서 인도로 가는 두 갈래 여정」	P. Pelliot, 「Deux itinéraires de Chine en Inde à la fin du VIIIe siècle」, 『BEFEO』, IV(1904), 131~413쪽; 역주본, 영남대학교출판부, 2020.
『프톨레마이오스의 동아시아 지리에 관한 연구』	Colonel G.E. Gerini, 『Researches On Ptolemy's Geography Of Eastern Asia』, London, 1909.
『말레이반도와 말라카에 관한 주석』	W.P. Groeneveldt, 『Notes on the Malay Archipelago and Malacca』, Batavia, The Hague, 1876.
「14세기 중국과 인도양 연안, 동부 열도와의 무역 관계에 관한 주석」	W. W. Rockhill, 「Notes on the relations and trade of China with the eastern archipelago and the coasts of the Indian Ocean during the fourteenth century」: Part I, 『통보(通報)』, 15-3(1914), 419-447; Part II-1, 『통보(通報)』, 16-1(1915) pp. 61-159; Part II-2, 『통보(通報)』, 16-2(1915), 236-271; Part II-3, 『통보(通報)』, 16-1, 374-392; Part II-4, 『통보(通報)』, 16-1, 435-467; Part II-5, 『통보(通報)』, 16-1, 604-626.
『중국과 이란』	Berthold Laufer, 『Sino-Iranica』, Chicago, 1919.
『영국-인도 용어 사전』	H. Yule & A.C. Burnell, 『Hobson-Jobson: A Glossary of Colloquial Anglo-Indian Words and Phrases, and of Kindred Terms, Etymological, Historical, Geographical and Discursive』, London, 1903.

星槎勝覽前集目錄

目錄

무릇 만물을 덮고 싣지 못함이 없는 것이 천지의 법이요, 만방에 귀순하지 않음이 없는 것이 성인의 법이다.[1] 천지와 성인은 하나이면서 둘이요, 둘이면서 하나이다. 시험 삼아 살펴보면, 하늘은 위에 자리하고 땅은 아래에 자리하나 음과 양이 두루 흘러 사계절이 변화하니, 과연 무엇으로 그 법을 알 수 있겠는가? [夫萬物無不覆載者, 天地之統也. 萬邦無不歸順者, 聖人之統也. 天地聖人一而二, 二而一者也. 試嘗觀之, 天位乎上, 地位乎下, 二氣周流, 四時更化, 果何以見其統哉.]

아! 크도다! 건원(乾元)이여! 만물이 여기에서 시작되었다. 지극하도다! 곤원(坤元)이여! 만물이 여기에서 생장하였다.[2] 무릇 만물은 이 둘 사이에 존재한다는 것을 듣지 않음이 없었다. 성인께서 혼자의 몸으로 구중(九重)의 하늘 위에 거처하며 강토의 넓음과 만민의 많음을 또한 무엇으로 그 실마리를 알았겠는가. 아! 성인께서 자기의 덕을 닦았기 때문일 뿐이다. [吁! 大哉乾元. 萬物資始. 至哉坤元. 萬物資生. 則凡物之在於兩間者, 無不聞之也. 聖人以一人之身, 處乎九重之上, 輿圖之廣, 生齒之繁, 亦何以見其統哉. 噫! 本乎聖人己德之修也耳.]

성신(聖神)한 문무의 덕을 받고, 지혜롭고 총명한 자질을 온양하여 뭇 사물 중에 걸출하고, 뭇 무리 중에 으뜸이셨다. 지키는 것이 지극히 간결해도 능히 번잡함을 제어했고, 거처함은 지극히 고요했어도 능히 움직임을 통제했으며, 힘쓴 것은 지극히 적어도 능히 다수를 복종시키셨다. 이로써 하늘이 덮은 곳, 땅이 실은 곳까지 덕화(德化) 속으로 모두 귀의하지 않음이 없었고, 온 하늘 아래, 온 땅의 물가까지 함양(涵養)의 안으로 귀의하지 않음이 없었다. [稟聖神文武之德, 蘊睿知聰明之資, 首出庶物, 卓冠羣倫. 所守者至簡而能御繁, 所處者至靜而能制動, 所務者至寡而能服衆. 是以際天所覆·極地所載, 莫不咸歸於德化

---

1) 이 문장은 『장자(莊子)』, 「천지(天地)」편에 "무릇 도란 만물을 덮어 주고 싣는 것으로 넓고도 크도다!(夫道覆載萬物者也, 洋洋乎大哉)"라고 한 말에서 나왔다.

2) 이 문장은 『주역』 건괘(乾卦)와 곤괘(坤卦) 단사(彖辭)에 나오는 표현이다.

之中. 普天之下·率土之濱, 罔不悉歸於涵養之內.]

위대하신 우리 태조고황제(太祖高皇帝, 홍무제 주원장, 1368~1398년 재위)께서 회수(淮水)의 땅에서 흥기하여 금릉(金陵)에서 건국하시고 오랑캐 원나라의 폐습을 쓸어내 화하(華夏)의 상도(常道)를 바로잡으셨으며, 강상(綱常)을 떨쳐 중외(中外)에 선포하고 문덕(文德)을 펴, 사방에 이르게 하셨다. [洪惟我太祖高皇帝龍飛淮甸, 鼎定金陵, 掃胡元之弊習, 正華夏之彝倫, 振綱常以布中外, 敷文德以及四方.]

태종문황제(太宗文皇帝, 영락제 주체, 1402~1424년 재위)께서 덕과 은택을 천하에 넘쳐흐르게 하시고 만이(蠻夷)에 베푸시니, 배와 수레가 이른 곳, 사람의 힘이 닿는 곳 모두 존숭(尊崇)하지 않음이 없어, 홀을 잡고 비단을 받들어 내조하고, 산을 넘고 바다를 건너 진공(進貢)하였다. 예악이 밝게 갖추어지고 길상의 조짐이 모두 모여들었다. [太宗文皇帝德澤洋溢乎天下, 施及蠻夷, 舟車所至, 人力所通, 莫不尊親, 執圭捧帛而來朝, 梯山航海而進貢. 禮樂明備, 禎祥畢集.]

인종소황제(仁宗昭皇帝, 홍희제, 주고치, 1424~1425년 재위)께서는 선조를 본받고 하늘을 받들어 이제(二帝, 요임금과 순임금)와 삼왕(三王, 우, 탕, 문왕)의 도를 행하셨다. 선종장황제(宣宗章皇帝, 선덕제, 1425~1435년 재위)께서는 이전의 공업을 지키며 황제의 계통을 이어 이제(二帝) 삼왕(三王)의 마음을 실천하셨다. 현 황상(皇上, 정통제, 1435~1464년 재위)에 이르러 인지(仁智)함을 하늘로부터 받으시어 성도(聖道)가 나날이 새로워지고, 사부(師傅)를 맡은 자들은 모두 이윤(伊尹)과 여상(呂尙)의 덕을 [갖추었고], 조정에 있는 자들은 모두 후직(后稷)과 설의 어짊을 다하여 성스러움이 서로 이어지며 대통(大統)을 계승했으니, 어찌 천지와 성인이 함께 이룬 것이라고 말하지 않으랴! [仁宗昭皇帝法祖憲天, 行二帝三王之道. 宣宗章皇帝守成繼統, 體二帝三王之心. 迨至皇上仁智天錫, 聖道日新, 任師傅者皆伊召[呂]之德, 居廊廟者盡稷卨之賢, 聖聖相承, 紹繼大統, 豈不謂天地聖人同其致焉.]

나 비신은 오군(吳郡)의 곤산(崑山) 사람이다. 홍무(洪武) 31년

(1398)에 나의 형은 태창위(太倉衛)에 적을 두었으나 얼마 되지 않아 세상을 떠났다. 나는 나이 14세부터 형을 대신하여 군대의 일을 맡았다. 또 집이 가난하여 누추한 집에 살았으나 뜻이 돈독하고 배움을 좋아하여 일취월장 시기를 뛰어넘어 책을 빌려 익히면서 읽었다. 나이 22세가 된 영락(永樂, 1403~1424년)에서 선덕(宣德, 1426~1434년)으로 이르는 시기에, 선발되어 서양에 갔다. **네 차례**를 정사 태감 정화(鄭和) 등의 원정을 수행하여 해외 여러 나라에 이르러, 여러 나라 사람들의 풍토와 산물을 두루 살펴, 두 책으로 모아 『성사승람』이라 하였다. [愚生費信, 祖氏吳郡崑山民也. 洪武三十一年, 先兄籍太倉衛, 不幾而蚤世. 信年始十四, 代兄當軍, 且家貧而陋室, 志篤而好學, 日就月將, 偷時借書而習讀. 年至二十二, 永樂至宣德間, 選往西洋. **四次**隨征正使太監鄭和等, 至諸海外, 歷覽諸番人物風土所產, 集成二帙, 曰星槎勝覽.]

전집은 직접 목격하며 이른 곳들이고, 후집은 전하여 번역해 준 것 중에서 사실인 것들을 채집한 것이다. 그러나 편집의 체제를 본받을 수 없지만, 글을 쓰고 시를 지은 것은 진실로 감히 성은을 저버리지 못해서이다. 가서 칙서와 예물을 하사하고, 지극한 인덕(仁德)으로 만이(蠻夷)를 교화하여 만방을 신하로 복종시키자, 공헌(貢獻)이 성대해졌도다. 책이 만들어졌지만, 초고를 빼거나 바로잡지 못했다. 만일 유명한 스승과 큰 유학자를 만나, 쓸 것은 쓰고, 뺄 것은 뺀다면, 어리석은 저는 힘써 본받는 정성으로, 비루함이 지극하지만 펼쳐낼 수 있을 것이다. [前集者親監目識之所至也, 後集者採輯傳譯之所實也. 然不能效編摩之體, 爲文爲詩, 誠不敢負聖恩. 往賜璽書禮幣, 至仁至德, 化及蠻夷, 萬邦臣服, 貢獻之盛歟. 書既成, 稿未獲刪正, 儻遇明師碩儒, 筆則筆, 削則削, 愚信効勤之誠, 鄙陋之至, 可得所伸矣.]

위대하시다! 황상의 도모함은 넓고 멀며 하늘에 환하게 빛나, 실로 요임금과 우임금의 시대를 넘어서 삼대(三代)를 초월하였다. [이 책으로] 바다 지역과 변방 오랑캐 풍속의 미추(美醜), 산천의 험난함과 평탄함을 알 수 있다. 산물은 다르지만, 쓸데없고 인종이 추하고 천하니 어찌 볼만 하리오. 현명하신 분들이 이 책을 펼쳐보고 마음에 둔다면, 멀리 나아간 수고로움을 밝혀 나라의 복을 영원토록 공고히 할 수 있을 것이다. 저는 학식이 성글고 얕아, 이기지 못하는 지극한 마음으로 간절히 바랍니다. [欽哉皇圖廣運, 大明麗天, 實駕唐虞而超越三代矣. 可知海域蠻方風俗之美惡, 山川之險易. 物產雖殊, 無爲之用, 人類之醜賤, 何足可觀. 儻蒙明賢閱之, 盡在心目, 克忽遠涉之勞, 永固天朝之祚. 信學識疏淺, 懇切不勝之至情也.]

정통(正統) 원년 세차로는 병진년(丙辰年, 1436), 봄 정월 초하루, 옥봉(玉峯) 송암생(松岩生) 비신(費信) 공효(公曉)는 삼가 서문을 씀. [正統元年龍集丙辰, 春正月朔日, 玉峯松岩生費信公曉謹序.]

신이 듣건대, 왕이 된 사람은 안과 밖이 없이 천하의 가운데 서서 사해(四海)의 만민을 안정시키고 한결같이 같은 인(仁)으로 살펴, 가까운 것은 돈독하게 하고 먼 것을 받아들인다[一視同仁, 篤近擧遠][1]고 하였습니다. 그러므로 중국으로 보면 같은 사람이지만, 오랑캐의 나라들을 다스리지 않음으로 다스렸습니다.[이에] 위대하신 성천자께서 문(文)으로 다스림을 열고, 태조고황제(太祖高皇帝)께서 새로 제왕에 오르시어[龍飛九五], 은택이 중외(中外)로 펼쳐지고 덕의 위엄을 만방에 떨치셨다. 태종문황제(太宗文皇帝)께서 황제를 계승하여 문명(文明)의 다스림이 사방에 이르렀다. [臣聞王者無外, 中天下而立, 定四海之民, 一視同仁, 篤近擧遠. 故視中國猶一人, 而夷狄之邦, 則以不治治之. 洪惟聖朝天啓文運, 太祖高皇帝龍飛九五, 波澤敷於中外, 德威振於萬邦. 太宗文皇帝繼統, 文明之治格於四表.]

이에 정사 태감 정화(鄭和), 왕경홍(王景弘), 후현(侯顯) 등에게 누차 명하여 구이(九夷)[2]와 팔만(八蠻)[3]의 길을 여시고 칙서와 예물을 하사하셨다. 황제의 교화[皇風]가 맑고 깨끗했으며, 두루 베품은 끝이 없

---

1) 한유(韓愈)의 「원인(原人)」에 "이러한 까닭으로 성인은 한결같이 같은 인(仁)으로 살펴, 가까운 것을 돈독하게 하고, 먼 것을 받아들인다(是故聖人一視同仁, 篤近而擧遠)"라고 하였다.

2) 『후한서』 「동이전(東夷傳)」(중화서국, 2807쪽)에 "이(夷)에는 아홉이 있는데, 견이(畎夷), 우이(于夷), 방이(方夷), 황이(黃夷), 백이(白夷), 적이(赤夷), 현이(玄夷), 풍이(風夷), 양이(陽夷)라고 한다(夷有九種. 曰, 畎夷·于夷·方夷·黃夷·白夷·赤夷·玄夷·風夷·陽夷)"라는 기록이 보인다.

3) 『예기』, 「왕제(王制)」에서 "남방을 만(蠻)이라 한다(南方曰蠻)"라는 문장이 보이는데, 공영달(孔穎達)은 소(疏)에서 『이아(爾雅)』를 인용하여, 팔만(八蠻)은 "천축(天竺), 해수(咳首), 초요(僬僥), 파종(跛踵), 천흉(穿胸), 담이(儋耳), 구지(狗軹), 방춘(旁春)이라 한다(一曰天竺, 二曰咳首, 三曰僬僥, 四曰跛踵, 五曰穿胸, 六曰儋耳, 七曰狗軹, 八曰旁春)"라고 하였다.

어, 하늘이 덮은 곳, 땅이 실은 곳 공헌(貢獻)하며 신복(臣服)하지 않음이 없었으니 삼황오제(三皇五帝)의 시기도 뛰어넘을 수 없도다. 황상께서 황위에 오르시어 칙서가 해선(海船)에까지 이르렀고, 원정(遠征)의 일은 나라의 열성조(列聖朝)가 이어가며 수 세대에 걸쳐 거듭 빛나, 다스림과 교화가 융성해지면서 먼 오랑캐와 사소한 추물들이 황제의 교화를 막아서면, 군대를 보내 정벌하고 무비(武備)를 잊지 않게 하여 큰 터전을 공고히 하고 만세의 큰 규범을 세우셨다. 황상께서 [하늘을] 공경하고 삼가 묵묵히 다스림의 도를 생각하시며[恭默思道], 단정하게 팔짱 끼고 다스리고 이미 이룬 성대한 운명을 지키며 무궁한 업적을 드리워 시의에 적절한 조치[時措之宜]를 얻으셨다. [於是屢命正使太監鄭和·王景弘·侯顯等, 開道九夷八蠻, 欽賜璽書禮幣. 皇風清穆, 覃被無疆, 天之所覆, 地之所載, 莫不貢獻臣服, 三五之世, 不是過矣. 皇上嗣登大寶, 詔止海舶, 及遠征之役, 蓋以國家列聖相繼, 奕葉重光, 治化隆盛, 而遠夷小醜, 或梗皇化, 則移師薄伐, 使不忘武備, 以鞏固鴻基, 爲萬世之宏規也. 皇上恭默思道, 端拱而治, 守盈成之運, 垂無窮之業, 得時措之宜也.]

신은 원래 오나라 동쪽의 비천한 유생으로 띠 집에 사는 낮은 선비입니다. 선신(先臣)[4]은 태창(太倉)에서 수 자리를 섰으나 얼마 되지 않아 일찍 죽어 이에 신이 그 수 자리를 이었습니다. 영락(永樂)에서 선덕(宣德) 연간에 뽑혀 중사(中使)를 따라 해외에 나가, 여러 외국을 돌아다녔는데, 앞뒤로 **4차례**이며 20여 년이 걸렸습니다. 풍토와 인물의 적절함을 두루 보고, 골라 모아 책으로 써내, 『성사승람』이라 명명했습니다. 그 보잘것없음을 헤아리지 못하고 감히 그 앞머리에 스스로 기술합니다. [臣本吳東鄙儒, 草茅下士. 先臣戍太倉, 未幾而蚤世, 於是臣繼

4) '선신(先臣)'이란 황제 앞에서 자기의 선조나 부친을 일컬을 때 사용하는 표현이다.

戍役. 至永樂宣德間, 選隨中使至海外, 經諸番國, 前後數四, 二十餘年. 歷覽風土人物之宜, 采輯圖寫成帙, 名曰星槎勝覽. 不揣膚陋, 輒敢自敍其首.]

한번 살펴보시면, 중국의 큼, 화이(華夷)의 구분, 산천의 험함, 물산의 진기함, 먼 지역 말속(末俗)의 비천함을 멀리 가는 수고로움 없이 눈에서 알 수 있을 것입니다. 무릇 왕이 된 사람은 안과 밖이 없고, 왕덕(王德)의 체(體)는 다스리지 않음으로 다스리니 왕덕(王德)의 용(用)도 그러하여 장차 교화의 효용이 드러날 것입니다. 교화가 미치는 곳은 폭풍이 일지 않고, 파도가 일지 않아 월상(越裳), 숙신(肅愼)의 백성들이, "중국에는 성인이 위에 있다[聖人在上]"[5]라고 하니, 흰 꿩[白雉], 싸리나무 화살[楛矢]의 진공(進貢)을 기다리지 않아도 이를 것입니다. [一覽之餘, 則中國之大·華夷之辨·出川之險·物產之珍奇, 殊方末俗之卑陋, 可以不勞遠涉而盡在目中矣. 夫王者無外, 王德之體, 以不治治之. 王道之用若然, 將見治化之效. 聲教所及, 暴風不作, 海波不揚, 越裳肅愼之民曰, 中國有聖人在上. 白雉楛矢之貢, 不期而至矣.]

정통(正統) 원년 병진년(1436), 봄, 정월 길일(吉日, 초하루)에 신 비신이 머리를 조아리며 서문을 씁니다. [正統元年丙辰春正月吉日臣費信稽首謹序.]

5) 『좌전』 소공(昭公) 4년 조목에 보인다.

1차. 영락(永樂) 7년(1409)에, 정사 태감 정화(鄭和) 등을 수행하여 참파[占城], 자바[爪哇], 말라카[滿剌加], 수마트라[蘇門答剌], 실론[錫蘭山], 소구남(小唄喃), 코치[柯枝], 캘리컷[古里] 등의 나라에 가서 조서를 읽어준 다음, 상을 하사하고, 영락 9년(1411)에 수도로 돌아왔다.[1)] [一·於永樂七年, 隨正使太監鄭和等往占城·爪[瓜]哇[2]·滿剌加·蘇門

1) 비신의 이 첫 번째 여정은 정화의 7차 항해 중 두 번째 출정에 해당한다. 『명사』, 권304, 「정화전(鄭和傳)」(중화서국 7767쪽)에 "[영락]6년(1408) 다시 실론[錫蘭山]으로 갔다. 국왕 아열고내아(亞烈苦柰兒)가 정화를 나라 안으로 유인하여 황금과 예물을 요구하며 군대를 보내 정화의 배를 겁탈했다. 정화는 적의 대부분이 이미 나가, 나라 안이 빈 것을 보고 통솔한 2천여 명을 거느리고 불시에 공격하여 그 도성을 부수고 아열고내아와 그의 처자와 관속을 생포했다. 정화의 배를 약탈하러 간 자가 이 소식을 듣고 돌아와 자기 편을 구원했으나 관군들이 또 크게 격파했다. [영락] 9년(1411) 6월 조정에 포로들을 헌상하자, 황제는 처형하지 않고 사면하여 나라로 돌아가게 풀어주었다. 이때, 교지를 파멸시키고 그들의 땅을 군현으로 귀속시키니 여러 이웃이 더욱 두려워하며 조공해 오는 나라가 나날이 많아졌다(六年九月再往錫蘭山. 國王亞烈苦柰兒誘和至國中, 索金幣, 發兵劫和舟. 和覘賊大眾既出, 國內虛, 率所統二千餘人, 出不意攻破其城, 生擒亞烈苦柰兒及其妻子官屬. 劫和舟者聞之, 還自救, 官軍復大破之. 九年六月獻俘於朝. 帝赦不誅, 釋歸國. 是時, 交阯已破滅, 郡縣其地, 諸邦益震讋, 來者日多)"라고 하였다. 비신이 말한 출발 시기와 1년의 차이가 있다. 『명사』, 권6, 「성조본기(成祖本紀)」(85쪽)에 "[영락 6년], 9월, 계해(癸亥)일에 정화가 다시 서양(西洋)에 사신으로 갔다(鄭和復使西洋)"라고 하였고, 『태종문황제실록(太宗文皇帝實錄)』, 권83, 영락 6년 9월 28일 첫 번째 기사에 "계유일에 태감 정화 등이 칙서를 가지고, 캘리컷[古里], 말라카[滿剌加], 시무드라[蘇門答剌], 아루[阿魯], 카일[加異勒], 자바[爪哇], 시암[暹羅], 참파[占城], 코치[柯枝], 아발파단(阿撥把丹), 퀼론[小柯蘭], 람브리[南巫里], 캄베이[甘巴里] 등의 나라에 사신으로 가서 이들 나라의 왕에게 면포, 꽃문양 비단[綺], 얇고 가벼운 비단[紗羅]을 하사했다(癸酉, 太監鄭和等賚勑, 使古里·滿剌加·蘇門答剌·阿魯·加異勒·爪哇·暹羅·占城·柯枝·阿撥把丹·小柯蘭·南巫里·甘巴里諸國, 賜其王綿·綺·紗羅)"라고 하였으므로, 출발한 연도는 영락 6년(1408)이 맞다. 사실 이 여정 기록을 비신이 직접

答剌·錫蘭山·小唄喃·柯枝·古里等國, 開讀賞賜, 至永樂九年廻京.]

2차. 영락 10년(1412) 사신 소감(少監) 양칙(楊敕) 등을 수행하여 벵갈[榜葛剌] 등의 나라에 가, 칙서를 읽어주고 상을 하사하고, 영락 12년(1414)에 수도로 돌아왔다.[3] [一·於永樂十年隨奉使少監楊敕等往

작성했다면 출발한 연도를 1년이나 차이가 나게 기술할 수 있을까? 비신은 참파[점성] 조목에서 분명 영락 7년 12월 출항했고, 10일을 항해하여 참파에 도착했다고 하였다. 양력으로 계산하면 12월은 1409년 12월 7일~1410년 1월 4일에 해당한다. 비신 자신이 썼다는 서문에 보면, 자신의 기록이 조정 또는 해당 부서에 올리는 공식적인 보고서 임을 밝히고 있다. 어떻게 이런 실수가 무려 두 곳에서 발생할 수 있겠는가. 또, 자신이 서양에 간 이 일람표는 『고금설해(古今說海)』본 계통의 개정본에는 보이지 않고, 천일각(天一閣)본을 중심으로 한 소위 '족본(足本)'에만 들어있다는 점 또한 우리의 의심을 부추긴다. 마지막으로 방문한 나라들도 앞서본 『명실록』과 비교하면, 아루[阿魯], 카일[加異勒], 시암[暹羅], 아발파단(阿撥把丹), 람브리[南巫里], 캄베이[甘巴里] 등이 빠져있다.

2) 저본인 『족본성사승람』에는 조와(爪哇)의 '조(爪)'자가 모두 '과(瓜)'자로 잘못 되어있어 바로 잡는다.

3) 비신이 수행한 두 번째 정보는 역사 기록으로 확인되지 않는다. 먼저, 황제의 칙서를 가지고 멀리 벵갈 등의 나라에까지 가서 예물을 하사하는 사신으로 태감(太監)의 보좌역인 소감(少監)이 나갔다는 사실부터 의문이다. 게다가 양칙(楊敕)이라는 환관 사신은 『명사』, 『명실록』 그 어디에도 보이지 않는다. 펑 청쥔 씨에 따르면, 주당면(朱當㴐)의 『국조전고』에는 '칙(敕)'자가 '랄(剌)'자로 되어있는데, 모두 '민(敏)'자의 잘못으로 추정했다. 사실 『명사』, 권324, 「섬라전(暹羅傳)」에 영락 "17년(1419) 중관(中官) 양민(楊敏) 등에게 [섬라의 사신을] 호송하여 돌아가게 하라고 명했다(十七年命中官楊敏等護歸)"라는 기록이 보인다. 『태종실록』에는 18년 4월 경신(庚申) 기사에는 '18년(1420)'으로 되어있다. 어쨌든 시암[섬라]와 벵갈[방갈랄]은 인접한 나라지만, 해당 연대는 여기 비신이 언급한 1412년과는 상당한 차이가 있다.

본서 전집 마지막에 수록된 벵갈[방갈랄] 조목에서 "영락 10년(1412)과 영

榜葛剌等國, 開讀賞賜, 至永樂十二年廻京.]

락 13년(1415) 두 차례 황상이 태감 후현(侯顯) 등에게 수군을 이끌고 조칙을 받들어 가, 국왕, 왕비, 두목 등에게 상을 내리도록 했다(永樂十年并永樂十三年二次, 上命太監侯顯等統領舟師, 賚捧詔勅, 賞賜國王·王妃·頭目)"라는 기술이 보인다. 이로써 볼 때, 비신은 확실히 영락 10년(1412)에 벵갈에 갔다. 하지만『명사』, 권304,「후현전」(7769쪽)에서 "11년(1413)에 다시 명을 받들어 서방 나라인 니팔랄(尼八剌), 지용탑(地涌塔) 두 나라에 하사품을 내렸다(十一年春復奉命, 賜西番尼八剌·地涌塔二國)"라고 하였다. 여기에 언급된 '니팔랄'은 인도의 동북쪽, 방글라데시의 서북쪽에 있는 네팔로 알려져 있다. 정확히 네팔에 후현(侯顯)이 바다를 통해 갔는지, 육로를 통해 갔는지는 확인되지 않지만, 벵갈[방갈랄]에 갔을 가능성은 있다. 그러나 비신이 말한 연대와 역시 1년의 차이가 나고, 영락 10년이든 11년이든 후현이 벵갈에 사신으로 갔다는 기록은 찾을 수 없다. '소감 양칙'과 당시 태감(太監)으로 승진한 후현(侯顯)과는 엄연한 차이가 있다. 이에 대해 펑 청쥔 씨는 앞서 언급한 방갈랄 조목에서 "황상은 태감 후현 등에게 명하여(上命太監侯顯等)"라고 했으므로, '후현' 뒤에 '소감 양칙(또는 양민)이 빠졌다고 설명하려 했다(성사승람교주, 목록 1쪽). 하지만,『명사』, 권304,「후현전」(7769쪽)을 보면, "13년(1415) 7월 황제는 방갈랄(榜葛剌) 등의 나라들과 통교하고자 다시 후현에게 수군을 통솔하여 가게 했는데, 그 나라는 바로 동인도의 땅으로 중국과는 아주 멀리 떨어져 있었다(十三年七月, 帝欲通榜葛剌諸國, 復命顯率舟師以行, 其國即東印度之地, 去中國絕遠)"라고 하며 후현이 방갈랄에 사신으로 간 사실을 명시하고 있다. 따라서 영락 13년의 방갈랄 사신단에 비신이 수행한 사실은 확인된다고 볼 수 있다. 그리고 비신은 두 번째 일정에서 영락 12년(1414)에 남경으로 돌아왔음을 보여준다. 한편『태종문황제실록』에 따르면, 영락 10년, 6~7월에는 이미 방갈랄의 사신이 중국 조정에 조공해 와 있었다. 다시 말하자면, 영락 10년에는 방갈랄에 사신을 보낼 필요가 없었다는 말이나. 그러므로 펑 청쥔 씨의 추측은 타당성을 잃는다. 그렇다면 비신의 두 번째 여정은 완전히 잘못된 것일까?

여기 비신이 언급한 시기 즉 영락 10년~12년은 정화의 3차 항해 기간에 해당한다.『명사』, 권304,「정화전(鄭和傳)」(중화서국 7767쪽)에 "[영락] 10년(1412) 11월 다시 정화 등을 사신으로 보내, 사무드라[소문답랄]에 이르렀다. 그곳의 이전 가짜 왕자 소간랄(蘇幹剌)이란 자가 당시 군주를 시해하고 스스로 왕위에 올

3차. 영락 13년(1415)에 정사 태감 정화 등을 수행하여 벵갈[榜葛剌] 등의 외국으로 갔다가 호르무즈[忽魯謨斯] 등에 이르러 칙서를 읽어주고 상을 하사한 뒤, 영락 14년(1416)에 수도로 돌아왔다.[4] [一·於

랐는데, 정화가 가져온 하사품이 자신에게 오지 않자 화가나, 병사를 이끌고 관군을 요격했다. 정화는 힘껏 싸우면서 추격하여 람브리[喃渤利]에서 사로잡고 아울러 그의 처자들도 잡아, 13년(1415) 7월 조정으로 돌아왔다. 황제는 몹시 기뻐하며 여러 장사(將士)에게 차등에 따라 상을 내렸다(十年十一月復命和等往使, 至蘇門答剌. 其前僞王子蘇幹剌者, 方謀弑主自立, 怒和賜不及己, 率兵邀擊官軍. 和力戰, 追擒之喃渤利, 並俘其妻子, 以十三年七月還朝. 帝大喜, 賚諸將士有差)"라고 하였다. 정화의 이 3차 출정은 『명사』「성조본기」(90쪽)에서 영락 10년 11월 "병신일에 정화는 다시 서양에 사신으로 갔다(丙申, 鄭和復使西洋)"라고 한 것으로 확인된다. 비신의 기술대로 영락 10년이라면, 분명 출정은 계절풍의 조건에 맞추어 11~12월에 떠났을 터인데, 이 기간에 정화가 이끄는 사신단과 소감 양칙이 이끄는 사신단이 별도로 활동했다는 말로 읽어야 할까? 그럴 가능성은 희박해 보인다. 유일한 해법이라면, 사실 정화의 3차 항해는 수마트라섬에서 소간랄(蘇幹剌)을 체포하는 데 집중되어 방갈랄 지역까지 갈 여력이 없었을 것이므로, 정화는 수마트라섬에서 보선(寶船)을 나누어 즉 '분종(分𦨴)'하여 '소감 양칙'을 방갈랄에 보냈다는 추측이다. 이러한 가설이 성립하려면, 영락 10년이 아니라 11년(1413)이 되어야 할 것이다. 따라서 비신의 두 번째 수행 일정은 상당한 의문을 남긴다. 폴 펠리오는 「15세기 초 중국의 대항해」란 장편의 논문에서(292쪽) 비신은 정화의 3차 항해에 참여하지 않았다고 확신하고 있다.

4) 비신의 이 세 번째 일정은 물리적으로 불가능하다. 영락 13년(1415)에 출발하여 호르무즈까지 갔다가 이듬해(1416)에 돌아왔다는 점이다. 말하자면, 13년 겨울에 출발하여 14년 여름에 돌아왔다는 대략 6~8개월의 기간이다. 앞서본 정화의 3차 항해는 영락 13년 7월 계묘(癸卯)일에 귀환한 것으로 확인된다(『명사』, 권7, 『성조본기』, 95쪽). 정화의 네 번째 원정은 영락 14년 겨울에 시작된다. 『명사』, 권304, 「정화전」(7767쪽)에 "[영락] 14년(1416) 겨울, 말라카[滿剌加], 캘리컷[古里] 등의 19 나라가 모두 사신을 보내 조공해 왔다가, 돌아갔다. [황제는] 다시 정화 등에게 함께 가서 그들 군장(君長)에게 상을 내리게 했다. 17년(1419) 7월에 돌아왔다(十四年冬, 滿剌加·古里等十九國咸遣使朝貢, 辭還. 復命和等偕

永樂十三年隨正使太監鄭和等往榜葛剌諸番, 直抵忽魯謨斯等, 開讀賞賜, 至永樂十六年廻京.]

4차. 선덕(宣德) 6년(1431) 정사 태감 정화 등을 수행하여 외국으로 갔다가 호르무스[忽魯謨斯] 등에 이르러 칙서를 읽어주고 상을 하사한 뒤, 선덕 8년(1433)에 수도로 돌아왔다.[5] [一·於宣德六年隨正使

往, 賜其君長. 十七年七月還. 十九年春復往, 明年八月還)"라고 하였다. 펑 청쥔 씨는 비신의 이 일정에 대해 다음과 같이 설명했다. "『명사』, 『명실록』, 남산사(南山寺) 비문을 참고하여 볼 때, 정화의 네 번째 항해는 영락 10년(1412)에 가서, 영락 13년에 돌아왔다. 다섯 번째 사신행은 영락 14년(1416) 12월에 가서, 17년(1419) 7월에 돌아왔다. 별도로 13년에 방갈랄 등의 나라에 간 일이 없으므로, [일정표의] '정화'는 '후현(侯顯)'의 잘못이다"라고 했다. 첫째, 펑씨가 말한 '4차'는 '3차'이고, '5차'는 '4차'가 되어야 한다. 둘째, 앞서본 『명사』「후현전」에 "13년(1415) 7월 황제는 방갈랄(榜葛剌) 등의 나라들과 통교하고자 다시 후현에게 수군을 통솔하여 가게 했다"라는 기록을 근거로 '정화'를 '후현'으로 고치려 했다. 정화는 3차 항해에서 영락 13년 7월에 돌아왔으므로 후현이 그해 7월에 황명을 받든 것은 그럴법하고 목적지는 확실히 방갈랄까지였던 것 같다. 그렇다고 해도 실제 6~8개월 만에 가능한 거리가 아니다. 심지어 호르무즈까지 왕복했다는 사실은 전혀 성립하지 않는다. 『영애승람』 메카[천방] 조목에서 캘리컷에서 메카까지 왕복하는 데 1년이 걸렸다고 한 것을 참고할 수 있다. 직접 비신이 사신단을 수행했다면, 이러한 시공간적 착오는 있을 수 없다. 정화의 사신단은 세 번째 항해에서 호르무즈까지 나아가므로, 비신의 이 세 번째 일정은 비신이 아닌 제삼자가 정화의 세 번째 항해를 잘못 기재해 넣은 것으로 볼 수밖에 없다.

5) 이 일정은 정화의 마지막 항해인 7차 원정에 해당한다. 『명사』, 권304, 「정화전」(7767쪽)에 "선덕(宣德) 5년(1530) 6월, 황제가 즉위한 지 오래되었으나 멀리 있는 여러 나라가 조공해 오지 않아, 이에 정화, 왕홍경이 다시 황명을 받들어 호르무즈[忽魯謨斯] 등 17개국을 편력하고 돌아왔다(宣德五年六月, 帝以踐阼歲久, 而諸番國遠者猶未朝貢, 於是和·景弘復奉命歷忽魯謨斯等十七國而還)"라고 하였다. 여기에서도 비신이 언급한 연도와 1년의 차이가 있다. 역사 기록에서

太監鄭和等往諸番, 直抵忽魯謨斯等國, 開讀賞賜, 至宣德八年廻京.]

모두 서양 오랑캐들의 나라, 풍토와 인물의 다름을 두루 살펴 나라별로 나누어 서술하고 **시편으로 노래했다**. [通計歷覽西洋諸番之國, 風土人物之異, 逐國分序, 詠其詩篇.]

[1] 점성국(占城國)
[2] 빈동룡국(賓童龍國)
[3] 영산(靈山)
[4] 곤륜산(崑崙山)
[5] 교란산(交欄山)
[6] 섬라국(暹羅國)
[7] 조와국(爪哇國)
[8] 구항(舊港)
[9] 만랄가국(滿剌加國)
[10] 구주산(九洲山)
[11] 소문답랄국(蘇門答剌國)
[12] 화면왕국(花面王國)

정화의 일행이 언제 돌아왔는지에 대한 언급은 보이지 않는다. 다만, 비신은 자바[爪哇] 조목에서 그곳의 사카 연대를 추정하며, '선덕(宣德) 7년(1432)'이라는 언급이 보이고, 또 니코바르 군도[翠藍山] 조목에서 "선덕(宣德) 7년, 임자(壬子, 1432), 10월 23일 풍우가 순조롭지 못하여 우연히 이 섬에 이르러, 사흘 밤을 정박했다(宣德七年壬子十月二十三日, 風雨水不順, 偶至此山, 泊繫三日夜)"라고 하였으므로, 1432년 말까지는 '서양'에 있었음이 확인된다. 따라서 비신이 말한 귀국 연도, '선덕(宣德) 8년(1433)'은 중요한 정보이다.

이상에서 비신이 기록한 4차에 걸친 일정은 첫 번째와 네 번째 정보가 1년의 차이를 제외한다면, 역사적 자료를 통해 확인된다. 그러나 두 번째와 세 번째 일정은 확실히 오류를 담고 있다.

[13] 용아서각(龍牙犀角)

[14] 용연서(龍涎嶼)

[15] 취람서(翠藍嶼)

[16] 석란산국(錫蘭山國)

[17] 소구남국(小唄喃國)

[18] 가지국(柯枝國)

[19] 고리국(古里國)

[20] 홀로모사국(忽魯謨斯國)

[21] 랄살국(剌撒國)

[22] 방갈랄국(榜葛剌國)

星槎勝覽前集目錄

一於永樂七年隨正使太監鄭和等往占城瓜哇滿剌加蘇門荅剌錫蘭山小唄喃柯枝古里等國

開讀賞賜至永樂九年廻京

一於永樂十年隨奉使少監楊敕等往榜葛剌等國

開讀賞賜至永樂十二年廻京

一於永樂十三年隨正使太監鄭和等往榜葛剌諸番直抵忽魯謨斯等國

開讀賞賜至永樂十六年廻京

一於宣德六年隨正使太監鄭和等往諸番直抵忽魯謨斯等國

開讀賞賜至宣德八年廻京

通計歷覽西洋諸番之國風土人物之異逐國分序詠其詩篇

目錄

1. 참파 왕국[占城國][1)]

1) 점성(占城)의 역사에 대해서는 이미 『도이지략』과 『영애승람』 역주에서 적지 않은 설명을 했다. 여기서는 이전에 미흡했던 점을 보완하고, 비신이 항해에 따라 나섰던 시기의 상황을 기술하고자 한다. 현 베트남 지역에는 고대로부터 많은 왕국이 각각 서로 영토를 다투며, 해안선을 따라 명멸했다. 따라서 점성의 영토가 이전 부남(扶南)이니, 임읍(林邑)이니, 환왕(環王)이니, 하는 나라들과 영토나 위치 면에서 부합하는 것도 아니고, 그 영역을 분명하게 확인할 수도 없으므로, 중국 학자들처럼 점성의 역사를 거슬러 올라가는 것은 큰 의미는 없다.

여기서는 다만 이전 작업에서 미처 언급하지 못한 설을 소개한다. 640년 현장(玄奘)은 『대당서역기(大唐西域記)』, 권10에서 첨파국(瞻波國)을 별도로 기술한 다음 또 삼마달타국(三摩呾吒國)에서 전하는 말에 따라 여섯 나라를 언급하고 있는데 그중에 '마하첨파'라는 나라가 들어있다. 현장은 이 여섯 나라를 전하는 말에 따라 다음과 같이 기록했다(『대당서역기교주』, 803쪽). "이곳[삼마달타국]에서 동북쪽 큰 바닷가 산골짜기에는 실리차달라국(室利差呾羅國)이 있고, 그다음으로 동남쪽 큰 바다 모퉁이는 가마랑가국(迦摩浪迦國)이 있으며 그다음에는 동쪽으로 타라발저국(墮羅鉢底國)이 있고, 그다음에는 이상나보라국(伊賞那補羅國)이 있으며, 그다음에는 동쪽으로 마하첨파국(摩訶瞻波國)이 있는데, 이곳이 바로 임읍(林邑)이라는 나라이다. 그다음에는 서남쪽으로 염마나주국(閻摩那洲國)이 있다. 이 여섯 나라는 산과 강으로 길이 막혀 그 경내로 들어가지 못했지만, 풍속과 땅의 경계는 전하는 말로 알 수 있었다(從此東北大海濱山谷中, 有室利差呾羅國, 次東南大海隅有迦摩浪迦國, 次東有墮羅鉢底國, 次東有伊賞那補羅國, 次東有摩訶瞻波國, 卽此云林邑是也. 次西南有閻摩那洲國. 凡此六國, 山川道阻, 不入其境, 然風俗壤, 界聲聞可知)." 지 셴린(季羡林) 씨의 주석에 따르면, 첨파국(瞻波國)은 앙가(Aṅga)의 수도로, 현 찬단(Chādan)과 갠지스강에 있는 도시 왕국이라고 설명했나(앞의 출저, 786쪽). 그리고 '삼마달타(三摩呾吒)'는 산스크리트어 사마타따(Samataṭa)의 음역 명칭으로, '평탄한 땅'이라는 의미이며, 정확한 위치는 특정하지 않았지만, 인도 동북부에 있는 아주 중요한 옛 왕국 중 하나라고 설명했다(같은 책, 802쪽). 이상 현장의 기록으로부터, 인도에 있는 '첨파[Champā]'라는 도시 왕국과 현 베트남의 '첨파'라는 왕국을 '크다'라는 의미의 '마하(摩訶, mahā)'를 붙여 구분하고 있음을 확인할 수 있다. 또한, 이 마하첨파국이 바로 '임읍(林邑)'이며, 이곳은 인도 문화권의 나라 중에서 가장 동쪽에 있다는 사실을 추론할 수 있다. 마지막으로 적어도 640년에는 '첨파=참파'라는 국명이 사용되고 있으며, 기록상 중국 자료 중에서는 가장 이른 언급으로 확인할 수 있다. 하지만 참파의 영토가 정확히 임읍의 영토와 부합하느냐는 문제는 두 나라가 남북으로 경합하고 있었고 캄보디아가 진출하고 있었으므로, 정확히 일치하는 것으로는 읽을 수 없다.

율(Yule)은 이 참파가 2세기 고대 그리스 프톨레마이오스가 언급한 자바(Ζαβα) 또는 자바이(Ζάβαι)일 가능성을 시사했다(『Hobson-Jobson』, 183쪽). 현장의 설명대로, 마하첨파가 바로 임읍(林邑)이라면, '임읍'이라는 언급은 중국 역사서에서 초평(初平) 연간(90~193년)으로 거슬러 올라가므로, 프톨레마이오스의 시대와 그렇게 멀지 않다. 제리니(G.E. Gerini)는 참파가 프톨레마이오스의 '자바' 또는 '자바이'라는 확신을 하고 있었던 것 같다. 제리니는 프톨레마이오스가 서론에서 말레이반도에 있는 타콜라(Takōla)에서 카티가라(Kattigara)에 이르는 해로 상에 주요 기항지 중 하나로 언급한 '자바' 위치를 경도, 106도 39분, 위도 10도 53분, 즉 사이공강 유역으로 특정했다. 이어서 제리니는 바리아(Bāria), 사이공, 미토(Mītho) 지역은 1658~1752년간에 스바이 탑(Svāi thăp) 주(州)로 불렸다고 한다. 이로부터 스바이(Svāi)-자바이(Ζάβαι)-자파(Zapa)-참파(Campā)라는 연관성을 지적했다(『Researches on Ptolemy's Geography of Eastern Asia』(London, 1909), 215~217쪽). 정녕 참파=프톨레마이오스의 '자바'라면, 우리는 참파 왕국이 북쪽에서 남단으로 수도를 옮겼다는 확인된 사실과는 거꾸로, 남단에서 북쪽으로 세력을 확장했다고 읽어야 한다. 따라서 프톨레마이오스가 참파 왕국의 한 지역을 언급했을 수는 있지만, 참파=자바(Ζαβα) 설은 유보해야 할 것이다.

'점성'이란 명칭으로 중국 자료에 처음 나타난 것은, 9세기 말에서 10세기 초로 추정되는 유순(劉恂)의 『영표록이(嶺表錄異)』이다. 비록 원본은 전하지 않지만, 권상(사고전서본, 10b)에는 "건부(乾符) 4년(877)에 점성국이 길들인 코끼리를 헌상했다(唐乾符四年, 占城國進馴象三頭)"라는 기록이 보인다. '점성'을 별도의 항목으로 처음 기술한 자료로는 악사(樂史, 930~1007)의 『태평환우기(太平寰宇記)』(사고전서본, 권179, 21b~22b)를 들 수 있다. 악사는 현덕(顯德) 5년(958년) 조공한 사례를 기록하고 있다. 이로써 볼 때 중국과의 통교는 9세기 중반으로 짐작할 수 있다. 851년 술레이만은 "선원들은 10일 여정에 있는 '세네프(Senef)'라는 곳으로 갔다. 그곳에는 담수(淡水)가 있었고, 사람들은 '알-센피(al-senfy)'라는 알로에를 수출했다. 이곳은 왕국을 형성했다. 사람들은 갈색 피부이며 각기 두 개의 사롱[pagne]을 걸쳤다"라고 기록하고 있는데(M. Reinaud, 『Relations des Voyages faits par les Arabes et les Persans dans l'Inde et à la Chine dans le IXe siècle de l'ère chrétienne』, I, 18쪽), 율은 여기의 세네프가 바로 참파의 음역이라고 추정하고 있다(『Hobson-Jobson』, 183쪽). 이로써 우리는 점성(占城)의 출현은 9세기 중반이라고 할 수 있다.

11세기 중반의 『신당서(新唐書)』, 권222하, 「환왕전(環王傳)」(6297쪽)에, "환왕(環王)은 원래 임읍(林邑)으로 불렸고, 점부로(占不勞)라고도 하고, 점파(占婆)라고도 부른다. 곧바로 교주(交州)의 남쪽이며 바다로 3,000리를 항행하는 곳이다(環王, 本林邑也, 一曰占不勞, 亦曰占婆. 直交州南, 海行三千里)"라고 하였다. 여기의 점부로[tɕjɛm-pjə̯u-lɑu](占不勞)의 '점'은 참(Cham)을 음역 표기한 것이고, '부로'는 산스크리트어로 '땅'을 의미하는 푸라(pura)의 음역 표기이다. 또한 점파[tɕjɛm-bʰuɑ](占婆)는 '참 푸라'에서 음이 다소 탈락한 형태인 참파(Champa)에 해당하는 음임을 알 수 있다. 따라서 지명인지 민족 이름인지는 판단하기 어렵지만, '점(占)'의 땅 또는 나라라는 의미로, '점성(占城)'이라는 음역과 의역의 명칭이 만들어진 것으로 보인다. 그러므로 '점성국(占城國)'으로 표기하는 것은 의미가 중복된다.

조르주 세데스(George Cœdès, 1886~1969)는 마스페로(G. Maspero)의 『참파 왕국(Le Royaume de Champa)』(Paris, 1928)을 중심으로 참파가 1471년 비자야(Vijaya)를 포기하기까지 역사를 다음과 같이 기술했다(『인도차이나와 인도네시아의 힌두화한 나라들(Les États hindouisés d'Indochine et d'Indonésie)』, 파리, 1948, 427~429쪽).

> 『명사』에서 아답아자(阿荅阿者)로 불린 이 인물의 출신에 관해 전혀 모르지만, 그는 '비나수오르(Binasuor)'라는 이름으로 참의 역사 전설에서 남아 있는 것으로 보인다. 그의 통치는 1360년경에 시작됨이 분명하다. 우선 몽골의 쇠퇴를 틈타고, 1369년 참파의 왕으로 자신을 인정한 명나라의 첫 번째 왕과 화해하면서, 쩨 봉 응아(Chế Bồng Nga, 1360~1390)는 거의 단절 없이, 다이 비엣(Dai Viēt, 大越)에 대한 성공적인 원정을 이끌었다. 말하자면, 1361년 타리(沱里) 항구 약탈, 1368

년 오늘날 꽝남에 있는 '카베른 참(Caverne Cham)'이라 부르는 곳에서 베트남인들을 물리친 것, 1371년 통킹 델타지역 침공과 하노이 약탈, 1377년 빈딘 비자야(Vijaya, 짜반) 앞에서 베트남인들을 물리친 것, 통킹에 대한 새로운 침공의 결과로 짠 두에 통(Trān Duē-tōn)의 죽음, 그리고 하노이에 대한 또 다른 약탈, 1380년 응에 안(Nhgē an)과 탄호아(Thanh hua) 약탈, 1384년 육로를 통한 통킹 공격, 1389년 현 후엉 옌(Hüng yēn) 성까지 참사람들을 이끌어간 통킹에 대한 성공적인 또 다른 원정 등이다. "한 말단 관리의 배반이 참사람들의 행진을 멈추게 하고, 아마도 독립을 어둡게 했을 침공으로부터 안남을 구한 것은 바로 그 때였다." 쩨 봉 응아는 자신의 배에 갇혀 살해되었고(1390년 2월), 그의 군대는 퇴각했다.

그의 장군 중 한 사람, 베트남 자료에서는 라 카이(La Khai)라고 부르며, 빈딘의 참어 비문에서는 '자야 심하바르만(Jaya Siṃhavarman)'이라 부르는 사람이 그의 아들들을 제거하고 그를 계승했다. 그는 현 꽝빈, 꽝찌 그리고 선왕이 재정복했던 뚜아 티엔(Thừa Thiên)에 해당하는 구름 언덕(Col des Nuages) 북쪽 영토를 다이 비엣에 넘겨줘야 했다.

1400년 그가 죽고 그의 아들 응옥 끄롱 비자야(Ngauk Klaung Vijaya)가 계승하여 먼저 비라바드라바르만(Vīrabhadravarman)이라는 이름을 가지고, 1432년 인드라바르만(Indravarman)이라는 이름으로 칭송되었다. 『명사』는 그를 점파적뢰(占巴的賴, Champādhirāja)로 불렀고, 베트남 연대기는 '바 디치 라이(Ba Dich lai)'라고 한다.

그의 통치는 잘못 시작되었다. 왜냐하면 1402년 그는 다이 비엣과 새로운 전쟁을 피하려고, 이 나라의 북쪽, 현 꽝남에 해당하는 아마라바티(Amarāvatī)에 있는 인드라푸라(Indrapura) 성을 넘겨줘야 했기 때문이다. 그곳은 옛 참파의 심장이 바드르슈바라(Bhadreçvara, 미선) 성역에서 박동하는 곳이었다. 호(Hô, 1400~1407)라는 찬탈 왕조를 제압하면서 단순히 다이 비엣을 병합했던 중국의 지원에 힘입어, 그는 1407년에 그곳을 수복했다.

북쪽으로부터 자유로웠던 참의 왕은 폰헤아 야트(Ponhea Yat)가 통치하고 있던 캄보디아를 위협하며, 1421년에는 비엔 호아(Biên Hoa)의

> 비슈누(Vishṇu) 비문에서 크메르인들에 대한 승리를 축하했다. 1420년 베트남을 해방한 레 로이(Lê Löi)의 즉위와 더불어 참파와 북방에 있는 이웃과의 평화 관계가 재수립되었다. …
>
> 참의 수도로, 빈딘(짜반)에 있는 비자야(Vijaya)는 1446년에 처음으로 정복되었다가 참사람들에게 다시 정복되었다. 1471년에 그곳은 결정적으로 6만 명을 죽이고 3만 명을 포로로 잡아간 베트남 사람들의 수중에 떨어졌다. 이들 중에는 왕과 50여 명의 왕실 사람들이 있었다. 참파는 얼마 되지 않아 바렐라(Varella) 곶의 남쪽에 있는 땅으로 축소되었고, 그곳에서 얼마간 근근이 버텼다. 그곳에는 오늘날 참사람들의 최후 잔해가 있다.

명나라와 호 왕조와의 전쟁은 1406~1407년에 이루어졌고, 그 결과로 하노이 일대의 교지(交趾)는 중국에 정복되었다. 그래서 1349~1350년 왕대연의 『도이지략』에는 교지(交趾)와 점성(占城)이 나란히 기술되었지만, 마환과 비신의 기록에는 교지(交趾)가 사라졌다. 그러므로 마환이 첫 번째로 기술한 '점성'은 1407년 인드라푸라를 수복한 직후였을 것이다. 마환은 참파만 기술했지만, 비신은 참파 주변의 '서양'으로 나아가는 주요 거점들인, 빈동룡(賓童龍), 영산(靈山), 곤륜산(崑崙山)에 대해 별도의 기술을 하고 있어, 마환의 참파 기술보다 더 많은 정보를 제공하고 있으며, 현장성이 두드러진다는 점에서 우리는 비신의 기록에 더 주목해야 한다.

폴 펠리오는 '참파'라는 명칭에 관하여, 『마르코 폴로에 관한 주석(Notes on Marco Polo)』, II, 255쪽에서 "'Z'본[çamba]의 초성 'ç'와 'VB'본[zaban|zanba]과 'R'본[ziamba|ziambi]의 'z' 등등을 제시하고 있지만, 나는 이 표기[Ciamba]를 유지한다. 어쨌든 폴로의 표기는 음성적으로 참비(Čamba)보다는 잠바(jamba)처럼 통역되었음이 분명하다. 이 나라는 오늘날 베트남 중부와 하부를 지칭하며, 폴로의 시대에 기항지는 오늘날 꾸이년이었다. 산스크리트어 명칭은 참파(Čampā)이고, 그곳 사람들의 원래 명칭은 참(Čam)인데, 관습적으로 참파(Champa)와 참(Cham)으로 표기한다. 몽골 시대 중국어 표기는 점팔(占八), 잠팔(蘸八)로, 폴로가 들었던 것과 같은 '잠바(ǰamba)'라는 발음이었음을 상정한다. 적어도 초성 자음에 대해서 우리는 오도릭(Odoric)의 잠파(Zampa), 카탈란(Catalan) 지도의 잔

①영락(永樂) 7년 기축년(1409)에 황상은 정사 태감 정화(鄭和) 등에게 관병을 통솔하여, 바다 선박[海船] 48척[號]을 타고 여러 외국으로 가서 [황제의 칙서를] 읽어주고 상을 내리게 하였다. 이해 가을 9월에 태창(太倉) 유가항(劉家港)에서 출범하여 11월 복건(福建) 장락(長樂) 태평항(太平港)에 정박했다. 12월 복건 오호(五虎)에서 바다로 나가 12개의 돛을 펴고, 순풍에 10일 밤낮을 항행하여 참파[점성국]에 이르렀다. ②바다에 임하여 신주(新洲)라는 항구가 있다. 서쪽으로는 교지에 이르고, 북쪽으로는 중국과 연접해 있다. 다른 나라에 [가는] 보선들은

파(Janpa)와 같다고 말할 수 있다. 참파(Čampa, 'Čampā'가 아님)라는 발음은 아마도 주르댕 카탈라(Jourdain Cathala)의 샴파(Champa)[그리고 샤파(Chapa), 샤파(Chāpa)로 읽음]에 따라, '샴프(Ṣanf)'라는 초기 아랍어 표기로 재현되었다. 이는 콘티(Conti)의 치암파(Ciampa)에 따라 인도-중국어 참파(Champa)에 적용된 것 같다"라고 정리했다. 이어서 마르코 폴로가 참파를 방문한 시기는 율(Yule)이 『The Book of Ser Marco Polo』, II, 268~272쪽에서 고증한 것에 따라 1288년으로 추정했다.

마르코 폴로가 참파에 관해 기술한 내용은 마환과 비신의 견문을 이해하고 고증하는데, 큰 도움을 준다. 김호동 씨가 역주한 『마르코폴로의 동방견문록』, 162장을 참고하시오. 한 가지만 지적하자면, 김 교수는 "그러나 ⓐ펠리오는 어두음이 ç가 아니라 j에 가까웠을 것이라고 추정했다. 베트남의 중부와 남부 지방은 원대에 占八 혹은 蘸八로 표기되어 모두 jampa의 발음을 보여주며, 오도릭 역시 zampa라는 형태로 기록했다. ⓑ唐代에는 占婆라고 표기되었으며, ⓒ그 수도 명칭을 따라 占城이라고도 불렀다. ⓓ산스크리트어에서는 이 지역을 çampa로 그 주민은 çam으로 표기했고, 오늘날 학계에서도 '참파'라는 발음으로 통용되고 있다"라는 주석을 붙였다(424쪽 주15). ⓐ는 앞서 본 펠리오의 설명을 오독했다는 혐의가 있다. ⓑ의 '唐代'는 『신당서(新唐書)』로 고쳐야 한다. '점바(占婆)'라는 명칭은 『신당서』에서만 보이고, 송나라 시기의 정보일 것이다. ⓒ는 확인된 사실이 아니다. 수도는 유동적이었으며, '점성'이란 음에 해당하는 수도는 확인되지 않았다. ⓓ의 'çampa'와 'çam'은 'Čampā'와 'Čam'으로 표기해야 한다.

이곳에 이른다. [①永樂七年己丑, 上命正使太監鄭和等統領官兵,[2] 駕使海船四十八號,[3] 往諸番國開讀賞賜. 是歲秋九月, 自太倉劉家港開

---

2) 이 문장[上命正使太監鄭和等統領官兵]은 『국조전고』와 정확히 일치하지만, 펑청쥔 씨가 저본으로 삼은 나이지(羅以智)의 필사본(이하 '나이지본'으로 약칭함)에는 "영락 7년 기축에, 황상이 정사 태감 정화, **왕경홍** 등에게 관병 **2만 7천여 명**을 통솔하여(永樂七年己丑, 上命正使太監鄭和·王景弘等統領官兵二萬七千餘人)"라고 하였다. '왕경홍(王景弘)'과 '2만 7천여 명'이라는 상세 정보가 더 들어있다.

3) '해선(海船)'의 '선(船)'자는 『국조전고』본과 일치하지만, 나이지본에 '박(舶)'자로 되어있다. 대체로, '선(船)'은 배의 일반적 명칭이고, '박(舶)'은 규모가 큰 배, 즉 바다를 다니는 배를 지칭한다. 하지만 구분없이 많이 사용된다. 정화의 함선을 '보선(寶船)'이라고 하지만 '보박(寶舶)'이라 부르지는 않는다.

해선(海船)에 관한 설명과 규모에 대해서 비신은 침묵하고 있지만, 명나라 『설집(說集)』본 『영애승람』 앞머리에는 보선(寶船)과 관병의 총수를 다음과 같이 열거하고 있다. "보선(寶船) 63척[號]. 큰 것은 44장 4척이고 폭이 18장이다. 중간 것은 길이 37장이고 폭 15장이다. 서양에 가는 관교(官校, 장교), 기군(旗軍, 의장대), 용사(勇士), 통사(通事, 통역사), 민초(民稍), 매판(買辦, 승무원), 서수(書手, 서기), 통계(通計, 계산수) 모두 계산하여 27,670명이다. 관원은 868명, 군사는 26,800명이다. 지휘(指揮, 지휘관)는 93명, 도지휘(都指揮, 총지휘관)는 2명, 천호(千戶)는 140명, 백호(百戶)는 403명이다. 호부낭중(戶部郎中) 1명, 교유(教諭) 1명, 사인(舍人)은 2명이다. 의관(醫官)과 의사(醫士)는 180명이다. 여정(餘丁, 군역 이외의 장정) 2명이다. 정사 태감 7명, 감승(監丞, 환관으로 정5품에 해당) 5명, 소감(少監) 10명, 내관(內官)과 내사(內使) 53명이다(寶船六十三號. 大者四十四丈四尺, 闊一十八丈. 中者長三十七丈, 闊一十五丈. 計下西洋官校·旗軍·勇士·通事·民稍·買辦·書手·通計二萬七千六百七十員名. 官八百六十八員·軍二萬六千八百名. 指揮九十三員·都指揮二員·千戶一百四十員·百戶四百三員. 戶部郎中一員·教諭一員·舍人二名. 醫官·醫士一百八十員名. 餘丁二名. 正使太監七員·監丞五員·少監十員·內官內使五十三員)"라고 하였다.

이에 대해 펑 청쥔 씨는 "이들 인원을 계산해보면 모두 28,568명이다. 본문에서 언급한 총수와 898명의 차이를 보이는데, 이들 총수에는 모종의 착오가 있

船, 十月到福建長樂太平港泊.[4] 十二月福建五虎開洋,[5] 張十二帆, 順

는 것 같다. 『명사』「정화전」에 따르면, 대박(大舶)을 건조했는데, 길이가 44장이고, 폭이 18장인 것은 62척이었다고 한다. 위의 『영애승람』에서는 63척이라고 하였으므로 그 수가 비슷하다. 이는 서양으로 간 초창기의 선박 수였고, 영락 7년(1409)의 사행(使行)에는 48척만 남았던 것으로 보인다. 「정화전」에는 사졸(士卒) 27,800여 명이라고 하였고, 축윤명(祝允明)의 『전문기(前聞記)』에는 27,550명이라 했으니, 그 인원이 각기 다르다. 아마도 각기 당시 서양으로 갈 때의 인원을 말한 것일 것이다"라고 설명하고 있다(교주본, 전집, 1쪽). 역자의 생각으로 펑씨가 인용한 문장에서 '민초(民稍)'의 '초'자는 '초(梢, 배 키[舵])'자로 읽어야 할 것 같다. 여기서는 민간인 조타수를 의미하는 것으로 보인다.

4) 장락(長樂)은 현 푸저우 시의 동중국해 바닷가 지역으로 민강(閩江)의 어귀이다. 당시 현급 행정구역으로, 건륭(乾隆) 연간에 간행된 『장락현지(長樂縣志)』, 상이문(祥異門) 조목에, "영락 10년(1410) 삼보태감이 십양가(十洋街)에 군대를 주둔시키자, 사람들이 시장처럼 운집했다(永樂十年三寶太監駐軍十洋街, 人物輳集如市)"라고 하였다. 이로써 바다로 나갈 때마다 반드시 장락(長樂)에 정박했음을 충분히 알 수 있다. 한편 여기서 말하는 태평항(太平港)에 관하여, 『명일통지(明一統志)』(사고전서본), 권74(9a), 태평항(太平港) 조목에 "[태평항은] 장락현 서쪽에 있으며, 옛날에는 마강(馬江)이라 했고 그 강물이 바다와 통한다. 본조(本朝) 영락 연간에 내신(內臣) 정화(鄭和)를 서양에 보낼 때, 해선들이 모두 여기에 정박했으므로 현재의 이름으로 고쳤다. 항의 동쪽에는 십양(十洋)이 있다(在長樂縣西, 舊名馬江, 其水通海. 本朝永樂中遣內臣鄭和使西洋, 海舟皆泊此. 因改今名. 港東有十洋)"라고 하였다.

5) '오호(五虎)'는 『국조전고』, 나이지본, 그리고 『고금설해』[『기록휘편』본이 근거한 사본으로, 거의 같은 문장을 보여준다. 따라서 아래서는 약간 다른 글자들은 첨자로 표기해 둘 것이다. 별도로 『기록휘편』을 언급하지 않을 것이다]. 모두 '문(門)'자를 넣어 '오호문(五虎門)'으로 정확히 표기하고 있다. 여기 천일각본에는 '문(門)'자를 보충해 넣어야 할 것이다. 오호문은 복건성 장락현 민강(閩江) 어귀 밖에 있는 섬으로, 모원의(茅元儀)의 『무비지』, 권240에 수록된 「정화항해도(鄭和航海圖)」에는 '오호산(五虎山)'으로 표기되어있다. 정화의 원정대가 바다로 나간 출발점이다. 동시대 마환(馬歡)의 『영애승람』에서는 "복건 복천부(福川府)

風十晝夜到占城國. ②臨海有港曰新洲,[6] 西抵交趾, 北連中國. 他蕃寶船到彼.[7]]

③이곳 추장은 세 개의 산 모양으로 황금 화관(花冠)을 머리에 쓰고, 몸에는 비단 꽃문양 사롱[錦花手巾]을 걸치며, 팔과 다리 사지에는 모두 팔찌와 발찌를 차고, 발에는 대모(玳瑁)로 만든 신발을 신으며 허리에는 여덟 가지 보석으로 만든 네모난 띠를 매는데 금강역사의 모양으로 꾸며 만든 것 같다. ④코끼리를 타고 [출입할 때는], 앞뒤로 그곳 병사 500여 명이 끼고 수행하며, 예리한 칼과 짧은 창을 쥔 사람도 있고, 가죽 방패를 흔들거나, 멋진 북을 두드리거나, 야자나무로 만든 피리[椰笛], 뿔고둥[殼筒]을 부는 사람도 있다. ⑤그리고 부령(部領)들은 말을 타고 교외로 나와 황제의 칙서와 하사품을 영접하는데, [왕은] 코끼리에서 내려, 땅에 엎드려 기면서 천자의 은혜에 감읍하여 방물을 바

장락현(長樂縣) 오호문(五虎門)에서 개선(開船)하여 서남쪽으로 순풍에 10일을 항행하여 [참파에] 도착했다(自福建福川府長樂縣五虎門開船, 往西南行, 好風十日可到)"라고 하였다(『영애승람교주』, 1쪽).

6) 나이지본과 『고금설해』본에는 "**이 나라** 근해에는 신주라는 항구가 있다(**其國**臨海, 有港曰新洲)"라고 하였다. '신주(新洲)'는 왕대연의 『도이지략』, 마환의 『영애승람』, 공진의 『서양번국지』 모두 '신주(新州)'라고 표기하고 있다. '주(州)'와 '주(洲)'자는 섬이라는 뜻으로 같이 쓴다. 그러나 학자들은 이 '신주'를 현 베트남[安南] 꾸이년[歸仁]으로 추정하고 있다. 따라서 '주(洲)'보다는 '주(州)'자가 더 정확하다.

7) 천일각본의 이 문장[他番寶船到彼]은 『국조전고』, 나이지본 모두 같지만, 해석하기 곤란하다. 글자 그대로 해석하자면, "다른 외국의 보선들이 그곳에 도착한다"라고 해석된다. 하지만 '보선(寶船)'이란 용어는 황명을 받아 해외로 나가는 배를 지칭하는 전용 명칭이다. 약간의 빠진 글자가 있는 것으로 보인다. 의미는 다른 외국[他番]으로 가는 보선들은 이곳에 이른다는 말일 것이다. 이러한 애매함 때문인지, 『고금설해』에서는 "해선들이 이곳에 이른다(海船到彼)"라고 만 하였다.

치겠다고 아뢰었다. [③其酋長頭戴三山金花冠, 身披錦花手巾[中,8)] 臂腿四腕, 俱以金鐲, 足穿玳瑁履,[9)] 腰束八寶方帶, 如粧塑金剛狀. ④乘象, 前後擁隨番兵五百餘, 或執鋒刃短鎗, 或舞皮牌, 搥善鼓, 吹椰笛殼筒. ⑤及部領乘馬出郊,[10)] 迎接詔賞, 下象, 膝行匍匐, 感沐天恩, 奉貢方物.[11)]]

---

8) '건(巾)'자는 원문에 '중(中)'자로 잘못되어, 『국조전고』, 나이지본, 그리고 『고금설해』본에 따라 바로잡았다.

9) 대모(玳瑁)는 대모(瑇瑁), 독모(毒冒)라고도 부르는 바다거북의 일종(Eretmochelys imbricata)이다. 우리나라에서는 매부리바다거북으로 번역한다. 자세한 것은 『바다의 왕국들: 제번지 역주』, 441~443쪽을 참고하시오. 이 대모 등껍질로 신발을 만들어 신는다는 정보는 비신의 기록에서만 보인다. 이 정보는 장섭(張燮)의 『동서양고(東西洋考)』, 권2, 점성 조목에서도 언급되었는데, "왕은 세 개의 삼 모양의 황금꽃이 영롱한 관을 쓰고, 비단 치마를 입으며, 대모로 만든 신발을 신고, 허리에는 여덟 보석으로 장식한 네모난 띠로 묶는다(王冠三山金花玲瓏冠, 披錦帔, 著玳瑁履, 腰束八寶方帶)"라고 하였다(셰팡, 점교본, 24쪽). 하지만 장섭은 점성의 많은 산물을 열거했지만 '대모'는 보이지 않는다. 그렇지만, 권1, 교지(交阯) 조목 물산(物産)에서는(셰팡, 점교본, 13쪽) 대모(玳瑁)를 언급하고 있다. 장섭은 "『본초강목』에 '부채만큼 크며, 거북이 껍질과 비슷하지만, 문양이 있고, 독을 풀고 사악한 기운을 물리친다'라고 하였다. 또 『해사여록(海槎餘錄)』에 '등에는 12개의 조각 껍질[葉]이 있는데, 문양이 있다. 잡아 쓸 때는 반드시 그 몸을 거꾸로 매달아 끓는 초[醋]를 뿌리고 손으로 조각을 차례로 떼어내면 떨어진다. 그러나 늙지 않아야 한다. 크면 껍질이 얇아져 쓸 수 없다'라고 하였다(本草曰, 大如扇, 似龜甲, 有文, 解毒兼辟邪. 『海槎餘録』曰, 背負十二葉, 有文藻. 取用必倒懸其身, 用滾醋潑之, 逐片應手而下. 但不老, 大則皮薄不堪用耳)"라는 설명을 하고 있다.

10) 천일각본의 이 문장[及部領乘馬出郊]은 『국조전고』, 나이지본, 그리고 『고금설해』에는 "그 부령들 모두 말을 타고 교외로 나와(其部領皆乘馬出郊)"라고 하였다.

11) '봉(奉)'자는 『국조전고』와 일치하지만, 나이지본과 『고금설해』에는 '주(奏)'자

⑥이 나라에 나는 것으로, 큰 코끼리[巨象], 코뿔소[犀牛]는 매우 많아, 그래서 상아와 코뿔소 뿔이 다른 나라에 널리 교역된다. 기남향(棋楠香)은 어떤 산에서만 나는데, 추장은 사람을 보내 채취를 감시하여, 아래 사람들이 [채취할] 수 없게 했다. 사사로이 훔쳐 파는 사람이 들통나면 그 손을 자른다. 오목(烏木)[12] 과 강향(降香)[13]은 사람들이 베

로 되어있다. 자형상 '주(奏)'자와 '봉(奉)'자는 얼마든지 혼동할 개연성이 크다. 나이본에 따라 '주(奏)'자로 해석하면 하사품을 받고 앞으로 조공을 잘 바치겠다고 아뢴다는 문장으로 읽힌다. '봉(奉)'자로 보면, 중국 황제의 칙서와 하사품을 받고 감복하여 들고 온 방물을 사신단에 바쳤다는 말로 읽을 수 있다.

12) 오목(烏木)은 『도이지략』 민다랑(民多朗) 조목에 나오는 오리목(烏梨木)일 수도 있고, 『제번지』 하권에 보이는 오만자(烏橘子)를 지칭할 수도 있다. 또 향을 만드는 목재로 오향(烏香) 또는 오리향(烏里香)을 의미할 수도 있다. 먼저 『도이지략』 민다랑 조목의 오리목에 관하여 심증식(沈曾植) 씨는 '리(梨)'자가 '만(橘)'자의 잘못으로 보고, 흑단을 지칭하는 오만목(烏橘木)으로 설명하고자 했는데, 후지타 도요하치도 마찬가지이다(『도이지략교주』, 24쪽). 히어트와 록힐은 최표(崔豹)의 『고금주』에 "예목(翳木) 또는 의예목(毉翳木)은 교주에서 나는데, 색은 검고 나뭇결이 있으며 '오문목(烏文木)'이라고도 한다"라고 한 것에서 『제번지』의 오만자(烏橘子)가 바로 '오문목'이라고 추정했다. 또 오만자는 하문(廈門) 방언으로 [오반쯔]이므로 이 단어는 페르시아어 압누스(ābnūs)에 해당한다고 확신했다. 이어서 스페인어 아베누스(abenuz)와 영어의 에보니(ebony)가 페르시아어에서 나왔다고 하였다(『조여괄』, 216쪽 주). 쑤지칭 씨는 『문선』에 실린 좌사(左思)의 「오도부(吳都賦)」 주석에 "문(文)은 문목(文木)이다. 재질이 치밀하고 결이 없으며, 색은 물소 뿔처럼 검고, 일남(日南)에 있다(文, 文木也. 材密緻無理, 色黑如水牛角, 日南有之)"라고 한 것을 들어, 이 나무에는 결이 없다고 주장하며, '문(文)'자가 붙은 것은 크메르어 막펭(mak peng)의 '펭'이 변화된 것으로 설명했다(『도이지략교석』, 61쪽). 이들은 결국 오리목(烏梨木)=오목(烏木)=오문목(烏文木)=오만목(烏橘木)이라는 등식에 모두 동의하고 있다. 이들 명칭이 외래어가 아니라는 점에 관해서는 이미 라우퍼(Lafer) 씨가 입증했다(『Sini-Iranica』, 485~486쪽). 사실, '리(梨)'자와 '만(橘)'자는 자형이나 자음 그 어느 것도 혼동할 여지가 없으며, 아랍어 압누스(ābnūs)

어[下樵] 땔나무로 사용한다. [⑥其國所產, 巨象·犀牛甚多, 所以象牙·犀角廣貿別國. 棋楠香山一山所產, 酋長差人看守採取, 民下不得.[14] 如

와도 아무런 유사성이 없다. 게다가 '문'자와 '만'자는 더더욱 그러하다. 따라서 외래어로서 이러한 등식을 성립시키기에는 무리가 많다.

13) '강향(降香)'은 강진향(降眞香, Dalbergia odorifera T. Chen.)을 줄인 표현으로, '자등향(紫藤香)'이라고도 한다. 조여괄의 『제번지』 하권에서는 별도의 조목으로 "강진향(降眞香)은 스리비자야[三佛齊], 자바[闍婆], 파항[蓬豊]에서 나는데 광동, 광서 여러 군(郡)에도 있다. 향기는 강하고 멀리 가며 사악한 기운을 막아준다. 천주(泉州)의 사람들은 제석(除夕)에 빈부를 막론하고 모두 섶을 태우는 것처럼 이것을 태우는데, 그 값이 매우 저렴하다. 스리비자야[三佛齊]의 것이 가장 좋고 향기와 맛이 맑고 멀리 간다. 일명 '자등향(紫藤香)'이라고도 한다"라고 하였다(자세한 사항은 『바다의 왕국들』, 362쪽을 참고하시오). 『동의보감』에서도 "성질은 따뜻하고 평(平)하며 독이 없다. 돌림 열병이 유행하거나 집안에 괴이한 기운이 있을 때 강진향을 피우면 나쁜 기운을 물리친다(性溫平, 無毒. 主天行時氣. 宅舍怪異. 燒之辟邪惡之氣)"라고 하였다.

14) 이상 천일각본의 문장[棋楠山一山所產, 酋長差人看守採取, 民下不得]은 『국조전고』와 거의 일치하지만, 마지막 문장에 '가(可)'자를 더 넣어 "民下不可得"으로 되어있는 것만 다르다. 나이지본에는 "기남향은 어떤 산에서 나는데, 추장은 사람을 보내 채취를 감시하며, 사람들이 채취할 수 없도록 금한다(棋楠香在一山所產, 酋長差人看守採取, 禁民不可採取)"라고 되어있다. 우리의 저본보다 훨씬 문장이 풀어져 있음을 알 수 있다. 한편, 천일각본과 『국조전고』본에서 '기남산(棋楠山)'의 '산(山)'자는 나이지본, 『고금설해』에 따라 '향(香)'자로 고친다.

기남향(棋楠香)은 마환의 『영애승람』 점성 조목에서 옮긴 가람향(伽藍香)이다. 침향(沈香)에 관하여 히어트와 록힐은 물에 가라앉기 때문에 붙여진 이름이라고 하면서, "말레이어와 자바어로는 '칼람박(Kalambak)' 또는 '칼람바(Kalambah)'라고 한다. 이들 명칭은 '가루(gharu)' 또는 '카유 가루(kayu gharu)', 즉 '가루 우드(gharu-wood)'로도 알려졌는데, 바로 산스크리트어 아가루(agaru)에서 와전된 것들이다. 이로부터 포르투갈 사람들이 '파오 다킬라(pao d'aquila)'로 옮기면서, 프랑스어의 '부아 데글(bois d'aigle)', 영어의 '이글 우드(eagle-wood)' 등으로 파생되었다. 성경, 아랍인 그리고 중세의 다른 작가들에게서 보

有私偷賣者, 露犯則斷其手. 烏木·降香, 民下樵而爲薪.]

⑦기후는 항상 여름처럼 덥고 서리와 눈은 보이지 않아, 초목은 항상 봄[草木長春]이고, 수시로 꽃이 피고 진다[隨開隨謝]. ⑧[왕실에] 봉헌하는 사람[供民]들은 바닷물을 끓여 소금을 만든다. ⑨밭벼는 그다지 많지 않다. ⑩그 나라의 사람들은 단지 빈랑(檳榔)을 누엽(蔞葉)에 싸고 굴 껍데기 가루[蠣殼灰]를 넣어 먹는데, 가고, 멈추고, 앉고, 누워있을 때도 입에서 떼지 않는다. [⑦氣候常熱如夏, 不見霜雪, 草木長春, 隨開隨謝.[15] ⑧供民以煮海爲鹽.[16] ⑨田禾甚薄. ⑩其國之人惟食檳

이는 알로에(aloes) 또는 알로에 우드(aloes-wood)는 산스크리트어에서 나온 것 같다. 또 불어로 '부스 드 깔랑부르(boos de calambour)'라고 하는데 이것은 말레이어 칼람박에서 나온 것이다"라고 설명했다(『조여괄』, 205쪽). 이로써 볼 때 비신의 기남향(棋楠香)은 조여괄 『제번지』의 가람목(茄藍木)으로 침향(沈香, Aquilaria agallocha)을 말하며, '가람'은 칼람박 또는 칼람바의 '칼람'에 해당하는 음임을 알 수 있다. '가람'은 가람(迦藍), 가남(伽倆), 기남(奇南), 기남(奇楠) 등으로도 표기되었다. 쑤 지칭 씨는 이들 명칭이 참파어 가라(Gahlå)에 해당하는 음이라고 했는데(『도이지략교석』, 47쪽), 그다지 근접해 보이지는 않는다. 침향과 그 종류에 관해서는 『바다의 왕국들: 제번지역주』, 334~343쪽을 참고하시오.

15) 이상 두 문장[草木長春, 隨開隨謝]은 『국조전고』와 일치하지만, 나이지본과 『고금설해』에 "초목은 항상 푸르고, 수시로 꽃이 피고, 수시로 열매를 맺는다(草木長青, 隨花隨結)"라고 되어있다. 문장의 의미는 훨씬 더 쉽다.

16) 이 문장[供民以煮海爲鹽]은 『국조전고』, 나이지본과 일치한다. 하지만 『고금설해』에는 "煮海爲鹽"라고만 되어있다. 공민(供民)이란 찾아보기 어려운 조합으로 글자 그대로 봉헌(奉獻)하는 사람들을 말하는 것일 것이다. 비신이 참고하고 있는 왕대연의 『도이지략』 어디에도 '공민'을 넣어 기술한 곳이 없다. '공민이(供民以)' 세 글자가 덧붙여졌거나 '공(供)'자는 '병(倂)'자의 오기일 가능성이 있다.

榔裹蔞葉包蠣殼灰,[17] 行住坐臥不絕其口.]

---

17) 펑 청쥔 씨는 '누(蔞)'자가 여기 천일각본, 주당면의 『국조전고』와 나이지본에 모두 '위(萎)'자로 되어있다고 읽었으나, 오자이거나 오독이다. 게다가 근거를 밝히지 않고 '누(蔞)'자를 '부(荖)'자로 고쳤다(교주본, 전집, 2쪽). 누엽(蔞葉)의 '누(蔞)'는 구장(蒟醬)을 지칭하기도 한다. 주거비(周去非)의 『영외대답(嶺外代答)』, 권6에(양우취안 교주본, 235쪽) "어떤 사람이 광동 사람을 비웃으며 '길에 있는 행인들의 입은 양과 같다'라고 했다. 구장의 잎으로 [빈랑을] 섞어 씹으며 종일 먹는 것을 말한다(有嘲廣人曰, 路上行人口似羊. 言以蔞葉雜咀, 終日噍飼也)"라고 하였다. 따라서 누(蔞)=부(荖)=구장(蒟醬, 후추과의 식물)이다.

'부(荖)'자의 발음에 관하여 송나라 요관(姚寬, 1105~1162)은 『서계총어(西溪叢語)』 권상에서, "민광(閩廣)의 사람들이 빈랑을 먹을 때, 하나하나 잘라 편으로 만든 다음, 굴 가루에 찍어 부엽(荖葉)에 싸서 씹는다. '荖'자는 음이 노(老)이고 '포(蒲)'자와 '구(口)'자의 반절(反切)로 발음하기도 한다. 막 먹으면 약간 감각이 취한듯하고, 얼굴이 붉어지므로 소식(蘇軾)은 '홍조가 뺨에 올라 빈랑에 취했네'라고 하였다(閩·廣人食檳榔, 每切作片, 蘸蠣灰以荖葉裹嚼之. 荖, 音老, 又音蒲口切. 初食微覺似醉, 面赤, 故東坡詩云, 紅潮登頰醉檳榔)"라고 했다. '荖葉'이란 명칭을 문헌상으로 처음 언급한 것으로 생각한다. 주목할 점은 빈랑과 함께 먹는 것으로 부류등(扶留藤)과 굴 가루[古賁灰]가 있었다. 여회(蠣灰)는 바로 고분회(古賁灰, 牡蠣, 석굴 가루)이고 '부엽'이 바로 부류등에 해당한다. 따라서 요관이 [푸]라는 반절음 표기는 부류(扶留)의 '부'음과 근접한다. 『강희자전』에서 『자휘보(字彙補)』를 인용하여 '荖'자의 음이 배(培)라고 설명했는데, 이 '배(培)'자는 민(閩) 지방의 발음인 [po] 또는 [pʰui]를 표기했다고 추정한다. 따라서 우리 한자 발음에 [푸]가 없으므로 [부]로 읽어야 할 것이다.

307년에 죽은 계함(稽含)의 『남방초목상(南方草木狀)』[양강총독 채진본(兩江總督採進本)], 권상, 빈랑 조목을 보면, "[빈랑은] 부류등(扶留藤)·굴 가루와 함께 먹으면 매끄럽고 좋다. 가스를 내리고 소화를 촉진한다(以扶留藤·古賁灰并食, 則滑美. 下氣消穀)"라고 하였다. 여기서 말하는 '고분회(古賁灰)'는 바로 모려(牡蠣, 바다 굴)의 가루를 말한다. 여기 비신이 말한 '여각회(蠣殼灰)'란 바로 이회(蜊灰), 여회(蠣灰) 즉 바다 석굴 가루를 말하는 것임을 짐작할 수 있다.

⑪일월(日月)의 ○은 다만 달이 생기면 '초(初)'라 하고, 달이 어두우면 '만(滿)'이라 하는데, 이처럼 열 번 차고 기울면 일 년으로 친다. 밤낮으로 북을 잘 두드려[善鼓], 10경(更)을 원칙으로 삼는다. ⑫추장과 백성들은 정오에 이르지 않으면 일어나지 않고 자식이 이르지 않으면 잠들지 않는다. 달을 보면 음주하고 가무하는 것을 미덕[美]으로 삼는다. [⑪日月之○, 但月生爲初, 月晦爲滿,[18] 如此十次盈虧爲一歲. 晝夜以善鼓十更爲法.[19] ⑫酋長及民下非至午不起, 非至子不睡. 見月則飮酒歌舞爲美.[20]]

⑬추장이 사는 곳은 높고 넓으며, 집[室宇], 문, 담장은 벽돌과 석회로 쌓았으며[甃砌], 그리고 견고한 나무에 짐승의 모양을 새겨 화려한 장식했고 바깥은 벽돌 담을 둘렀다. 성곽의 방비에는 훈련된 병사들의 도구가 있는데, 독약을 바른 활촉, 칼, 표창 등이다. ⑭그 부령(部領)들은 역시 등급에 따라 나뉘며[其部領亦分等第] 문의 높이에 제한이

18) 이상 천일각본의 이 문장[日月之○, 但月生爲初, 月晦爲滿]은 『국조전고』에 "일월을 정하는 것은 단지 달을 보고 생기면 '초(初)'로 여기고 달이 어두우면 '만(滿)'으로 여긴다(日月之定, 但看月生爲初, 月晦爲滿)"라고 하였고, 나이지본에는 "정월 초하루를 모르고, 단지 달이 생기는 것을 보고 '초(初)'이라 여기고 달이 어두우면 '진(盡)'으로 여긴다(不解正朔, 但看月生爲初, 月晦爲盡)"라고 되어있다. 여기 나이지본은 『고금설해』와 정확히 일치하는 것으로 보아, 나이지가 구초본(舊鈔本)을 필사하면서, 『고금설해』본에 따라 고쳤을 가능성이 있다. 저본의 빠진 글자는 『국조전고』의 '정(定)'자가 맞을 것이나.

19) '선고(善鼓)'란 북을 시간에 맞추어 잘 두드린다는 의미로 읽힌다. 『고금설해』와 나이지에는 '추(搥)'자를 더 넣어 '선추고(善搥鼓)'라고 하였는데, 의미가 중복된다.

20) '미(美)'자는 『국조전고』에도 확인할 수 있다. 나이지본과 『고금설해』본에는 오락을 뜻하는 '락(樂)'자로 되어있다. 문장의 의미에는 '락'자가 더 잘 어울린다. ⑫의 정보는 비신의 기록에서만 보이는 정보이다.

있다. 아래 백성들은 띠를 엮어 지붕을 덮으며, 문은 3척을 넘지 못한다. 넘으면 죄가 된다. [⑬酋長所居高廣, 室宇門墻以磚灰甃砌,[21] 及堅硬之木雕琢獸畜之形爲華飾, 外周磚垣. 亦有城郭之備, 練兵之具, 藥鏃刀標之屬. ⑭其部領亦分等第,[22] 門高有限. 民下編茅覆屋, 門不過三尺, 過者即罪之.]

⑮나라의 음식으로, 물고기는 썩지 않으면 먹지 않고 발효되어 구더기가 생기지 않으면 맛이 없다고 여긴다. 쌀로 술을 만드는데, 말린 환약을 섞어 옹기 속에 넣고 그대로 단단히 봉하여 저장했다가, 날이 오래되어 그 지게미에 구더기가 생겨나면 잘 빚어졌다고 생각한다. 훗날 개봉하여 3~4척 되는 긴 마디의 대나무 가지를 지게미 옹기 속에 끼워 넣고 다섯 사람이나 열 사람이 빙 둘러앉아, 사람을 헤아려 물을 많거나 적게 넣어, 돌아가며 대나무를 빨아 각자 술을 입에 넣는다[輪次吸竹, 別酒入口]. 다 마시면 다시 물을 넣고, 맛이 나지 않으면 그치고, 맛이 남아있으면 봉하여 두었다가 다시 마신다. [⑮一國之食, 魚生不腐爛不食, 釀不生蛆不爲美. 造酒以米, 和藥丸乾, 持入甕中, 封固如法收藏, 日久其糟生蛆爲佳醞. 他日開封, 用長節竹竿三四尺,[23] 插入糟

---

21) 이 문장[室宇門墻以磚灰甃砌]은 『국조전고』와는 일치하지만, 나이지본과 『고금설해』에는 "집, 문, 담장은 모두 벽돌과 석회로 쌓았다(**屋**宇門**牆俱**磚灰甃砌)"라고 되어있다.

22) 이 문장[其部領亦分等第]은 『국조전고』와는 일치하지만 나이지본과 『고금설해』에는 "그 부령들이 **사는 곳**은, 또한 등급에 따라 나뉘며(其部領**所居**, 亦分等第)"라고 '소거(所居)'를 더 보여준다. 개정본으로 알려진 『고금설해』본이 오히려 족본(足本)보다 부연된 설명을 보여준다는 점에 주목할 필요가 있다.

23) 천일각본의 이 문장[用長節竹竿三四尺]은 『국조전고』에 ""用長節竹**簳**三四尺**者**"으로 되어있는데, 마찬가지로 나이지본과 『고금설해』에도, 『국조전고』의 '간(簳)'자가 '간(竿)'자로 되어있는 것만 다르다. 등사룡의 『국고전고』 표점본에도(2071쪽) 이를 따르고 있지만, 필요한 교정은 아니다.

甕中, 或團坐五人十人, 量人入水多寡, 輪次吸竹, 別酒入口,[24] 吸盡再入水, 若無味則止, 有味封留再用.]

⑯세시(歲時)에는 멋대로 사람들이 산 사람의 쓸개를 채취하여 관청에 판다. 그 추장 또는 부령은 쓸개가 생기면 술에 넣어 가족들과 함께 마시는데, 그것을 '통신시담(通身是膽)'이라 한다. [⑯歲時縱人採生人之膽, 鬻官. 其酋長或部領得膽入酒中, 與家人同飲, 謂之曰通身是膽.[25]]

---

24) 이상 두 문장[輪次吸竹, 別酒入口]은 『국조전고』와 같은 문장을 보여준다. 한편 나이지본과 『고금설해』에는 "번갈아 차례대로 대나무를 빨아 술을 **당겨** 입에 넣는다(輪次吸竹**引**酒入口)"라고 하며, '별(別)'자가 '인(引)'자로 되어있다. 등사룡(鄧士龍)의 『국조전고』를 표점하고 구두한 학자들도 나이지본에 따라 '인(引)'자로 고쳤다(2087쪽). '인(引)'자는 '흡(吸)'자와 의미가 중복된다. 원문에 따라 '별(別)'를 '각자'의 의미로 읽으면 문제가 없을 듯하다.

25) 이상 산 사람의 쓸개를 채취하는 풍습에 관한 기술은 『국조전고』와 정확히 일치한다. 하지만 나이지본에서는 "세시에 멋대로 산 사람의 쓸개를 채취하여 관청에 판다. 추장이나 부령들은 쓸개를 얻으면 술에 넣어, 집안사람들과 마시고, 또 몸을 씻는데, 그것을 '통신시담'이라고 한다(歲時縱人採生人之膽, 鬻**於**官. 其酋長或部領得膽入酒中, 與家人同飲, **又以浴身**, 謂之曰通身是膽)"라고 되어있고, 『고금설해』본에서는 "추장은 세시에 산 사람의 쓸개를 채취하여 술에 넣고 집안사람들과 함께 마시고, 또 몸을 씻는데 그것을 '온 몸이 쓸개다[통신시담]'이라 한다(酋長歲時採生人膽, 入酒中, 與家人同飲, 又以浴身, 謂之通身是膽)"라고 하였다. 이 두 사본에는 [쓸개로] 몸을 씻는다는 정보가 더 들어가 있다. 사실 이 문장은 『도이시략』 섬성(占城) 조목을 따라 옮기는 과정에서 약간의 가감이 있었던 것으로 보인다. 왕대연은 "매년 원일(元日)을 전후로 사람들이 산 사람의 쓸개 [즙]을 마구 채취하여 관청에 판다. 관청에서는 은으로 그것을 사들여 쓸개즙을 술과 섞어 집안사람들이 함께 마시며, '온몸이 담즙이니 사람들이 두려워할 것이고 또 피부병에 걸리지 않을 것이다'라고 한다(歲以上下元日縱諸人採生人膽, 以鬻官家. 官家以銀售之, 以膽調酒與家人同飲, 云通身是膽, 使人畏之, 亦不生疵癘也)"라고 하였다.

⑰전하는 바에 따르면, 시두만(屍頭蠻)은 원래 부인으로, 단지 눈동자가 없는 것이 사람과 다르다. 이 부인은 식구들과 함께 자다가 깊은 밤에 머리를 날려 보내 사람의 똥[糞尖]을 먹고, 날아서 돌아와[飛回] 다시 그 몸에 붙이면 예전처럼 살아난다. 만약 [그것을] 알고 그의 목을 단단히 봉해두거나 몸을 다른 곳으로 옮겨 두면 죽는다. 병든 사람이 혹시라도 자신의 똥을 [그녀가] 먹으면[偶食其糞], 요사한 기운이 뱃속에 들어가, 병자는 반드시 죽게 된다. 이러한 것이 민가에 있는데도 관청에 알리지 않는 자는[此者民家有而不報官者] 죄가 온 집에 미친다. [⑰相傳屍頭蠻者, 本是婦人也, 但無瞳人爲異. 其與家人同寢, 夜深飛頭而去, 食人糞尖,[26] 飛回, 復合其體, 仍活如舊. 若知而封固其項, 或移體別處, 則死矣. 人有病者, 偶食其糞,[27] 妖氣入腹, 病者必死. 此者民家有而而有不報官者,[28] 罪及一家.[29]]

---

26) ‘분첨(糞尖)’은 나이지본과 『고금설해』에는 ‘예물(穢物)’로 되어있다. ‘분첨’보다는 점잖은 표현이다.

27) 이상 두 문장[人有病者, 偶食其糞]은 『국조전고』에 “어떤 병자가 행여 그 똥을 먹히게 되면(若有病者偶食其糞)”으로 되어있고, 나이지본과 『고금설해』에는 “똥을 쌀 때 그녀를 만나면(臨糞時遭之)”으로 되어있다. 전체적인 이야기의 전개에는 천일각본과 『국조전고』본이 더 유리하다. 또한 천일각본의 ‘인(人)’자는 『국조전고』본에 따라 ‘약(若)’자로 고치는 것이 타당할 것이다.

28) 원문의 ‘유이(有而)’는 ‘이유’로 잘못 도치되어있어 『국조전고』본에 따라 바로잡았다. 나이지본과 『고금설해』에 “이러한 부인은 드물게 있지만, 민가에 있는데도 관청에 알리지 않는 자는(此婦人亦罕有, 民家有而不報官者)”으로 되어있는데 문장이 상당히 덧붙여져 있다.

29) 이상 시두만(屍頭蠻)에 관한 설명은 왕대연의 『도이지략』 빈동룡(賓童龍) 조목을 따르고 있다. 그 원문에 “시두만(尸頭蠻)이란 여자가 사람을 해하는 것이 점성보다 심하여 사람들은 대부분 사당에 모시며 피로 제사를 올린다. 시두만도 부모가 낳은 사람으로 다른 여자와 다르지 않지만, 특히 눈에 눈동자가 없다. 밤이 되면 머리를 날려 사람의 배설물을 먹는다. 머리가 날아갔을 때 종이

⑱이곳 사람들은 머리를 애지중지하여 누군가 자기의 머리를 만지기라도 하면 반드시 죽기 살기로 한을 품는다. ⑲남녀는 머리 뒤로 몽둥이 모양의 상투를 틀고 꽃문양 베로 머리를 싸매며, 위에는 짧은 적삼[短衫]을 입고, 허리에는 유색의 베로 만든 수건을 두른다. [⑱番人愛其頭, 或有觸弄其頭者, 必有生死之恨. ⑲男女椎髻腦後, 花布纏頭, 上穿短衫, 腰圍色布手巾.]

⑳이 나라에는 종이나 붓 같은 도구가 없고 단지 양가죽을 얇게 두무질하여[搥薄] 검게 그을린 다음, 대나무를 깎아 붓으로 만들어 흰 석회를 찍어 글자를 쓰는데 지렁이처럼 구불구불한 모습이다. 하는 말은 제비나 때까치[語言燕鴃]의 [울음과 같아] **온전히 통역사가 번역해 주는 말에 의존했다**. [⑳其國無紙筆之具, 但將羊皮搥挺薄薰黑,[30] 削細竹爲筆, 蘸白灰爲字, 若蚯蚓委曲之狀. 語言燕蠻鴂,[31] 全憑通事傳譯.]

나 천으로 그의 목을 가려버리면 머리가 돌아와 [몸에] 붙지 못하고 죽는다. 그곳에 사는 사람들은 대변을 본 후에 반드시 물로 깨끗하게 씻어낸다. 그렇지 않으면 시두만이 그 배설물을 먹고 냄새를 따라 그 사람과 함께 잠을 잔다. 그런 일이 있게 되면, 창자와 배 모두 먹히고 정신도 빼앗겨 죽는다(其尸頭蠻女子害人甚於占城, 故民多廟事而血祭之. 蠻亦父母胎生, 與女子不異, 特眼中無瞳人. 遇夜則飛頭食人糞尖. 頭飛去, 若人以紙或布掩其項, 則頭歸不接而死. 凡人居其地大便後, 必用水淨浣, 否則蠻食其糞, 卽逐臭與人同睡. 倘有所犯, 則腸肚皆爲所食, 精神盡爲所奪而死矣)"라고 하였다.

30) '추(搥)'자는 원문에 '정(挺)'자로 잘못되어, 나이지본과 『고금설해』에 따라 고쳤다. 『국조전고』에는 '추(槌)'자로 되어있다.

31) '연(燕)'자는 천일각본 원문에 '만(蠻)'자로 되어있어, 『국조전고』, 나이지본, 『고금설해』에 따라 '연(燕)'자로 고쳤다. 다음의 '격(鴃)'자는 『국조전고』와 나이지본에 '겹(鵊)'자로 되어있고, 『고금설해』본에는 '결(鴂)'자로 되어있다. 펑청쥔 씨는 '겹(鵊)'자는 '결(鴂)'의 잘못인 것 같다고 추정했지만, 근거가 있는 것은 아니다. 결(鴂)과 격(鴃)은 중고음이 [kiwet]로 같은 글자이다. 역자의 생

㉑ 시로 노래한다[詩曰].

우리 조정의 운수 천도를 이어	聖運承天統,
화락함이 억만의 봄이네.	雍熙億萬春.
대군이 사신의 부절을 들고	元戎持使節,
조서를 반포하고 오랑캐를 어루만졌네.	頒詔撫夷民.
강과 산이 다르다 말하지 말라!	莫謂江山異,
함께 새로운 은택에 적셨으니.	同霑雨露新.
서쪽으로는 통킹의 변새에 이었고,	西連交趾塞,
북쪽으로는 꽝남의 나루에 접했네.	北接廣南津.
추장은 더욱 예를 존숭하여	酋長尤崇禮,
들리는 풍속은 성인을 감동케 하네.	聞風感聖人.
기남향은 진공에 적합하고,	棋楠宜進貢,
오목은 땔나무로 대신 삼네.	烏木代爲薪.
글씨는 양가죽 종이에 쓰고,	筆寫羊皮紙,
하는 말은 뱁새 혀를 가진 사람이네.	言談鴃舌人.[32]
코뿔소는 자유롭게 내버려 두지만,	角犀應自縱,
코끼리는 지금도 잘 길들이네.	牙象尙能馴.
구더기 술 괴이해도 마실 수 있고,	蛆酒奇堪酌,
시두만은 괴기하여 다 말할 수 없네.	尸蠻怪莫陳.

각으로 여기서는 참파 사람들이 하는 말소리가 제비나 때까치(또는 두견)의 울음소리와 같이 알아들을 수 없었다는 말이므로, 때까치[鴃]인지 두견[鴂]인지 따질 필요는 없지만, 앞의 제비와 관련지으면 두견의 이미지가 더 잘 호응한다. 그렇지만 아래에 보이는 오언시에는 '격설(鴃舌)'이란 표현이 보이지만, 제비[燕]는 보이지 않으므로, 저본의 '남방 오랑캐 때까지[蠻鴃]'라는 표현도 반드시 틀렸다고만 할 수 없다.

32) '격(鴃)'자는 나이지본에 '결(鴂)'자로 되어있다. 펑 청쥔 씨는 "주당면의『국고전고』와 천일각본에는 모두 '결(鴂)'자로 되어있다"라고 하였는데, 앞서 본 것처럼 천일각본에는 '격(鴃)'자로 되어있다.

멀리 빛나는 영외를 바라보니 遙觀光嶠外,
문득 장쾌한 마음 펴짐을 알겠네. 頓覺壯懷伸.
[그 마음] 수습하고 시구를 다듬어 採摭裁詩句,
정성을 다해 대궐에 바치리라. 攄誠獻紫宸.

『고금설해』(사고전서본, 권17, 1b~3b)[1-1] 참파 왕국[占城國] ①영락 7년 태종 황제께서는 정사 태감 정화, **왕경홍** 등에 관병 **2만 7천여 인을** 통솔하여, 바다 선박 48척을 타고 여러 외국으로 가서 칙서를 읽어주고 상을 내리게 하셨다. 이해 가을 9월 태창(太倉) 유가항(劉家港)에서 출발하여 10월 복건 장락(長樂) 태평항(太平港)에 정박했다. 12월 오호문(五虎門)에서 출범하여 12개의 돛을 펼쳐, 순풍에 10일 밤낮을 [항행하여] 점성국에 이르렀다. ②이 나라는 바다에 임하여 신주(新州)라는 항구가 있고, 서쪽으로는 교지[통킹]에 이르고 북쪽으로는 중국과 연접해 있는데, **바다 선박들은 이곳에 이른다[海船到彼]**. ③이곳 추장은 세 개의 산 모양으로 황금 화관(花冠)을 머리에 쓰고 몸에는 비단 꽃문양 사롱을 입으며, 팔과 다리 사지에는 모두 팔찌와 발찌를 차고, 발에는 대모(玳瑁)로 만든 신발을 신으며, 허리에는 여덟 가지 보석으로 만든 네모난 띠를 매는데, 금강역사(金剛力士)의 모양으로 꾸며 만든 것 같다. ④코끼리를 타고 [출입할 때는], 앞뒤로 그곳 병사 500여 명이 끼고 수행하며, 예리한 칼과 짧은 창을 쥔 사람도 있고, 가죽 방패를 흔들거나, 멋진 북을 두드리거나, **야자나무[椰]**, 뿔고둥[殼筒]을 부는 사람도 있다. ⑤그리고 부령(部領)들은 모두 말을 타고 교외로 나와 황제의 칙서와 하사품을 영접하는데, [왕은] 코끼리에서 내려 땅에 엎드려 기면서 [천자의] 은혜에 감읍하고 방물을 바치겠다고 아뢰었다. ⑥이 나라에 나는 것으로, 큰 코끼리, 코뿔소는 매우 많아, 그래서 상아와 코뿔소 뿔이 다른 나라에 널리 교역된다. 기남향(棋楠香)은 어떤 산에서만 나는데, 추장은 사람을 보내 **사람들이 채취하지 못하도록 금한다. 어기는 자는** 그 손을 자른다. 오목(烏木)과 강향(降香)은 사람들이 **베어[樵之]** 땔나무로 사용한다. ⑦**날씨엔 서리와 눈이 없고**, 기후는 항상 여름처럼 덥다. 초목은 항상 **푸르고**[草木常**靑**], **수시로 꽃이 피고 열매를 맺는다[隨花隨結]**. ⑧바닷물을 끓여 소금을 만든다. ⑨벼[禾稻]는 그다지 많지 않다. ⑩나라의 사람들은 단지 빈랑을 누엽(蔞葉)에 싸고 **여**각회(**蠡**殼灰)를 넣어 먹는데, 가고, 멈추고, 앉고, 누워있을 때도 입에서 떼지 않는다. ⑪일월(日月)의 ○**정월 초하루를 모르고, 다만 달이 생기는 것이 보이면 초(初)라 하고, 달이 어두우면 '진(盡)'이라 하는데,** 이처럼 열 번 차고 기울면 일 년으로 친다. 밤낮으로 북을 잘 두드려[善鼓], 10경(更)을 원칙으로 삼는다. ⑫추장과 백성들은 정오에 이르지 않으면 일어나지 않고 자식이 이르지 않으면 잠들지 않는다. 달을 보면 음주하고 가무하는 것을 **오락[樂]**으로 삼는다. ⑬추장이 사는 곳은, 높은 집[室宇], 문, 담장을 **벽돌과 석회로 쌓았으며[甎灰甃]**, 그리고 견고한 나무에 짐승의 모양을 새겨 **화려하게 했으며** 바깥은 벽돌 담을 둘렀다. **또한 성곽과 군대의 방비가 있는데,** 독약을 바른 활촉, 칼, 표창 등이다. ⑭그 부령(部領)들이 사는 곳도 등급으로 나누어 문의 높이에 제한이 있다. 아래 백성들은 띠를 엮어 지붕을 덮는다. ⑮물고기는 썩지 않으면 먹지 않고 발효되어 구더기가 생기지 않으면 맛이 없다고 여긴다. **술은 쌀을 말린 환약을 섞어 옹기 속에 넣고 그대로 단단히 봉하여 [전하는] 방법에 따라 저장했다가,** 날이 오래되어 그 지게미에 구더기가 생겨나면 잘 빚어졌다고 생각한다. 훗날 개봉하여 3~4척 되는 긴 마디의 대나무 가지를 지게미 옹기 속에 끼워 넣고 다섯 사람쯤 빙 둘러앉으면,

사람을 헤아려 물을 많거나 적게 넣어, 돌아가며 대나무를 빨아 술을 입에 넣는다. 다 마시면 다시 물을 넣고, 맛이 나지 않으면 그치고, 맛이 남아있으면 봉하여 두었다가 다시 마신다. ⑯**추장은 세시(歲時)에 사람들이 산 사람의 쓸개를 채취하여 술에 넣어 가족들과 함께 마시고 또 몸을 씻는데**, 그것을 '통신시담(通身是膽)'이라 한다. ⑰시두만(屍頭蠻)은 원래 부인으로, 단지 눈동자가 없는 것이 사람과 다르다. 이 부인은 식구들과 함께 자다가 깊은 밤에 머리를 날려 보내 사람의 똥[穢物]을 먹고, 날아서 돌아와[飛回] 다시 그 몸에 붙여야 예전처럼 살아난다. 만약 [그것을] 알고 그의 목을 단단히 봉해 두거나 몸을 다른 곳으로 옮겨 두면 죽는다. **병든 사람이 혹시라도 똥을 쌀 때 그를 만나면, 요사한 기운이 뱃속에 들어가, 반드시 죽게 된다. 이러한 부인은 드물게 있지만**, 민가에 있는데도 관청에 알리지 않는 자는 죄가 온 집에 미친다. ⑱이곳 사람들은 머리를 만지기라도 하면 반드시 죽기 살기로 한을 품는다. ⑲남녀는 머리 뒤로 방망이 모양의 상투를 틀고 꽃문양 베로 머리를 싸매며, 위에는 짧은 **베**적삼[短**布**衫]을 입고, 허리에는 **꽃문양 베수건[花布手巾]**을 두른다. ⑳이 나라에는 종이나 붓 같은 도구가 없고 단지 양가죽을 얇게 두무질하여[搥薄][33] 검게 그을린 다음, 가는 대나무를 깎아 붓으로 만들어 흰 석회를 찍어 글자를 쓰는데 지렁이처럼 구불구불한 모습이다. 하는 말은 제비나 때까치[語言燕䳓]의 [울음과 같아] 온전히 통역사가 빈역해 주는 말에 의존했다.

占城國. ①永樂七年, 太宗皇帝命正使太監鄭和·王景弘等, 統官兵二萬七千餘人, 駕海舶四十八號, 往諸番國, 開讀賞賜.

33) '추(搥)'자는 원문에 '정(挺)'자로 잘못되어, 『고금설해』와 나이지본에 따라 고쳤다.

是歲秋九月自太倉劉家港開船, 十月至福建長樂太平港停泊. 十二月於五虎開洋, 張十二帆, 順風十晝夜至占城國. ② 其國臨海, 有港曰新州, 西抵交趾, 北連中國地, 海船到彼. ③ 其酋長頭戴三山金花冠, 身披錦花手巾, 臂腿四腕俱以金鐲, 足穿玳瑁履, 腰束八寶方帶, 如粧塑金剛狀. ④乘象, 前後擁番兵五百餘, 或執鋒刃短鎗, 或舞皮牌搥槌鼓, 吹椰殼筒. ⑤ 其部領皆乘馬出郊, 迎接詔賞, 下象, 膝行匍匐, 感恩, 奏貢方物. ⑥其國所產巨象犀牛甚多. 象牙犀角廣貨別國. 棋楠香在一山所產, 酋長差人禁民不得採取, 犯者斷其手. 烏木·降香樵之爲薪. ⑦天無霜雪, 氣候常熟如夏, 草木常青, 随花随結. ⑧煮海爲鹽. ⑨禾稻甚薄. ⑩國人惟食檳榔裹蔞葉, 包蠡殼灰, 行住坐臥不絕於口. ⑪不解正朔, 但看月生爲初, 月晦爲盡, 如此十次盈虧爲一歲. 晝夜善搥槌鼓, 十更爲法. ⑫酋長及民下非至午不起, 非至子不睡. 見月則飮酒歌舞爲樂. ⑬ 酋長所居, 屋宇門墻, 俱甎灰甃, 及以堅木雕鏤獸畜之形爲華, 外周磚垣. 亦有城郭兵甲之防, 藥鏃刀標之屬. ⑭其部領所居亦分等第, 門高有限. 民下編茅屋. ⑮魚不腐爛不食, 釀不生蛆不爲美. 酒以米拌藥丸乾和入甕中, 封固, 如法收藏, 日久其糟生蛆爲佳醞. 他日開封, 用長節竹幹三四尺者, 插入糟甕中, 或團坐五人, 量人入水多寡, 輪次吸竹引酒入口, 吸盡再入水, 若無味則止, 有味留封再用. ⑯酋長歲時採生人膽, 入酒中, 與家人同飮, 又以浴身, 謂之通身是膽. ⑰尸頭蠻者, 本是婦人, 但無瞳人爲異, 其婦與家人同寢, 夜深飛頭而去, 食人穢物, 飛回復合其體, 卽活如舊. 若知而封固其項, 或移體別處, 則死矣. 人有病者, 臨糞時遭之, 妖氣入腹, 必死. 此婦人亦罕有, 民間有而不報官者, 罪及一家. ⑱番人戲之觸弄其頭, 必有生死之恨. ⑲男女椎髻腦後, 花布纏頭, 上穿短布衫, 腰圍花布手巾. ⑳其國無紙筆, 以羊皮搥薄熏黑, 削細竹爲筆,蘸白灰書字, 若蚯蚓委曲之狀. 言語燕鳩, 全憑通事傳譯.

오구스트 파비(Auguste Pavie), 『Mission Pavie, Indo-Chine, Atlas』, 파리, 1903.

2. 판두랑가[賓寶童龍國] [1)]

①이 나라는 참파[占城]에 예속되어 참파와 산지가 이어져 있다. 두 하천이 있고, 두 산 사이에 흐르는 계곡물은 맑고 깨끗하다. ②불교

---

1) '빈(賓)'자는 저본에서는 '보(寶)'자로 잘못되어있는데, 아래의 시에서도 마찬가지이다. 『고금설해』와 『국조전고』에 따라 바로잡았다.

빈동룡(賓童龍)은 현 베트남 남부 판랑 지역의 옛 명칭인 판두랑가(Pāṇḍuraṅga) 의 음역 명칭이다. 10세기에 편집된 『구당서』(권197, 「진랍전(眞臘傳)」, 5272쪽)에서는 '분타랑주(奔陀浪州)'로, 11세기 편집된 『신당서』(권43, 「지리지(地理志)」, 1153쪽)에서는 '분타랑주(奔陀浪洲)'로 표기되었다. 1178년 주거비(周去非)의 『영외대답(嶺外代答)』 참파[占城] 조목에서는 참파의 속국으로 빈동롱국(賓朣朧國)과 빈타릉국(賓陁陵國)이 보인다. 1225년 조여괄(趙汝适)의 『제번지(諸蕃志)』에는 빈동룡(賓瞳龍)으로 별도의 조목을 두어 기술했지만, 『영외대답』의 '빈타릉국'은 보이지 않는다. 이후 1349~1350년 왕대연의 『도이지략』에는 민다랑(民多朗)과 빈동룡(賓童龍)이 보인다. 여기 비신은 확실히 『도이지략』의 표기방식인 빈동룡(賓童龍)을 따르고 있다.

『영외대답』에서 참파의 속국으로 거명한 빈동롱(賓朣朧)과 빈타릉(賓陁陵)은 다른 나라일까? 『영외대답』의 기술을 많이 참고하고 있는 조여괄의 『제번지』에는 '빈타릉국'이 보이지 않는다. 그렇지만 1세기 뒤인 왕대연(汪大淵)의 『도이지략』에서는 민다랑(民多朗)과 빈동룡(賓童龍) 두 곳으로 나타나고 있다. 음성적 유사성으로 볼 때, 빈타릉-민다랑, 빈동롱-빈동룡에 대응한다. 먼저 폴 펠리오는 『영외대답』의 빈동롱과 빈타릉이 모두 판두랑가(Pāṇḍuraṅga)에 해당하는 음일 것으로 추측했다(『BEFEO』, 1903, 「Textes chinois sur Pāṇḍuraṅga」, 650쪽, 주 2). 후치타 도요하치는 "『영외대답』의 빈동롱(賓曈朧)과 빈타릉, 『도이지략』의 민다랑과 빈동룡(賓童龍)은 당연히 두 곳이다. 『영외대답』의 빈동롱, 『도이지략』의 민다랑은 바로 지금의 판랑 항구이고, 『영외대답』의 빈타릉, 『도이지략』의 빈동룡은 지금의 칸-호아(Khan-hoa)의 포-나가르(Po-nagar)인 것 같다"(『도이지략교주』, 25쪽)라고 하며 다른 곳으로 보았다. 한편, 쑤 지칭(蘇繼廎) 씨는 민다랑을 메콩강 삼각주에 위치시키면서, "현 속짱(Soc Trang) 서남쪽 부근에 보이는 푸자오현 (Phú Giáo)은 캄보디아어로 벵 트라오(Beng-trao)라고 하는데, 민다랑은 이 캄보디아 명칭에 해당하는 음으로 보인다"라고 하였다(『도이지략교석』, 61쪽). 자세한 것은 『도이지략역주』를 참고하시오.

서적에서 말하는 [여래(如來, Tathāgata)가] 슈라바티[Śrāvastī, 舍衛]에서 걸식하던 곳이 바로 이곳이다. 마우드갈야야나[Maudgalyāyana, 目連]가 살던 옛터가 여전히 남아있다. [①其國隸與占城,[2)] 山地接連. 有雙溪, 澗水澄清.[3)] ②佛書所云舍衛乞食, 即其地也. 目連所居遺址尚存.[4)]]

---

2) '예(隸)'자는 나이지본과 『고금설해』에 빠져있어, "그 나라는 점성과 산지가 연이어있다(其國與占城山地接連)"라고 문장을 구두할 수밖에 없다. 조여괄(趙汝适)의 『제번지』 상권에서 "참파[점성]에 해마다 방물을 바친다(歲貢方物於占城)"라고 하였고(『바다의 왕국들』, 56쪽), 본문 아래에서 인물, 풍토, 초목, 기후가 참파와 대동소이하다고 했으므로, 여기에는 '예(隸)'자를 넣는 것이 타당하다.

3) 이상 두 문장[有雙溪, 澗水澄清]은 구두하기 매우 애매하다. 펑 청쥔 씨는 "有雙溪澗, 水澄清"라고 읽고 싶은 것 같다. '간(澗)'자는 두 산 사이를 흐르는 도랑을 의미하는데, '계간(溪澗)'이란 표현으로 의미를 풀어쓰기도 한다. 따라서 '쌍계간'으로 붙여 읽으면, '쌍(雙)'자와 '간(澗)'자는 의미가 중복된다. 쉬 다링(許大齡), 왕 티안유(王天有)가 구두하고 교감한 『국조전고』(이하 『등사룡국조전고』로 약칭함)에서는 쌍계간(雙溪澗)으로 붙여 읽으며, 밑줄로 지명 표기를 해두었다(2072쪽). '쌍계간'을 고유명사로 읽을 수는 없을 것 같다. 여기 비신(費信)의 기술은 사실 왕대연의 『도이지략』에서 가져왔다. 왕대연은 "두 하천이 사이에 흐른다(有雙溪以間之)"라고 하였다. 따라서 "두 하천이 있고, 두 산 사이에 흐르는 계곡물은 맑고 깨끗하다"로 읽는 것이 유리하다고 생각한다.

4) 이상의 ②의 기술은 왕대연의 『도이지략』에 따르고 있다. "불교 서적에서 왕사성(王舍城)이라는 곳이 이곳이다. 목련(目連)의 옛 집터가 남아 있다고도 한다(佛書所稱王舍城是也. 或云目連屋基猶存)"라고 하였다. 또한 왕대연의 이 정보는 1178년 주거비(周去非)의 『영외대답(嶺外代答)』 참파[점성] 조목에서 가져왔다. "[참파의] 속국으로 빈동롱국, 빈다릉국이 있다. 마우드갈야야나의 집터가 빈타릉에 있는데, 혹자는 이곳이 바로 왕사성(王舍城)이라고 한다(其屬有賓瞳朧國·賓陁陵國. 目連舍基在賓陁陵, 或云卽王舍城)"라고 하였다. 여기의 '왕사성'은 바로 왕을 뜻하는 라자(Rāja)와 도시를 의미하는 그리하(gṛiha)를 한역(漢譯)한 것으로, 인도 비하르 주에 있는 도시로 부처가 설법한 곳으로 잘 알려져 있다. 현재는 라즈기르(Rajgir)라 부른다. 비신이 말하는 슈라바티[舍衛城]와는 혼동할 수 없이 500km 이상 떨어진 곳이다. 비신은 여래가 슈라바티에서 걸식

③인물, 풍토, 초목, 기후는 참파와 대동소이하다. ④다만 상장례의 일에는 상복을 잘 갖추어 입으며, 승려를 초대하여 송경하고 기도하여[佛事] 죽은 사람을 보내고, 궁벽한 곳을 골라 매장한다. ⑤혼인은 우연히 만나는 것[遇合]으로 [이루어지지만], 정과 의리는 잊지 않더라도 결국은 사람의 윤리에 어긋난다. ⑥시두만은 참파보다 그 피해가 더 심하여 사람들은 대부분 사당을 지어 희생의 피로 제사를 지내 그 화를 벗어나기를 빈다[求禳]. [③人物·風土·草木·氣候, 與占城大同小異. ④惟喪禮之事, 能持孝服, 設佛事而度死,[5] 擇僻地而葬之. ⑤婚姻偶合, 情義不忘, 終乖人倫理. ⑥尸頭蠻蠻頭者, 比占城害之之害尤甚, 民多置廟, 牲血祭之求禳.[6]

⑦추장의 출입에는 코끼리나 말을 타는데, 참파와 매양 같다. 왕의 복장[扮]은 대략 [참파와] 같으며 앞뒤로 따른 사람이 1백여 명이고, 방패를 들고 찬양하며 '아(亞)' 또는 '복(僕)'이라 외친다. ⑧땅에서는 기남향(침향의 일종),[7] 상아가 난다. ⑨교역하는 상품으로 금은, 꽃문양의 베 등이 있다. ⑩백성들이 띠를 엮고 지붕을 이어 사는 것은 또한

하던 곳이라는 정보를 어디서 가져온 것일까. 결국 비신은 판두랑가에 '왕사성'이라는 잘못된 이전 정보에 '사위걸식'이란 또 다른 허위정보를 보탠 장본인이다. 이 '낭설'은 정사인 『명사』 권324, 빈동룡(賓童龍) 조목에서(8393쪽) "혹 여래가 슈라바티 왕국에서 걸식하던 곳이 바로 이곳이다(或言如來入舍衛國乞食, 即其地)"라는 기술로 고스란히 옮겨졌다.

5) '사(死)'자는 나이지본과 『고금설해』에는 '사자(死者)'로 되어있다. '자(者)'자를 넣으면 의미는 더욱 정확해지지만, 없어도 크게 문제는 되지 않는다.

6) 이 시두만에 관한 정보는 『고금설해』에는 보이지 않는다. 비신이 참고한 자료는 역시 왕대연의 『도이지략』으로, "시두만(尸頭蠻)이란 여자가 사람을 해하는 것이 점성보다 심하여 사람들은 대부분 사당에 모시며 피로 제사를 올린다(其尸頭蠻女子害人甚於占城, 故民多廟事而血祭之)"라고 하였다.

7) 기남향(棋楠香)에 관해서는 앞의 점성 조목 주 11을 참고하시오.

참파와 같지만, 그들의 음식, 행동거지, 용모가 달라[異], 가소롭고 탄식이 날만 하다. [⑦酋長出入, 或象或馬, 一如占城. 王扮略同, 從者前後百餘人, 執盾讚唱曰亞曰僕.[8] ⑧地產棋楠香·象牙. ⑨貨用金銀·花布之屬.[9] ⑩民下編茅覆屋而居, 亦如占城, 異其食啖行止狀貌, 可笑可嗟矣.[10]]

⑪시로 노래한다[詩曰].

바닷가 산에 있는 빈동국에	海嶠賓^寶童國,
두 강물 색 맑네.	雙溪水色清.
목련이 나고 자란 곳이요,	目連生育處,
부처가 걸식하며 노닐던 성이네.	佛氏乞遊城.
땅은 협소하여 사는 사람 적어도,	地窄居民少,
산은 많아 야수들이 우네.	山多野獸鳴.
기후는 얼음 녹는 것을 모르고,	氣融冰不識,
날은 따듯하여 풀들이 떨기로 자라네.	日暖草叢生.
상례에는 효성을 다소 알고 있고,	喪禮微知孝,

8) ⑦의 문장은 『도이지략』에 "국주(國主)는 코끼리나 말을 타고, 붉은 일산을 쓰며, 따르는 1백여 인이 방패를 들고 찬양하며 '아(亞)' 또는 '복(僕)'이라 한다(國主騎象或馬, 打紅傘, 從者百餘人, 執盾贊唱曰亞或僕)"라고 한 것을 그대로 따르고 있다. 펑 청쥔 씨는 '국주'를 '국왕(國王)'으로 잘못 옮겨 놓았다. 황성증의 『서양조공전록』을 교주한 셰팡 씨는 '아(亞)'는 참파어로 'ya'로 찬양을 뜻하고, '복(僕)'은 'pu'에 해당하는 음으로 '존숭(尊崇)'을 의미한다고 설명했지만(교주본, 10쪽), 근거한 바를 밝히지는 않았다.

9) '화포(花布)'란 꽃문양이나 도안을 넣어 짠 베를 지칭한다.

10) 이상 세 문장[亦如占城. 異其食啖行止狀貌, 可笑可嗟矣]은 나이지본에는 '이(異)'자 없이 "또한 참파와 같다. 그 음식, 행동거지, 용모는 가소롭고 탄식이 날 만하다(亦如占城. 其食啖行止狀貌, 可笑可嗟矣)"라고 하였다. 『고금설해』에는 보이지 않는 정보이다.

혼인에는 대략 정의만 갖추네. 婚姻略備情.
시두만이 똥을 맛보므로, 尸蠻嘗糞穢,
요귀 사당에서는 희생으로 제사하네. 妖廟祭犧牲.
부령은 까마귀처럼 울며 인도하고 部領鳴鴉導,
오랑캐 추장 코끼리를 타고 다니네. 蠻酋坐象行.
기남향은 땅에 따라 나고, 棋楠從土產,
꽃문양의 베는 통상에 의존하네. 花布恁商營.
남은 풍속을 찾아 모아 搜緝遺風俗,
한가한 틈에 자세히 평하노라. 公餘仔細評.

『고금설해』(사고전서본, 권17, 4b~5a)[1-4] 빈동룡국(賓童龍國)

①이 나라는 참파[占城]의 산지와 연결되어있고, 두 강물이 맑고 깨끗하다. ②불경에서 사위성에서 걸식했다고 하는 곳이 바로 이곳이다. 목련이 살던 옛 집터가 아직 남아있다. ③인물, 풍토, 초목, 기후는 참파와 대동소이하다. ④다만 상사(喪事)에는 상복을 잘 갖추어 입으며, 송경하고 기도하여[設佛] 죽은 사람을 보낸다. ⑤혼인은 되는대로 한다. ⑦우두머리의 출입은 코끼리나 말을 타는데 참파와 같다. 왕을 따르는 자는 앞뒤 백여 명으로 질(質)을 들고 '아(亞)'니 '복(僕)'이니 하며 찬양한다. ⑧땅에서는 기남향, 상아가 난다. ⑨교역하는 상품은 금은, 꽃문양 베 등이다. ⑩백성들은 띠 집을 얽어 산다.

①其國與占城山地連接, 有雙澗水澄清. ②佛書所云, 舍衛乞食, 即此地也. 目連所居遺址尚存. ③人物·風土·草木·氣候與占城大同小異. ④惟喪事能持孝服, 設佛而度死者, 擇僻地葬之. ⑤婚姻偶合. ⑦酋首出入, 或象或馬, 一如占城. 王從者前後百餘人, 執質讚唱曰亞曰僕. ⑧地產棋楠香·象牙. ⑨貨用金銀·花布之屬. ⑩民下編茅屋以居.

3. 영산(靈山)[1)]

1) 이 영산에 관한 기술은 왕대연의 『도이지략』의 문장을 확인하고 자기식으로 줄여 구성하고 있다. 영산(靈山)의 위치 추정은 학자마다 상당한 차이를 보인다. 먼저 심증식 씨는 "「전각월남도(滇刻越南圖)」에 영산은 빈 뚜안[平順] 동남해에 있는데, 바로 옛 점성의 항구이며, 프랑스인들이 방려만(芳黎灣)이라 명명했다"라고 하였다(『도이지략광증』, 총서집성본, 후집, 2쪽). 조지 필립스는 1886년 「인도와 실론의 항구들(The seaports of India and Ceylon)」(『JCBRAS』, XXI, 40쪽)에서 영산을 "가남(伽南, Camnanh, 현 Cam Ranh) 항구 근처에 있는 다바이치(Davaich) 곶"으로 추정했다. 한편 펠리오 씨는 앞 곤륜 조목에서 본 『신당서·지리지』, 권50(1153쪽)에 보이는 가탐(賈耽)의 여정에서 '능산(陵山)'과 여기 '영산(靈山)'과의 연관성을 언급하고, 『동서양고·서양침로』에 보이는 연통(煙筒)과 가남모(伽南貌) 사이에 있는 영산은 바렐라(Varella) 곶일 것으로 추정했다(『8세기 말 중국에서 인도로 가는 두 갈래 여정』, 158쪽). 바렐라는 꾸이년과 나짱 중간 지점 해안에 있고, 필립스의 다바이치는 판랑(Phan Rang) 동쪽의 곶이다. 거리상 상당한 차이가 있다. 이상의 두 설명에 대해 록힐의 주석에는 "조지 필립스는 영산이 Daviach Head라고 하였고, 펠리오는 꾸이년 북쪽 싸 호이(Sa Hoi) 곶이라고 하였다. 다른 사람들은 바렐라(Varela) 곶으로 보았다(95쪽)"라고 하였는데, 원문을 잘못 읽은 것으로, 펠리오가 '싸 호이'라고 추정한 곳은 바로 능산(陵山)이다.

한편 후지타 도요하치의 설명에 따르면, 『정화항해도』에 "영산에서, 임자(355도) 방향과 임(345도) 방향의 침으로 5경을 가면 배는 양서에 닿고 교배산에 이른다(靈山, 用壬子及單壬針, 五更, 船平洋嶼, 取茭杯山)"라고 하였는데, 바로 북쪽 항로이다. 『동서양고』 침로(針路) 조목에 "신주 교배서에서 …병오(175도) 방향으로 3경을 가면 양서에 이르고, …병오 방향으로 3경을 가면 연통산이다. 이곳은 교지와 점성으로 경계가 나뉘는 곳이다. …병오 방향으로 3경을 가면 영산에 이른다(新州交杯嶼, … 用丙午, 三更, 取羊嶼. …用丙午針, 三更, 取煙筒山. 此交阯·占城分界處也. …用丙午針, 三更, 取靈山)"라고 하였다. 이것은 남쪽 항로이다. 『정화항해도』의 교배산(茭杯山)은 바로 『동서양고』의 신주(新州) 교배서(交杯嶼)이다. 신주는 분명히 지금의 주앙 난(Juang-nan)이므로, 교배(交杯)는 쭈 마이(Chou May)에 해당하는 음임에는 의심이 없다. 또 이곳은 해갑(海岬)이지 섬이 아니다. 『정화항해도』와 『동서양고』 모두 착각하고 있다. 『정화항해

①이곳은 준령들로 이루어졌고 모났으며, 돌샘[石泉]이 둘러 흐른다. ②사람들은 흩어져 살며 그물 치는 것을 생업으로 삼는다. 농토는 비옥하여 밭을 갈면 1년에 두 번 수확한다. ③기후와 절기, 남녀의 법도는 참파[占城]와 대동소이하다. [①其處峻領而方, 石泉下帶.[2] ②民居星散, 結網爲業. 田土肥, 耕種一歲二收. ③氣候之節, 男女之規,[3] 與占城大同小異.]

④땅에서는 검은 무늬가 서로 짝을 이루는 등나무 지팡이가 나는데, 하나에 두석(斗錫) 한 덩어리와 바꾸며, 거칠고 크면서 문양이 성근 것은 하나의 두석으로 지팡이 세 개와 교환한다. 빈랑(檳榔), 부엽(荖葉)은 수확하지만, 나머지 나는 특이한 물품이 없다. ⑤왕래하는 장사배들은 반드시 이곳에서 땔나무를 하고 물을 길으며, 일용할 물품을 확충한다. ⑥뱃사람들은 3일을 목욕재계하고, 부처를 받들어 불경을 외우며, 수등(水燈)을 피우고 채색한 배를 띄워, 사람과 배의 재액을 물리치는 제사를 지낸다. [④地產黑紋相對籐杖, 每條易斗錫一塊, 若麄大

도』의 양서(洋嶼)는 바로 지금의 쿨라오 참(Culao Cham)으로, 양(洋) 또는 양(羊)은 참(Cham)에 해당하는 음이다. 양서에서 영산까지 『정화항해도』에서는 5경이라 했고, 『동서양고』에서는 6경이라 했으므로, 영산은 지금의 꾸이년(Qui-nhon) 지방의 꾸이년 북쪽에 있는 랑선(Lang son) 항일 것이다. 영산은 이 랑선에 해당하는 음차이다(『도이지략교주』, 99쪽).

2) 이상 두 문장[其處峻領而方, 石泉下帶]은 『국조전고』본과 일치하는 반면, 『고금설해』에서는 “이곳은 점성[참파]과 산지가 이어 있고, 그 산은 준령이면서 모나 있으며, 샘이 띠처럼 돌아 흐른다. 산 정상에는 부처 머리 같은 돌덩어리 하나가 있어 영산이라 부른다(其處與占城山地連接, 其山峻嶺而方, 有泉下繞如帶. 山頂有一石塊似佛頭, 故名靈山)”라고 하였고, 나이지본에는 『고금설해』본과 거의 일치하는 문장을 보여준다[其處與占城山地連接, 其南峻領而方, 石泉下繞如帶. 山頂有石塊似佛頭, 故名靈山].

3) ‘규(規)’자는 나이지본과 『고금설해』에 모두 ‘예(禮)’자로 되어있다.

而紋疎者, 一錫易杖三條. 得檳榔·荖葉, 無異物所產.[4] ⑤其往來販舶, 必於此汲水採薪, 以濟日用物.[5] ⑥舶人齋沐三日, 崇佛諷經, 燃放水燈綵船, 以禳人船之災.[6]]

⑦시로 노래한다[詩曰].

영산은 모난 바위 산령으로	靈山方石嶺,
그 아래에는 샘물 흐르네.	其下有泉流.
요락한 사람들은 적어도	寥落民居少,
풍년든 미곡들은 풍족하네.	豐登穀米稠.
등불을 놓아 부처의 복을 기원하고,	放燈祈佛福,
굿하여 상선의 안전을 소원하네.	賽愿便商舟.
등나무 지팡이는 산에서 만들어내고	籐杖山中出,

4) 이상 두 문장[得檳榔·荖葉, 無異物所產]은 『고금설해』에는 "다음으로 빈랑, 누엽이 있지만, 여타 기이한 물품이나 나는 것이 없다(次有檳榔·蔞葉, 餘無異物)"라고 하였고, 『국조전고』에는 "次得檳榔·荖葉, 餘無異物所產"으로 되어있다. 한편, 나이지본에는 "次有檳榔·蔞葉, 餘無異物所產"라고 하였으므로, 천일각본에 '차(次)'자와 '여(餘)'가 빠졌음을 알 수 있다. 펑 청쥔 씨는 『고금설해』와 나이지본의 '루(蔞)'자를 천일각본과 『도이지략』에 따라 '부(荖)'자로 교정했는데, 당연하다. 또한 '소산(所產)' 두 글자가 덧붙여졌거나, 그 아래 문장이 빠진 것으로 추측했다. 이러한 추측은 『고금설해』본 때문으로 보이는데, 여기서는 별달리 나는 기이한 산물이 없음을 말하므로 '소산'이 있어도 크게 문제가 되는 것은 아니다.

5) 이상 두 문장[必於此汲水採薪, 以濟日用物]은 '물(物)'자를 빼면, 『국소선고』와 정확히 일치한다. 나이지본에는 "반드시 여기에서 땔나무를 하고 물을 길어, 일용품을 마련한다(必於此樵汲, 以濟日用)"라고 하였다. 한편 『고금설해』에서는 "必於此樵汲"라고만 되어있다. 이로써 저본인 천일각본의 '물(物)'자는 덧붙여진 것이 분명하다.

6) 이 조목은 대부분 『도이지략』의 문장을 줄여 옮겼다. 자세한 것은 『도이지략역주』를 참고하시오.

물고기와 새우는 바다에서 찾네.	魚蝦海內求.
불경을 이렇게 일찍부터 봐오며,	梵經曾覩此,
오늘날까지도 한결같이 자적하네.	今日一遨遊.

『고금설해』(사고전서본, 권17, 3b~4a)[1-2] 영산(靈山)

①이곳은 참파[占城]의 산지와 연결되어있고, 산은 준령(峻嶺)들로 모나며 샘물이 띠처럼 둘러 흐른다. 산 정상에는 부처의 머리 같은 바위 한 덩어리가 있어 '영산'이라 부른다. ②주민들은 별처럼 흩어져 살고, 그물질을 생업으로 삼는다. 농토는 비옥하고 경작하면 일 년에 두 번 수확한다. ③기후의 절기, 남녀의 예법은 참파와 대동소이하다. ④땅에서는 검은 문양이 서로 대를 이루는 등나무 지팡이가 나는데, 한 자루에 두석(斗錫, 주석) 한 덩어리와 바꾸고, 거칠고 크면서 문양이 성근 것은 주석 한 덩어리에 지팡이 세 자루와 바꾼다. 다음으로 빈랑, 누엽이 있지만 다른 산물은 없다. ⑤왕래하는 상선[販舶]들은 반드시 이곳에서 나무를 하고 물을 긷는다. ⑥뱃사람들은 3일을 목욕재계하고, 부처를 받들어 불경을 외우며, 수등(水燈)을 피우고 채색한 배를 띄워, 사람과 배의 재액을 물리치는 제사를 지낸다.

①其處與占城山地連接, 其山峻嶺而方, 有泉下繞如帶. 山頂有一石塊似佛頭, 故名靈山. ②民居星散, 結網爲業. 田肥, 耕種一年二收. ③氣候之節, 男女之禮, 與占城大同小異. ④地產黑文相對籐杖, 每條易斗錫一塊, 若麤大而紋疎者, 一錫易杖三條. 次有檳榔·蔞葉, 餘無異物. ⑤往來販舶, 必於此樵汲. ⑥舶人齋沐三日, 崇佛誦經, 燃放水燈綵船, 以禳人船之災.

4. 풀로 콘도르[崑崙山] [1)]

1) ‘곤륜[kuən-lịuĕn](崑崙)’이란 명칭은 중국인들에게 전설의 산으로 잘 알려져 있다. 이 익숙한 명칭은 중국의 ‘서양’ 관련 자료 곳곳에서 등장하고 있으며, 지칭하는 곳이 다르게 나타난다. 그곳은 크게 두 곳으로 나뉘는데, 그곳 중 하나인 여기 비신의 ‘곤륜산’은 왕대연이 말한 곤륜산, 즉 현 베트남 남부 속짱 빈짜우(Vĩnh Châu) 해변에서 동남쪽 가장 가까운 곳까지 대략 180km 떨어진, 면적 75.15㎢의 작은 섬인 꼰선섬(Côn Sơn), 말레이어로 ‘풀라우 쿤두르(Pulau Kundur)’라고 하는 섬을 지칭한다. ‘산(山)’이란 표현은 ‘섬’을 의미한다. 그러나 이들 이전의 중국 자료에서는 또 다른 ‘곤륜’이라는 섬을 증언하고 있다.

바다의 섬 또는 해안의 지역을 지칭하는 명칭으로 확인되는 가장 이른 기록 중 하나로, 의정(義淨, 635~713)의 『남해기귀내법전(南海寄歸內法傳)』(689~691년)을 들 수 있다. 의정은 권1에서 부처의 깨달음 이후 네 유파를 소개하며 마게타국(摩揭陀國), 동예(東裔)의 유파 상황을 기술하고, 이어서 스리랑카인 사자주(師子洲)와 남해의 여러 섬[洲]에 있는 10여 개 나라를 기술하면서 다음과 같이 기록했다.

> “[10개국] 각 나라의 사방 둘레는 100리 정도 되는 곳도 있고, 혹은 수백 리가 되는 곳도 있으며, 100개가량의 역참을 갖춘 나라도 있다. 큰 바다[大海]는 몇 리나 되는지 헤아리기 어렵지만, 장삿배를 타는 익숙한 사람들만 알 수 있다. 원래 정말로 ‘굴륜[gʰịuət-lịuĕn](掘倫)’이라는 곳은, 처음 교주와 광주 지역[交廣]에 도착했을 때, 사신들이 모두 곤륜국(崑崙國)이라고 불렀던 곳이다. 이 곤륜(崑崙) 사람들만 곱슬머리였고. 몸은 검었다. 그 나머지 여러 나라는 중국[神州]과는 달리, 맨발로 다니고 허리 아래에는 켐반[敢曼]을 했는데, 모두 이런 식이다. 두루 『남해록(南海錄)』 같은 책에서 갖추어 기록되어 있다(諸國周圍, 或可百里·或數百里·或可百驛；大海雖難計里, 商舶串者准知. 良爲掘倫, 初至交廣, 遂使揔喚崑崙國焉. 唯此崑崙, 頭捲體黑. 自餘諸國, 與神州不殊, 赤腳敢曼, 揔是其式. 廣如『南海錄』中具述).”(『남해기귀내법전교주』, 17쪽).

다카쿠스 준지로(高楠順次郎)는 여기 ‘굴륜’에 관하여, “굴륜(掘倫)은 풀라우 콘도르(Pulau Condor)를 지칭하는 중국 명칭인 곤륜(崑崙)과 같다. 원래 명칭은 ‘콘논(Kon-non)’으로 콘도르는 와전된 것이다. 9세기 아랍 여행자들은 이 군도를 '순다르 푸랏(Sundar Fúrát)'이라 불렀고, 마르코 폴로도 마찬가지로 '순두르(Sundur)'와 '콘두르(Condur)'로 명명했다. 이 군도는 12마일(19km)짜리 섬 하나와 2~3마일(3~4km)의 두 섬, 그리고 다른 작은 섬들로 구성되어 있으며, 가장 큰 것을 특별히 '풀로 콘도르'라고 부른다. 의정에 따르면 이 군도의 사람들은 검은 용모에 북슬북슬한 머리카락을 가졌다고 한다(『A record of the Buddhist religion as practised in India and the Malay archipelago by I-Tsing』, Oxford, 1896, General Instruction, xlix쪽)"라고 설명했다. 다카쿠스 씨는 의정이 말하는 '곤륜국'을 확실히 꼰선섬으로 추정하고 있다. 사실 실론섬과 너무 멀고, 의정이 말한 것처럼, 곱슬머리에 흑인들이 산다는 기술과 부합하지 않는다. 이러한 의문을 품은 다카쿠스 씨의 고증은 계속되었다.

> 우리는 중국인들을 통해 곤륜노(崑崙奴)라는 말을 종종 듣는다. 그들이 어디에서 온 사람들이지 아무런 언급 없이 이 용어는 이후 일반적으로 노예를 의미하는 말로 쓰였다. 의정의 시기에 토착민들은 흑인이었던 것 같다. 주석가 가삽파(Kāsyapa) 또한 이른 시기의 근거를 인용하며 그들을 다른 종족으로 묘사했다. ⓐ"K'u-lun, Ku-lun, 그리고 K'un-lun은 하나이고 같은 나라이다. 이 나라에서 행하는 의례나 예절은 없다. 사람들은 약탈해서 산다. 그들은 락샤(Rāksha)나 악마처럼 인육을 먹는다. 그들의 언어는 정확하지 않다. 그들은 다른 야만인들과 다르다. 그들은 잠수에 능하여 원한다면 아무런 고통 없이 하루 동안 물속에 있을 수 있다." 그러나 이 특이한 사람들은 어느 정도 불교를 신봉했던 것 같다. ⓑ의정은 섬의 왕이 하사한 독특한 물시계가 있는 사원을 언급하고 있으며(145쪽), 나아가 우연적이기는 하지만, ⓒ그들은 산스크리트어 불경을 찬양했다(169쪽)고 하였으며, ⓓ그곳에서는 두 종류의 정향이 난다(129쪽)고 하였기 때문이다.
>
> 의정의 시대에 왜 곤륜어가 수마트라 또는 스리보자에서 지배적으로 사용되었는지 매우 놀랍다. 그러나 언어의 명칭으로 사용할 때 'K'un-lun'이란 단어로 오인하지 말아야 한다. 왜냐하면, 그것은 남해 전역에 대한 일반적인 명칭으로, 언젠가부터 쓰였으므로(11쪽), '곤륜어(崑崙語)'란 말레이어를 의미해야 한다. 토착민들이 곤륜어의 사투리를 말했을 수도 있지만, 풀로 콘도르 섬은 이와 아무런 관계가 없다.

ⓐ의 인용문은 『일체경음의(一切經音義)』, 권81(신수대장경본, 835c), 곤륜어(崑崙語) 항목에 보이는 문장을 아무런 출처를 밝히지 않고, 원문도 없이 자기식대로 생략하여 번역한 것으로, 그 원문은 다음과 같다. "[골륜의] 첫 자는 음이 곤(昆)이고 아래 글자는 론(論)이다. 당시 사람들은 골론(骨論)이라고도 불렀다. 남해의 섬에 사는 오랑캐[夷人]들이다. 몹시 검고, 나체이며, 맹수나 코뿔소, 코끼리 등을 길들일 수 있다. 여러 인종이 있는데, 승기(僧祇), 돌미(突彌), 골당(骨堂), 합멸(閤蔑) 등으로 모두 비천한 사람들이다. [이들] 나라에는 예의가 없고, 사람을 즐겨 먹어 나찰이나 악귀의 부류와 같다. 언어는 한결같지 않지만 다른 외국들[諸蕃]과 다르다. 잠수에 뛰어나 종일토록 있어도 죽지 않는다(上音昆下音論. 時俗語便亦曰骨論. 南海洲島中夷人也. 甚黑裸形, 能馴伏猛獸·犀·象等. 種類數般, 即有僧祇·突彌·骨堂·閤蔑等, 皆鄙賤人也. 國無禮義, 抄劫為活, 愛啖食人, 如羅刹·惡鬼之類也. 言語不正, 異於諸蕃. 善入水, 竟日不死)".

ⓑ의 정보는 『남해기귀내법전』, 권3(교주본, 170쪽)에 "남해의 골륜국(骨崙國) 같은 경우에는, 구리 솥에 물을 담아 구멍을 뚫어 아래로 흐르게 하는데, 물이 다 흐르면 곧바로 북을 친다. 다할 때마다 한 번씩 쳐서, 네 번 치면 [해가] 중천에 이르므로, 일정하게 저녁까지 그렇게 한다. 밤에도 이렇게 8번 치면, 모두 16번이 된다(若南海骨崙國, 則銅釜盛水, 穿孔下流, 水盡之時, 卽便打鼓. 一盡一打, 四椎至中, 齊暮還然. 夜同斯八, 揔成十六)"라고 골륜국의 시간 계산법을 언급한 것을 말한다. 이는 ⓐ의 완전히 미개인인 '곤륜'과는 달리 상당히 문명화된 '골륜'을 말하고 있다. ⓒ의 근거는 『남해기귀내법전』, 권4(교주본, 187쪽)에서 "'서방(西方)'에서 불법을 배우는 방법을 소개하면서 의정은 "그렇지만 골륜(骨崙)과 속리(速利)에도 여전히 산스크리트어 경전을 모두 읽을 수 있는데, 하물며 천부(天府, 인도)와 신주(神州, 중국)에서는 어떠하겠는가(然而骨崙·速利尚能揔讀梵經, 豈況天府·神州)"라고 하였다. 여기서 말힌 '속리(速利)'라는 나라에 관하여 다카쿠스 씨(49쪽)는 몽골인 또는 튀르크인들이 사는 카슈가르(Kashgar) 서부로 추정했다. 여기의 '골륜(骨崙)' 역시 인도 불교문화권 지역으로 ⓐ의 정보와는 상당히 다른 곳이다.

마지막으로 ⓓ의 정보는 『남해기귀내법전』, 권3(교주본, 153쪽)에서 의정은 질병의 원인과 치료법을 설명하면서 "두 종의 정향(丁香)은 모두 굴륜국(堀倫國)에서 난다(兩色丁香, 咸生堀倫[論]國)"라고 한 문장을 말한다. 여기의 말하는 정향(丁香)은 사실 말루쿠 제도의 특산으로 다른 지역에서는 보고된 바 없다. 이는 여기 굴륜국이 ⓒ의 정보와는 달리, 동서양 중개무역이 편리한 섬이나 해변 지역임을 시사하고 있다. 다카쿠스 씨는 결론에서 풀로 콘도르와 아무런 관련이 없다고 밝혔으면서, 위의 세 경우 모두 '풀로 콘도르'로 번역했다.

8~9세기 사이 당나라 승려 혜림(慧琳, 737~820)이 편찬한, 당시 중국의 주요 불교 서적들에 나오는 난해한 단어들의 음과 의미를 설명해 놓은 일종의 주석서인, 『일체경음의(一切經音義)』는 폴 펠리오가 둔황 석굴에서 찾아낸 신라 승려 혜초(惠超)의 '『왕오천축국전(往五天竺國傳)』'이라는 온전하지 않은 사본의 전체 면모를 가늠해 볼 수 있는 용어들이 설명되어있다. 혜림은 둔황 사본에는 보이지 않는 『왕오천축국전』 상권(上卷)에 언급한 '각멸(閣蔑)'이란 명칭을 다음과 같이 주석했다. "['멸(蔑)'자는] 면별(眠鼈)의 반절로 읽는다. 곤륜어(崑崙語)이다. 옛날 임읍국(林邑國)으로 여러 곤륜의 나라 중에 이 나라가 가장 크다. 또한 삼보(三寶)를 공경하고 믿었다(眠鼈反. 崑崙語也. 古名林邑國, 於諸崑崙國中, 此國最大. 亦敬信三寶也)"라고 설명한다. 여기의 각멸(閣蔑)은 바로 ⓐ에서 본 합멸(閤蔑)이다. '각[kɑk](閣)'자와 '합[kăp](閤)'자는 모두 입성의 글자로, 발음과 자형이 유사하다.

여기 혜초의 설명에 따르면, 곤륜은 하나의 불교문화권을 지칭하는 용어로 '곤륜'이라 부르는 여러 나라가 있는데, 그중에서 옛날 임읍국(林邑國)이기도 했던 각멸(閣蔑), 크메르(Khmer), 바로 캄보디아가 가장 큰 나라라고 이해하도록 이끈다. 어쨌든 신라승 혜초가 곤륜 중에서 가장 큰 나라인 '각멸'을 자신의 기록에서 언급했다는 말이다. 그렇다고 해서 혜초가 바닷길로 인도에 갔다고 확인해 주지는 않는다. 사실 현 베트남에서 인도로 가는 항로에서 캄보디아는 벗어나 있다. 이는 오히려 혜초가 캄보디아를 거쳐 육로로 인도에 갔을 가능성을 암시한다.

또한 혜초는, 별도의 조목을 두어 기술하지는 않았지만, 건타라(建馱羅) 조목에서 "가섭미라와 대발률, 소발률, 양동 등의 나라를 제외하고 건타라국이나 심지어 오천축과 곤륜 같은 나라에 포도는 전혀 없고…사탕수수는…있다"라고 '곤륜'이란 나라를 언급하고 있다. 바로 '상권'에서 말하는 곤륜임이 분명하다.

당나라 말 번작(樊綽)의 『만서(蠻書)』(862년)에는 "양수천(量水川) 서남쪽으로 용하(龍河)에 이르고, 또 남쪽으로 청목향(青木香)의 산길과 만나며, 남쪽으로 곤륜국에 이른다(量水川西南至龍河, 又南與青木香山路直, 南至崑崙國矣)"

라고 하였고(시앙 다, 『만서교주』, 149~150쪽), 또 "곤륜국(崑崙國)은 만(蠻, 남조(南詔) 왕국을 말함)의 경계인 서이하(西珥河)에서 81일 정의 거리에 있다. 청목향, 단향, 자단향, 빈랑, 유리, 수정, 여배(蠡坏) 등과 여러 향약(香藥), 진귀한 보배, 서우 등이 난다. 만적(蠻賊, 남조)이 군대를 보내 곤륜을 공격하자, 곤륜은 길을 열고 남조의 진군을 내버려 두었다가, 길이 강과 통하도록 뚫고, 물을 터서 잠기게 하자 진퇴의 방법이 없었다. 굶어 죽은 자가 10,000여 명이었고, 죽지 않은 자는 곤륜인들이 그들의 오른팔을 자르고 돌려보냈다(崑崙國, 正北去蠻界西洱河八十一日程. 出青木香·檀香·紫檀香·檳榔·琉璃·水精·蠡坏等諸香藥·珍寶·犀牛等. 蠻賊曾將軍馬攻之, 被崑崙國開路放進軍後, 鑿其路通江, 決水掩浸, 進退無計. 餓死者萬餘, 不死者崑崙去其右腕放回)"라고 기록하고 있다(앞의 책, 238~9쪽). 여기 『만서』의 기술에 따르면 '곤륜'이란 나라는 섬이 아니라, 말레이 반도 미얀마 지역으로 보인다.

1225년 조여괄은 『제번지』에서 별도로 곤륜을 기술하지 않았지만, 사바(闍婆, 자바) 조목에서 "사바국(闍婆國)은 페카롱간[莆家龍]이라고도 한다. 천주(泉州)에서 병사(丙巳, 150~165도) 방향이고, 대체로 겨울에 배를 띄워 북풍에 편승하는데, 순풍이면 밤낮으로 달포면 도착한다. 동쪽으로는 바다에 닿고 물의 힘이 점점 낮아지는 곳에는 여인국(女人國)이 있다. 더 동쪽으로 가면 심해로[尾閭之所泄] 더는 사람 사는 세상이 아니다. 배를 타고 반달정도 가면 곤륜국(崑崙國)에 이른다(闍婆國又名莆家龍, 於泉州爲丙巳方, 率以冬月發船, 蓋藉北風之便, 順風晝夜月餘可到. 東至海, 水勢漸低, 女人國在焉. 愈東則尾閭之所泄, 非復人世, 泛海半月至崑崙國)"라고 하였다. 여기에서 말한 곤륜국은 출발점과 방향이 언급되지 않았다. 문맥으로 보아 사바(闍婆) 즉 중부 자바에서 반달 거리에 곤륜국이 있다는 말이나, 방향을 언급하지 않았으므로, 어디를 말하는지 특정할 수 없다.

우리가 알고 있는 것처럼 조여괄은 1178년 주거비의 『영외대답』을 꽤 많이 참고하고 했다. 그러나 여기 사바 조목은 주거비의 기술과는 더 많은 정보를 보여준다. 역자는 지난 『제번지역주』에서 깊은 검토 없이 급하게 "정향(丁香)이 난다"정보를 근거로 '말루쿠'로 추정한 바 있다(108쪽). 히어트와 록힐은 여기에 언급된 '곤륜'이 곤륜산(崑崙山), 즉 풀로 콘도르(Pulo Condore)와 곤륜국 또는 말레이 사람들을 의미할 것으로 추측하고, 다시 소길단(蘇吉丹) 조목 원주에서 해적의 나라 중 하나로 거론된 고론(故論)과 같은 나라일 수도 있다는 의심을 표명했다(『조여괄』, 80쪽). 또 조여괄은 교지(交趾, 통킹) 조목에서 속국으로 포라감올(蒲羅甘兀)을 언급했는데, 히어트는 "포라감올은 조여괄이 풀로 콘도르(Pulo Condore)를 옮긴 것으로 생각고자 한다. 송나라 시기에는 항상 곤륜산(崑崙山)으로 음역했지만 말이다. 이 곤륜산은 크로포드(Crawfurd)에 따르면, 현지 명칭은 '풀로 코나옹(Pulo Kohnaong)'이라 하므로 이를 옮긴 것이다. 가탐(賈耽)의 항행 방향에는 이 명칭의 다른 음역인 '군돌농(軍突弄)'이 있었다"라고 하며(앞의 책, 50쪽), 포라감올=풀로 콘도르=곤륜산=군돌농 설을 주장했다. 사실 역자를 포함한 히어트의 설은 모두 근거가 부족하여 내세울 만한 것이 못 된다. 어쨌든 조여괄이 말하는 '곤륜'은 풀로 콘도르, 즉 꼰선섬이 아닌 다른 곳을 지칭하고 있다는 점은 분명하다.

이상의 기록들은 역자의 생각으로 같은 곳의 '곤륜'을 말하고 있다. 이제 나머지 하나는 바로 왕대연과 비신의 곤륜산, 즉 꼰선섬이다.

주달관은 『진랍풍토기(眞臘風土記)』에서 점성(占城)에서 반달쯤 항행하면 진포(眞浦)에 이르며, 진포에서 다시 곤륜양(崑崙洋)을 지나야 입항할 수 있다고 했으므로(『앙코르 캄보디아』, 48~49쪽), '곤륜양'이 참파에서 멀지 않은 바다를 가리키고 있는 것임은 분명하다. 이는 확실히 꼰선섬과의 연관성을 시사하고 있다.

이어서 반세기 뒤 왕대연은 "옛날 곤륜산(崑崙山)은 군둔산(軍屯山)이라고도 했다. [곤륜]산은 높고 네모나며, 지반은 몇백 리이고, 바다 한가운데 우뚝 서 있으며, 점성(占城), 동서축(東西竺)과 세 발의 솥처럼 대치하며 서로를 향하고 있다. 아래에는 곤륜양(崑崙洋)이 있는데 이 때문에 붙여진 이름이다. '서양'으로 장사하러 가는 배들은 반드시 약탈당한다. 순풍에 7일 밤낮을 가면, 건널 수 있다. 속담에, "올라갈 때는 칠주(七州)가 두렵고 내려올 때는 곤륜(崑崙)이 두렵네. 방향 침이 헷갈리고 키를 잃으면, 배는 남아 [나지 않는다]"라고 하였다. 그곳에는 별달리 나는 산물이 없고, 사는 가옥들도 없지만, 산속 움집에는 남녀 수십 인이 사는데, 괴이한 신체와 모습을 하고 있으며, 굴에 살거나 들판에 산다. 의복은 없고, 낮에는 산에서 나는 과일, 물고기, 새우를 먹고, 밤이면 나무 둥지에서 잔다. 마치 태곳적 자연 상태의 세상이니 어찌 그러한 것인지 알겠는가? 뭇 배들이 고약한 바람을 만나면 그 산 아래 만에서 정박한다"라고 하였다.(『도이지략역주』, 282쪽)

여기 비신의 기록은 확실히 『도이지략』에 가져왔으므로, 잠정적으로 13세기 말부터, 이전 자료와는 달리 '곤륜(崑崙)'은 풀로 콘도르 즉 베트남 꼰선섬을 지칭했다고 추론할 수 있다. 이런 잠정적 추론은 마르코 폴로의 여행기에서 보이는 '콘두르(Condur)'와 '손두르(Sondur)'라는 섬으로 힘을 얻을 수 있다.

『술레이만 여행기』에서 "카라-바르(Kalah-bar, 크다 일대)에서 우물을 길었다. 선원들은 냇물이나 빗물보다 우물물을 좋아했다. 하르칸드(Harkand) [바다] 근처에 있는 말라야의 쿨람(kūlam, 인도 퀼론)과 카라-바르 사이의 거리는 한 달 여정이다. 선원들은 티유마(Tiyūma) [섬]이라 불리는 섬으로 향했다. 그곳에서 그들은 담수를 찾고자 했다. [칼라-바르에서] 티유마까지는 10일 항해하는 거리이다. 이어서 선원들은 [이전 기항지에서] 10일 항해 거리에 있는 쿤드랑(Kundrang)이라는 곳으로 향했다. 그들은 그곳에서 담수를 긷고자 했다. 서인도에서와 마찬가지로, 우물을 파, 담수를 찾았다. 쿤드랑에는 노예와 도적들이 도망하여 종종 몸을 숨기는 높은 산이 하나 있었다. 선원들은 계속하여 [이전 기항지에서] 10일 여정인 참파(Čampa, 안남과 코친차이나)라는 곳으로 갔다. 그곳에서 담수를 찾았다. 그곳 사람들은 참파의 알로에를 수출했다. 이곳에는 왕이 있었다. 나라 사람들은 거무스름했다. 각기 두 개의 [위아래로] 천을 입었다. 선원들은 민물을 공급받고, 그들은 쿤두르 풀랏(Cundur-fūlāt)이라는 곳으로 향했다. 이전 기항지와는 10일 항해 거리에 있었다. 그곳에서 담수를 길었다"라고 하였다(G. Ferrand(tr.), 『Voyage du marchand arabe Sulaymān en Inde et en Chine』, Paris, 1922, 42쪽).

페랑(G. Ferrand)은 『극동과 관련된 아랍, 페르시아, 튀르크인들의 지리서와 여행 기술(Relations de voyages et textes géographiques arabes, persans et turks relatifs à l'Extreme-Orient)』(파리, 1913), 40쪽에서 "옛 발음은 춘두르 풀랏(Čundur fūlāt)이고 현 발음은 순두르 풀랏(Ṣundur fūlāt)이다. '풀(fūl)'은 밀레이어 '풀라우(pulaw)' '풀로(pūlo)'로, 섬+복수의 페르시아어 접미사 'āt'로, 아랍어로 변화시킨 형태이다. 메콩강 델타 남쪽에서 40마일 떨어진 곳에 있는 풀로 콘도르이다"라고 춘두르 풀랏을 설명했다.

그러나 블래그덴(Blagden)은 페랑의 해법에 여러 이의를 제기했다. 1) 말레이어에서 'k'는 첫음절에서 'č'로 바뀌지 않는다. 2) 말레이어와 인도네시아어에서 일반적으로 풀라우(Pulau)는 섬의 이름에 선행시켜야지 뒤에 붙이지 않는다.

①이 산[섬]은 바다 가운데 우뚝 서 있고, 참파[占城], 동서축(동서

---

3) 순두르 풀랏(Ṣundur fūlāt)이 풀로 콘도르라면 아랍 여행자들이 중국으로 가면서 순두르 풀랏(Ṣundur fūlāt)로 간 다음 참파를 떠났을 이유가 없다는 것이다(『JRAS』, 1919, 496쪽). 이러한 타당한 이의 제기에, 페랑도 나중에 자신의 『항해 지침과 아랍인과 포르투갈인의 루트(Instructions nautiques et routiers Arabes et Portugais)』, III, 166~167쪽에서 암묵적으로 이 주장에 굴복하고 '순두르 풀랏(Ṣundur fūlāt)'을 해남도에 위치시켰다.

이러한 논의에 관하여 폴 펠리오는 "그러나, 내 생각으로 그것이 순두르 풀랏(Ṣundur fūlāt)이 해남도임을 의미하지 않는다. 독단적인지는 모르겠지만, 나는 쿤두룽이 풀로 콘도르이고, 초기 아랍 여행자들은 꾸이년(Quinhon) 항구와 더불어 빈딘(Binh-dinh)의 해안을 참파로 말했으며, 순두르 풀랏이 쿨라오 참(Culao Cham)이고, 그들의 '중국의 문'은 중국 텍스트에서 '칠주(七洲)'로, 해남도 북동쪽 모퉁이 밖에 있는 타야 군도를 말한다고 생각한다. 그렇다고 해서 '순두르(Sundur)'라는 명칭과 '쿤두르(Kundur)'라는 명칭 사이에 어떤 연관성이 있다는 가능성이 배제되어서는 안 된다. 나중에 상당히 오래된 전승을 복사했을 수도 있지만 안남의 자료들은 이른 5세기 쿨라오 참에서 일어났던 사건을 말하고 있지만, 더 신뢰할 수 있는 6세기의 중국 저술은 곤륜에서 벌어진 일이라고 한다. 그리고 풀로 콘도르는 여전히 8세기에도 중국인들에게 '쿤두룽[軍突弄]'으로 불렸다. 그들은 처음으로 곤륜이라는 전설적인 명칭을 쿨라오 참에 적용했고, 나중에 풀로 콘도르만을 옮겼을 가능성이 있다. 곤륜, 쿤두르 그리고 순두르(Ṣundur) 사이의 음성적 연관성은 의문이지만, '순두르(Ṣundur)'라는 명칭은 여전히 마르코 폴로의 시대에 아랍-페르시아 항해가들 사이에서 사용되었음이 분명하다. 왜냐하면 그것은 '손두르(Sondur)'로 명확하게 표기되었기 때문이다. 아마도 순두르(Ṣundur)는 남쪽으로 옮겼으므로, 곤륜과 같은 방식으로 쿠라오 참에서 풀로 콘도르로 바뀌었을 것이다. 마르코 폴로는 두 명칭, 실제 '말레이' 명칭 쿤두르('Kundurung'에서 나옴)와 아랍어 순두르(Ṣundur)를 듣고 이들을 군도의 두 섬에 적용했다. 아마도 폴로가 '손두르'는 큰 섬이고 '콘두르'는 작은 섬이라고 말한 것을 보면, 순두르(Ṣundur)가 쿠라오 참이라는 무의식적인 잔재가 있었을 것이다"라고 결론지었다(『Notes on Marco Polo』, I, 406~407쪽). 상당히 그럴법한 해법이고, 현재로서는 달리 따를만한 타당한 설이 없다.

마지막으로 김호동 교수는 앞서 본 펠리오의 설명을 참고하여 "'손두르'는

축)과 세 발 솥처럼 서서 서로 바라본다. ②산은 높고 네모나며, 지반[根盤]은 넓고 멀다. 바다 밖에서는 '곤륜'이라 부른다. ③무릇 서양으로 장사하러 가는 선박들은 반드시 순풍을 타고, 7일 밤낮을 가야 지날 수 있다. [①其山節然瀛海之中, 與占城及東西竺鼎峙相望. ②山高而方, 根盤曠遠. 海外名曰崑崙.[2] ③凡往西洋商販,[3] 必得順風,[4] 七晝夜可過.

Culao Cham섬을 가리킨다. 아랍측 기록에 보이는 Sundur-fulat에서 나온 말로, fulat는 말레이어에서 섬을 뜻하는 pulau로 보인다. 아랍인들의 기록에는 중국으로 갈 때 Kundurung(콘도르섬)에서 참파로 갔다가 거기서 Sundur-fulat을 거쳐서 간다고 했다. 중국측 기록에는 孫陀羅로 표기되어 있다"라고 주석을 붙였다(『동방견문록』, 428쪽). 이 불친절한 주석 사항은 상당히 조심해 읽어야 한다. 특히 밑줄 친 정보는 어떤 자료를 근거한 것인지 모르겠다.

2) 이 문장[海外名曰崑崙]은 『국조전고』에 "바다의 이름은 곤륜이다(海之名曰崑崙)"라고 되었다. 한편 『고금설해』과 나이지본에는 "바다 사람들은 곤륜양이라 부른다(海人名曰崑崙洋)"라고 하였다. 펑 청쥔 씨는 여기 '양(洋)'가 덧붙여진 것 같다고 하였다. 사실 『국조전고』의 문장은 '양(洋)'자를 넣는 편이 맞다. 사실 이상의 문장들은 모두 왕대연의 『도이지략』 곤륜 조목의 문장을 요약하고 있다. "[곤륜]산은 높고 네모나며, 지반은 몇백 리이고, 바다 한가운데 우뚝 서 있으며, 점성(占城), 동서축(東西竺)과 세 발의 솥처럼 대치하며 서로를 향하고 있다. 아래에는 곤륜양(崑崙洋)이 있는데 이 때문에 붙여진 이름이다(山高而方, 根盤幾百里, 截然乎瀛海之中, 與占城·西竺鼎峙而相望. 下有崑崙洋, 因是名也)"라고 하였다.(『도이지략역주』, 282쪽) 이로부터 '곤륜양(崑崙洋)'이라는 바다 때문에 붙여진 명칭이라고 했으므로, 천일각본이 문장이 가장 정확하다.

3) 이 문장[凡往西洋商販]은 『국조전고』와 일치하는 반면, 『고금설해』와 나이지본에는 "무릇 서양에 장사하러 가는 배들은(凡往西洋商販之舶)"이라고 되어있다. '지박(之舶)'을 더 넣어 문장을 정확히 만들고 있다고 할 수 있지만, 없어도 문장의 의미가 달라지는 것은 아니다.

4) 이 문장[必得順風]의 '득(得)'자는 『국조전고』, 『명사』, 나이지본, 『고금설해』 모두 '대(待)'자로 되어있다. '대(待)'자를 따라야 할 것 같지만, 실제 문장에는 '득

④속담에 "위로는 칠주(七洲)가 두렵고, 아래로는 곤륜이 두렵네. 침(針)을 잃거나 키를 실수하면 사람과 배가 남아나지 않는다네"라고 하였다. ⑤이 산[섬]에는 별다른 물건이 나지 않는다. ⑥사람들은 집이 없다. 산과일, 물고기, 새우를 먹으며, 굴에 살거나 나무에 깃들어 산다. [④俗云, 上怕七洲, 下怕崑崙, 針迷舵失, 人船莫存.[5] ⑤此山產無異物. ⑥人無居室, 而食山果·魚·蝦, 穴居樹巢矣.[6]]

⑦시로 노래한다[詩曰].

세 발 솥처럼 동서축과 대치하여	鼎峙東西竺,
우뚝 큰 바다 구역에 있네.	節然瀛海區.
다만 침위와 키를 잃을까 걱정이요,	惟愁針舵失,
다만 동굴과 둥지에 사는 것 불쌍하네.	但念穴巢居.
사계절 나무에는 과일이 자라고,	四季樹生菓,

(得)'자가 더 잘 어울린다.

5) 다른 사본과도 정확히 일치하는 이 속담은 분명 『도이지략』에서 "속담에, '위에는 칠주가 있고, 아래는 곤륜이 있어 침위를 혼동하거나 키를 잃으면 사람과 배가 어찌 남아나리오'라고 한다(諺云, 上有七州, 下有崑崙, 針[計]迷舵失, 人船孰存)"[『도이지략교주』, 97쪽]라고 한 문장을 고친 것일 것이다. 먼저 비신은 '유(有)'자를 '파(怕)'자로 바꾸었다. 남송 말 오자목(吳自牧)의 『몽량록(夢粱錄)』, (권12) 강해선함(江海船艦) 조목에 "옛날부터 뱃사람들은 '갈 때는 칠주가 두렵고, 올 때는 곤륜이 두렵다'라고 하였다(自古舟人云, 去怕七洲, 回怕崑崙)"라고 하였다. 이로부터 비신이 '파(怕)'자로 고친 것은 그 근거가 있다고 할 수 있다. 또한 『도이지략』의 마지막 문장[人船孰存]을 '인선막존(人船莫存)'으로 고친 것은 『명사』의 편수관들에게도 확인된 것 같다. 『명사』, 권324(8394쪽), 빈동룡국(賓童龍國) 전에 딸린 곤륜산(崑崙山) 기술은 확실히 비신의 『성사승람』을 그대로 따르고 있다.

6) 마지막 이 문장[穴居樹巢矣]은 나이지본에서만 '의(矣)'자가 '이이(而已)'로 되어있다.

세 끼 식사는 새우와 물고기라네. 三餐蝦與魚.
이 먼 곳에 달리 나는 것은 없지만, 遐陬無別產,
노래하여 기록할만하네. 吟咏亦堪書.

『고금설해』(사고전서본, 권17, 4a~4b)[1-3] 풀로 콘도르[崑崙山]

①이 산[섬]은 바다 가운데 우뚝 서 있고, 참파[占城], 풀로 아우르[東西竺]와 세 발 솥처럼 서서 서로 바라본다. ②산은 높고 네모나며, 섬의 지반[山盤]은 넓고 멀다. **바다 사람들은 '곤륜 바다**[崑崙洋]'라고 부른다. ③무릇 서양으로 장사하러 가는 선박들은 반드시 순풍을 **기다려**, 7일 밤낮을 가야 지날 수 있다. ④속담에 "위로는 칠주(七洲)가 두렵고, 아래로는 곤륜이 두렵네. 침(針)을 잃거나 키를 실수하면 사람과 배가 남아나지 않는다네"라고 하였다. ⑤이 산[섬]에는 별다른 물건이 나지 않는다. ⑥사람들은 집과 **부엌**[居竈]이 없다. 산과일, 물고기, 새우를 먹으며, 굴에 살거나 나무에 깃들어 살 **뿐이다.**

①其山節然瀛海之中, 與占城及東西竺鼎峙相望. ②山高而方, **山**盤廣遠. 海人名曰崑崙洋. ③凡往西洋商販船, 必待順風, 七晝夜可過. ④俗云, 上怕七洲, 下怕崑崙, 針迷舵失, 人船莫存. ⑤此山產無異物. ⑥人無居**竈**, 而食山菓·魚·蝦, 穴居樹巢而已.

5. 교란산(交欄山)[1)]

1) '란(欄)'자는 나이지본에 '란(攔)'자로 되어 있다. 이는 펑 청쥔 씨가 이미 『국조전고』와 여기 천일각본에 따라 고친 바 있다. 이 '교란(交欄)'이란 섬은 원나라 1349년 왕대연(汪大淵)의 『도이지략(島夷志略)』에서 '구란산(勾欄山)'으로 기술된 곳으로, 내용 역시 대동소이하다.

흐루너펠트(W. P. Groeneveldt)는 이미 1876년 『말레이반도와 말라카에 관한 주석』(78쪽)에서, 이 조목을 번역하며 빌리톤(Billiton) 또는 블리퉁(Blitung)으로 추정했다. 이후 조지 필립스(George Phillips)는 1886년 「인도와 실론의 항구들」(XXI), 40쪽에서, 「정화항해도」에 그려져 있는 '교란산(交闌山)'을 겔람(Gelam) 섬으로 추정하며, "보르네오 삼바르 포인트(Sambar Point)에서 북서쪽으로 9~10 마일 떨어져 있는 군도 중에서 가장 크다"라고 설명한 바 있다. 그러나 1901년 슐레겔(G. Schlegel)은 「지리 설명(Geographical Notes)」, XVI(『통보』, 374쪽)에서, 구란(句欄), 구란산(枸欄山), 교란(校欄), 교란(交欄) 등, 『원사』, 『성사승람』, 『명사』에 보이는 다른 표기를 종합하여 흐루너펠트에 따라 이곳이 빌리톤(벨리퉁)으로 보았다. 사실 벨리퉁섬은 '교란'이란 전사와 음성적으로 아무런 관련이 없어 보인다.

이 두 추정을 근거하여 록힐(W. W. Rockhill)은 1915년, 『통보』, 261쪽에서 '교란산'을 겔람(Geram)섬으로 추정했고, 『성사승람』의 마일동(麻逸凍)을 빌리톤(Billiton) 또는 블리퉁(Blitung)섬으로 구분하여 추정했다(263쪽). 1959년 시앙다(向達)가 교주한 『정화항해도』(16쪽)에서 "교란산(交闌山)은 카리마타[假里馬達]섬과 카리몬-자바[Karimon-Djava, 吉利悶] 사이에 있다. 현 지도에 카리마타섬 동남쪽과 카리몬-자바 서북쪽, 즉 지금의 칼리만탄 서남쪽 삼바르 곶(Cape Sambar) 해상에 있는 겔람(Gelam) 섬이다"라고 한 필립스의 설명을 출처를 밝히지 않고 반복했다. 여기 시앙 다 씨가 설명한 카리문-자바섬의 '서북쪽'은 '정북쪽'으로 고쳐야 한다. '교(交)'자의 칼그렌 중고음은 '카우(kau)'이고, '구(勾)'자는 '커우(kə̯u)'로 발음되므로, 바꿔 쓸 여지는 충분하다.

『명사』, 권323, 「마엽옹전(麻葉甕傳)」(8378~8379쪽)에 "마엽옹은 서남쪽 바다 가운데 있다. …ⓐ참파[占城] 바렐라 곶[靈山]에서 배를 타고, **순풍에 10일 밤낮을 [항행하면] 교란산에 도착하는데, 그 서남쪽이 바로 마엽옹이다.** …ⓑ교란산은 매우 [지세가] 높고 넓으며, 대나무와 목재가 많다. 원나라 시기 사필(史弼)과 고흥(高興)이 자바[爪哇]를 정벌할 때, 풍랑을 만나 이 섬[山] 아래에 이르렀지만, 배가 대부분 부서져, 섬에 올라 벌목하여 다시 배를 건조하여 마침내 자바를 격파했다. 병들었던 병사 100여 명이 돌아오지 않고 머물며 요양한 이래로 더욱 [후손이] 많아졌기 때문에 이곳[교란산]에는 중국 사람이 많다. …(麻葉甕, 在西南海中. …自占城靈山放舟, 順風十晝夜至交欄山, 其西南卽麻葉甕. …交欄山甚高廣, 饒竹木. 元史弼·高興伐爪哇, 遭風至此山下, 舟多壞, 乃登山伐木重造, 遂破爪哇. 其病卒百餘, 留養不歸, 後益蕃衍, 故其地多華人. …)"라고 하였다.

ⓑ의 정보는 마엽옹의 동북쪽에 있는 교란산에 어떻게 중국 사람들이 살게 되었는지를 기술하고 있다. 여기 등장하는 사필(史弼)과 고흥(高興)의 이야기는 『원사』, 권162, 「사필전(史弼傳)」(3802쪽)에 "다음 해 정월에 동동산(東董山), 서동산(西董山), 우기서(牛崎嶼)에 이르렀고, 혼돈대양(混沌大洋), 감람서(橄欖嶼), 가리마답(假里馬答), 구란(勾闌) 등의 섬[山]에 들어가 병력을 주둔시켜 나무를 베어 작은 배를 만들어 들어갔다(明年正月, 至東董西董山·牛崎嶼, 入混沌大洋橄欖嶼, 假里馬答·勾闌等山, 駐兵伐木, 造小舟以入)"라고 한 것으로 확인할 수 있다. 여기서 말하는 구란(勾闌)이 바로 교란(交欄)이다.

이상으로부터 교란 또는 구란(勾闌)이라는 섬은 중국 남해에서 자바로 가는 항로에 있다는 점[ⓐ]과 그 섬에서 원나라 군대가 난파되어 목재를 구해 배를 수리 내지는 건조했다는 점은 확인된다. 그러나 이 섬의 서남쪽이 '마엽옹'이라는 『명사』의 정보는 어떻게 이해해야 하는가? 거꾸로 마엽옹의 동북쪽이 교란 또는 구란이란 섬이다. 이전 학자들이 내놓은 '겔람'섬은 칼리만탄(Kalimantan) 즉 보르네오섬 서남단에 있는 작은 섬이다. 사실 이 겔람섬 서남쪽으로, 이렇다 할 섬이 없다. 다시 『원사』 「사필전」의 항로에서 '구란'섬 이전 지점은 가리마답(假里馬答)이라는 섬이다. 이 가리마답은 지도에서 카리마타(Karimata)에 해당하는 음이 분명해 보인다. 이 카리마타섬의 '서남쪽'에는 상당히 큰 벨리퉁(Belitung)섬이 차지하고 있다. 이 '가리마답'이라는 섬은 『무비지』, 권240에 실린 「정화항해노」(13b)에는 가리마달(假里馬達)로 표기되어있고, 그 서남쪽으로 교란산(交闌山)이 그려져 있다. 교란산이 바로 벨리퉁섬으로 보이지만, 방향을 바꾸어 읽어야 한다. 가리마달을 북쪽에 두면, 교란산은 동남쪽이 되고, 항해도 다음 페이지(14a)에 그려진 길리민(吉利悶, 카리문-자바)섬 그 아래 자바섬이 그려진 지도로 읽어야 한다. 따라서 가리마답(假里馬答) 즉 가리마달(假里馬達)의 동남쪽에 그려진 교란산은 바로 조지 필립스가 처음 추정한, 풀라우 겔람(Gelam)일 것이다.

참파[占城], 영산(靈山)에서 출발하여 순풍에 10일 밤낮을 [항행하면] 이를 수 있다. [自占城·靈山起程, 順風十晝夜可至.[2)]]

①이 섬[山]은 높고 등나무와 대나무가 숲을 이루어, [이곳에서] 키의 장대, 돛대[桅檣], 거룻배를 덮는 대껍질[篷箬] 등 갖추지 않은 것이 없었다. ②오랑캐 원나라 시기, 명을 받은 장군 고흥(高興)과 사필(史弼)이 1만의 병사들을 거느리고 큰 배를 타고 자바 왕국[闍婆國]으로 가다가, 바람을 만나 교란산 아래에 다다르자, 배들이 대부분 손상되었다. 이 섬[山]을 따라 상륙하여 백 척의 배를 건조한 다음, 다시 자바로 원정하여, 승리를 거두고, 그곳 추장을 사로잡아 나라로 돌아와, 이로써 알려지게 되었다. ③지금도 민가에는 의리가 있어, 중국인들이

2) 이 여정을 설명하는 문장[自占城·靈山起程, 順風十晝夜可至]은 『국조전고』에도 나라 이름 아래 주석으로 필사되어있지만, 나이지본에는 원문으로 처리된 점이 다르다.

섞여 사는데, 아마도 이때 아픈 백여 명의 병졸들이 남아 요양했다가, 대를 이어 나고 자랐을 것이다. [①其山高而叢林藤竹, 舵桿·桅檣·篷箬,[3] 無所不備. ②胡元之時, 命將高興·史弼領兵萬衆, 駕巨舶往闍婆國,[4] 遭風至於交欄山下, 其船多損. 隨登此山, 造船百號, 復征闍婆得勝, 擒其酋長回國, 因此知之.[5] ③至今民居有義中國人雜處,[6] 蓋此時

---

3) 타간(舵桿)의 '간(桿)'자는 곤(棍, 곤봉)의 뜻이므로 배의 방향을 조정하는 키[舵]의 곤봉을 말하는 것으로 보인다. 외장(桅檣)은 두 글자 모두 돛대를 의미하는 글자인데, 외간(桅杆), 또는 외간(桅竿)의 뜻으로, 돛대를 구성하는 장대 같은 것을 말하는 것으로 보인다. 또한 바람의 방향을 알 수 있도록 세워 놓은 장대 같은 것들도 포함할 것이다. 봉약(篷箬)의 '약(箬)'자는 대나무 껍질이나 조릿대를 의미하므로, '봉약'은 거룻배, 말하자면, 큰 배에 부속된 작은 배의 덮개 같은 것을 말하는 것으로 보인다.

4) 이 문장[駕巨舶往闍婆國]의 '왕(往)'자는 『국조전고』와 일치하는 반면, 『고금설해』와 나이지본에는 '정(征)'자로 되어있다. 자형이 비슷하여 분기가 생긴 것으로 보인다. 여기서 말하는 사바국(闍婆國)은 바로 자바의 음역 명칭이다.

5) 이상 두 문장[擒其酋長回國, 因此知之]은 『국조전고』에 "그 추장을 사로잡아, 네 나라는 이로써 알려졌다(擒其酋長, 四國是此知之)"라고 되어있다. 한편, 『고금설해』와 나이지본에는 "그 추장을 사로잡아 돌아왔다(擒其酋長而歸)"라고만 하였다. 따라서 『국조전고』의 '사(四)'자는 천일각본의 '회(回)'자의 오기임이 분명하다. '인차지지(因此知之)'는 이미 알고 원정을 떠났으므로, 사실 관계상 어긋나는 문장이다.

6) 이 문장[至今民居有義中國人雜處]은 『국조전고』본과 정확히 일치하고 있다. 그러나 『고금설해』와 나이지본에는 중간의 '의(義)'사가 빠져있다. 펑 청쥔 씨가 천일각본과 『국조전고』의 이 '의(義)'를 부연(敷衍)되었다고 읽었고, 쉬 따링, 왕 텐유 씨가 점교(點校)한 등사룡(鄧士龍)의 『국조전고』본에서도 이 '의(義)'자를 『기록휘편』에 따라 빼고 교정했다(2088쪽). 쉽게 '의(義)'자를 뺄 문제는 아닌 것 같다. 명나라 장황(章潢, 1527~1608)이 편집한 백과사전인 『도서편(圖書編)』(사고전서본), 권51(79a~b)에 보이는 교란산(交欄山) 조목에는, 출처를 밝히지는 않았지만, 전체 조목이 『국조전고』본과 완전히 같은 문장을 보여주고 있다.

有病卒百餘留養不歸, 而傳生育也.[7] ④氣候常暑.]

④기후는 항상 덥다. ⑤미곡이 희소하여 사냥을 생업으로 삼는다. ⑥남녀는 방망이 모양으로 상투를 하고 짧은 적삼을 입으며 무륜(巫崙)의 베를 맨다. ⑦그곳에서는 표범, 곰, 사슴 가죽, 대모(玳瑁)가 난다. 교역하는 상품은 미곡, 오색의 비단[五色絹], 푸른 베[靑布], 청동기물[銅器], 푸른 자기[靑磁] 등이다. [⑤米穀稀少, 民好射獵爲業.[8] ⑥男女椎髻, 穿短衫, 繫巫崙布. ⑦地產豹·熊·鹿皮·玳瑁. 貿易之貨用米穀·五色絹·靑布·銅器·靑磁之屬.[9]]

⑧시로 노래한다[詩曰]

높고 험준한 교란섬	岌嶪交欄島,[10]
덤불 숲이 푸르름을 끼고 휘둘렀네.	叢林擁翠圍.

따라서 이 '의(義)'자를 넣어 천일각본과 『국조전고』의 문장을 "지금까지도 민가에는 의리가 있어, 중국인들이 섞여 살고 있는데(至今民居有義, 中國人雜處)"라고 끊어 읽을 것을 제안한다.

7) 이 문장[而傳生育也]은 『국조전고』와 일치하는 반면, 『고금설해』와 나이지본에는 "마침내 이곳에서 대를 이어 살았다(遂傳育於此)"라고 되어있다. 문장 첫머리에 '개(蓋)'자로 추측하고 있으므로, '야(也)'자로 종결하는 것이 더 적합할 것이다.

8) 이상 두 문장[米穀稀少, 民好射獵爲業]은 『국조전고』와 일치를 보인다. 그러나 『고금설해』와 나이지본에는 "적은 미곡 때문에, 수렵을 생업으로 삼는다(少米穀, 以射獵爲業)"라고 되어있다. 의미상 큰 변화는 없지만 천일각본과 『국조전고』의 문장은 4자 6자로 구법이 정련되어있음을 알 수 있다.

9) '청자(靑磁)'는 『국조전고』, 『고금설해』, 나이지본 모두 '청완(靑碗)'으로 되어있다. 한편 여기 교란산(交欄山) 조목의 문장은 『도이지략』 구란산(勾欄山) 조목을 줄여 옮기고 있는데, '청기(靑器)'로 되어있다.

10) 이 조목의 시편은 나이지본에 빠져있다. 급업(岌嶪)은 『국조전고』에 '급업(岌業)'으로 잘못되어있다. 높고 험준한 모습을 형용하는 말이다.

춘삼월에도 곡물은 적고,	三春稀黍稷,
사방의 경물에 험난함을 지녔네.	四景有災威.
머리에는 상투를 말았고,	當腦盤髽髻,
어깨에는 짧은 옷을 걸쳤네.	披肩掛短衣.
곰 가죽은 매우 아름답고,	熊皮多美麗,
대모는 아주 희귀하네.	玳瑁甚希奇.
사절들이 계속 도래하니,	使節仍臨蒞,
남아있던 사람들도 돌아가길 바라네.	遺民亦願歸.
멀리 산과 바다를 바라보며,	遙觀瞻山海,
시구를 얻어 마음을 달래보네.	得句樂心機.

『고금설해』(사고전서본, 권17, 6b~7a)[1-8] 교란산(交欄山)

[교란산은] 참파, 영산(靈山)에서 출발하여 순풍에 10일 밤낮으로 [항행하면] 이를 수 있다. ①이 섬[山]은 높고 등나무와 대나무가 숲을 이루어, [이곳에서] 키의 장대, 돛대[桅檣], 거룻배를 덮는 대껍질[篷箬] 등 갖추지 않은 것이 없었다. ②오랑캐 원나라 시기, 명을 받은 장군 고흥(高興)과 사필(史弼)이 1만의 병사들을 거느리고 큰 배를 타고 자바[闍婆]로 가다가, 바람을 만나 교란산 아래에 다다르자, 배들이 대부분 손상되었다. 이내 이 섬[山]에 상륙하여 백 척의 배를 건조한 다음 다시 자바로 원정하여 그곳 추장을 사로잡아 돌아왔다. ③지금도 민가에는 중국인들이 섞여 사는데, 아마도 이때 아픈 백여 명의 병졸들이 남아 요양하며 돌아오지 않고 있다가 이곳에 대를 이어 [자손을] 길렀을 것이다. ④기후는 항상 덥다. ⑤미곡이 적어, 사냥을 생업으로 삼는다. ⑥남녀는 방망이 모양으로 상투를 하고 짧은 적삼을 입으며 무륜(巫崙)의 베를 맨다. ⑦그곳에서는 표범, 곰, 사슴 가죽, 대모(玳瑁)가 난다. ⑧교역하는 상품은 미곡, 오색의 **구슬**[五色**珠**], 푸른 베[靑

布], 청동 기물[銅器], 푸른 자기[青磁] 등이다.

自占城·靈山起程, 順風十晝夜可至. ①其山高而叢林藤竹, 舵桿·桅檣·篷箬, 無所不備. ②胡元時, 命將高興·史弼領兵萬衆, 駕巨舶征闍婆, 遭風至於交欄山下, 其船多損. 乃登此山, 造船百號, 復征闍婆, 擒其酋長而歸. ③至今民居有中國人雜處, 蓋此時有病卒百餘留養不歸, 遂傳育於此. ④氣候常暑. ⑤少米穀, 以射獵爲業. ⑥男女椎髻, 穿短衫, 繫巫崙布. ⑦地產豹·熊·鹿皮·玳瑁. ⑧貨用米穀·五色**珠**·青布·銅器·青碗之屬.

『성사승람』 교란산(交欄山)	『도이지략』 구란산(勾欄山)
참파[占城], 영산(靈山)에서 출발하여 순풍에 10일 밤낮을 [항행하면] 이를 수 있다. 이 섬[山]은 높고 등나무와 대나무가 숲을 이루어, [이곳에서] 키의 장대, 돛대[桅檣], 거룻배를 덮는 대껍질[篷箬] 등 갖추지 않은 것이 없었다. 오랑캐 원나라 시기, 명을 받은 장군 고흥(高興)과 사필(史弼)이 1만의 병사들을 거느리고 큰 배를 타고 자바 왕국[闍婆國]으로 가다가, 바람을 만나 교란산 아래에 다다르자, 배들이 대부분 손상되었다. 이 섬[山]을 따라 상륙하여 백 척의 배를 건조한 다음, 다시 자바로 원정하여, 승리를 거두고, 그곳 추장을 사로잡아 나라로 돌아와, 이로써 알려지게 되었다. 지금도 민가에는 의리가 있어, 중국인들이 섞여 사는데, 아마도 이때 아픈 백여 명의 병졸들이 남아 요양했다가, 대를 이어 나고 자랐을 것이다. 기후는 항상 덥다. 미곡이 희소하여 사냥을 생업으로 삼는다. 남녀는 방망이 모양으로 상투를 하고 짧은 적삼을 입으며 무륜(巫崙)의 베를 맨다. 그곳에서는 표범, 곰, 사슴 가죽, 대모(玳瑁)가 난다. 교역하는 상품은 미곡, 오색의 비단[五色絹], 푸른 베[青布], 청동 기물[銅器], 푸른 자기[青磁] 등이다.	산은 높지만, 수목 숲은 무성하고, 전토(田土)는 척박하여 곡식이 적으며, 기후는 덥다. 풍속은 수렵을 업으로 삼는다. 국초(國初, 원나라 초기)에 군사들이 사바(闍婆)를 정벌할 때, 이 산 아래에서 풍랑을 만나 배들을 잃었지만, 한 척만 다행히 [피해를] 면해, 못과 석회가 남아 있어, 이 산에 나무가 많은 것을 보고 그곳에서 배 십여 척을 건조하였다. 돛대, 키, 돛, 노 등등 갖추지 않은 것이 없이 표연히 [그 산을] 떠나갔다. 병에 걸린 병졸 1백여 명과 갈 수 없는 사람이 결국 그 산에 남게 되었다. 지금도 중국인들과 번인(番人)들이 섞여서 살고 있다. 남녀는 상투를 틀고 짧은 적삼을 입으며, 무륜포(巫崙布)로 맨다. 땅에서는 곰, 표범, 사슴, 사슴 가죽, 대모(玳瑁)가 난다. 교역하는 상품은 곡물, 오색 비단, 청포(青布), 청동기물 청[자기] 등이다.

『무비지(武備志)』, 권240, 「항해도」, 13b.

6. 시암 왕국[暹羅國][1)]

1) '섬라(暹羅)'는 현 태국 영토에 있었던 13세기 '섬[sįɛm](暹)'과 '나혹[lɑ-ɣuk](羅斛)'이라는 나라를 지칭하는 통칭(統稱)으로 사용되다가 두 나라가 1350년경 통일됨에 따라, 시암(Siam)에 상응하는 국명으로 정착되었다. 1949년부터 최종적으로 '타일랜드(Thailand)'로 국호를 고쳐 불렀다. 조르주 세데스(George Cœdès)의 설명에 따르면, 민족 명칭인 '타이(Thai)'란 시암어로 '자유로운 사람'이란 뜻이라고 한다(『Les États hindouisés d'Indochine et d'Indonésie』, Paris, 1948, 359쪽). 태국(泰國)의 '태'는 '타이'을 음역 표기한 것이고 '국'은 '랜드'를 의역한 표현이다.

폴 펠리오의 『8세기 말 중국에서 인도로 가는 두 갈래 여정』(역주본, 219쪽)에 따르면, *람캄행의 아들 프라 쉬아 타이(Phraḥ Süa Thaï), 즉 챠오 수착(Chao Suchak)이 언제 죽었는지는 분명하지 않지만, "현재로서는 14세기 중반, 말하자면 중국인들이 섬(暹)이 나혹(羅斛)으로 흡수된 때라고 말하는 시기와 같다". 1350년 시암의 연대기들은 롭부리 약간 남쪽에 아유타야가 세워졌고 그곳은 시암의 수도가 되었다.*

『원사』, 권210, 「섬국전(暹國傳)」(4664쪽)에는 섬(暹)의 군주가 대덕(大德) 3년(1299)년에 상소한 일이 기록되어 있다. 원나라는 1368년까지 존속했다. 『명사』, 권324, 「섬라전(暹羅傳)」(8396쪽)에는 "원나라 시기에 섬은 항상 조공을 들였다. 그 뒤 나혹(羅斛)이 강성해져 섬(暹)의 땅을 병탄하여 차지하여, 마침내 '섬라혹국(暹羅斛國)'이라 칭하게 되었다(元時, 暹常入貢. 其後, 羅斛强, 幷有暹地, 遂稱暹羅斛國)"라고 하였다. 여기서 말하는 '그 뒤[其後]'라는 표현은 시기를 여전히 원나라 시기를 말하는 것인지, 아니면 원나라가 멸망한 뒤로 읽어야 하는지 결정하기 쉽지 않다.

『대명일통지(大明一統志)』(1461년), 섬라국(暹羅國) 조목(사고전서본, 권90, 13a)에 "지정(至正) 연간(1341~1370)에 섬이 나혹에게 항복하여 하나의 나라로 합해졌다(至正間, 暹始降於羅斛, 而合爲一國)"라고 하였다. 따라서 1350년경 섬(暹)이 나혹을 합병했건, 나혹이 섬을 합병했건 간에 시암 왕국이 통일된 사건과 아유타야의 건설은 거의 같은 시기에 일어났다고 추론할 수 있다.

『명사』에서 보이는 '섬라혹(暹羅斛)'이란 나라는 결국 『대명일통지』(앞의 출처)에서 "영락(1403~1424) 초에 이 나라는 '섬라국(暹羅國)'으로만 불렸다(永樂初其國止稱暹羅國)"라고 말한 것처럼 '섬라'로 불리게 되었다. 확실히 '섬라혹-섬라'로 변화한 사실을 확인할 수 있다. 그러나 『명사』, 「섬라전」(8397쪽)에는 홍무(洪武) 10년(1377) 조공 온 섬라혹 국왕의 아들을 통해 '섬라국왕지인(暹羅國王之印)'이라는 인장을 하사했다는 기록이 보인다. 이는 '섬라'라는 명칭이 섬라혹 이전에 있었음을 말해 준다. 열전보다 좀 더 신빙성이 크다고 할 수 있는 「태조 본기」(26쪽)에는 홍무 4년(1371)에 이미 '섬라(暹羅)'로 불렸고, 10년(1377) 이전에 모두 '섬라'로 표기되어있다.

'섬라혹'이란 명칭이 '섬라'보다 이후에 생긴 명칭이라면, 여러 가지 문제를 다시 따져봐야 한다. 먼저 1296~1297년 캄보디아에 사신을 수행해 간 기록인 주달관(周達觀)의 『진랍풍토기(眞臘風土記)』이다. 원본이 전하지 않는 이 기록은 『고금설해(古今說海)』본이 가장 오래되었고, 믿을 만한 것으로 알려져 있다. 주달관은 「총서(總敍)」에서 "『제번지(諸番志)』에 따르면, 그 나라의 넓이는 7천 리이다. 이 나라의 북쪽으로 10일이면 참파에 도착하고, 남서쪽으로 15일 가면 섬라(暹羅)이며, 남쪽으로 10일을 가면 번우(番禺)이고, 동쪽에는 대양이 있다고 하였다(按諸番志稱其地廣七千里, 其國北抵占城半月路, 西南距暹羅半月程, 南距番禺十日程, 其東則大海也)"라고 하였다(『진랍풍토기역주』, 51과 269쪽을 참고하시오). 주달관이 인용한 이 『제번지』의 문장은 오늘날 전하는 『제번지』에는 보이지 않는 정보이다. 『제번지』는 1225년 저술이므로 섬과 나혹의 통일 이전임에는 분명하다. 한편 후세인들이 『진랍풍토기』를 전하면서 가필되거나 수정되었을 가능성은 남아 있지만, '섬라'라는 명칭이 '섬라혹'보다 먼저 있었다는 점은 부인할 수 없다.

섬과 나혹의 통일 이전에 보이는 '섬라'에 관하여, 펠리오 씨는 "13세기 말부터 섬의 속국인 나혹을 알고 있었던 중국인들은 시암제국에 '섬라혹' 또는 '섬라'라는 전체 명칭을 부여했고, 지배자의 명칭을 당연히 첫 번째로 놓았을 것이라는 점을 인정해야 할 것이다"라고 설명했다(『8세기 말 중국에서 인도로 가는 두 갈래 여정』, 222쪽). 말하자면, 섬과 나혹이 하나의 나라로 통일되었기 때문에, '섬라혹' 또는 '섬라'로 불린 것이 아니라, 시암 왕국 전체를 통칭하는 말로 본국 명칭과 속국의 명칭을 순서대로 병렬하여 표기했다는 말이다.

1349~1350년 왕대연의 『도이지략』에는 나혹(羅斛)과 섬(暹)이 별도의 나라로 기술되어있다. 현재 전하는 『도이지략』의 그 어떤 판본에서도 '섬라'로 언급된 문장을 찾을 수 없다. 그러나 『도서집성(圖書集成)』 「변예전(邊裔典)」, 권 106(1934년, 중화서국 영인본)에서 인용한 '『도이지(島夷志)』'라는 책에는 "ⓐ

섬라의 기후는 고르지 않고 사람들은 노략질을 일삼는다. ⓑ바닷물을 끓여 소금을 만들고 차조를 발효시켜 술을 빚는다. ⓒ남녀는 방망이 모양으로 상투를 틀고, 흰 베로 머리를 감싸며 긴 적삼을 입는다. ⓓ형법의 경중이나 돈과 미곡의 출입 등의 일을 의논할 때마다 모두 부인이 결정하게 하는데, 그녀들의 지량이 남자보다 높기 때문이다. ⓔ조개 화폐[𧴩子]를 돈으로 대용하며 유통한다. ⓕ사람이 죽으면 수은을 부어 넣어 시신을 처리한다(暹羅氣候不正, 俗尚侵掠. 煮海為鹽, 釀秫爲酒. 男女椎髻, 白布纏頭, 被服長衫. 每有計議刑法輕重·錢穀出入之事, 並決之婦人, 其志量在男子上. 以𧴩子代錢流通. 人死, 則灌水銀以養其身)"라고 하였다.

ⓑ, ⓒ, ⓓ의 정보는 『도이지략』, 나혹 조목에서 확인된다(『도이지략역주』, 154쪽). ⓐ와 ⓕ의 기술은 섬 조목에서 보이고, ⓔ의 정보는 나혹과 섬 조목 모두에서 확인된다. 따라서 『도서집성』에서 인용한 『도이지』는 『도이지략』으로 봐도 문제는 없을 것 같다. 이러한 정보를 통합하고 있는 것을 보면, 후세의 어떤 편집자가 편집 당시는 이미 하나의 나라로 되었으므로, '섬라'라고 명명하고 두 조목의 정보를 통합했을 가능성이 크다. 따라서 펠리오 씨처럼(앞의 책, 221쪽)『도서집성』의 '섬라'를 '섬라혹' 이전에 있었다는 명칭으로 근거 삼아 혐의를 둘 필요는 없다.

그런데 문제는 왕대연이 섬(暹) 조목에서 "지정(至正) 기축년(1349) 여름 5월 [섬은] 나혹에 항복했다(至正己丑夏五月, 降於羅斛)"라고 한(사고전서본, 26a) 정보이다. 첫째, 1349년의 서문을 갖추고 있는 이 책의 이 정보를 어떻게 이해해야 할 것인가? 「도이지략후서」에서 왕대연은 1349년 겨울 천주(泉州)에서 『청원군지(淸源郡誌)』에 『도이지』를 붙이자는 제의를 받았다. 따라서 『도이지략』은 1349년 겨울 이전에 완성되었다고 생각된다. 설령 겨울에 최신 정보를 추가하여 완성되었다고 하더라도, 위의 정보는 여름의 일이므로 시간상으로는 가능하다. 후지타 도요하치는 이에 대해 주목하지 못했다. 쑤 지칭은 "혹자는 섬(暹) 조목에 기록한 것은 왕대연이 이 책을 지을 때 시암만[暹羅灣]에서 북으로 돌아온 바다 여행객에게 들은 것이라고 한다. 요즘 학자들 대부분은 이 조목에 기술한 것이 지정(至正) 기축년(1349)년 섬(暹)이 나혹(羅斛)에 항복한 연도로 타이족의 연대기의 누락 부분을 보충할 수 있다고 여기고 있다. 내가 보기에, 지정 기축년은 지원(至元) 을묘년(1339)의 잘못일 것이다. 그렇다면 앞당긴 10년은 섬(暹)이 수군

참파[占城]에서 출발하여 순풍에 10일 밤낮을 [항행하면] 이를 수 있다.[自占城起程, 順風十晝夜可至[2)]]

을 보내 단마석(單馬錫, 싱가포르)을 공격한 것과의 시간적 거리가 불과 5년에 지나지 않으므로, 왕대연이 말한 '근년(近年)'과 부합하게 된다. 왕대연 본인이 바로 을묘년 여름 섬라만에서 북으로 돌아온 사람인 것 같다"라고 설명했다(『도이지략교석』, 158~159쪽). '기축(己丑)'은 왕대연 자신이 「후서」에서 당시의 연대인데, 글자도 전혀 다른 '을묘(乙卯)'로 착각해서 잘못 기록했을 리도 없고, 또 두 나라가 병합한 시기는 앞서 본 자료에서 1350년경으로 확인되었으므로 쑤 지칭 씨의 가설은 일고할 가치도 없다.

둘째, 『명사』에서처럼 섬이 강성해져 나혹을 흡수한 것인가? 아니면 왕대연의 기록처럼 섬이 나혹에 흡수된 것인가? 더 비옥한 땅과 경제력을 갖춘 나혹이 섬을 흡수했다는 『도이지략』의 손을 들어줘야 할 것 같다. 이 문제를 해결하기 위해 수십 페이지를 할애한 펠리오는 "섬과 나혹, 즉 수코타이와 롭부리의 지역은 우선 캄보디아인의 통치 아래 공존했고, 13세기 후반에 시암 왕국이 독립하여 수코타이에 수도를 건설했지만, 공국들, 특히 나혹이 남아있었다. 14세기 중반에 재배권은 '섬(暹)에서 나혹(羅斛)'으로, 말하자면 수코타이에서 아유타야로 넘어갔다"라고 잠정적인 결론을 내렸다(앞의 책, 237쪽). 따라서 섬이 나혹을 정복하여 '섬라'라고 불렀다는 설은 잘못이다. 나혹이 섬을 흡수했으므로, '나혹섬'으로 되어야겠지만, 이들 통합 이전에 시암, 즉 태국을 지칭하는 범칭이었으므로, 익숙한 순서를 관습적으로 따른 것이라고 이해해야 할 것이다.

마지막으로 와이어트(David K. Wyatt)는 15세기 마환과 비신의 시대 시암 왕국의 왕들을, 『아유티야 왕실 연대기(Royal Chronicle of Ayudhyā)』에 따라, 라마라자디라자(Rāmarājādhirāja, 1395~1408), 인드라지(Indrāja, 1408~1424), 파라마라자디라자(Paramarājadhirāja, 1424~1488)였다는 정보를 제공해 주었다(「The Abridged Royal Chronicle of Ayudhyā of Prince Paramānuchitchinōrot」, 『Journal of the Siam Society』, Vol. 61(1973년), 34~35쪽).

2) 이 문장[自占城起程, 順風十晝夜可至]은 『국조전고』에도 나라 이름 아래 주석처럼 필사되어있지만, 『고금설해』와 나이지본에는 "점성[참파]에서 10일 밤낮을 [항행하면] 이를 수 있다(自占城順風十晝夜可至)"라고, 원문처럼 필사되어있다.

①그 나라의 산 모양은 성(城)처럼 생겼고, 흰 바위들은 높고 가파르다[峭厲]. 주위는 1천여 리이고 바깥 산은 험준하고 안쪽 준령들은 깊고 멀다. ②밭은 평탄하고 비옥하여 농사를 지으면 대부분 풍성하게 익는다. ③기후는 항상 덥다. ④풍속은 드세고 사나우며 오로지 용맹하고 사나움[豪强]을 높이 사, 이웃 변경을 약탈한다. 빈랑나무를 깎아 표창으로 만들고 무소 가죽으로 방패를 만들며, 독화살 등의 무기를 [갖추고] 관습적으로 수상 전투[水戰]를 익힌다. [①其國山形[行]如城, 白石峭厲.[3] 地周千里,[4] 外山崎嶇, 內嶺深邃. ②田平而沃, 稼多豐熟.[5] ③氣候常熱. ④風俗勁悍, 專尙豪强, 侵掠鄰境. 削檳[糠]榔木爲標,[6] 水牛皮爲

3) 이상 두 문장[其國山行如城, 白石峭厲]은 『국조전고』에 "其國山形如城, 白石峭巁"로 되어있다. 『고금설해』와 나이지본에는 '성(城)'자 없이 "이 나라의 산형(山形)은 흰 바위가 높고 가파르게 서 있는 듯한 모양이다(其國山形如白石峭礪)"라고 되어있다. 이로써 볼 때, 천일각본의 '행(行)'자는 '형(形)'자의 오기 또는 잘못 인쇄된 것임을 알 수 있다. '여(厲)'자와 '여(巁)'자는 같은 뜻이므로, 천일각본과 『국조전고』의 문장은 일치한다. 펑 청쥔 씨는 나이지본을 교주하면서 '성(城)'자를 보충하여 "其國山形如城, 白石峭礪"라고 교정했다. '초려(峭厲)'가 선본이며, '여(厲)'자와 '여(巁)'자는 같은 뜻이지만, '여(礪)'자는 숫돌을 의미하여 뜻이 달라진다. 『도이지략』에도 분명히 '여(厲)'자로 되어있다.

4) 이 문장[地周千里]은 『국조전고』와 일치하지만, 『고금설해』에는 "둘레는 천 리이다(周千里)"라고 하였고 나이지본에는 '위(圍)'자를 더 넣어 "주위가 천 리이다(周圍千里)"로 되어있다.

5) 이 문장[稼多豐熟]의 '다(多)'자는 『고금설해』와 나이지의 필사본에는 '색(穡)'자로 되어있어, 펑 청쥔 씨는 『국조전고』와 천일각본에 따라 '다(多)'자로 고쳤지만, 원문을 그대로 살려 '가색(稼穡)'으로 읽는 것이 문맥에는 더 타당하다. '다'자는 뒤의 '풍(豐)'자와 의미가 중복된다. '가색'이란 씨를 뿌리고 수확한다는 의미로 농사를 짓는 행위를 말한다. 따라서 "농사를 지으면 풍성하게 익는다(稼穡豐熟)"가 선본일 수도 있다.

6) 이 문장[削糠榔木爲標]은 『국조전고』에 '강(糠)'자를 '강(槺)'자로 쓴 것 외에는 이문이 없다. 한편 『고금설해』에는 "빈랑나무를 깎아 표창을 만든다(削檳榔木

牌, 藥[革]鏃等器,[7] 慣習水戰.]

⑤남녀 모두 몽둥이 모양으로 상투를 하고, 흰 베로 머리를 두른다. 긴 적삼[長衫]을 입고 허리에는 푸른 꽃문양이 들어간 유색의 수건[靑花色布手巾]으로 맨다. ⑥그 추장과 백성들은 온갖 주화와 곡물[錢穀]의 출입을 상의한다. 바닷물을 끓여 소금을 만든다. 크고 작은 일을 막론하고, 모두 부인이 결정하므로, 남자는 듣고, 암탉의 울음과 함께 하면 된다. [남녀는] 합방함에 두서가 없다. ⑦중국 남자들을 만나면, 좋아하며, 반드시 술을 차리고 대접하며 그를 공경하고, 노래로 환대하며 유숙하게 한다. ⑧부인들은 대부분 비구니[尼姑]이다. ⑨도사(道士)들은 모두 송경(誦經)과 재계를 잘 지키고, 복식은 대략 중국의 복제

爲標鎗)"라고 되어있다. 하지만 나이지본에는 '빈(檳)'자가 빠져있다. 이에 펑 청쥔 씨는 '빈랑목(檳榔木)'으로 교정했다. 천일각본의 '강랑(糠榔)', 『국조전고』의 '강랑(槺榔)'은 '광랑(桄榔)'과 음이 비슷하여 잘못 옮겼을 수도 있지만, 여기서는 '빈랑(檳榔)'을 따르기로 한다. '표(標)'자는 무기의 명칭으로 표창을 의미하고 있으므로 '창(鎗)'은 덧붙여진 것으로 봐야 한다.

7) 이 구[革鏃等器]는 사실 술어 역할을 하는 글자가 없다. 따라서 앞 문장의 '위(爲)'자를 술어로 볼 수밖에 없다. 『국조전고』에서는 '혁(革)'자가 '초(草)'자로 되어있는데 역시 마찬가지이다. 사실 이 두 글자는 자형상 혼동하기 매우 쉬우므로, 어느 것이 잘못인지 단어의 조합으로 판단할 수밖에 없지만, '혁촉(革鏃)'이나 '초촉(草鏃)'이 무엇을 말하는지 해당하는 조합의 단어를 찾을 수 없다. 한편 『고금설해』, 주당면(朱當㴐)의 『국조전고』 그리고 나이지본에는 "藥鏃等器"를 보여준다. '약(藥)'자는 '독약(毒藥)'을 지칭하기도 하므로, '약촉(藥鏃)'이란 독약을 바른 화살촉으로 의미를 읽을 수 있다. 그렇지만 이 경우에도 술어가 없어 앞의 문장에 붙여 읽을 수밖에 없다. 그렇다면 "물소 가죽으로 방패, 독약을 바른 화살촉 등의 무기를 만든다"라는 말이 되지만, '물소 가죽'과 '독약을 바른 화살촉'은 연관성이 없으므로, 쉽게 이해할 수 없다. 어쨌든 '혁촉(革鏃)', '초촉(草鏃)', 약촉(藥鏃) 중에서 우리가 선택할 수 있는 것은 '약촉'이다. 따라서 "藥鏃等器"는 앞 문장의 술어를 공유할 수 없으므로, 술어 역할을 하는 글자가 빠졌다고 볼 수밖에 없다.

(服制)와 비슷하며 또한 암자와 도관(道觀)을 조성한다. [⑤男女椎髻,[8] 白布纏頭. 穿長衫, 腰束青花色布手巾.[9] ⑥其酋長及民下謀議百物出入錢穀. 煮海爲鹽. 無大小之事, 悉决於婦, 其男一聽, 可與牝鷄之鳴, 爲合無序.[10] ⑦遇我中國男子愛之, 必置酒致待而敬之,[11]歡歌留宿. ⑧

---

8) 펑 청쥔 씨는 '추(椎)'자가 천일각본과 『국조전고』에 '퇴(堆)'자로 되어있다고 했지만, 모두 '추(椎)'자를 정확히 보여주고 있다. 펑씨의 오독일 것이다.

9) 이 문장[腰束青花色布手巾]은 『국조전고』와 정확히 일치하는 반면, 『고금설해』와 나이지본에는 "허리에는 푸른 꽃문양이 들어간 수건으로 맨다(腰束青花手巾)"라고 하며 '색포(色布)' 두 글자가 보이지 않는다. 이에 따라 나이지본을 저본으로 삼은 펑 청쥔 씨는 '색포'를 보충하여 교정했다. 사실 '색포(色布)'는 추가 정보일 가능성이 크다. 말하자면 '청화수건(青花手巾)'이 더 선본일 수 있다. 송나라 맹원로(孟元老)의 『동경몽화록(東京夢華錄)』(사고전서본, 권2, 10a)에는 "또 아이들은 건주(虔州)에서 나는 흰 적삼과 푸른 꽃문양 수건을 입는다(又有小儿子着白虔布衫·青花手巾)"라고 하였기 때문이다.

10) 이상의 문장들[其酋長及民下謀議百物出入錢穀. 煮海爲鹽. 無大小之事, 悉决於婦, 其男一聽, 可與牝鷄之鳴, 爲合無序]은 『국조전고』에 두 글자만 달리하여 "其酋長及民下謀議百物出入錢穀. 煮海爲鹽産. 大小之事, 悉决於婦, 其男一聽, 可與牝鷄之鳴, **苟**合無序"라고 하였다. 분명 『국조전고』에서 "煮海爲鹽産"의 '산(産)'자는 천일각본의 '무(無)'자로 읽고 뒤로 붙이는 것이 맞다. 둘째 천일각본에서 "爲合無序"의 '위(爲)'자는 『국조전고』의 '구(苟)'자로 읽을 것인가의 문제는 『고금설해』와 나이지본에서도 모두 '구(苟)'자를 보여주지만 '위(爲)'자도 틀렸다고 할 수 없다. 셋째, "바닷물을 끓여 소금을 만든다(煮海爲鹽)"라는 문장은 잘못 필사된 것으로, 뒤에 "사탕수수를 발효시켜 술을 만든다(釀蔗爲酒)"라고 한 정보 다음으로 옮겨야 한다. 한편 『고금설해』에서는 "그 위아래 [사람들이] 크고 작은 일을 논의하고, 모두 부인에게서 결정되므로, 그 남자는 여자의 [의견을] 따르며, 구합(苟合)하고 서열이 없다(其上下謀議, 大小之事, 悉决於婦, 其男女聽, 苟合無序)"라고 하였지만, 나이지본에서는 "그 추장은 백성들과 의논하며, 크고 작은 일은 모두 부인에게 결정되므로, 그 남자는 일단 듣고 구합(苟合)하며 서열이 없다(其酋長及民下謀議, 大小之事, 悉决於婦, 其男一聽苟合無序)"라고 하였다. 첫째, 주어가 '상하(上下)'이든, 추장과 백

婦人多爲尼姑. ⑨道士皆能誦經持齋, 服色略似中國之制, 亦造庵觀之所.[12])]

성들[酋長及民下]이건, 술어인 모의(謀議)의 목적어가 무엇이냐는 문제이다. 『고금설해』처럼 '크고 작은 일[大小之事]'로 보면, 다음 문장의 '결(決)'자의 주어가 사라져 버린다. 따라서 '크고 작은 일[大小之事]'은 '결(決)'자의 주어로 읽어야 한다. 따라서 천일각본과 『국조전고』의 "百物出入錢穀"은 펑 청쥔 씨가 추측한 것처럼 잘못 들어간 것이 아니라, '모의(謀議)'의 목적어 역할을 하고 있다. 둘째, 『고금설해』의 '기남여청(其男女聽)'의 '여(女)'자는 다른 사본들에 따라 '일(一)'자로 고치는 것이 맞다. 셋째, '구합(苟合)'을 어떻게 해석할 것인가의 문제이다. 의견에 따른다는 영합(迎合)의 의미로 볼 것인가, 아니면 남녀 간에 적법하지 않게 만나는 것을 말하는 것인지 선택하기 어렵다. 뒤에 나오는 '무서(無序)'라는 표현 역시 두서가 없다는 말인지, 아니면 남녀 사이에 서열이 없다는 말인지 모호하다. 두서가 없다고 한다면, '구합'은 남녀가 적법하지 않게 합방하는 것을 말하고, 서열이 없다고 한다면, '구합'은 부인의 뜻에 영합하는 것을 의미한다. 천일각본과 『국조전고』는 전자의 의미로 읽히고, 『고금설해』와 나이지본은 후자의 뜻을 말하는 것 같다.

11) 이상 두 문장[遇我中國男子愛之, 必置酒致待而敬之]은 『국조전고』와 정확히 일치한다. 그러나 『고금설해』와 나이지본에서는 "중국 남자를 만나면 매우 좋아하며, 반드시 술을 차려 대접한다(遇中國男子甚愛之, 必置酒飮待)"라고 하였다. 천일각본과 『국조전고』의 문장보다 확실히 축약되어있다. 그렇다고 펑 청쥔 씨처럼 천일각본과 『국조전고』의 문장대로 고치고 보충할 필요는 없다.

12) 이상 두 문장[服色略似中國之制, 亦造庵觀之所]은 『국조전고』와 일치하는 반면, 『고금설해』에서는 "복장은 중국과 대략 비슷하고, 또한 임자나 도관을 짓는다(服色略似中國, 亦造庵觀)"라고 하였다. 펑 청쥔 씨는 나이지의 원문에 '之制'와 '之所'가 빠져있어, 『국조전고』와 천일각본에 따라 보충했다고 밝혔지만, 사실 불필요한 교정이다. 한편 펑씨는 『고금설해』의 문장에서 '조(造)'자가 나이지 필사본에 '재(在)'자로 되어있어 『국조전고』와 천일각본에 따라 고쳤다고 밝혔다. 펑씨가 왜 나이지 원문의 '재'자를 '조'자로 고쳤는지 이해되지 않는다. 오히려 '재'자가 문맥에 맞다.

⑩상례(喪禮)의 일을 중요시하여, 사람이 죽었을 때는 반드시 수은으로 그 시신을 씻고 닦은 이후, 높은 언덕을 골라 송경과 기도[佛事]를 지내고 곧바로 매장한다. ⑪사탕수수[蔗]를 발효시켜 술을 만든다. ⑫바닷물을 끓여 소금을 만든다. ⑬풍속에는 조가비[海貝]로 돈[錢]을 대신하여 시장에서 통용하는데, 1만 개는 중통초(中統鈔) 20 꿰미[貫]에 해당한다. [⑩以重喪禮之事, 人死之時,[13] 必用水銀灌養其尸, 而後擇高阜地, 設佛事, 卽葬之. ⑪釀蔗爲酒.[14] ⑫煮海爲鹽. ⑬俗以海貝^貝代錢通行於市, 每一萬箇準中統鈔二十貫.[15]]

---

13) 이상 두 문장[以重喪禮之事, 人死之時]은 『국조전고』에 문두의 '이(以)'자가 '이(已)'자로 된 것 이외에는 정확히 일치한다. 반면 『고금설해』와 나이지본에는 "상례를 매우 중시하여, 사람이 죽고 기가 끊어지면(能重喪禮, 人死氣絕)"으로 되어있다. 펑 청쥔 씨는 나이지 원문에 '之事' 두 글자를 『국조전고』와 천일각본에 따라 보충했지만 불필요하다. 오히려 '능(能)'자를 '이(以)'자로 고치는 교정이 필요하다.

14) 이 정보[釀蔗爲酒]는 『국조전고』와 일치하지만, 『기록휘편』과 나이지본에는 "釀林爲酒"라고 되어있다. 펑 청쥔 씨는 '림(林)'자를 『국조전고』와 천일각본에 따라 '자(蔗)'자로 고쳤다. 『기록휘편』과 같은 사본에 근거한 것으로 보이는 『고금설해』에는 '출(秫, 차조)'자를 보여주고 있다. '출(秫)'자는 '림(林)'자와 자형상 혼동으로 읽어야 한다. 따라서 여기서는 펑씨처럼 '사탕수수[蔗]'를 발효시켜 술을 만든다는 의미보다는 '차조[秫]'를 발효시켜 술을 만든다는 의미로 읽을 수도 있으므로, '자(蔗)'냐 '출(秫)'이냐의 판단은 쉽지 않다. 한편 비신이 근거하고 있는 『도이지략』에 이러한 술에 관한 정보는 보이지 않는다. 앞서 언급한 것처럼 "바닷물을 끓여 소금을 만든다(煮海爲鹽)"라는 문장은 이 정보 뒤에 위치해야 한다. 사실 "바닷물을 끓여 소금을 만든다"라는 문장은 왕대연이 『도이지략』에서 상투적으로 많이 쓰는 문장이다. 그러나 『도이지략』 섬(暹) 조목에 이 정보는 보이지 않는다는 점 또한 이상하다.

15) 이상 두 문장[俗以海貝代錢通行於市, 每一萬箇準中統鈔二十貫]은 『국조전고』에 "俗以海𧵡代錢通行於市, 每一萬箇準中統鈔二十四貫"으로 약간 다르다. '패(貝)'자가 '파(𧵡)'자로 되어있고, '이십(二十)'이 '이십사(二十四)'로 되

⑭그곳에서는 나혹향(羅斛香)이 난다. 향을 태우면 매우 맑고 멀리 가 침향(沉香)에 버금간다. 아울러 소목(蘇木), 코뿔소 뿔[犀角], 상아(象牙), 비취 새 깃[翠毛], 황랍(黃蠟), 대풍자 기름[大風子油] 등이 있다. ⑮교역하는 상품으로 푸르고 흰 꽃문양의 자기 그릇[靑白花磁器], 꽃문양을 날염한 베[印花布], 유색 비단[色絹], 단필(緞疋), 금(金), 은(銀), 동(銅), 철(鐵), 유리구슬[燒珠], 수은(水銀), 우산(雨傘) 등이 있다. [⑭地產羅斛香, 焚極淸遠, 亞於沉香. 並有蘇木·犀角·象牙·翠毛·黃蠟·大風子油.[16] ⑮貨用靑白花磁器·花布·色絹·緞疋·金·銀·銅·鐵·燒珠·水銀·雨傘之屬.[17]]

어있다. 한편, 『고금설해』와 나이지본에는 "해파를 돈으로 대용하는데, 1만 개는 중통초 20관을 기준으로 한다(以海䏑代錢, 每一萬箇准中統鈔二十貫)"라고 되어있다. 한편, 『도이지략』 섬(暹) 조목에서는 "파자를 저울에 달아 돈으로 사용한다(仍以䏑子權錢使用)"라고 하였으므로, 천일각본의 '패(貝)'자는 '파(䏑)'자의 오자임을 판단할 수 있다. 문제는 '20관'이냐 『국조전고』에서처럼 '24관'이냐이다. 『도이지략』 나혹(羅斛) 조목에 "법으로 파자(䏑子)를 돈으로 대신하여 유통시킨다. 매 [파자] 1만은 중통초 24냥으로 기준 삼아 사람들에게 매우 편리하다(法以䏑子代錢, 流通行使, 每一萬準中統鈔二十四兩, 甚便民)"라고 하며 '24'를 보여준다. 사실 초(鈔)는 '관(貫)'으로 헤아리는 것이 적절하므로, 새로운 자료가 발굴될 때까지 판단을 유보한다.

16) 토산물을 기록하고 있는 이 문장은 『국조전고』에 '병유(並有)'가 '기유(其有)'로, '황랍(黃蠟)'이 '황랍(黃臘)'으로 잘못되어있다. 천일각본의 '병유(並有)'는 『고금설해』에서는 '차유(次有)'로, 나이지본에는 '기간(其看)'으로 되어있다. 사실 이 문장은 『도이지략』 섬(暹) 조목을 따르고 있는데 '차(次)' 한 글자로 되어있으므로, '차(次)'자로 교정하는 편이 타당하지만, '병유' 역시 가능하므로 그대로 둔다.

17) 교역하는 산물을 기술하고 있는 이 문장[貨用靑白花磁器·花布·色絹·緞疋·金·銀·銅·鐵·燒珠·水銀·雨傘之屬]은 『국조전고』에 '단필(緞疋)'이 '단필(段疋)'로, '동·철(銅·鐵)'이 '동전(銅錢)'으로 되어있다. 한편, 『고금설해』에서는 "貨用靑白花磁器·**印花布**·色絹·**色段**·金·銀·銅·鐵·燒珠·水銀·雨傘之屬"라고

⑯시로 노래한다[詩曰].

해내의 섬라국은	海內暹羅國,
산 모양이 요새와 같네.	山形似壘城.
춘삼월에는 꽃과 풀이 무성하고	三春花草盛,
구하(九夏)에는 벼가 왕성하네.	九夏稻禾榮.
종일 남자는 편하게 앉아있고	竟日男安坐,
항상 부인들이 행동을 결정하네.	移時婦決行.
상투 끝은 흰 베로 감싸고,	髻端羅布白,
허리에는 푸른 꽃문양 [베]로 묶네.	腰下束花青.
서열이 없고 인륜이 어지러우며	失序人倫亂,
조리가 없고 예법은 가볍네.	無條禮法輕.
부유한 사람과 추장은 존귀하고	富尊酋長貴,
호협과 서민들은 제멋대로네.	豪俠庶民橫.
향과 비취[깃]을 두루 팔러 다니고,	香翠通商販,
조가비는 돈처럼 유통되네.	海則如鈔行.

하였고, 나이지본에는 『고금설해』의 '色絹·色段'이 '色絹·段疋'로 되어있다. 이상으로부터, 『국조전고』의 '동전(銅錢)'은 '동철(銅鐵)'의 잘못임을 확인할 수 있다. '화포(花布)'인지 '인화포(印花布)'인지는 『도이지략』 섬 조목에 '화인포(花印布)'로 되어있으므로, '인화포(印花布)' 즉 꽃문양을 날염한 베를 말하는 것이 맞을 것이다. '단(緞)'은 두껍고 광택이 나는 견직물을 지칭하는데 '단(段)'자는 통용한다. '필(疋)'자는 일종의 접미사로 쓰였으며 단필(緞疋)이 일반적인 표기이다. 따라서 『고금설해』의 '색단(色段)'은 유색의 단(緞)을 말하므로 역시 단필(緞疋)을 지칭한다.

이 문장으로 천일각본과 『국조전고』는 섬라국(暹羅國) 설명을 끝내고 있다. 그러나 『고금설해』와 나이지본에는 "그 추장은 우리 조정[天朝]의 원대한 은택에 감복하여 일찍이 사신을 보내 황금으로 만든 잎에 쓴 표문[金葉表文]과 방물을 바쳤다(其酋感慕天朝遠惠, 嘗遣使捧金葉表文, 貢獻方物)"라는 문장이 더 보인다.

오랑캐들이 황제의 덕을 흠모하여	蠻戎欽帝德,
황금 표문을 조정에 바쳤네.	金表貢神京.

『고금설해』(사고전서본, 권18, 5b~6a)[1-6] 시암 왕국[暹羅國] [시암 왕국은] 참파[占城]에서 순풍에 10일 밤낮을 [항행하면] 이를 수 있다. ①그 나라의 산 모양은 **흰 바위들을 깎아지른듯하다[峭礪]**. 주위는 1천여 리이고 바깥 산은 험준하고 안쪽 준령들은 깊고 멀다. ②밭은 평탄하고 비옥하여 농사를 지으면 대부분 풍성하게 익는다. ③기후는 항상 덥다. ④풍속은 드세고 사나우며 오로지 용맹하고 사나움[豪强]을 높이사, 이웃 변경을 약탈한다. 빈랑나무를 깎아 표창으로 만들고, 무소 가죽으로 방패를 만들며, 독화살 등의 무기를 [갖추고] 관습적으로 수상 전투[水戰]를 익힌다. ⑤남녀 모두 몽둥이 모양으로 상투를 하고, 흰 베로 머리를 두른다. 긴 적삼[長衫]을 입고 허리에는 푸른 꽃문양이 들어간 수건[靑花手巾]을 맨다. ⑥윗사람과 아랫사람이 크고 작은 일을 상의하고, 모두 부인에게서 결정된다. **그 남자는 여자의 말을 듣고 따르기만 하며, 서열이 없다.** ⑦중국 남자들을 만나면, 좋아하며, 반드시 술을 차리고 대접하며 노래로 환대하고 유숙하게 한다. ⑧부인들은 대부분 비구니[尼姑]이다. ⑨도사(道士)들은 모두 송경(誦經)과 재계를 잘 지키고, 복식은 대략 중국의 복제(服制)와 비슷하며 또한 암자와 도관(道觀)을 조성한다. ⑩상례(喪禮)의 일을 중요시하여, 사람이 죽었을 때는 반드시 수은으로 그 시신을 씻고 닦은 이후, 높은 언덕을 골라 송경과 기도[佛事]를 지내고 매장한다. ⑪**차조[秫]**를 발효시켜 술을 만든다. ⑫바닷물을 끓여 소금을 만든다. ⑬풍속에는 조가비[海𧵅]로 **돈[錢]을 대신하는데**, 1만 개는 중통초(中統鈔) 20 꿰미[貫]에 해당한다. ⑭그곳에서는 나혹향(羅斛香), 대풍자 기

름[大風子油], 소목(蘇木), 코뿔소 뿔[犀角], 상아(象牙), 비취새 깃[翠毛], 황랍(黃蠟)이 난다. ⑮교역하는 상품은 푸르고 흰 꽃문양의 자기 그릇[靑白花磁器], 꽃문양을 날염한 베[印花布], 유색 비단[色絹], 색단(色段), 금(金), 은(銀), 동(銅), 철(鐵), 유리구슬[燒珠], 수은(水銀), 우산(雨傘) 등이다. **그 추장은 중국 조정의 먼 은혜에 감복하여, 일찍이 사신을 보내 황금잎에 쓴 표문을 받들어 그곳의 산물을 바쳤다.**

自占城順風十晝夜可至. ①其國山形**如白石峭礪**. 周千里, 外山崎嶇, 內嶺深邃. ②田平而沃, 稼穡豐熟. ③氣候常熱. ④風俗勁悍, 專尙豪强, 侵掠鄰境. 削檳榔木爲標鎗, 水牛皮爲牌, 藥鏃等器, 慣習水戰. ⑤男女椎髻, 白布纏頭. 穿長衫, 腰束靑花手巾. ⑥其上下謀議大小之事, 悉決於婦. **其男女聽苟合, 無序.** ⑦遇中國男子甚愛之, 必置酒飮待, 歡歌留宿. ⑧婦人多爲尼姑. ⑨道士皆能誦經持齋, 服色略似中國, 亦造庵觀. ⑩能重喪禮, 人死氣絶, 必用水銀灌養其屍, 而後擇高阜地, 設佛事, 葬之. ⑪**釀秫**[林]爲酒, ⑫煮海爲鹽. ⑬以海𧴩**代錢**, 每一萬箇准中統鈔二十貫. ⑭地產羅斛香·大風子油·蘇木·犀角·象牙·翠毛·黃蠟. ⑮貨用靑白花磁器·印花布·**色絹**·色段·金·銀·銅·錢·燒珠·水銀·雨傘之屬. **其酋感慕天朝遠惠, 嘗遣使捧金葉表文, 貢獻方物.**

플라시드 오구스틴 데쇼쎄(R. P. Placide Augustin Deschaussé)가 시암[태국]에 있는 쇼몽(Chaumont) 대사에게 헌정하는 「시암 왕국과 주변 나라들 지도」로 1686년 파리에서 간행되었다. 48x33cm, 1:7,700,000.

7. 자바 왕국[爪哇國][1]

1225년 조여괄의 『제번지』만 보더라도, 자바섬의 서쪽부터 순다[新拖], 중부 자바의 사바(闍婆)와 소길단(蘇吉丹), 투반[打板]으로 나뉘어 있었다. 원나라 시기(1271~1368년), 중국과 자바섬의 왕국들과의 관계는 우호적인 모습으로 나타나지 않는다. 『원사(元史)』(1369~1370년), 「세조본기」(359쪽)에 따르면, 지원(至元) 29년(1292) 2월 역흑미실(亦黑迷失), 사필(史弼), 고흥(高興) 등을 내세워 자바[爪哇] 원정을 감행했지만, 실패로 돌아갔다. 원나라 역사가 집필된 시기, 자바섬에는 몽골의 자바 원정이 실패로 돌아간 직후인, 1293년 또는 중국에 1299년에 건국한 마자파힛 왕국이 서부 자바의 순다 왕국을 제외한 자바섬 전역을 통일하는 라자사나가라(Rājasanagara)의 긴 통치(1350~1389) 시기, 즉 마자파힛 왕국의 절정이었다.

중국과의 관계는 명나라 태조가 들어선 시기(1369년), 바로 이 라자사나가라 통치 시기부터 재설정되었다. 『명사』, 권324, 「조와전(爪哇傳)」(8402쪽)에 따르면, "[홍무] 10년(1377)에 [조와국] 왕 팔달나파나무(八達那巴那務)가 사신을 보내 조공했다. 이 나라에는 또한 동·서의 두 왕이 있었는데, 동번왕(東蕃王) 물원로망결(勿院勞網結)과 서번왕(西蕃王) 물로파무(勿勞波務)가 각각 사신을 보내 조공했다(十年, 王八達那巴那務遣使朝貢. 其國又有東·西二王, 東蕃王勿院勞網結, 西蕃王勿勞波務, 各遣使朝貢)"라고 하였다. 여기 팔달나파나무는 바로 라자사나가라의 황실 호칭인 바타라 프라부(Bhatara Prabhu)를 음역한 것이고, 서번왕 '물로파무' 역시 바라타 프라부의 음역으로 추정되며, '물원로망결'은 브르 웡크르(Bhre Wengker), 일명 위자야라자사(Vijayarājasa)에 해당한다고 한

---

1) 옛날 중국인들이 자바 또는 자와섬을 '조와[tʂau-ɣwai](爪哇)'라고 표기한 것은 왕대연의 『도이지략』이 가장 빠른 것 같다. 먼저 『중국정사외국전』 DB, 『원사』 조와(爪哇) 주석에 따르면 "오늘날의 인도네시아 일대를 가리킨다. 기원전 2세기 후반기에 최초의 국가인 葉調가 출현하였다. 기원후 3세기에서 7세기 사이에는 수많은 小國과 部落이 혼재하였다. 7세기에서 10세기 사이에는 大國인 室利佛逝(Srivijaya) 왕국과 중국 측 使者와 상인들의 왕래가 끊이지 않았다"라고 설명을 시작하고 있지만, 이렇게 쉽게 정리할 문제가 아니다. '엽조' 또는 '섭조'에 관해서는 『8세기 말 중국에서 인도로 가는 두 갈래 여정』, 241~245쪽을 참고하시오. 스리비자야는 삼불제(三佛齊)에 해당하는 왕국으로 수마트라섬, 팔렘방에 중심을 두고 있다.

다(George Cœdès, 『Les États hindouisés d'Indochine et d'Indonésie』(Paris, 1948), 432쪽).

조르주 세데스는 『나가라크르타가마(Nagarakṛtāgama)』를 참고하여 마자파힛 왕국과 우호적 관계를 맺고 있었던 주변국들로, 시앙카요디푸라(Syangkāyodhypura)[아유타야를 포함한 시암], 다르마나가리(Dharmanagariī)[리고르(Ligor)], 마루트마(Marutma)[마르타반(Martaban)], 라자푸라(Rājapura)[미상], 싱하나가리(Singhanagarī)[미상], 참파(Champā), 캄보자(Kamboja)[캄보디아], 야바나(Yavana)[다이 비엣] 등을 추정했다(앞의 책, 431쪽). 이로써 볼 때, 마자파힛의 영향력은 적어도 중부 베트남에까지 미치고 있었음을 알 수 있다. 또한 루파에르(G.P. Rouffaer)는 숨바와섬에서 발굴된 자바어 비문을 통해 마자파힛의 팽창을 확인한 바 있다(『Notulen van de Directievergaderingen van het Bataviaasch Genootschap』, 1910, 110~113쪽).

"라자사나가라는 1389년에 죽었고, 그의 조카이자 그의 사위였던 비크라마바르다나(Vikramavardhana)가 계승했다. 그의 재위와 더불어 마자파힛의 쇠락이 시작되었고, 그의 후계자들을 통해 더욱 가속되었다." 이러한 계승구조는 이미 제국의 혼란을 잉태하고 있었다. 비크라마바르다나와 라자사나가라의 아들이면서 첩의 자식인 이복형제 비라부미(Bīrabhūmi)와의 승계 다툼으로 이어졌다. "비라부미는 백부인 비자야라자사(브르 윙크르)가 있는 동부에 자리 잡고 있었다. 1404년부터 대립하여 비라부미의 죽음으로 1406년 끝났다."(조르주 세데스, 앞의 책, 431쪽).

이러한 마자파힛의 혼란은 15세기 초 명나라의 '서양' 진출을 수월하게 도왔다. 영락 7년(1409) 중국의 지원으로 탄생한 말라카[滿剌加] 왕국의 부상은 동서양 교역의 중심이 말라카로 이전되었음을 의미하며, 또한 마자파힛의 지배권 상실과 쇠퇴의 원인으루 나타났다. 정리하자면, 왕대연은 마자파힛 왕국이 설정기를 맞을 시기에 자바를 방문했고, 마환과 비신의 견문은 마자파힛이 가졌던 동서양 교역의 지배권이 말라카로 넘어간 시기였다.

존 크로포드(John Crawfurd)에 따르면, 마자파힛의 '마자(maja)'는 자바어로, 식물학자들이 말하는 에이글 마르멜로스(Aegle marmelos)인 달콤한 맛이 나는 과일의 일종이고, '파잇(pait)'는 어떤 상상의 과일을 구성하는 '쓴 맛'을 의미한다고 한다. 또한 어떤 이들은 의례 언어에서 '마자'는 '마오스(Maos)'로 바

참파[占城]에서 출발하여 순풍에 20일 밤낮을 [항행하면] 그 나라에 이를 수 있다. [自占城起程, 順風二十晝夜可至其國.]

①옛날에는 '사바(闍婆)'라고 하였다. ②땅은 넓고 사람은 조밀하여, 실로 군대와 병장기는 동양 여러 외국의 요충이다. [①古名闍婆. ②地廣人稠, 實甲兵器械, 乃爲東洋諸番之衝要.[2)]]

꿔므로, '파잇'을 '영주, 또는 군주'를 뜻하는 산스크리트어 '파티(pati)'로 바꾸어, 마오스파잇(Maospait)은 마오스파티(Maospati)가 와전된 것으로, 이는 힌두교 전설에서, 영웅이자 반신반인 아르주나(Arjuna)의 왕국 명칭이라고 한다(『A Descriptive Dictionary of the Indian Islands & Adjacent Countries』, 238쪽).

마자파힛의 멸망에 관하여, 조르주 세데스는 자바 연대기인 『파라라톤(Pararaton)』에 따라 "1478년에 마자파힛은 그 원인이 논란되는 침공을 받았고, 1486년부터 새로운 왕조가 나타났다. 기린드라와르다나(Girīndravardhana)의 왕조로, 그들 문서가 입증하는 것처럼 여전히 힌두 문화를 가지고 있었다"라고 하였다(세데스, 앞의 책 436쪽). 『명사』, 권324, 「조와전」(8404쪽)에는"홍치 12년(1499)에 [조와국의] 조공사절이 풍랑으로 난파하여 통사(通事)가 탄 배 1척만이 광동에 이르렀다(弘治十二年, 貢使遭風舟壞, 止通事一舟達廣東)"라고 하며, 자바에서 보낸 마지막 사신을 기록하고 있다.

2) 이상의 문장들[古名闍婆. 地廣人稠, 實甲兵器械, 乃爲東洋諸番之衝要]은 『국조전고』와 정확히 일치하는 반면, 『고금설해』와 나이지본에서는 "古名闍婆. 自占城起程, 順風二十晝夜可至其國. 地廣人稠, 甲兵爲東洋諸番之雄"라고 하였다. 중간에 "점성[참파]에서 출발하여 순풍에 20일 밤낮을 [항행하면] 그 나라에 이를 수 있다(自占城起程, 順風二十晝夜可至其國)"라는 문장이 원문처럼 들어있고, 마지막 '충요(衝要)'가 '웅(雄)'자로 되어있다. 펑 청쥔 씨는 『국조전고』와 천일각본에 따라 '충요(衝要)'로 교정한 바 있다. 사실 천일각본과 『국조전고』의 마지막 문장[實甲兵器械, 乃爲東洋諸番之衝要]은 왕대연의 『도이지략』 조와 조목의 "實甲東洋諸國"을 풀어 쓴 말이다. 따라서 '웅(雄)'자를 채택하게 되면 『도이지략』의 '갑(甲)'자와 의미가 중복된다.

③옛 전하는 바에 따르면, 귀자마천(鬼子魔天)이 이곳에서 왕 노릇을 하며, 푸른 얼굴, 붉은 몸, 붉은 머리털을 가진 망상(罔象)과 합방하여 자식 백여 명을 낳아, 항상 사람의 피와 살을 먹였다. 불경에서 "귀신의 나라, 그 안에[鬼國, 其中]"라고 했는데 바로 이곳이다. 그러는 가운데 사람들이 [거의] 다 [잡아] 먹히자, 문득 어느 날 천둥과 번개가 쳐 바위가 갈라졌는데, 그 속에 한 사람이 앉아있어, 사람들이 기이하게 여겨 마침내 나라의 주인[國主]이 되었다. 곧장 군대를 이끌고 망상을 몰아내 해를 끼치지 못하도록 했다. 이후 백성들이 회복되고 생업이 안정되었다. ④지금 나라의 공문서[移文] 뒤에 1376년이라 썼는데, 따져보면 한나라 초기에 건국하여 우리 선덕(宣德) 7년(1432)에 이르기까지 전해졌다.[3] [③舊傳鬼子母天,[4] 王於此地,[5] 與一罔象青面紅

3) 펑 청쥔 씨의 설명에 따르면, "나이지(羅以智)는 '한나라 선제(宣帝) 원강(元康) 원년 병진년(丙辰年, 기원전 65)에서 선덕(宣德) 7년 임자년(1432)까지는 25갑자로, 1497년이므로, 동한 광무제 중원(中元) 2년 정사년(기원후 57)에 건국했을 것이다'라고 하였다. 내 생각으로는 남해의 사카[塞迦] 기원은 기원후 78년으로 늦은 만큼 그 기원은 한나라 장제(章帝) 건초(建初) 4년(79년)이어야 한다. 선덕 7년까지 계산해보면 사카 1354년이다. 여기의 1376년은 경태(景泰) 5년(1454)에 해당한다. 『명사』에서 한나라 선제(宣帝) 원강(元康) 원년을 그 기원으로 본 것은 사관(史官)의 잘못된 계산일 것이다"라고 하였다.

4) '귀자모천(鬼子母天)'은 『국조전고』, 『고금설해』, 나이지본 모두 귀자마천(鬼子魔天)으로 되어있고, 마환의 『영애승람』에는 귀자마왕(鬼子魔王)으로 되어있다. '귀자모천'은 확실히 인도의 불교 설화에 보이는 귀자모신(鬼子母神)과의 관계를 상정하고 있다. 이는 산스크리트어 하리티(Hārītī)의 의역(意譯) 명칭이다. 당나라 의정(義淨)이 710년에 한역(漢譯)한 『근본설일체유부비나야잡사(根本說一切有部毘奈耶雜事)』(T.1451, 권31, 361a)에 보이는 이야기에 따르면, 부처가 왕사성(王舍城) 죽림원(竹林園)에 있을 때, 사다(娑多)라는 야차(夜叉)가 건타라국(健陀羅國)의 반차라(半遮羅)라는 야차와 투합하여 향후 자식이 생기면 사돈을 맺기로 약속한다. 사다 야차는 환희(歡喜)라는 딸을 낳았고, 반차라 야차는 반지가(半支迦)를 낳았다. 사다 야차의 딸 환희는 왕사성에 태어나는 아이들

身赤髮相合, 凡生子百餘, 常食啖人血肉. 佛書所云鬼國, 其中只此地也. 人被啖盡,[6] 忽一日雷震[振]石裂, 中坐一人, 衆稱異之, 遂爲國主. 即

을 모두 잡아먹겠다는 서원을 세우고 반차라 야차의 아들 반지가와 혼인하여 5백 명의 자식을 둔다. 환희가 자신의 원대로 왕사성의 아이들을 잡아먹게 되자, 나라에는 재앙이 발생했고, 환희를 '하리저약차녀(訶利底藥叉女)'라는 악명을 떨쳤다. 이러한 재앙에 부처는 환희가 아끼는 막내 아이 애아(愛兒)를 발우 속에 감추었다. 애타게 찾아 나선 환희에게 부처는 "하리저야, 오백 명의 자식 중에 한 자식을 보지 못하는데도 이렇게 고통스러운데 하물며 다른 사람의 한 자식을 네가 훔쳐 먹었으니 그 고통이 어떠하겠는가(訶利底, 五百子中不見一兒受如是苦, 況他一子汝偷取食, 此苦如何)"라는 물음에 환희는 깨우치고 불법을 받았다고 한다. 인도의 이 불교 설화는 확실히 자바의 건국 신화로 변형되었다. 이로부터 '귀자모천'의 '천(天)'은 '신(神)'의 의미로 쓰였으며, '왕(王)'자는 건국 신화와 관계되기 때문일 것이다. '모(母)'자와 '마(魔)'자는 중국 남방 발음으로 거의 같게 발음되며, 마귀(魔鬼)라는 의미를 부각하기 위해 고쳐 쓴 것일 수도 있다. 어쨌든 이 건국 설화에서 인도불교의 영향력이 작용하고 있다는 점에 주목할 필요가 있다. 비신이 많은 문장을 빌려온 『도이지략』에는 보이지 않는 정보이다.

5) 이 문장[王於此地]의 '왕(王)'자는 『국조전고』와 나이지본에 '정(正)'자로 되어 있다. '정(正)'자는 다스린다는 의미의 '정(政)'자로 읽어야 하므로, 왕 노릇을 한다는 의미의 '왕(王)'자가 더 적합하다.

6) 이상 세 문장[佛書所云鬼國, 其中只此地也. 人被啖盡]은 『국조전고』와 일치하는 반면, 『고금설해』와 나이지본에는 "불경에서 말하는 귀신 나라가 바로 이곳이다. 그곳 사람들이 거의 다 잡아먹혔을 때(佛書所云鬼國, 即此地也. 其中人被啖幾盡)"라고 해석할 수 있는 문장으로 정리되어 있다. 그렇다면 천일각본과 『국조전고』의 문장은 어떻게 된 것일까? 여기서 말하는 '불서(佛書)'는 바로 『묘법연화경(妙法蓮華經)』을 말하는 것으로 보인다. 권7(T.262, 56c)에 "무수히 많은 사람이, 금, 은, 유리, 차거(車渠), 마노, 산호, 호박, 진주 등의 보석을 얻으려고 대해에 들어갔을 때, 폭풍[黑風]이 선박에 불어 닥쳐, 나찰(羅刹)의 귀신 나라[鬼國]에 표류하게 되더라도 그중에 단 한 사람이라도 관세음보살의 이름을 부르는 자가 있으면 많은 사람이 모두 나찰의 재난에서 벗어날 수 있다(若有百千萬億衆生, 爲求金·銀·琉璃·車璖·馬瑙·珊瑚·虎珀·眞珠等寶, 入於大海, 假使黑

領兵驅逐罔象而不爲害. 設後生齒而安業.[7] ④乃至今國之移文後書一千三百七十六年, 考之肇启漢初, 傳至我宣德七年.]

⑤항구에서 신촌(新村)이라는 부두[馬頭]로 들어간다.[8] 주민들이 빙 둘러 살며, 카장[茭樟]의 잎을 엮어 지붕을 덮었고, 점포들이 줄지어 시장을 형성해, 사고파는 사람들이 모여든다. ⑥이 나라[도시]는 부유하여, 진주, 금은, 야쿠트[鴉鶻], 묘정(猫睛), 청색 홍색 등의 보석, 차거(硨渠), 마노(瑪瑙), 두구(荳蔻), 필발(蓽茇), 치자화(梔子花), 목향(木

風吹其船舫, 飄墮羅刹**鬼國**, 其中若有, 乃至一人, 稱觀世音菩薩名者, 是諸人等皆得解脫羅刹之難)"라고 하였는데, 중간에 "飄墮羅刹**鬼國**, **其中**若有, 乃至一人"이라는 문장이 잘못 '귀국기중지(鬼國其中只)'로 인용되었다고 추정한다. 말하자면, 불경에서 "귀국(鬼國)에 [떨어졌을 때], 그중 단 [한 사람이라도]"라고 운운했는데, 바로 이 나라이다라고 읽어야 할 것이다. 따라서 천일각본과 『국조전고』의 문장은 "佛書所云鬼國其中, 只此地也"으로 구두하고 '지(只)'자는 '즉(卽)'자의 잘못으로 이해하면 될 것 같다. 이는 마환의 『영애승람』(기록휘편본)에서 "佛書言鬼國其中, 卽此地也"라고 한 문장으로 확인할 수 있다. 이상으로부터, 『고금설해』와 나이지본에서 "其中人被啖幾盡"의 '기중(其中)'은 '귀국(鬼國)'뒤로 옮겨가야 한다. 한편, '기진(幾盡)'인지 아니면 그냥 '진(盡)'인지의 문제는 『영애승람』에서 "사람들이 대부분 잡아 먹히자(人多被食)"라고 하였으므로, '거의'라는 의미의 '기(幾)'자를 보충해 넣는 것이 맞을 것이다.

7) 이 문장[設後生齒而安業]은 『고금설해』에서만 "백성들이 회복되고 생업이 안정되었다(復生齒安業)"라고 하였을 뿐 『국조전고』, 나이지본 모두 일치하고 있다. 한편 주당면(朱當𣶏)의 『국조전고』에는 "뒤에 백성들이 회복되고 생업이 안정되었다(後復生齒而安業)"라고 한 것에 따라 펑 청쥔 씨는 '후복(後復)'으로 교정했다. 이는 모두 '설(設)'자 때문에, 찾게 된 대안이지만, 이 '설(設)'자는 '해(該)'자의 오자로 보고, 주당면의 『국조전고』와 『고금설해』에 따라, "이후 백성들이 회복되고 생업이 안정되었다(該後復生齒而安業)"라고 교정할 것을 제안한다.

8) 펑 청쥔 씨는 『영애승람』에 "신촌은 현지 명칭으로 혁아석(革兒昔)이다(新村番名曰革兒昔)"라고 설명했다. 여기 '혁아석'은 그레식의 음역이다.

香), 청염(青鹽) 등 없는 것이 없는데, 아마도 통상하는 자리에 있기 때문일 것이다. [⑤港口以入去馬頭曰新村. 居民環接, 編茭[樱]樟葉覆屋,[9] 鋪店連行爲市, 買賣聚集. ⑥其國富饒, 珍珠·金銀·鴉鶻·猫睛·青紅等石·車渠·瑪瑙·荳蔻·蓽撥·梔子花·木香·青鹽[青木香·鹽],[10] 無所不有, 蓋在

---

9) '종장(樱樟)'은 『국조전고』와 나이지본에 '능장(菱樟)'으로 되어있다. 『고금설해』와 『영애승람』에 따라 카장(Kajang)의 음역인 교장(茭樟)으로 고친다. 아래의 문장에서도 마찬가지이다.

10) 신촌(新村)의 시장 상품을 설명하는 이 목록[珍珠·金銀·鴉鶻·猫睛·青紅等石·車渠·瑪瑙·荳蔻·蓽撥·梔子花·青木香·鹽]은 사본마다 글자 표기상 약간의 출입이 보인다. 『국조전고』에는 "珍珠·金銀·鴉鶻·猫睛·青紅等石·琿渠·瑪瑙·荳蔻·蓽蕟·梔子花·木香·青鹽"으로 되어있다. 한편, 『고금설해』에는 "珍珠·金銀·鴉鶻石·猫睛·青紅等石·琿渠·瑪瑙·荳蔻·蓽蕟·子花·木香·青鹽", 나이지본 "珍珠·金銀·鴉鶻·猫睛·青紅等石·琿渠·瑪瑙·荳蔻·菱·把子花·木香·青鹽"으로 되어있다. 이로부터 천일각본 마지막 두 상품인 '青木香·鹽'은 '木香·青鹽'으로 교정하는 것이 타당하다. 『국조전고』와 『고금설해』의 '필폐(蓽蕟)', 그리고 나이지본의 '릉(菱)'은 모두 필발(蓽撥) 또는 필발(蓽茇)의 오기이다.

필발(蓽撥, Piper longum L)은 '필발(蓽茇)'로도 표기한다. 산스크리트어로는 '피팔리(Pippali)'라고 하며 인도, 스리랑카, 말레이시아 등지에서 자란다. 약재로 중초(中焦)를 따뜻하게 하여 추위를 없애주는 효능이 있다. 또한, 조미료로도 사용하는데 맛은 맵다. 밀스는 순다(Sunda), 람풍(Lampung), 인드라푸라(Indrapura), 잠비(Djambi)에서 온 것으로 추정했다(『영애승람역주』, 91쪽). 후추의 일종이기 때문에 후추와 많은 혼동이 있었다. 『위서(魏書)』 권102와 『수서(隋書)』 권83 「파사전(波斯傳)」에도 기록되어 있는 것이 바로 그 예이다.

차거(車渠)란 이시진은 "차거는 바다의 큰 조개이다(車渠, 海中大貝也)"라고 정의한 『운회(韻會)』라는 책을 인용하고, 이어서 "등의 밭고랑 모양이 수레바퀴의 바깥 테두리[渠] 같아 붙여진 명칭이다(背上壟文如車輪之渠, 故名)"라고 설명했다(사고전서본, 권46, 22a). 이 설명에 따르면, 차거(車渠)는 음역 명칭이 아닌 것처럼 보인다. 차거(硨磲), 차거(琿渠), 차거(車琜) 등으로도 표기되고, 『북사(北史)』 권88, 진랍국(眞臘國) 전에는(3162쪽) "남쪽으로 차거국(車渠國)과 접해있다(南接車渠國)"라고 하였으므로, '차거'는 음역명칭일 가능성이 크

通商之處也.]

⑦이곳의 앵무, 앵가(鸚哥), 공작(孔雀)은 길들이면 말과 노래를 할 줄 안다. ⑧이곳의 도괘조(倒掛鳥)는 몸이 참새 크기로, 오색의 깃을 가지고 있으며, 낮에 그 옆에 향을 피우면, 밤에는 깃을 펴고 거꾸로 매달려 꼬리 깃털을 펴 향을 발산한다. [⑦其鸚䳇·嬰哥·孔雀馴能言語歌曲.[11] ⑧其倒掛鳥身如雀大, 披五色羽,[12] 日間焚香於其旁,[13]夜則張羽

다. 『해약본초(海藥本草)』의 저자 이순(李珣)에 따르면(『본초강목』, 앞의 출처), “차거(車渠)는 옥돌 종류라고 한다. 서방의 나라에서 나며, 모양은 방합(蚌蛤) 조개와 같고 문양이 있다. 서역(西域)의 일곱 가지 보물 중 하나이다(車渠, 云是玉石之類. 生西國, 形如蚌蛤, 有文理. 西域七寶, 此其一也)”라고 한 것이 그 방증이다. 이순의 이 설명으로부터 차거(車渠)는 조개라는 설과 옥돌의 종류라는 설이 혼재되었다. 이에 대해 이시진은 심괄(沈括)의 『몽계필담(夢溪筆談)』의 설을 인용하여 “차거 중에 키[箕]만큼 큰 것은, 등에 꼬막 껍데기[蚶殼] 같은 고랑[渠壟]이 있는데 그릇으로 만들면 백옥처럼 견고하다(車渠大者如箕, 背有渠壟如蚶殼, 以作器, 致如白玉)”라고 하며 옥과의 혼동 가능성을 언급했다.

11) 이 문장[其鸚䳇·嬰哥·孔雀馴能言語歌曲]은 『국조전고』에 ‘영가(嬰哥)’ ‘앵가(鸚䳇)’로 표기한 것 외에는 일치한다. 하지만 『고금설해』과 나이지본에는 “其鸚䳇·嬰哥·孔雀·馴能言語歌曲”라고 하며, 공작(孔雀)이 보이지 않는다. 한편 마환의 『영애승람』에는 자바의 조류에 관한 기술이 상당히 자세하게 보이는데, “기이한 새로는 백앵무(白鸚䳇)가 어미 닭처럼 크고, 홍록의 앵가(鶯哥, 잉꼬), 오색 앵가, 요가(鷯哥)가 있는데 모두 사람 말을 흉내 낼 수 있다. 진주계(珍珠雞), 도괘조(倒掛鳥), 오색의 꽃 반점 비둘기[五色花斑鳩], 공작, 빈랑작(檳榔雀), 진주작(珍珠雀), 초록 반점 비둘기[綠斑鳩] 등이 있다(奇禽有白鸚䳇, 如母雞大, 紅綠鶯哥·五色鶯哥·鷯哥, 皆能效人言語. 珍珠雞·倒掛鳥·五色花斑鳩·孔雀·檳榔雀·珍珠雀·綠斑鳩之類)”라고 하였다. 이로부터 천일각본과 『국조전고』의 ‘공작(孔雀)’은 잘못 들어갔음을 알 수 있다. 귀자마천(鬼子魔天)을 설명할 때는 마환이 비신의 기록을 참고하고 있는 것처럼 보였고, 여기서는 거꾸로 비신이 마환의 설명을 따르고 있는 것처럼 보인다. 두 사람이 동시에 가서, 각

翼而倒掛, 張尾翅而放香.]

⑨민속은 흉포함을 즐겨, 나은 자식이 한 살이 되면 등에 부랄두(不剌頭)[14)]라는 칼을 두는데, 금은과 상아를 조각하여 칼자루[靶]를 만든다. 남자는 어린 사람부터 늙은이까지, 가난한 사람이나 부유한 사람 모두 소유하며, 허리에 꽂는다. 논쟁이 있어 욕하고 꾸짖음에도 통하지

자 기록한 것을 서로 참고했거나, 아니면 어느 한 사람이 가서 견문한 것을 가지 않은 다른 한 사람이 참고했을 것임이 분명하지만, 직접 간 사람이 누구인지는 판단하기 쉽지 않다.

12) '피(披)'자는 나이지본에 '피(被)'자로 되어있는데, '입는다'는 의미로 통용하여 쓴다.

13) '방(旁)'자는 『국조전고』와 나이지본에 '방(傍)'자로 되어있는데, 역시 곁, 또는 옆이라는 의미로 통용하여 쓴다.

14) '부랄두[pi̯ęu-lɑt-dʱęu](不剌頭)'에 관해서는 역자의 『영애승람역주』(2-5)에 자세히 설명했다. 여기서 조금 보충하자면, 터너(Jane Turner) 씨에 따르면, "말레이반도의 말레이 사람들은 정교하게 만든 다양한 무기들을 소지한다. 이들 중에는 인도식 단도인 파랑(Parang), 작은 갈고리형 칼(lawi ayam), 아랍식 칼[beladau], 파모르(pamor) 칼날과 금속으로 접합부를 잘 장식한 나무로 만든 칼집을 갖춘 창, 그리고 화기, 특히 포르투갈과 브루나이식에 따라 만든 황동과 청동으로 만든 총 등이 있다"라고 하였다(『The dictionary of art』, Grove, 1996, 174쪽). 여기서 말하는 아랍식 '블라도(beladau)'가 바로 '부랄두'에 대응하는 음이다.

Albert G. van Zonneveld, Traditional weapons of the Indonesian archipelago, Verlag C. Zwartenkot Art Books, 2001, 33쪽.

않으면 곧바로 칼을 꺼내 찌르는데, 힘이 센 사람이 이긴다. 설령 죽였더라도 몸을 3일 동안 숨기고 나오면 무사하다. ⑩남자들은 원숭이 머리에 벌거벗고 다니며 단지 허리에 홑겹의 띠 수건[單帶手巾]을 두른다. 술을 마시고 주정을 잘 부리며, 재물을 중시하고 목숨을 경시한다. ⑪부인들도 그렇지만, 목에 황금 구슬을 끈에 꿰어 두르고, 두 귀는 카장의 잎으로 막아 귓구멍에 동그랗게 할 뿐이다. [⑨民俗好兇彊, 但生子壹歲, 則置刀於背,[15] 名曰不剌頭, 以金·銀·象牙彫刻爲靶[靴].[16] 凡男子自幼至老, 貧富皆有, 插於腰間. 若有爭論, 不通罵詈, 即拔刀刺之, 强者爲勝. 設被殺之, 藏躲三日而出,[17] 即無事也. ⑩男子猱頭裸身,[18]惟

---

15) 이 문장[則置刀於背]은 『국조전고』에 "則置刀如背"로 되어있는데, 등사룡의 『국조전고』 교점본 교정 주석에는 나이지본에 따라 '여(如)'자를 '어(於)'자로 고쳤다고 한다(2088쪽). 그러나 펑 청쥔 씨의 나이지본 교주에는 "則置刀於被"라고 하였다. 등 쪽에 칼을 둔다는 말인지, 옷에 칼을 넣어 둔다는 말인지 선택하기 쉽지 않다. 1살이면 갓난아이이므로, 하나의 풍습으로 등 뒤에 칼을 놓는 것으로 이해하는 편이 유리하다.

16) 이 문장[以金銀象牙彫刻爲靴]에서 '화(靴)'자는 『국조전고』와 일치한다. 부랄두라는 칼을 설명하면서 '가죽 신발'은 어울리지 않는다. 나이지본에는 칼집을 뜻하는 '병(鞞)'자로 되어있다. 또한 『고금설해』에서는 '파(靶)'자, 즉 칼자루[刀靶]를 보여준다. 결국 천일각본과 『국조전고』의 '화(靴)'자는 '병(鞞)'자의 오기인지 아니면 '파(靶)'자의 오기인지의 문제만 남는다. 한편 마환의 『영애승람』에서는 이 칼을 설명하며 "그 자루는 황금 또는 서각(犀角), 상아(象牙)를 사용하여 사람 형체나 귀신 얼굴 모양을 새겨 넣는데 만든 것이 아주 세밀하고 정교하다(其柄用金或犀角·象牙, 雕刻人形鬼面之狀, 制極細巧)"라고 하였다. 칼자루인지, 아니면 칼집인지 선택하기 쉽지 않다. 우선은 『고금설해』와 『영애승람』에 따라 '파(靶)'자로 교정해 둔다.

17) 펑 청쥔 씨에 따르면 나이지의 원문에는 '출(出)'자 뒤에 '거(去)'자가 있는데, 『국조전고』와 천일각본에 따라 삭제했다고 한다. 사실 '출거(出去)'라는 구어적 표현도 쓰므로, 꼭 필요한 교정은 아니다.

腰圍單帶手巾.[19] 能飲酒醎[酗酒],[20] 重財輕命. ⑪婦人亦然, 惟項上金珠聯紉帶之, 兩耳塞茭[樱]樟葉, 圈於竅中.]

⑫상례는, 그 남편이 죽으면 여종과 첩들이 모두 마주하고 맹세하며, 죽으면 같이 가겠다고 한다. 장례하는 날이면 처첩과 노비들은 모두 온 머리에 꽃을 꽂고 오색의 수건을 두른 다음 시신을 따라 바닷가 또는 들판에 이르러, 시신을 모래땅에 놓고 개들이 다 먹어 치우면 좋은 일로 생각하고, 다 먹어 치우지 않으면 슬프게 울며 노래를 부른다. 옆에 땔나무를 쌓아두고, 부인들이 그 위에 앉았다가, 한참 뒤에 불을

18) 이 문장[男子揉頭裸身]은 『국조전고』, 『고금설해』, 나이지본에서 '유(揉)'자가 원숭이 '노[유|요](猱)'자로 되어있다. 결국 유두(揉頭)인지 노두(猱頭)인지의 문제로 귀결된다. 이러한 분기는 『영애승람』 조와 조목에서도 보인다. 마환은 한 부류의 원주민을 기술하며 "원숭이 머리에 맨발(猱頭赤脚)"이라 하였는데, 『기록휘편』본에는 '유(揉)'자를 보여준다. 밀스 씨는 이 '노(猱)'자를 'tousled(헝클어진)'라는 의미로 번역했다(영애승람역주, 93쪽). 이 의미는 '유(揉, 뒤섞다)'자와 통용할 때 가지는 뜻이다. 최근 프랑스 학자 르네 로씨(René Rossi)도 풍승균 씨의 교정문에 따라 역주하면서 역시 밀스 씨의 번역을 따랐다(『Ying-yai Sheng-lan』, 파리, 2018, 83쪽). '원숭이 머리'라고 하면 머리의 형태인지, 머리카락인지, 또는 머리의 색을 말하는 것인지 모호하다. 다수의 사본이 모두 '노두(猱頭)'를 보여주더라도 '유두(揉頭)'로 읽어야 할 것 같다. 역자의 생각으로, 유두(揉頭)는 흑인들의 곱슬머리를 말하는 것으로 보고 싶다.

19) 이 문장[惟腰圍單帶手巾]은 『국조전고』, 나이지본과 일치하지만, 『고금설해』에서는 "腰圍單布手巾"라고 되어있다. '단대(單帶)'와 '단포(單布)'의 선택 문제가 있다. 펑 청쥔 씨는 주당면의 『국조전고』에 '단포(單布)'를 보여준다고 하며, 판단을 유보했지만, 여기서는 앞의 문장에서 나체로 다닌다고 했으므로 홑겹의 긴 띠 모양의 수건을 허리에 두르는 것을 말할 것이다.

20) 이 문장[能飲醎酒]은 『국조전고』, 『고금설해』와 일치한다. 여기의 '후주(酗酒)'란 술을 마시고 주정 부리는 것을 말한다. 나이지본에서는 "能飲酒醎"을 보여주는데, '음(飲)'자가 있으므로, 나이지본에 따라 바로잡는 것이 맞다.

피워 땔나무를 태우면 [함께 타] 죽는데, 바로 순장의 예법이다.[21] ⑫其喪事, 凡其主翁之死, 婢妾之衆而對誓曰, 死則同往. 臨殯之日, 妻妾奴婢皆滿頭帶花草, 披五色手巾, 隨屍至主海邊或野地,[22] 將屍於沙地, 得衆犬食盡爲好, 如食不盡, 則悲泣號歌. 柴堆於傍, 衆婦坐於其上,[23] 良久之際, 縱火燒柴而死, 則殉葬之禮也.]

⑬수라바야[蘇魯馬益][24] 또한 한 마을의 지명으로, 시장을 형성하여 장삿배에 식량을 파는 항구이다. ⑭한 섬[洲]에는 원숭이 수백 마리가 모여 있는데, 전하는 바에 따르면, 당나라 시기에 오백여 식구가 사는 집의 남자와 여인들이 흉악했다. 하루는 승려가 그 집에 이르렀다가

21) 원문에 근거해 볼 때, 비신의 설명은 상당히 미흡하다. 하지만 마환의 『영애승람』은 훨씬 상세하다. "또 부유한 사람, 두목, 존귀한 사람이 죽으려 하면, 수하의 가까운 하녀나 첩들이 먼저 주인에게 '죽으면 함께 가겠다.'라고 맹세한다. 죽은 뒤, 널[棺]이 나가는 날에, **먼저 나무 가설물을 높이 세우고**, 아래는 땔나무 더미를 쌓아 불을 붙여 관을 태운다. 불길이 성해지는 때를 기다렸다가, 서원(誓願)했던 하녀나 첩 2~3인이 머리에는 온통 풀과 꽃을 두르고, 몸에는 오색의 꽃문양 수건을 걸치고 올라가 뛰며 한참을 울부짖다가 불 속으로 뛰어들어, 주인의 시신과 함께 타버리는데, **이것이** 순장(殉葬)의 예법이다(又有富人及頭目尊貴之人將死, 則手下親厚婢妾先與主人誓曰, 死則同往. 至死後出殯之日, **先以木搭高架**, 下垜柴堆, 縱火焚棺, 候焰盛之際, 其原誓婢妾二三人, 則滿頭帶草花, 身披五色花手巾, 登跳號哭良久, 攛下火內, 同主屍焚化, **此**爲殉葬之禮)". 여기『영애승람』의 원문은 역자가 펑씨의 교주본에 따라 다시 교감한 것이다.

22) '주(主)'자는『국조전고』,『고금설해』그리고 나이지본 모두 '지(至)'자로 되어 있고, 문맥으로 봐서도 '지(至)'자의 오기일 것이다.

23) 이 문장[衆婦於其上]은『국조전고』, 나이지본과 일치하지만, 술어가 빠져있다.『고금설해』에서는 "여러 부인이 그 위에 앉는다(衆婦坐其上)"라고 하였다. 이에 따라 펑 청쥔 씨는 '어(於)'자를 '좌(坐)'자로 교정했는데, 타당한 교정이다.

24) 펑 청쥔 씨의 주석에 따르면,『영애승람』에는 "소아파아(蘇兒把牙)라고도 한다"라고 하였다. 오늘날 화교들은 이곳을 '사수(泗水)'라고 부른다고 하였다.

길흉의 일을 말하면서 그 승려가 물을 길어 그들에게 뿌리자 모두 원숭이로 변했는데 단지 그 집의 노파만 변하지 않았다고 한다. 지금도 옛집이 남아있다. 현지 사람들과 상인들은 항상 음식, 빈랑, 꽃, 과일, 고기 등을 마련하여 제사를 지내는데, 그렇지 않으면[제사를 지내지 않으면] 화복(禍福)에 매우 징험이 있다고 한다. 이렇게 허탄한 일은 원래 기록할만한 것이 못되지만 그래도 경계로 삼을 만할 것이다. [⑬蘇魯馬益亦一村地名也, 爲市聚貨商船米糧港口.[25] ⑭有洲聚猢猻數百, 傳聞於唐時, 其家五百餘口, 男婦兇惡, 忽一日有僧至其家, 乃言吉兇之事, 其僧取水噀之, 俱化爲獮猴, 止留其老嫗不化. 今存舊宅. 本處及商者常設飮食·檳榔·花·菓·肉類而祭之, 不然, 則禍福甚有驗也. 此怪誕之事本不可記計,[26] 尤可爲之戒矣.]

⑮투반[杜板]이라는 한 마을도 지명이다. 바닷가에는 감미롭고 싱거워 마실 수 있는 못이 있는데 '성수(聖水)'라고 부른다. ⑯원나라 시기에 장군 사필(史弼)과 고흥(高興)에게 이 나라를 정벌케 했는데, 여러 달이 지나도 비가 내리지 않았고, 배에는 식량이 떨어져 군사들이 꼼짝하지 못했다. 사필과 고흥 두 장수는 하늘에 절하고 기도하며, "[천]명을 받들어 오랑캐를 정벌하오니, 하늘이 물을 주시면 살 것이고, 물을 주지 않으면 죽습니다"라고 기도하고, 창을 짜고 쓴 바닷가 물에 꽂자 샘물이 창을 따라 솟구쳐 나왔는데, 물맛이 매우 감미로워 군사들이 길어와 먹었다. 이에 명령하여 "하늘이 내린 선물이 너희들을 돕는다"라고 하자, 군대의 위세가 크게 떨쳐, 소리를 지르며 힘써 [적을] 죽이니, 그곳의 군대 백만이 모두 패주했다. 마침내 해안에 올라, 죽여가며 진입하여 그곳 사람들을 **생포하여 삶아 먹어, 지금도 중**

25) '선(船)'자는 『국조전고』, 『고금설해』, 나이지본 모두에 '박(舶)'자로 되어있다.

26) '계(計)'는 나이지본에서도 확인된다. 하지만 『국조전고』와 『고금설해』본에는 '기(記)'자를 보여주므로 이에 따라 고친다.

국 사람들은 사람을 먹을 수 있다고 일컫게 되었다. [⑮杜板一村, 亦地名也. 海灘有水一泓, 甘淡可飮, 稱曰聖水. ⑯元時使將史弼·高興因征其國, 經月不下雨, 舟中乏糧, 軍士失措. 史·高二將拜天祝曰, 奉命伐蠻, 如天與水卽生, 不與之則死. 祝之, 插鎗醎苦海灘, 其泉水隨鎗湧出, 水味甘甜[甜甘],[27] 衆軍汲而飮之. 乃令曰, 天賜助爾. 兵威大振, 喊聲奮殺, 番兵百萬餘衆悉皆敗走. 遂以登岸,[28] 隨殺隨入, 生擒番人煮而食之, 至今稱爲中國能食人也.]

⑰추장을 잡아 귀국하자, 죄를 뉘우쳐 풀어 돌려보내며, 봉호를 고쳐 '자바국왕[爪哇國王]'이라 하였다. 우리 성조의 황상께서는 정사 태감 정화(鄭和) 등을 보내면서, 부절과 재물을 갖추고 조칙을 받들어, 국왕, 정부인 그리고 부령(部領), 촌왕(村王)에게 상을 내리게 하니, 백성들과 초목들이 모두 천복(天福)을 받았다. ⑱그 나라 왕과 신하들이 천은(天恩)을 입어 끊임없이 사절을 보내 황금으로 만든 통에, 황금의 잎에 쓴 표문을 공경히 받들어 올리고 방물을 헌상했다. [⑰獲囚酋長歸國, 服罪放歸, 改封爲爪哇國王也. 欽遵我朝皇上遣正使太監鄭和等, 該節齎捧詔勅賞賜[則]國王·正妃及其部領·村王, 民下草木咸受天福. ⑱其國王臣旣沐天恩, 遣使絡繹不停, 擎捧金筒金葉表文, 貢獻方物.]

⑲시로 노래한다[詩曰].

옛날 '사바국'은	古是闍婆國,
일찍이 귀모(鬼母)의 재앙을 만났다네.	曾遭鬼母殃.
벼락과 우레에 놀라 바위가 갈라지더니	震雷驚石裂,

27) 첨감(甜甘)은 『국조전고』, 『고금설해』, 나이지본 모두에 '감첨(甘甜)'으로 되어 있으므로 이에 따라 바로 잡는다.

28) 이 문장[遂以登岸]의 '이(以)'자는 『국조전고』와 나이지본에 '이(已)'자로 되어있고, 『고금설해』에서는 보이지 않는다. 여기서는 천일각본이 선본으로 생각한다.

깊은 굴에 들어있는 사람이 나타났네.　　深穴見人藏.
모두들 기뻐하며 기이한 사람으로 알고　　歡忭皆知異,
떠받들어 사람들이 왕으로 세웠네.　　扶持衆立王.
백성들이 그의 교화에 따르니　　人民從教化,
망상이 내쫓겨 죽었다네.　　罔象被驅亡.
부녀자들은 부유함을 자랑하고,　　婦女誇家富,
남자들은 마음껏 술로 호기를 부리네.　　男兒縱酒强.
앵가는 이따금 푸름을 씻어내고,　　嬰哥時刷翠,
도괘조는 밤이면 향을 분산하네.　　倒掛夜分香.
결혼할 때는 야자 껍질을 불고,　　婚娶吹椰殼,
사람들은 따르며 죽창으로 호위하네.　　人隨禦竹鎗.
논두렁엔 벼가 무성히 자라고,　　田疇禾稼盛,
장사꾼들은 물건 팔아 번창하네.　　商賈貨財昌.
섬에는 원숭이들 모여 살고,　　洲上獼猴聚,
시냇가에는 제사가 바쁘네.　　溪邊祭祀忙.
남쪽 오랑캐들은 황제의 명을 따라　　蠻夷遵聖詔,
영원히 은총으로 적시리라.　　永世沐恩光.

『고금설해』(사고전서본, 권17, 7a~9b)[1-9] 자바 왕국[爪哇國] ①옛날에는 '사바'라고 하였다. 참파[점성]에서 출발하여 순풍에 20일 밤낮을 [항행하면] 이 나라에 이를 수 있다. ②땅은 넓고 사람은 조밀하여, 군대는 '동양'의 여러 나라 중 으뜸이다. ③옛 전하는 바에 따르면, 귀자마천(鬼子魔天)이 푸른 얼굴, 붉은 몸, 붉은 머리털을 가진 망상(罔象)과 합방하여 자식 백여 명을 낳아, 항상 사람의 피와 살을 먹였다. 불경에서 "귀신의 나라"라고 했는데 바로 이곳이다. 그러는 가운데 사람들이 거의 다 [잡아] 먹히자, 문득 어느 날 천둥과 번개가 쳐 바위가 갈라졌는데, 그 속에 한 사람이 앉아있어, 사람들이 기이하게 여겨 마침내 나라의 주인[國主]이 되었다. [그는] 곧장 군대를 이끌고 망상을 몰아내고 해를 없애자 이후 백성들이 회복되고 생업이 안정되었다. ④지금 나라의 공문서[移文] 뒤에 1376년이라 썼는데, 따져보면 한나라 초기에 건국하여 우리 선덕(宣德) 7년(1432)에 이르렀다. ⑤그 항구에서 '신촌'이라는 부두로 들어간다. 주민들이 빙 둘러 살며, 카장[茭樟]의 잎을 엮어 지붕을 덮었고, 점포들이 줄지어 시장을 형성해, 사고판다. ⑥이 나라[도시]는 부유하여, 진주, 금은, 야쿠트[鴉鶻], 묘정(猫睛), 청색 홍색 등의 보석, 차거(硨渠), 마노(瑪瑙), 두구(荳蔻), 필발(蓽茇), [치]자화([梔]子花), 목향(木香), 청염(靑鹽) 등 없는 것이 없는데, 아마도 통상하는 자리에 있기 때문일 것이다. ⑦이곳의 앵무, 앵가(鸚哥), 공작(孔雀)은 길들이면 말과 노래를 할 줄 안다. ⑧이곳의 도괘조(倒掛鳥)는 몸이 참새 크기로, 오색의 깃을 가지고 있으며, 낮에 그 옆에 향을 피우면, 날개깃에 향기를 간직했다가, 밤에는 꽁지깃을 펴고 거꾸로 매달려 향을 발산한다. ⑨민속은 흉포함을 즐겨, 나은 자식이 한 살이 되면 비수를 차게 하는데, 부랄두라고 한다. 금은과 상아를 조각하여 칼자루[靶]를 만든다. 남자는 어린 사람부터 늙은이까지, 가난한 사람이나 부유한 사람 모두 허리에 꽂는다. 다투거나 욕을 들으면 곧바로 칼을 꺼내 찌른다. 대체로 사람을 죽이고 사흘을 달아났다가 나오면 무사하다. ⑩남자들은 원숭이 머리에 벌거벗고 다니며 단지 허리에 홑겹의 띠 수건[單帶手巾]을 두른다. 술을 마시고 주정을 잘 부리며, 재물을 중시하고 목숨을 경시한다. ⑪부인들도 그렇지만, 목에 황금 구슬을 끈에 꿰어 두르고, 두 귀는 카장의 잎으로 막아 귓구멍에 동그랗게 할 뿐이다. ⑫상례는, 그 남편이 병들어 죽으면 여종과 첩들이 모두 마주하고 맹세하며, 죽으면 같이 가겠다고 한다. 장례하는 날이면 처첩과 노비들은 모두 온 머리에 꽃을 꽂고 오색의 수건을 두른 다음 시신을 따라 바닷가 또는 들판에 이르러, 시신을 모래땅에 놓고 개들이 다 먹어 치우면 좋은 일로 생각하고, 다 먹어 치우지 않으면 슬프게 울며 노래를 부른다. 옆에 땔나무를 쌓아두고, 부인들이 그 위에 앉았다가, 한참 뒤에 불을 피워 땔나무를 태우면 [함께 타] 죽는데, 바로 순장의 예법이다. ⑬수라바야[蘇魯馬益] 또한 한 마을의 지명으로, 시장을 형성하여 장삿배에 식량을 파는 항구이다[爲市聚貨商舶米粮港口]. ⑭한 섬[洲]에는 원숭이 수백 마리가 모여 있는데, 전하는 바에 따르면, 당나라 시기에 오백여 식구가 사는 집의 남자와 여인들이 흉악했다. 하루는 승려가 그 집에 이르렀다가 길흉의 일을 말하면서 그 승려가 물을 길어 그들에게 뿌리자 모두 원숭이로 변했는데 단지 그 집의 노파만 변하지 않았다고 한다. 지금도 옛집이 남아있다. 현지 사람들과 상인들은 항상 음식, 빈랑, 꽃, 과일, 고기 등을 마련하여 제사를 지내는데, 그렇지 않으면[제사를 지내지 않으면] 화(禍)가 드러난다[禍其驗也]. ⑮투반[杜板]이라는 한 마을도 지명이다. 바닷가에는 감미롭고 싱거워 마실 수 있는 못이 있는데 '성수(聖水)'라고 부른다. ⑯원나라 시기에 장군 사필(史弼)과 고흥(高興)에게 이 나라를 정벌케 했는데, 여러 달이 지나도 비가 내리지 않아, 배에는 물과 식량이 떨어졌다. 두 장수는 하늘에 절하며 "[천]명을 받들어 오랑캐를 정벌하오니, 하늘이 우리에게 물을 주시면 살 것이고, 물을 주지 않으면 죽습니다"라고 기도하고, 짜고 쓴 바닷가 물에 창을 꽂자 샘물이 창을 따라 솟구쳐 나왔는데, 물맛이 매우 감미로워 군사들이 길어와 먹었다. 이에 명령하여 "하늘이 우리에게 도움을 내려주시니 힘써 싸워야 할 것이다"라고 하자, 군대의 위세가 크게 떨쳐, 함성을 지르며 힘써 진격하자, 그곳의 군대 백만이 모두 패주했다. 마침내 해안에 올라, 승승장구하며 그곳 사람들을 생포하여 삶아 먹었는데, 지금도 중국 사람들은 사람을 먹을 수 있다고 한다. ⑰추장을 잡아 귀국하자, 이미 죄를 뉘우쳐, 곧 풀어 돌려보내며, '자바국왕[爪哇國王]'에 봉했다. 우리 **태종문황제**(太宗文皇帝)[29]께서는 정사 태감 정화(鄭和) 등에게 조칙을 받들고 가, 국왕, 정부인 그리고 부령(部領), 촌왕(村王)에게 상을 내리게 하여, 모두 황제의 하사품을 받았다. ⑱이 나라 왕은 끊임없이 사신을 보내 나라의 산물을 조공으로 바쳤다.

①古名闍婆. **自占城起程, 順風二十晝夜可至其國**. ②地廣人稠, 甲兵爲東洋諸番之雄. ③舊傳鬼子魔天與一罔象青面紅身赤髮相合, 凡生子百餘, 常食啖人血肉. 佛書所云鬼國, 即此地也. 其中人被啖幾盡, 忽一日雷震石裂, 中坐一人, 衆稱異之, 遂爲國主, 即領餘衆驅逐罔象而除其害, 復生齒安業. ④乃至今其國之遺文後書一千三百七十六年. 考之肇啟漢時, 至我宣德七年矣. ⑤其港口以入去馬頭曰新村. 居民環接, 編茭樟葉覆屋, 輔店連行爲市買賣. ⑥其國富饒, 珍珠·金銀·鴉鶻石·猫睛·青紅等石·珅渠·瑪瑙·荳蔻·蓽蕟·子花·木香·青鹽, 無所不有, 蓋在通商旅最衆也. ⑦其鸚鵡·嬰哥·孔雀·馴能言語歌曲. ⑧其倒掛鳥身形如雀, 而羽五色, 日間焚好香則收而藏之張羽翼間, 夜則張尾翼而倒掛以放香. ⑨民好兇彊, 但生子一歲, 便以匕首佩之, 名曰不刺頭, 以金銀象牙雕琢爲靶. 凡男子老幼貧富皆佩之腰間. 若有爭詈即拔刃刺, 蓋殺人逃

29) 영락제(永樂帝)의 묘호는 태종(太宗)이고, 1424년 향년 64세로 죽은 뒤의 시호는 '체천홍도고명광운성무신공순인지효문황제(體天弘道高明廣運聖武神功純仁至孝文皇帝)'였다. 1538년 9월 '체(體)'자를 '계(啓)'자로 시호를 바꾸었고, 묘호도 '성조(成祖)'로 고쳐 불렀다.

三日而出, 即無事也. ⑩男子猱頭裸身, 腰圍單布手巾. 能飲酗酒, 重財輕命. ⑪婦人亦然, 惟項金珠聯紉帶之, 兩耳塞茭樟葉圈於竅中. ⑫其喪事, 凡主翁病死, 婢妾輩相對誓曰, 死則同往. 臨殯之日, 妻妾奴婢皆滿頭簪草花, 披五色手巾, 隨屍至海邊或野地, 舁屍於沙地, 俾衆犬食盡爲好. 如食不盡, 則悲歌號泣. 堆柴於旁, 衆婦坐其上, 良久乃縱火燒柴而死, 蓋殉葬之禮也. ⑬蘇魯馬益一地名也, 爲市聚貨商船米粮港口. ⑭有聚猢猻數百, 相傳聞唐時, 其家五百餘口, 男婦兇惡, 忽一日有僧至其家, 與言吉兇之事, 其僧取水噀之, 俱化爲猿猴, 止留其老嫗不化. 今存舊宅. 土人及商者常設飲食·檳榔·花菓·肉類以祭之, 不然則禍其驗也. ⑮杜板一村之地名也. 海灘有水一泓, 甘淡可飲, 稱爲聖水. ⑯元時使將史弼·高興征其國, 經月不下, 舟中乏水糧盡, 二將拜天祝曰, 奉天伐蠻, 如天與我水即生, 不與則死. 遂插鎗醎苦海中, 其泉隨鎗湧起, 水味甘甜, 衆軍汲而飲之. 乃令曰, 天賜助我, 可力戰也. 兵威由是大振, 喊聲奮擊, 番兵百萬餘衆悉敗走. 乘勝長驅, 生擒番人烹而食之, 至今稱中國能食人也. ⑰遂獲酋長以歸, 既服罪, 尋放還, 仍封爲爪哇國王. 我朝太宗文皇帝遣正使太監鄭和等捧詔勑, 賞賜國王·正妃及其部領·村王, 咸受天賜. ⑱其國王遣使絡繹貢獻方物.

8. 팔렘방[舊港][1)]

1) '구항(舊港)'의 '항(港)'은 상고음으로 [kɔŋ]^{gǎng}과 [ɣuŋ]^{jiǎng} 두 발음이 가능하다. 전자는 강의 지류나 강과 바다가 만나는 항구를 뜻하고 후자는 산골짜기의 협곡이나 계곡을 의미한다. 따라서 여기의 항(港)은 전자의 의미로, '구항'이란 옛 항구라는 뜻이다. '구항'이라 불린 나라에 관해서는 『도이지략』과 『영애승람』 역주의 해제에서 자세히 다루었다. 요컨대, 삼불제(三佛齊) 즉 스리비자야(Srivijaya)가 961~1079년 사이 분명히 밝혀지지 않은 원인으로 수도인 팔렘방을 잠비(Jambi)로 옮겨감에 따라, 옛 수도 팔렘방을 '구항'으로 불렀다는 것이다.

'삼불제'란 명칭에 관하여, 흐루너펠트는 "9세기 아랍 여행가들은 '사르바자(Sarbaza)'라는 섬을 언급하며, 이곳은 자베즈(Zabedj)=야-바-디(Ya-ba-di) 즉 자바의 속국이라고 한다. 사르-바-자(Sar-ba-za)와 삼-불-제[三佛齊]는 당연히 같은 명칭이나, 둘 다 정확한 전사는 아닐 것이다"라고 했다(W. P. Groeneveldt, 『Notes on the Malay Archipelago and Malacca compiled from Chinese sources』, 62쪽).

드비치(L. Marcel Devic)가 불어로 번역한 『인도의 불가사의한 한 것들에 관한 책(Livre des merveilles de l'Inde)』에서는 '세르보자(Serboza)'로 표기되었는데(L. Marcel Devic, 『Livre des merveilles de l'Inde』(Leiden, 1883~1886), 247~250쪽), 후에(Goeje) 교수도 이 '세르보자'가 정확한 표기라고 알려주었다고 한다(G. Schlegel, 『통보』, 174쪽). 그러나 사무엘 빌(Samuel Beal)은 실리불서(室利佛逝)가 바로 스리보자(S'ribhōja)이고, 이 스리보자는 삼보자(Sambhoja), '통일된 보자(Bhoja)'라는 의미로 해석했다(『인도의 불가사의한 한 것들에 관한 책』, 252쪽).

일찍이 줄리앙은 참파의 수도 '불서(佛逝)'를 산스크리트어 '보자(Bhoja)'로 옮긴 바 있다(Stanislas Julien, 『Méthode pour déchiffrer et transcrire les noms sanscrits qui se rencontrent dans les livres chinois』, Paris, 1861, 97쪽, no219). 그러나 삼불제의 '삼'자는 스리(Sri 또는 Çri)와 전혀 대응할 수 없을 듯하다. 페랑 씨는 이러한 불일치를 시대적으로 늦기는 하지만 사바 텍스트에 보이는 삼보자(Samboja)와 셈보자(Sĕmboja)에 해당하는 것으로 추측했다(G. Ferrand, 「L'Empire sumatranais de Çrīvijaya」, 『JA』, 1922(10~12월호), 169쪽). 결국 모음이 부정확한 아랍어 형태를 읽는 과정에서 만들어진 명칭들로, 이들로부터 삼불제의 '삼'자에 대응하는 음을 찾기는 어려워 보인다.

'사르바자'든, '세르보자'든, '삼보자'든 모두 스리비자야(Srivijaya), 실리불서(室利佛逝)에 해당하는 음이라는 점, 또 삼불제(三佛齊)가 이 실리불서의 다른 음역이라는 점에는 이견이 없다. 그렇다면 '실리'는 '삼(三)'에 해당하고, '불서'는 '불제(佛齊)'에 해당하므로, '서(逝)'와 '제(齊)'자는 중세 발음이 비슷해야 한다. 두 번째 글자인 '불(佛)'자는 두 번째 음절 'vi' 또는 'wi'에 대응하는가? 펠리오는 이 '불'자가 [pw'ĭδ]라는 발음을 가진다고 설명한 바 있다(「Les noms propres du Milindapañha」, 『JA』, 1914(2), 393쪽). 사실 칼그렌의 고음으로 [bʱi̯uət]를 제시하고 있으므로, 'vi'를 '불(佛)'자로 옮기는 것이 불가능한 것이 아니다. 이러한 가능성에 대해 조르주 세데스(Georges Cœdès)도 동의하고 있다(「Le royaume de Çrīvijaya」, 『BEFEO』, 1918, 24쪽).

문제는 '제[dzʱiei](齊)'자이다. '서(逝)'자의 고음은 [ʑi̯εi]로, '제'와 '서' 두 글자는 고음상 발음이 근접하다. 실뱅 레비(Sylvain Lévy)가 『마하마유리(Mahāmāyūrī)』에 나오는 약사(Yakṣa)들의 목록(『JA』, 1915-1, 45쪽)에서 'Ojjihanā'로 옮겨 놓은 것을 의정(義淨)은 '올서하나(嗢逝訶那)'로 음역하며, '서(逝)'가 'ji'에 해당하는 음임을 확인할 수 있다. 또한 '제(齊)'자의 몽골어 발음 [dzi] 또는 [tṣaj]이고, '서(逝)'자의 몽골어 발음은 'ẓi'이다. 따라서 '지', '지에이', '자이'의 발음이 가능하므로, '불제'와 '불서'는 '비자야(vijaya)'에 대응하는 음으로 들릴 수 있다.

스리비자야, 즉 실리불서(室利佛逝)는 의정(義淨, 635~713)의 『대당서역구법고승전』과 『남해기귀내법전』에 여러 차례 언급되었고, 니라칸타 사스트리(K. A. Nilakanta Sastri)는 「스리비자야(Sri Vijaya)」라는 논문에서 팔렘방 근처 케두칸 부킷(Kědukan Bukit)에서 발굴한, 683년으로 추정되는 약 1·5피트 길이에 둘레가 3피트 못 되는 암석에 새긴 문장에서 '스리비자야'를 언급하고 있다고 보고한 바 있다(『BEFEO』, 1940, 243쪽). 그에 따르면, 군대를 이끌고 원정하는 문장들이 보인다고 한다. 중국과의 '공식적인' 조공 기록은 『신당서』, 권222하, 「실리불서전」에 함형(咸亨) 연간(670~673)에 여러 차례 사신을 보냈다는 기록이 있다(6305쪽). 이로써 우리는 스리비자야의 건국을 적어도 670년 이전으로 거슬러 올라갈 수 있다.

'구항(舊港)'이란 명칭은 중국 '정사'에서는 『명사』의 '열전'에서만 언급되었다. 확실히 1225년 조여괄의 『제번지』에도 구항은 보이지 않는다. 결국 '구항'이라는 명칭은 왕대연의 『도이지략』에서 처음 보이는 셈이다. 그렇다면 1225년

~1349년 사이에 '구항'이 되는 계기가 있었을 것이다. 『명사』, 권324, 「삼불제전」에 따르면, 1377년 삼불제가 산물을 바치며 왕위계승을 승인해 줄 것을 간청하자 홍무제는 별도로 사신을 보내 왕으로 책봉하도록 했다. 그러나 당시 조와[마자파힛]는 삼불제를 예속시켰기 때문에 삼불제가 중국의 책봉을 받는다는 소식을 듣고, 명나라의 책봉 사신들을 살해했다는 기록이 보인다. 자바, 마자파힛이 사람을 보내 중국의 책봉 사신들을 살해한 사실은 『태조고황제실록(太祖高皇帝實錄)』, 권134, 홍무 13년(1380) 10월 20일 기사에서도 확인된다. 이로써 볼 때, 1377~1380년 사이에 마자파힛이 삼불제를 정복했다고 읽을 수밖에 없다.

그러나 『명사』, 권324, 「삼불제전」(8407쪽)에는 홍무 30년(1379) 홍무제가 내린 명령이 보이는데, "ⓐ이제 조와에 사신을 보내려 하니, 삼불제가 중도에 저지할까 두렵구나. 듣자니 삼불제는 원래 자바의 속국이었다고 하니, 짐의 뜻을 기술하여, 시암[暹羅]에 자문(咨文)을 보내 자바에 전하도록 하라(今欲遣使爪哇, 恐三佛齊中途沮之. 聞三佛齊本爪哇屬國, 可述朕意, 移咨暹羅, 俾轉達爪哇)"라는 하였다. 1379년이라면 삼불제는 마자파힛에 이미 복속되었거나, 멸망 직전이었을 것이다. 홍무제는 삼불제가 얼마나 두려웠기에, 공문을 시암을 통해 마자파힛에 전하려 했던 것일까? 이 문장에는 분명 오류가 들어있다.

이러한 정보를 이어 『명사』의 편수관들은 "ⓑ당시 자바[마자파힛]는 '이미' 삼불제를 격파하고, 그 나라를 차지하고, 그 이름을 고쳐 '구항'이라 했다. 삼불제는 마침내 멸망했다(時爪哇已破三佛齊, 據其國, 改其名曰舊港, 三佛齊遂亡)"라고 기술하고 있다. 따라서 ⓐ의 정보는 "이제 '삼불제'에 사신을 보내려 하니, '자바'가 중도에 저지할까 두렵구나. 듣자니 삼불제는 원래 자바의 속국이었다고 하니, 짐의 뜻을 기술하여 시암에 자문을 보내 '삼불제'에 전하도록 하라"라고 고쳐 읽어야 할 것 같다.

이로부터 우리는 마자파힛이 삼불제를 복속시킨 것은 1377~1380년 사이로 확인할 수 있다. 그렇다면 ⓑ의 정보에서처럼, 삼불제가 망함에 따라 마자파힛이 삼불제를 '구항'으로 고쳐 불렀다는 말이다. 그러나 이미 1349년 『도이지략』에는 '삼불제'와 '구항'을 나란히 별도의 나라로 기술하고 있다. 이를 계기로 삼불제가 팔렘방에서 잠비로 옮겨갔다는 말도 성립하지 않는다. 왜냐하면, 팔렘방과 잠비는 직선거리로 195km에 지나지 않고, 망국에 이른 나라가 무슨 여력으로 천도를 할 수 있었겠는가. 따라서 '구항'이란 명칭으로 팔렘방을 지칭한 시점은 적어도 1349년 이전이어야 한다.

조여괄의 『제번지』에는 팔렘방을 삼불제의 속국으로 언급하고 있다. 이는 1225년 이전에는 적어도 팔렘방은 삼불제의 수도가 아니었다는 말이다. 한편, 1178년 주거비(周去非)는 『영외대답』, 권2, 삼불제국 기술에서 "송태조가 개국하고 건융(建隆) 원년(960)에 삼불제 국왕 실리대하리단(悉利大霞里壇)이 사신을 보내와 방물을 바쳤다. 2년(961) 5월에 또 조공해 왔고, 12월에 또 방물을 바쳤다. 신종 원풍(元豐) 2년(1079) 7월에 첨비국(詹卑國)의 사신을 보내 조공했다. 철종 원우(元祐) 3년(1088) 윤12월에 또 사신을 보내 조공해 왔고, 5년(1090)에 또 방물을 바쳤다(藝祖開基, 建隆元年九月, 三佛齊王悉利大霞里壇, 遣使來貢方物. 二年五月復遣使進貢. 三年三月又來貢, 十二月又貢方物. 至神宗元豐二年七月, 遣詹卑國使來貢. 哲宗元祐三年閏十二月又遣使入貢, 五年復來貢)"라고 하였다(『영외대답교주』, 86~87쪽). 여기서 말하는 '첨비'는 바로 잠비를 가리킨다. 이로부터 우리는 961년~1079년 사이에 삼불제국이 첨비국으로 대체되었거나 수도를 옮긴 것으로 이해할 수밖에 없다. 삼불제국이 첨비국으로 대체되었다는 설은 이후에 다시 삼불제국이 나타나므로 성립하지 않는다. 따라서 팔렘방이 아닌 어떤 수도에서 961~1079년 사이 잠비로 천도했다는 설만 남는다.

왕대연, 마환, 비신이 기록하고 있는 '구항'은 한결같이 팔렘방을 가리키고 있다. 위로부터 961~1079년 사이에 팔렘방에서 잠비로 천도했다고 추론한다고 해도 문제가 될 소지는 없다. 결국 장애물은 조여괄이 삼불제의 속국으로 팔렘방으로 추정되는 '파림풍(巴林馮)'을 넣고 있다는 사실이다.

조르주 세데스(Georges Cœdès)는 촐라 왕 라젠드라촐라 1세(Rājendracoḷa I, 1012~1042)가 정복한 나라들이 언급된 1030년 탄조레 비문을 통해, '스리비지야'라는 나라의 세력 범위를 추적했다. 세데스는 이들 정복된 나라 대부분이 팔렘방 왕국 즉 삼불제의 이웃 나라거나 속국들로 추정했다. 11개의 정복 국가 중에서 파나이(Paṇṇai)는 『나가라크르타가마』에 보이는 14세기 마자파힛의 수마트라 속국 중, 잠비, 팔렘방 등등의 나라 옆에 언급하고 있는 파네(Pane)로, 말라이유르(Malaiyūr)는 의정(義淨)이 실리불서(室利佛逝)의 인근 나라로 언급한 말라유(末羅瑜)로, 마이루딩감(Māyiruḍiṅgam)은 조여괄이 『제번지』에서 삼불제의 속국 중 하나로 든 일라정(日羅亭)으로, 이란가쇼감(Ilaṅgāçogam) 역시 『제번지』에서 삼불제의 속국 중 하나로 든 랑카수카[凌牙斯加]로, 마팝팔람(Māppappāḷam)

자바 왕국[爪哇國]에서 출발하여 순풍에 8일 밤낮을 [항행하면] 이른다.[自爪哇國起程, 順風八晝夜至.]

①옛날에는 '삼불제국(三佛齊國)'이라 불렀다. ②항구로 들어가면 농토는 매우 비옥하여 다른 땅보다 배이다. 옛날에, "한 계절 곡식을 심으면, 세 계절 금을 낳는다"라고 하였는데, 미곡이 많아 황금이 된다는 말이니 사람들이 부유하다. [①古名三佛齊國. ②自港入去, 田土甚肥, 倍於他壤. 古云, 一季種穀, 三季生金. 言其米穀盛而爲金也,[2] 民故富饒.]

은 『마하왐사』에 보이는 페구의 팝팔라(papphāḷa) 항구로, 탈라잇탁콜람(Talaittakkolam)은 『미린다판하(Milindapañha)』의 탁콜라(Takkola), 프톨레마이오스의 타콜라(Takâla)로, 마다말링감(Mādamāliṅgam)은 『제번지』에서 삼불제의 속국에 들어있는 단마령(單馬令, Tāmbraliṅga)으로, 이라부리데샴(Ilāmurideçam)은 『제번지』에서 삼불제의 속국으로 든 남무리(藍無里), 바로 마르코 폴로의 람브리(Lambri)로, 마낙카바람(Māṇakkavāram)은 마르코 폴로가 사용한 네쿠베란(Necuveran), 즉 니코바르로 추정했고 메빌림방감(Mevilimbaṅgam)과 발라이빤두루(Vaḷaippandūṛu)는 미상으로 추정하지 못했다(「Le royaume de Çrīvijaya」, 『BEFEO』, 1918, 9~19쪽).

이러한 추정이 정확하지 않더라도, 조여괄의 기술대로 '파림풍' 즉 팔렘방이 삼불제의 속국이었다면, 틀림없이 이 비문에 언급되었을 것이다. 이 파림풍[pa-ljəm-bʰjəŋ](巴林馮)이 현재까지 고증되지 못한 메빌림방감(Mevilimbaṅgam)과 발라이빤두루(Vaḷaippandūṛu)에 대응할 가능성은 거의 없다. 게다가 이 비문에서 첫 번째로 정복한 나라는 바로 스리비자얌(Çrīvijayam), 바로 스리비자야이다. 팔렘방은 섬의 북부와 동남부의 루트를 모두 통제할 수 있는 교역상 최적의 요충지이다. 따라서 역자는 팔렘방이 조여괄의 기술처럼 속국이 아니라 수도였음을 주장하고 싶다. '파림풍(巴林馮)'은 잘못 기재되었거나, 람풍(Lampung)과 같은 다른 지역의 명칭을 잘못 음역했다고 생각한다. 이 설이 성립해야 '구항(舊港)'을 이해할 수 있다.

2) 왕대연의 『도이지략』에 "한 계절에 곡식을 파종하면 3년간 금이 난다고 하는데 곡식이 변해 금이 된다는 말이다(一季種穀, 三年生金, 言其穀變而爲金也)"라고 하였다.

③풍속은 시끄럽고 음란함을 좋아한다. ④지조와 전략이 있어 수상 전투를 잘 익힌다. ⑤이곳은 물이 많고 땅이 적어 부령(部領)들은 모두 해안에 있고, 거실에는 백성과 종들이 빙 둘러 묵는다. [③俗囂好淫. ④有操略, 水戰甚慣. ⑤其處水多地少, 部領者皆在岸邊, 居室之周匝民僕而宿.[3)]]

⑥나머지 백성들은 모두 나무 뗏목을 마련하여 지붕을 덮고 산다. 가까운 강에 있는 배들처럼 나무 말뚝을 갑(閘)에 매어두었다가, 물이 불어나 뗏목이 떠서 물에 가라앉지 않는다. 혹 다른 곳에 살고 싶으면 말뚝을 제거하고 집을 연결하여 옮겨가 살므로 힘이 들지 않는다. ⑦이곳의 백성들은 자바[爪哇]의 관할로, 풍속은 자바와 대동소이하다. [⑥其餘民庶皆置木筏上, 蓋屋而居. 若近溪船, 以木樁拴閘[栓闡][4)], 設其水漲[溺][5)],

---

3) 이상 두 문장[部領者皆在岸邊, 居室之周匝民僕而宿]은 나이지본과 비교하여 '주(周)'자가 '용(用)'자로 된 것만 다르다. 『국조전고』에도 "部領者皆在岸邊, 居屋之用匝民僕而宿"라고 하였다. 한편 『고금설해』에서는 "부령들은 모두 강안에 집을 짓고 살고, 주변은 모두 종복들이 유숙한다(部領者皆在岸造屋居之, 周匝皆僕從住宿)"라고 하였다. 또한 『영애승람』에서 마환은 "두목들의 집은 강안 땅에 집을 짓고 산다(頭目之家都在岸地造屋而居)"라고 하였고, 장섭(張燮)의 『동서양고』 구항 조목에서는 "부령들은 강안에 모여 집을 짓고 살며, 동복들이 둘러 산다(部領乃聚岸築屋以居, 僮僕環之)"라고 하였다.(셰팡, 점교본, 60쪽) 따라서 천일각본, 『국조전고』, 나이지본 모두 『고금설해』본처럼 "부령들은 모두 강변에 살고, 집을 빙돌아 백성과 종들이 산다"라고 읽어야 할 것 같다.

4) 천일각본의 '전천(栓闡)'은 『국조전고』, 『고금설해』, 나이지본에 모두 '전갑(拴閘)'으로 되어있고, 장섭의 『동서양고』에서도 확인할 수 있으므로 '전갑(拴閘)'으로 고쳤다.

5) '익(溺)'자는 『국조전고』, 『고금설해』, 나이지본에 모두 '창(漲)'자를 보여주고 있고, 『영애승람』에서는 "물이 불어나면 뗏목이 뜬다(水長則筏浮)"라고 하였으므로, '창(漲)'자로 고친다.

則筏浮^{浮筏}起,[6] 不能渰沒也. 或欲別居, 起樁去之, 連屋移拔, 不勞其力. ⑦此處之民, 爪哇所轄, 風俗與爪哇大同小異.]

⑧이곳에서는 황숙향(黃熟香), 속향(速香), 강진향(降眞香), 침향(沈香), 황랍(黃蠟) 그리고 학정(鶴頂) 등이 난다. ⑨교역하는 물품은 구워 제련한 오색의 구슬[燒煉五色珠], 청백의 자기, 청동 솥, 오색의 베와 비단, 색단(色緞), 크고 작은 자기, 동전(銅錢) 등이다. [⑧地產黃熟香·迷香·降香·沈香·黃蠟并鶴頂之類.[7] ⑨貨用燒煉五色珠·青白磁器·銅鼎·五色布絹·色緞·大小磁器·銅錢之屬.]

⑩영락(永樂) 3년(1405)에 우리 조정의 태종문황제(太宗文皇帝)께서 정사 태감 정화 등에게 수군을 이끌고 여러 나라에 가도록 하였다. 해적 진조의(陳祖義) 등이 삼불제국(三佛齊國)에서 무리를 모아, 외국의 상선들을 약탈하면서 또한 우리의 수군을 범하여 와, 우리 정사께서 기밀한 책략을 펼쳐, 짐승을 그물로 잡듯이 소멸시키고 그 괴수를 사로잡아 대궐에 포로로 헌상하여, 이로부터 해내(海內)가 두려움에 떨었다. [⑩永樂三年, 我朝太宗文皇帝命正使太監鄭和等統領舟師往

---

6) '부벌(浮筏)'은 『국 조전고』, 『고금설해』, 나이지본에 모두 '벌부(筏浮)'로 되어 있어 이에 따라 고친다.

7) 토산을 기술하고 있는 이 문장[地產黃熟香·迷香·降香·沈香·黃蠟并鶴頂之類]은 『국조전고』에 "地產黃熟香·速香·沈香·黃蠟并鶴頂之類"라고 되어있다. '미향(迷香)'이 '속향(速香)'으로 되어있고, '강향(降香)'이 빠져있나. 『고금설해』와 나이지본에는 "地產黃熟香·速香·降香·沈香·黃蠟并鶴頂之類"라고 하였다. 이로써 천일각본의 '미향(迷香)'은 '속향(速香)'으로 고치는 것이 맞고, 『국조전고』에는 강향(降香), 즉 강진향을 보충해야 한다. 한편, 황숙향(黃熟香)은 황속향(黃速香)이라고도 하는데, 같은 침향의 일종이다. 비신이 정확히 구분하지 못하고 쓴 것일 수 있고, '황숙향 즉 속향'으로 썼을 수도 있다. 『영애승람』에서는 황숙향(黃熟香)만 열거되었다.

諸番國. 海寇陳祖義等聚[衆]三佛齊國,[8] 抄掠番商, 亦來犯我舟師, 被我正使深機密策, 若張網獲獸而殄滅之, 生擒厥魁, 獻俘闕下, 由此海內振肅.]

⑪시로 노래한다[詩曰].

바닷가 모래와 진흙의 땅으로,	瀕海沙泥地,
밭에 벼는 익어 황금을 배가시키네.	田禾熟倍金.
남자들은 대부분 사납고	男兒多狠暴,
여자들은 매우 음란하네.	女子甚哇婬.
땅은 궁벽하여 남쪽 오랑캐 역모하니,	地僻蠻夷逆,
천자의 사신께서 사로 잡았네.	天差正使擒.
사로잡아 대궐 아래 헌상하자,	俘囚獻闕下,
사해 모두 흠모하며 따랐네.	四海悉欽遵.

『고금설해』(사고전서본, 권18, 9b~10b)[1-10] 팔렘방 왕국[舊港]

①옛날에는 '삼불제국(三佛齊國)'이라 불렸다. **자바[조와]에서 8일 밤낮을 [항행하면] 이곳에 이를 수 있다**. ②항구로 들어가면 농토는 매우 비옥하여 다른 땅보다 배이다. 옛날에, "한 계절 곡식을 심으면, 세 계절 금을 낳는다"라고 하였는데, 미곡이 많아 황금으로 교역한다는 말이니, 사람들이 부유하다. ③풍속은 시끄럽고 음란함을 좋아한다. ④수상 전투에 매우 익숙하다. ⑤이곳은 물이 많고 땅이 적어 부령(部領)들은 모

8) 이 문장[海寇陳祖義等聚三佛齊國]은 등사룡의 『국조전고』, 그리고 나이지본과 일치하는 반면, 주당면의 『국조전고』에는 '취(聚)'자가 '중(衆)'자로 되어있다. 한편 『고금설해』에서는 '취중(聚衆)'으로 되어있으므로, 이에 따라 '중(衆)'자를 보충하는 편이 문맥에 유리하다.

두 해안에 집을 짓고 살며, [그들을] 빙 둘러 하인들이 거주한다. ⑥나머지 백성들은 모두 나무 뗏목을 마련하여 지붕을 덮고 산다. 나무 말뚝을 갑(閘)에 매어두었다가, 물이 불어나도 뗏목처럼 떠서 물에 가라앉지 않는다. 혹 다른 곳에 살고 싶으면 말뚝을 제거하고 집을 연결하여 옮겨가므로 돈과 힘이 들지 않는다. ⑦지금은 자바[爪哇]의 관할로, 풍속은 자바와 대동소이하다. ⑧이곳에서는 황숙향(黃熟香), 속향(速香), 침향(沈香), 황랍(黃蠟) 그리고 학정(鶴頂) 등이 난다. ⑨교역하는 물품은 구워 제련한 오색의 구슬[燒煉五色珠], 청백의 자기, 구리 솥, 오색의 베와 비단, 색단(色緞), 크고 작은 자기 옹기, 동전(銅錢) 등이다. ⑩영락(永樂) 3년(1405)에 정사 태감 정화 등이 수군을 이끌고 여러 나라로 갔는데, 해적 진조의(陳祖義) 등이 삼불제국(三佛齊國)에서 무리를 모아, 외국의 상선들을 약탈하면서 우리의 수군을 치고자 하여, [정]화 등이 군사를 매복시켜 물리치고, 그 괴수를 사로잡아 대궐에 포로로 헌상하자, 이로부터 해내(海內)가 태평해지지 않음이 없었다.

①古名三佛齊國. 自爪哇順風八晝夜可至其處. ②自港口入去, 田土甚肥, 倍於他壤. 古云, 一季種穀, 三季生金. 言其米穀盛而貿金也, 民故富饒. ③俗囂好婬. ④水戰甚慣. ⑤其處水多地少, 部領者皆在岸造屋居之, 周匝皆僕從住宿. ⑥其餘民庶皆於木筏上蓋屋而居, 以木樁拴閘, 或水長則筏浮起, 不能沒也. 或欲別居, 起樁去之, 連屋移徙, 不勞財力. ⑦今爲瓜哇所轄, 風俗與爪哇大同小異. ⑧地產黃熟香·速香·降香·沈香·黃蠟·鶴頂之類. ⑨貨用燒煉五色珠·靑白磁器·銅鼎·五色布絹·色段·大小磁甕·銅錢之屬. ⑩永樂十三年鄭和等統舟師往諸番國, 海寇陳祖義等聚衆於三佛齊國抄掠番商, 欲來犯我舟師, 和等伏兵敗之, 生擒厥魁, 獻俘闕下, 由是薄海內外罔不清肅.

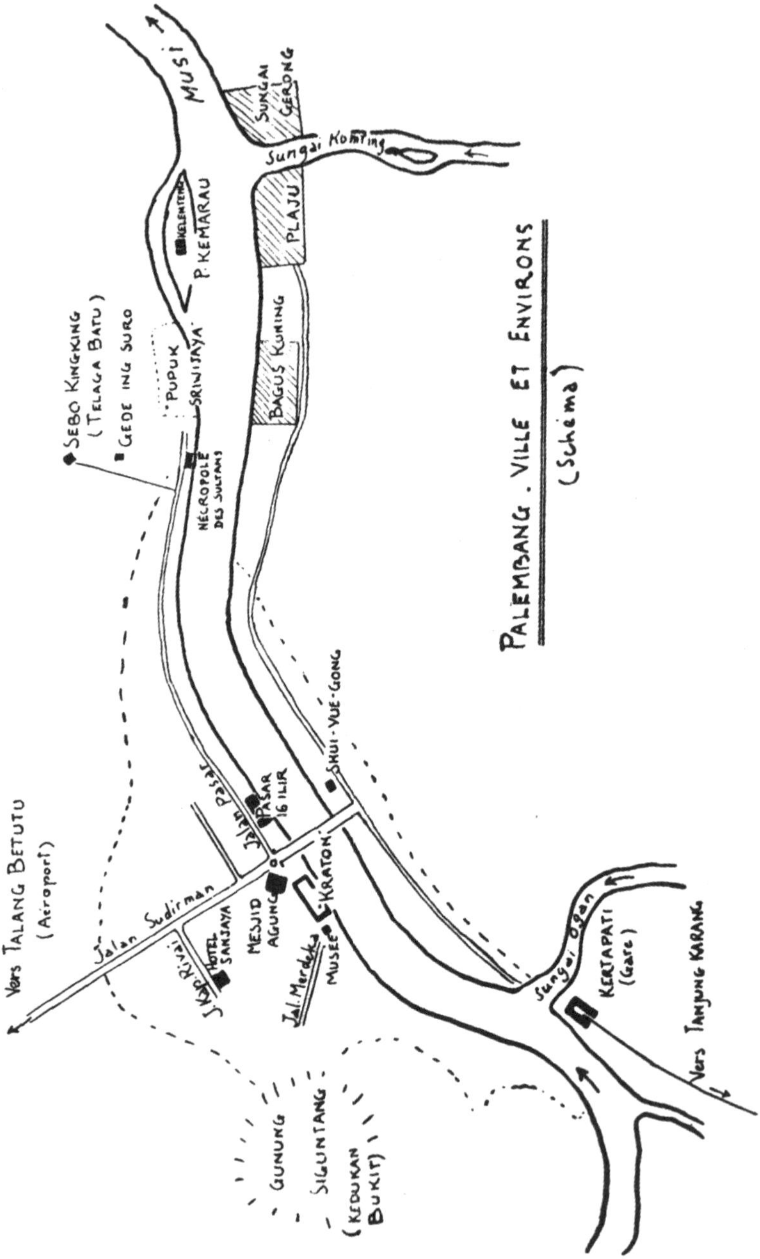

Claudine Lombard-Salmon|Denys Lombard|Pierre Labrousse, 「Guide "Archipel" III: Palembang et Bangka」, 『Archipel』, 15(1978), 149쪽.

9. 말라카 왕국[滿剌加國] [1)]

---

1) 중국 자료에서 만랄가[muan-lat-ka](滿剌加)라는 나라는 명나라 15세기 초 『영애승람』과 『성사승람』으로부터 알려졌다. 또한 마르코폴로, 오도릭, 이븐바투타의 기록, 심지어 『나가라크르타가마』(1365)에도 언급되지 않았다.

존 크로포드(John Crawfurd)는 말라카의 초기 역사에 관하여 '모든 왕의 크라운'이라는 뜻으로 알려진 말레이 두 필사본에 따라, "1160년경에 수마트라 팔렘방의 한 추장이 그의 수하들과 함께 싱가포르에 정착했다. 이곳에서 그와 그의 계승자들은 마자파힛 왕국 자바인들의 침공으로 내쫓길 때인 1252년까지 살았다. 말라카로 달아나 도시를 건설한 사람을 계승한 세 번째 왕자가 1276년 왕좌에 올랐고 처음으로 이슬람교를 받아들였다. 그는 싱가포르에 건국한 사람으로부터 12번째 왕이었고 말라카 건설자로부터는 7번째였다. 이들은 1511년 포르투갈인들에게 왕좌를 빼앗겼다"라고 하였다(John Crawfurd, 『A Descriptive Dictionary of the Indian Islands & Adjacent Countries』, London, 1856, 241쪽). 그러나 조르주 세데스가 설명하는 말라카 건국에 관한 연구에 따르면(George Cœdès, 『Les États hindouisés d'Indochine et d'Indonésie』, Paris, 1948, 441~444쪽), 1~2세기 늦게 나타난다.

> 나라의 건국은 알부케르크(Albuquerque)에 따르면, 팔렘방 출신이며, 어쨌든 마자파힛 공주의 남편인 파라므슈바라(Parameçvara)에서 기인한다. 그는 틀림없이 하얌 우룩(Hayam Wuruk)의 죽음(1389년)과 이어지는 마자파힛 힘의 쇠락에 힘입어 반기를 들었을 것이다. 그는 팔렘방 왕국이 반도에 소유했던 옛 속령 중에서 아유타야 왕국으로부터 가장 먼 투마식(Tumasik, Singapore)으로 도망했다. 그는 '시암'이라는, 더 그럴법하게 말하자면 시암의 속국(파항 또는 파타니)의 이름으로 다스리고 있는 말레이 수장을 죽였다. 투마식에서 통치한 지 몇 년 뒤에 그는 아유타야의 공격을 받고 먼저 무아르(Muar)로 도망했다가, 브르탐(Bertam)을 거쳐 마지막으로 ⓐ1403년 환관 윤경(尹慶)이 그를 책봉한 말라카로 달아났다. 그의 정책은 중국에 의지하는 것이었다. ⓑ1405년 그가 사신을 보내자, 황제는 그에게 '말라카의 왕'이라는 호칭을 하사했다. ⓒ1409년 환관 정화가 다녀간 뒤에 그는 1411년 가족들을 데리고 중국으로 갔다. 그는 말라카에 번성할 정착지의 토대를 세웠고, 다시 1414년 중국으로 다시 갔다. ⓓ1419년 그는 가족과 함께 가서, 언제나

적대관계였으며, 마자파힛의 패권을 대체했다고 주장하는 아유타야 왕국, 즉 시암에 대항하는 지원을 요청했다. 그는 파사이(Pasai) 왕의 딸과 혼인했다. 그는 아마도 여전히 펠렘방의 옛 속령이라고 자부하고 있었던 파사이(Pasai) 왕의 딸과 혼인했다. 그는 72세의 나이에 이슬람으로 개종했다. 그는 이때부터 ⓔ므가트 이스칸다르 샤(Megat Iskandar Shah)라고 불렸다.

그는 1424년 그의 아들 스리 마하라자(Sri Maharaja)에게 승계했고, 스리 마하라자는 즉위년에 중국에 갔다. 1433년 다시 가족과 함께 중국으로 갔으며 1435년까지 사신들을 중국에 보냈다. 1444년 스리 마하라자가 죽고 그의 아들, 라자 이브라힘(Raja Ibrahim)으로 대체되었는데, ⓕ『명사』는 그를 식력팔밀식와아주팔사(息力八密息瓦兒丟八沙)로 불렀는데, 스리파라므슈바라드바 샤(Sri Parameçvaradeva Shah)이다.

이 왕은 파세(Pasè) 출신의 이슬람교도 상인의 딸에게서 태어난 이복형제, 라자 카심(Raja Kasim)을 왕위에 올리는 반란 과정에서 2년 만에 살해되었다. 라자 카심은 ⓖ무자파르 샤(Musaffar Shah)라는 칭호를 가졌고, 1459년까지 13년을 재위했다.

그의 아들 ⓗ술탄 만수르 샤(Sultan Mansur Shah)는 특히 크다 왕국의 주석이 나는 지역을 포함하여, 나라를 키웠다. 그러나 그는 하렘(harem)의 음모로 희생되었다. 1477년 10월 그가 죽고 아들, ⓘ알라 웃딘 리아야트 샤(Ala'ud-din Riayat Shah)가 승계했지만, 1488년 의문스럽게 죽고 그의 동생, 말라카의 마지막 술탄인 마흐무드(Mahmud)로 대체되었다.

ⓐ와 ⓑ의 정보는 세데스가 펠리오의 「15세기 초 중국의 대항해」(『통보』, 1933, 397쪽)의 정보를 참고한 만큼, 『명사』, 권325, 「만랄가전」(8416쪽)에 "영락 원년(1403) 10월에 환관 윤경을 그곳에 사신으로 보내 금실로 문양을 넣어 짠 비단[織金文綺], 금을 녹여 문양을 넣어 만든 장막[銷金帳幔] 등의 물품을 하사했다. 이곳에는 왕이 없고, 또한 나라로 불리지도 않은 채로 시암[暹羅]에 복속되어 해마다 세금으로 황금 40냥을 보냈다. 윤경이 이르러 황제의 덕과 불러 위로한다는 뜻을 폈다. 그곳 추장 배리미소랄(拜里迷蘇剌)이 크게 기뻐하며, 윤경

을 따라 사신을 보내 조공토록 하여 3년(1405) 도성에 이르렀다. 황제는 이를 가상히 여겨 '만랄가국왕'에 봉했다(永樂元年十月遣中官尹慶使其地, 賜以織金文綺·銷金帳幔諸物. 其地無王, 亦不稱國, 服屬暹羅, 歲輸金四十兩爲賦. 慶至, 宣示威德及招徠之意. 其酋拜里迷蘇剌大喜, 遣使隨慶入朝貢方物, 三年九月至京師. 帝嘉之, 封爲滿剌加國王)"라고 한 것으로 확인할 수 있다. 펠리오는 여기 '베리미소랄'을 바로 파라므슈바라(Parameçvara)로 읽었다.

ⓒ의 정보 또한 『명사』(8417쪽)에서 확인되는데 "[영락] 5년(1407) 9월에 사신을 보내 조공했다. 이듬해(1048) 정화가 그 나라에 사신으로 가자, 곧바로 조공했다. 9년(1411) 그곳 왕이 아내와 자식 그리고 신하 540여 명을 거느리고 조공했다. …10년(1412) 여름에, [왕의] 조카가 와서 감사하자, 돌아갈 때, 환관 감천(甘泉)과 함께 가도록 하니, 곧바로 다시 조공했다(五年九月遣使入貢. 明年, 鄭和使其國, 旋入貢. 九年, 其王率妻子陪臣五百四十餘人來朝. …十年夏, 其侄入謝. 及辭歸, 命中官甘泉偕往, 旋又入貢)"라고 하였다. 이로부터 말라카 건국 초기 명나라와의 관계는 상당히 깊었음을 알 수 있다.

ⓓ의 사실에 관하여 『명사』(8417쪽)는 "[영락] 17년(1419)에 왕이 아내와 자식 그리고 신하들을 거느리고 조공하며 사은했다. 돌아갈 때 시암[暹羅]이 침략하려는 정황이 보인다고 호소하여, 황제는 칙서를 내려 시암을 타이르자 시암은 그 조서를 받들었다(十七年, 王率妻子陪臣來朝謝恩. 及辭歸, 訴暹羅見侵狀. 帝爲賜敕諭暹羅, 暹羅乃奉詔)"라고 기술하고 있다. 명나라가 시암과 말라카 사이의 종속 관계를 중재하며, 말라카를 '서양' 진출을 위한 전초기지로 인식하고 있음을 볼 수 있다.

ⓔ는 므가트 이스칸다르 샤(Megat Iskandar Shah)가 이슬람교로 개종했다는 중요한 정보를 제공하고 있는데, 『명사』에 따르면(8417쪽), "[영락] 12년(1414) 왕자 모간살우적아사(母幹撒于的兒沙)가 조공하며 부친의 죽음을 알려, 세습하여 봉하게 했다(十二年, 王子母幹撒于的兒沙來朝, 告其父訃, 卽命襲封)"라고 하였으므로 '므가트 이스칸다르 샤'가 바로 모간-살우적아-사(母幹撒于的兒沙)임을 알 수 있다. 이 이름에 관하여 펠리오에 따르면 '우(于)'자는 '간(干)'자로 읽어야 하고, '간(幹)'자는 '알(斡)'자로 교정해야 한다고 주장한다(「15세기 초 중국의 대항해」, 『통보』, 1933, 397~398쪽). 사실 '므가트'가 어떤 의미인지 세데스가 밝히지 않았고, '모간(母幹)'은 『도서집성』「변예전」에는 '모알(母斡)'로 되어있

다. 어쨌든 '우(于)'자는 '간(干)'자로 읽어야는 것은 분명하다.

ⓕ 또한 『명사』(8417쪽)에서는 "정통(正統) 10년(1445) 그 나라 사신이 왕 식력 팔밀식와아주팔 사(息力八密息瓦兒丢八沙)에게 나라를 통솔하라는 칙서와 용 문양이 들어간 관복[蟒服], 일산과 덮개를 내려, 나라 사람들을 다스릴 수 있게 해줄 것을 청했다(正統十年, 其使者請賜王息力八密息瓦兒丢八沙護國敕書及蟒服·傘蓋, 以鎭服國人)"라고 하였다. 이는 『영종예황제실록(英宗睿皇帝實錄)』, 권127, 정통 10년, 3월 29일 자 기사에서도 확인되는데, 사신의 이름을 '모자나(謨者那)'로 기록하고 있다. 흐루너펠트는 '식력 팔밀식와아주팔 사'를 '스리파라므슈바라드바 샤(Sri Parameçvaradeva Shah)'로 복원했는데(『Notes on the Malay Archipelago and Malacca compiled from Chinese sources』, 131쪽), 음성적으로 상당히 근접하다. 중국 정사 외국전 역주에서는 말라카 왕국 제4대 술탄 '아부 샤힛 샤(Abu Syahid Shah)'라고 하였는데, '스리 파라므슈바라드바 샤'와 같은 인물이다.

ⓖ의 무자파르 샤(Musaffar Shah)는 『명사』에 따르면(8418쪽), "경태(景泰) 6년(1455), 속로단 무답불나 사(速魯檀無答佛哪沙)가 말과 산물을 바치며 왕으로 책봉해 줄 것을 청했다(景泰六年, 速魯檀無答佛哪沙貢馬及方物, 請封爲王)"라고 하였다. '속로단'은 술탄의 음역이고, '무답불나'가 무사파르(Musaffar)에 해당하는데, 음성적으로는 잘 부합하지 않는다. 페랑(G. Ferrand)은 술탄 무자파르 샤(Sultan Muẓafār Šah)로 복원하고, '나(哪)'는 'na=la'로, [Muẓafār] 종성인 'r'로 변화했다고 한다(「Malaka, le Malāyu et Malāyur」, 『JA』(1918, 5~6월호), 404쪽). 역자가 보기에 그럴법하지 않다. 어쨌든 시기적으로는 무답불나=무자파르임에는 분명해 보인다.

ⓗ술탄 만수르 샤(Sultan Mansur Shah)는 『명사』(8418쪽)에 "천순(天順) 3년(1459)에 소단 망속 사(蘇丹芒速沙)가 사신을 보내 조공하여, 급사중 진가유(陳嘉猷) 등을 보내 책봉하게 하였다(天順三年, 王子蘇丹芒速沙遣使入貢, 命給事中陳嘉猷等往封之)"라고 했다. '소단'은 술탄의 또 다른 음역이므로 '망속'이 결국 만수르(Mansur)에 해당하는 음이라는 말인데, 『영종예황제실록』, 권304, 천순 3년, 6월 8일 기사에서도 같은 표기를 보여주고 있지만, 음성적으로는 미흡하다.

ⓘ의 알라 웃딘 리아야트 샤(Ala'ud-din Riayat Shah)는 『명사』, 권325, 「만랄가전」에 등장하지 않는다. 다만 성화(成化) 17년(1481)경 안남의 위협을 받은 말라카를 진정시키며, "곧 급사중 임영(林榮), 사신 황건형(黃乾亨)을 보내 왕자 마

팔렘방[舊港]에서 출발하여 순풍에 8일 밤낮을 가면 이곳에 이른다.[自舊港起程, 順風八晝夜至此.[2]]

①이곳은 옛날 나라로 불리지는 않았다. ②바다 옆에 있으며, 산으로 고립되어 사람은 적다. ③시암[暹羅]에 항복하여 매년 황금 40냥을 가져가 납세한다. [①其處舊不稱國. ②傍海居之, 山孤人少. ③受降於暹邏,[3] 每歲輸金四十兩, 以爲納稅.]

④농토는 척박하여 수확이 적다. ⑤내륙에는 산이 있어 샘물이 냇

합목 사(馬哈木沙)를 왕으로 책봉토록 했다(尋遣給事中林榮·行人黃乾亨冊封王子馬哈木沙爲王)"라고 하였다(8418쪽). 중국 정사 외국전 주석에는 여기 '마합목사'가 바로 알라 웃딘 리아야트 샤(Ala'ud-din Riayat Shah)라고 추정했지만, '마합목'은 마지막 술탄이었던 마흐무드 샤(Mahmud Shah)에 해당하는 음으로 읽어야 한다.

이상 조르주 세데스는 주로 크롬(N. J. Krom), 『힌두-자바 역사(Hindoe-Javaansche Geschiedenis)』와 윈스테트(R.O. Winstedt), 『History of Malaya』(Singapore, 1962)의 연구를 토대로, 『명사』「만랄가전」을 비교하며 말라카의 건국과 성쇠를 기술했다. 사실 현재까지 또 다른 금석자료가 발굴되지 않는 한 이들의 연구를 따를 수밖에 없을 것이다. 다만, 마환과 비신이 기술하고 있는 것처럼, 명나라가 개입하여 하나의 독립된 '나라'로 건국했다는 기술은 중국 중심의 사고에서 나왔을 것이다. 위에서 본 것처럼 명나라와의 긴밀한 조공 관계 설정은 시암과 마자파힛의 영향력에서 벗어나려는 말라카 왕국과 '서양'으로의 진출 교두보 확보와 마자파힛을 견제하려는 명나라의 전략이 상응했다고 읽어야 한다. 이것이 명나라가 말라카를 왕국으로 독립 건국시켰다는 말로 해석될 수는 없다.

2) 나라 이름 아래 주석처럼 표기된 이 문장[自舊港起程, 順風八晝夜至此]은 『고금설해』와 나이지본에 모두 "其處舊不稱國" 뒤에 원문처럼 필사되어있다.

3) '섬라(暹邏)'는 섬라(暹羅)의 다른 음역 표기이다. 주달관(周達觀)의 『진랍풍토기(眞臘風土記)』 총서(總敍)에 '섬라(暹邏)'로 쓴 예가 보인다. 섬라(暹羅)가 일반적으로 잘 알려진 표기이다.

물로 흘러드는데, 사람들은 물속에서 모래를 채질하여 주석을 채취한 다음 녹여 덩어리로 만드는데 두괴(斗塊, 주석)라고 한다. 각 덩어리는 중국 저울로 1근(觔) 4냥이 나간다. ⑥그리고 초심담(蕉心簟, 바나나 잎 섬유질로 짠 자리)을 짠다. 두석(斗錫)으로 거래하며 기타 산물은 없다. [④田瘠少收. ⑤內有一山泉流溪下, 民於流中淘沙取錫,[4] 煎銷成塊, 曰斗錫塊,[5] 每塊重官秤一斤四兩. ⑥及織蕉心簟. 惟以斗錫通市, 餘無產物.]

⑦기후는 아침에는 덥고 저녁에는 춥다. ⑧남녀는 방망이 모양으로 상투를 하고, 피부는 검고, 간혹 흰 사람도 있는데 중국 인종들이다. ⑨풍속은 순후함을 좋아한다. ⑩냇물에서 주석을 채질하거나, 바다에서 그물로 물고기를 잡는다. [⑦氣候朝熱暮寒. ⑧男女椎髻,[6] 身膚黑漆, 間有白者, 唐人種也. ⑨俗尚淳厚.[7] ⑩以淘錫於溪,[8] 網漁魚於海.]

---

4) 이 문장[民於流中淘沙取錫]에서 '어(於)'자는 『국조전고』와 나이지본에 '이(以)'자로 되어있고, 『고금설해』에서는 "於溪中淘沙取錫"라고 하였으므로, '어(於)'자를 채택하는 것이 맞다.

5) '두괴(斗塊)'의 '괴(塊)'자는 나이지본에 '괴(魁)'자로 되어있는데, 나이지는 '석(錫)'자로 교정했다. 그러나 펑 청쥔 씨는 『국조전고』와 천일각본에 따라 '괴(塊)'자로 고쳤다. 하지만 『고금설해』에는 '두석(斗錫)'으로 되어있고, 본문 뒤에도 '두석'이 쓰이고 있으므로, 나이지의 교정에 따르는 것이 맞다.

6) '추(椎)'자에 관하여 펑 청쥔 씨는 『국조전고』, 나이지본 모두 '퇴(堆)'자로 되어있어 '추(椎)'자로 교정했다고 했으나, 천일각본과 등사룡 『국조전고』에는 정확히 '추(椎)'자를 보여준다. 한편 '추'자와 '퇴'자의 혼동은 명나라 필사본에서 흔히 보인다. 당연히 '추(椎)'자로 읽어야 한다.

7) '순후(淳厚)'는 『국조전고』, 『고금설해』에서 모두 확인되지만, 나이지본에는 '돈후(惇厚)'로 되어있다. 순후하다는 말은 인정이 돈후하고 질박하다는 말이므로, '돈(惇)'자도 가능하다.

⑪집은 누각 같으며 [판자]를 깔지 않고, 나뭇가지를 드물게 배치하여 위아래로 층을 만든다. 침상을 붙여 평상으로 사용하며 다리를 펴고 앉는다. 마시고, 먹고, 요리하고, 뒷일 보는 곳이, 모두 그 위에 있다. ⑫교역하는 상품은 청백의 자기, 오색의 소주(燒珠), 색 비단, 금은 등이다. [⑪房屋如樓閣, 卽不舖設, 但有木條稀布,[9] 高低層次, 連牀就榻, 箕倨而坐, 飮食酒廚廁俱在其上也.[10] ⑫貨用靑白磁器·五色燒珠·色絹·金銀之屬.]

⑬영락 7년(1409)에 황제가 정사 태감 정화(鄭和) 등에 칙서를 가지고 가서 초유하고, 한 쌍의 은인(銀印), 관대와 도포를 하사하고, 봉(封)한 지역에 비석을 세우도록 하여, 만랄가국이 되었다. 시암이 비로소 감히 소요를 일으키지 못했다. ⑭영락 13년(1415) 추장이 성은에 감

8) 이 문장[以淘錫於溪]에서 '석(錫)'자는 『국조전고』와 나이지본에 '조(釣)'자로 되어있다. '도조(淘釣)'란 조합은 보이지 않으므로, 물에 일기와 낚시 하기라고 해석할 수밖에 없는데, 뒤에 다시 그물로 물고기를 잡는 표현이 나오고, 『고금설해』에도 정확히 '도석(淘錫)'을 보여주므로, 천일각본이 선본이다.

9) 이 문장[但有木條稀布]에서 '목(木)'자는 『국조전고』와 나이지본에는 '불(不)'자로 되어있다. 하지만 『고금설해』에는 "단지 나무로만 높고 낮게 겹으로 깐다(但用木高低層布)"라고 하였으므로, '불(不)'자를 '목(木)'자로 고치는 것이 타당하다. 이는 마환의 『영애승람』에서도 확인되는데, "집은 누각 같은 형식인데, 위에는 판자를 깔지 않고, 다만 높이가 4척쯤 되는 곳에 야자나무를 쪼개 조각으로 만들어 그 위에 드무드문 깔고, 등나무로 묶어 고정하면, 양 우리[平棚]처럼, 자연스럽게 층이 생긴다. 침상을 붙여 평상을 만들고, 양반다리를 하고 앉으며, 먹는 곳, 자는 곳, 부엌, 아궁이 모두 그 위에 있다(房屋如樓閣之制, 上不鋪板, 但高四尺許之際, 以椰子樹劈成片條, 稀布於上, 用藤縛定, 如羊棚樣, 自有層次. 連牀就榻, 盤膝而坐, 飮臥廚灶皆在上也"라고 하였다(『영애승람교주』, 23쪽).

10) '주(酒)'자는 『국조전고』, 『고금설해』, 나이지본 모두 '식(食)'자로 되어있어 그에 따라 고친다.

복하여 처자를 데리고 온갖 공물을 헌상하러 바다를 건너 조정에 감사하자 황제가 그 수고로움에 상을 내리고 나라로 돌아가게 했다. [⑬永樂七年, 皇上命正使太監鄭和等齎捧詔勅, 賜以雙臺銀印, 冠帶袍服, 建碑封域, 爲滿剌加國, 其暹邏始不敢擾. ⑭永樂十三年,[11] 酋長感慕聖恩, 挈妻携子貢獻方物,[12] 涉海朝謝, 聖上賞勞歸國.]

⑮시로 노래한다[詩曰].

말라카의 마을 적막하고, 滿剌村寥落,
산으로 고립되어 초목만 그윽하네. 山孤草木幽.
밭에는 푸른 벼를 드물게 심겼지만, 青禾田少種,
땅에는 흰 주석을 많이 거두네. 白錫地多收.
아침이면 여름처럼 덥고, 朝至熱如暑,
저녁이면 가을처럼 썰렁하네. 暮來涼似秋.
야윈 모습에 칠한 피부와 몸, 羸[嬴]形漆膚體,[13]
방망이 모양으로 상투하고 머리를 싸맸네. 椎髻布纏頭.
바닷물을 끓여 소금을 만들고, 鹽煮海中水,
사다리 누각에서 살아가네. 身居棚[荅]上樓.[14]
오랑캐 구역 풍경이 달라, 夷區風景別,

11) '십삼년(十三年)'은 나이지본에 '칠년(七年)'으로 되어있어, 나이지가 '십삼년'으로 교정했다. 주당면(朱當㴐)의 『국조전고』에는 '십이년(十二年)'으로 되어있는데, '이(二)'자는 '삼(三)'자의 오기일 것이다. 등사룡의 사본에는 정확히 '십삼년(十三年)'으로 되어있다.

12) '방물(方物)'은 나이지본에만 '만물(萬物)'로 되어있다.

13) 저본의 '영(嬴)'자는 야윌 '리(羸)'자의 잘못일 것이다. 『국조전고』본에 따라 '리(羸)'자로 고쳤다. 그러나 두 글자는 통용해 쓰기도 한다.

14) 저본의 '답(荅)'자로는 의미가 통하지 않는다. 『국조전고』와 나이지본의 '책(柵)'자를 채택할 수밖에 없는데, 의미가 매끄럽게 전해지는 것은 아니다. 역자는 이 '책(柵)'자를 '붕(棚)'자의 잘못으로 읽고자 한다.

시를 지어 그 까닭을 채록했네. 賦咏採其由.

『고금설해』(사고전서본, 권18, 1b~2a)[2-1] 말라카 왕국[滿剌加國]

①이곳은 옛날에 나라로 불리지는 않았다. **팔렘방[구항]에서 순풍에 8일 밤낮을 [항행하면] 이를 수 있다**. ②이 나라는 바다 옆에 있으며, 산으로 고립되어 사람은 적다. ③시암[섬라]보다 약해져[受弱] 매년 황금 40냥을 세금으로 보낸다. ④농토는 척박하여 수확이 적다. ⑤내륙에는 샘물이 흘러 시내를 이루는 산이 있는데, [사람들은] 시내에서 모래를 채질하여 주석을 채취한 다음 녹여 덩어리로 만들어 두괴(斗塊)라고 부른다. 각 덩어리는 중국 저울로 1근 4냥이 나간다. ⑥그리고 바나나 잎 섬유질로 짠 자리[蕉心簟]를 짠다. 두석(斗錫)으로 거래하며, 기타 산물은 없다. ⑦기후는 아침에는 덥고 저녁에는 춥다. ⑧남녀는 몽둥이 모양으로 상투를 하고, 피부는 칠한 듯 검고, 간혹 흰 사람도 있는데 중국 인종들이다. ⑨풍속은 순후함을 좋아한다. ⑩사람들은 냇물에서 주석을 채질하거나, 그물로 물고기 잡는 것을 생업으로 한다. ⑪집은 누각 같으며 판자를 깔지 않고, 나무를 위아래로 층층이 깔고, 침상을 붙여 평상으로 사용하며 다리를 펴고[箕踞] 앉는다. 마시고, 먹고, 요리하고, 뒷일 보는 곳이, 모두 그 위에 있다. ⑫교역하는 상품은 청백의 자기, 오색의 소주(燒珠), 색단(色段), 금은 등이다. ⑬영락 7년(1409)에 황제가 정사 태감 정화(鄭和) 등에 칙서를 받들어 가서 은인(銀印), 관대와 도포를 하사하고, 비석을 세워 '만랄가국'으로 봉하자 시암이 비로소 감히 소요를 일으키지 못했다. ⑭영락 13년(1415) 추장이 성은에 감복하여 처자를 데리고 바다를 건너 조정에 들어와 나라의 산물을 조공하자, [황제가] 상으로 위로하여 나라로 돌

아가게 했다.

①其處舊不稱國. 自舊港順風八晝夜可至. ②其國傍海, 山孤人少. ③受弱於暹羅, 每歲輸金四十兩爲稅. ④田瘠少收. ⑤內有山泉流爲溪, 於溪中淘沙取錫, 煎成塊, 曰斗錫. 每塊重官秤一斤四兩. ⑥及織芭蕉心簟, 惟以斗錫通市, 無他產. ⑦氣候朝熱暮寒. ⑧男女椎髻, 身膚黑漆, 間有白者, 唐人種也. ⑨俗尚淳厚. ⑩民淘錫網魚爲業. ⑪屋如樓閣, 而不鋪板, 但用木高低層布, 連床就榻, 箕踞而坐, 飲食廚廁俱在上. ⑫貨用青白磁器·五色燒珠·色絹·金銀之屬. ⑬永樂七年鄭和等捧詔勑, 賜銀印·冠帶·袍服, 建碑封爲滿剌加國, 暹羅始不敢擾. ⑭十三年, 酋長感慕聖恩, 挈妻子涉海入朝, 貢方物, 賞勞之, 使歸國.

Jan Huyghen van Linschoten(1563~1611), 『Histoire de la navigation de Jean Hugues de Linschot Hollandois』, Amsterdam, 1638, 33쪽. 말라카와 자바의 사람들.

10. 구주산(九洲山)[1]

①이 섬들은 말라카[滿剌加] 왕국과 접경하고 있다. ②침향(沈香)과 황숙향(黃熟香)이 난다. ③물속 나무들이 군락을 이루어 자라고, 그 가지와 잎은 무성하고 푸르다. [①其山與滿剌加國接境. ②產沉香·黃熟香. ③水木叢生,[2] 枝葉茂翠.]

---

1) 구주산(九洲山)의 '주(洲)'자는 나이지본에 '주(州)'자로 되어있는데, 펑 청쥔 씨는 『국조전고』와 천일각본에 따라 '주(洲)'자로 고쳤지만, 꼭 필요한 교정사항은 아니다. 본서 맨 마지막에 『고금설해』본 아로국(阿魯國) 조목에서 "이 나라는 구주산(九州山, Sembilan)과 서로 마주 보고 있으며, 만랄가에서 순풍에 사흘 밤낮을 가면 도착할 수 있다(其國與九州山相望, 自滿剌加順風三晝夜可至)"라고 설명하고 있다. 폴 휘틀리(Paul Wheatley)는 『The Golden Khersonese』(Kuala Lumpur, University of Malaya Press, 1961), 90쪽에서 본 조목을 부분 해석하면서, 4권본에 따라 구주산(九州山)으로 옮기고, 당연한 듯이 풀라우 셈빌란(Pulau Sěmbilan)으로 읽었다. 휘틀리 씨는 록힐이 1915년 『통보』에서 발표한 번역문을 그대로 옮겼으면서도(「14세기 중국과 인도양 연안, 동부 열도와의 무역 관계에 관한 주석」, 125쪽) 아무런 참조 사항을 밝히지 않았다.

1896년 흐루너펠트(W. P. Groeneveldt)는 아루 왕국을 추정하며, 풀로 셈빌란=아홉의 섬=구주(九州)라는 등식을 제기한 바 있다(『통보』, 1896, 116쪽). 사실 셈빌란으로 불리는 섬들은 여러 곳이다. 폴 펠리오는 비신의 이 조목의 설명을 언급하고, 그 주에서 "여기에서 말하는 곳은 타미앙(Tamiang) 남쪽, 즉 수마트라섬 해안 근처가 되어야 한다"라고 추정했다(「15세기 초 중국의 대항해」, 286쪽). 그러나 이 펠리오의 설명은 비신이 말라카 왕국가 접경하고 있다는 말과 부합하지 않는다. 비신의 기술대로라면, 이 나라는 느그리 셈빌란(Negeri Sembilan)일 것이다. '느그리', 즉 나가리(nagari)는 족장이 다스리는 공동체, 나라를 뜻하고, 셈빌란은 '아홉'을 지칭한다. 따라서 구주산은 이에 해당하는 중국어 의역 병칭이다. 말하자면 아홉 개의 공동체로 구성된 나라를 말하지만, 그 아홉 공동체가 무엇인지는 밝혀지지 않았다. 그러나 '산(山)'자는 섬에 해당하는 말이지만, 이 느그리 셈빌란은 지도에서 보는 바와 같이 말라카 대륙에 붙어 있다. 바닷가에 있었으므로 비신이 섬으로 착각한 것일까?

2) '수(水)'자는 『고금설해』본에만 '임(林)'자로 되어 있다. 이에 따라 펑 청쥔 씨는 '임'자의 오기일 것으로 추측했다. '임목(林木)'으로 쉽게 읽을 수도 있겠지만, 맹

④영락 7년(1409)에, 정사(正使) 태감 정화 등이 관병을 선발하여 이 섬에 들어가 향[나무]를 채취했다. 줄기가[줄기 지름이] 8~9척이며 길이가 8~9장 되는 여섯 개를 얻었다. 맑은 향이 멀리 퍼졌고, 검은 꽃의 가는 문양이 있었으니, 사실 드문 것이었다. 그곳 사람들[番人]이 눈을 크게 뜨고 혀를 내두르며, 모두 하늘에서 보낸 군대[天兵]의 크고 막중한[赑赑] 정신이 교룡을 달아나게 하고, 토끼와 호랑이를 도망하게 했다고 칭송했다. [④永樂七年, 正使太監鄭和等差官兵入山採香. 得莖徑有八九尺·長八九丈者六株.[3] 香清味遠, 黑花細紋, 其實罕哉. 番人張目吐舌, 悉皆稱讚天兵赑赑之神,[4] 蛟龍走, 兔虎奔也.]

⑤시로 노래한다[詩曰].

'구주'섬의 물색은 빼어나,	九洲山色秀,
멀리서 보니 울창하구나.	遠見鬱蒼蒼.
사방이 모두 바다로 둘러서 쌓여있고,	四面皆環海,[5]

그로브처럼, 해변이나 염성 습지에서 자라는 관목이나 교목을 말할 수도 있다.

3) 이상의 문장은 나이지본에 "永樂七年, 正使太監鄭和等差官兵入山**採得有徑**八九尺·長八九丈者六株"로 되어있고, 등사룡의 『국조전고』(2078쪽)에는 "영락 7년, 정사 태감 정화 등이 관병을 선발하여 이 산에 들어가 향을 채취하여 줄기가 8~9척 되는 것, 8~9장이 되는 것 여섯 개를 얻었다(永樂七年, 正使太監鄭和等差官兵入山**採香**, **得莖有**八九尺**長者**, 八九丈者六株)"라고 하였다. 이로부터 '경(徑)'자는 '경(莖)'자로 읽어야 할 것이다.

4) '비비(赑赑)'란 표현은 크고 무거운 모습을 형용하는 말이기도 하면서, 비석을 지고 있는 바다거북이 [蠵龜] 같은 동물을 말하기도 한다. 『국조전고』에는 '비희(赑屓)'라는 첩운(疊韻)의 조합을 보여주는데, 힘쓰는 모양을 형용한다. 또한 『고금설해』에서는 천조(天朝, 중국) 군사의 위력이 귀신 같다는 말이 보이므로 천병(天兵)을 형용하는 표현으로 보는 편이 유리하다.

5) 펑 청쥔 씨에 따르면(교주본, 전집, 22쪽), '면(面)'자가 천일각본에는 '해(海)'자로 되어있다고 하였으나, 정확히 '면(面)'자로 되어있다.

온 나뭇가지들 온통 향나무라네.	滿枝都是香.
나무는 높아 비와 이슬을 받아,	樹高承雨露,
오랜 세월 상서로움을 드러내네.	歲久表禎祥.
사신들 부지런히 채취하고 벌목하는 것은	採伐勞天使,
조정으로 돌아가 제왕께 헌상하기 위함이네.	回朝獻帝王.

『고금설해』(사고전서본, 권18, 4a)[2-7] 구주산(九州山)

①이 섬은 말라카와 가깝다. ②[이 섬에서는] 침향과 황숙향이 난다. ③나무들이 군락을 이루어 자라며 가지와 잎은 무성하고 푸르다. ④영락 7년(1409)에 정화 등이 관병을 선발하여 이 섬에 들어가 향[나무]을 채취하여, 줄기가[줄기 지름이] 8~9척이고, 길이가 6~7장 되는 것 여섯 개를 얻었다. 향은 맑고 멀리 퍼졌으며, 검은 꽃의 가는 문양이었다. 산 사람[山人]들이 눈을 크게 뜨고 혀를 내두르며, **우리 천조(天朝, 중국) 군사의 위력이 귀신 같다고 하였다.**

①其山與滿剌加近. ②產沈香·黃熟香. ③林木叢生, 枝葉茂翠. ④永樂七年, 鄭和等差官兵入山採香, 得徑有八九尺, 長六七丈者六株. 香味清遠, 黑花細紋. 山人張目吐舌, 言我天朝之兵威力若神.

11. 사무드라[蘇門答剌國][1)]

1) 명나라 시기의 소문답랄[suo-muən-tăp-lɑt](蘇門答剌)로 표기한 나라는 『원사』에 '속목도랄[suk-muk-tuo-lɑt](速木都剌)' 또는 '속목답랄[suk-muk-tăp-lɑt](速木答剌)'로 나타난다. 『원사』, 권13, 「세조본기」(279쪽), 지원(至元) 22년(1285) 9월 병술일에 "속목도랄(速木都剌), 마답(馬答) 두 나라가 사신을 보내 조공했다(速木都剌·馬答二國遣使來朝)"라고 하였다. 비록 『원사』는 1369~1370년에 완성되었지만, 이미 1285년에 처음 언급되었다고 할 수 있다.

거의 동시대 마르코 폴로는 바스마(Basma) 또는 바스만(Basman) 왕국을 떠나 사마라(Samara)라는 왕국에서 날씨 때문에 다섯 달을 체류했다고 한다. 율(Yule)은 폴로의 이야기를 다음과 같이 번역했다(『The Book of Ser Marco Polo』, 292~293쪽).

> "여기에는 북극성이나 북두칠성도 많든 적든 보이지 않는다. 이곳의 사람들은 사나운 우상숭배자들이다. 그들도 대칸의 신하라고 스스로 일컫는다. 나 폴로는 이 섬에서 역풍으로 다섯 달을 체류했다. [그는 동료 약 2,000명과 상륙하여, 무리를 둘러싸기 위해 바다의 피난처에서 끝나는 해자를 파고 해자 안쪽으로 나무 방어벽을 만들었다] 사람을 잡아먹는 야수 같은 사람들이 두려웠기 때문이다. [그 안에는 나무로 만든 큰 저장고가 있었고, 무리를 믿는 섬사람들이 식량과 다른 생필품을 마련해 주었다]. 세상에서 최상의 물고기들이 풍부했다. 사람들은 밀을 먹지 않고 쌀을 먹는다. 포도주는 없지만 내가 말할 술은 있었다. 그들은 그들이 가지고 있는 어떤 나무에서 추출한다는 것을 알아두시오. 그들은 술이 먹고 싶으면 그 나무의 가지를 자르고, 가지가 잘린 곳에 나무줄기로 큰 항아리와 연결해 놓는다. 하루 밤낮이면 항아리에 술이 꽉 차게 된다. 이 술은 마시기 매우 좋고 흰색과 붉은색이 있다. [수종, 중풍, 울화에 탁월한 효과가 있다]. 이 나무는 작은 대추야자 나무 같다. 가지를 자른 곳에서 더 술이 나오지 않을 때는 나무뿌리에 물을 주면 얼마 되지 않아 이전처럼 가지에서 술이 나온다. 그들은 많은 양의 [사람 머리만큼 큰] 인디언 넛을 생산하는데, 신선할 때 먹으면 좋다. [달콤하며 향기로우며 우유처럼 희다. 넛의 안쪽은 맑고 신선한 물과 같은 액체로 차 있지만, 맛은 더 좋고, 포도주나 있었던 어떤 음료보다 더 뛰어났다]."

율은 사마라(Samara)라는 명칭을 선택했고, 펠리오는 수마트라(Sumatra)를 선본으로 채택했다. 사마라건 수마트라건 마르코 폴로는 같은 섬에 있는 다그로얀(Dagroian), 람브리(lambri), 판수르(Fansur)를 기술하고 있고, 16세기 초 포르투갈인이 도착했을 때는 수마트라(Sumatra)라는 나라는 없었고 하므로(『Notes on Marco Polo』, II, 838쪽), 같은 곳을 말하는 이 두 명칭이 적어도 13세기 말에는 현 수마트라섬 전체를 지칭하는 말이 아니었음을 알 수 있다. 이에 대하여 폴 펠리오에 설명에 따르면, "이 명칭은 마르코폴로의 시대에는 수마트라섬의 북서 부분에 한정되었다. 오도릭은 이 나라를 라모리(Lamori)와 같은 섬에 있는 만큼 수몰트라(Sumoltra) 또는 '수무트라(Sumutra)'라는 명칭으로 언급했다. 콘티(Conti)는 1430년경 처음으로 전체 섬에 '시아무테라(Sciamuthera)'라는 명칭을 적용했는데, 이것을 프라 마우로(Fra Mauro)는 '시아모트라(Siamotra)'로 여겼다. 1492년 기롤라모 다 산토 스테파노(Girolamo da Santo Stefano)는 콘티와 같은 방식으로 '시아마트라(Siamatra)'로 썼다"라고 하였다(앞의 출처).

하지만 페랑(G. Ferrand)은 15세기 이전에 이미 '수마트라'라는 명칭이 섬 전체를 지칭했다는 흥미로운 설을 제기했다. 그의 근거는 바로, 『송사』, 권489, 「삼불제국전(三佛齊國傳)」(14089쪽)에 "천희(天禧) 원년(1017)에 그 나라 왕 하지소물타포미(霞遲蘇勿吒蒲迷)가 포모서(蒲謀西) 등을 사신으로 보내 황금 글씨로 쓴 표문을 바치고, 진주, 상아, 패다라잎에 쓴 산스크리트어 경전[梵夾經], 곤륜노를 바쳤다(天禧元年, 其王霞遲蘇勿吒蒲迷遣使蒲謀西等奉金字表, 貢眞珠·象牙·梵夾經·崐崘奴)"라는 문장에 보이는 하지소물타포미(霞遲蘇勿吒蒲迷)라는 왕을 하지 수무따부미(Haǰi Sumuṭabhūmi=Haǰi Sumutrabhūmi)로 복원하고 뒤에는 하지 수무트라부미(Haǰi Sumutrabhūmi)로 복원하고(『JA』, 1917-1, 331~335쪽) '수마트라 땅의 왕'으로 번역했다(『JA』, 1922-2, 19쪽). 이로써 페랑은 1017년에 이미 '수마트라'가 전체 섬을 지칭하고 있다고 주장했다.

'하지'는 왕, '포미'는 땅이나 나라를 의미하는 것으로 보면 결국 페랑은 소물타(蘇勿吒)를 수마트라의 다른 음역으로 보고 싶은 것이다. 이러한 유사성은 명나라 시기의 표기인 수문답랄(須文答剌), 수문달나(須文達那), 소문답랄(蘇門答剌) 등의 표기에서 찾았다. 그러나 원나라 시기의 표기는 속목도랄(速木都剌)이었고 한번은 속목답랄(速木答剌)이었으므로, 그 유사성은 멀어진다. 또한 원나라와 명나라의 표기에서는 모두 'na' 또는 'la'라는 마지막 음절을 가지고 있다.

이에 대해 '소물타'는 'Sumuṭa'에 해당할 뿐이다. 따라서 펠리오는 다음과 같이 결론을 내렸다(『Notes on Marco Polo』, II, 840~841쪽).

> 따라서 우리는 당연히 13세기 일반적이었던 '사무드라'라는 형태로부터 시작해야 한다. 그러나 또한 마르코폴로의 '수마트라', 라시드 웃딘의 '수무트라(Sūmūtra)', 그리고 이후 아랍어 전사에서 '-d-'에서 '-t-'로의 변화가 발생했다. 결과적으로 '수마트라'라는 형태가 퍼졌다. 세데스(George Cœdès)는 수마드라(sumadra)에서 사무드라(samudra)로의 음위 전환을 생각했다(『BEFEO』, XXIII, 469쪽). 나도 선행하는 모음에 순음의 반작용으로 수무드라(sumudra)에서 사무드라로 변화했다고 생각하는 편이다. 이는 투미항(Tumihang)에서 타미항(Tamihang)[Tamyhang]으로, 투마식(Tumasik)에서 타마식(Tamasik) [Tĕmasik]으로 변화한 것처럼 이중의 형태로 간주될 수 있을 것이다. 다른 비슷한 경우에 대해서는 『BEFEO』, II, 3쪽과 『시암 비문집(Recueil des inscriptions du Siam)』, I, 123쪽을 참고하시오. 결과적으로 나는 '수무드라'와 '수마트라'가 '사무드라'에서 나왔다는 루파에르에 동의할 수밖에 없다.
>
> 이 결론은 '수마트라' 즉 사무드라라는 나라를 추정하는 것으로 확증된다. 1933년에 나는 아친(Achin) 땅에 있다는 옛 추정(『BEFEO』, IV, 327쪽; 『통보』, 1915, 151쪽 등)을 반복하는 실수를 했다(『통보』, 1933, 275쪽과 여러 곳; 1934~1935, 293~294쪽). 그곳은 이후 아친이 된 람브리(Lambri)[Lamuri]이다. 이미 1886년에 율은 '사무드라'라는 옛 도시는 파세이(Pasei)[Pasè]강에 있는 현 '사무드라'라는 마을에 대응시켜야 한다고 생각한 바 있다(『Hobson-Jobson』, 856쪽). 우리는 네덜란드 학자들이 새로운 증거를 찾아냈으므로(Rouffaer, 『Bijdragen tot de taal-, land- en volkenkunde van Nederlands Indië』, Vol. 74[1918], 138쪽) 이 결론을 따라야 한다. 내가 바스만(Basman) 조목에서 설명한 것처럼, 네덜란드 학자들은 사무드라-파세(Samudra-Pasè)라는 옛 나라에 관해 언급했다. 이들이 한때 이웃하고 있는 두 도시에 적용되었다고 할지라도, 두 명칭이 동시에 사용되었을 것이며, '파세'라는 그 명칭이 현지 자료에서 처음으로 보이는 시기보다 훨씬 더 오래되었을 것이다. 두 형태의 실제 대응은 중국 텍스트가 15세기 초에 사무드라[蘇門答剌, Sumundara]

의 왕, 자이눌 아비딘(Zaynu-'l-Ābidīn)은 팔렌타인(Valentijn)이 '사이날라브딘(Sainalabdin)'으로 언급한 '파세의 왕'이라는 사실로 잘 드러나는 것 같다(『통보』, 1933, 275~276쪽; 1934~1935, 293~294쪽, 312~314쪽을 참고하시오). '사이날라브딘'은 페랑이 자이눌 아비딘(Zaynu-'l-'Ābidīn)으로 정확하게 복원되었다(『JA』, 1918-1, 465쪽). 그렇지만 팔렌타인이 자이눌 아비딘과 말라카의 만수르 샤(Manṣūr šāh)와의 전쟁을 언급하고 있고, 만수르 샤는 늦어도 1477년에는 죽었음을 알고 있으므로, 어려움이 남는다. 적어도 아이눌 아비딘이라는 두 왕이 있어야 한다. 한 사람과 같은 나라에 대한 명칭의 이중성은 알부케르크와 다른 초기 포르투갈 여행자들이 '사무드라'라는 나라에 관해 침묵했던 이유를 말해준다. 그들은 그에 대해 말하지만 파세[Pacem]라 불렀다.

볼로냐 출신 이탈리아인 루도비코 바르테마(Ludovico di Varthema)는 말라카와 페디르(Pedir)를 여행했고, 포르투갈인들이 캘리컷에 도착한 7년 뒤인 1515년 수마트라에 도착하여, 유럽인으로는 처음으로 섬 전체를 '수마트라'라고 썼다(John Crawfurd, 『A Descriptive Dictionary of the Indian Islands & Adjacent Countries』, London, 1856, 413쪽). 바르테마는 "다음날 우리는 배를 타고 '말라차(Malacha, Malacca)'라고 부르는 도시로 갔다. 서쪽에 있는 그곳에 우리는 8일 만에 도착했다. 말한 도시 근처에서 그들이 '가자(Gaza)'[해협을 부르는 아랍어 보가즈(Boghaz)의 축약형이다. 현 아랍인들은 수마트라섬과 말레이반도 사이의 통로를 보가즈 말라카(Boghaz Malaca), 또는 보가즈 싱가푸라(Boghaz Singfura)라고 부른다라고 하는, 우리가 본 그 어떤 것보다 큰 해협(fiumara)을 발견했는데, 그곳은 분명 폭이 25마일 이상이었다. 말한 강의 반대편에는 아주 큰 섬이 있었는데, 그곳은 수마트라(Sumatra)라고 불렸다. 그곳에 사는 사람들은 그 섬의 둘레가 4,500마일이라고 했다"라고 기술했다(John Winter Jones(tr.), George Percy Badger(ed., anno.), 『The travels of Ludovico di Varthema in Egypt, Syria, Arabia Deserta and Arabia Felix, in Persia, India, and Ethiopia, A.D. 1503 to 1508』(London, 1863), 223쪽).

하지만 이처럼 '수마트라'라는 전체 섬을 언급한 뒤 바르테마가 실제 도착한 곳은 현 수마트라섬 서북부에 있는 페디르(Pedir)를 방문한 것 같다. 그는 수마트

①옛날에는 '수문달나(須文達那)'라고 불렀으며 화면국(花面國)과 서로 가깝다. ②촌락은 바다에 가깝고, 농토는 척박하여 수확이 적다. ③후추[胡椒]를 넓은 지역에서 생산하는데, 후추와 등나무는 나무를 타고 올라 자라며, 그 잎은 편두콩[의 잎]과 같고, 그 꽃은 황백색으로 피며, 후추가 열리면 종려나무 열매처럼 송이로 드리우며 알갱이는 작다. [①古名須文達那, 與花面國相接.[2] ②村落傍海, 田瘠少收. ③胡椒廣產, 椒藤延附樹木而生, 其葉如匾荳,[3] 其花開黃白, 結椒乃纍垂如棕櫚子而粒少也.]

④현지 저울[番秤]로만 1파하(播荷)는 우리 중국 저울[官秤]로

라 페디르를 다음과 같이 기술했다. "그들은 이 구역에서 전체 섬 중 최상의 항구가 있다고 한다. 이 전체 섬은 내가 그 둘레가 4,500마일이라고 했던 섬이다. 내 생각은 많은 사람이 말한 것과 같지만, 그곳이 나는 [프톨레마이오스가 말한] '타프로바나(Taprobana)'라고 생각한다. 이곳에는 파간(Pagan) 출신의 세 명의 왕이 있고, 그들의 믿음과 생활 방식 의복과 관습 타나사리(Tanassari, 테나세림)와 같으며, 부인들을 산채로 순장한다. 사람들의 피부색은 대부분 희고, 널찍한 얼굴과 붉고 초록의 눈을 가졌다. 이들의 머리카락은 길고, 넓고 납작한 코를 가졌으며 몸집은 작다. 여기에서 재판은 캘리컷에서처럼 엄격하게 이루어진다. 금, 은, 주석의 주화가 주조된다. 금전은 한면에는 악마가 있고 다른 쪽에는 코끼리가 끄는 수레 비슷한 모양이 그려져 있다. 은화와 동전에서도 마찬가지이다. 은화 10개가 1두카트(ducat)이고, 동전으로는 25개에 해당한다. 많은 코끼리가 이곳에서 난다. 내가 본 것 중 가장 컸다. 사람들은 호전적이지 않고 그들의 상품에 주의를 기울인다. 그래서 그들은 외국인들의 좋은 친구들이다(앞의 책, 228~232쪽).

2) 이 설명[與花面國相接]은 『국조전고』와 일치하지만, 나이지본에는 '상접(相接)'이 '상근(相近)'으로 되어있고, 『고금설해』에는 보이지 않는다.

3) '편두(匾荳)'의 '두(荳)'자는 등사룡의 『국조전고』에는 '두(頭)'자로 되어있고, 나이지본에는 '액(額)'자로 되어있다. 한편 『고금설해』에서는 '편두(扁豆)'를 보여준다. '두(荳)'자는 '두(豆)'자와 같은 글자이고 편(匾)과 편(扁) 납작하다는 의미로 통용한다.

320근에 해당하고 은전(銀錢) 20개의 값어치이며, 은 6냥의 무게가 나간다. ⑤금 디나르[抵納]는 금전(金錢)으로, 개당 48개이며 금 1냥 4푼의 무게가 나간다. [④只番秤一播荷蒣,[4] 抵我家官秤三百二十斤,[5] 價銀錢二十箇, 重銀鉅六兩.[6] ⑤金抵納即銀金錢也,[7] 每四十八箇, 重金一兩四分.[8]]

---

4) 파하(播荷)의 '하(荷)'자는 저본인 천일각본에 '기(蒣)'자로 잘못되어있고, 『국조전고』에는 '가(苛)'자로 되어있다. 한편 『고금설해』에는 '가(苛)'자를 보여주고, 『기록휘편』본에는 정확히 '하(荷)'자로 되어있다. 하지만, 파하라는 단위는 인도 말라바르 해안의 국가들에 사용되는 용어로, 『영애승람』, 『서양조공전록』 소문답랄(蘇門答剌) 조목에서 '파하(播荷)'는 언급되지 않았다. 비신이 정확하지 않은 정보를 잘못 베껴 넣은 것은 아닌지 모르겠다.

5) 천일각본의 '가(家)'자는 나이지본에서도 마찬가지이다. 『국조전고』와 『고금설해』에 따라 '아(我)'자로 고치는 것이 맞다.

6) 천일각본의 '거(鉅)'자는 『국조전고』, 『고금설해』, 나이지본에 따라 '은(銀)'자로 고치는 것이 맞다.

7) 이 나라에서 통용하는 금 주화의 명칭인 디나르를 옮긴 '저납(抵納)'은 『영애승람』에서는 '저나아(底那兒)'로 음역하고 있다. '즉(即)'자는 나이지본에서처럼 '은(銀)'자로 잘못되어있지만, 『국조전고』, 『고금설해』에는 모두 '즉(即)'자를 보여주고 있으므로 그에 따라 고친다

8) 금 주화의 무게를 설명하고 있는 이 문장[重金一兩四分]은 『국조전고』, 나이지본, 『서양조공전록』에서도 일치를 보이지만, 『고금설해』에서는 "重金五兩二錢"으로 되어있다. 여기에서 48개가 1냥 4푼이라 했다. 밀스 씨의 계산에 따르면(『영애승람역주』, 120쪽), 1.04냥은 40.94g이므로, 디나르 1개의 무게는 0.85g에 해당한다. 너무 가볍다. 『고금설해』본에는 "금 디나르[抵納]는 바로 금전인데, 20개가 금 5냥 2전의 무게이다(金抵納, 即金錢也, 每二十箇, 重金五兩二錢)"(사고전서본, 권19, 1b)라고 하였다. 1냥은 37g 정도이고, 1전은 3.7g이므로, 5냥 2전은 192.4g이다. 1개의 디나르는 9.62g으로 계산된다. 알려진 최초의 금 디나르 무게가 4.25g이었다고 하였으므로, 이 기술이 맞을 것 같다.

⑥풍속은 상당히 순수하다. ⑦백성들은 그물로 물고기 잡는 것을 생업으로 삼으며, 아침에는 오로지 나무를 깎아 만든 배에 타서 돛을 펴 바다로 나갔다가, 저녁이 되면 배를 돌린다. ⑧남자는 흰 베로 머리를 싸매고, 허리에는 접은 베[摺布]를 두른다. ⑨부녀들은 방망이 모양으로 상투를 틀고, 나체이며 허리에는 유색의 베로 만든 수건[色布手巾]을 두른다. [⑥風俗頗淳. ⑦民下網魚爲生, 朝駕獨木刳舟張帆而出海, 暮則回舟. ⑧男子頭纏白布, 腰圍摺布. ⑨婦女椎髻裸體, 腰圍色布手巾.]

⑩학정이 난다. ⑪과(瓜), 가(茄),[9] 귤, 유자는 시고 감미로운 과일로 한 번 심으면 5년 동안 항상 꽃이 피고 열매를 맺는다. ⑫한 종류의 과일이 있는데, 껍질은 여지(荔枝)와 같고 과(瓜)처럼 크며, 가르지 않았을 때는 흡사 마늘이 썩은 냄새가 나고, 쪼개 씨낭을 먹으면 수유(酥

9) '가(茄)'자는 사전적 정의에 따르면, 원래 의미는 연꽃과 잎 사이의 줄기[莖]를 일컫는 글자였다. 일종의 채소로는 『중수광운(重修廣韻)』(사고전서본, 권2, 27b)에 "가(茄)는 '가자(茄子, 가지)' 채소로 먹을 수 있다"라고 하며 그 음이 '가[ka](加)'라고 하였다.

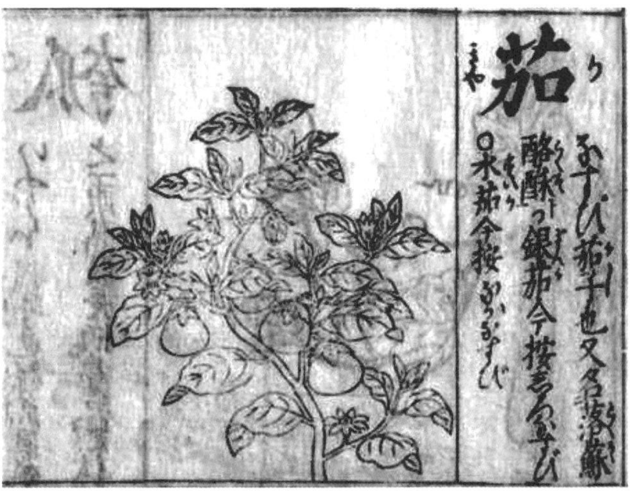

나카무라 데키사이(中村惕齋, 1629~1702), 『훈몽도휘(訓蒙圖彙)』, 1789간행본, 권17, 6b.

油)[10] 처럼 향이 좋고 맛이 좋다. [⑩產鶴頂. ⑪其瓜·茄·橘·柚酸甜之菓, 一種五年常花常結. ⑫有一等果, 皮若荔枝, 如瓜大, 未剖之時, 甚如爛蒜之臭, 剖開取囊, 如酥油美香.[11]]

---

10) '수(酥)'자는 『옥편』에 락(酪)으로 정의되었다. 락(酪)은 유장(乳漿) 즉 우유에서 단백질과 지방을 뺀 성분을 말한다. 남송 대통(戴侗)의 『육서고(六書攷)』(사고전서본, 권28, 34b)에 따르면, "주류이다. 북방에서는 말 젖을 '락'이라고 하므로 '동락(湩酪)'이라 하고, 수(酥)와 제호(醍醐)는 모두 이로부터 나온다(酒類也. 北方以馬乳爲酪, 故因謂湩酪, 而酥與醍醐皆因之)"라고 하였다. 『본초강목』(사고전서본, 권50하, 36b) 수(酥) 조목에서 명칭을 해석하여, "수유는 북방 오랑캐들은 '마사가유(馬思哥油)'라 한다(酥油, 北虜名馬思哥油)"라고 하였다. 원나라 홀사혜(忽思慧)가 1330년에 지은 요리책인 『음선정요(飮膳正要)』(사고전서본, 권2, 8쪽)에 "마사가유(馬思哥油)는 깨끗한 소의 우유를 채취하여 손을 대지 않고 아적(阿赤, 기름을 젓는 나무 도구)으로 저어, 떠서 응결된 것을 얻는데, '마사가유'라고 한다. 지금은 '백수유(白酥油)'라고 한다(取淨牛妳子, 不住手, 用阿赤打, 取浮凝者爲馬思哥油, 今亦雲白酥油)"라고 설명했다. 도홍경(陶弘景, 456~536)에 따르면(『본초강목』, 앞의 출처), "수(酥)는 외국에서 나고, 익주(益州, 사천성의 후한 13주 중 하나)에서도 들어온다. 원래 소나 양의 젖으로 만든 것이다(酥出外國, 亦從益州來. 本牛·羊乳所作也)"라고 하였으므로, 수(酥)의 존재는 위진남북조시대로 거슬러 올라갈 수 있다. 다시 수유를 만드는 방법에 대하여 『정자통(正字通)』에 인용된 『음선정요』에, "우유 반 국자를 솥에 넣고 볶은 다음, 나머지 우유를 넣어 수십 차례 끓이면서 국자로 휘저어 대야에 부어 식혀 떠 있는 표층을 취하면 수(酥)가 되고 있던 락(酪)을 조금 넣어 종이로 봉해 저장하면 락(酪)이 된다(用乳半杓, 鍋內炒過, 入餘乳熬數十沸, 頻以杓縱橫攪之, 傾出, 罐盛待冷, 略取浮皮爲酥, 入舊酪少許, 紙封貯卽成酪)"라고 하였다(『강희자전』, 권30, 102a). 이로써 볼 때, 수(酥)는 버터이고, 락(酪)은 발효 우유, 즉 요거트를 말한다.

11) 이 문장[如酥油美香]은 『국조전고』와 일치하는 반면, 『고금설해』에서는 "맛은 수유와 같고, 달콤하여 먹을 만하다(味如酥油, 香甜可口)"라고 하였고, 나이지본에는 "如酥美香"라고 되어있다. 이로써 펑 청쥔 씨 나이지본에 '유(油)'자와 '가구(可口)'를 보충하여 교정했다. 나이지의 원문을 재구성해보면, "수유처럼

⑬바닷물을 끓여 소금을 만든다. ⑭교역하는 상품은 청백의 자기, 동전(銅錢), 금은, 자바의 베[爪哇布], 유색의 비단[色絹] 등이다. [⑬煮海爲鹽. ⑭貨用青白磁器·銅錢·金銀·爪哇布·色絹之屬.]

⑮영락(永樂) 11년(1413) 가짜 왕 소간랄(蘇幹剌)이 그 나라를 훔쳐, 왕이 사신을 보내 입궐하여 진정하고 구원을 청하자, 황상께서 정사 태감 정화 등에게 관병을 거느리고 가서 토벌하고 붙잡아, 가짜 왕을 사로잡게 하였다. ⑯영락 13년(1415)에 대궐에 돌아와 [가짜 왕을] 헌상하자 여러 나라가 [위엄에] 떨며 복종했다. [⑮永樂十一年, 僞王蘇幹[斡]剌寇竊其國,[12] 王遣使赴闕陳訴請救, 上命正使太監鄭和等統率官兵勦捕, 生擒僞王. ⑯至永樂十三年歸獻闕下, 諸番振服.]

⑰시로 노래한다[詩曰].

사무드라 경내를 한번 돌아보니, 一覽蘇門境,
산과 샘물 경계를 지어 흐르네. 山泉劃界流.
후추는 숲 끝에 열매를 맺었고, 胡椒林杪結,[13]
사는 집들 바닷가에 아득하네. 民屋海邊幽.
땅은 척박하여 거두는 곡물 적고, 地瘠收禾薄,
산은 높아 나는 나무 조밀하네. 山高產木稠.
춘삼월 비가 질펀하게 내리고, 三春霑雨浩,
사계절 장기는 연기처럼 떠 있네. 四季瘴烟浮.

향기가 좋다(如酥美香)"는 말로 의미가 통하지 않는 것은 아니다. 『고금설해』에 보이는 '가구(可口)'를 보충해 넣은 것은 사실상 불필요한 교정이었다.

12) 천일각본의 '소알랄(蘇斡剌)'은 『국조전고』, 『고금설해』와 『영애승람』에 근거하여 소간랄(蘇幹剌)로 고친다.

13) 나무의 끝을 의미하는 '초(杪)'자는 『국조전고』와 나이지본에 '초(抄)'자로 잘못되어있다.

남자들은 베로 머리를 싸매고,	男子頭纏布,
아이들 몸은 나무에 사는 원숭이 같네.	嬰孩體木猴.
오이와 가지 한해 내내 있고,	瓜茄常歲有,
귤과 유자 무시로 수확하네.	橘柚不時收.
아침 열기 여름처럼 찌고,	朝熱渾如暑,
저녁 찬기는 되레 가을 같네.	暮寒還似秋.
정련한 소금 색은 서리와 눈이요,	精鹽色霜雪,
냄새나는 과일은 치즈의 맛이 나네.	臭菓味酥油.
이러한 오랑캐 풍속을	若箇夷風俗,
중화 세계가 이를 알겠는가.	中華解此否.

『고금설해』(사고전서본, 권19, 1b~2a)[3-1] 수마트라 왕국[蘇門答剌國]
①옛날에는 '수문달나(須文達那)'라고 불렀다. 말라카[滿剌加]에서 순풍에 9일 밤낮을 [항해하면 이를 수 있다. ②**이 나라의 바닷가 촌락에는** 농토가 척박하여 수확이 적다. ③후추[胡椒] 넝쿨로 자라는데 나무를 타고 올라 자라며, 그 잎은 편두콩[의 잎]과 같고, 그 꽃은 간간이 황백색이며, 후추가 열리면 종려나무 열매처럼 송이로 드리우지만, 알갱이는 작다. ④현지 저울[番秤]로만 1파하(播荷)는 우리 중국 저울[官秤]로 320근에 해당하고 은전(銀錢) 20개의 값어치이며, 은 6냥의 무게가 나간다. ⑥풍속은 상당히 순수하다. ⑦백성들은 그물로 물고기 잡는 것을 생업으로 삼으며, 아침에는 오로지 나무를 깎아 만든 배에 타서 돛을 펴 바다로 나갔다가, 저녁이 되면 배를 돌린다. ⑧남자는 흰 베로 머리를 싸매고, 허리에는 **사롱[梢布]**를 두른다. ⑨부녀들은 방망이 모양으로 상투를 틀고, 나체이며 허리에는 유색의 베로 만든 수건[色布手巾]을 두른다. ⑪**과(瓜), 가(茄) 같은 것은 5년동안 열매를 맺으면**

다시 심는다. 귤, 유자[柚]는 시고 달콤한 과일로 항상 꽃이 피고 열매를 맺는다. ⑫어떤 과일[果][14]은 껍질은 여지(荔枝)와 같고 과(瓜)처럼 크며, 가르지 않았을 때는 흡사 마늘이 썩은 냄새가 나고, **씨낭처럼[如囊] 쪼개 [먹으면]** 맛이 수유(酥油)와 같고 **향이 달콤하고** 맛이 좋다. ⑬바닷물을 끓여 소금을 만든다. **카장 열매[茭樟子]를 발효시켜 술을 만든다**. ⑭교역하는 상품은 청백의 자기, 동전(銅錢), 금은, 자바의 베[爪哇布], 유색의 비단[色絹] 등이다. ⑮영락(永樂) 11년(1413) 가짜 왕 소**알**랄(蘇**斡**剌)이 그 나라를 훔쳐, 왕이 사신을 보내 입궐하여 진정하고 구원을 청하자, **태종황제(太宗皇帝)께서** 정사 태감 정화 등에게 관병을 거느리고 가서 토벌하고 붙잡아, 가짜 왕을 사로잡게 하였다. ⑯영락 13년(1415)에 대궐에 돌아와 [가짜 왕을] 헌상하자 여러 나라가 [위엄에] 떨며 복종했다.

①古名須文達那, 自**滿剌加順風九晝夜可至**. ②**其國傍海村落**, 田瘠少收. ③胡椒蔓生, 延蔓附樹, 枝葉如扁豆, 花間黃白, 結椒纍垂如棕櫚子, 但粒小耳. ④番秤一播荷, 抵我官秤三百二十斤, 價銀錢二十箇, 重銀六兩. 金抵納, 即金錢也, 每二十箇, 重金五兩二錢. ⑥風俗頗淳. ⑦民網魚爲生, 朝駕獨木刳舟張帆出海, 暮則回舟. ⑧男子髮纏白布, 腰圍梢布. ⑨婦女椎髻裸體, 腰圍色布手巾. ⑪**其瓜·茄一種**, **五年結子**, **再種**. 橘·柚酸甜之果, 常花常結. ⑫**其有一等瓜**, 皮若荔枝, 如瓜大. 未剖之時, 甚臭如爛蒜, 剖開**如囊**, 味如酥油, **香甜**可口. ⑬煮海爲鹽. **釀茭樟子爲酒**. ⑭貨用青白磁器·銅鐵·**瓜**哇布·色絹之屬. ⑮永樂十一年, 僞王蘇斡剌寇侵本國, 酋長遣使赴闕陳訴請救, **太宗皇帝**命鄭和等就率官兵勦捕, 生擒僞王. ⑯

14) 원문에는 '과(瓜)'자로 되어있지만, 이 과일의 크기를 설명하면서 '과(瓜)'를 언급하고 있으므로, 여기서는 족본에 따라 '과(果)'자로 읽는다.

至永樂十三年歸獻闕下, 諸番震服.

Frederick de Wit, 『Atlas. Tot Amsterdam By Frederick de Wit in de Calverstraet bij den Dam inde Witte Paskaert』, Amsterdam, 1682, 69쪽, 「Tabula Indiae Orientalis」, 47x59cm, 1:13,700,000. 수마트라섬 부분.

12. 화면국(花面國)[1)]

---

1) 이 나라에 관한 정보는 『영애승람』 소문답랄(蘇門答剌) 조목 마지막에 덧붙여져 '나고아왕(那孤兒王)'으로 수록되어있다. 주목할만한 점으로, 아래에서 보겠지만, 『고금설해』본에 따르면, 나고아(那孤兒)는 화면국의 한 산[또는 섬]으로 기술되어있다는 점이다.

화면국(花面國)은 왕대연의 『도이지략』에 '화면(花面)'으로 되어있다. 이곳은 『무비지(武備志)』, 권240, 『정화항해도』(18a)에는 '대소화면(大小花面)'으로 사무드라[蘇門答剌]과 람브리[南巫里] 사이 내륙에 그려져 있다. '화면(花面)'이란 의미에 대해 왕대연과 비신은 이들이 얼굴에 먹물로 꽃이나 짐승의 모양으로 문신을 했기 때문에, 그렇게 부른다고 했으므로, 한 부족의 외관상 특징을 들어 중국식으로 의역한 명칭일 것이다.

마환은 『영애승람』, 사무드라[蘇門答剌] 조목 마지막에 '나고아(那孤兒)'라는 나라를 간략하게 소개하며(펑청쥔, 『영애승람교주』, 31쪽) "나고아의 왕은 또한 '화면왕(花面王)'이라고도 한다. 그 땅은 사무드라[蘇門答剌] 서쪽에 있고, 땅의 경계가 서로 붙어있는데, 큰 산촌에 불과할 따름이다. 단 관리하는 사람들은 모두 얼굴 세 곳이 뾰족한 푸른 꽃을 새겨 호칭으로 삼기 때문에 '화면왕'이라 부른다. 땅은 넓지 않고, 백성들도 1천여 가구가 있을 뿐이다. 밭은 적고 사람은 많아 땅을 경작하는 것을 생업으로 삼지만, 식량이 매우 적고, 돼지, 양, 닭, 오리가 모두 있다. 언어와 동정(動靜)은 사무드라 왕국[소문답랄국]과 서로 같으며, 땅에는 나는 것이 없는 작은 나라이다(那孤兒王, 又名花面王. 其地在蘇門答剌西, 地里之界相連, 止是一大山村. 但所管人民皆於面上刺三尖青花爲號, 所以稱爲花面王. 地方不廣, 人民祇有千餘家, 田少人多, 以耕陸爲生. 米糧稀少, 猪·羊·雞·鴨皆有. 言語動靜與蘇門答剌國相同, 土無出產, 乃小國也)"라고 기술했다.

이로부터 화면(花面)의 왕이 바로 나고아(那孤兒)라는 나라의 왕, 다시 말해 화면이 바로 나고아임을 추론할 수 있다. 또 마환은 사무드라의 위치를 기술하면서, "북쪽으로는 대해이며, 동쪽에도 큰 산인데, 아로(阿魯) 왕국의 경계에 이른다. 정서쪽은 대해로, 그 산이 두 작은 나라를 연결하고 있는데, 먼저 나고아(那孤兒) 왕국의 경계에 이르고, 또 여대(黎代) 왕국의 경계에 이른다(北是大海, 東亦是大山, 至阿魯國界. 正西邊大海, 其山連小國二處, 先至那孤兒王界, 又至黎代王界)"라고 하였다(앞의 책, 37쪽). 이로부터 동쪽에서 서쪽으로 사무드라-나고아-여대 순으로, 말하자면 사무드라와 람브리 사이에 나고아와 여대가 있다는 말이다. 이들 나라에 관한 고증은 『도이지략역주』(302~305쪽)와 『영애승람역주』 해당 조목에서 상세하다.

한가지 보태자면, 후지타 도요하치는 마르코 폴로의 여행기에서 사무드라와 람브리 사이에 있는 다그로이안(Dagroian)과 나쿠르(Nakur) 또는 나구르(Nagur)와 음성적으로 비슷하다는 점에서 다그로이안-나구르-화면과의 연관성을 상정했다(『도이지략역주』, 304쪽). 이는 조지 필립스가 『정화항해도』의 대소화면(大小花面)을 추정하며, "대화면(大花面), 즉 더 큰 문신을 한 사람들은 마르코 폴로의 다그로이안(Dagroian) 또는 다고윰(Dagoyum)에 해당할 것이다"(George Phillips, 「The seaports of India and Ceylon」, 『JCBRAS』, XX, 221쪽)라고 한 것에서 비롯되었다.

다그로이안이 나구르라면, 먼저 'd'가 'n'으로 변화된 것을 먼저 설명해야 한다. 『명사』, 권325, 「발니[보르네오]전(浡泥傳)」(8415쪽)에, "장주(漳州) 사람 장씨(張氏)가 당초 그 나라의 나독(那督)이 되었는데, [그는] 중국 말을 하는 고관이었으나 난리 통에 달아났다(漳州人張姓者, 初爲其國那督, 華言尊官也, 因亂出奔)"라는 기록이 보이는데, 여기 '나독'은 현지의 고관 호칭으로 추정된다. 이 '나독'에 관하여 흐루너펠트는 말레이어 '다투(Datu)'에 해당하는 음이라고 설명한 바 있다(『Notes on the Malay Archipelago and Malacca compiled from Chinese sources』, 114쪽). 이에 대해 복원의 부정확성을 언급하며, 페랑(G. Ferrand)은 "이 두 글자는 '나-투(na-tou)'로 읽어야 하며, 라-투(la-tou)에 해당한다. 이는 인도네시아어 '라투(ratu)'로, 말레이어 다투(datu)처럼 '장(長)'을 의미한다"라고 하였다(Le K'ouen-Louen et les anciennes navigations, 『JA』, 1919-2, 225쪽).

이로써 볼 때, 'd'가 'n'으로 변화될 가능성은 없지 않다. '나구르'와 '나그로'는 상당히 근접한 음을 보여준다. 그러나 문제는 마지막의 'ian'이다. 촐라 왕국의 표기인 '솔리(Soli)'는 그 복수형으로 '솔리얀(Soliyān)'이란 형태를 찾을 수 있다. 이점에 대해 펠리오는 마르코 폴로의 텍스트에서 그러한 복수로 쓴 예는 없다는 이유로 조심스러운 태도를 보인다(『Notes on Marco Polo』, II, 614쪽). 그렇다고 할지라도, 앞서 살펴본 지리적 위치로 볼 때, 현재로서는 나구르=화면을 마르코 폴로의 다그로이안으로 볼 수밖에 없다.

다만 주저되는 것은 왕대연, 마환 그리고 비신 모두 이들이 사람을 잡아먹는 식인종이라는 언급은 전혀 없지만, 마르코 폴로는 이곳의 식인풍습을 특기하고

①이곳은 사무드라 왕국[蘇門答剌國]과 접경해 있다. ②구불구불한 산지지만 농토에는 곡물이 풍족하다. ③기후는 고르지 않다. ④풍속은 고상하고 후하다. ⑤남녀노소 모두 검은 액즙으로 얼굴에 꽃과 짐승의 모양을 새긴다. 원숭이 머리에 나체이며, 단포(單布)를 허리에 두른다. [①其處與蘇門答剌國接境. ②逶[遠]迤山地,[2] 田足稻禾. ③氣候不常. ④風俗尙厚. ⑤男女大小皆以黑汁刺面花獸之狀[面].[3] 揉頭裸體,[4]

있다는 점이다. 그러나 김호동 교수는 이들이 바탁(Battak)족으로 확신하고 "그곳의 주민들은 얼굴에 문신하여 중국인들에게 화면(花面)으로 알려졌고, 식인의 풍습도 있었던 것으로 보인다"라는 주석을 붙였다(『동방견문록』, 434~435쪽). 바탁족의 식인풍습은 여러 유럽 자료에서 확인된다. 그러나 바탁족이 다그로이안=나구르 사람들인지에 대해서는 부정적이다. '바탁' 종족은 마르코 폴로 이전부터 있었던 종족으로 알려져 있고, 지리적으로 부합하지 않는다. 자세한 사항은 펠리오의 『Notes on Marco Polo』, II, 614~615쪽과 『도이지략역주』, 305쪽을 참고하시오.

2) '원이(遠迤)'는 『국조전고』, 나이지본에서도 일치하는 반면, 『고금설해』에서는 '위이(逶迤)'로 되어있다. 이에 따라 나이지는 '위이(逶迤)'로 교정했다. 주당면(朱當㴐)의 『국조전고』에는 '위리(逶迣)'로 되어있는데, 아마도 '위리(逶邐)'의 잘못일 것이다. 따라서 '원(遠)'자는 '위(逶)'자로 고치는 것이 타당하다.

3) 이 문장[男女大小皆以黑汁刺面花獸之面]은 『국조전고』, 나이지본에도 일치한다. 하지만 『고금설해』에서는 "남자들은 모두 먹으로 얼굴에 꽃이나 짐승의 모양을 새긴다(男子皆以墨刺面爲花獸之狀)"라고 하였다. 먼저, 남녀노소 모두 문신을 한다는 말인지, 『고금설해』에서처럼 남자들이 문신한다는 말인지를 판단해야 할 것이다. 비신이 많은 문장을 빌려오고 있는 왕대연의 『도이지략』 화면(花面) 조목에는 "남녀가 먹물로 얼굴에 문신한다(男女以墨汁刺於其面)"라고 하였다. 얼굴에 무엇을 문신하는지 왕대연은 언급하지 않았다. 천일각본, 『국조전고』, 나이지본의 '화수지면(花獸之面)'은 '면(面)'자가 중복되어 나왔고, 『고금설해』에서는 '화수지상(花獸之狀)'으로 되어있으므로, '화수지면'의 '면(面)'자는 '상(狀)'자로 바꾸는 것이 맞을 것이다.

4) '유(揉)'자와 '노(猱)'자의 분기에 관해서는 앞의 자바 왕국 주석을 참고하시오.

單布圍腰.]

⑥소와 양을 기르고, 닭과 오리가 널리 분포한다. ⑦약자에게 강탈하지 않고, 위아래가 자신이 농사지어 각자가 먹으며, 부유해도 사치하지 않고, 가난해도 도둑질하지 않으니 선한 지역이라 할만하다. [⑥孳生牛羊, 鷄鴨羅布. ⑦不奪其弱,[5] 上下自耕自食, 富不驕奢[倚驕],[6] 貧不生盜, 可爲一區之宜也.[7]]

---

5) 이 문장[不奪其弱]은 『국조전고』와 일치하는 반면, 『고금설해』와 나이지본에 "강자는 약자에게 빼앗지 않는다(强不奪弱)"라고 하였다. 천일각본과 『국조전고』의 문장에는 주어가 빠져있으므로, '강(强)'자를 넣는 편이 문맥에는 유리하지만, 없어도 크게 문제가 되지는 않는다.

6) 이 문장[富不倚驕]은 『국조전고』에 "富不驕奢"로 되어있고, 나이지본에는 "富不倚奢"로, 『고금설해』에서는 "부자들은 교만하지 않다(富不驕)"라고 하였다. '의사(倚奢)'란 표현은 알려지지 않은 조합으로, 글자 그대로 해석하자면 '사치에 치우치지 않는다'라는 정도의 의미일 것이다. 반면 '교사(驕奢)'란 교만하고 횡포하며 사치하는 행위를 의미하는 잘 알려진 조합이다. 따라서 천일각본의 '의교(倚驕)'는 『국조전고』의 '교사(驕奢)'로 고치는 편이 문맥에 유리하다.

7) 이 마지막 문장[可爲一區之宜也]에서 '의(宜)'자는 『국조전고』와 나이지본에서도 확인된다. 다만 『고금설해』에서만 "선한 곳이라고 이를 만 하다(可謂善地矣)"라고 하였다. 주당면의 『국조전고』에 따라 펑 청쥔 씨는 '선(善)'자로 교정했다. 『예기·내칙(內則)』에 "아들이 그 아내를 매우 의(宜)하게 여기더라도 부모가 기뻐하지 않으면 내보낸다(子甚宜其妻, 父母不悅, 出)"라고 하였는데, 정현(鄭玄)은 '의(宜)'가 바로 '선(善)'의 뜻이라고 주석한 바 있다. 따라서 '선(善)'사로 바꾸지 않아도 된다. 『고금설해』에는 이 문장 뒤에 다음과 같은 정보가 더 보인다. 나이지도 이를 주석에서 언급한 바 있다. 그 문장들은 다음과 같다. "그곳에서는 향기롭고 맛이 좋은 청연화가 가까이에 널려있다. 나쿠르[那孤兒]라는 산(山)에는 유황이 난다. 우리 조정의 배들이 사무드라[蘇門答剌]에 주둔하며 사람과 배를 그 산으로 보내 유황을 채취했다. 교역하는 상품은 단(緞)과 백(帛), 자기 등이다(地產香味靑蓮花近布. 那姑兒一山產硫黃. 我朝海船駐札蘇門答剌,

⑧시로 노래한다[詩曰].

오랑캐 땅에서 풍속의 다름을 살피니,	蠻域觀風異,
온난하여 초목이 짙네.	融和草木深.
산은 높아 땅을 경계 짓고	山高分地界,
산물은 풍성하여 인심을 위로하네.	物阜慰民心.
허리에 베를 둘러 부끄러운 곳을 가렸고,	腰布羞還掩,
얼굴엔 먹으로 반은 문신을 했네.	顏花墨半侵.
소와 양들 푸른 초원에 흩어져 있고,	牛羊迷綠野,
닭과 오리 황금으로 파네.	鷄鴨賣黃金.
좀 부유한 사람들은 인의를 알고,	頗富知仁義,
가난해도 음란함을 즐기네.	雖貧肯濫婬.
어찌 오랑캐 풍속을 채록하며,	那堪採夷俗,
붓을 들어 새로 읊조리지 않으리오.	援筆寫新吟.

『고금설해』(사고전서본, 권19, 2b~3a)[3-2] 화면국왕(花面國王)

①이 **나라는** 사무드라 왕국[蘇門答剌國]과 경계를 이웃하고 있고, **람브리[南巫里] 바다의 옆에 있다**. ②구불구불한 산지지만 농토에는 곡물이 풍족하다. ③기후는 고르지 않다. ④풍속은 **순후**하다. ⑤남녀노소 모두 검은색으로 얼굴에 꽃과 짐승의 모양을 새긴다. 원숭이 머리에 나체(裸體)[8]이며, 단포(單布)를 허리에 두른다. **부녀자들은 유색의 베[色布]를 두르고, 수건을 걸치며, 방망이 모양으로 상투를 틀어 머리 뒤로 한다**. ⑥그곳에서는 소와 양이 많이 나고, 닭과 오리가 널리 분포한다. ⑦약자에게 강탈하지 않고, 위아래가 자신이 농

差人船於其山, 采取硫黃. 貨用段帛·磁器之屬)."

8) 원문에는 강신제 '관(祼)'자로 되어있지만, 천일각본에 따라 '나(裸)'자로 읽는다.

사지어 각자가 먹으며, 부유해도 사치하지 않고, 가난해도 도둑질하지 않으니 선한 지역이라 할만하다. **땅에서는 향미(香味), 청연화(靑蓮花), 근포(近布)가 난다. 나쿠르[那姑兒]라는 산에서는 유황(硫黃)이 난다. 우리 조정의 바다 배들이 사무드라[蘇門答剌]에 주둔하며, 이 산에 뱃사람[船人]**[9]**을 보내 유황을 채취하게 했다. 교역하는 상품으로, 단(緞), 백(帛), 자기 등이 있다. 이 나라 추장은 성은에 감응하여 항상 산물을 바쳤다.**

①其**國**與蘇門答剌鄰境, **傍南巫里洋**. ②逶迤山地, 田足稻禾. ③氣候不常. ④風俗**淳**厚. ⑤男子皆以墨刺面爲花獸之狀. 猱頭裸體, 單布圍腰, **婦女圍色布, 披手巾, 椎髻腦後**. ⑥地多出牛·羊, 雞·鴨羅布. ⑦強不奪弱, 上下自耕而食, 富不驕, 貧不盜, 可謂善地矣. **地產香味·靑蓮花·近布. 那姑兒一山產硫黃. 我朝海船駐札蘇門答剌, 差人船於其山, 采取硫黃. 貨用段帛·磁器之屬. 其酋長感慕恩賜, 常貢方物**.

9) 뱃사람[船人]은 원문에 '사람과 배[船人]'로 되어있지만, 문맥에 따라 어순을 바꾸어 해석했다.

13. 랑카수카[龍牙犀角][1)]

①이곳의 안쪽은 평탄하고 바깥은 뾰족하여, 사람들은 개미처럼 [그곳에] 달라붙어 산다. ②기후는 항상 더워, 밭벼는 자주 익는다. ③풍속은 순후함을 높이 산다.[2)] [①其地內平而外尖, 民下蟻附而居之. ②氣候常熱, 田禾勤熟.[3)] ③俗尙淳厚.]

④남녀는 방망이 모양으로 상투하고, 마이트[麻逸][4)]의 베를 두르며, 짧은 적삼을 입는다. ⑤친척과 연장자를 존중하여, 하루라도 보이지 않으면, 술과 안주를 들고 가서 안부를 묻는다. ⑥바닷물을 끓여 소금을 만든다. ⑦차조를 빚어 술을 만든다. [④男女椎髻, 圍麻逸布, 穿短衫. ⑤以親戚尊長爲重, 一日不見, 則携酒持殽而問安.[5)] ⑥煮海爲鹽.

---

1) '용아서각[ljwoŋ-ŋa-siei-kɔk](龍牙犀角)'이라는 곳은 비신이 직접 견문한 기록인 전집에 수록되어 있지만, 기술된 내용은 거의 『도이지략』 용아서각의 내용과 같다. 그렇다면 왕대연과 비신이 말하고 있는 이곳은 어디일까? 펑 청쥔 씨에 따르면(교주본, 전집, 25쪽), 이곳은 말레이반도에 있으며, 옛날 낭아수(狼牙修)라고 했다. 대체로 이전 학자들은 이곳이 『제번지』에 보이는 낭아수[lɑŋ-ŋa-siə̯u](狼牙修)와 능아사가[lịəŋ-ŋa-sięka](凌牙斯加)이며, 바로 옛 랑카수카(Langkasuka) 왕국이 차지한 말레이반도의 파타니, 크다를 중심으로 하는 지역로 추정하고 있다. 음성적으로도 상당히 만족스럽다. '랑카'는 산스크리트어로 '땅'이란 뜻이고, '수카'는 '은총'을 뜻한다. 학자들의 다양한 설들에 관해서는 『도이지략역주』, 236~238쪽을 참고하시오. 사실 용아서각과 능아사가는 음성적으로 매우 근접한다. 하지만 '낭아수'에서는 '카'에 해당하는 음이 분명 소실되었다. 이에 관해서는 언어학자들이 설명해야 할 것이다.

2) 근숙(勤熟)의 '근(勤)'자는 『국조전고』에 '시(時)'자를 보여준다. 따라서 '근'자는 '시(時)'자의 의미에 따라 부사적으로, '자주' 또는 '수시로'라는 뜻으로 읽는다.

3) 필리핀 민도로섬을 지칭하는 것으로 알려진 마일(麻逸)에 관해서, 비신은 후집에서 별도의 항목으로 기술하고 있다.

4) '효(殽)'자는 고기 안주를 뜻하는 '효(肴)'자와 고대부터 통용해 쓴다.

5) 팔도랄포(八都剌布)는 왕대연의 『도이지략』, 술루[蘇祿], 랑카수카[龍牙犀角], 칼리마타[假里馬打] 조목에 일관되게 수입하는 상품으로 보인다. 다시 말해, 이

⑦釀秫爲酒.]

베는 술루, 랑카수카, 카리마타에서 교역이 편리하면서 잦은 지역, 즉 '팔도랄[pwăt-tuo-lɑt](八都剌)'에서 수입되는 베로 읽힌다. 이곳은 어디일까? 후지타 도요하치는 지역을 특정할 수 없어, '랄(剌)'자를 '마(馬)'자의 오기로 보고(『도이지략교주』, 81쪽), 『도이지략』에 보이는 팔도마(八都馬)로 추정했다. 쑤지칭 씨는 『도이지략교석』(180~181쪽)에서 "이 베의 명칭은 카인 페톨라(kain petola)에 해당하는 음으로 볼 수 있다. 이 베는 일종의 염색포로 지금은 이 베를 카인 친다이(kain chindai)라고 한다"라고 하였다. 요컨대, 페톨라(petola)가 바로 '팔도랄(八都剌)'에 해당하는 음이라고 본 것이다. 쑤지칭 씨가 '친다이(chindai)'로 옮긴 친다이(cindai)는 꽃문양이 들어간 비단을 말한다. 쑤씨의 설명대로라면, 페톨라가 친다이라는 말인데, '페톨라'는 사전적 정의로 일반적인 견직물을 말한다. '페톨라'는 오이수세미를 말하기도 하는데, 이 수세미 섬유질로 만든 천을 '카인 페톨라'라고 하는 것 같다. 따라서 '천+소재'으로 구성된 단어일 것이다. 그러나 왕대연은 한 번도 현지의 명칭을 음역한 경우는 없었다. 왕대연은 '지명+천' 구성만 보여준다. 예를 들어 유포(溜布), 팔단포(八丹布), 조와포(爪哇布) 등이다. 따라서 여기 팔도랄포(八都剌布) 역시 '산지+천'의 구성으로 볼 것을 제안한다.

후지타 씨가 추정한 팔도마(八都馬)는 『무비지』, 권240, 18a에 현 타보이인 타왜(打歪) 옆에 그려져 있다. 따라서 후지타 씨는 현 마르타반(Martaban)으로 추정했다(『도이지략교주』, 54쪽). 이는 이미 심증식(沈曾植)이 『도이지략광증』(총서집성본), 상, 10b의 고증을 참고한 것이다. 또한 필립스 씨는 마도팔(馬都八)이 도치된 형태로 추측하고 역시 마르타반에 비정했고(George Phillips, 「The seaports of India and Ceylon」(『Journal of the China Branch of the Royal Asiatic Society』, XX, 221쪽), 마지막으로 쑤지칭 씨도 이 설을 따르고 있다. 만약, 팔도랄(八都剌)이 마르타반, 즉 팔도마(八都馬)라면 말레이반도 미얀마 쪽으로 술루, 카리마타와는 교역이 편리한 지역은 아니다. 왕대연이 세 곳에서나 팔도마(八都馬)를 '팔도랄(八都剌)'로 잘못 썼을 가능성은 희박하다.

사실 팔도마를 마르타반의 음역 표기로 보려면, '팔(八)'의 'p'가 'm'으로의 변화를 전제해야 한다. 그래서 필립스는 '마도팔(馬都八)'로 읽고자 했던 것이다. '팔(八)'자의 민남어 발음이라고 해도 'p'임에는 틀림없다. 이러한 변화가 타당하게 설명될 수 있다면, 우리는 '팔도랄'에 관한 더 그럴법한 제3의 지명을 알고 있다. 왕대연의 『도이지략』은 가리마타(假里馬打, 칼리마타)를 기록하고 있다. 앞

⑧이곳에서는 침향과 속향, 강진향, 황속향, 학정(鶴頂), 벌꿀, 설탕[砂糖]이 난다. ⑨교역하는 상품은 토인포(土印布), 팔도랄의 베[八都剌布][6], 푸른 [문양이 들어간] 백자기 등이다. [⑧地產沉·速迷 ·降眞·黃熟速香·鶴頂·蜂蜜·砂糖. ⑨貨用土印布·八都剌布·青白磁器之屬.]

⑩시로 노래한다[詩曰].

멀리서 저 산의 형세를 바라보니	遙望玆山勢,
랑카수카의 봉우리로다.	龍牙犀角峯.
사람들은 개미처럼 붙어서 살고,	居民如蟻附,
방망이 상투는 원숭이 모습과 비슷하네.	椎髻似自猴容.[7]
바닷물을 길어 눈 같은 소금을 졸이고,	汲海鹽煎雪,
절벽에 걸린 밀봉을 따네.	懸崖蜜掇蜂.
사롱을 두른 몸매는 넉넉하고,	布稍圍體厚,
차조 쌀로 빚은 술 진하구나.	秫米造漿濃.
기후는 언제나 여름 같고,	氣候常同夏,

서 언급한 것처럼, 이곳에서도 '팔도랄포(八都剌布)'가 수입품으로 언급되었다. 이 '가리마타'는 비신의 『성사승람』(후집)에 '가리마정(假里馬丁)'으로 보이며 『도이지략』의 내용을 옮겨 놓고 있다. 그러나 비신은 '팔도랄포'가 아니라 '조와포(爪哇布)'로 기록하고 있다. 'p'가 'm'으로의 변화가 가능한 것이라면, 우리는 팔도랄(八都剌)에 대응하는 음으로 자바섬 동부의 마두라(Madura)가 더 적합하다. 지리적 측면에서도, '팔도랄포'를 수입하는 랑카수카, 술루, 칼리마타와의 교역이 마르타반보다 훨씬 수월하다.

6) 원문의 '침미(沈迷)'는 나이지본과 같지만, 주당면의 『국조전고』에는 '침련(沈連)'으로 되어있다. 등사룡의 『국조전고』와 『고금설해』본에 따라 침향(沈香)과 하위종류인 '속향(速香)'의 합칭인, '침·속(沈·速)'으로 교정하는 것이 타당하다.

7) '사(似)'자는 저본에 '자(自)'자로 되어있다. 3구와 대구를 이루고 있으므로, 3구의 '여(如)'자는 '자(自)'자 보다는 『국조전고』와 나이지본의 '사(似)'자에 더 잘 상응한다.

숲의 꽃들 겨울을 따지지 않네. 林花不較冬.
문안하며 예절을 행하니 問安行禮節,
천년의 남은 풍속 드러나네. 千載見遺風.

『고금설해』(사고전서본, 권18, 3b~4a)[2-6] 용아가모(龍牙加貎)[8)]

---

8)

4권본 『성사승람』	『도이지략』(사고전서본)-용아서각
이곳은 마일동(麻逸凍)에서 순풍에 3일 밤낮을 [항행하는] 거리에 있다. ①안은 평탄하고 밖은 봉우리들로, 사람들은 개미처럼 [그곳에] 붙어서 산다. ②기후는 항상 더워, 밭벼가 잘 익는다. ③풍속은 돈후(敦厚)함을 높이 산다. ④남녀는 방망이 모양으로 상투하고, 마일동의 베를 두르며, 짧은 적삼을 입는다. ⑤친척과 연장자를 존중하여, 하루라도 보이지 않으면 술과 안주를 들고 문안한다. ⑥바닷물을 끓여 소금을 만든다. ⑦차조를 빚어 술을 만든다. ⑧그곳에는 침향과 속향, 강[진]향, 황랍(黃蠟), 학정(鶴頂), 벌꿀, 설탕[砂糖]이 난다. ⑨교역하는 상품은 인화포(印花布), 팔찰도(八察都)의 베, 푸르고 흰 꽃문양의 자기[靑白花磁器] 등이다.	①봉우리 꼭대기는 안은 평평하고 밖은 치솟아 있고, 사람들은 [그 봉우리를] 빙 둘러 살며 개미처럼 비탈에 붙어 있다. 그 농토는 하등(下等)이다. ②기후는 태반이 덥다. ③풍속은 두텁다. ④남녀는 몽둥이 모양으로 상투를 하고, 이빨은 희며 마일(麻逸, Mait)의 베로 묶는다. 풍속에 혼인을 중시한다. ⑤친척 중에 연장자가 하루도 얼굴을 보이지 않으면 반드시 술과 물품을 들고 가서 안부를 묻고 위로한다. 밤중까지 술을 마셔도 취한 모습을 보이지 않는다. ⑥사람들은 바닷물을 끓여 소금을 만들고 ⑦차조를 발효시켜 술을 만든다. 추장이 있다. ⑧땅에서는 침향이 나는데, 외국 중에서 으뜸이다. 다음으로 학정(鶴頂), 강진(降眞), 밀당(蜜糖), 황숙향두(黃熟香頭)가 있다. 교역하는 상품은 토인포(土印布), 팔도랄포(八都剌布), 청백화완(靑白花碗) 등이다.

4권본으로 전해지는 『성사승람』, 즉 『고금설해』본과 『기록휘편』본에는 학자들이 말레이반도 북부 랑카수카로 추정하는 2권본의 '용아서각[liʷoŋ-ŋa-siei-kɔk](龍牙犀角)'이 용아가모[liʷoŋ-ŋa-ka-mau](龍牙加貎)로 되어있다. 발음에서 보는 바와 같이

'서각'과 '가모'는 같은 곳의 다른 음역이라고 보기에는 음성적 차이가 크다. 4권본의 용아가모(龍牙加貌)의 내용은 우리가 확인한 것처럼, "이곳은 마일동(麻逸凍)에서 순풍에 3일 밤낮을 [항행하는] 거리에 있다(其地離麻逸凍, 順風三晝夜程)"라고한 문장을 제외하면, 2권본의 용아서각의 기술과 같다. 1349~1350년의 『도이지략』에 보이는 용아서각의 내용과도 대동소이하다.

이로써 4권본 '용아가모'는 2권본과 『도이지략』 '용아서각'임을 확인할 수 있다. 문제는 4권본의 "이곳은 마일동(麻逸凍)에서 순풍에 3일 밤낮을 [항행하는] 거리에 있다"라는 첫 번째 문장이다. 여기 '마일동(麻逸凍)'과 민도로섬 또는 마닐라를 지칭하는 '마일(麻逸)'의 다른 음역 표기이다(이 점에 관해서는 본서 후집 '마일' 조목을 참고하시오).

『문헌통고(文獻通考)』(1307년), 권332, 참파[占城] 조목에서(사고전서본, 19b) "동쪽으로 마일국(麻逸國)과 2일 거리에 있다(東去麻逸國二日程)"라고 하였다. 현재 학자들이 추정하고 있는 용아서각이 말레이반도 북부의 크다와 파타니 일대를 차지했던 옛 랑카수카 지역이라면, 마일동에서 3일 거리에 있다는 말과 크게 어긋나는 거리는 아니다.

한편, 모원의(茅元儀)의 『무비지(武備志)』(1621년), 권240에 수록된 「정화항해도(鄭和航海圖)」에는 먼저 말라카[滿剌加]가 보이고(16a), 다음 페이지로 넘어가 맞은 편 하단에 용아가모산(龍牙加皃山)이 보이고, 더 아래에는 용아가모항(龍牙加皃港)이 그려져 있다(16b). 이미 이 지도에는 파타니로 추정하는, 또 학자들이 비신의 용아서각으로 추정되는 낭서가(狼西加)를 만날 수 있다(14b). 또, 필립스(George Phillips)는 「인도와 실론의 항구들(The seaports of India and Ceylon)」(『Journal of the China Branch of the Royal Asiatic Society』, XXI, 38쪽)에서 '용아가아(龍牙加兒)'로 옮기고, 인드라푸라(Indrapura) 강과 그 산으로 추정했다. 필립스가 말하는 인드라푸라강은 수마트라섬 리아우주에 있는 시악(Siak) 강을 지칭하는 것으로 보인다. 따라서 우리는 '용아서각'과 '용아가모'는 다른 곳으로 볼 수밖에 없다. 2권본 즉 천일각본에는 정확히 '용아서각'으로 되어있으므로, 4권본으로 편집하여 필사한 사람들이 지명이 비슷하여 혼동한 것으로 읽고자 한다. 사계좌(查繼佐, 1601~1676)의 명나라 기전체 사서인 『죄유록(罪惟錄)』(1644년), 권46, 「가마리정국전(假馬里丁國傳)」(사부총간본, 83a)에는 "마일동에서 순풍에 3일 밤낮을 [항행하면] 용아가모(龍牙加貌)에 이른다. 밭벼는 수시

이곳은 마일동(麻逸凍)[9]에서 순풍에 3일 밤낮을 [항행하는] 거리에 있다. ①안은 평탄하고 밖은 봉우리들로, 사람들은 개미처럼 [그곳에] 붙어서 산다. ②기후는 항상 더워, 밭벼가 잘 익는다. ③풍속은 돈후(敦厚)함을 높이 산다. ④남녀는 방망이 모양으로 상투하고, 마일동의 베를 두르며, 짧은 적삼을 입는다. ⑤친척과 연장자를 존중하여, 하루라도 보이지 않으면 술과 안주를 들고 문안한다. ⑥바닷물을 끓여 소금을 만든다. ⑦차조를 빚어 술을 만든다. ⑧그곳에는 침향과 속향, 강[진]향, 황랍(黃蠟), 학정(鶴頂), 벌꿀, 설탕[砂糖]이 난다. ⑨교역하는 상품은 인화포(印花布), **팔찰도(八察都)**의 베, 푸르고 흰 꽃문양의 자기[青白花磁器] 등이다.

其地離麻逸凍, 順風三晝夜程. ①内平而外峯, 民蟻附而居. ②氣候常熱, 田禾勤熟. ③俗尚敦厚. ④男女椎髻, 圍麻逸凍布, 穿短衫. ⑤以親戚尊長為重, 一日不見, 則攜酒殽問安.[10] ⑥煮海為鹽. ⑦釀秫為酒. ⑧地產沈速·降香·黃蠟·鶴頂·蜂蜜·砂糖. ⑨貨用印花布·**八察都布**·青白花磁器之屬.

로 익는다. 풍속은 돈후하다. 남녀는 몽둥이 모양으로 상투를 틀고 [허리에는] 베를 두른다. 친족과 연장자를 중시한다(自麻逸凍, 順風三晝夜, 至龍牙加貌. 田禾勤熟. 俗尚敦厚. 男女椎結圍布. 重親長)"라고 했는데, 확실히 4권본 『성사승람』에서 가져온 문장임을 알 수 있다. 이것이 기록으로 우리가 만날 수 있는 '용아가모(龍牙加貌)' 관한 전부이다.

9) 마일동(麻逸凍)은 민도로섬 또는 마닐라를 지칭하는 마이트[麻逸]이다. 이에 관해서는 후집의 마일(麻逸) 조목을 참고하시오.

10) '효(殽)'자는 고기 안주를 뜻하는 '효(肴)'자와 고대부터 통용해 쓴다.

14. 용연서(龍涎嶼) [1]

1) 중국 자료 중에서 '용연이 나는 섬(?)'이란 의미의 '용연서(龍涎嶼)'는 1349년 왕대연의 『도이지략』의 언급이 가장 빠르다. 이 섬이 정확하게 어느 섬을 지칭하는 것인지에 대한 문제보다, 먼저 알아봐야 하는 문제는 바로 용연(龍涎)이란 물질이다. 12세기부터 기록된 중국 자료에 따르면, '용연'은 대체로 용의 침 또는 큰 바닷물고기의 배에서 나오는 것, 또는 새들의 똥으로 설명되었다. 이들은 오늘날 아랍어 '안바르(anbar, 향이라는 의미)'에서 어원을 가지는 '암버그리스(ambergris)'로, 샤퍼(Edward H. Schafer, 1913~1991)의 설명에 따르면 (『The Golden Peaches of Samarkand: A Study of T'ang Exotics』, 1963, 174쪽), "카샬롯(cachalot), 즉 향유고래(sperm whale, Physeter macrocephalus)의 내장에서 병으로 인해 분비되는 물질"이라고 설명했는데, 사실 이러한 정의는 전적으로 폴 펠리오의 설명에 근거한 것으로(『Notes on Marco Polo』, I, 33쪽), 현재까지 정설로 받아들여지고 있다. 다만 중국학자 쑤 지칭 씨가 "향유고래(Physeter macrocephalus)의 아픈 위에서 분비되는 물질을 용연이라 한다"라고 설명한 것은(『도이지략교석』, 45쪽), 바로 샤퍼의 설명을 출처를 밝히지 않고 그대로 옮긴 것에 불과하다.

'용연(龍涎)'을 언급한 중국 자료로 가장 이른 것 중 하나는 수나라 대업(大業) 연간(605~618)에 지은 것으로 알려진 우세남(虞世南)의 『북당서초(北堂書鈔)』, 권154, 징수백(澄水帛) 항목(사고전서본, 8b)일 것이다. 우세남은 『두양편(杜陽編)』이란 책을 인용하여 "동창공주(同昌公主)가 하루는 광화리(廣化里)에 위씨(韋氏) 친족을 많이 소집하여, 진수성찬을 차려 놓았다. 더운 기운이 심해지려 하자, 공주는 징수백(澄水帛)을 가져와 물에 담갔다가 남쪽 헌(軒)에 걸어두게 했다. 한참 지나자 온 좌석의 [사람들이] 솜옷을 껴입고 싶어 했다. 징수백은 길이가 8~9척으로 배처럼 가늘고, 밝고 얇아 비춰볼 수 있었다. 가운데 용연(龍涎, 용의 침?)이 있어서 더위의 독을 풀 수 있다(杜陽編云, 同昌公主一日大會韋氏族于廣化里, 玉饌俱列. 暑氣將甚, 公主命取澄水帛, 以水蘸之, 掛于南軒. 良久, 滿座皆思挾纊. 澄水帛長八九尺似布而細明薄可鑒中有龍涎故能消暑毒也)"라고 하였다. 이 '징수백(澄水帛)'에 관한 이야기는 소악(蘇鶚) 『두양잡편(杜陽雜編)』, 하권(사고전서본, 12a), 백거이(白居易) 『백공육첩(白孔六帖)』, 권4, 징수백(澄水帛) 항목(사고전서본, 6b~7a)에서도 찾아볼 수 있다. 그러나 여기에서 언급된 '용의 침[龍涎]'이 무엇을 말하는지 확인할 수 없다. 설령 암버그리스 성분의 향이라고 하더라도, 더위를 식혀주는 천과 무슨 관련이 있는지 알 수 없다.

주거비(周去非)는 1178년 『영외대답(嶺外代答)』에서 "대식(大食)의 서해에는 용이 많은데, 돌을 베고 한 숨자면 침이 물에 떠다니다가 싸이면 단단해진다. 잠수부[鮫人]들이 그것을 찾아서 지고의 보물로 여긴다. 갓 생긴 것은 색이 희고, 조금 지난 것은 자주색이며 아주 오래된 것은 검다. 용연은 향으로 원래 아무런 손익이 없고, 연기만 모을 수 있을 뿐이다. 향을 섞어 진짜 용연으로 조금만 태워도 푸른 연기가 허공에 떠서 응결되어 흩어지지 않는다. 좌중의 사람들이 가위로 연기 가닥을 자를 수 있다. 이것이 그러한 이유는 신(蜃, 대합조개)이 기운을 토해 만든 누대의 남은 힘 때문이다(大食西海多龍, 枕石一睡, 涎沫浮水, 積而能堅. 鮫人探之以為至寶. 新者色白, 稍久則紫, 甚久則黑. 因至番禺嘗見之, 不薰不蕕, 似浮石而輕也. 人云龍涎有異香, 或云龍涎氣腥能發衆香, 皆非也. 龍涎於香本無損益, 但能聚烟耳. 和香而用眞龍涎, 焚之一銖, 翠烟浮空, 結而不散, 座客可用一翦分烟縷. 此其所以然者, 蜃氣樓臺之餘烈也)"라고 자세한 설명을 남겼다(『영외대답교주』, 266쪽). 이 정보는 1225년 조여괄(趙汝适)의 『제번지』에도 대부분 인용되었다. 최초로 『제번지』를 영어로 역주한 히어트와 록힐 씨는 여기의 '용연'이 『유양잡조』, 권4, 3b에 언급된 아말향(阿末香)의 '아말(阿末)'로, 바로 아랍어 '안바르(anbar)'의 음역이라고 주장했다(『조여괄』237쪽). 따라서 '용연'은 중국어 의역으로 이해한 것이다. 그렇다면, '용연'이라는 향을 중국인들이 인식한 시기를 9세기 말로 거슬러 올라갈 수 있다.

860년경 단성식(段成式)의 『유양잡조(酉陽雜俎)』, 권4(사고전서본, 4a~4b)에 따르면, "발발력국(撥拔力國)은 서남해에 있다. 곡물을 먹지 않고 고기만 먹는다. 항상 소의 혈맥을 찔러 피를 뽑아 우유와 섞어 생식한다. 옷은 없고 허리 아래를 양가죽으로 가릴 뿐이다. 그곳 여자들은 깔끔하고 단정하기에 나라 사람들이 저마다 약탈하여 외국 상인에게 파는데, 그 값이 몇 배이나. 그곳에서는 상아와 아말향(阿末香)만 난다. 파사(波斯)의 상인들이 이 나라에 들어갈 때는 수천 명이 모여서 첩포(氎布)를 바치고, 늙거나 어리거나 할 것 없이 모두 피를 내 맹세한 다음 물건들을 판다. 옛날부터 다른 나라에 복속되지 않았다. 전투에는 상아를 배치하고 들소 뿔로, 창, 갑옷, 활 등의 병기를 만든다. 보병은 20만이다. 대식(大食)이 자주 이 나라를 토벌하고 습격한다(撥拔力國在西南海中. 不食五穀食肉而已. 常針牛畜脈, 取血, 和乳生食. 無衣服, 唯腰下用羊皮掩之. 其婦人潔白端正, 國人

自掠, 賣與外國商人, 其價數倍. 土地唯有象牙及阿末香, 波斯商人欲入此國, 團集數千人, 齎緤布, 没老幼共刺血立誓, 乃市其物. 自古不屬外國. 戰用象牙排, 野牛角為矟·衣甲·弓矢之器. 步兵二十萬, 大食頻討襲之)"라고 하였다.

『유양잡조』의 이 기술은 『신당서』, 권221하(6262쪽)에서 그대로 반영되었다. "바다에는 발발력(撥拔力)이란 인종이 있는데, 부속된 바가 없다. 오곡이 나지 않아 고기를 먹으며 소를 찔러 그 피를 우유와 섞어 먹는다. 풍속에 의복은 없고, 양가죽으로 자신을 가린다. 부인은 뽀얗고 아름답다. 상아와 아말향(阿末香)이 많다. 파사의 상인들이 사러 가려면 반드시 수천 명이 첩포(氎布)를 바치고 피로써 맹세해야 교역한다. 병장기로 상[아]와 코뿔소 뿔이 많고, 활, 화살, 갑옷, 창이 있다. 병사는 20만에 달하지만 여러 차례 대식의 침략을 받았다(海中有撥拔力種, 無所附屬. 不生五穀, 食肉, 刺牛血和乳飲之. 俗無衣服, 以羊皮自蔽. 婦人明皙而麗. 多象牙及阿末香. 波斯賈人欲往市, 必數千人納氎劙血誓, 乃交易. 兵多牙角, 而有弓·矢·鎧·矟, 士至二十萬, 數為大食所破略)."

여기 '발발력(撥拔力, Puât-b'wât-lịək)'이란 나라에 관하여, 폴 펠리오는 히어트와 록힐의 주석에 동의하며, '바르바리그(Barbarig)', 바르바라(Barbara)의 중세 페르시아어 형태, 베르베라(Berbera), 소말리아 해안에 있다고 추정했다(『Notes on Marco Polo』, I, 33쪽). 이 추정에 별다른 이견이 없다. 이어서 펠리오 씨는 히어트와 록힐의 아말(阿末)=안바르(anbar)라는 등식을 설명하며, "아말(阿末, a-mwât, '-δ'|'-r'로 변화될 수 있는 '-t'를 가짐)은 확실히 히어트와 록힐이 말한 것처럼 '안바르('anbar)'를 음사했다"라고 확신하고 있다(앞의 출처). 하지만 여기에는 고려해봐야 할 점들이 있다.

첫째, 『위서(魏書)』, 권102(2278쪽)에는 "첩복라국은 대(代)에서 3만 1천리 떨어져 있다. 나라에는 물실성(勿悉城)이 있다. 성의 북쪽에는 염기수(鹽奇水)가 서쪽으로 흐른다. 흰 코끼리가 있고 아울러 아말려(阿末黎)가 있는데, 나무껍질 속의 조직으로 베를 만든다. 토양은 오곡에 알맞다(疊伏羅國, 去代三萬一千里. 國中有勿悉城. 城北有鹽奇水, 西流. 有白象, 幷有阿末黎, 木皮中織作布. 土宜五穀)"라고 하였는데, 백상(白象)과 아말려(阿末黎)라는 식물이 함께 쓰였다. 따라서 『유양잡조』의 '아말(阿末)'이 암버그리스[용연]를 의미하는 '안바르(anbar)'의 음역으로 볼 수 있느냐는 의문이 생긴다. 둘째, 현장(玄奘)의 『대당서역기』, 권2에 인도의 산물로 아말라(阿末羅)라는 과일이 들어있다. 지 센린의 주석에 따르면, "아말라(阿末羅)는 나무 이름으로 산스크리트어로 아말라카(āmalaka), 페르시아어로 아몰라(amola), 아말라(amala)의 음역이다. '암마륵(菴摩勒)', '아마락가(阿摩洛迦)'로 음역하기도 한다. 학명은 엠블리카 미로발란(Emblica Myrobalan) 또는 엠빌카 오피치날리스(Embilca Officinalis)이다. 그 과일은 맛이 시고 쓰면서 단맛이 있다. 우리나라에서는 옛날 여감자(餘甘子)라 불렀다"라고 하였다(『대당서역기교주』, 213쪽). 이로부터 우리는 『유양잡조』의 '아말(阿末)'이 『위서』의 아말려(阿末黎), 『대당서역기』의 아말라(阿末羅)의 음역일 수 있으므로, 『유양잡조』의 '아말'을 '암버그리스[용연]'를 최초로 언급한 자료라고 단정하기는 이르다. 사실 '아말'을 '안바르' 즉 암버그리스로 볼 수 있는 희미한 근거는 그것이 발발력(撥拔力)이라는 홍해 남쪽 소말리아 해안이라는 점뿐이다.

또한, 조학민(趙學敏)은 『본초강목습유(本草綱目拾遺)』, 권10, 용연향(龍涎香) 조목에서(1871년 장응창(張應昌)의 교각본, 9a~9b)에서 『유양잡조』를 인용하여 "용시(龍漦, 용의 침)가 연기를 만나면 흩어지지 않는다. 약에 넣을 때는 철기나 석고를 금기한다(酉陽雜俎云, 龍漦遇烟煤則不散. 入藥忌鐵器及石膏)"라고 하였지만, 현전하는 『유양잡조』에는 들어있지 않다.

따라서 용연향에 관한 정보는 중국 자료에서 11세기가 되어서야 정확히 인식되고 있다. 소식(蘇軾, 1037~1101), 「자홀의 [집에] 들렀더니, 새로운 생각을 내어, 산토란으로 뽀얀 쌀알 죽을 만들었는데, 그 색깔과 향이 모두 기이하고 뛰어나, 천상의 버터[酥]와 죽[酡]은 모르겠지만, 인간 세상에 이런 맛은 결코 없으리라(過子忽, 出新意, 以山芋作玉糝羹, 色香味皆奇絕, 天上酥酡則不可知, 人間决無此味也)」라는 시에서 "향은 용연과 비슷해도 하얗기가 더 진하고, 맛은 우유 같은데 아주 맑네(香似龍涎仍釅白, 味如牛乳更全清)"라고 노래했다(『동파시집주(東坡詩集註)』(사고전서본), 권8, 6b~7a). 확실히 소식은 산토란 국의 향기를 '용연'이라는 향에 비유하고 있다. 또, 소식은 「양공제의 매화 절구 10수에 다시 화운하여(再和楊公濟梅花十絕)」 중 제7수에 "분홍 꽃 심 이미 용의 침 토한 듯 되었고, 뽀얀 뺨 수달 골수로 고칠 필요 있으랴(檀心已作龍涎吐, 玉頰何勞獺髓醫)"라고 매화를 노래했다(앞의 책, 권25, 33b). 이로써 적어도 11세기 말에는 용연향의 존재를 남방의 중국인들이 알고 있었다고 짐작할 수 있다. 이후 연대를 특정할 수 있는 주거비(周去非), 조여괄(趙汝适) 등의 기록에서 상세히 알려지게 되었다.

장세남(張世南)이 1232년 편집한 『유환기문(遊宦紀聞)』(사고전서본, 권7, 5a~6b)의 문장은, 이미 폴 펠리오가 번역가 번역하면서 자료의 중요성을 언급한 바 있고(『Notes on Marco Polo』, I, 36~37쪽), 약간의 오역을 바로잡기 위해 여기에서 다시 우리말로 옮겨 둔다.

> 여러 향 중에서 용연(龍涎)이 가장 귀중하다. 광주(廣州) 시장값으로 1냥당 10만[전] 이하로 내려가지 않으며, 다음 가는 품질도 5~6만[전]이다. ⓐ[이것은] 오랑캐 나라[番中]에서는 교역을 금지하고 전매하는 물품으로 대식국(大食國)에서 난다. 가까운 바닷가에는 항상 구름 기운이 산간에 끼어있으면, 그 아래 반년 혹은 2~3년 동안 용(龍)들이 잠을 자고 있음을 알 수 있다. 현지 사람들은 번갈아 지켜보면서 운무가 흩어지기를 기다리면 용이 이미 간 것을 알 수 있다. [그곳을] 살펴보면 5~7냥 혹은 10냥 남짓의 용연을 반드시 얻는다. 지켜본 사람들의 숫자에 따라 균일하게 지급하는데, 혹 공평하지 않으면 서로 원수처럼 죽인다. ⓑ혹자는 이르기를 "많은 용이 바다의 큰 돌에 누워 도사리고 있다가 침을 토해내면, 물고기들이 그것을 삼키는데, 현지 사람들이 보고 있다가 물에 들어가 [물고기들을] 잡는다"라고 한다. ⓒ또 어떤 설에 따르면, 큰 바다 가운데 소용돌이치는 곳이 있는데, 용이 그 아래에 있으면서 그 침을 솟구치게 뿜어내면, 태양에 데워져 조각을 형성했다가 바람에 떠밀려 해안에 이르면, 사람들이 그것을 채취하여 관청에 바친다고 한다. ⓓ나는(장세남) 천주(泉州)와 광주에서 향을 배합하는 사람[合香人]에게 물어보니, "용연을 향에 넣으면, 뇌향(腦香)과 사향(麝香)의 향기를 잘 수렴하여, 수십 년이 지나도 그 향이 남는다"라고 하였다. ⓔ『영외잡기(嶺外雜記)』에 "용연은 대식(大食)에서 나는데, 그 서해에는 많은 용이 암석을 베고 잠을 자고 나면 침들이 물에 떠 있다가 쌓이면 매우 단단해지는데, 어부[鮫人]들이 그것을 채취하여, 지고의 보배로 여긴다. 갓 채취한 것은 희고, 조금 오래되면 자주색이 되고 아주 오래되면 검다. 또 일설에 따르면, '흰 것은 백약전(白藥煎)과 같지만 기름지고, 검은 것은, 다음 가는 것으로 오령지(五靈脂)와 비슷하지만, 윤기가 난다. 그 향기는 누린내[臊]에 가까우며 부석(浮石)과 비슷하지만, 가볍다'라고 한다. ⓖ혹자는 '특이한 향[異香]'이라고 한다. 혹

자는 '향기가 비리고, 뭇 향기를 발산시킬 수 있다'라고 하는데 모두 잘못이다. 향에는 원래 아무런 변화가 없고[無損益], 단지 연기를 모을 수 있을 뿐이다. 향을 조합할 때 진짜 용연을 사용하여 태우면 푸른 연기가 허공에 맺혀 흩어지지 않는데, 자리에 있는 손님들이 가위로 연기 가닥을 나눌 수 있다. 그러한 이유는 누대를 만드는 신(蜃)의 기운에 남은 힘[餘烈] 때문이다"라고 하였다. ⓕ또 일설에 따르면, "용이 바다에서 나왔다가 들어갈 때 침을 뿜어내는데, 세 가지[三品]가 있다. 하나는 범수(泛水), 하나는 삼사(滲沙), 하나는 어식(魚食)이라 한다. '범수'는 가벼워 수면에 뜨는데, 물에 능한 사람들이 용이 출몰하기를 기다렸다가 따라가며 그것을 채취한다. '삼사'는 파도에 섬으로 떠밀려 온 것으로, 응결되어 쌓인 지 몇 해가 되면서 풍우에 젖어 향기가 다 모래 속으로 들어 간 것이다. '어식'은 용들이 토한 침을 물고기들이 다투어 먹고 다시 소화해 똥으로 모래사장에 흩어지는데 그 향기가 비리고 고약하다[腥穢]. '범수'만 향에 넣어 쓰고, 나머지 둘은 [그렇게 쓸] 수 없다"라고 한다. ⓖ곡강(曲江, 광동의 곡강)의 등호(鄧灝)가 세 가지 설을 비교한 뒤에 말하기를 "여러 사람이 논한 것들이 같지 않으므로, 어느 설이 타당한지 모르겠다. 내 어리석은 생각으로, 첫 번째 설이 조금 [진실에] 가깝다"라고 하였다(諸香中龍涎最貴重. 廣州市直每兩不下百千, 次等亦五六十千. ⓐ係番中禁榷之物, 出大食國. 近海傍常有雲氣罩山間, 即知有龍睡其下. 或半載, 或二三載. 土人更相守視, 俟雲散, 則知龍已去往. 觀必得龍涎, 或五七兩, 或十餘兩. 視所守人多寡均給之, 或不平更相讐殺. ⓑ或云, 龍多蟠於洋中大石卧而吐涎, 魚聚而嗜之, 土人見, 則沒而取得. ⓒ又一說, 大洋海中有渦旋處, 龍在下, 湧出其涎, 為太陽所爍, 則成片, 為風飄至岸, 人則取之, 納官. ⓓ予嘗扣泉廣合香人云, 龍涎入香, 能收斂腦麝氣, 雖經數十年, 香味仍在. ⓔ嶺外雜記所載, 龍涎出大食, 西海多龍枕石一睡, 涎沫浮水, 積而能堅, 鮫人採之, 以為至寶. 新者色白, 稍久, 則紫, 甚久, 則黑. 又一說云, 白者如百藥煎, 而膩理, 黑者亞之, 如五靈脂, 而光澤. 其氣近於臊, 似浮石而輕. 或云, 異香. 或云, 氣腥, 能發衆香氣, 皆非也. 於香本無損益, 但能聚烟耳. 和香而用真龍涎, 焚之, 則翠烟浮空結而不散, 坐客可用一剪以分烟縷. 所以然者, 蜃氣樓

臺之餘烈也. ⓕ又一說云, 龍出沒於海上, 吐出涎沫, 有三品. 一曰汎水, 二曰滲沙, 三曰魚食. 汎水輕浮水面, 善水者伺龍出没隨而取之. 滲沙乃被濤浪飄泊洲嶼, 凝積多年, 風雨浸淫, 氣味盡滲於沙土中. 魚食乃因龍吐涎, 魚競食之, 復化, 作糞散於沙磧, 其氣腥穢. 惟汎水者, 可入香用, 餘二者不堪. ⓖ曲江鄧灝以為就三說較之後說, 頗是諸家之論不同, 未知孰當, 以愚見, 第一說稍近).

장세남은 '용연'에 관하여 지신이 듣거나 알고 있는 일곱 가지 설을 여기에 옮겨 놓고 있다. ⓐ, ⓑ, ⓒ의 설은 모두 출처를 밝히지 않았고, ⓓ는 이러한 사실을 자신이 직접 전문가에게 자문한 내용이다. ⓔ의 『영외잡기(嶺外雜記)』, 즉 『영외대답』의 설명은 앞서 인용한 바에 따르면, 그 설명 중에 "흰 것은 백약전(白藥煎)과 같지만 기름지고, 검은 것은, 다음 가는 것으로 오령지(五靈脂)와 비슷하지만, 윤기가 난다. 그 향기는 누린내[臊]에 가깝다"라는 정보는 현전하는 『영외대답』에 들어있지 않다. 이 정보는 조소(曹昭)가 1388년에 완성한 『격고요론(格古要論)』, 권중, '용연' 항목(사고전서본, 15b~16a)에 보이는 설명으로 출처를 표기하지 않았다. 이후 1520년 황성증(黃省曾)의 『서양조공전록』, 유산국(溜山國) 조목에서도, "그 누런 것은 아교와 같으며, 검은 것은 오령지 같고, 흰 것은 백약전(百藥煎) 같으며 그 향기가 비리다(其黃者如膠, 黑者如五靈脂, 白者如百藥煎, 其氣腥)"라고 하였다(『서양조공전록교주』, 77쪽). 어쨌든 장세남은 이 정보를 『영외대답』에서 인용한 것으로, 읽은 것은 분명해 보인다. 아니면 후세 사람들이 잘못 필사한 것일 수도 있다. ⓖ의 정보는 이 자료의 가치를 충분히 보여주는 거의 유일한 정보이다.

20세기 서방 학자들이 연구한 자료에 따르면, '암버그리스'의 어원이 '안바르(anbar)'임에도 불구하고, 아랍 자료에서는 상당히 늦게 그 실체가 파악되고 있다. 장세남이 소개한 ⓖ의 정보는 놀랍게도 두아르테 바르보사(Duarte Barbosa, 1480?~1521)가 기술한 것과 매우 유사하다. 바르보사는 팔랑두라(Palandura), 즉 몰디브 군도를 기술하면서 그곳 산물인 '암버그리스'에 대해 다음과 같이 기록했다. "여기서는 많은 암버그리스가 덩어리로 발견되는데, 어떤 것은 희고, 어떤 것은 회색이며 어떤 것은 검다. 나는 자주 무어인들에게 이 암버그리스가 무엇인지 묻자 대답해 주었다. 그들 사이에서는 그것이 새의 똥이라고 생각했다. 그들은 이 군도의 무인도 중에서 바다의 절벽과 바위에 사는 상당히 큰 새들이 있는데, 거기에 이 암버그리스가 떨어지며, 그곳에서 바람, 태양, 그리고 비에 그을리고 부드러워져, 크고 작은 것들이 폭풍우에 뜯겨 바다로 떨어지면 그들이 발견하거나, 아니면 둥둥 떠다니거나 고래들이 삼킨다. 폰암마르(Ponambar)라고 하는 흰 것은 바다에 있은 지 얼마 되지 않은 것으로, 가장 값이 비싸다고 한다. 회색은 바다에 오래 있어서 그 색을 띠는데, 이것도 그들은 좋게 여기지만 흰 것만큼은 못하다. 다른 것은 검고 부서졌는데, 고래가 삼켜서 검게 된 것이라고 한다. 그것은 고래가 견딜 수 없을 만큼 단단하여 그것을 몽땅 토해낸 것이다. 이것을 그들은 '민암바르(minambar)'라고 하는데, 다른 것들보다 못하다. (이것은 가볍고 향이 없다)"라고 하였다(M. L. Dames, 『The Book Of Duarte Barbosa』, II, 106~9쪽).

또한 왕운(王惲, 1227~1304)의 문집 『추간집(秋澗集)』(사고전서본, 권94)에 수록된 1263년의 『서사기(西使記)』(12a)에 이란 남단 케르만[乞里灣] 지역의 산물을 기록하면서 "살파이는 서해(西海)에서 나는데, 대모(玳瑁)의 유정(遺精)으로 상어[?蛟魚]가 그것을 먹고 토해내면, [그것이] 해가 갈수록, 응결되어 향이 되는데 그 값이 황금 같다. 가짜는 코뿔소의 똥으로 만든다(薩巴爾, 出西海中, 蓋蝳蝐之遺精, 蛟魚食之, 吐出, 年深, 結爲香, 價如金. 其假者, 即犀牛糞為之也)"라고 하였다. 정민경 씨는 「원나라 常德의 서역 使行記」라는 역주 논문에서 "蓋蝳蝐之遺精, 蛟魚食之"라는 문장을 "玳瑁의 남은 결정체를 상어가 먹고"라고 번역했는데(228쪽), 대모가 '배설한 정액'으로 번역해야 한다. 여기 '살파이(薩巴爾)'는 『해국도지(海國圖志)』에 '살팔아(撒八兒)'로 되어있다. 이 『서사기』의 기술은 앞서 본 '용연' 즉 암버그리스에 관한 중국 설명과 닮아있고, 지역적으로도 근접한다. 다만 용(龍) 또는 큰 바닷물고기가 '대모(瑇瑁)'로 바뀐 것뿐이다. 살팔아(撒八兒)를 브레트슈나이더는 '사하비리(sahabiri)' 즉 '샤흐바리(šāhbarī)'와 동일시했는데, 이는 샤흐보이(šāhoī)를 잘못 읽은 것으로, 즉 '왕의 향'으로 '암버그리스'의 페르시아어 별칭이다(『조여괄』, 237쪽). 한편 '파이(巴爾)'와 '팔아(八兒)'는 확실히 '안바르(anbar)'의 '-bar'에 대응한다. 따라서 '살(薩)' 또는 '살(撒)'자는 『영애승람』 도파르[祖法兒國], 메카[天方國]에 보이는 '엄팔아(俺八兒)'의 '엄(俺)'자를 잘못 표기했을 가능성도 크다(『Notes on Marco Polo』, I, 33~34쪽을 참고하시오).

이상으로, 11세기부터 중국에는 확실히 용연의 실체를 둘러싼 여러 설이 유전되고 있음을 확인할 수 있다. 이제 유럽의 마르코 폴로의 언급을 볼 차례이다. 그는 유럽인 최초로 '용연' 즉 암버그리스에 관한 상당히 자세하고 정확한 기술을 남겼다. 폴로는 인도에 속한 섬들로, 암버그리스, 즉 용연이 난다는 '남자의 섬'과 '여자의 섬'을 기술한 뒤에, 두 섬에서 남쪽으로 500마일 떨어져 있다고 하는 스코트라(Scotra) 섬에 이르렀다. 이 섬에서도 암버그리스가 대량으로 생산된다고 하면서 "암버그리스는 고래의 위(胃)에서 나오는데, 교역의 주요 상품이기 때문에 사람들은 미늘이 있는 쇠 작살로 고래들을 잡은 방법을 고안해냈다. 일단 작살이 몸에 박히면 다시는 빠져나오지 못한다. 긴 밧줄을 그 끝에 매어 수면에 뜨도록 작은 부표를 단다. 그렇게 하여 고래가 죽으면 어디에 있는지를 알아낸다. 그들은 고래를 바닷가로 끌고 와 위에서는 암버그리스를, 머리에서는 기름을 채취한다"라고 하였다(『The Book of Ser Marco Polo』, II, 406~407쪽).

이 밖에도 마르코폴로는 모게다쇼(Mogedaxo)와 찬기바르(Çanghibar)에서 용연향을 언급하고 있다. 1225년 조여괄의 『제번지』에 따르면, 용연은 대식국(大食國), 층발국(層拔國), 필파라국(弼琶囉國), 중리국(中理國)의 산물로 기록되어 있다. 히어트와 록힐의 추정에 따른다면, 순서대로 아랍, 잔지바르, 베르베라, 소코트라이다. 마르코폴로가 용연을 언급한 지역과 일치하며, 인도양, 아라비아해, 아프리카 동안에 해당하는 지역이다.

결론적으로, 용연(龍涎), 즉 암버그리스를 기술한 설명은 중국 자료가 가장 빠른 것으로 보인다. 하지만 가브리엘 페랑(G. Ferrand)은 아랍의 의사이자 식물학자인 이븐 알 바이따르(Ibn al-Bayṭār, 1197?~1248)의 기록에 보이는 안바르('anbar), 즉 '암버그리스'에 관한 이전 아랍 학자들의 설을 순서대로 인용하고 있는데, 먼저 이븐 하싼(Ibn Hasan, 661?~715?)의 설명을 들어, "암버(ambre)는 해양 동물의 배설물이다. 심해에서 나는 물질로, 그것을 어떤 해양 동물들이 먹고, 그 [똥이] 파도에 떠밀려 다닌다고 한다. 이 '암버(ambre)'는 목질의 결절 형태이며, 기름지고, 가벼우며 물에 뜬다. 그중에는 성글고 메마른 거의 가치가 없는 검은 것이 있다. 암버(ambre)는 향이 나며, 심장과 머리를 튼튼하게 하고, 구안와사와 심한 신물에 의한 질병에 유용하다. 이것은 향 중의 왕이다. 사람들은 불로 그것을 시험한다"라고 하였다(『Relations de voyages et textes géographiques arabes, persans et turks relatifs à l'Extrême-Orient du VIIIe au XVIIIe siècle』, 282쪽). 여기 바이따르가 인용한 이븐 하싼의 기록을 확인할 수 없지만 적어도 그의 13세기에

①우뚝 남쪽 바다 가운데 서 있는 이 섬은 해수면에 아름답게 떠

는 암버그리스의 정보가 어느 정도 있었음을 확인할 수 있다.

이어서 바이따르는 이븐 시나(Ibn Sina, 980~1037)의 설명으로, "사람들이 주장하는 바에 따르면, '암버(ambre)'는 바다에 감춰져 있다고 한다. 바다의 거품 또는 동물의 똥이라고 하는 것은 진실과 거리가 멀다. 최상의 것은 검으면서 흰색을 띠는 것으로 이것은 샬라하트(Šalāhaṭ)에서 오는데 푸르면서 노랗다. 가장 나쁜 것은 검은 것이다. 구기자, 밀랍 그리고 나무진으로 가짜를 만든다. '만드(mand)'는 검은 종으로 거의 값이 없다. 그것을 먹고 죽은 물고기 배에서 찾기도 한다"라고 하였다(앞의 출처). 이븐 시나의 기록은 확인되는 자료이므로, 적어도 11세기 초에 이러한 '암버그리스'에 관한 정보가 아랍 세계에 있었음을 알 수 있다.

이러한 중국보다 이른 기록을 간과한 폴 펠리오는 그것이 무엇인지에 관한 논란은 중국 자료로부터 시작되었으며, 이러한 용연의 실체에 관한 여러 설은 그대로 아랍의 작가들에게 전해졌고 그것이 서양으로 전해지면서 '암버그리스'는 아랍어 안바르(anbar)라는 어원 때문에 항상 호박(琥珀)을 지칭하는 암버(amber)와 혼동이 보태졌다고 추론했다(『Notes on Marco Polo』, I, 33~38쪽). 따라서 앞서본 두아르테 바르보사의 기술이 장세남(張世南)이 1232년 편집한 『유환기문(遊宦紀聞)』에서 비롯되었을 것이라는 펠리오의 추론 또는 의심은 폐기되어야 한다.

이상 '용연'이 무엇인지 중국인들이 어떻게 인식했는지를 역사적 순서에 따라 살펴보았다. 이제 용연이 난다는 섬, 즉 '용연섬'의 위치를 논의해보자. 이 섬을 제일 먼저 언급하고 기술한 왕대연의 『도이지략』의 설명에는 아무런 단서도 없다. 따라서 이 섬의 위치를 추적할 수 있는 단서는 『성사승람』의 4권본의 기록이 유일하다. 바로 "[이 섬을]멀리서 바라보면, 남무리(南巫里) 바다에 홀로 서 있는데, 사무드라[소문답랄]에서 서쪽으로 하루 밤낮의 거리에 떨어져 있다(望之獨峙南巫里洋之中, 離蘇門答剌西去一晝夜程)"라고 한 것이다. 또 저본인 천일각본에서는 "사무드라[蘇門]의 시장에서 판다(⑤)"라고 했으므로 용연섬은 수마트라에서 서쪽으로 24시간 항해해 가야 하는 곳, 소위 '람브리[남무리]의 바다'에 있다고 정리할 수 있다. '소문답랄'을 공통된 견해로 사무드라로 놓고 본다면, 여기 4권본에서 말하는 '서쪽'은 더 정확하게 '서북쪽'이 되어야 한다.

이 4권본의 정보에 따라, 흐루너펠트(Groeneveldt)는 1876년 『말레이군도와 말라카에 관한 기록(Notes on the Malay Archipelago and Malacca)』에서 비신

서, 파도가 치면 운무가 피어난다. ②매년 봄에 이르면, 여러 용이 그

의 텍스트를 번역하며 "이 섬은 풀로 와이 또는 그 인근에 있는 더 작은 섬"으로 확신했고(100쪽), 1885년 조지 필립스(George Phillips)도 이에 따라 풀로 와이(Pulo Way)로 추정했다(「The seaports of India and Ceylon」, 『JCBRAS』, XX, 221쪽). 한편 1914년 후지타 도요하치는 『도이지략교주』에서 풀로 브라스(Pulo Bras)로 확인했다(『도이지략역주』, 70쪽). 이듬해 록힐은 "이 용연서는 풀로 브라스(Pulo Bras) 또는 풀로 론도(Pulo Rondo)의 남쪽으로 20마일에 있는 람푸장(Lampujang)"으로 생각했다(『통보』, 1915, 158쪽). 이상의 설들을 종합한 폴 펠리오는 풀로 브라스로 보는 것이 타당하다고 결정지었다(『Notes on Marco Polo』, I, 37쪽). 이상 용연서를 둘러싼 자세한 논의는 역자의 『도이지략교주』, 69~73쪽을 참고하시오.

하지만 4권본에서 언급한 남무리(南巫里)는 왕대연의 책에서 별도의 조목으로 보이는데, 그곳 산물에 용연은 보이지 않는다. 또한 이 남무리는 마환이 기록한 남발리(南浡里)로 역시 용연을 언급하지 않고 있다. 용연을 내다 판다는 '소문(蘇門)' 즉 사무드라[소문답랄]도 왕대연과 마환이 별도의 항목으로 기술하고 있지만 '용연'을 언급하지 않았다. 우리는 4권본에만 언급된 위치 정보와는 전혀 다른 곳에서 용연이 나는 섬[용연서]을 찾아야 할지도 모른다.

마르코폴로가 용연이 나는 섬으로 특기하고 있는 스코트라(Scotra), 즉 소코트라섬은 지도상 아덴만 입구에 서 있는 섬으로 동서양 항해 루트의 중요한 거점임에 분명하다. 이 섬은 조여괄의 『제번지』에서 중리국(中理國)으로 기술된 바 있다. 그러나 매우 이상하게도 14세기 15세기의 중국 자료에는 이 소코트라를 기술한 흔적이 전혀 발견되지 않는다. 또한 암버(amber), 즉 호박(琥珀)과 암버그리스를 의미하는 아랍어 안바르(anbar) 사이의 혼용이 있지만, 펠리오 씨는 15~16세기 아랍의 선원들도 '자지라트 알-안바르(Jäzīrät al-'anbar)', 즉 용연서를 알고 있었다. 1554년에 터키 제독 시디 알리 샬라비(Sīdī 'Alī Čäläbī)의 기록에는 코마르섬의 동쪽 바깥으로 용연의 섬(île de l'Ambre)이 언급되어 있고(G. Ferrand, 『Relations de voyages et textes géographiques arabes, persans et turks relatifs à l'Extrême-Orient du VIIIe au XVIIIe siècle』, 537쪽), 또 마다가스카르섬 북단에는 '용연곶(cap d'ambre)'이 보이며, '일 담브르(Ile d'Ambre)'라는 명칭이 18세기에 마다가스카르섬 동쪽 모리셔스 인근의 작은 섬에 적용되었다고 한다(『Notes on Marco Polo』, I, 38쪽). 여기 언급된 섬들은 모두 아프리카 중부 동안

위에 모여 서로 놀다가 침을 남긴다. ③원주민들은 나무로만 만든 배를 타고[駕] 이 섬에 와서 [용연을] 채취하여 돌아간다. 풍랑을 만나기라도 하면 사람들은 모두 바다로 들어가 한 손으로 배 옆을 잡고, 한 손으로는 물을 저어 해안에 이른다. [①獨然南立海中, 此嶼浮艷海面, 波擊雲騰.[2] ②每至春間, 羣龍所集於上交戲, 而遺涎沫. ③番人乃駕[架]獨木舟登此嶼[3], 採取而歸. 設遇風波, 則人俱下海, 一手附舟傍, 一手揖水而至岸也.]

④이 용연은 처음에는 기름진 아교 같고, 색은 검고 누렇다. 약간 생선 비린내가 있고, 오래되면 큰 진흙[덩어리]처럼 된다. 혹 큰 물고기 배를 갈라 꺼내기도 하는데, 말[斗]만큼 큰 둥근 구슬 같으며, 역시 물고기 비린내가 나지만, 그것을 섞어 태우면 나는 맑은 향이 아주 좋다. ⑤사무드라[蘇門]의 시장에서 파는데, 값 또한 싸지 않다. 중국 저울로 1냥은 그 나라의 금전 12개이고, 1근은 금전 192개에 해당하며, 중국 동전으로는 4만 9천 문(文)이니 매우 비싸다. [④其龍涎初若脂膠,

---

에 있는 섬들로 용연의 산지로 잘 알려진 곳이다.

2) 저본인 천일각본의 이 문장[波擊雲騰]에 관하여, 펑 청쥔 씨는 "원본(나이지본)에는 '被擊云滕'으로 되어있고 경본(景本, 천일각본)에는 '**彼繫云騰**'으로 되어있어, 주당면의 『국조전고』에 따라 나이지는 '波激雲騰'으로 고쳤다"라고 교정사항을 밝혔다. 하지만, 펑씨의 교정원문은 천일각본에 따라 '波擊雲騰'으로 되어있다. 펑씨가 천일각본을 '**彼繫云騰**'이라고 읽은 것은 분명 오류이다. 등사룡의 『국조전고』본에 '**彼繫云騰**'로 되어있다(2080쪽). 여기서는 우리의 저본인 천일각본을 그대로 따르는 것이 맞다.

3) 저본의 '가(架)'자는 나이지본과 『국조전고』 모두 같은 글자를 보여준다. 하지만 4권본인 『고금설해』에서는'가(駕)'자로 되어있음을 확인할 수 있다. 이를 근거로 후지타 도요하치는 '가(架)'자를 '가(駕)'자로 읽었다(『도이지략교주』, 14쪽). 문맥상 더 유리하다는 점에서 저본의 원문을 '가(駕)'자로 바꾼다.

黑黃色. 頗有魚腥之氣, 久則成就大泥.[4] 或大魚腹中剖出, 若斗大圓珠, 亦覺魚腥,[5] 間焚之, 其發清香可愛. ⑤貨於蘇門之市, 價亦非輕, 官秤一兩, 用彼國金錢十二個, 一斤該金錢一百九十二個, 準中國銅錢四萬九千文, 尤其貴也.[6]]

⑥시로 노래한다[詩曰].

하나의 평평하고 모난 암석에[7]	一片平方石,
뭇 용들이 멋대로 왔다 갔다 하네.	羣龍任往還.
몸은 하늘 위로 솟구쳐서	身騰霄漢上,

4) 펑 청쥔 씨의 교정 주석에 따르면, '대니(大泥)'가 주당면의 『국조전고』에는 '대괴(大塊)'로 되어있다고 한다. 하지만 등사룡의 『국조전고』에는 '대니'로 되어있다.

5) '성(腥)'자는, 펑 청쥔 씨의 교정사항에 따르면 나이지본 '성(鯹)'자로 되어있다고 밝혔지만, 역시 같은 의미의 글자이므로 논의할 바가 아니다.

6) ⑤의 문장을 후지타 도요하치는 "貸於蘇門答剌之市, 官秤一兩, 用彼國金錢十二個, 一斤該金錢一百九十二個, 准中國銅錢四萬九千文, 尤其貴也"(『도이지략교주』, 14쪽)라고 인용했다. 후지타 씨는 확실히 주당면의 『국조전고』본에 따라 옮긴 것으로 추정된다. 하지만 '대(貸)'자는 '화(貨)'자가 잘못 인쇄된 것이고, 다른 사본에서 공통적으로 보이는 '소문(蘇門)'을 '소문답랄(蘇門答剌)'로 표기한 것은 후지타 씨가 '답랄'을 더 보충한 것일 것이다. 문제는 저본의 '사만구십문(四萬九千文)'이 등사룡의 『국조전고』에는 '사만구십문(四萬九十文)'으로 되어있다는 점이다. 또한 나이지본을 따르고 있는 펑 청쥔 씨도 교정문에서 '천(千)'자 대신에 '십(十)'자를 선택했다. 하지만 뒤에 옮겨 둔 『고금설해』에는 '사만'을 빼고 '구천(九千)'으로 되어있으므로, '사만구천문'으로 읽어야 할 것이다.

7) 이 구[一片平方石]의 정보는 용들이 한 조각 평평하고 사각의 암석 위에서 멋대로 왔다 갔다 하는 모습을 형용한 표현으로, 하나의 암석을 의미하는 것이 아니라, 섬 전체를 가리키는 것으로 읽어야 한다. 그렇다면 이 정보는 앞의 원문에서 확인되지 않는다. 섬이 위가 평평하고 사각형이라는 기술은 사실 왕대연의 『도이지략』에 언급되었다. 따라서 『성사승람』의 시편들이 비신 자신이 지은 것이 아닐 수도 있다는 점에서 주목할만하다.

바다 파도 사이에서 서로 장난치네.	交戲海波間.
토해낸 침을 사람들이 다투어 채취하는데,	吐沫人爭取,
배를 끌어가는 길은 험난하네.	挐舟路險難.
변방의 오랑캐가 일찍이 조공한 것을 보시고	邊夷曾見貢,
기쁘게 웃으시며 천자의 얼굴을 움직이시네.	歡笑動天顏.[8]

『고금설해』(사고전서본, 권19, 3a~3b)[3-3] 용연섬[龍涎嶼]
①[그 섬을] **바라보면 남무리 바다[南巫里洋]** 가운데 홀로 서 있으며, **사무드라[소문답랄]에서 서쪽으로 하루 밤낮의 거리 [程]**에 떨어져 있다. 이 섬은 해수면에 떠 있어, 파도가 쳐 구름처럼 피어오른다. ②매번 봄철이면 뭇 용들이 모여 그 위에서 서로 놀며 침을 남긴다. ③원주민들은 나무로만 만든 배를 타고 이 섬에 올라 [용연을] 채취하여 돌아간다. 풍랑을 만나기라도 하면 사람들은 모두 바다로 들어가 한 손으로 배 옆을 잡고, 한 손으로는 물을 저어 해안에 이른다. ④용연은 처음은 아교처럼 검고 누런 색이며, 약간 물고기 비린내가 나고, 오래되면 큰 덩어리가 된다. 혹 큰 물고기[大魚]의 배를 갈라 꺼내기도 하는데, 말[斗]만큼 크고 역시 물고기 비린내가 나지만, 태우면 맑은 향이 좋아할 만하다. ⑤소문답랄의 시장에서 파는데, 중국 저울로 1냥은 그 나라의 금전 12개이고, 1근은 금전 192개에 해당하며, 중국 동전으로는 9천 개를 기준으로 삼으니 가격 또한 싼 것이 아니다.
①**望之獨峙南巫里洋之中**, 離蘇門答剌西去一晝夜程. 此嶼浮灩海面, 波激雲騰. ②每至春間, 羣龍來集, 於上交戲, 而遺涎沫. ③番人挐駕獨木舟, 登此嶼, 採取而歸. 或風波, 則人俱

8) '환(歡)'자는 나이지본과 『국조전고』본 모두 '환(懽)'자로 되어있다. 두 글자는 같은 의미의 이체일 뿐이다.

下海, 一手附舟旁, 一手揖水而至岸. ④其龍涎初若脂膠, 黑黃色, 頗有魚腥氣, 久則成大塊. 或大魚腹中刺出, 若斗大, 亦覺魚腥, 焚之清香可愛. ⑤貨於蘇門答剌之市, 官秤一兩, 用彼國金錢十二箇, 一斤該金錢一百九十二箇, 准中國銅錢九千箇, 價亦非輕也.

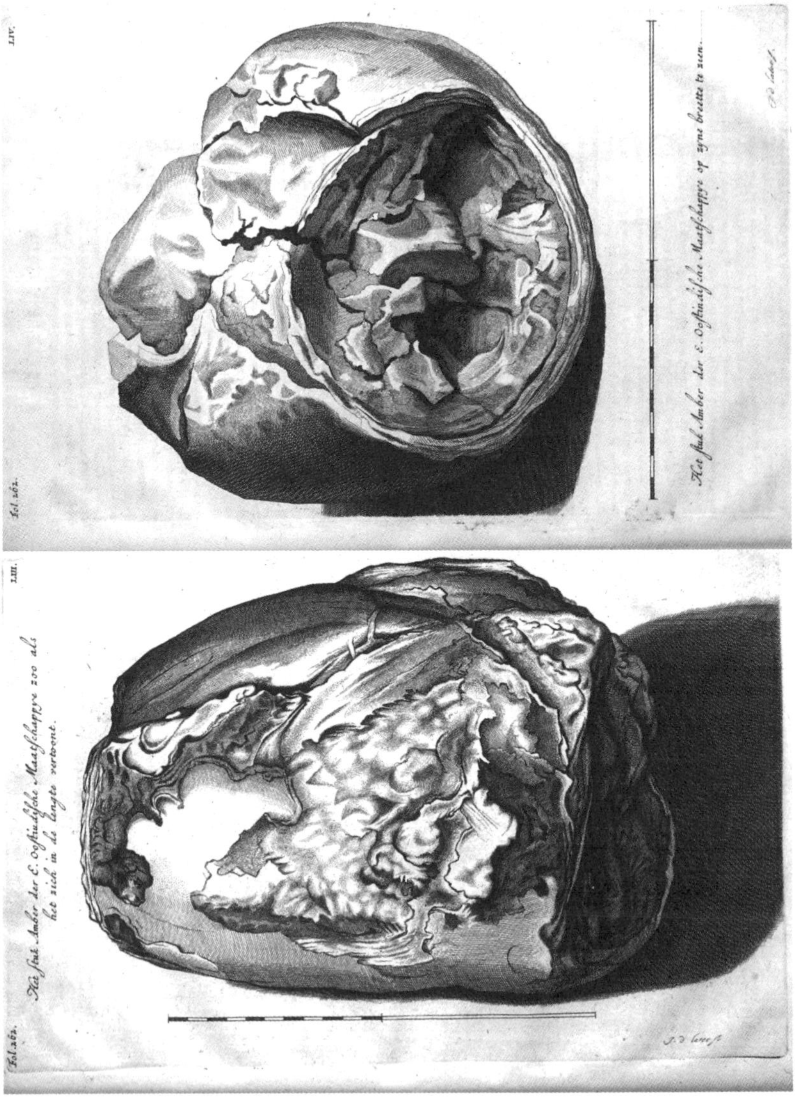

용연(龍涎). Georg Eberhard Rumpf(1627~1702), 『D'Amboinsche rariteitkamer』, Amsterdam, 1741. Fol.262.

15. 니코바르 군도[翠藍嶼][1]

1) 비신의 '취람서(翠藍嶼)'를 마환은 『영애승람』 석란국(錫蘭國) 조목 앞부분에 붙여 기술하고 있는데, 마환은 '취람산(翠藍山)'으로 기록했다. 취람[tsʰwi-lam](翠藍)이라는 섬은 『도이지략』에서 기술되지 않았다. 마환의 『영애승람』에는 실론 왕국[錫蘭國] 조목에서, 실론으로 가기 전에 한 단락으로 삽입되어있다. 취람서(翠藍嶼) 또는 마환의 취람산(翠藍山)이란 명칭은 확실히 15세기 이후의 기록에서 나타난다. 이전 『대당서역구법고승전』에 보이는 '나인국(裸人國)'과 『대당서역기』에 기술된 '나라계라주(那羅稽羅洲)'와의 연관성에 관해서는 『영애승람교주』 석란산(錫蘭山) 조목을 참고하시오.

이 섬의 사람들은 석가모니의 저주를 받아 옷을 입지 못하고 나체로 산다는 점은 13세기 말 바다를 통해 귀국하는 마르코 폴로의 기술에 보이는 '네쿠베란(Necuveran)'섬의 사람들과 유사하다. 수마트라섬을 떠나 실론으로 가는 여정이고, 네쿠베란섬 다음으로 안다만 제도를 지칭하는 안가만(Angaman)을 기술하고 있으므로, 지리적으로도 부합한다. 마르코 폴로는 다음과 같이 기술했다(『The Book of Ser Marco Polo』, II, 304쪽).

> (소)자바섬과 람브리(Lambri) 왕국을 떠나, 북쪽으로 약 150마일(241km)을 가면 두 섬에 이르는데, 그중 하나를 '네쿠베란(Necuveran)'이라 부른다. 이 섬에는 왕이나 추장도 없이 짐승들처럼 산다. 그들은 남자 여자 모두 알몸으로 다니며 어떤 종류의 얇은 천도 걸치지 않는다. 그들은 우상숭배자들이다. 그곳에는 자단(紫檀), 인디언 넛, 정향, 소방목 그리고 잡다한 다른 종들처럼 귀하고 값비싼 모든 나무가 있다.

여기 '취람'이란 섬을 마르코 폴로의 '네쿠베란'에 대응시킬 만하다. 조지 필립스(Geo. Phillips)는 「마환의 벵갈라 왕국에 관한 기술(Mahuan's Account of the Kingdom of Bengala)」라는 논문에서 "나는 취람(翠藍)이 니코바르(Nicobar)에 중국인이 부여한 명칭이라고 생각한다. 의문의 이 명칭은 마르코 폴로가 이 군도에 부여한 노쿠에란(Nocueran)이 변형되었다는 점에 거의 의문이 없다. '취람'은 아모이[하문]어로 [Chʻui-lan]으로 발음되는데, '쿠에란(Cueran)'으로 되기 쉽다. 중국인들은 [노쿠에란]의 첫음절을 빼고 '쿠에란 군도'로 불렀다"라고 하였다(『The Journal of the Royal Asiatic Society of Great Britain and Ireland』, 1895, 529쪽).

취람의 샤먼어 발음은 [tsʰui-l|nam]으로 'no' 또는 'ne'를 빼고 발음했을 가능

성은 적다. 제리니(G. E. Gerini)의 고증에 따르면, 니코바르(Nicobar)는 '니코'의 어원인 '낙카(Nakka)'는 '옷을 벗은'이란 의미이고 '바르'의 어원인 바람(varam)은 '옷'을 의미하는 단어의 변형일 것이다(『Researches On Ptolemy's Geography Of Eastern Asia』, 380~384쪽). 따라서 '노쿠에란' 또는 네쿠베란(Necuveran)의 '노쿠' 또는 '네쿠'는 '옷을 벗은' 의미인 '낙카(Nakka)'의 변형이고, '베란(veran)'은 '옷'을 의미하는 '바람(varam)'에 해당하는 것으로 봐야 한다. 그러므로 필립스가 '노쿠에란'의 표기는 잘못된 선택으로 생각한다.

'취람'이란 명칭은 마르코 폴로의 '네쿠베란'에서 나오지 않았을 것이다. 왜냐하면 마환은 『영애승람』 석란국 조목에서(『영애승람교주』, 34쪽) "사람들이 '출란오'라고 하는 곳이 바로 이곳이다(俗言出卵塢, 卽此地也)"라고 했기 때문이다. 출란[tɕʰwi-luɑn](出卵)은 취람과 거의 같은 발음이다. 또한 '취람'이 의역 명칭이 아니라 현지의 발음을 그대로 음역한 표기임을 알 수 있다. 반면, 1050년경 탄조레 비문에는 나카바람(Nakkavāram), 라시드 웃딘은 라콰람(Lakwaram), 오도릭은 니코베란(Nicoveran), 1510년 바르보사는 '니콘바르(Noconbar)'라고 표기했다(『Hobson-Jobson』, 625쪽). 모두 첫음절은 빠뜨리지 않고 있음을 알 수 있다.

이상으로부터 우리는 '취람'과 '네쿠베란' 사이의 연관성을 찾기 어렵다. 현재로서는 지리적 일치도에 따라 '취람'을 니코바르 군도로 볼 수밖에 없을 것 같다. 마환은 실론으로 가는 경로에 있는 니코바르(안다만 포함)제도에 상륙하지 않고 전하는 말을 기록으로 옮겼을 가능성이 짙지만, 비신의 증언은 확실히 이 니코바르제도의 한 섬에 표류했다는 언급이 있다. 비신도 '취람'이라 한 것은 이전의 표기를 따른 결과라고 추측할 수밖에 없다.

마환은 "모산(帽山) 남쪽에서 대양으로 나가 순풍에 동북쪽으로 3일을 가면 바다 가운데 취람산(翠藍山)이 보인다. 그 산은 3~4개 좌(座)로 되어있고, 산 한 개가 가장 높고 큰데, 그곳 사람들은 '안독만(按篤蠻, 안다만)' 산이라고 한다. 그곳의 사람들은 동굴에 깃들어 사는데 남녀 모두 나체이며 약간의 실도 없어 짐승처럼 생겼다. 땅에서는 쌀이 나지 않고 산토란[山芋], 잭푸르트[波羅蜜], 바나나[芭蕉子]를 먹으며 혹은 바다에서 물고기와 새우를 잡아먹기도 한다. 사람들이 전하는 말에 따르면, 몸에 약간의 천만 걸쳐도 부스럼이 생긴다고 한다. 옛날 석가불(釋迦佛)이 바다를 지나며 이곳 해안에 올라 옷을 벗고 씻었는데 그 사람들이 그의 옷을 훔쳐 숨겨 버렸다. 이에 석가(釋迦)의 저주를 받아 지금까지 사람

①크고 작은 이 섬[山]에는 일곱 개의 문(門)이 있어, 그 가운데로 배가 지나다닌다. ②전하는 소문에, 석가모니가 이 섬을 지나면서 물에서 목욕했는데, 그들이 가사(袈裟)를 훔쳐 가, 석가모니가 "뒤에 옷을 입는 자는 반드시 피부와 살이 문드러질 것이다"라고 서원했다. 그 때문에 이곳 남녀들은 머리털을 깎고 옷이 없이, 단지 나뭇잎을 엮어 앞과 뒤를 가린다고 한다. ③미곡도 없고, 단지 바다에서 그물을 쳐 물고기와 새우를 잡고, 바나나, 야자를 먹는다. ④그러나 이러한 말을 듣고 크게 믿지는 않았지만, 그곳을 왕래하면서도 이 섬 아래에는 정박하지 않았다. [①其山大小有七門,[2] 中可行船. ②傳聞釋迦佛經此山, 浴於水, 被竊其袈裟, 佛誓云,[3] 後有穿衣者, 必爛皮肉. 由此男女削髮無衣, 僅有樹葉紉結而遮前後. ③米穀亦無, 惟在海網捕魚蝦, 及蕉·榔[椰]子之爲食啖也.[4] ④然聞此語, 未可深信. 然其往來, 未得泊其山下.]

들은 옷을 입지 못한다고 한다. 민간에서 '출란오(出卵塢)'[또는 출란서(出卵嶼)]라고 하는 곳이 바로 이곳이다(自帽山南放洋, 好風向東北行三日, 見翠藍山在海中. 其山三四座, 惟一山最高大, 番名桉篤蠻山. 彼處之人巢居穴處, 男女赤體, 皆無寸絲, 如獸畜之形. 土不出米, 惟食山芋·波羅蜜·芭蕉子之類, 或海中捕魚蝦而食. 人傳云, 若有寸布在身, 卽生爛瘡. 昔釋迦佛過海, 於此處登岸, 脫衣入水澡浴, 彼人盜藏其衣, 被釋迦呪訖, 以此至今人不能穿衣, 俗言出卵塢, 卽此地也)"라고 하였다(『영애승람교주』, 34쪽).

2) 『고금설해』본에는 이 문장[其山大小有七門] 앞에 "이 산[섬]은 용연서(龍涎嶼)의 서북쪽에서 5일 밤낮의 거리에 있다(其山在龍涎之西北五晝夜程)"라는 문장이 더 들어있다. 이는 나이지가 주석한 바이기도 하다.

3) 펑 청쥔 씨는 '서(誓)'자가 나이지 필사본에 '誓'자로 되어있고, 천일각본에는 '세(勢)'자로 되어있어, 『국조전고』에 따라 고쳤다고 하였다. '誓'자는 '서(誓)'자의 이체자로 보면 될 것이고, 천일각본에도 분명히 '서(誓)'자로 되어있다. 이는 『고금설해』에서도 확인할 수 있다.

4) 천일각본의 '낭(榔)'자는 『국조전고』, 『고금설해』, 나이지본에 따라 '야(椰)'자로 고치는 것이 맞다. 펑 청쥔 씨는 "이 섬은 먼저 의정(義淨)의 『대당서역구법고승

⑤선덕(宣德) 7년, 임자(壬子, 1432), 10월 23일 풍우가 순조롭지 못하여 우연히 이 섬에 이르러, 사흘 밤을 정박했다. 섬의 사람들이 나무로만 만든 배[獨木舟]를 타고 와서 야자열매를 교역했는데, 배에 타고 있는 남자와 부인들이 과연 이전에 말한 바와 같아 그제야 틀리지 않았음을 알게 되었다. [⑤宣德七年壬子十月二十三日, 風雨水不順, 偶至此山, 泊繫三日夜. 山中之人駕獨木舟來貨椰實, 舟中男婦果如前言, 始知不謬矣.]

⑥시로 노래한다[詩曰].

넓고 큰 니코바르 섬	浩蕩翠藍嶼,
밀림은 무성하여 성글지 않네.	叢林茂不疎.
사람 모습 금수와 같고,	人形眞獸類,[5]
야자열매 거친 박과 같네.	椰實似瓜麤.[6]
허리는 풀로 가려 겨우 입었고,	腰掩草微有,
머리는 털을 밀어 전혀 없네.	頭髡髮竟無.
몇 번 붓을 휘둘러 쓰지만	幾番揮筆寫,
기록은 해도 그릴 수는 없네.	堪記不堪圖.

전(大唐西域求法高僧傳)』, 권하에 보이는데, '나인국(裸人國)'이라 하였고, 『영애승람』에서는 '나형국(裸形國)'으로 되어 석란(錫蘭) 조목에 부기(附記)되어 있다"라는 주석을 달고 있다. 이 주석에는 약간의 오류가 있다. 의정(義淨)의 나인국(裸人國)=마환의 나형국(裸形國)이라는 등식은 성립하지 않는다. 적도 위 아래로 나체로 다니는 나라는 한두 곳이 아니다. 또한 마환은 표제에서는 '석란국·나형국'이라 했지만, 석란국(錫蘭國) 조목 앞에서 이 나라에 이르기 전에 있는 '취람산(翠藍山)'을 기술하고 있을 뿐인데, 해당 기술에서 '나형국'이란 언급은 전혀 보이지 않는다.

5) '진(眞)'자는 『국조전고』본에만 '기(其)'자로 되어있다. 시구에 어울리지 않는 것은 아니다.

6) '사(似)'자는 『국조전고』본에만 '이(以)'자로 되어있다.

『고금설해』(사고전서본, 권19, 3b~4a)[3-4] 니코바르 왕국[翠藍嶼]

이 섬[山]은 용연섬의 서북쪽에서 5일 밤낮으로 [항행하는] 거리에 있다. ①크고 작은 일곱의 해협[門]이 있고, 그들 해협 안쪽으로 배가 지나갈 수 있다. ②전하는 소문에, 석가불이 옛날 이 섬을 지나며 물에서 씻을 때 [사람들이] 그의 가사(袈裟)를 훔쳐 가 버렸다. 붓다는 서원하며 "훗날 옷을 입는 자가 있으면 반드시 그 피부가 문드러질 것이다"라고 했다. ③곡물이 없고, 바다에 들어가 물고기와 새우를 그물 쳐 잡거나 바나나와 야자를 심어 식량으로 삼을 뿐이다. ④그러나 배들이 지나면서도 이 섬 아래 정박한 적이 없었다. ⑤선덕(宣德) 임자년(1432) 10월 22일, 바람에 파도가 순조롭지 못하여 우연히 이 섬에 이르러 사흘을 정박했다. 섬의 사람들이 나무로만 만든 배[獨木舟]를 타고 야자를 팔러 왔는데, 배 안의 남자와 여자들이 과연 이전에 말한 바와 같았다.

其山在龍涎之西北五晝夜程. ①大小七門, 門中皆可過船. ②傳聞釋迦佛昔經此山, 浴於水, 被竊其袈裟. 佛誓云, 後有穿衣者, 必爛其皮肉. 由此男女今皆削髮無衣, 止用樹葉紉結而遮前後. ③米穀亦無, 惟下海網魚蝦, 及種芭蕉·椰子爲食. ④然船去, 未嘗得泊山下. ⑤宣德壬子十月二十二日, 因風水不, 偶至此山, 泊繫三日夜. 山中之人駕獨木舟來貿椰實, 舟中男婦果如前言.

16. 실론 왕국[錫蘭山國][1)]

1) 석란[siek-lan]산(錫蘭山)의 '산(山)'자는 섬을 뜻하는 글자로, 실론섬을 가리킨다. 마환은 『영애승람』에서 '산(山)'자 없이 '석란국(錫蘭國)'으로 표기했다. 실론섬은 '타프로바네(Taprobane)'라는 이름으로, 기원전 4세기 그리스 역사가로, 시리아에서 인도에 사신으로 왔던 메가테네스(Megasthenes)는 『인디카(Indika)』라는 저술의 한 파편에서 "타프로바네는 본토에서 강물로 인해 분리되었다. 현지 사람들은 '팔라이오그노이(Palaiognoi)'라고 부르며, 이들 나라는 인도보다 많은 금과 큰 진주들을 생산한다"라고 하였다. 이에 대해 맥 크린들(John Watson McCrindle)은 다음과 같이 설명을 붙였다. "이 섬은 여러 이름으로 알려졌다. 1) 랑카(Lanka)-산스크리트어에서 나온 이 유일한 명칭은 그리스 로마인들에게는 알려지지 않았다. 2) 시문두(Simundu) 또는 팔레시문두(Palesimundu)-아마도 산스크리트어 팔리-시만타(Pāli-Simanta)의 그리스어 형태일 것이다. 이 명칭은 프톨레마이오스 시기 전에 사용되었다. 3) 타프로바네(Taprobane)-산스크리트어 탐라파르니(Tāmraparṇi, '붉은 잎의' 또는 '구리색 모래'라는 의미), 팔리어 '탐바판니(Tambapaññi)'의 약간 변형된 형태로 추정되는데, 이 명칭은 기르나르(Gīrnār) 바위에 새겨진 아쇼카(Aśoka) 왕의 비문에서 발견된다. 4) 살리스(Salice, 아마도 정확히는 'Saline'일 것임), 세렌디부스(Serendivus), 시를르디바(Sirlediba), 세렌디브(Serendib), 세일란(Zeilan), 실론(Ceylon)는 모두 '사자의 서식지'라는 의미인 '싱할라(Siñhala)'의 팔리어 형태인 싱알라(Siñala)로부터 나온 것으로 생각된다. 접미사 '디브(dib)'는 산스크리트어 '섬'을 뜻하는 '드위빠(dvīpa)'에 해당한다"(『Ancient India as described by Megasthenês and Arrian』(London, 1877, 62쪽).

한편, 율은 『영국-인도 용어사전』에서 362년경 스리랑카를 설명하는 라틴어 문장을 인용하고 있는데, '세렌디비스(Serendivis)'를 언급하고 있다(181쪽). '디비스'는 섬을 의미하므로, 그곳의 명칭이 '세렌(Seren)'이라는 말이다. 이 '세렌'은 실론(Ceylon)을 연상시킨다. 이 '세렌'의 어원을 율(Yule)은 '신할라(Sinhala)' 또는 '시할라(Sihala)'로 추정하고 있는 것 같다. 이 '신할라'는 '사자의 서식지'라는 의미이므로 중국 문헌에서는 법현(法顯)의 책에서부터 '사자국(師子國)'으로 의역해 사용했다. 또 이 신할라를 음역하여 승가라(僧伽羅), 승하라국(僧訶羅國), 사하라국(私訶羅國)으로 지칭한 예도 보인다. 율에 따르면, 신할라 또는 시할라에 '섬'을 뜻하는 드위빠(dvipa)라는 말을 붙여 '시할라드위빠(Sihala-dvipa)'

①이 나라는 땅이 넓고 인구가 조밀하며, 산물이 각처에서 모여 자바[爪哇]에 버금간다. ②나라에는 높은 산들이 있는데, 하늘을 찌를 듯한 산맥들이다. 산 정상에서는 청미반석(靑美盤石), 노란 야쿠트 보석[黃鴉鶻石], 청홍의 보석[靑紅寶石]이 나는데, 큰비가 내릴 때마다, 산 아래로 부딪치며 흘러내려 모래 속에서 찾아 줍는다.[2] [①其國地廣人

라는 명칭이 생겨났고, 이 명칭은 코스마스(Cosmas)에서 '시에레디바(Σιελεδίβα)'로 전해지고 있다고 하였다. 이 명칭이 『원사』에는 '신합납적음(新合納的音)', '신합납첩음(信合納帖音)', '성합랄적위(星哈剌的威)' 등으로 음역되었고, 후한(後漢)의 지루가참(支婁迦讖)이 번역한 『잡비유경(雜譬喩經)』의 '사하첩국(私訶疊國)', 후한 시기 역자를 알 수 없는 사람이 번역한 『잡비유경(雜譬喩經)』의 '사하결국(私訶絜國)', 『태평어람』 권932에 인용된 지승재(支僧載)의 『외국사(外國事)』, 『수경주』 권2에 인용된 축지(竺芝)의 『부남기』와 『유양잡조』의 '사하조국(私訶條國)'으로 표기되기도 하였다.

또 시할라는 팔리어로 '시할란(Sihalan)'이라 하는데, 여기에서 [h] 발음이 탈락하고 아랍의 선원들이 사란디프(Sarandīp)와 사란디브(Sarandīb)가 형성되었고, 이어서 '실란(Silan)'으로 축약되었다고 추정했다. 이러한 명칭들은 『영외대답』과 『제번지』에서 '세란(細蘭)'으로 음역되었고, 『제번지』 세란 조목에 보이는 '세륜첩(細輪疊)', 『송사·주련전』의 '실란지(悉蘭池)'와 '서란산(西蘭山)', 『대덕남해지』의 '세람(細藍)', 『영애승람』의 석란(錫蘭), 『성사승람』, 『정화항해도』, 『명사』에 보이는 '석란산(錫蘭山)', 『순풍상송(順風相送)』의 '색란산(色蘭山)', 『해국문견록(海國聞見錄)』의 '서륜(西侖)', 『해록』의 '서령(西嶺)' 등이 모두 여기에서 출발하고 있다. 한편 마르코 폴로의 '세일란(Seilan)', 라시드 앗 딘의 '실란(Sílán)', 오도릭의 '실란(Sillan)', 이븐바투타의 '사란디브(Sarandīb)'와 '세일란(Ceylan)', 마리뇰리의 '세인란(Seillan)', 니콜로 데 콘디의 '세일람(Zeilam)', 바스쿠 다 가마의 '실람(Cillam)', 드 바르보사의 '세일람(Ceylam)'과 지금까지 알려진 실론(Ceylon) 등이 모두 같은 명칭에서 비롯되고 있음을 알 수 있다. 이밖에 실론에 관한 자세한 사항들은 『영애승람역주』의 해제를 참고하시오.

2) 실론은 진주 이외의 보석이 많이 나는 나라로, 이미 법현의 5세기 초에도 언급되었다. 법현은 "진귀한 보석, 진주, 옥이 많이 난다. 마니주(摩尼珠)가 나는 땅도 있는데, 사방 약 10리이다(多出珍寶珠璣. 有出摩尼珠地, 方可十里)"라고 하였고

稠,[3] 貨物各聚,[4] 亞於爪哇. ②國有高山, 參天之叢山. 山頂產有青美盤

(『불국기(佛國記)』, 사고전서본, 34a~b), 7세기 중반의 현장(玄奘)은 실론을 직접 방문하지는 않았지만, "이 나라는 원래 보물섬[寶渚]으로, 진귀한 보물과 사는 귀신들이 많다(此國本寶渚也, 多有珍寶, 棲止鬼神)"라고 기록하고 있다(『대당서역기교주』, 868쪽).

세상에서 가장 큰 섬으로 소개하고 있는 마르코폴로는 "이 섬에는 다른 어느 곳에서도 나지 않는 루비가 난다는 것을 알아야 한다. 사람들은 그곳에서 사파이어, 토파즈, 자수정을 비롯한 많은 다른 값비싼 보석들을 캐낸다"라고 기술하고 있다(『The Book of Ser Marco Polo』, II, 313쪽).

반세기 뒤인 1488년 실론섬에 도착한 이븐바투타는 섬에서 나는 루비에 관하여 "'알바흐라만(albahramān, 루비 또는 석류석)'이라는 놀라운 보석들은 이 도시에만 있다. 이것 중에는 만(灣)에서 나는 것이 있는데, 현지인들의 눈에는 이것들이 가장 값이 비싼 것들이다. 다른 것들은 땅에서 캐내는 것들이다. 사람들은 실론섬 전역에서 보석들을 찾을 수 있다. 이 나라의 전체 땅은 특정한 한 주인이 가지고 있다. 개인은 한 부분을 그에게 사서 그 땅을 파서 보석을 찾는다. 그는 희고 결이 많은 돌을 찾는데, 이 돌 속에 그 보석이 숨겨져 있다. 그것을 소유한 사람은 보석 세공인에게 그것을 맡기면, 그는 보석을 숨기고 있는 돌이 떨어져 나갈 때까지 연마한다. 거기에는 붉은 것(루비), 노란 것(토파즈), 파란 것(사파이어)이 있는데, 사람들은 네일렘(neïlem)[nīlem]이라 부른다. 현지의 관행으로 그 값이 100 파넴(fanem)까지 나가는 보석은 술탄에게 예약되어 있는데, 술탄은 값을 치르고 그 보석들을 소유한다. 그 이하의 값이 나가는 것들은 그것을 찾은 사람들의 소유가 된다. 100 파넴은 금화 6개에 해당한다. 실론섬의 모든 여인은 다양한 색깔의 보석으로 만든 목걸이를 걸고 손과 발에도 팔찌나 할할(khalkhāl, 여인들이 발목에 차는 고리) 모양으로 찬다. 술탄의 첩들은 이러한 보석으로 그물처럼 짜서 머리에 쓴다. 나는 이러한 7개의 보석으로 [장식한] 코끼리의 이마를 보았는데, 각 보석이 달걀보다 더 컸다. 나는 또한 술탄 아이리 샤카아티(Airy Chacarouaty)에게서 루비로 만든 손바닥 만한 사발에 알로에 기름이 담겨 있는 것을 보았다"라고 하였다(『Voyages d'Ibn Batoutah』, IV, 173~175쪽). 이는 동시대 왕대연의 『도이지략』에서도 확인할 수 있다(『도이지략역주』, 314쪽을 참고하시오).

3) 『고금설해』본은 "이 나라는 사무드라[소문답랄]에서 순풍에 12일 밤낮으로 [항

石·黃鴉鶻石·靑紅寶石, 每遇大雨, 衝流山下, 沙中尋拾得者.]

③그 바닷가에는 주렴의 백사장[珠簾沙]이 있는데, 항상 이곳에서 그물로 나방(螺蚌, 방합조개류)을 잡아, 진주 연못[珠池]에 쏟아붓고, 썩혀 진주를 씻어 그것으로 상품을 만든다.[5] [③其海傍有珠簾沙, 常此網取螺蚌, 傾入珠池內, 作爛淘珠, 爲用而貨也.]

④해변에는 반석 하나가 있고, 위에는 발자국이 찍혀 있는데, 길이는 3척쯤 되며 항상 물이 마르지 않는다. [사람들은] 이전 세상에서 석가불이 니코바르 군도[翠藍嶼]에서 이 해안으로 뭍에 올라 이 유적을 밟아 오늘날까지도 성인의 유적[聖跡]이 되었다고 한다.[6] ⑤산 아래에

행하면] 이를 수 있다(其國自蘇門答剌順風十二晝夜可至)"라는 문장으로 시작한다. 이는 나이지의 주석에서도 확인된다.

4) '각(各)'자는 『고금설해』본에서만 '다(多)'자로 되어있다.

5) 앞서 본 해제에서 언급한 바대로, 현존하는 메가테네스(Megasthenes)의 기술에서 많은 진주가 난다는 사실을 확인할 수 있었다. 이러한 진주 생산은 플리니의 『자연사(Naturalis Historia)』, 6세기 그리스 상인 코스마스 인디코플레스테스(Cosmas Indicopleustes)의 『Christian Topography』, 11세기 알 비루니(al Biruni)의 증언에서도 확인된다. 진주를 생산하는 연못 즉 주지(珠池)에 관한 기술은 마환의 『영애승람』에서도 여실히 확인할 수 있지만, 전하는 말을 옮겨 두었다는 의심이 많이든다. 알 비루니에 따르면, 이전 시대에는 사란디브(Sarandib, 실론)의 만에는 진주가 나는 모래톱이 있었지만, 지금은(1030년경) 이들은 방치되었다. 사란디브이 진주가 사라진 이래로, 다른 진주들이 잔즈(Zanj)라는 나라에 있는 수팔라(Sufala, 소팔라)에서 발견되자, 사람들은 사란디브의 진주들이 소팔라로 옮겨갔다고 한다고 설명했다(Qeyamuddin Ahmad ed., Edward C. Sachau tr., 『India by Al Biruni』, 1983, 101~102쪽). 말하자면, 비신의 시대에는 이미 진주 생산의 명성은 다른 나라에게로 넘어간 상태였을 것이다.

6) 아담스 피크에 관한 기술로, 이븐바투타의 기록이 가장 자세하다. 이븐바투타는 세란디브(Sérendīb)의 산에 관하여(『Voyages d'Ibn Batoutah』, IV, 179~180쪽)

는 한 사찰이 있는데, 석가불이 열반에 든 진신(眞身)이 사찰에 옆으로 누워 아직 남아있고, 또 사리가 그의 침소에 남아있다고 한다. [④海邊有一盤石, 上印足跡, 長三尺許, 常有水不乾, 稱爲先世釋迦佛從翠藍嶼來登此岸, 足躡其跡, 至今爲聖跡也. ⑤山下有一寺, 稱爲釋迦佛涅槃[盤]眞身, 在寺側臥尙存, 亦有舍利子在其寢處.]

⑥기후는 항상 덥다. ⑦풍속은 순박하고 부유하며, 미곡을 넉넉히 수확한다. ⑧땅에서는 보석, 진주, 용연(龍涎), 유향이 난다. ⑨교역하는 상품은 금, 은, 동전, 푸른 꽃문양 백자기[靑花白磁], 색단(色段), 유색의 비단[色絹] 등이다. ⑩남녀는 머리를 싸매고, 긴 적삼을 입으며 [허리에는] 홑겹의 베[單布]를 두른다. [⑥氣候常熱. ⑦俗朴富饒, 米穀

"이 산은 세상에서 가장 높은 산 중 하나이다. 우리는 9일 여정의 거리에 떨어져 있었지만, 바다에서 이 산을 보았다. 우리가 그 산을 오르는 동안, 우리의 아래에 구름이 있는 것을 보았고, 아래 세계를 감추었다. 이 산에는 잎이 시들지 않는 많은 나무와 다양한 색깔의 꽃들과 손바닥만큼이나 큰 붉은 장미가 있었다. 이 장미 위에는 숭고한 신과 예언자의 이름을 읽을 수 있는 새긴 글이 있었다고 한다. 산 위에는 아담의 발자국으로 가는 두 갈래 길이 있었다. 하나는 '아버지의 길'로, 다른 길은 '어머니의 길'로 알려져 있다. 그래서 사람들은 아담과 이브라고 지칭한다. '어머니의 길'은 쉬운 길로, 순례자들은 그 길로 돌아온다. 그러나 갈 때 그 길로 가는 사람은 순례하지 않은 것으로 여긴다. '아버지의 길'은 기복이 심하여 오르기 어렵다. 오르는 입구가 있는 산기슭에는 이스칸데르(Iskender)라는 이름을 가진 석굴과 샘물이 있다. …"라고 기술했다. 이어서 정상에 있는 성인의 발자국에 관하여(181~2쪽) "우리의 아버지 아담의 성스러운 발자국은 검고 높다란 바위, 그리고 널찍한 곳에 보인다. 발이 바위에 푹 들어가 밟은 곳이 아주 움푹했다. 길이는 11뼘 정도였다. 중국 사람들이 옛날 이곳에 와서 엄지발가락과 그 옆 부분을 잘라가, 자이툰[자동(柘東), 천주]의 한 사원에 이 조각을 안치했는데, 그곳으로 중국 사람들은 가장 멀리 떨어진 곳에서 이른다. 발자국이 있는 바위에 사람들은 아홉 개의 구멍을 파두었는데, 그곳에 이교도의 순례자들은 금, 보석 그리고 진주를 놓는다"라고 기록했다.

足收. ⑧地產寶石·珍珠·龍涎·乳香. ⑨貨[常]用金·銀·銅錢·青花白磁器[青白花磁器]·[色]緞·色絹之屬.[7] ⑩男女纏頭, 穿長衫, 圍單布.]

⑪영락(永樂) 7년(1409) 황상께서 정사 태감 정화 등에게 조칙을 받들어 가져가, 금은으로 만든 공양 그릇[金銀供器], 채색 장식[彩粧], 황금과 보석을 엮어 만든 깃발[織金寶幡]을 절에 보시하고, 비석을 세우게 했으며, 황제의 다스림[皇圖之治]을 숭상하도록, 국왕과 두목에게 상을 내리게 하였다. ⑫그 나라 왕 아열고내아(亞烈苦柰兒)는 험난함을 믿고[負固] 섬기지 않으며 수군[舟師]을 해치려 했다. 우리 정사 태감 정화 등이 비결과 치밀한 책략으로 몰래 병장기를 마련하고, 세 번 명령하고 다섯 번 타이른 다음[三令五申], 병사들에게 하무를 물려[啣枚] 질주하게 하여, 한밤중에 신호 대포[信砲]가 울리자마자 용감하게 죽이며 들어가 그 왕을 생포했다. ⑬영락 9년(1411) 돌아와 대궐에 헌상했다. 마침내 황제의 은택을 입고 다시 귀국하게 되니 사방의 오랑캐들이 모두 따랐다. [⑪永樂七年, 皇上命正使太監鄭和等齎捧詔勑·金銀供器·彩粧·織金寶幡, 布施於寺, 及建石碑,[8] 以崇皇圖之治, 賞賜

---

7) 이 문장[常用金·銀·銅錢·青白花磁器·緞·色絹之屬]은 『국조전고』에 "賣用金·銀·銅錢·**青花白磁**·色段·色絹之屬"으로 되어있고, 『고금설해』에는 "貨用金錢·銅錢·**青花白磁器**·色段·色絹之屬"를 보여주고, 나이지본에는 "貨用金·銀·銅錢·青花白磁·色段·色絹之屬"으로 되어있다. 이로부터 천일각본의 '상(常)'자는 '화(貨)'자로, '청백화자기(青白花磁器)'는 청화백자(青花白磁) 또는 '청화백자기(青花白磁器)'로, '단(緞)'은 '색단(色緞)'으로 교정하는 것이 맞다. 문제는 금은과 동전인지, 아니면 금전, 은전, 동전을 말하는지 판단하기 쉽지 않다. 『고금설해』에는 '금은(金銀)'을 '금전(金錢)'이라고 했기 때문이다.

8) 이 비석에 관하여 펑 청쥔 씨의 주석에 따르면, "이 비석은 이미 민국 초기에 발견되었다. 내 친구인 시앙 다(向達)가 런던에서 그 비문을 베껴왔는데, 그 비문 앞머리는 다음과 같다. '대 명나라 황제가 태감 정화, 왕청겸 등을 보내 불세존께 밝혀 아룁니다(大明皇帝遣太監鄭和王清濂等昭告于佛世尊)'라고 운운했다. 뒤

國王·頭目. ⑫其王亞烈苦柰兒^茶鬼負固不恭,[9] 謀害舟師. 我正使太監鄭和等深機密策, 暗設兵器, 三令五申, 使衆啣枚疾走,[10] 夜半之際, 信砲一聲, 奮勇殺入, 生擒其王.[11] ⑬永樂九年歸獻闕下. 尋蒙恩宥, 俾復歸

에는 보시한 금은, 금실과 저사(紵絲)로 짠 보석 깃발[織金紵絲寶幡], 향로, 꽃병, 채색 실[綵絲], 옷감[表裏], 등촉(燈燭) 등이 열거되어 있다. 그 끝에는 영락(永樂) 7년(1409) 세차로는 기축(己丑) 2월 갑술(甲戌) 삭일(朔日)에 삼가 썼다고 서명되어있다. 그 아래에는 외국의 문자들이 보이는데, 하나는 타밀어이고, 하나는 페르시아어이다. 다만 야마모토 다쓰로(山本達郞, 1910~2001)는 「정화의 서정(鄭和の西征)」(『동양학보』, 21권)에서 이 탁본을 언급하고 있는데, 두 번째 인물은 왕귀통(王貴通)으로 되어있다"라고 하였다.

9) 왕의 이름[亞烈苦茶鬼]은 『국조전고』에 '亞烈苦柰鬼'로 되어있지만, 『고금설해』, 나이지본, 그리고 『명사』의 「정화열전」과 석란산(錫蘭山)전에 모두 '아열고내아(亞烈苦柰兒)'를 보여주므로, 고치는 것이 맞다. 사스트리(K. A. Nilakanta Sastri)는 『남인도에 관한 외국의 기술-메가스테네스에서 마환까지((Foreign Notices of South India. From Megasthenes to Ma Huan)』(1936, 296쪽)에서 아열고내아를 알라가코나라(Alagakōnāra), 즉 비자야 바후 6세(Vijaya Bāhu VI, 1397~1409)로 추정했다. 시기적으로 음성적으로 상당히 부합한다. 그러나 라사나야감(Mudaliyar C. Rasanayagam)은 『Ancient Jaffna』(New Delhi, 2003, 362쪽)에서 "『마하왐사』에 따르면 비크라마 바후(Vikrama Bāhu)는 1351년 왕위에 올랐지만, 『라자발리(Rajavali)』는 비자야 바후(Vijaya Bāhu)가 사로잡혀 중국에 잡혀간 뒤라고 한다. 그러나 중국 기록에 따르면, 싱할라 왕은 1409년 중국의 포로가 되었다. 라자발리의 기술은 사실일 수 없다. 이븐바투타는 1344년 알라가코나라가 당시 왕을 칭했다고 했다"라고 하였다. 따라서 사스트리의 추정에 의문이 생긴다.

10) 이 문장[使衆啣枚疾走]에서 '매(枚)'자는 『국조전고』와 나이지본에는 '구(救)'자로 되어있다. 하지만 『고금설해』에서 이 문장은 "衆啣枚疾走"로 되어있으므로, 입에 하무를 물린다는 의미의 '함매(啣枚)'가 선본이다.

11) 이상 아열고내아(亞烈苦柰兒)를 사로잡은 일은 『명사』 「정화열전」(7767쪽)에 "[영락]6년(1408) 다시 실론[錫蘭山]으로 갔다. 국왕 아열고내아(亞烈苦柰兒)가 정화를 나라 안으로 유인하여 황금과 예물을 요구하며 군대를 보내 정화의 배를 겁탈했다. 정화는 적의 대부분이 이미 나가, 나라 안이 빈 것을 보고 통솔

國, 四夷悉欽.]

⑭시로 노래한다[詩曰].

땅이 넓은 실론 왕국은	地廣錫蘭國,
통상이 자바에 버금가네.	營商亞爪哇.
높은 봉우리에 나는 보석들이	高峯生寶石,
큰비에 진흙과 모래에 섞이네.	大雨雜泥沙.
깨끗한 물은 눈에 좋고	淨水宜眸子,
신비로운 광채 속에 누운 석가불.	神光臥釋迦.
깊은 연못엔 진주들이 찬란하고	池深珠燦爛,
무성한 가지의 나무들 서로 겹쳤네.	枝茂樹交加.
나는 산물 기이하고 유난히 귀하며	出物奇偏貴,
전하는 풍속도 부유하고 호사스럽네.	遺風富且奢.
세운 비석 태평성세에 마땅하니	立碑當聖代,
전하여 칭송하고 노래함에 끝이 없네.	傳誦樂無涯.

『고금설해』(사고전서본, 권19, 4a~4b)[3-5] 실론 왕국[錫蘭山國]

그 나라는 사무드라[蘇門答剌]에서 순풍에 12일을 밤낮으로 [항행하면] 이를 수 있다. ①이 나라는 땅이 넓고 인구가 조밀하며, 화물이 각처에서 모여 자바[爪哇]에 버금간다. ②[나라] 안에는 하늘을 찌를 듯한 높은 산들이 있는데, 산 정상에서는

한 2천여 명을 거느리고 불시에 공격하여 그 도성을 부수고 아열고내아와 그의 처자와 관속을 생포했다(六年九月再往錫蘭山. 國王亞烈苦柰兒誘和至國中, 索金幣, 發兵劫和舟. 和覘賊大眾既出, 國內虛, 率所統二千餘人, 出不意攻破其城, 生擒亞烈苦柰兒及其妻子官屬)"라고 기술하고 있다. 비신이 7년이라고 한 것과 1년의 차이가 있다.

청미반석(青美盤石), 노란 야쿠트 보석[黃鴉鶻石], 청홍의 보석[青紅寶石]이 난다. 큰비가 내릴 때마다, 산 아래로 부딪치며 흘러내려 모래 속에서 찾아 줍는다. ③그 바닷가에는 주렴의 백사장[珠簾沙]이 있는데, 항상 그물로 나방(螺蚌, 방합조개류)을 잡아, **못[池]**에 쏟아붓고, 썩혀 진주를 씻어 그것으로 상품을 만든다. ④해변에는 반석 하나가 있고, 위에는 발자국이 찍혀 있는데, 길이는 3척쯤 되며 항상 물이 마르지 않는다. [사람들은] 이전 세상에서 석가불이 니코바르 군도[翠藍嶼]에서 이 해안으로 뭍에 올라 이 유적을 밟아 오늘날까지도 남아있다고 한다. ⑤[산] 아래에는 한 사찰이 있는데, 석가불이 열반에 든 진신(眞身)이 사찰에 옆으로 누워있고, 또 사리가 그의 침소에 남아있다고 한다. ⑥기후는 항상 덥다. ⑦풍속은 부유하며[富饒], 미곡은 **풍족하다**. ⑧땅에서는 보석, 진주, 용연(龍涎), 침향이 난다. ⑨교역하는 상품은 **금전(金錢)**, 동전, 푸른 꽃문양 백자[青花白磁], 색단(色段), 유색의 비단[色絹] 등이다. ⑩남녀는 머리를 싸매고, 긴 적삼을 입으며 [허리에는] 홑겹의 베[單布]를 두른다. ⑪영락(永樂) 7년(1409) 황상께서 정사 태감 정화 등에게 조칙을 받들어 가져가, 금은으로 만든 공양 그릇[金銀供器], 채색 장식[彩粧], 황금과 보석을 엮어 만든 깃발[織金寶幡]을 절에 보시하고, **비석을 세우고 국왕과** 두목에게 상을 내리게 하였다. ⑫그 나라 왕 아열고내아(亞烈苦柰兒)는 [그곳의] 험난함을 믿고[負固] 섬기지 않으며 수군[舟師]을 해치려 했다. **태감 정화가 몰래 대비하여, 먼저 [군사를] 보내 제지하도록 병사들에게 하무를 물려[銜枚] 질주하게 했다. 한밤중에 대포 소리를 듣자마자** 진격해 들어가 그 왕을 생포했다. ⑬영락 9년(1411) 돌아와 대궐에 헌상했다. 마침내 황제의 은택을 입고 다시 귀국하게 되니 이때부터 **서방의 오랑캐들[西夷]이 위엄과 덕을 경외하며[畏**

威懷德] 귀화하지 않음이 없었다.

其國自蘇門答剌順風十二晝夜可至. ①其國地廣人稠, 貨物多聚, 亞於瓜哇. ②中有高山參天, 山頂產有青美藍石·黃鴉鶻石·青紅寶石. 每遇大雨, 沖流山下, 沙中拾取之. ③其海旁有珠簾沙, 常以網取螺蚌, 傾入池中, 作爛淘珠貨之. ④海邊有一盤石, 上[土]印足跡, 長三尺許, 常有水不乾. 稱爲先世釋迦佛從翠藍嶼來登此山, 足躡其跡, 至今尙存也. ⑤下有寺, 稱爲釋迦佛涅槃眞身側臥在寺, 亦有舍利子, 在其寢處. ⑥氣候常熱. ⑦民俗富饒, 米穀豐足. ⑧地產寶石·眞珠·龍涎·香乳香. ⑨貨用**金錢**·銅錢·青花白磁器·色段·色絹之屬. ⑩男女纏[繞]頭, 穿長衫, 圍單布. ⑪永樂七年鄭和等齎詔勅, 金銀供器·綵粧·織金寶幡, 布施於寺, **及建石碑**, 賞賜國王頭目. ⑫其王亞烈苦柰兒負固不恭, 謀害舟師, **太監鄭和潛備**, **先發制之**, **使衆銜枚疾走**, **夜半聞砲**, 則奮擊而入, 生擒其王. ⑬至永樂九年歸獻闕下. 尋蒙恩宥, 俾複舊國, **由是西夷畏威懷德**, **莫不向化矣**.

17. 퀼론 왕국[小唄喃國][1]

---

1) 비신의 '구남[gʰi̯u-nɑ̆m](唄喃)'이란 음역 명칭은 왕대연의 『도이지략』에 따른 것이다. 이곳은 1178년 주거비의 『영외대답』과 1225년 조여괄의 『제번지』에는 '고림[kuo-li̯əm](故臨)', 『원사』의 구란[ki̯u-lɑn](俱蘭), 각람[kɑk-lɑm](閣藍), 마환의 『영애승람』과 『명사』에서는 '갈란[kɑt-lɑn](葛蘭)'으로 표기된 곳으로 모두 인도 남서부 해안에 있는 퀼론 즉 콜람에 해당하는 명칭이다. 이에 관해서는 이미 『도이지략역주』와 『영애승람역주』에서 자세히 살펴보았으므로, 여기에서는 이전 두 역주를 보완하는 것으로 이곳을 해제하고자 한다.

먼저 후지타 도요하치는 여기 소구남(小唄喃)이 판다라이나(Fandalaina)를 가리키는 것으로 보았다. "『원사·식화지』 시박(市舶) 조목에 '**원정 2년(1296)에 바다를 오가는 상인들에게 정교한 상품을 마팔아(馬八兒), 구남(唄喃), 범답랄역납(梵答剌亦納) 등 세 외국과의 교역을 금지했다**(元貞二年, 禁海商以細貨於馬八兒·唄喃·梵答剌亦納三蕃國交易)'라고 하였는데, '구남'은 바로 콜람에 해당하는 음으로 본서에서 말하는 고리불(古里佛)이다. '범답랄역납(梵答剌亦納)'은 판다라이나에 해당하는 음이다. 『정화항해도』에는 고리국(古里國) 서쪽 옆으로 번답리납(番荅里納) 또한 그렇다. 그러나 명나라 시기에 고리국은 '콜리컷(Colicut)'이라 했고, 본서의 고리불과 명칭이 비슷하지만, 그곳이 아니다. 판다라이나 또한 '판다라이나-콜람'이라고도 하므로 '소구남(小唄喃)'이라 한 것이다"라는 독창적인 설을 내놓았다.

후지타 씨가 인용한 문장은 『원사』, 「식화지(食貨志)」, 시박(市舶) 조목(2402쪽)에 보인다. 역자는 『바다와 문명: 도이지략역주』(425쪽)에서, "정원 2년에 정교한 제품을 마팔아, 구남(唄喃), 범답랄역나(梵答剌亦納) 등 세 외국과의 교역을 금지했다(貞元二年, 禁海商以細貨於馬八兒·唄喃·梵答剌亦納三蕃國交易)"라고 오역하고 원문을 잘못 옮기는 실수를 범했다. 이 지면을 통해 바로 잡는다. 비신은 소구남과 대구남을 나누어 기술하고 있으므로, 두 곳을 상정해야만 한다. 여기 후지타 씨의 설에 따라 '소구남'을 '판다라이나-콜람'으로 보면, 인도양 무역의 거점으로 마르코 폴로, 이븐바투타가 퀼론을 어디에 둘 것인가? 또한 왕대연은 이미 판다라이나를 지칭하는 '반달리(班達里)'를 기술하고 있으므로, 후지타 씨의 설에는 동의할 수 없다.

1291년(?) 귀국하는 마르코 폴로는 퀼론을 '코일룸(Coilum)'으로 표기하고 다음과 같이 길게 설명했다(『The Book of Ser Marco Polo』, II, 375~376쪽).

마아바르(Maabar)를 떠나 서남쪽으로 500마일(804km)을 가면 코일룸 왕국에 이른다. 사람들은 우상을 숭배하지만 약간의 기독교도와 유대인들이 있다. 자신들의 언어를 가지고 있으며, 그들의 왕은 누구에게도 조공하지 않는다.

아주 좋은 많은 **소방목(蘇方木)**이 여기에서 나는데, 나라의 이름에 따라 '브라질 코일루민(brazil Coilumin)'이라 불린다. 좋은 생강도 여기에서 나는데, 역시 나라의 이름에 따라 '코일루민'이라는 같은 이름으로 알려졌다. **후추는 이 나라 전역에서 엄청나게 재배한다**. 내가 당신에게 어떻게 재배하는지 말해주겠다. 후추나무는 (야생이 아니라) 규칙적으로 심고 물을 주어 재배되고, 그 후추는 5~7월에 수확하는 것임을 알아야 한다. 또한 아주 좋은 **인디고(indigo)**가 난다. 이것은 어떤 풀을 채취해서 만드는데, [그 뿌리를 제거하고] 큰 용기에 넣고 물을 부어 그 식물이 용해될 때까지 둔다. 그리고 이 액체를 태양 아래 두면, 지독하게 더우므로, 끓어 끈적하게, 우리가 보는 것처럼 된다. 내가 확언컨대, 그곳의 태양열은 너무 뜨거워 견디기 힘들다. 실제로 달걀을 강에 넣어두면, 단지 태양열 때문에, 얼마 되지 않아 익게 된다!

중국 남쪽[Manzi], 아라비아, 그리고 레반트[동양]에서 오는 상인들이 배를 타고 이곳에 와 상품을 실어 가는데, 수입과 수출을 통해 많은 이익을 본다.

이 나라에는 다른 세계에서 보는 것들과는 매우 다른 다양한 많은 짐승이 있다. 어떤 색도 섞이지 않고 **온통 새까만 사자**가 있고, 많은 종류의 **앵무새**가 있는데, 그중 어떤 종은 부리와 발은 붉고 몸은 눈처럼 희고, 어떤 종은 세상에서 가장 아름다운 볼거리를 주는 파란 것도 있다. 초록색도 있다. 아주 작지만 아름다운 앵무새들도 있다. 우리의 공작보다 크고 다른, 아름다운 **공작**도 있다. 우리의 닭과는 아주 다른 수탉과 암탉이 있다. 내가 무엇을 더 말할 수 있을까? 한마디로 모든 것이 우리의 것과는 다르며, 더 뛰어나고 더 좋다. 우리와 같은 과일이나 짐승이나, 새들도 없다. 이러한 차이는 모두 지나친 열기 때문에 생겨났다.

쌀을 제외한 다른 곡물은 전혀 없다. 그래서 그들의 술은 사탕수수로 만드는데 그것이 주된 음료이며, 마시면 빨리 취한다. 다른 모든 생

> **필품은 풍부하고 값이 싸다**. 아주 좋은 천문가와 의사가 많다. **남녀는 모두 검고 알몸으로 다니며, 허리쯤에 얇은 천을 걸친다**. 그들은 어떠한 육체적 쾌락도 죄로 여기지 않는다. 그들은 사촌과 결혼하며, 형이 죽으면 형의 아내를 취하는데, 인도의 모든 사람이 이러한 관습을 가지고 있다.

확실히 마환이나 비신의 기술보다 많은 정보를 제공하고 있다. 또한 유럽인과 동양인의 관점 차이도 확인할 수 있다. 소방목(蘇方木) 즉 소목(蘇木), 후추[胡椒], 곡식이 드물다는 정보는 일치하고 있다. 한편, 반세기 뒤인 이븐바투타는 1343년 캘리컷에서 출발하여 5일째 되는 날 쿤지-카리(Cundjy-cary)에 도착했다. 이곳에서 출발하여 둘째 날 '카울렘(Caoulem)[Coulan]'이란 도시에 도착하여 다음과 같이 기록했다(『Voyages d'Ibn Batoutah』, IV, 99~100쪽).

> [카울렘은] 말라바르의 가장 아름다운 도시이다. 시장은 훌륭하고 상인들은 '술리(Souly)'라는 이름으로 알려졌다. 그들은 엄청난 부를 소유하고 있다. 이들 중 어떤 이는 자기가 원하는 배를 사서 자기 집에서 가져온 상품을 싣기도 한다. 카울렘에는 교역하는 여러 이슬람교도가 있는데, 수장은 알라 웃딘 알라웨지('Alā eddīn Alāwédjy)로 이라크 아웨흐(Āweh) 출신이다. …카울렘은 **중국과 가장 가까운 말라바르의 도시로, 교역하는 중국인 대부분이 이곳으로 온다**. 이슬람교도는 이곳에서 존경받는다.

마지막으로 마환, 비신과 동시대 니콜로 데 콘티(Niccolò de' Conti, 1395?~1469)도 참파로 향하면서 퀼론을 '콜로엔(Coloen)'으로 표기하며, 또 다른 증언을 남겼다(R.H. Major, 『India in the Fifteenth century』(London, Hakluyt Society, 1857), 「니콜로 콘티의 여행[1414~1439]」, 17~18쪽).

> 장사에 유용한 물품들을 가지고 자바를 떠난 그는 알로에 우드[침향], 장뇌, 황금이 풍부한 '치암파(Ciampa)'라고 불리는 해상 도시를 향해 서쪽으로 방향을 잡았다. 이 여정에 그는 한 달이 걸렸다. 같은 시간이 걸려 그는 '콜로엔(Coloen)'이라 부르는 훌륭한 도시에 도착했다. 그곳의 둘레는 12마일(19km)이었다. 이 지역은 '말리바리아(Melibaria, 말라바르)'로 불렸다. 그들은 '콜로비(colobi)'라고 부르는 생강, 후추, 브라

①산들은 적토(赤土)로 이어지고, 땅은 하리(下里)에 접해있다. ② 한낮에 시장이 열린다. 서양 여러 나라의 중심항구이다. [①山連赤土, 地接下里.[2] ②日中爲市. 西洋諸國之馬碼頭也.]

질 우드, 그곳에서는 '크라싸(crassa)'라고 알려진 육계(肉桂)를 집적하고 있었다. 또한 발이 없는 뱀이 있는데, 길이는 6엘(ell=115cm)이며 야생이지만 자극하지 않으면 해가 없다. 이 뱀들은 어린아이들의 구경거리가 되고, 그런 식으로 인기척에 이끌린다[비단뱀]. 같은 지역, '수시나리아(Susinaria)'라는 다른 곳에는 네 개의 발을 가진 다른 종류의 뱀이 있는데, 큰 개의 꼬리처럼 길쭉한 꼬리를 가지고 있다. 식용으로 사냥한다. 염소 새끼 또는 염소처럼 해가 없고 고기는 최상의 식품으로 칭송된다.

이상, 마르코 폴로, 이븐바투타, 니콜로 데 콘티의 기술은 15세기 초 중국 기록과 상당한 차이를 보인다. 특히 마르코 폴로와 이븐바투타가 언급한 중국 상인들과의 교역을 언급한 부분은, 마환과 비신이 정말 이곳에 갔을까 하는 의문을 남긴다. 너무 잘 알려져 있었기 때문에, 그렇게 소략하게 기술한 것일까?

2) 이 문장[地接下里]은 『국조전고』, 나이지본이 일치한다. 나이지는 '하리(下里)'를 '고리(古里)'로 교정했다. 펑 청쥔 씨의 주석에 따르면, "하리(下里)의 도성은 옛날 인도 서남 해안 칸나노르(Cannanore)에 있었으나 지금은 없어졌다. 원나라 시기 마르코폴로의 여행기에도 기록된 바 있다"라고 하였다. 여기 마르코 폴로가 언급했다는 곳은 바로 엘리(Ely) 왕국이다. 마르코 폴로에 따르면, "엘리는 코모린[Comari]에서 서쪽으로 약 300마일 떨어진 왕국이다. 사람들은 우상을 숭배하며 왕이 있고 누구에게도 조공하지 않으며 고유한 언어를 가지고 있다"라고 하였다(H. Yule, 『The Book of Ser Marco Polo』, II, 385쪽). 또 율의 주석에 따르면(앞의 책, 386쪽), 라시드웃딘은 만자투르(Manjatúr)[망갈로르(Mangalore)]와 판다라이나(Fandaraina) 사이에 있는 '힐리(Hili)라는 나라'라고 언급했다. 펑 청쥔 씨는 이 '힐리'가 바로 '하리(下里)'에 해당하는 음으로 읽고 있다. 하지만 이 엘리, 또는 힐리 왕국의 수도가 칸나노르 즉 칸누르(Kannur)에 있었다는 설명을 근거 없다.

③이 나라에서는 '탕카[倘伽]'라는 금전을 유통해 사용하는데, 한 개는 8푼이 나간다. 작은 금전은 '파남(吧喃)'이라 하는데, 40개는 큰 금전 1개를 기준으로 삼아, 그 때문에 사람들에게 편리하다. ④농토는 척박하고 곡물은 드물어 해마다 벵골[榜葛剌]의 쌀로 식량을 충족시킨다. ⑤기후는 항상 덥다. ⑥풍속은 순박하고 아름답다. ⑦남자는 적고 여자는 많으며 남비(南毗) 사람이 있다. [③本國流通使用金錢名倘伽, 每數箇重八分.[3] 小金錢名吧喃,[4] 四十箇準大金錢一箇, 以便民也. ④田瘠而穀少, 歲藉籍榜葛剌米足食.[5] ⑤氣候常熱. ⑥風俗淳美.[6] ⑦男少女多, 有南毗北人.[7]]

⑧땅에서는 후추가 나는데 하리(下里)에 버금간다. ⑨말린 빈랑[乾檳榔], 잭푸르트[波羅蜜], 유색의 베[色布], 기목향(其木香), 유향

---

3) 이 문장[數箇重八分]은 『국조전고』, 나이지본 모두 일치하고 있지만, 『고금설해』본에는 '수(數)'자가 '매(每)'자로 되어있다. 8푼은 3g에 해당하므로, '매(每)'자로 고치는 것이 맞다.

4) '파남(吧喃)'은 『영애승람』 코치[柯枝] 조목에는 '법남(法南)', 캘리컷[古里] 조목에는 '파남(吧南)'으로 되어있다. 이 작은 금전 40개가 큰 금전, 즉 당가(倘伽) 1개에 해당하고, 당가는 8푼이라고 했으므로, 이 파남의 무게는 0.2g에 해당하는데, 기술상의 차이가 있는 것으로 보인다. 이들 주화에 대한 자세한 설명은 역자의 『영애승람역주』, 12-11, 15-11을 참고하시오.

5) '적(籍)'자는 『국조전고』, 나이지본에서도 마찬가지이다. 『고금설해』에는 '자(藉)'자로 되어있으므로 이에 따라 고치는 것이 맞다.

6) 이 문장[風俗淳美]은 『국조전고』, 나이지본에 "風淳俗美"로 되어있고, 『고금설해』에는 "풍속은 조금 순수하다(風俗小淳)"라고 하였다.

7) 천일각본의 '남북(南北)'은 주당면의 『국조전고』에는 '남필(喃吡)', 등사룡본에는 '남비(男毗)'로 되어있고, 『고금설해』와 나이지본에는 모두 '남비(南毗)'로 되어있다. 조여괄의 『제번지』에는 남비(南毗) 조목이 보이므로 여기서는 '남비(南毗)'가 선본일 것이다.

(乳香), 진주, 산호, 수유(酥油)[8], 해아다(海兒茶)[9]는 모두 다른 나라에

---

8) 수유(酥油)에 관해서는 앞서본 사무드라[蘇門答剌] 조목의 ⑫를 보시오.

9) '해아다[ɣɒi-ɽĭe-ɖa](孩兒茶)'라는 명칭은 13세기 말부터 중국 자료에서 언급되었다. 쑤지칭 씨는 이 명칭이 『도이지략』에서 제일 빨리 보인다고 했지만(『도이지략교석』, 317쪽), 1264년 양사영(楊士瀛)이 편찬한 의학서 『인재직지(仁齋直指)』(사고전서본, 권22, 76b)에 가장 일찍 언급된 것 같다. 모든 혹[癭瘤]에 효험이 있는 처방을 제시한 약재 중 하나로 나타난다. 또한, 1330년 원나라 홀사혜(忽思慧)가 지은 『음선정요(飮膳正要)』, 권2(사고전서본, 9b)에 해아다(孩兒茶)는 "광남(廣南)에서 난다"라고 하였다.

또한 해아다의 다른 명칭을 보여주는 자료로, 송경(宋褧, 1294~1346)의 『연석집(燕石集)』, 권9, 「送趙伯常淮西憲副」 총 6수의 칠언절구 마지막 수에 "취한 뒤에는 오질[ʔuo-diet]니(烏迭泥)가 필요하네(醉後仍須烏迭泥)"라고 한 다음에 "조(趙)가 태희종인원(太禧宗禋院)의 참의(參議)를 지낼 때 내가 조마(照磨, 정8품)가 되었다. 태희종인원의 백주는 '오질니'라고 부르는데, 질병을 없앤다. 바로 해아다로, 취한 뒤에는 즐겨 마셨다(趙為太禧宗禋經參議, 予為照磨. 太禧白酒名烏迭泥, 去疾, 即孩兒茶, 酒後嗜含之)"라는 쌍행의 주석이 달려있다.

이러한 단순한 언급과는 달리, 1349~1350년 왕대연(汪大淵)의 『도이지략』, 수문나(須文那)와 고리불(古里佛) 조목에서는 그곳의 산물로 나타난다. 특히 수문나(須文那) 조목에서 왕대연은 "해아다(孩兒茶)는 오다[ʔuo-tĭa]토(烏爹土) 또는 서실실지[sjwo-dzʰjĕt-ɕjĕt-tɕi](胥實失之)라고도 하는데, 사실은 빈랑한(檳榔汗)이다(孩兒茶又名烏爹土, 又名胥實失之, 其實檳榔汗也)"라고 하였다.

먼저 수문나(須文那) 조목에서 후지타 도요하치의 설명에 따르면, "해아다(海兒茶)는 바로 테라 가포니카(Terra gaponica)로 미모사 카테추(Mimosa catechu)로 만드는 것이다. 인도 서안의 앙콜라(Ancola) 북쪽 콘가나(Concana) 곶에 카이기(Kai'gi)라는 이 나무들이 매우 많이 자생한다. 해아[ɣɒi-ɽĭe](孩兒)는 바로 카이리(Kairi)에 해당하는 음이다"라고 하였다(『도이지략교주』, 138쪽).

여기서 말하는 '카테추(Catechu)'에 관하여, 율(Yule)은 『영국-인도 용어사전(Hobson-Jobson)』(173쪽)에서 "여러 종의 아카시아(Acacia catechu, Wild), 즉 카이르(khair), 아카시아 수마(Acacia Suma), 쿠르츠(Kurz), 아카시아 순드라(Acacia sundra, D. C.) 등등에서 추출한 수렴제(astringent)이다. 이 추출물은 힌두어로 카

서 온다. ⑩교역하는 상품으로, 정향(丁香), 두구(荳蔲), 소목(蘇木), 색
트(kaṭh)[산스크리트어로 '약을 달이다'는 뜻의 크바스(kvath)]지만, 우리가 제시한 이 둘의 상업적 명칭은 틀림없이 그 단어의 남부 언어 형태, 즉 칸다나어 카추(kāchu), 타밀어 카수(kāsu), 말레이어 카추(kachu)에서 나왔을 것이다. 언제나 주목할 만한 판단을 보여준 드 오르타(De Orta)는 그것이 옛사람들의 리치움(lycium)으로 항상 그런 명칭으로 적용되었다고 생각했다. 그러나 로일(Royle) 박사는 리치움이 시장에서 라소트(rasōt)로 알려진, 베르베리스(berberis) 몇몇 종의 추출물임을 보여주었다. 쿠츠(Cutch)는 바르보사(Barbosa)가 말라카에서 수입되는 약물 중에서 처음으로 언급했다. 그러나 이것은 약 17세기 중반에 일본에서 가져오기 이전에는 유럽에 알려지지 않았다. 슈로더(Johann Schröder)의 『Pharmacopeia medico-chymica』(Lyon, 1654)의 네 번째 판본에 간략하게 카테추 또는 테라 자포니카(Terra Japonica)로 'genus terrae exoticae'라고 설명했다(Friedrich A. Flückiger & Daniel Hanbury, 『Pharmacographia』, 214쪽)"라고 확인해 주었다. 이로부터 후지타 도요하치의 '테라가포니카'는 '테라 자포니카'의 잘못임이 분명하다.

해아다의 다른 명칭인 오다[ʔuo-tĭa]토(烏爹土)는 『도이지략』보다 반세기 정도 빠른 『대덕남해지』, 권7에는 '오다니(烏爹泥)'로 보인다. 또한 『본초강목(本草綱目)』(1578년), 권7, 토부(土部)에 오다니(烏爹泥)라는 표제로 수록되어 있다(사고전서본, 17a). 또 다른 별칭으로 오루[ʔuo-lwi]니(烏壘疊[diep]泥), 해아다(海兒茶)가 보인다. 여기 오다토는 바로 오다니의 다른 표현일 것이다. 이시진은 명칭을 설명하면서, "오다는, 혹 오정[ʔuo-tieŋ](烏丁)이라고도 하는데, 모두 외국어이며, 정해진 글자는 없다(烏爹, 或作烏丁, 皆番語, 無正字)"라고 하였다. 이어서 "오다니는 남방 외국 자바[爪哇], 시암[暹羅] 등의 나라에서 나는데, 지금은 운남, 라오스[老撾] 모운장(暮雲場) 지방에서도 제조한다. 가공한 찻잎[細茶末]을 대나무 통에 넣은 다음, 양쪽을 단단히 막고 진흙 구덩이에 묻어두었다가 며칠 뒤에 꺼내, 찧어 즙을 내고 졸여 제조한다. 그 덩어리가 작고 윤기가 나는 것이 상품이고, 덩어리가 크고 눌어 마른 것은 다음간다(烏爹泥, 出南番爪哇·暹羅諸國, 今雲南·老撾暮雲場地方造之. 云是細茶末入竹筒中, 堅塞兩頭, 埋汚泥溝中, 日久取出, 搗汁熬製而成. 其塊小而潤澤者爲上, 塊大而焦枯者次之)"라고 하였다. 녹차로 제조하고, 녹차의 색깔을 띠므로 '다(茶)'라고 불렸고, '토'와 '니'는 그 가루가 흙색과 비슷하여 붙여진 글자라고 볼 수 있다.

쑤지칭 씨는 이 '오다니', '오다다', '오루니'의 어원을 타밀어 '보달라이

단(色緞), 사향(麝香), 금은, 구리로 만든 용기[銅器], 철선(鐵線), 흑연(黑鉛) 등이 있다. [⑧地產胡椒, 亞於下里.[10] ⑨乾檳榔·波羅蜜·色布·其木香·乳香·珍珠·珊瑚·酥油·孩兒茶·梔子花,[11] 皆自他國也. ⑩貨用

(vodalay)'라고 추정했고, 타이어로는 '시시아트(Sisiat)'라고 하는데, 왕대연이 말한 '서실실지(胥實失之)'에 해당한다고 주장했다(『도이지략교석』, 317쪽). 결국 '오다', '오루'가 '보달라이'의 전사이고, 서실실지(胥實失之)에 해당하는 음이 '시시아트'라는 주장인데, 음성적 접근성이 떨어진다.

한편 메드허스트(W.H. Medhurst), 『English and Chinese Dictionary』, I(상해, 1847), 206쪽, 카테추(Catechu) 표제 아래, 테라 자포니카(terra Japonica), 아전약(阿煎藥), 아전말(阿煎茉), 아다(兒茶), 해아다(海兒茶)라고 풀이했다. 이어서 심증식 씨는 "콩과 세네갈리아속 나무로, 그 나무를 잘게 쪼개 졸여 즙을 만든 것이지, 빈랑나무가 아니다. 그러나 빈랑 조목에 빈랑 열매는 수렴성 진액이 있으므로 세간의 한두 가지 해아다는 이로써 제조하므로 빈랑의 땀 또는 즙[檳榔汗]이라는 말이 근거가 없는 것은 아니다"라고 설명했다(『도이지략광증』, 하, 13쪽). 그렇지만 소계경 씨는 빈랑을 졸여 만든 고약을 텔루구어로 '칸시(kansi)'라고 하므로, 빈랑한(檳榔汗)의 '한'자가 텔루구어 '칸시'의 음역이라는 친구의 설을 소개했는데(『도이지략교석』, 317쪽), 너무 멀리 나아간 해설이다.

이상으로부터 해아다(孩兒茶), 오다니(烏爹泥), 오다토(烏爹土), 오다다(烏爹茶), 오루니(烏壘泥), 아다(兒茶) 등의 명칭은 아카시아 수액을 졸여 만든 약재로, 그 가루는 '차(茶)'의 모습과 유사했다. 또한 '해아(孩兒)'는 아카시아의 일종인 인도산 카이르(khair)라는 나무의 이름을 옮긴 것으로 봐야 한다. 마지막으로 '오다(烏爹)'는 지명으로 봐야 할 것 같다. 『도이지략』에는 대오다(大烏爹)가 보이고, 오다(烏爹)가 보이기 때문이다. 이 지역은 모두 인도 오리싸 지역으로 추정한다(자세한 사항은 『도이지략역주』, 454, 500쪽을 참고하시오). 비신이 여기 퀼론의 수입품으로, 캘리컷[古里國]에서는 특산으로 기록하고 있는 사실을 보면, '해아다'의 원산은 인도 중부 지역으로 볼 수 있다.

10) 여기의 '하리(下里)'도 『국조전고』, 『고금설해』, 나이지본과 일치하지만, 나이지는 '고리(古里)'로 교정했는데 역시 잘못이다.

11) 기목향(其木香)의 '기목(其木)'은 말레이어와 자바어로 침향(沈香)을 옮긴, 앞서본 참파 조목에서 보이는 '기남(棋楠)'을 잘못 기록한 것일 것이다. 『제번지』

丁香·荳蔲·蘇木·色緞·麝香·金銀銅器·鐵線·黑鉛之屬.]

⑪시로 노래한다[詩曰].

서해의 구남 왕국에서는	西海唄喃國,
여러 나라의 상품들이 유통되네.	諸番貨殖通.
인정은 각기 다르지만	人情應各別,
꽃과 나무는 모두 같네.	花木揔相同.
진주의 광채는 잠겨서도 희고,	珠子光涵^極^白,[12]
산호의 색깔은 윤기 나면서도 붉네.	珊瑚色潤紅.
무슨 이유로 남녀들이	何由男與女,
본래의 유풍을 뒤섞었던가.[13]	混雜自遺風.

『고금설해』(사고전서본, 권19, 6a~6b)[3-8] **소갈란국(小葛蘭國)**

①산들은 적토(赤土)로 이어지고, 땅은 **코치왕국[柯枝國]과 접경하고 있다**. ②한낮에 시장이 열린다. 서양 여러 나라의 중심항구이다. ③이 나라에서는 '탕카[倘伽]'라는 큰 금전을 유통 사용하는데, 한 개에 8푼이 나간다. 작은 금전은 '파남

고림국(故臨國) 조목에서 남비(南毗)와 고림(故臨)은 이웃하고 있는 나라로 풍속이 비슷하다고 하였고, 먼저 기술한 남비(南毗)가 삼불제(三佛齊)와 교역하는 물품 중에는 '침향'이 들어있다(『바다의 왕국들: 제번지역주』, 132쪽).

12) 펑 펑쥔 씨는 '극(極)'자를 '㮈'자로 잘못 읽고 주당면의 『국조전고』에 따라 '함(涵)'자로 교정했다(교주본, 32쪽). '극(極)'자로 해석하면 "구슬의 광채는 매우 밝다"라고 해석되어 문제 될 것은 없지만, 다음 구[珊瑚色潤紅]와 대구를 이루고 있으므로, 펑씨의 교정은 정확하다.

13) 본서에 붙여진 오언시들은 본문의 내용을 요약하여 노래한다. 그러나 이 마지막 두 구는 본문에 보이지 않는 정보이다. 옥봉(玉峯)이 저자 비신(費信)의 호라면, 이 두 구의 정보는 또 다른 자료에 근거한 것일까?

(吧喃)'이라 하는데, 40개는 큰 금전 1개를 기준으로 삼는다. ④전토는 척박하고 수확이 적어, 해마다 벵골[榜葛剌]의 쌀을 빌려 식량으로 삼는다. ⑤기후는 항상 덥다. ⑥풍속은 **조금 순박하다**. ⑦**남녀 대부분은 회회(回回), 남비(喃毗) 사람이다**. ⑧땅에서는 후추가 나는데 하리(下里)에 버금간다. ⑨말린 빈랑[乾檳榔], 잭푸르트[波羅蜜], 유색의 베[色布], 기목향(其木香), 유향(乳香), 진주, 산호, 수유(酥油), 해아다(海兒茶)는 모두 다른 나라에서 온다. ⑩교역하는 상품은 정향(丁香), 두구(荳蔻), 색단(色段), 사향, 금·은·동·철기(金銀銅**鐵**器), 철선, **흑영(黑纓)**[14] 등이다.

①山連赤土, 地**與柯枝國接境**. ②日中爲市. 西洋諸國之馬頭也. ③本國通使大金錢名儻伽, 每箇重八分. 小金錢名吧喃, 四十箇准大金錢一箇. ④**田瘠少收**, 歲藉榜葛剌米**爲**食. ⑤氣候常熱. ⑥**風俗小淳**. ⑦**男女多回回喃**毗人. ⑧地産胡椒, 亞於下里. ⑨乾檳榔·波羅蜜·色布·其木香·乳香·眞珠·珊瑚·酥油·孩兒茶·梔子花, 皆自他國**來**也. ⑩貨用丁香·荳蔻·色段·麝香·金銀銅鐵器·**鐵**線·**黑纓**之屬.

14) '흑영(黑纓)'은 저본의 '흑연(黑鉛)'의 오기일 것이다.

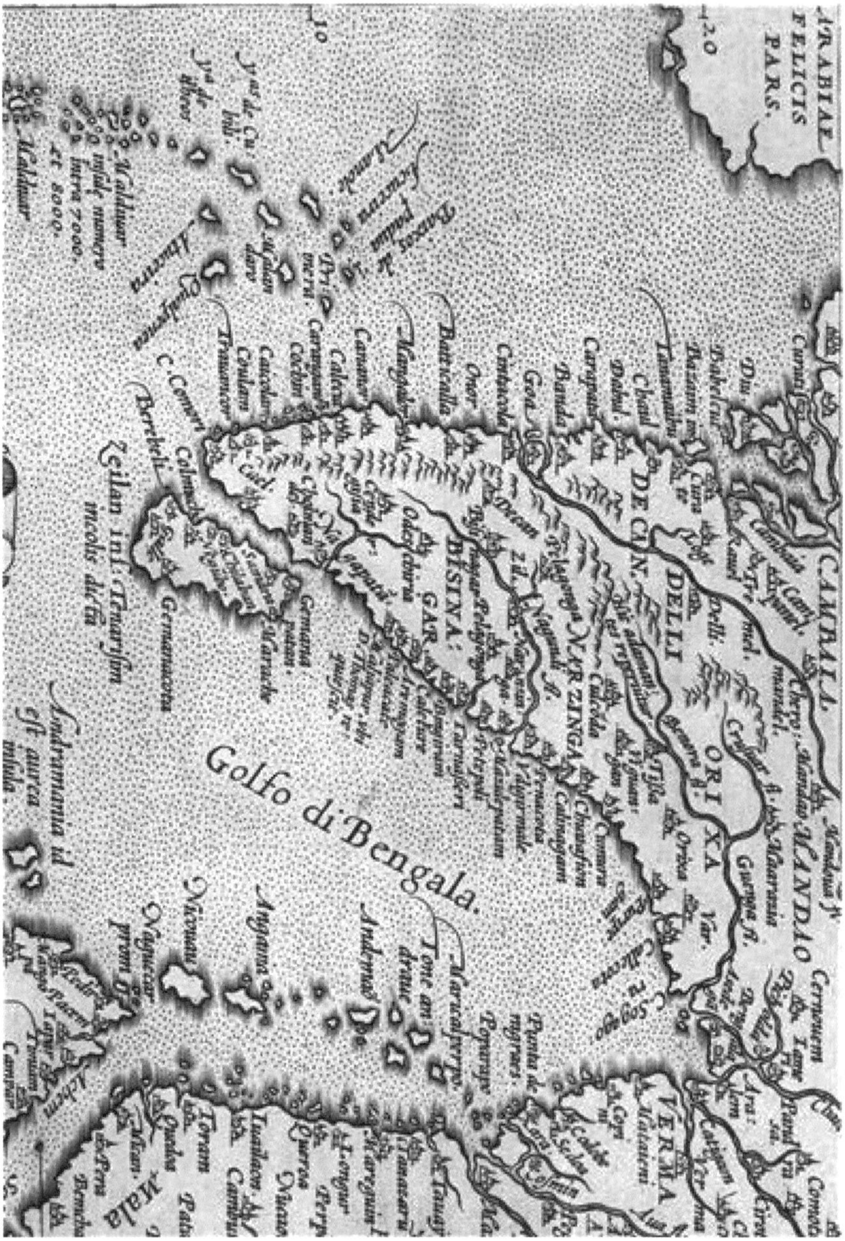

Abramo Ortelio(1527~1598), 『Theatro Del Mondo Di Abrahamo Ortelio』, Antwerp, 1608, 120쪽. 35x50cm, 1:22,000,000. 일부. 서남쪽 카이콜람(Caicolam)과 아래 쿨람(Coulam) 항구가 그려져 있고, 위로는 다음 볼 코친(Cochin)이 그려져 있다.

18. 코치 왕국[柯枝國][1]

1) '가지[kɑ-tɕiẹ](柯枝)'는 오늘날 인도 서남쪽 말라바르 해안에 있는 '코치(Kochi)'에 해당하는 음역이다. 이 항구도시는 14세기 중후반에 새로 건설되어 15세기 이전 자료에서는 보이지 않는다. 이곳은 마환의 『영애승람』에서 가장 자세하면서, 세계에서 가장 빠른 기술을 보여주고 있다. 상세한 해제는 『영애승람역주』를 참고하시오.

당시 코치 항구는 인도 중남부를 차지하고 있던 힌두교 전통의 비자야나가라(Vijayanagara) 제국(1336~1646년)에 속해 있었다. 또 중북부 지역은 이슬람교도의 바흐마니(Bahmani) 술탄국(1347~1527년)이 차지하고 있었다. 마환과 비신이 '방문'한 시기는 바자야나가 제국의 상가마(Sangama) 왕조 시기(1336~1485년)일 것이다. 마환과 비신이 붙인 '국(國)'자는 도성 또는 도시의 의미로 읽어야 할 것인지, 아니면 코치는 속왕이 다스렸기 때문에 그런 것인지 모르겠다.

1414~1439년 사이 니콜로 데 콘티(Niccolò de' Conti)는 "콜로엔(Coloen, 퀼론|콜람)을 떠나 3일 여정 뒤에 그는 코침(Cocym)이란 도시에 도착했다. 이 도시는 둘레가 5마일(8km)이고 강어귀에 있으며 그곳은 그 강 이름에서 나왔다. 이 강으로 한참 항해해 가면서 그는 제방을 따라서 밝힌 많은 불을 보고 그것들이 어부들이 켜 놓은 불로 생각했다. 그러나 배에 함께 타고 있던 사람들이 웃으면서 '이세프(Icepe)'라고 했다. 이들은 사람 모습을 하고 있지만, 물고기 또는 괴물로도 불리며 밤에 물에서 나와 나무를 모아놓고 돌을 서로 부딪쳐 불을 붙이고 물 가까이에서 태운다. 불빛에 끌린 물고기들이 많이 그곳으로 헤엄쳐 오면 물속에 숨어있던 괴물들이 이 물고기를 잡아 삼킨다. 그들이 잡은 몇몇은 암컷 수컷 모두 그 형태가 인간과 조금도 다르지 않았다고 한다. 이 구역에서는 콜로엔과 같은 과일들이 난다"라고 기록했다(R.H. Major, 『India in the Fifteenth century』(London, Hakluyt Society, 1857), 「니콜로 콘티의 여행」, 19쪽).

『대명일통지(大明一統志)』(1461년)에 실린 가지국(柯枝國)에 관한 기술은 다음과 같다(사고전서본, 권90, 30a). "가지국(柯枝國)은 이전 대의 연혁을 고증할 수 없다. 본조 영락 2년(1404)에 국왕 가역리(可亦里)가 그의 신하 완자탑아(完者苔兒) 등을 보내 와 천자를 알현하고 산물을 바쳤다. 산천으로 진국산(鎭國山)이 있다【영락 10년(1412) 그 나라의 산을 '진국산(鎭國山)'으로 봉하고, 황제가 비문을 직접 지어 그 산에 비석을 세우도록 했다】. 그곳에서는 후추와 소목(蘇木)이 난다(沿革前代無考. 本朝永樂二年, 國王可亦里遣其臣完者苔兒等來朝, 并貢方物. 山川鎭國山【永樂十年詔封其國之山爲鎭國山, 御製碑文賜之, 命

①이곳은 실론 왕국[錫蘭山國]과 대치하고 있다. ②기후는 항상 덥다. ③농토는 척박하여 수확이 적다. ④촌락은 바닷가에 있다. ⑤풍속은 상당히 순수하다. ⑥남녀는 방망이 모양으로 상투를 하고, 짧은 적삼[短衫]을 입으며 홑겹의 베[單布]를 두른다. [①其處與錫蘭山國對峙. ②氣候常熱. ③田瘠少收. ④村落傍海. ⑤風俗頗淳. ⑥男女椎髻, 穿短衫, 圍單布.]

⑦그들 중에는 '목과(木瓜)'[2]라는 한 부류[種]가 있는데, 집이 없이 살며 단지 굴이나 나무 둥지에 거처하고 바닷가에서 물고기를 잡는 것을 생업으로 삼는다. 남녀는 나체이며, 나뭇잎 또는 풀 몇 갈래를 엮어 앞뒤의 부끄러운 부분을 가린다. 가는 길에 사람을 만나면 길가에 쭈그리고 있다가 지나가기를 기다렸다가 간다. [⑦其有一種曰木瓜, 無屋居之, 惟穴居樹巢, 臨海捕魚爲業. 男女裸體, 紉結樹葉或草數莖遮其前後之羞. 行路遇人, 則蹲縮於道傍, 伺過方行也.]

立碑其上】. 土産胡椒·蘇木)."

여기서 말하는 '가역리[kʰɑ-0i̯ɛk-lji](可亦里)'라는 왕은 상가마 왕조의 세 번째 왕인 하리하라(Harihara) 2세를 음역한 표기로 보이는데, 닐라칸다 사스트리(Nilakanta Sastri)에 따르면, 그는 1404년 8월에 죽었다(『A History of South India』, London, 1966, 268쪽). 따라서 이 나라의 산을 '진국산(鎭國山)'으로 봉한 시기인 1412년은 드바 라야(Deva Raya) 1세(1406~1422 재위)의 통치 시기에 속한다. 그렇다면, '가지국'의 '국'자는 '도시'라는 의미로 읽어야 할 것 같다.

『명사』, 권326, 「가지전(柯枝傳)」(8441쪽)에서 "영락 원년(1403)에 환관 윤경(尹慶)을 조서를 들려 보내 이 나라를 불러 타일렀다(永樂元年, 遣中官尹慶齎詔撫諭其國)"라고 했고, "9년(1411) 왕 가역리(可亦里)가 사신을 보내 조공했다(九年, 王可亦里遣使入貢)"라는 정보는 마환과 비신의 자료에서 확인되지 않는다. 특히 영락 원년에 이곳으로 사신을 보냈다는 점도 이해하기 어렵고, 앞서본 『명일통지』의 기록과도 부합하지 않는 정보이다.

2) '목과(木瓜)'란 가장 낮은 신분 계급인 무쿠파(mukuva)에 해당하는 한역 표기이다. 자세한 설명은 역자의 『영애승람역주』, 12-4를 참고하시오.

⑧땅에서는 후추[胡椒]가 널리 나는데, 부잣집에서는 판자로 만든 창고[板倉]를 마련하여 저장했다가 장사꾼들에게 판다. ⑨작은 금전을 유통해 사용하는데 '파남(吧喃)'이라 부른다. ⑩교역하는 상품은 색단(色緞), 흰 명주실[白絲], 푸른 꽃문양의 백자기[靑白花磁器], 금은 등이다. [⑧地產胡椒甚廣, 富家俱置板倉貯之, 以售商販. ⑨行使小金錢, 名吧喃. ⑩貨用色緞·白絲·靑白花磁器·金銀之屬.[3]]

⑪시로 노래한다[詩曰].

아! 이 코치 왕국은	嗟彼柯枝國,
산들이 붉은 소금 시장에 이어졌네.	山連赤鹵場.[4]
굴에 사는 것이 짐승들과 비슷하고	穴居相類獸,
시장에 모여서 통상하기도 하네.	市集更通商.
미곡은 수확이 적지만	米穀少收實,
후추는 창고에 가득하네.	胡椒積滿倉.
[황제의] 은혜를 펴는 사신들이 이르러	恩宣中使至,
가는 곳마다 오랑캐 고향임을 알겠네.	隨處識蠻鄉.

3) 이 문장[貨用色緞·白絲·靑白花磁器·金銀之屬]에서 '색단(色緞)'은 『국조전고』에 색단(色段)으로 되어있고, 『고금설해』에는 '색가(色叚)'로 되어있다. '색가(色叚)'는 '색단(色段)'의 잘못이고, 색단(色段)의 색단(色緞)을 말한다. 또한 '청백화자기(靑白花磁器)'는 『국조전고』와 일치하지만, 『고금설해』에서는 '청화백자기(靑花白磁器)'을 보여주는데, 위의 석란산 조목에서와 같은 경우이다.

4) '적로(赤鹵)'란 붉은 소금이란 의미이다. 우세남(虞世南)은 『북당서초(北堂書鈔)』에서 「염지부서(鹽池賦序)」를 인용하여(사고전서본, 권146, 4a) "적로(赤鹵)는 오(吳) 지방 사람들이 끓여서(?) 소금으로 만든다(赤鹵, 吳民煮以為鹽)"라고 설명했다. 이로써 여기 '적로장(赤鹵場)'은 '붉은 소금을 파는 시장' 정도로 해석할 수 있을 것이다. 하지만 이 정보는 본문에 전혀 언급되지 않았다. 앞서본, 퀼론 왕국 조목 ①에서 "산들은 적토(赤土)로 이어지고, 땅은 하리(下里)에 접해있다(山連赤土, 地接下里)"라고 하였는데, 이 정보가 잘못 들어온 것인지 모르겠다.

『고금설해』(사고전서본, 권19, 6b~7a)[3-9] 코치 왕국[柯枝國]
①이곳은 실론 왕국[錫蘭山國]과 대치하고 있고, **안으로는 캘리컷[古里] 왕국의 경계와 통한다**. ②기후는 항상 덥다. ③농토는 척박하여 수확이 적다. ④촌락은 바닷가에 있다. ⑤풍속은 상당히 순수하다. ⑥남녀는 방망이 모양으로 상투를 하고, 짧은 적삼[短衫]을 입으며 홑겹의 베[單布]를 두른다. ⑦**또** '목과(木瓜)'라는 한 부류[種]가 있는데, **집이 없이 단지 굴에 살거나 나무에 깃들어 살며 바다에 들어가** 물고기를 잡는 것을 생업으로 삼는다. 남녀는 나체이며, **나뭇잎 또는 풀을** 엮어 **앞뒤를** 가린다. **행인들이 그들을 만나면** 길가에 쭈그리고 있다가 지나가기를 기다렸다가 가는데, 부끄러운 것을 피하려 하기 때문이다. ⑧땅에서는 후추[胡椒]가 널리 나는데, 부잣집에서는 판자로 만든 창고[板倉]를 마련하여 저장했다가 장사꾼들에게 판다. ⑨작은 금전을 유통해 사용하는데 '파남(吧喃)'이라 부른다. ⑩교역하는 상품은 색단(色段), 흰 명주실[白絲], 푸른 꽃문양의 백자기[靑花白磁器], 금은 등이다. **그곳 추장은 성은에 감동하여 항상 산물을 조공한다**.

①其處與錫蘭山對峙, **內通古里國界**. ②氣候常熱. ③田瘠少收. ④村落傍海. ⑤風俗頗淳. ⑥男女椎髻, 穿短衫, 圍單布. ⑦又一種曰木瓜,[5] 無屋舍, 惟穴居巢樹, 入海捕魚爲業. 男女裸體, 紉結樹葉或草遮其前後. 行人遇之, 則蹲避道旁, 俟過方行, 蓋避羞也. ⑧地產胡椒甚廣, 富家俱置板倉貯之, 以售商販. ⑨行使小金錢名吧喃. ⑩貨用色段·白絲·靑花白磁器·金銀之屬. 其酋長感慕聖恩, 常貢方物.

---

5) 여기의 '우(又)'자로 짐작하건대, 앞의 다른 부류의 사람들에 관한 설명이 있었을 것으로 보인다.

19. 캘리컷 왕국[古里國][1)]

1) '고리[kuo-lji](古里)'는 인도 케랄라주에 있는 항구도시 '캘리컷' 현 '코지코드(Kozhikode)'를 지칭한다. 명칭의 의미는 '수탉의 요새'라는 뜻으로 '고리'는 '수탉'을 의미하는 콜리(Kōḷi, koli)를 음역한 것으로 추정된다. 비신의 기록은 『도이지략』의 고리불(古里佛) 조목에 보이는 정보를 상당히 베끼고 있다고 해서 비신의 고리국이 왕대연의 고리불이라는 등식은 성립하지 않는다. 예를 들어 ④, ⑥, ⑦, ⑧, ⑬의 정보는 왕대연의 기술에 보이지 않는다.

역자는 이전 작업 『도이지략역주』(434~437쪽)에서 마환과 비신의 고리국은 같은 캘리컷을 말한다는 전제에서 왕대연의 고리불이 마환의 고리국이 아님을 주장했다. 그러나 전제가 잘못되었을 수 있다. 즉 마환의 고리국이 바로 비신의 고리국이냐는 문제를 따져봐야 한다. 사실 마환과 비신이 기술한 고리국은 매우 다르다. 말라바르 해안에 있는 항구 도시들의 특산인 후추를 제외하면, 공통된 기술이 없다. 특히 왕대연의 고리불 기술에 없었던 ④, ⑥, ⑦, ⑧, ⑬의 정보는 마환의 고리국에서 확인되지 않는다.

또한, 후지타 도요하치의 설에 따라 왕대연의 고리불을 퀼론, 즉 콜람에 놓고 보면, 왕대연의 소구남(小唄喃)을 위치시킬 장소가 없어진다. 게다가 왕대연은 하리(下里) 조목에서 "이 나라는 소구남과 고리불 중간에 있으며, 작은 항구이다"라고 기술하고 있으므로(『도이지략역주』, 350쪽), 후지타 씨는 '소구남'을 '판다라이나-콜람'에 배정했던 근거이다. 그렇다면 왕대연의 고리불은 마환의 고리국인가? 이 또한 첫째 '고리불'의 '불[bʰɨuət](佛)'[샤먼 방언으로 'h|put'] 자에 해당하는 음을 찾을 수 없고, 둘째 비신의 기술처럼 후추에 관련된 설명 정도가 공통적일 뿐이므로 같은 나라임을 확인하기 힘들다.

왕대연은 말라바르 해안의 항구도시로, 하리(下里), 고리불(古里佛), 소구남(小唄喃) 등 세 곳을 기술했다. 마환은 소갈란국(小葛蘭國), 가지국(柯枝國), 고리국을, 비신은 소구남국, 가지국, 고리국, 대구남국을 기술했다. 앞선 작업에서 추정한 대로 소구남과 대구남은 인접한 곳이며, 콜람과 카인콜람으로 놓고 보면, 세 사람 모두 결국 세 곳을 말하고 있다. 왕대연의 하리[ɣa—lji](下里)는 마르코 폴로의 엘리(Eli), 이븐바투타의 힐리(Hīly)와 가장 근접한 음을 보여주지만, 캘리컷의 북쪽에 있으므로, 소구남과 고리불의 중간에 있다는 왕대연의 기술과 부합하지 않는다. 왕대연과 비신의 소구남은 확실히 마환의 소갈란이다. 내용이야 다르더라도 비신은 고리국 조목에서 왕대연의 고리불 문장을 다수 가져왔으므로, 고리불을 마환과 비신의 고리국에 해당시킬 수밖에 없다.

이상의 정황과 조건에 비추어, 왕대연의 하리(下里)는 마환과 비신의 가지국(柯枝國)에 해당시킬 수 있을 것이다. 현 코친시와 코친 문화유산 연구소에 내놓은 공식 홍보자료에 따르면(http://www.corporationofcochin.org.), 코친은 1341년 항구가 형성되었고, 코치의 어원에 관해서는 산스크리트어로 소[牛]와 함께 번영한다는 의미인 '고 스리(go sri)'의 변형으로 추정했다. '하리'는 여기 '고 스리(go sri)'를 음차했다고 볼 것을 제안한다. 역자는 이 해법을 최선으로 선택하고자 한다.

이제 왕대연의 고리불을 마환과 비신의 고리국에 해당시킨 이상, 내용적인 측면에서 살펴볼 필요가 있다. 마르코 폴로는 엘리(Eli)는 기술했지만, 캘리컷은 언급하지 않았다. 또 이븐바투타는 캘리컷이 세계적 큰 항구라는 사실과 그곳에서 본 중국 선박에 관한 기술을 하면서도 정작 캘리컷에 대해서는 별다른 기술이 없다.

1439년경 캘리컷을 찾았던 니콜로 데 콘티는 "다음 항구도시로 둘레가 8마일(12km)이며 전 인도의 훌륭한 중심인 캘리컷(Calicut)으로 향했다. 그곳에는 후추, 칠, 생강, 더 큰 종의 육계(肉桂), 미로발란(myrobalan), 제도아리(zedoary) 등이 풍부했다. 이 지역에서는 여자들만 여러 남편을 가질 수 있어, 어떤 여인은 열 명 이상을 가졌다. 남편들은 아내를 부양하는데 헌신하고 아내는 남편들과 떨어져 산다. 남편 중 한 사람이 그녀를 방문할 때는, 뒤에 오는 사람이 볼 수 있도록, 집 대문에 표시를 남기면 그 사람은 들어가지 않고 간다. 아이들은 아내의 뜻에 따라 남편들이 맡는다. 아버지의 유산은 자식이 아니라 손자에게 내려간다. 캘리컷을 떠나서 그는 서쪽 캄베이(Cambay)로 향했다"라고 하였다(R.H. Major, 『India in the Fifteenth century』(London, Hakluyt Society, 1857), 「니콜로 콘티의 여행」, 19~20쪽).

사실 콘티의 정보는 우리의 궁금증을 해소하는데 유용하지 않다. 미로빌란은 암라(Amla, Phyllanthus emblica)를 말하는 것으로 보이고 제도아리[Curcuma zedoaria]는 생강과에 속하는 식물로 그 뿌리는 봉출(蓬朮)이라 불리는 약재이다. 중국의 저자들이 언급한 후추 외에는 공통점을 찾을 수 없다. 하지만 동시대[1442년] 압둘 라자크의 기술은 마환의 기록을 어느 정도 확인해 준다(R.H. Major, 『India in the Fifteenth century』(London, Hakluyt Society, 1857), 「압둘 라자크(Abd-er-Razzak)의 여행」, 13~20쪽).

캘리컷은 아주 안전한 항구로 호르무즈처럼 모든 도시와 나라에서 상품을 가져온다. 그곳에서는 해상 국가에서 가져오는 귀중한 상품들이 넘쳐난다. …도시는 이교도들이 살고 있고, 접근하기 어려운 해변에 있다. 상당수의 무슬림들이 살고 있으며 그들은 일정한 거처에 살면서 두 모스크를 마련하여 매주 금요일 만나서 기도한다. 성직자인 카디(Kadi)가 있고, 대부분 샤페이(Schafei) 파에 속한다. 안전과 법은 매우 확실하게 설정되어있다. 가장 부유한 상인들은 해상 국가로부터 많은 화물을 실어와 하역하여 곧바로 시장에 내다 파는데, 상품의 양을 계산하거나 감독할 필요가 없다. 세관의 관리들이 상품을 살피는 일을 담당하며 밤낮으로 지킨다. 판매가 이뤄지면 그들은 40분의 1에 해당하는 상품을 세금으로 매긴다. 팔리지 않으면 어떠한 세금도 부과하지 않는다. …

이 나라의 흑인들은 거의 벌거벗고 다니며 중간에 띠를 맬 뿐이다. 그것을 '란쿠타(lankoutah)'라고 부르는데, 배꼽에서 무릎 위까지 내린다. 한 손 인도 단도를 드는데, 물방울처럼 빛나며, 다른 손에는 쇠가죽으로 만든 안개 같은 방패를 든다. 이러한 복장은 왕이나 거지나 마찬가지이다. 이슬람교도들은 아랍 방식으로 훌륭한 의복을 입어 각기 사치를 드러낸다. …

이교도들은 브라민(Bramin), 조기(Dhoghi) 등등 여러 계층으로 나뉜다. 이들은 다신교와 우상숭배의 기본적인 교리를 따르지만 각파마다 독특한 관습을 가진다. 그들 중에는 한 계층의 남자들이 있는데, 한 여인이 그들을 남편들로 가지는 것이 관례이며, 그들 각각은 특별한 의무를 지고 그것을 이행한다. 밤낮으로 그들 사이에서 공유된다. 그들 각각은 집에서 보내는데, 그가[한 남자가] 그곳에 있으면 다른 누구도 들어갈 수 없다. 사메리(Sameri)는 이 파에 속한다. …

사메리는 비자나가르(Bidjanagar) 왕의 법에 속하지 않지만, 그에게 경의를 표하며 그를 매우 두려워한다. 솔직히 말하자면 왕은 캘리컷을 비롯한 300 항구와 석 달 걸리는 거리의 영토를 소유하고 있기 때문이다. 캘리컷과 인근 항구를 포함한 해안은 실론이라 불리는 세렌디브(Serendib) 섬 맞은편에 있는 카벨(Kabel)까지 펼쳐져 있으며, 멜리바르(Melibar)로 통칭한다. 대체로 후추를 실은 캘리컷의 배들은 꾸준히 메

①[이 나라는] 큰 바다의 요충에 해당하고, 실론[僧伽(剌)]과 가깝게 통하며, 서양 여러 나라의 중심이다. ②산은 광활하고 농토는 척박하지만, 맥(麥)과 곡물은 상당히 넉넉하다. [①當巨海之要,[2] 去僧伽密通,[3] 亦西洋諸番之馬頭也. ②山廣田瘠, 麥穀頗足.]

카로 항해해 간다. 그들은 치니-베체간(Tchini-betchgan, 중국인의 아들)이라 알려졌으며 해적들은 감히 캘리컷의 배들을 공격하지 못한다. 이 항구에서 원하는 모든 것을 찾을 수 있다. 단 한 가지 금지된 것은 바로 소를 죽이거나 그 고기를 먹는 것이다. 이 동물을 도살하거나 먹는 것이 발견되면, 그 누구도 즉시 처형된다. 이곳에서는 소를 너무 경배하여, 주민들은 똥을 주워 말련 다음 그것으로 이마에 문질러 바른다.

여기 압둘 라자크의 기술은 마환의 기록과 상당 부분 일치한다. 따라서 마환의 기록에 중점을 둘 수밖에 없다. 그렇지만 마환이 직접 캘리컷에 갔다는 것을 의미하지는 않는다. 덧붙여, 여기 압둘 라자크의 증언은 15세기 중반까지 캘리컷은 비자야나가라 제국의 통치 영역에 속해 있었다는 사실을 확인할 수 있다.

마지막으로 1475년경 캘리컷을 여행한 러시아의 니키틴(Nikitin)의 기술에 따르면, "칼르코트(Calecot, 캘리컷)은 신이 어떤 선박도 건널 기술을 주지 않았고 그 누구도 온전하게 건너지 못할 인도양 전체를 위한 항구이다. 이 나라에서는 후추, 생강, 염색식물, 머스캣, 정향, 육계(肉桂), 향기로운 뿌리류, 아드라치(adrach, 초록 생강?), 모든 향료가 나고, 모든 것이 저렴하하며, 하인과 하녀들도 매우 훌륭하다"라고 하였다((R.H. Major, 『India in the Fifteenth century』(London, Hakluyt Society, 1857), 「니키틴(Nikitin)의 여행」, 20쪽). 이상 아랍인과 유럽인이 기술한 산물은 왕대연, 마환, 비신이 언급한 것들과 후추 외에는 그 차이가 심한 것은 사실이다.

2) 이 문장[當巨海之要]은 『고금설해』에서 "실론섬에서 출발하여 순풍에 10일 밤낮을 [항행하면] 이를 수 있다. 이 나라는 큰 바다의 주요 섬에 해당한다(錫蘭山起程, 順風十晝夜可至. 其國當巨海之要嶼)"라고 시작한다.

3) 이 문장[去僧伽密通]은 나이지본과 일치하지만, 『국조전고』에는 "與僧伽密通"로 되어있고 『고금설해』에서는 "與僧迦密邇"라고 하였다. 왕대연의 『도이지략』 고리불(古里佛) 조목에는 "去僧加剌密邇"로 되어있다. '승가(僧伽)', '승가(僧迦)' 모두 『도이지략』의 '승가랄(僧加剌)'의 줄인 명칭으로, 바로 실론[錫蘭山]

③풍속은 매우 [인정이] 두터워, 행인들은 길을 양보하고 길에서 줍지 않는다. ④법률에는 형장(刑杖)이 없고 다만 석회로 땅에 [선을] 그리는데, 바로 [넘지 못하도록 하는] 금령이다. ⑤추장은 깊은 산에서 부유하게 살며, 바닷가에 시장을 형성하여 산물을 모아 통상한다. [③風俗甚厚, 行者讓路, 道不拾遺. ④法無刑杖, 惟以石灰劃地, 乃爲禁令. ⑤其酋長富居深山, 傍海爲市, 聚貨通商.]

⑥남자들은 긴 적삼을 입고 머리는 흰 베로 감싼다. ⑦부녀들은 짧은 적삼을 입고 유색의 베를 두르며, 두 귀에는 금패(金牌)의 사슬[絡索] 여러 개를 매달고, 목에는 진주, 보석, 산호를 연이은 목걸이[瓔珞]를 걸며, 팔과 다리에는 모두 금은의 팔찌와 발찌를 하고, 손가락과 발가락에는 모두 금으로 보석을 상감한 반지[戒指]를 끼며, 머리 쪽은 머리 뒤로 하고, 얼굴은 희고 머리카락은 검어 그 아름다움을 볼만 하다. ⑧그들 중에 '목과(木瓜)'라는 나체의 사람들이 있는데, [그들은] 코치[柯枝]와 같다. [⑥男子穿長衫, 頭纏白布. ⑦其婦女穿短衫, 圍色布, 兩耳懸帶金牌絡[洛]索數枚,[4] 其項上珍珠·寶石·珊瑚連掛瓔珞, 臂腕足脛皆金銀鐲, 手足指皆金廂寶石戒指, 髻椎[堆]腦後, 容白髮黑, 嬌美可觀. ⑧其有一種裸身之人曰木瓜, 與柯枝同.]

⑨땅에서는 후추를 생산하는데 하리(下里)에 버금가고, 모두 창고

의 산스크리트어 명칭이다. '통(通)'자는 '이(邇)'자의 자형에서 비롯된 오자로 보이지만, '통(通)'자로 읽어도 큰 문제는 없다. '거(去)'자인지 '여(與)'자인지 선택하기 어렵다. 어쨌든 비신은 『도이지략』을 그대로 베끼지는 않고 조금씩 문장을 조정했다는 점을 고려하면, '여(與)'자로 썼을 가능성도 얼마든지 있다.

4) 천일각본의 '낙삭(洛索)'은 나이지본에는 '낙색(洛色)'으로 되어있어, 나이지는 '낙삭(絡索)'으로 교정한 바 있다. 이는 『국조전고』와 『고금설해』본을 통해 확인되므로 바로잡는다. '낙삭(落索)'이 일반적인 표기로, 연자(鏈子), 즉 사슬을 의미한다.

에 저장했다가 상인들을 기다려 판다. ⑩[이 나라에는]장미로(薔薇露), 잭푸르트[波羅蜜], 해아다(海兒茶), 꽃문양을 날염하여 얼굴을 덮는 수건[印花被面手巾]이 있다. ⑪[이 나라에 있는] 산호, 진주, 유향, 목향(木香), 금박(金箔) 등은 모두 다른 나라에서 오는 것들이다. ⑫이 나라에서 잘 기른 좋은 말은 서방의 나라에서 들어오는데, 통상적으로 금전 천백 정도가 한 필이다. 이 나라에서는 서방 외국에서 온 말이건 본국에서 난 말이건 사지 않으면 비난하며 나라에 돈이 없을 것이라는 말을 한다. ⑬교역하는 상품은 금은, 색단(色緞), 푸른 꽃문양의 백자기[青花白磁器], 진주, 사향(麝香), 장뇌(樟腦) 등이다. [⑨地產胡椒, 亞於下里, 俱有倉廩貯之, 待商之販. ⑩有薔薇露·波羅蜜·孩兒茶·印花被面手巾. ⑪其有珊瑚·珍珠·乳香·木香·金珀箔之類,[5] 皆由別國而來.[6] ⑫其國能蓄好馬, 自西蕃而來, 動經金錢千百爲疋. 其國若西番馬來, 本國馬來, 不買則議爲國空空國之言也.[7] ⑬貨用金銀·色緞·青花白白花磁器·珍珠·麝香·水銀·樟腦之屬.[8]]

---

5) 천일각본의 '금박(金箔)'은 『국조전고』, 나이지본 모두 일치하지만, 『고금설해』에 따라 '박(箔)'자는 '박(珀)'자로 교정해야 할 것이다.

6) 이 문장[皆由別國而來]은 『국조전고』에 "皆由別國之來"로 되어있고, 나이지본에는 "皆有別國而來"를 보여준다. 『고금설해』에서는 "皆由別國來"라고 하였으므로 '이(而)'자가 선본이지만, 이 글자가 없는 편이 오히려 더 분명하다.

7) 천일각본의 이 문장[不買則議爲空國之言也]은 『국조전고』와 나이지본에 "不買則議爲**國空**之言也"로 되어있는데, '공국(空國)'을 '국공(國空)'으로 어순을 바꾼 것만 다르다. 『고금설해』에 이 정보는 빠져있다. 이 문장은 비신이 『도이지략』의 기술을 잘못 베껴 문장이 잘 통하지 않게 되었다. 『도이지략』 고리불(古里佛) 조목에서는 "아니면 현지인들은 그 나라가 궁핍하다고 비난한다(否則番人議其國空乏也)"라고 하였다. 따라서 천일각본의 '공국(空國)'은 '국공(國空)'으로 어순을 고치는 것이 맞다.

8) '청백화자기(青白花磁器)'는 천일각본에서 일관적이다. 『국조전고』와 『고금설해』에서는 '청화백자기(青花白磁器)'를 보여주므로 이에 따라 고친다. 펑 청쥔

⑭시로 노래한다[詩曰].

캘리컷은 서역과 통하고	古里通西域,
산은 푸르고 경치는 기이하네.	山靑景色奇.
길에 떨어진 유실물을 사람들은 줍지 않고	路遺人不拾,
집들은 부유하여 본디 속임이 없다네.	家富自無欺.
추장은 너그러운 마음을 베풀고	酋長施仁恕,
사람들은 예의를 중시하네.	人民重禮儀.
장차 오랑캐의 세속사를 기록하여	將書夷俗事,
풍속과 교화가 마땅함을 얻기를.	風化得相宜.

『고금설해』(사고전서본, 권19, 7a~7b)[3-10] 캘리컷 왕국[古里國]

실론섬[錫蘭山]에서 출발하여 순풍에 10일 밤낮을 [항행하면] 이를 수 있다. ①[이 나라는] 큰 바다의 주요 도서로, 실론[僧伽(剌)]과 밀접하게 통하며, 서양 여러 나라의 중심이다. ②산은 광활하고 농토는 척박하지만, 맥(麥)과 곡물은 상당히 넉넉하다. ③풍속은 매우 [인정이] 두터워, 행인들은 길을 양보하고 길에서 줍지 않는다. ④법률에는 형장(刑杖)이 없고 다만 석회로 땅에 [선을] 그리는데, 바로 [넘지 못하도록 하는] 금령이다. ⑤추장은 깊은 산에서 부유하게 살며, 바닷가에 시장을 형성하여 산물을 모아 통상한다. ⑥남자들은 긴 적삼을 입고 머리는 흰 베로 감싼다. ⑦부녀들은 짧은 적삼을 입고 유색의 베를 두르며, 두 귀에는 금패(金牌)의 사슬[絡索] 여러 개를 매달고, 목에는 진주, 보석, 산호를 연이은 목걸

씨에 따르면 나이지는 『설해』본 앞머리에 "실론섬에서 출발하여 순풍에 10일 밤낮으로 항행하면 이를 수 있다(錫蘭山起程, 順風十晝夜可至)"라고 한 문장이 있다고 밝혔다.

이[瓔珞]를 걸며, 팔과 다리에는 모두 금은의 팔찌와 발찌를 하고, 손가락과 발가락에는 모두 금으로 보석을 상감한 반지[戒指]를 끼며, **머리카락은 머리 뒤로 쌓고, 얼굴은 희고 머리털은 검다**. ⑧그들 중에 '목과(木瓜)'라는 나체의 사람들이 있는데, [그들은] 코치 왕국[柯枝國]와 같다. ⑨땅에서는 후추를 생산하는데 하리(下里)에 버금가고, 모두 창고에 저장했다가 상인들을 기다려 판다. ⑩[이 나라에는] 장미로(薔薇露), 잭푸르트[波羅蜜], 해아다(海兒茶), 꽃문양을 날염하여 얼굴을 덮는 수건[印花被面手巾]이 있다. ⑪[이 나라에 있는] 산호, 진주, 유향, 목향(木香), 금박(金箔) 등은 모두 다른 나라에서 오는 것들이다. ⑫좋은 말은 서방의 나라에서 들어오는데, **한 필당 가격은 금전 천백이다**. ⑬교역하는 상품은 금은, 색단(色段), 푸른 꽃문양의 백자기[青花白磁器], 진주, 사향(麝香), 장뇌(樟腦) 등이다. **추장은 황제의 은혜에 감복하여 항상 사신을 보내 황금 지면에 쓴 표문을 올리고 산물을 바쳤다**.

錫蘭山起程, 順風十晝夜可至. (1)其國當巨海之要嶼, 與僧迦密邇, 亦西洋諸國之馬頭也. (2)山廣地瘠, 麥穀頗足. (3)風俗甚厚, 行者讓路, 道不拾遺. (4)法無刑杖. 惟以石灰畫地, 乃爲禁令. (5)其酋富居深山, 傍海爲市, 聚貨通商. (6)男子穿長衫, 頭纏白布. (7)婦女穿短衫, 圍色布, 兩耳懸帶金牌絡索數枚, 其項上眞珠·寶石·珊瑚連掛纓絡, 臂腕足脛皆金銀鐲, 手足指皆金銀鑲寶石戒指, **髮堆**腦後, 容白髮黑. (8)其有一種裸身之人曰木瓜, 與柯枝國同. (9)地產胡椒, 亞於下里. 俱有倉廩貯之, 以待商販. (10)有薔薇露·波羅蜜·孩兒茶·印花被面手巾. (11)其有珊瑚·眞珠·乳香·木香·金珀之類, 皆由別國來. (12)其好馬自西番來, 匹價金錢千百. (13)貨用金銀·色段·青花白磁器·燒珠·麝香·水銀·樟腦之屬. **酋長感慕聖恩, 常遣使捧金葉表文, 貢獻方物**.

1) 호르무즈의 음역 표기인 홀로모사(忽魯謨斯)는 『영애승람』에 '홀로모시(忽魯謨厮)'로 표기되었다. '사(斯)'자와 '시(厮)'자의 혼용은 15세기 명나라 사본에서 흔히 보인다.

중국 자료 중에서 호르무즈가 정확히 음역되고 연대를 확인할 수 있는 기록은 원나라 양추(楊樞, 1283~1331)가 1304년 바다를 통해 나회(那懷)를 일한국으로 호송한 기록으로, 황진(黃溍, 1227~1357)의 『금화황선생문집(金華黃先生文集)』 권35(사고전서본, 16a), 「해운천호양추묘지명(海運千戶楊樞墓誌銘)」에 보인다. "대덕(大德) 8년(1304) 경사를 떠나, 11년(1307) '홀로모사(忽魯模思)'라는 곳에 상륙했다. 군(君)이 바다를 통해 왕래하는 데 5년이 걸렸다. 필요한 배, 식량, 기물 등이 모두 군에게서 나왔으니 유사를 번거롭게 하는 것이 아니었다. 게다가 사비를 들여 그곳의 토산, 백마, 검은 개, 호박, 포도주, 현지 소금 등을 사 와 진공했다(八年, 發京師, 十一年乃至其登陸處曰忽魯模思. 是役也, 君往來長風巨浪中, 歷五星霜. 凡舟楫·糗糧·物器之須, 一出于君, 不以煩有司. 既又用私錢市其土物·白馬·黑犬·琥珀·蒲萄酒·蕃鹽之屬以進)"라고 하였다. 이것이 중국 측 자료에서 가장 확실한 최초의 언급으로 보인다.

이와 거의 동시에 마르코 폴로는 케르만에서 호르무즈로 가는 여정에서 만난 20마일 거리의 내리막을 내려가면 이틀 걸리는 거리에 펼쳐진 '포르모사(Formosa) 평원'을 기술하며 "이 평원에는 많은 대추야자 나무와 다른 과일나무들이 가득한 아름다운 물줄기가 있다. 그곳에는 많은 아름다운 새, 프랭콜린(francolin), 앵무새 그리고 우리나라에서는 없는 다른 새들도 있다. 이틀을 타고 가면 대양에 이르는데 그 해변에 호르모스(Hormos)라는 항구를 가진 도시가 나온다"라고 기술한 다음, 이어서 호르모스 항구와 그곳 사람들의 문화를 다음과 같이 기술했다.

> 배루 향신료, 보석, 진주, 금실을 넣어 짠 비단 세품, 상아 그리고 많은 다른 상품들을 실어 온 인도상인들은 호르모스 상인들에게 파는데, 이 상품들은 다시 전 세계로 옮겨 실려간다. 사실 엄청난 교역이 이루어지는 도시이다. 많은 도시와 마을들이 그 관할에 있으며 수도이다. 그 왕은 루오메담 아호메트(Ruomedam Ahomet)이다. 매우 유해한 곳이며 태양열이 엄청나게 무시무시하다. 어떤 외국 상인이 그곳에서 죽으면 왕은 그의 재산 전부를 가진다. 이 나라에서는 대추야자를 향료와 섞어

술을 빚는 데 매우 맛있다. 혹 처음 이 술을 마시는 데 익숙하지 않은 사람은 잦고 심한 설사를 일으키기도 하지만 그런 뒤에는 그 술 때문에 건강해지고 살이 오른다. 그 사람들은 아플 때를 제외하면 고기나 밀 빵을 먹지 않고 건강할 때 그런 음식을 섭취하면 아프게 된다. 건강상 그들은 음식으로 대추야자와 소금-물고기(절인 다랑어), 양파 그리고 내가 말한 식의 식사로 구성하여, 그들은 자신들의 건강을 지키기 위해 [이러한 식사를] 유지한다.

그들의 배는 형편없어 대부분이 유실된다. 고정하는 쇠붙이를 쓰지 않고 인디언 넛의 껍질을 꼬아 만든 것으로 붙이기 때문이다. 말총처럼 될 때까지 그 껍질을 두드려 거기서 실을 꼬아 만든 다음, 널빤지를 붙들어 맨다. 바닷물에도 썩지 않지만, 폭풍우에는 견디지 못한다. 배들에 역청(瀝靑)을 칠하는 것이 아니라 물고기 기름을 바른다. 돛대 하나, 돛 하나, 키 하나가 전부이고 갑판은 없고 짐을 실을 때 짐을 덮는 덮개가 고작이다. 이 덮개는 짐승의 가죽으로 만들어 이 덮개 위에 인도에 팔 말들을 싣는다. 쇠못을 사용하지 않기 때문에 배를 만들 때 나무못만 사용하여 내가 당신들에게 말한 꼰 끈으로 판자들을 붙인다. 그러므로 그들의 배로 항해하는 것은 위험한 일이고, 인도양의 폭풍이 심하게 불기 때문에, 이들 배의 대부분은 유실된다.

이곳 사람들은 검고 마호메트 신봉자들이다. 거주하는 사람들은 도시에서 사는 것을 피한다. 왜냐하면, 여름철 열기가 너무 심해 그들을 죽여버릴 것이기 때문이다. 그래서 그들은 나라에서 물줄기와 많은 물이 있는 그들의 정원으로 가서 (잠을 잔다). 어쨌든 내가 언급한 것이 아니라면 벗어날 수 없을 것이다. 당신들이 보다시피 여름에는 바람이 평원을 에워싼 사막을 가로질러 불어오는데 견딜 수 없이 뜨거워 그 누구라도 죽여버린다. 그렇게 되지 않으려고 바람이 불어오는 것을 알면 목까지 물속에 담그고 바람이 그칠 때까지 피한다. …

그 사람들은 밀, 보리, 그리고 다른 곡물을 11월에 심고 3월에 수확한다. 대추야자는 5월까지 수확하지 않지만, 그 외에 풀도 없고 푸른 식물이 아무것도 없다. 지나친 열기가 모든 것을 말려버리기 때문이다.

누군가 죽으면 그들은 성대한 애도식을 치르는데, 부인들은 그들 남편을 4년 동안 애도한다. 이 기간에 그들은 친척, 친구, 그리고 이웃들이 같은 목적으로 모여 적어도 하루에 한 번은 애도하며 울고 통곡한다. (율과 꼬르디에, 『The Book of Ser Marco Polo』, I, 1903, 107~9쪽)

아불페다(Aboulfeda, 1273~1331)의 기술에 따르면, "호르무즈는 키르만(케르만)의 항구이다. 많은 종려나무가 있는 도시이며 기후는 매우 덥다. 최근 그곳을 방문한 한 사람이 '옛 호르무즈는 타타르인의 침입으로 폐허가 되어 주민들은 옛날 호르무즈 서쪽 모퉁이에 있는 '자룬(Zaroun)'이란 섬으로 이주했다'라고 알려주었다. 약간의 하층민들이 옛 호르무즈에 살고 있다. 자룬섬은 오만과 마주하고 있다. 호르무즈에서 파르시스탄(Farsistan, 파르스)의 경계까지 대략 7일 거리이다. 호르무즈는 『모슈타릭(Maschtarik)』에서 모크란(Mokran)의 끝에 있는 도시라고 한다. 인도양에서 오는 배들은 해협을 통해 그곳에 접근한다."(『Geographie D'aboulfeda』, 1848, II, VI장, 104쪽).

1321년 '오르메스(Ormes, 호르무즈)'라는 도시에 도착한 오도릭은 여행기에서 "담장으로 튼튼하게 둘러 쌓여 값비싼 상품들이 풍부한 도시인 '오르메스'라는 도시에 도착했다. [이 도시는 육지에서 약 5마일 떨어져 있다. 그곳에는 자라는 나무도 없고 신선한 물도 없다. 정말이지 콩, 물고기 그리고 고기가 많았다. 그러나 건강에 좋은 곳도 아니었고 생명에도 안전하지 않았으며, 그 더위는 믿을 수 없을 정도로 심했다. 남녀 모두 키가 매우 컸다.…"(『Cathay and the Way Thither』, I, 56쪽)

이에 대해 율 씨는 "이 당시로부터 인도 무역의 거점인 호르무즈는 페르시아만 어귀 근처에 있는 황량한 섬으로 프톨레마이오스의 지리서에 보이는 대륙 맞은편에 있는 옛 아르무자(Armuza)에 해당하는 것 같다. 그러므로 데르블로(D'Herbelot)가 말한 것처럼, 이곳의 명칭이 사포르(Sapor)의 아들 호르미스다스(Hormisdas)에서 비롯되었을 수 없다. 현재는 오만 술탄국(Mascat)에 속하며 그곳에서 생산하는 소금으로 얻는 수익을 바쳤다. 대륙에 있는 호르무즈는 여전히 10세기 말까지도 번성했지만, 섬으로 그 중심이 옮겨간 시기는 불확실하다"라는 주석을 붙였다(앞의 출처).

1329~1330년경 이븐바투타는 오만에서 호르무즈로 갔다. "사람들은 바닷가에 있는 도시라고 했고, 또한 무고스탄(Moûghostân)라고도 불렀다. 호르무즈의 새 도시는 바다 중간 첫 번째 도시와 마주해 있으며 이 도시는 폭 3 파라쌍(14.4

①이 나라 [사람들은] 바다에 기대어 살며, 모이는 사람들이 시장을 형성했다. ②땅에는 초목이 나지 않아, 소, 말, 낙타 모두 말린 바닷물고기를 먹는다. ③풍속은 상당히 순수하다. ④돌을 쌓아 성을 만들어, 추장은 그 깊은 곳에 살며 군대를 훈련하고 말을 기른다. ⑤농토는 척박하여 밀[麥]이 널리 나고, 미곡의 수확은 적지만 사람들은 풍요롭다. [①其國傍海而居, 聚民爲市. ②地無草木, 牛·羊·馬·駝皆食海魚之

또는 16.8km)의 해협으로 떨어져 있을 뿐이다. 우리는 섬으로 이루어진 신 호르무즈에 도착했다. 그 수도는 제라오운(Djeraoun)이라 불렸다. 물건들을 잘 갖춘 시장들이 있는 크고 아름다운 도시였다. 도시는 인도와 신드(Sind)에서 오는 상품들의 집산지이고, 인도의 상품들은 이 도시로부터 두 이라크, 파르스(Fars)와 호라샨(Khorâçân)으로 보내졌다. 이곳에 술탄이 산다. 이 도시가 있는 섬은 걸어서 하루 여정의 길이이고, 대부분이 소금기를 띤 토양, 소금과 다라니(dârâni)라고 부르는 것들로 이루어진 산들이었다. 사람들은 이 소금으로 장식용 항아리와 램프 받침대를 만든다. 주민들의 음식은 물고기, 그리고 바스라(Basrah)와 오만에서 가져온 대추야자이다. 그들 언어로 '호루마 웨 마히 루티 파디샤히(Khormâ we mâhy louti pâdichâhy)'라고 하는데, '대추와 물고기는 왕들의 음식이다'라는 뜻이다. 식수는 이 섬에서 매우 귀하여 샘물과 빗물을 모으는 인공 수조가 있다. 이것들은 도시에서 상당한 거리에 있어 주민들은 가죽 부대를 가져가서 물을 채운 다음 바다까지 등에 지고 온다. 그런 다음 작은 배에 실어 도시로 가져온다"라고 하였다(『Voyages d'Ibn Batoutah』, II, 230~231쪽).

이상으로부터 대륙 바닷가에 있으며, 동서양 교역의 중계지로 번성한 옛 호르무즈가 14세기 초 어떤 이유로, 상업의 중심지가 호르무즈 섬으로 옮겨졌다는 사실을 확인할 수 있다. 이븐바투타의 설명에 따르면, 술탄이 옛 호르무즈에 놀러 간 사이 그의 형이 반란을 일으켰고, 여러 차례의 진압에 실패한 끝에 독살하고 섬을 탈환하자, 두 조카가 보물과 세력을 이끌고 진주 산지 키쉬(Kish) 섬으로 도망하여 노략질을 일삼아 옛 호르무즈 지역이 폐허가 되었다고 한다(앞의 책, 236~237쪽). 따라서 정화의 선단이 찾은 호르무즈는 신 호르무즈일 것이다. 그러나 15세기 초 중국의 기록들은 한결같이 대륙 바닷가에 있었던 옛 호르무즈를 말하는 것 같다.

乾.[2] ③風俗頗淳. ④壘石爲城, 酋長深居, 練兵蓄馬. ⑤田瘠麥廣, 穀米少收, 民下富饒.]

⑥산들은 오색으로 이어져 있고, 모두 소금이다. 갈이틀[鏇]로 그것을 파서 그릇[器皿], 쟁반, 접시 등을 만들어, 음식물을 담으므로 소금을 모른다.[3] [⑥山連五色, 皆是鹽也. 鑿之鏇爲器皿盤碟之類, 食物

---

2) 펑 청쥔 씨는 '타(駝)'자가 나이지본과 천일각본에는 '치(馳)'자로 되어있어 『고금설해』에 따라 교정했다고 밝혔지만, 천일각본뿐만 아니라, 등사룡의 『국조전고』본에도 정확히 '타(駝)'자를 보여준다.

3) 여기 오색의 소금산에 관해서, 독일의 동양학자 폴 슈바르츠(Paul Schwarz)는 『중세 아랍 지리학자들에 따른 이란(Iran im Muttelalter nach den arabischen Geographen)』(I, Leipzig, 1896, 93쪽)에서 "이스타흐리(Iṣṭaẖrī, 10세기에 활동한 아랍 지리학자)는 다라브지르드(Dārābejird) 지역에는 희고, 노랗고, 푸르고, 검고 붉은 소금의 산이 있는데, 다른 지역의 소금은 땅속 또는 결정화된 물에서 나지만 땅 위에 있는 산에서 소금이 난다고 하였고, 이븐 하우칼(Ibn Haukal)은 이 소금은 가능한 모든 색을 띤다고 덧붙였다"라는 정보를 제공하고 있다. 여기서 말하는 다라브지르드는 바로 시라즈 동남쪽 파르스주의 도시인 다라브를 말한다. 마환은 『영애승람』에서 "큰 산 하나가 있는데, 사방에는 네 가지의 산물이 난다. 한쪽에서는 바닷가에서처럼 소금이 나는데, 홍색이며, 사람들은 호미로 돌 같은 한 덩어리를 캐낸다. 3~40근이 나가는 것도 있고, 또 습기 차지도 않아, 식용하려면 부숴 분말로 만들어 먹는다. 한쪽에서는 붉은 흙이 나는데, 은주(銀朱)처럼 붉다. 한쪽에서는 백토가 나는데, 석회처럼 담장을 바를 수 있다. 한쪽에서는 황토가 나는데 강황(薑黃, 울금)처럼 노랗다. 모두 두목을 붙여 각 곳을 지켜 관리하도록 하는 것은 당연히 상인들이 사러 오면 판매하기 위함이다(有一大山, 四面出四樣之物. 一面如海邊出之鹽, 紅色, 人用鐵鋤如打石一般鑿起一塊, 有三四十斤者, 又不潮濕, 欲用食則搥碎爲末而用. 一面出紅土, 如銀硃之紅. 一面出白土, 如石灰, 可以粉牆壁. 一面出黃土, 如薑黃色之黃. 俱着頭目守管各處, 自有客商來販賣爲用)"라고 하였다(『영애승람교주』, 66쪽). 마환의 이 산이 바로 비신의 오색 소금이 나는 산을 기술한 것일 수 있다. 마환은 처음에만 붉은 소

就而不知鹽也.]

⑦돌을 포개고 쌓아 3~4층짜리 집을 만들어, 주방, 화장실, 침실, 손님을 맞는 곳 모두 그 위에 있다. ⑧남자들은 곱슬머리로, 긴 적삼을 입고, 말을 타고 활을 잘 쏜다. ⑨여자들은 머리를 땋아 네 갈래로 늘어뜨리고 그 목을 노랗게 휘감으며, 긴 적삼을 입는다. 나갈 때는 베로 만든 만[布幔]으로 머리를 싸고, 얼굴은 붉고 푸른 얇은 비단[紗]으로 한 쪽을 가리며, 두 귓바퀴에는 고리[珞索]와 금전 여러 개를 매단다. 청석(青石)을 물에 갈아 눈꾸억, 입술, 뺨에 꽃문양으로 화장하는 것을 아름답게 여긴다. 목에는 보석, 진주, 산호를 걸었는데, [그것들을] 꿰어 목걸이로 만들었다. 팔, 팔목 그리고 다리, 발 모두 금은의 팔찌와 발찌를 하는데, 이것이 부잣집의 규범이다. [⑦壘堆石而爲屋, 有三四層者, 其廚·廁·臥室·待客之所, 俱在上也. ⑧男子拳髮, 穿長衫, 善弓矢騎射. ⑨女子編髮四垂, 黃繚其項, 穿長衫.[4] 出則布幔兜頭, 面用紅青紗一方蔽

금을 언급하고 나머지는 '염(鹽)'이 아니라 '흙[土]'이라고 기술하고 있는데, '홍토', '백토', '황토'를 왜 외래 상인들이 사서 가겠는가? 『수서』, 권83, 「안국전(安國傳)」(1849쪽)에 "양제가 즉위한 후 사예종사(司隸從事) 두행만을 서역에 보냈는데, 그 나라에 이르러 오색염(五色鹽)을 얻어 돌아왔다(煬帝即位之後, 遣司隸從事杜行滿使於西域, 至其國, 得五色鹽而返)"라고 하였는데, 이러한 유색의 소금이 이미 수나라 시기에 상품화되었음을 말해준다. 따라서 마환의 '토(土)'자는 '염(塩)'자의 오기일 가능성이 다분히 있다.

4) 이상 두 문장[黃繚其項, 穿長衫]은 『국조전고』와 일치한다. 하지만 『고금설해』에는 "黃漆其頂"으로만 되어있다. 한편 『서양조공전록』에서는 "黃漆其頂, 穿長衫"이라 하였다. 먼저 '항(項)'이냐 '정(頂)'이냐의 문제가 제기된다. 다음 문장에서 머리와 얼굴을 덮어 가린다고 했으므로[그것이 히잡이든 부르카이든], 정수리[頂]가 어떠한지는 확인할 수 없을 것이다. 따라서 목[項]이 되어야 할 것이다. '황칠(黃漆)'이란 황금색의 광택이 나는 일종의 칠(漆)을 말하는데, 목[項]에 황칠을 한다는 뜻인지 분명하지 않다. 황칠을 한다는 것은 목을 드러낸다는 말이

之,[5] 兩耳輪用掛珞索金錢數枚,[6] 以靑石磨水, 粧點眼眶唇臉花紋爲美. 項掛寶石·珍珠·珊瑚, 紉爲瓔珞. 臂腕腿足俱金銀鐲, 此富家之規也.[7]]

⑩금은의 주화를 유통해 사용한다. ⑪산물에는 진주, 금박(金珀), 보석, 용연향(龍涎香), 살합랄(撒哈剌)[8], 사복(梭腹, 모직류), 융담(絨

므로, 역시 히잡을 쓰는 방식을 고려하면 어울리지 않는다. 결국 '황료(黃繚)'를 선택할 수밖에 없는데, 글자 그대로 노랗게 목[項]을 [천으로] 휘감는다는 의미로 읽을 수밖에 없다.

5) 이 문장[面用紅靑紗一方蔽之]은 『국조전고』와 일치하는 반면, 나이지본에는 '방(方)'자가 '만(萬)'자로 되어있다. 한편 『고금설해』에서는 "얼굴은 푸르고 붉은 사포(紗布, 망사 같은 것)로 가린다(面用靑紅紗布以蔽之)"라고 하였고, 『서양조공전록』에는 "붉은 얇은 비단으로 얼굴을 가린다(紅紗蔽面)"라고 하였다. 문제는 '일방(一方)'이다. '한쪽'을 의미하는 이 '일방'의 구체적 의미를 파악하기 어렵다. 아무래도 '일방(一方)'은 『고금설해』의 '포이(布以)'의 오기로 보는 편이 적절할 것으로 보인다.

6) 이 문장[兩耳輪用掛珞索金錢數枚]은 『국조전고』와 일치하며, 『고금설해』와도 거의 같다. 한편 『서양조공전록』에도 "고리와 금전을 귀걸이로 한다(珥絡索金錢)"라고 되어있다. 사실 이 정보는 확인할 수 없다. 오늘날 복식에서 히잡, 차도르, 부르카를 하든 모두 귀를 덮어 가리기 때문이다.

7) 이상 부잣집 여인들의 복식에 관한 기술은 마환의 『영애승람』에는 전혀 보이지 않는다. 이상하게도 마환은 복식에 관한 언급 차제가 없다. 이와 비슷한 복장 기술이 아덴[阿丹] 조목에 보이는데 다음과 같다. "부인들의 복장[扮]은 몸에는 긴 옷을 입고, 어깨와 목에는 관음보살의 복식과 같이 보석이니 진주를 꿰이 만든 장식물을 차며, 귀에는 금으로 상감한 보석 귀걸이를 두 쌍씩 달고, 팔에는 금과 보석으로 만든 팔찌를 차며, 발가락에도 반지를 한다. 또 명주실을 섞어 짠 수건으로 머리를 덮지만, 얼굴만은 드러낸다(婦人之絆, 身穿長衣, 肩項佩寶石·珍珠纓絡, 如觀音之絆, 耳帶金廂寶環四對, 臂纏金寶釧鐲, 足指亦帶指環. 又用絲嵌手巾蓋于頂上, 止露其面)"라고 하였다(영애승람교주, 56쪽).

8) '살합랄(撒哈剌)'는 '살합라(撒哈喇)'로 표기되어 『원사(元史)』, 권43, 「순제본

기」, 지정(至正) 13년(1353), 9월 신묘(辛卯)의 기사에 가장 빨리 보인다. 비신도 '살합랄(撒哈剌)'을 채택했다. 『명사』 외국전에는 섬라(暹羅)[중화서국, 8401쪽], 만랄가(滿剌加)[8419쪽], 수문달나(須文達那)[8422쪽], 석란산(錫蘭山)[8466쪽], 방갈랄(榜葛剌)[8447쪽], 살마아한(撒馬兒罕)[8598쪽], 노미(魯迷)[8627쪽]의 조공품 목록에 들어있다. 이들 나라 중에서 조공 연대를 확인할 수 있는 기록은, 수문달나에서는 1383년(홍무 16), 살마아한(撒馬兒罕)에서는 1392년(홍무25)에 조공했다고 한다. 또한 「노미전(魯迷傳)」에서는 1394년과 1400년에 살합라로 만든 가리개[撒哈剌帳]를 조공한 것으로 되어있다.

1387년 조소(曹昭)가 짓고, 왕좌(王佐)가 1459년 교정하고 증보한 『격고요론(格古要論)』(사고전서본, 권하, 7쪽)에서 "쇄해랄(灑海剌)은 서번(西蕃)에서 나며 융모(絨毛)로 짠 것으로, 폭은 3척이며 전(氊)처럼 질기고 두꺼워, 서쪽 외국에서도 비싸다(灑海剌出西蕃, 絨毛織者, 闊三尺許, 緊厚如氈, 西蕃亦貴)"라고 살합랄이 무엇인지 처음 설명되었다. 『명일통지(明一統志)』, 권90, 24b, 쇄리국(瑣里國)의 산물로 살합랄을 언급하며 "털로 짜며, 모직물처럼 몽실몽실하고, 붉은 것과 초록 두 색이 있다(以毛織之, 蒙茸如氊毾, 有紅綠二色)"라고 하였다. 두 정보는 모두 살합랄이 모직물임을 설명하고 있다. 브레트슈나이더는 이 살합랄이 페르시아어 샬(shāl)에 해당하는 것으로 추정했다(『Mediaeval Researches from Eastern Asiatic Sources』, II, 258쪽). 하지만 록힐은 「14세기 중국과 인도양 연안, 동부 열도와의 무역 관계에 관한 주석」에서 서양포(西洋布) 차려(撦黎)를 '샬'로 옮겼다(『통보』, 459쪽).

흐루너펠트는 이 상품을 말레이어 '사클라트(saklat)' 또는 '사할라트(sahalat)'로 보았다(『말레이반도와 말라카에 관한 주석』, 253쪽). 흐루너펠트의 설명은 루파에르(G.P. Rouffaer)가 말레이어 사켈라트(sakĕlat)와 비교한 것을(『Encyclopaedie van Nederlandsch-Indië』, IV, 393쪽) 따르고 있다. 이 말레이어 사켈라트는 율(H. Yule)과 버넬(A.C. Burnell)에 따르면, "페르시아어 사칼라트(saḳallāṭ, saḳallaṭ), 사클라틴(saḳlaṭīn), 사클라툰(saḳlāṭūn)에 해당하는데, 모종의 모직품에 적용되며 특히 지금은 유럽에서 셔츠 등의 옷감으로 쓰이는 브로드[broadcloth]에 적용된다"라고 설명하였다(『Hobson-Jobson』, 861쪽, 수클라트(Suclát) 조목). 이러한 음역에 대해 펠리오 또한 적절한 해법으로 평가하고 있다(「15세기 초 중국의 대항해」, 『통보』, XXX, 437쪽). 더 자세한 사항은 역자의

毯)이 있다. ⑫교역하는 상품으로 금은, 푸른 꽃문양의 백자기[青花白磁器], 오색의 단견[五色緞絹], 목향(木香), 금은향(金銀香), 단향(檀香), 후추[胡椒] 등이 있다. [⑩行使金銀錢. ⑪產有珍珠·金珀[箔]·寶石·龍涎香·撒哈剌·梭腹[眼]·絨毯.[9] ⑫貨用金銀·青花白[白花]磁器·五色緞絹·木 香·金銀香·檀香·胡椒之屬.[10]]

⑬시로 노래한다[詩曰].

호르무즈 왕국은 忽魯謨斯國,

『영애승람역주』, 16-3의 주석을 참고하시오.

9) '사안(梭眼)'은 『국조전고』, 나이지본과 일치한다. 한편 『고금설해』에서는 '사복(梭腹)'으로 되어있다. 마환의 『영애승람』, 아덴[阿丹], 호르무즈[忽魯謨厮] 조목에 '사폭(梭幅)'이란 직물을 지칭하는 것으로 보인다. '사폭(梭幅)'은 사전적 정의로는 새의 깃털을 가공하여 만든 직물이라고 한다. 사복(梭服, 梭腹, 梭福), 쇄복(鎖袱, 瑣伏) 등으로 표기가 다양한 것으로 보아 외래어를 음역했을 가능성이 크다. 주덕윤(朱德潤, 1294~1367)의 『존복재문집(存復齋文集)』 권5, 「이역설(異域說)」에서 '불림(佛菻)'이란 나라를 기술하면, "그곳에는 또한 털을 꼬아 베를 만드는데, 사복이라 한다. 밀석단(密昔丹) 잎으로 염색하여 진한 녹색으로 만드는데, 빨아도 색이 옅어지지 않는다(其地又能撚毛爲布, 謂之梭福, 用密昔丹葉染成沉綠, 浣之不淡)"라고 하였고, 왕사진(王士禛, 1634~1711)의 『향조필기(香祖筆記)』 권1, "만랄가(滿剌加) 합렬(哈烈)에는 쇄복(鎖袱)이 나는데, '사복(梭服)'이라고도 한다. 새의 솜털로 만드는데, 문채는 환기(紈綺)와 같다. 지금은 민중(閩中)에 가장 많고, 값은 그다지 비싸지 않으며 우사(羽紗)나 우단(羽緞)과는 비교할 것이 못 된다(滿剌加哈烈出鎖袱, 一名梭服, 鳥毳爲之, 紋如紈綺. 今閩中最多, 價不甚高, 非羽紗羽緞比)"라고 하였다. 이로써 볼 때, 새의 솜털로 만드는 이 직물은 '서역'에서 먼저 만들어졌고, 그것이 중국 남쪽으로 전해진 것으로 추정해 볼 수 있다. 따라서 천일각본, 『국조전고』, 나이지본의 '사안(梭眼)'은 『고금설해』본의 '사복(梭腹)'으로 교정해야 한다.

10) '금은향(金銀香)'의 '향'자는 나이지본에 빠져있다. 조여괄의 『제번지』에서는 금안향(金顏香, kamanyan)으로 표기되어있다.

경계와 도성이 바다에 의지해 있네.	邊城傍海居.
소금산은 높고 험준하고	鹽山高崒嵂,[11]
추장은 부유하고 넉넉하네.	酋長富盈餘.
평원에는 밀[麥]만 수확하니	原隰唯收麥,
소와 양 모두 물고기를 먹네.	牛羊惣食魚.
여인들은 구슬 고리를 달고,	女纏珠珞索,
남자들은 푸른 카펫에 앉네.	男坐翠氍毹.
마노와 산호는 널리 나고	瑪瑙珊瑚廣,
용연향, 보석, 구슬이 [나네]	龍涎寶石珠.
오랑캐 나라 절역(絶域)을 이루었으니	蠻邦成絕域,
두루 돌아보며 큰 뜻을 풀었네.	歷覽壯懷舒.

『고금설해』(사고전서본, 권20, 7a~7b): [4-8] 호르무즈 왕국 [忽魯謨斯國]

[호르무즈 왕국은] 캘리컷 왕국에서 10일 밤낮으로 [항행하면] 이를 수 있다. ①이 나라 [사람들은] 바다에 기대어 살며, 모이는 사람들이 시장을 형성했다. ②땅에는 초목이 나지 않아, 소, 낙타, 말 모두 말린 바닷물고기를 먹는다. **혹자는 깊은 산에는 초목이 있다고도 한다**. ③풍속은 상당히 순수하다. ④돌을 쌓아 성을 만들어, 추장은 그 깊은 곳에 살며 군대를 훈련하고 말을 기른다. ⑤농토는 척박하여 밀[麥]이 널리 난다. 미곡의 수확은 적어도 사람들은 풍요롭다. ⑥산들은 오색으로 이어져 있고, 모두 소금이다. 갈이틀[鏇]로 그것을 파서 쟁반, 접시, 주발 등을 만들어, [그 그릇에] 음식물을 담으므로 **소금 칠** 줄 모른다. ⑦돌을 **포개** 3~4층짜리 집을 만드는데, 주

11) '율(嵂)'자는 주당면의 『국조전고』에 '봉(峯)'자로 되어있다. 줄률[dzʰi̯uět li̯uět]은 높고 험준하다는 첩운(疊韻)의 표현이다. '봉(峯)'자는 맞지 않는다.

방, 화장실, 침실, 손님을 맞는 곳 모두 그 위에 있다. ⑧남자들은 곱슬머리로, 긴 적삼을 입고, 말을 타고 활을 잘 쏜다. ⑨여자들은 머리를 땋아 네 갈래로 늘어뜨리고 그 목을 **노랗게 색칠한다[黃漆]**. 나갈 때는 베로 만든 만[布幔]으로 머리를 싸고, 얼굴은 붉고 푸른 얇은 비단[紗]으로 **가리며**, 두 귓바퀴에는 고리[珞索]와 금전 여러 개를 매단다. 청석(靑石)을 물에 갈아 눈꾸억, 입술, 뺨에 꽃문양으로 화장하는 것을 **아름다운 장식**으로 여긴다. 목에는 보석, 진주, 산호를 걸었는데, [그것들을] 꿰어 목걸이로 만들었다. 팔, 팔목 그리고 다리, 발 모두 금은의 팔찌와 발찌를 하는데, **이들은 부유한 사람들이다**. ⑩금은의 주화를 유통해 사용한다. ⑪산물에는 진주, 보석, 금박(金珀), 용연향(龍涎香), 살합랄(撒哈剌), 사복(梭腹, 모직류), 융담(絨毯)이 있다. ⑫교역하는 상품으로 금은, 푸른 꽃문양의 자기[靑花磁器], 오색의 단견[五色段絹], 목향(木香), 금은향(金銀香), 단향(檀香), 후추[胡椒] 등이 있다. **그 나라 추장은 황제의 은혜로운 하사에 감복하여 몸소 산물을 바쳤다**.

自古里國十晝夜可至. ①其國傍海居, 聚民爲市. ②地無草木, 牛·羊·駝·馬皆食海魚乾, **或言深山中亦有草木**. ③風俗頗淳. ④壘石爲城, 酋長深居, 練兵畜馬. ⑤田瘠麥廣. 穀少, 民富饒. ⑥山連五色, 皆是鹽也. 鑿之鏇爲盤碟碗器之類, 食物就用而不加鹽矣. ⑦壘石爲屋, 有三四層者, 其廚·廁·臥室·待客之所俱在上. ⑧男子拳髮, 穿長衫, 善弓矢騎射. ⑨女子編髮四垂, 黃漆其頂, 出則布幔兜頭, 面用青紅紗布以蔽之, 兩耳輪周掛絡索金錢數枚, 以青石磨水, 妝點眼眶·唇·臉花紋以爲美飾. 項掛寶石·眞珠·珊瑚紉爲瓔珞. 臂腕腿足皆金銀鐲, 此富人也. ⑩行使金銀錢. ⑪產有眞珠·寶石·金珀·龍涎香·撒哈剌·梭腹·絨毯. ⑫貨用金銀·青花磁器·五色段絹·木香·胡椒之屬. **其酋長感慕恩賜, 躬獻方物**.

21. 랄살국(剌撒國)[1)]

1) 브레트슈나이더(E. Bretschneider)는 『동아시아 자료에 따른 중세 연구(Mediaeval Researches from Eastern Asiatic Sources)』(II, 런던, 1910, 158쪽)에서 『명사』의 자료를 해석하면서, 아무런 주석 없이, 랄살(剌撒)이 바로 페르시아만에 있는 '라사(L'ahsa)'로 읽었다. 이후 폴 펠리오는 『통보』, 31권(1934년)에 「정화와 그의 항해에 관한 추가 주석(Notes Additionnelles Sur Tcheng Houo et Sur Ses Voyages)」이란 논문을 싣고, 1933년에 발표한 「15세기 초 중국의 대항해(Les Grands voyages maritimes chinois au début du XVe siècle)」를 교정하고 추가 설명을 하면서, 페랑(G. Ferrand)이 자신에게 이 랄살은 페르시아만에 있는 '알-아사(al-Aḥsa)'라고 알려주었다고 하였다(287쪽, 주 3). 이어서 펠리오는 브레트슈나이더가 페랑의 설을 따른 것으로 언급했으나, 사정은 거꾸로였던 것 같다. 아무튼, 펠리오는 "음성적으로 완벽하게 들어맞지도 않고, 『무비지(武備志)』의 지도상에서 지시된 것과 상황이 일치하지는 않지만 가능은 하다"라고 하면서 '랄살=알-아사' 설을 유보했다.

『무비지』, 권240, 20b 하단에는 오른쪽에서 왼쪽으로 아단(阿丹)-랄살(剌撒)-실리아(失里兒)-라법(羅法)이 표기되어있고, 21a 하단에는 좌법아(佐法兒)-아호나(阿胡那)-대만(大灣)이 그려져 있다. 아단(阿丹)은 현 예멘의 아덴임에 이견이 없고, 좌법아(佐法兒)는 현 오만의 도파르[Ẓufār]임이 고증되었다. 따라서 랄살(剌撒)이란 곳은 아덴과 도파르 사이에 있다. 두 지점 사이의 거리는 1,300km 남짓이다. 결국 브레트슈나이더와 페랑이 제시한 걸프만 일대라는 설은 성립하지 않는다.

한편 조지 필립스(George Phillips)는 1885년 『무비지』의 해도를 연구하면서, 랄살(剌撒)를 빠뜨렸지만, 랄살 다음에 보이는 실리아(失里兒)를 마르코 폴로가 언급한 에쉐르(Esher)로 추정했다(「The seaports of India and Ceylon」, 『Journal of the China Branch of the Royal Asiatic Society』, XX, 224쪽). 마르코 폴로는 이 에쉐르가 아덴 항구에서 북서쪽으로 400마일(643km) 떨어져 있다고 하였다(『The Book of Ser Marco Polo』 2, 442쪽). 율(Yule)의 주석에 따르면, 에쉐르는 바로 시르(Shiḥr), 또는 쉐르(Sheḥr)로 아덴 동쪽 330마일(531km)에 있는 해안 도시라고 설명했다(『The Book of Ser Marco Polo』 2, 443쪽, 주1). 이로써 볼 때, 실리아(失里兒)=에쉐르=예멘의 아쉬 시르(Ash Shihr)라면, 랄살은 도파르와 아쉬 시르의 중간 지점에 있어야 한다. 이 두 지점의 거리는 해안선을 따라 700km 남짓이다.

①[랄살국의 사람들은] 바다에 의지하여 살며, 흙과 돌로 성을 만든다. ②산이 연이어 있고 땅은 넓지만, 초목이 자라지 않아, 소, 양, 낙타, 말 모두 말린 물고기를 먹인다. ③풍속은 상당히 후하다. ④기후는 항상 덥고, 농토는 척박하여 수확이 적으며, 단지 밀[麥]만 있다. [①倚海而居, 土石爲城. ②連山曠地, 草木不生, 牛·羊·駝·馬皆食魚乾. ③民俗頗厚.[2] ④氣候常熱, 田瘠少收, 唯麥略有.]

⑤여러 해 비가 내리지 않아, 우물을 파고 양수기를 [사용하여], 양가죽으로 만든 포대로 물을 긷는다. ⑥남녀는 곱슬머리이고, 긴 적삼을 입는다. 부녀들은 점을 [찍어] 화장하고, 머리를 가리는데, 호르무즈 왕국과 같다. ⑦돌을 쌓고 흙을 다져 3~4층의 집을 만드는데, 그 위[층]에 주방, 화장실[東廁][3], 침실, 응접실이 있고, 그 아래[층]에는 노비들이 살게 한다. [⑤數年無雨, 鑿井絞車, 羊皮袋水. ⑥男女拳髮, 穿長衫. 婦人粧點兜頭, 與忽魯謨斯國同. ⑦壘石築土爲屋, 三四層者, 其上廚竈·

슐레겔(G. Schlegel)은 1898년 『통보』에 발표한 여섯 번째 「지리에 관한 주석(Geographical notes)」에서 랄살(剌撒)을 "Shedjer(the Schähhr of Niebuhr)"라고 추정했다(368쪽). 이에 대해 펠리오는 슐레겔이 "랄살(剌撒)을 자살(刺撒)로 잘못 읽었던 것에서 기인한 것으로 보인다"라고 하며 일축했다(펠리오, 「15세기 초 중국의 대항해」, 『통보』, 1933, 298쪽). 이어서 펠리오는 "크게 비약해보자면, 갑(岬)이란 뜻을 가진 아랍어 'ras'인데, 일반적으로 앞에 오는 지명을 생략했다고 상상해볼 수는 있다. 『무비지(武備志)』의 지도는 랄살을 아라비아반도, 아덴의 서북쪽에 위치시키고 있다"라고 추측했다.

2) '후(厚)'자는 나이지본에 '순(淳)'자로 되어있다. 『고금설해』본에는 '民俗淳厚'라고 하였다. 모두 의미가 통하므로 어느 것이 선본인지 판단하기 어렵다.

3) '동측(東廁)'이란 화장실[厠所]에 해당하는 말로, 송나라 시대의 구어로 보인다. 송나라 심맹반(沈孟柈)의 『제전도세선사어록(濟顚道濟禪師語錄)』(대장경, 1361, 608b)에 "교장의 다리에서 화장실에 오르니, 오줌 항아리 안에 한 마리 두꺼비만 보였다(教場橋登東廁, 只見尿缸內一箇蝦蟆)"라는 문장이 보인다.

東廁·臥室·待客, 其下奴僕居之.]

⑧그곳에서는 용연향, 유향, 천 리를 [가는] 낙타[千里駱駝]가 나고 나머지 다른 산물은 없다. ⑨교역하는 상품은 금은, 색단(色緞), 색견(色絹), 자기(磁器), 미곡(米穀), 후추[胡椒] 등이다. [⑧地產龍涎香·乳香·千里駱駝,[4] 餘無物也. ⑨貨用金銀·色緞·色絹·磁器·米穀·胡椒之屬.]

⑩시로 노래한다[詩曰].

'랄살'이라는 바닷가 언덕에는	海丘名剌撒,
비도 내리지 않고 또 추위도 없네.	絕雨亦無寒.
돌을 포개 높은 집을 층으로 올리고	層石壘高屋,
미친 듯한 파도는 먼 여울에 들이치네.	狂濤激遠灘.
금과 은은 토산품으로 마련하고	金銀營土產,
낙타와 말은 말린 물고기를 먹이네.	駝馬食魚乾.
용연향이란 산물이 있지만	雖有龍涎貨,
오랑캐 마을에서는 볼 수 없네.	蠻鄉不可看.

『고금설해』(사고전서본, 권20, 5b~6a): [4-6] 랄살국(剌撒國)
랄살국은 캘리컷[고리국]에서 순풍에 20일 밤낮을 [항행하면] 이를 수 있다. ①이 나라[사람들은] 바닷가에 기대어 살며, 돌을 쌓아 성을 만들었다. ②산은 이어져 있고 땅은 넓지만, 초목이 자라지 않아, 소, 양, 낙타, 말 모두 바다의 물고기를 **말려서 먹인다**. ④기후는 항상 더워 밭은 척박하고 수확

4) '천리낙타(千里駱駝)'란 천리마와 낙타인지, 아니면 천 리를 가는 낙타라는 말인지 애매하다. 비신은 앞서, 말의 존재를 언급했기 때문이다. 아래 주석에서 해석한 『명사』, 권326의 랄살 기록은 '낙'자를 빼고 '천리타(千里駝)'로 되어있다.

이 적으며, 단지 밀[麥]만 있을 뿐이다. ⑤여러 해 비가 내리지 않아, 우물을 파서 양수기를 [사용하여], 양가죽으로 만든 포대에 물을 긷는다. ⑥남녀는 곱슬머리이며, 긴 적삼을 입는다. 부녀들은 점을 [찍어] 화장하며 머리를 가리는데, 호르무즈 왕국[홀로모사국]과 같다. ⑦돌을 쌓고 흙을 다져 3~4층의 집을 지어, 그 위[층]에, 주방, 화장실, 침실, 응접실이 있고, 그 아래[층]에 노비들이 살게 한다. ⑧그곳에서는 용연향(龍涎香), 유향(乳香), 천리[를 가는] 낙타가 난다. ③풍속은 순박하고 두텁다. **상장례에는 예법이 있고, 일이 있으면 귀신에게 기도한다. 그 추장은 성은에 감동하여, 황금으로 만든 잎에 쓴 표문을 받든 사신을 보내와 그곳의 산물을 바쳤다.**[5] ⑨교

5) 『명사』, 권7, 「성조본기(成祖本紀)」에(중화서국, 101쪽) "이 해(영락 19년, 1421년)에 호르무즈, 아덴, 도파르, 랄살(剌撒), 바라와, 모가디슈, 캘리컷, 코치, 카일, 실론, 몰디브, 람브리, 수마트라, 아루, 말라카, 캄파이, 술루, 보르네오, 고마랄랑(古麻剌朗, 필리핀 민다나오) 왕이 조공해 왔다(忽魯謨斯·阿丹·祖法兒·剌撒·不剌哇·木骨都束·古里·柯枝·加異勒·錫蘭山·溜山·南渤利·蘇門答剌·阿魯·滿剌加·甘巴里·蘇祿·榜葛剌·浡泥·古麻剌朗王入貢)"라는 기록이 보인다. 또한 권7(103쪽), 영락 21년(1423)에도 "참파, 캘리컷, 호르무즈, 아덴, 도파르, 랄살(剌撒), 바라와, 모가디슈, 코치, 카일, 몰디브, 람브리, 수마트라, 아루, 말라카, 실랄사(失剌思, 시라즈), 벵골, 유구, 중산이 조공해 왔다(占城·古里·忽魯謨斯·阿丹·祖法兒·剌撒·不剌哇·木骨都束·柯枝·加異勒·溜山·南渤利·蘇門答剌·阿魯·滿剌加·失剌思·榜葛剌·琉球·中山入貢)"라고 하였다.

한편, 『명사』, 권326, 랄살(剌撒) 기록은 다음과 같다. "랄살은 캘리컷에서 순풍으로 20일 밤낮으로 [항행하면] 이를 수 있다. 영락 14년(1416)에 사신을 보내 조공하자, [황제는] 정화에게 보답하게 하였다. 이후 무릇 세 차례 조공하며, 아덴, 바라와와 함께 왔다. 선덕(宣德) 5년(1430) [정]화가 다시 칙서를 들고 사신으로 나갔지만, 더는 조공해 오지 않았다. 이 나라는 바다에 기대어 있고, 기후는 항상 더워, 밭은 척박하고 수확이 적다. 풍속은 순박하고 상장례에는 예법이 있다. 일이 있으면 귀신에게 기도한다. 초목이 자라지 않고, 오랫동안 가물고 비가

역하는 상품은, 금은, 단견(緞絹), 자기(磁器), 미곡(米穀), 후추[胡椒], 단향(檀香), 금은 등이다.

『고금설해』(사고전서본, 권20, 5b~6a): [3-6]剌撒國. 自古里國順風二十晝夜可至. (1)其國傍海而居, 壘石爲城. (2)連山曠地, 草木不生, 牛·羊·駝·馬皆以海魚乾啖之. (4)氣候常熱, 田瘠少收, 惟有麥耳. (5)數年無雨, 鑿井絞車, 羊皮袋水. (6)男女拳髮, 穿長衫. 婦女妝點兜頭, 與忽魯謨斯國同. (7)壘石築土爲屋, 三四層者, 其上廚·廁·臥室·待客, 其下奴僕居之. (8)地產龍涎香·乳香·千里駱駝. (3)民俗淳厚, **喪葬有禮, 有事禱於鬼神. 其酋長感慕聖恩, 遣使捧金葉表文奉貢方物**. (9)貨用金銀·段絹·磁器·米穀·胡椒·檀香·金銀之屬.[6)]

내리지 않는다. 집들은 모두 죽보(竹步) 등의 나라와 같다. 나는 것으로 유향(乳香), 용연향(龍涎香), 천리타(千里駝) 등이 있다(剌撒, 自古里順風二十晝夜可至. 永樂十四年遣使來貢, 命鄭和報之. 後凡三貢, 皆與阿丹·不剌哇諸國偕. 宣德五年, 和復齎敕往使, 竟不復貢. 國傍海而居, 氣候常熱, 田瘠少收. 俗淳, 喪葬有禮. 有事則禱鬼神. 草木不生, 久旱不雨. 居室, 悉與竹步諸國同. 所産有乳香·龍涎香·千里駝之類)"라고 하였다. 확실히 『고금설해』의 내용을 다시 옮겨 놓고 있다. 다른 정보라면, 영락 14년(1416)에 랄살이 조공을 보내왔다는 점과, 집을 설명하면서 '죽보(竹步)'라는 나라를 들어 비교했다는 점이다. '1416년' 조공 사실은 앞서 본 「본기」를 통해 확인되지 않는다.

6) 『고금설해』와 『기록휘편』은 4권으로 구성된 축약본으로 알려져 있다. 하지만 이 마지막 문장[貨用金銀·段絹·磁器·米穀·胡椒·檀香·金銀之屬]에는 '금은(金銀)'이 두 번 중복되어있다. 이는 4권본의 형태에서 2권본이 나왔을 가능성을 시사하는 것인지도 모르겠다.

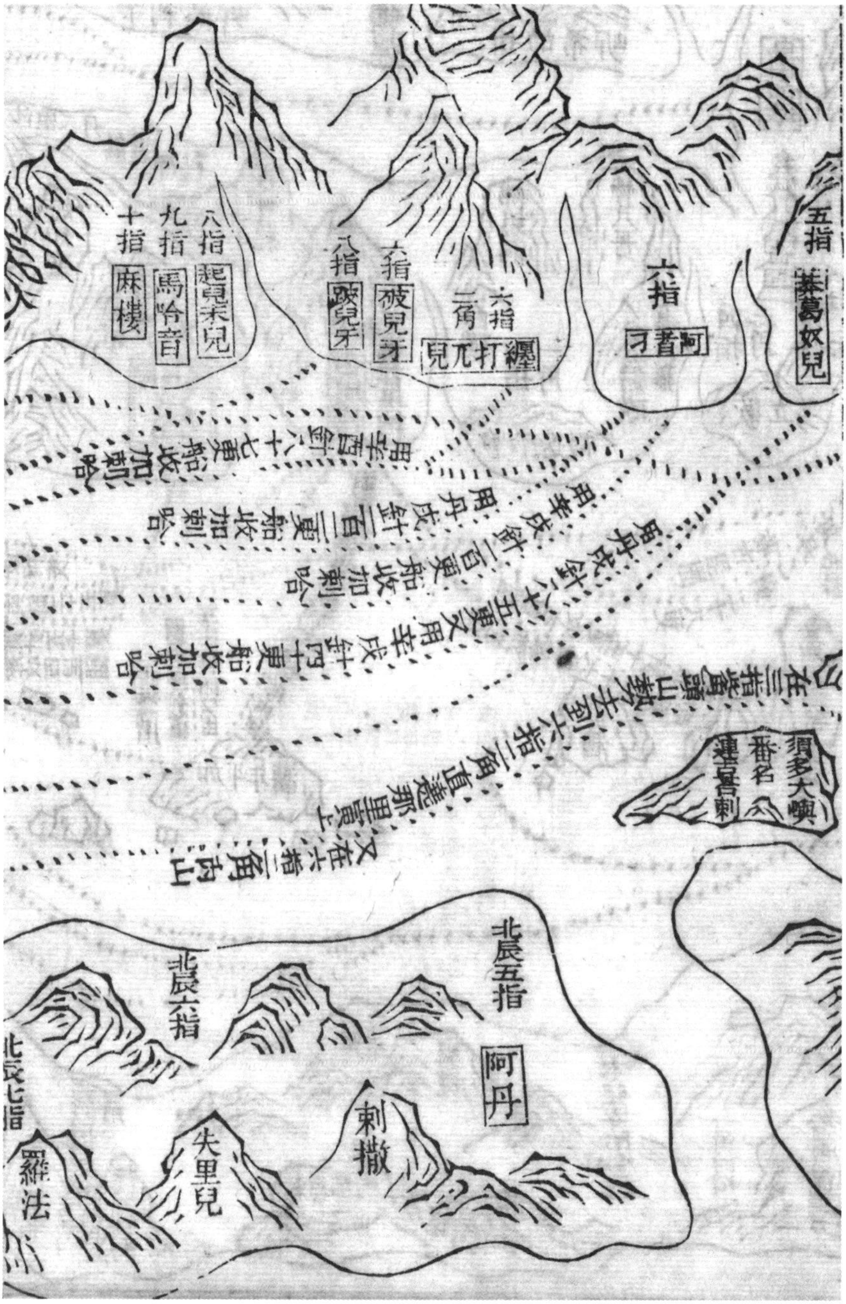

『무비지(武備志)』, 권240, 「항해도」, 20b.

22. 벵골 왕국[榜葛剌國][1]

1) 방갈랄(榜葛剌)은 갠지스 델타 지역과 그 상부 구역을 지칭하는 지명인 '방갈라(Bangala, 벵갈)'를 음역한 것임에는 의심이 없다. 율(Yule)은 "우리가 알 수 있는 한, 이 명칭은 13세기 후반 이전에 쓴 이슬람 또는 서구 세계의 저술에 보이지 않는다. 13세기 전반에 이슬람 작가들은 일반적으로, 중심 도시의 명칭에 따라 '라크나오티(Lakhnaotī)'라고 불렀지만 고유한 명칭인 방가(Vaṅga)에서 나온 '방(Bang)'이라는 옛 형태를 알고 있다. 그러나 이미 11세기에 탄조레 탑의 비문에 '방갈람(Vaṅgālam)'이란 명칭이 들어있다. 이는 우리가 언급할 수 있는 가장 오래된 명칭이다"라고 방갈라, 즉 벵갈의 어원을 추적한 바 있다(『Hobson-Jobson』, 85쪽). 이어서 펠리오 씨도 마르코 폴로의 '방갈라'를 고증하면서 "'벵갈'이란 명칭은 분명히 가장 오래된 현지 명칭인 방가(Vaṅga)에서 늦게 나온 것이다. 방갈라(Vaṅgāla)는 이미 1030년 탄조레 비문을 포함한 11세기와 12세기의 텍스트에 보인다"라고 하였다(『Notes on Marco Polo』, I, 74쪽). 말하자면 13세기 후반 이후에 '방갈라'가 언급되기 시작했다는 말이다.

역자는 『바다의 왕국들: 제번지역주』에서 펑 청쥔 씨의 주석을 그대로 옮기는데, 급급하여 충분한 주석을 달지 못했다. 이 지면을 빌려 그 미진한 부분을 보충하기로 한다. 1225년 조여괄은 "서천의 벵갈[鵬茄囉國]은 그 도읍을 '차나길(茶那咭)'이라 하고, 성의 둘레는 120리이다. 사람들은 승부욕이 강하고 오로지 약탈을 일삼는다. 흰 아라(砑螺, 자패) 껍질을 갈아서 돈으로 만들어 쓴다. 토산으로 보검, 두라면(兜羅綿) 등의 베가 있다. 혹 불교가 여기에서 시작되어, 당나라 현장(玄奘)이 불경을 얻기 위해 여기에 왔다고 한다(西天鵬茄囉國, 都號茶那咭, 城圍一百二十里. 民物好勝, 專事剽奪. 以白砑螺殼磨治爲錢. 土產寶劍·兜羅綿等布. 或謂佛教始於此, 唐三藏玄奘取經曾到)"라고 하였다. 여기 붕가라국에 관하여, 히어트와 록힐은 방갈라(Bangala), 벵갈(Bengal)로 보는 설에 이의를 제기하고, 중세 아랍 작가들이 말하는 발하라(Balhara) 왕국을 지칭할 가능성이 있다는 의견을 제시했다. 이어 엘리엇(Henry Miers Elliot)의 『인도 역사(History of India)』(Calcutta, 1877), I, 358쪽을 인용하여, "남쪽에 있는 타프티(Tapti)와 북쪽의 아라발리(Aravalli)산맥이 아마도 이 왕국의 실제 규모에 가깝다"라고 위치를 설명했다(『조여괄』, 102쪽). 하지만 펑 청쥔 씨는 붕가라(鵬茄囉)=『도이지략』의 붕가랄(朋加剌)=『영애승람』의 방갈랄(榜葛剌)이라는 설을 주장하고 있는데, 이는 이미 심증식(沈曾植)의 『도이지략광증(島夷誌略廣證)』(권하, 14a)에서 보인다.

사실 붕가라(鵬茄囉)와 발하라(Balharā)는 음성적으로 전혀 그럴법하지 않지만, 이 '발하라'라는 왕국은 술레이만(Sulaymān)의 기술에 따르면(앞의 엘리엇 책, 4쪽), "발하라의 왕국은 캄캄(Kamkam, Konkan) 지역에 있는 해변에서 시작하여, 중국까지 펼쳐진 땅의 후미[갑]에 있다"라고 한 이래로, 844~848년 이븐 코르다베, 903년경 이븐 루스타(Ibn Rusta), 943년과 955년의 마수디, 1154년의 이드리시의 기술로 이어졌다(Muhammad Husayn Nainar, 『Arab Geographer's Knowledge Of Southern India』(Madras, 1942), 12~18쪽).

왕대연의 『도이지략』에는 붕가라(朋家羅)가 있고 붕가랄(朋加剌)이 있다. 조여괄의 붕가라(鵬茄囉)는 왕대연의 '붕가라(朋家羅)'와 표기가 더 가까운 것은 사실이다. 왕대연은 붕가라(朋家羅)를 말라바르 해안의 남쪽 퀼론 근처의 섬으로 기술하고 있다(『도이지략역주』, 198쪽). 조여괄은 '서천(西天)'이란 표현을 나라 이름 앞에 붙여두고 있는데, '서천축'의 줄임말로 읽힌다. 하지만 확실히 조여괄의 마지막 문장, "당나라 현장(玄奘)이 불경을 얻기 위해 여기에 왔다"라는 언급은 벵갈과의 인접성을 상기시킨다. 펠리오 씨는 "중국의 역사에 할애한 (출간되지 않은) 부분에서 라시드웃딘은 석가모니의 아버지가 카슈미르와 '어느' 지방 출신이라고 했는데, 두 번째 장소의 명칭은 여러 형태로 오기되었지만, '방갈(Bangal)', 또는 아마도 '니팔(Nīpal)'에 해당하는 것 같다"라고 하였다(『Notes on Marco Polo』, I, 74쪽).

"폴로의 책은 현재까지 '벵갈'로 이름을 붙인 비인도인 최초의 자료이다. 그로부터 이 명칭은 중세의 지도에 인용되었다. 폴로의 책은 코로만델 해안에서 '방갈라'를 거쳐 운남에 이르는 여정을 묘사한 라시드웃딘의 기술로 이어졌다"(앞의 출처)라고 펠리오 씨는 벵갈에 관한 동서양 최초의 기술로 추켜세우고 있다.

마르코 폴로는 다음과 같이 방갈라를 기술했다. "방갈라는 남쪽에 있는 지방으로, 앞서 말한 대로 나(Messer) 마르코 폴로가 대카안의 궁정에 있었던 1290년까지도 정복되지 않았다. 이 지방에는 고유한 언어가 있고, 사람들은 사악한 우상 숭배자들임을 알아야 한다. 이들은 인도와 상당히 가깝다. 그곳에는 거세당한 사람들이 많이 있어서, 이들을 보유한 부호들(Barons)은 이 지방에서 그들을 데려간다. 사람들은 코끼리만 한 소를 가졌지만 그렇게 크지는 않다. 그들은 고기, 우유, 쌀을 먹고 산다. 그들은 면을 많이 생산하여 그것으로 주로 교역하며, 스파이크나드(Spikenard, 甘松), 갈링갈(Galingale, 방동사니), 생강, 사탕수수와 같은

①이곳은 서인도의 땅이다. ②서쪽으로 금강보좌(金剛寶座)로 통하는데, 소납복아(紹納福兒)라고 하며, 바로 석가모니가 득도한 곳이다. ③영락 10년(1412)과 영락 13년(1415) 두 차례 황상이 태감 후현(侯顯) 등에게 수군을 이끌고 조칙을 받들어 가, 국왕, 왕비, 두목 등에게 상을 내리도록 했다. [①其處曰西印度之地.[2] ②西通金剛寶座, 曰紹納福兒,[3] 乃釋迦佛得道之所. ③永樂十年并永樂十三年二次, 上命太

향신료와 많은 다른 것들이 난다. 인도인들도 그곳에서 내가 말한 거세당한 사람들, 대부분 그 나라 사람들과 전쟁한 다른 지방에서 잡아 온 남녀의 노예들을 찾아오는데, 이러한 거세당한 사람들과 노예들은 인도사람과 이들을 데려가 세상에 팔려는 상인들에게 팔린다."(『The Book of Ser Marco Polo』, II, 114~115쪽).

여기 비신의 기록은 가장 15세기 초의 기술이지만, 벵골을 기록한 가장 자세하고 정확한 자료라고 단언할 수 있다. 마환의 『영애승람』이 따라갈 수 없는 그 현장성은 비신이 이곳에 한 차례 이상 방문했다는 것을 입증해 주며, 동시에 마환의 기록은 전문에 의한 것이었음을 반증해주는 자료기도 하다.

2) 『고금설해』에는 이 문장 앞에 "사무드라[소문답랄]에서 순풍에 20일 밤낮으로 [항행하면] 이를 수 있다(自蘇門答剌順風二十晝夜可至)"라는 여정이 더 기술되어있다. '서(西)'자는 지리적으로 '동(東)'자로 고쳐야 한다. 『서양조공전록』 방갈랄국 조목에 "이 나라는 니코바르[취람서]에서 서북쪽으로 7천 리에 있다. 혹 동인도의 나라라고도 하는데 땅은 사방 1천 리이다(其國在翠藍嶼西北可七千里. 一曰東印度之國, 地方千里)"라고 하였고(『서양조공전록교주』, 85쪽), 『명사』, 권326의 「방갈랄전(榜葛剌傳)」에 "방갈랄은 동인도이다(榜葛剌則東印度也)"라고 하였다.

3) '소납복아(紹納福兒)'는 『명사』 권326, 소납박아(沼納樸兒) 전에(8447~8448쪽) "소납박아 이 나라는 방갈랄[벵골]의 서쪽에 있다. 혹 바로 '중인도'라고도 하는데 옛날 불국(佛國)이라고 하는 곳이다. 영락 10년(1412)에 사신을 보내 칙서를 가져가 이 나라를 어루만져 타이르게 하고, 역부랄금(亦不剌金) 왕에게 융금(絨錦), 금직문기(金織文綺), 채백(綵帛) 등을 하사했다. 18년(1420) 방갈랄 사신이 이 나라[소납박아] 왕이 누차 거병하여 침략한다고 하소연하자, 중관 후현(侯顯)에게 칙서를 가지고 가, 이웃과 화목하게 경계를 보전해주라는 뜻으로 타이르며

예물[綵幣]을 하사했다. 지나면서 금강보좌(金剛寶座)라는 곳에도 하사품을 내렸다. 그러나 이 나라 왕은 중국과는 너무 멀리 떨어져 있다고 생각하여 조공은 끝내 이르지 않았다(沼納樸兒, 其國在榜葛剌之西. 或言卽中印度, 古所稱佛國也. 永樂十年遣使者齎敕撫諭其國, 賜王亦不剌金絨錦·金織文綺·綵帛等物. 十八年, 榜葛剌使者愬其國王數擧兵侵擾, 詔中官侯顯齎敕諭以睦隣保境之義, 因賜之綵幣. 所過金剛寶座之地, 亦有賜. 然其王以去中國絶遠, 朝貢竟不至)"라고 하였다.

또한 『명사』, 권304, 「후현전(侯顯傳)」(7769쪽)에는 "[영락] 13년(1415) 7월 황제는 방갈라[榜葛剌] 등의 나라와 통교하고자 다시 후현에게 군사를 이끌고 가도록 했다. 그 나라[방갈라]는 바로 동인도의 땅으로 중국과는 아주 멀리 떨어져 있다. 왕 새불정(賽弗丁)은 사신을 보내 기린(麒麟)과 여러 산물을 조공했다. 황제는 몹시 기뻐하며 [하사품을] 더 보태 내렸다. 벵골의 서쪽에 소납박아(沼納樸兒, 인도 비하르 자운푸르?)라는 나라가 있는데, 땅은 다섯 인도의 가운데 있으며, 옛날 불국(佛國)이다. 벵골을 침략하자 [방갈라의 왕] 새불정이 [이를] 조정에 아뢰었다. 18년(1420) 9월 후현에게 황제의 뜻을 밝히고 타이르도록[宣諭] 하고 황금과 비단을 하사하자 마침내 군대를 거두었다(十三年七月, 帝欲通榜葛剌諸國, 復命顯率舟師以行. 其國即東印度之地, 去中國絶遠.其王賽佛丁遣使貢麒麟及諸方物. 帝大悅, 錫予有加. 榜葛剌之西, 有國曰沼納樸兒者, 地居五印度中, 古佛國也. 侵榜葛剌, 賽佛丁告於朝. 十八年九月命顯往宣諭, 賜金幣, 遂罷兵)"라고 하였다.

이상으로부터 방갈라의 서쪽에 소납박아(沼納樸兒)라는 나라가 있고, 이 나라는 1415년 방갈라를 침략하고 어지럽혀, 1420년 중국에서는 후현(侯顯)을 소납박아로 보내 타일렀다는 사실을 확인할 수 있다. 또한 금강보좌(金剛寶座)가 있는 곳에도 들려 하사품을 내리게 했다는 것은 소납박아와 금강보좌는 같은 곳이 아니라는 말이다. 하지만 비신은 이 소납박아를 '소납복아(紹納福兒)'로 표기하고, 소납복아=금강보좌(金剛寶座)=부처가 득도한 곳이라고 기술했다.

현장(玄奘)은 『대당서역기』, 권8에서 중인도의 마가다(Magādha, 摩揭陀國)의 가야산 동남쪽에 있는 가섭(迦葉)이 태어난 마을을 기술하고, 이어서 여래(如來)가 바른 깨달음[正覺]을 얻기 위해 오른 산인 전정각산(Prāg-bodi, 前正覺山)에서 14~15리를 가면 보리수로 두른 울타리 안에 금강좌(金剛座)가 있다고 하면서 "둘레는 1백여 보이고, 현겁(賢劫)의 천불(千佛)이 그곳에 앉아 금강정(金剛定)에 들었기 때문에 '금강좌'라고 한다(周百餘步, 賢劫千佛坐之而入金剛定,

監侯顯等[4]統領舟師, 齎捧詔勅, 賞賜國王·王妃·頭目.]

④그 나라 바다 어구에는 찰지항(察地港)이라는 항구가 있는데, 교역의 세금[抽分]을 받는 곳이다. 그 나라 왕은 우리나라 보선들이 그곳에 오는 것을 알고 부령(部領)을 보내 의복 등의 물품을 가져오는데 사람과 말 수천이 맞이한다. ⑤항구에서 16 역참을 가면 쇄납아강(鎖納兒江)에 이르는데, 도성, 해자, 거리, 시장이 있어 상품을 집적하여 통상한다. ⑥또 사람을 보내 예물을 가져오고 코끼리와 말로 영접하여

故曰金剛座焉)"라고 하였다(『대당서역기교주』, 668쪽). 이곳은 비하르주 가야(Gaya)의 남쪽으로 10여km 지점에 있는 부다 가야(Bodh Gaya)이다.

이 소납박아(沼納樸兒)를 펑 청쥔 씨는 자운푸르(Jaunpur)로 추정했다. 이 설은 『고대남해지명회석』(529쪽)에서도 받아들여졌다. 푸르(pur) 또는 푸라(pura)는 땅이란 뜻으로, '복아(福兒)' 또는 '박아(樸兒)'로 음역될 수 있다. 그러나 비신은 분명히 '소납박아'를 부처가 득도한 곳이라고 했다. 부처가 득도한 곳은 부다가야(Bodh Gaya)로 알려져 있다. 두 지점의 거리는 300km 이상이다. 『명사』의 '소[tɕjɛu](沼)', 저본의 '소[ʑjɛu](紹)', 『고금설해』의 '조[tɕjɛu](詔)'자는 유기음이냐 무기음이냐의 차이뿐이고, 각기 다른 부수도 역시 필사본에서는 혼동되는 경우가 많으므로, 선본을 판단하기 어렵다. 펑씨가 제시한 '자운푸라'의 자운은 '소납' 또는 '조납'에 음성적으로 대응하지 않을 뿐만 아니라, 자운푸르는 현 지도에서 우타르 프라데시주에 속하고 부다가야는 비하르주에 속한다. 19세기 이전 지도에서 자운푸르는 찾기 어렵다. 참고도에 제시한 존푸르(Jonpour)가 전부이다. 한편 『중국정사외국전』 역주에는 "반지푸람(Vengipuram)의 음역으로 인도 동해안에 위치한 나라"라고 추정했으나, 음성적으로도 맞지 않고 내용으로도 전혀 어울리지 않는다.

4) 권두에 보이는 이정표에 따르면, 영락 10년(1412) 방갈랄(榜葛剌)에 사신으로 간 사람은 소감(少監) 양칙(楊勅)이었다. 이를 근거로 펑 청쥔 씨는 여기에 빠진 글자가 있다고 추정하고 "황상이 소감 양칙, 태감 후현 등에 명하여(上命少監楊勅·太監侯顯等)"라고 재구성하고자 했다(교주본, 전집, 39쪽). 하지만 앞의 이정표는 다른 역사 기록들과 차이가 있었고, 『국조전고』본의 원문도 저본과 일치하므로 고려할 만한 사항은 아니다.

다시 20 역참을 가면 판독와(板獨哇)에 도착하는데, 바로 추장이 사는 곳으로, 성곽이 매우 삼엄하고, 거리의 점포들은 기둥과 용마루를 연이어 있으며 모인 상품이 매우 많다. [④至其國海口, 有港曰察地港,[5] 立抽分之所. 其王知我中國寶船到彼, 遣部領齎衣服等物, 人馬千數迎接. ⑤港口起程十六站, 至鎖納兒江,[6] 有城池街市, 聚貨通商. ⑥又差人齎

---

5) '찰지항(察地港)'은 제지항(淛地港), 절지항(浙地港), 살지항(撒地港), 석지항(淅地港) 등으로 표기되었다. 아랍인으로는 이븐 바투타가 가장 먼저 이 항구도시를 언급하고 있는데, "우리가 들어간 벵골의 첫 번째 도시는 수드카완(Sudkāwān)으로, 대양의 해변에 있는 곳이다"라고 하였다. 서양인으로는 16세기 포르투갈인 드 바로스(De Barros)의 '차티감(Chatigam)'을 시작으로, 'Satagam', 'Chataguão', 'Chatigan', 'Chittagoung', 'Xatigam', 'Chittigan' 등이 보인다. 이러한 아랍인과 서구인들의 표기를 볼 때, 『성사승람』의 찰지항(察地港)이 음성적으로 더 근접하다. 방글라데시 동남부에 있는 행정중심 도시로, 치타공 구릉 지대와 벵골만 사이로 흐르는 카르나풀리(Karnaphuli)강 어귀에 있는 항만도시이다.

6) 펑 청쥔 씨에 따르면 '쇄납아강'은 『영애승람』에도 같은 음역 명칭을 보여주는데, 지금의 소나르가온(Sonārgāon)이라고 하였다. 율(Yule)은 『캐세이와 그곳으로 가는 길(Cathay and the Way Thither)』, II, 465~6쪽에서 [이븐바투타의] "수나르가운(Sunarganw)[Suvarna-gramma, 즉 '황금의 도시']은 이미 벵갈의 중세 도시 중 하나로 언급되었다. 1353년과 1357년 그곳에서 주조된 주화를 레이노(Reinaud)는 『JA』, III, 272쪽에서 설명한 바 있다. 이곳은 데카(Decca)의 몇 마일 남동쪽에 있지만, 그곳의 정확한 유적은 엄청나게 바뀌는 강 유역에서 찾을 수 없다고 생각한다. 프라 마우로(Frau Mauro)의 지도에는 소나르가우암(Sonargauam)으로 나타나는데, 적어도 16세기 말까지 지속되었음이 분명하다. 왜냐하면 『아인 아크바리(Ayin Akbari)』에서 한 지역의 도시로 언급되었고, 블라유(Blaeu)의 큰 지도(암스테르담, 1662, Vol., X)에서도 소르나퀴암(Sornaquam)으로 그 자리를 차지하고 있기 때문이다"라고 설명했다. 율의 이 설명은 후지타 도요하치 주석에도 반영되어 "쇄납아항과 쇄납아강은 '수나르가온(Sunarganw)'으로 다카(Dacca)의 동남쪽 몇 마일 지점에 있다"라고 하였다(『도이지략교주』, 149쪽). 역자는 이 책을 역주하면서 '수나르가온(Sunarganw)'이 'Sunargawn'의 오기라고 했으나(『도이지략역주』, 446쪽), 이븐바투타의 원문을 확인하지 못하

禮象馬迎接, 再行二十站, 至板[圾]獨哇[7], 是酋長之居處. 城郭甚嚴, 街道鋪店, 連楹接棟, 聚貨甚有.]

⑦왕이 사는 곳은, 벽돌을 겹쳐 쌓아[甃砌] 높고 넓으며, 궁궐의 꼭대기를 평평하고 백회(白灰)로 만들었다. ⑧안으로 들어가면 문은 삼중이고, 아홉 칸의 긴 대전이 있는데, 그 기둥들은 모두 황동(黃銅)으로 싸서 장식하고 꽃과 짐승을 조각했다. ⑨좌우의 긴 복도 안에는 밝은 갑옷을 입은 기마부대 1천여 명이 배치되어 있고, 밖에는 큰 장정들이 늘어서 있는데, 빛나는 투구와 갑옷을 입고, 예리한 칼과 활을 들고 있어 그 위용이 대단하다. 붉은 섬돌 좌우에는 공작의 꽁지깃[孔雀翎]으로 만든 일산 수백 개가 갖추어져 있고, 대궐 앞에는 코끼리부대 백여 명이 배치되어 있다. [⑦其王之居, 皆磚石甃砌高廣, 殿宇平頂, 白灰爲之. ⑧入去內門三重, 九間長殿, 其柱皆黃銅包[色]飾,[8] 雕琢花獸. ⑨左右

고 실수를 범했다. 이 주석을 통해 바로잡는다. 현재 소나르가온은 방글라데시의 수도 다카(Dhaka) 시내에서 남동쪽으로 약 29km 떨어진 곳에 있지만, 율이 언급한 대로, 물줄기의 변화를 고려하지 않을 수 없다. 비신의 경로를 따라가 보면, 치타공에 방갈라 왕이 보낸 영접하는 관리들이 말을 타고 나왔고, 치타공에서 육로로 16 역참을 가서 소나르가온에 갔다고 했으며, 그곳에서도 코끼리와 말을 타고 마중 나와 영접했다고 하고, 이어서 역시 육로로 20 역참을 가서 판두아에 도착했다고 하였으므로, 소나르가온과 판두아는 육지로 연결되어 있어야 한다. 그러나 소나르가온이 표기된 현 지도에서 판두아까지 가려면 강을 건너 서쪽으로 가야 한다. 『영애승람』에는 '쇄납아항(鎖納兒港)'으로 되어있다.

7) '판독와(板獨哇)'의 '판(板)'자는 천일각본에는 '급(圾)'자로, 나이지본에는 '흡(吸)'자로 되어있다. 『국조전고』와 『고금설해』본에 따라 고친다. 판독와(板獨哇)는 바로 판두아(Panduah)이다. 『영애승람』에는 왕이 사는 곳이라고만 했을 뿐, 지명은 언급하지 않았다.

8) 이 문장[其柱皆黃銅色飾]은 『국조전고』와 나이지본에서도 확인된다. 하지만 『고금설해』에서는 '색(色)'자가 '포(包)'자로 되어있다. 한편 황성증의 『서양조공

長廊,[9] 內設明甲馬隊千餘, 外列巨漢, 明盔明甲, 執鋒劍弓矢, 威儀之甚.[10] 丹墀左右, 設孔雀翎傘蓋百數,[11] 又置象隊百數於殿前.]

⑩그 왕은 정전(正殿)에 여덟 가지 보석을 상감한 높은 왕좌를 갖추고, 그 위에 다리를 키[箕] 모양으로 펴고 앉으며, 검을 무릎에 가로로 놓는다. ⑪은 지팡이를 들고 흰 천으로 머리를 싸맨 두 사람이 와서 앞길을 인도하는데, 다섯 걸음에 한 번씩 외치고, 가운데 이르면 멈춘다. 다시 황금 지팡이를 든 두 사람이 이전의 예법대로 영접하여 인도한다. [⑩其王於正殿設高座, 嵌八寶, 箕踞坐其上,[12] 劍橫於膝. ⑪乃令銀柱杖二人, 皆穿白纏頭, 來表引導前,[13] 五王步一呼,[14] 至中則止. 乃金

전록』에서는 "궁전의 기둥은 황동으로 싸서(殿之柱裹以黃銅)"라고 하였으므로, '포(包)'자를 선택하여 고친다.

9) '랑(廊)'자는 펑 청쥔 씨에 따르면, 천일각본에는 '곽(廓)'자로 되어있다고 교정했으나, 정확히 '랑(廊)'자로 되어있다. 나이지본에만 '곽(郭)'자로 잘못되어있다.

10) 이 문장[威儀之甚]은 『국조전고』, 나이지본과 일치한다. 반면 『고금설해』에는 "위의가 매우 웅장하다(威儀壯甚)"라고 하였다. 이에 따라 펑 청쥔 씨는 '지(之)'자를 '장(壯)'자로 고칠 것을 제안했다. '심(甚)'자가 이미 '장(壯)'의 의미를 담고 있으므로 고치지 않아도 충분하다.

11) '산개(傘蓋)'는 『국조전고』, 『고금설해』에서도 확인된다. 나이지본에만 '개(蓋)'자가 빠져있다. 이에 대해서 펑 청쥔 씨는 교정을 빠뜨렸다.

12) '기거(箕踞)'는 『국조전고』와 『고금설해』에서도 같은 글자를 확인할 수 있다. 나이지본에만 '기거(踑踞)'로 되어있어, 펑 청쥔 씨는 '기(踑)'자를 '기(箕)'자로 고쳐야 한다고 했지만, '기거(踑踞)' 역시 다리를 키[箕]처럼 펴고 앉는다는 말로 쓰이므로 반드시 교정할 사항은 아니다.

13) 천일각본의 '표(表)'자는 나이지본에서도 확인된다. 『국고전고』와 『고금설해』본에 따라 고친다. '도(導)'자는 나이지본에 '도(道)'자로 되어있어 펑 청쥔 씨는 '도(導)'자로 교정했지만, 꼭 필요한 교정은 아니다. '도(導)'자와 '도(道)'자는 통용하는 글자이다.

柱杖二人,[15] 接引入前禮.]

⑫왕은 공손히 예배하고 조서를 맞으며 감사의 뜻으로 합장하여 이마로 가져가자[叩謝加額], [칙서를] 읽어주고 상을 내렸다. 하사가 다 끝나자, 대전 바닥에 양탄자[毬毯]를 깔고, 우리 천자의 사신[天使]들을 접대하고 우리 관병들에게 잔치를 베풀었는데, 사례가 매우 두터웠다. ⑬소와 양고기를 굽고, 음주를 금하지 않았지만, 성정을 어지럽히거나 예법을 준수하지 못할까 걱정하며 단지 장미로와 향긋한 꿀물을 마셨다. ⑭연회가 끝나자 또 황금 바리[金盔], 황금 허리띠[金繫腰], 황금 동이[金盆], 황금 병[金瓶]을 천자의 사신에게 주고, 부사(副使)들에게는 은 바리, 은 허리띠, 은 동이, 은 병 등을 주었으며, 그 아래 관리들에게도 황금 방울이 달린 끈[金鈴紉], 저사(紵絲)로 만든 긴 옷[紵絲長衣]을 하사했고, 병사들은 모두 은잔전(銀盞錢)을 받았으니, 이 나라가 예(禮)가 있고 부(富)가 넉넉한[有禮富足] 나라였기 때문이다. ⑮그런 뒤에 공손히 황금 통에 넣은 은으로 만든 지면에 쓴 표문[金筒銀葉表文]을 마련하여 사신을 보내 받들어 가져가 조정에 방물을 바치게 했다. [⑫其王恭禮拜迎詔, 初叩謝加額, 開讀賞賜. 受畢, 鋪毬毯於殿地, 待我天使, 宴我官兵, 禮之甚厚. ⑬燔炙牛羊, 禁不飮酒, 恐亂其性, 抑不遵禮, 惟以薔薇露和香蜜水飮之也. ⑭宴畢, 復以金盔·金繫腰·金盆·金瓶奉贈天使, 其副使皆以銀盔·銀繫腰·銀盆·銀瓶之類, 其下之官, 亦以金鈴紉·紵絲長衣贈之之贈,[16] 兵士俱有銀盞錢, 蓋此國有禮富足

14) 천일각본의 '왕(王)'자는 나이지본에서도 마찬가지이다. 『국고전고』와 『고금설해』본에 따라 고친다.

15) '내(乃)'자는 나이지본에서도 확인되지만, 『국고전고』와 『고금설해』본에는 '우(又)'자로 되어있다. 펑 청쥔 씨는 '우(又)'자로 고쳤지만, 반드시 고칠 필요는 없다.

16) 천일각본의 이 문장[亦以金鈴紉·紵絲長衣之贈]은 『국조전고』에 "亦以金鈴

者矣.[17] ⑮其後恭置金筒銀葉表文, 差使臣齎捧, 貢獻方物于廷.]

⑯이 나라의 풍속은 매우 순수하다. ⑰남자는 흰 베로 머리를 싸매고, 흰 베로 만든 긴 적삼을 입으며, 발에는 황금의 선(線)이 들어간 양가죽 신발을 신는데, [그러한 신발 중에는] 가지런하게 문자가 들어있는 것도 많다. ⑱교역에는 많은 금액이라도, 값이 결정되어 손을 치면, 영원히 후회하거나 고치지 않는다. ⑲부녀자는 짧은 적삼을 입고 유색의 베[色布]나 비단[絲錦]으로 두르지만 연지와 분을 바르지 않아도 그 안색이 원래부터 곱고 희다. 두 귀에는 보배 장신구를 늘어뜨리고, 목에는 목걸이를 걸며, 머리 뒤로 방망이 모양의 상투를 하고, 네 팔목과 팔꿈치[四腕]에는 황금 팔찌를 하며, 손가락과 발가락에는 반지를 껴, 일견할 만하다. [⑯其國風俗甚淳. ⑰男子白布纏頭, 穿白布長衫, 足穿金線羊皮靴, 濟濟然亦其文字者衆.[18] ⑱凡交易雖有萬金, 但價定打手平,[19] 永無悔改. ⑲婦女穿短衫, 圍色布絲錦綿,[20]然不施脂粉, 其色自

紵·紵絲長衣贈之"로, 나이지본에서는 "亦不金令紵·納絲長衣贈之" 상당히 많은 오자를 보여준다. 한편『고금설해』에서는 "亦贈以金鈴紵·紵絲長衣"라고 하였으므로, 천일각본의 '지증(之贈)'은 '증지(贈之)'로 고쳐야 한다.

17) 이 문장[蓋此國有禮富足者矣]은 등사룡의『국조전고』, 나이지본 모두 일치하고 있다. 하지만『고금설해』에는 "이 나라는 부유하고 예가 있기 때문일 것이다(蓋此國富而有禮者也)"라고 하였는데, 이는 주당면의『국조전고』와 일치한다. 확실히 천일각본의 문장보다 훨씬 유리함을 알 수 있다.

18) 이 문장[濟濟然亦其文字者衆]은『국조전고』, 나이지본과 일치를 보이지만,『고금설해』에서는 "가지런하게 문자가 들어있는 것이 많다(濟濟然有文字者衆)"라고 하며 '역기(亦其)' 두 글자가 빠져있다. 이에 대해 펑 청쥔 씨는 '역기' 두 글자가 세 사본에 모두 잘못 들어간 것으로 판단했다. 여기서는 양가죽 신발의 종류를 설명한 것으로 읽는 것이 맞다.

19) 천일각본의 이 문장[但價定打平]은『국조전고』와는 같지만, 나이지본에는 "但價秤平)"으로 되어있다. 하지만『고금설해』에서는 "價定打手"라고 하였다.『영

然嬌白其嬌色白色.[21] 兩耳垂寶鈿, 項掛瓔珞, 髻椎堆腦後,[22] 四腕金鐲, 手足

애승람』 고리국 조목에 "그 두목과 철지들이 내관 대인들과 여러 손을 서로 잡으면, 그 중개인은 '모월 모일'이라 말하고 여러 손 중에서 하나의 손바닥을 쳐서 결정하는데, 비싸거나 싸거나 해도 다시는 후회하거나 고칠 수 없다(其頭目哲地即與內官大人衆手相拏, 其牙人則言某月某日, 於衆手中拍一掌, 已定, 或貴或賤, 再不悔改)"라고 기술한 가격 결정 방식을 말하는 것으로 보인다. 따라서 '평(平)'자는 '수(手)'자로 고치는 것이 타당하다. 그러나 이러한 가격 결정 방식이 벵골에서도 적용되었는지는 확인할 수 없다.

20) '사면(絲綿)'은 『국조전고』에 '사금(絲錦)'으로, 나이지본에는 '사면(絲棉)'으로 되어있다. 한편 『고금설해』에는 『국조전고』처럼 '사금(絲錦)'을 보여준다. 그러나 황성증의 『서양조공전록』(86쪽)은 '사면(絲綿)'으로 기록하고 있다. '사면(絲綿)'은 비단 솜을 말하므로, 적절하지 않다. '사금(絲錦)'이란 흰 명주실로만 짠 비단을 말하는 것으로 보이므로, 『국조전고』와 『고금설해』에 따라 '사금(絲錦)'으로 읽는다.

21) 천일각본의 이 문장[其嬌色白色]은 나이지본과 일치하는 반면, 주당면의 『국조전고』에는 "其色白然嬌白"라고 하였고, 『고금설해』에서는 "自然嬌白"이라 하였다. 의미가 통하도록 펑 청쥔 씨는 『국조전고』본을 따라 "그 색은 천연의 예쁜 흰색이다(其色自然嬌白)"라고 교정했는데, 따를 만하다.

22) 이 문장[髻堆腦後]은 4권본과 일치하지만, 나이지본에는 "堆髻腦後"라고 하였고, 『국조전고』에는 "髻椎腦後"라고 되어있다. 『한서(漢書)』, 권43, 「육가열전(陸賈列傳)」(2111쪽)에 "육가가 [남월에] 이르자, 위타(尉佗)가 추결(魋結)하고 키처럼 다리를 펴고 앉아서[箕踞] 육가를 만났다(賈至, 尉佗魋結箕踞見賈)"라는 문장이 보인다. 복건(服虔)은 "'魋'는 음이 추(椎)로, 오늘날 병사들의 몽둥이 모양 상투이다(魋音椎, 今兵士椎頭髻也)"라고 하였고, 안사고(顔師古)는 "추계(椎髻)란 한 줌의 상투로, 그 모양이 몽둥이와 같다(椎髻者, 一撮之髻, 其形如椎)"라고 설명했다. 따라서 '추계(椎髻)'란 몽둥이 모양의 상투 또는 그렇게 상투를 트는 것을 말한다. 『죄유록(罪惟錄)』, 권36, 「방갈랄국(榜葛剌國)」 조목(사고전서본, 71a)에는 비신의 『성사승람』을 옮겨놓고 있는데, "髻椎腦後"라고 하였다. 그러므로 저본의 '계퇴(髻堆)'는 '계추(髻椎)'로 읽고 '추계(椎髻)'의 의미로 읽어야 할 것이다.

戒指, 可爲一觀.]

⑳그들 중에 인도인 한 부류가 있는데, 그들은 소고기를 먹지 않는다. 음식을 먹을 때 남녀는 함께 자리하지 않고, 남편이 죽으면 아내는 재가하지 않으며, 아내가 죽어도 남편은 재혼하지 않는다. 고아나 과부[孤寡]로 의지할 데가 없으면 온 마을의 사람들이 돌아가며 그들을 부양하고, 다른 마을에서 음식을 구하지 않도록 하는데, 그들이 중요시하는 의로운 기상을 족히 볼 수 있다. [⑳其有一種人曰印度, 不食牛肉, 凡飮食, 男女不同處, 夫死妻不再嫁, 妻喪夫不再娶. 若孤寡無倚, 一村之家輪養之, 不容別村求食, 足見其義氣之尙也.[23)]]

㉑농토는 비옥하고 풍족하여, 한 해에 두 번 수확하며, 김매기를 할 필요 없이 때가 되면 저절로 알맞게 되므로 남녀는 파종과 베 짜기에 힘쓴다. ㉒과일에는 잭푸르트[波羅蜜]가 있는데, 몇 말[斗] 만큼 크고, 달며 맛있다. 암라[奄摩勒]는 향이 시고 매우 우수하다. 기타 과류[瓜菓], 채소, 소, 말, 닭, 양, 오리, 거위, 바닷물고기 등이 매우 널리 있다. ㉓조가비[海𧴩]를 유통하여 화폐로 시장에서 사용한다. [㉑田沃豐足, 一歲二收, 不用耕耔,[24)] 隨時自宜, 男女勤於耕織. ㉒果有波羅蜜, 大數斗, 甘甜香美. 奄摩勒,[25)] 香酸甚佳. 其餘瓜菓·蔬菜·牛·馬·鷄·羊·

23) 이 문장[足其義氣之尙也]은 『국조전고』에 "의기를 높이 사는 것을 족히 볼 수 있다(足見義氣之尙也)"라고 되어있고, 나이지본에는 "바로 의기를 높이 사기 때문이다(是其義氣之尙也)"라고 되어있다. 한편, 『고금설해』에서는 "그 의기에 일컬을 만한 것이 있다(其義氣有足稱者)"라고 하였다. 천일각본의 '기(其)' 자는 '견(見)'자로 읽어야 할 것 같다.

24) '경자(耕耔)'는 나이지본에서도 확인되지만, 『국조전고』와 『고금설해』에는 '운자(耘耔)'로 되어있다. 하지만 천일각본 오언시에서는 '운자(耘耔)'로 표현했다.

25) '암마륵(奄摩勒)'은 나이지본에 '엄마륵(掩摩勒)'으로 표기하고 있다. 펑 청쥔 씨는 '엄(奄)'자로 교정했지만, 그럴 필요는 없다. 암마륵은 암라, 즉 인디언 구

鳧·鴨·海魚之類甚廣.[26] ㉓通使海肌, 准錢市用.]

㉔이곳에는 가는 베[細布], 모직의 일종인 사클라트(saklat)[撒哈剌][27], 양탄자[絨毯], 툴라[兜羅綿], 수정(水晶), 마노(瑪瑙), 산호(珊瑚), 진주(珍珠), 보석(寶石), 엿과 꿀[糖蜜], 수유(酥油), 물총새 깃[翠毛], 얼굴을 가리는 각색의 수건이 난다. ㉕교역하는 상품은 금과 은, 베와 비단[布緞], 유색 비단[色絹], 푸른 꽃문양이 들어간 백자기[青花白磁器], 동전(銅錢), 사향(麝香), 은주(銀朱)[28], 수은(水銀), 거적[草蓆], 후

스베리(Indian gooseberry)에 해당하는 페르시아어 '아말라(amala)' 또는 '아물라(amula)'를 음역한 표기로(라우퍼, 『중국과 이란』, 551쪽), '암마라(菴摩羅)', '암몰라(菴沒羅)', '아말라(阿末羅)', '암바라(菴婆羅)', '암마륵(菴摩勒)', '엄마라(掩摩羅)' 등으로 음역하기도 한다. 암몰라(菴沒羅)는 『대당서역기』 권2에 보인다. 왕대연의 『도이지략』 중가라(重迦羅) 조목에 '염부수(閻浮樹)'라는 나무가 보이는데, 후지타 도요하치는 이 '염부'가 바로 암바(amba)의 음역으로 보았고, 마리뇰리(Marignolli)의 여행기에 보이는 '암부란(Amburan)'이다라고 하였다(『도이지략교주』, 75쪽). 펠리오도 이러한 추정에 동의하고 있다(「15세기 초 중국의 대항해」, 332쪽).

26) 이 문장[其餘瓜菓·蔬菜·牛·馬·鷄·羊·鳧·鴨·海魚之類甚廣]은 『국조전고』, 『고금설해』와는 일치하지만, 나이지본에만 '해어(海魚)'가 '어·하(魚·蝦)'로 되어있다.

27) 비신은 벵골 왕국의 산물로 '살합랄(撒哈剌)'이란 모직 제품을 기록하고 있지만, 마환의 『영애승람(瀛涯勝覽)』에서는 아덴과 호르무즈의 산물로 기록되어 있다. 이 직물에 관해서는 위의 20-⑪ 주석을 참고하시오.

28) '은주(銀朱)'란 송응성(宋應星, 1584~1666?)의 『천공개물(天工開物)』(북경대학소장본, 권3, 40a~b) 에 "무릇 주사(朱砂), 수은(水銀), 은주(銀朱)는 원래 같은 것으로, 이름을 달리한 것은, 정제된 것, 거친 것, 오래된 것, 엷은 것에 따라 나누기 때문이다(凡朱砂·水銀·銀朱, 原同一物. 所以異名者, 由精粗老嫩而分也)"라고 설명했다.

추[胡椒] 등이다. [㉔地產細布·撒哈剌·絨毯·兜羅綿錦[29]·水晶·瑪瑙·

29) '두라금(兜羅錦)'은 모든 판본에서 일치하고 있다. 그러나 히어트와 록힐에 따르면(『조여괄』, 219쪽), '두라(兜羅)'는 면을 뜻하는 산스크리트어 '툴라(tūla)'를 표현한 것이라고 하고, 당나라 송나라 시기에 이미 '두라면(兜羅綿)'으로 보이므로, '면(綿)'자로 고치는 편이 타당하다..

두라(兜羅)에 관해서는 이미 『제번지역주』(40쪽, 381쪽)에서 자세히 다루었다. 여기서는 이전 작업에서 미흡했던 점을 보완하기로 한다. 먼저 5세기 『옥편』에 수록된 '면(綿)'자는 『설문해자』에 '면(緜)'자로 나타난다. 『설문해자』의 이 '면(緜)'자는 '연결한다'는 뜻으로 의미를 확장하여 고치솜[絲絮]을 지칭했으므로, 면(綿, cotton)은 아니었다. '코튼'을 의미하는 가장 이른 한역(漢譯) 명칭은 바로 두라(兜羅)이다. '두라면(兜羅綿)'은 이미 안법흠(安法欽)이 306년 한역한 『아육왕전(阿育王傳, ashokavadāna)』(T.2042, 103a)에 "그 몸은 두라면처럼 부드러웠다(其身柔軟如兜羅綿)"라고 하였으므로, '두라'의 출현은 4세기 이전으로 거슬러 올라갈 수 있다. 이후 이 '두라(兜羅)'는 투라(妒羅), 두라(蠹羅), 도라(堵羅), 도라(覩羅) 등으로 표기되었다.

혜림(慧琳)은 807년 『일체경음의(一切經音義)』(T.2128, 권11, 371b)에서 두라면에 관하여 "'두(兜)'자는 '도(都)'자와 '후(侯)'자의 반절로 읽는다. 산스크리트어로는 가늘고 보드라운[細耎] 면이다. 바로 버들 솜[柳花絮], 화초의 솜[草花絮] 등과 같은 것이다(上都侯反, 梵語細耎綿也. 即柳花絮·草花絮等是也)"라고 하였고, 또 권26(473b)에서는 "이것을 목면(木綿)이라 한다. 매우 가늘고 부드러우며, 모양은 버드나무꽃과 비슷하고, 이 면을 사람의 눈동자에 대도 눈물이 흐르지 않으므로 그 부드러움을 알 수 있다(此云木綿也, 甚細耎, 狀似楊柳樹花, 若用此綿觸人眼睛, 淚不出, 故知耎)"라고 하였다.

한편 법운(法雲)은 1143년 『번역명의집(翻譯名義集)』(T.2131, 권7, 1172a)에서 "두라(兜羅) 이것은 '세향(細香)'을 말한다. 혜원(慧苑)의 『음의(音義)』는 얼음[氷]으로 번역했다. 또 '두사(兜沙)'라고도 하는데 이는 서리[霜]를 말한다. 이들은 모두 색깔에 따라 이름한 것이다. 혹 투라면(妬羅綿)이라고도 하는데 투라(妬羅) 나무 이름이다. 면이 나무에서 나오므로 그로써 일컫는 말로, 버들 솜[柳絮]과 같다. 또한 '양화(楊華)'로도 번역하기도 한다. 혹 '두라이(兜羅毦)'라고 하는 것은 모피[毛毳]이다(兜羅, 此云細香, 苑音義翻氷. 或云兜沙, 此云霜.

斯皆從色為名. 或名妬羅綿, 妬羅樹名, 綿從樹生, 因而立稱, 如柳絮也. 亦翻楊華, 或稱兜羅毦者, 毛毳也)"라고 설명했다. 여기 법운이 말한 세향(細香)은 바로 '세연(細耎)'의 오독이다.

법운이 언급한 '두사(兜沙)'란, 다시 혜림의 『일체경음의』(권23, 456c)에 '두사라(兜沙羅, tuṣāra, 서리)'라는 색을 설명하며 "전체 명칭은 '두사두라(兜沙兜羅)' 색이다. '두사'란 서리[霜]를 말하고 '두라'는 물[水, '氷'의 오기일 것임]이다(具云兜沙兜羅色, 言兜沙者, 此云霜也, 兜羅水也)"라고 하였다. 여기의 '두사'는 '두라'와 아무런 관련이 없는 것임에는 분명하다. 어쨌든 '얼음'과 '서리'라는 잘못된 의미를 부여받은 법운의 설명은 조선의 『월인석보』(권2, 41s)로 이어졌다. 1992년 장세경 씨는 "'도라'는 얼음이라는 말이요, '면'은 솜이니, '도라면'은 얼음 같이 흰 솜이요, '도라이'라고도 하는데 '이'는 보드라운 털이다. '방정'은 모남이 반듯한 것이요, '충실'은 쭈그러지지 않은 것이다"라고 번역했다(세종대왕기념사업회, 『역주월인석보』DB).

법운이 마지막으로 언급한 '두라이(兜羅毦)'의 '이'에 관하여, 폴 펠리오는 "'용[ɳziwoŋ](毦)'처럼 '용'으로 발음되어야 한다고 생각한다. 그리고 이 '용(毦)'의 원형은 '솜' 또는 '보풀이 있는 천'을 의미하는 융(毧), 융(狨), 융(羢), 융(絨)으로, 결국 벨벳(velvet)일 것이다"라고 설명했다(『Notes on Marco Polo』, I, 430쪽).

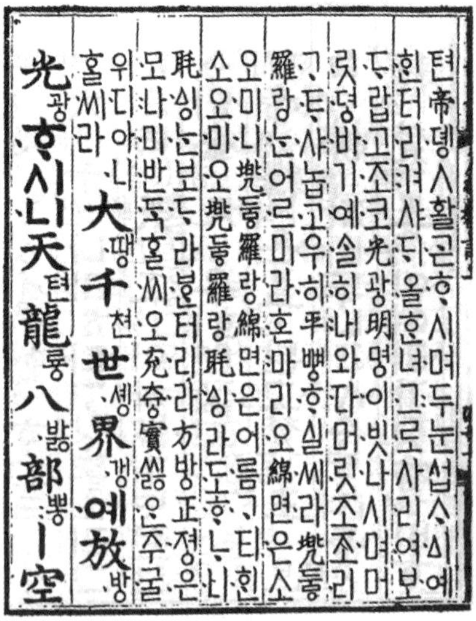

세종대왕기념사업회, http://db.sejongkorea.org/

珊瑚·珍珠·寶石·糖蜜·酥油·翠毛·各色被面手巾[手巾被面]. ㉕貨用金銀·布緞·色絹·靑花白[白花]磁器·銅錢·麝香·銀朱·水銀·草蓆·胡椒之屬.]

㉖시로 노래한다[詩曰].

벵골은 서역의 중주로	葛剌宗西域,
유전되는 교화가 시들지 않았네.	留傳教不衰.
군대에는 모두 법을 갖추었고	兵戎皆有法,
문자는 모두 두루 알고 있네.	文字悉周知.
시장에는 진귀한 보배 즐비하고,	貨市排珍寶,
관공서에는 깃털 깃발 빽빽하네.	轅門簇羽旂.
기둥과 들보에는 문양을 새겨 장식했고,	柱樑[梁]雕飾彩[飾□□][30],

앞서 『일체경음의』에서 본 것처럼, 중국 주석가들은 '두라'를 '목면(木綿)'으로 설명하지만, 도선(道宣)은 628년 『사분율산번보궐행사초(四分律刪繁補闕行事鈔)』(T.1804, 89b)에서 두라면(兜羅綿)은 "백양꽃, 버들꽃, 부들의 꽃받침[臺]이다(白楊華·柳華·蒲臺也)"라고 설명하였고, 『십송률(十誦律)』(T.1435, 권18, 127c)에서는 이러한 의미로 기술되었다.

이러한 불교 자료 이외의 중국 자료로서는 1225년 조여괄의 『제번지』에 처음 보인다. 왕국유(王國維)는 구장춘(丘長春)의 『서유기(西遊記)』에 보이는 '투로마(禿魯麻)'를 '두라면(兜羅綿)'으로 설명하려 했지만(『長春眞人西遊記校注』, I, 24~25쪽), 이는 잘못이다. 조여괄은 길패(吉貝) 중에 가장 단단하고 두터운 것을 '두라면(兜羅綿)'이라 한다고 설명했다(『제번지역주』, 381쪽). 불교 자료에서 가늘고 부드러운 이미지는 사라지고 두텁고 단단한 이미지로 나타난다. 장섭(張燮)의 1617년 『동서양고』, 권2(사고전서본, 17a)에는 시암[暹羅]의 산물 중 하나로 두라면(兜羅綿)을 들고, "구예부(瞿睿夫)는 '두라면은 검이나 화살도 뚫지 못한다'라고 했다(瞿睿夫曰, 兠羅綿, 刀矢不能入)"라는 말로 두라면을 설명했다. 여기 '예부(睿夫)'는 원나라의 구지(瞿智)와 명나라 구구사(瞿九思)의 자(字)인데, 여기에서는 '구구사'일 것이다. 확실히 두라면은 질기고 두꺼운 이미지로 설명되었다.

30) 두 글자가 빠진 이 구는 『국조전고』와 나이지본에 "柱樑雕飾彩"로 되어있어

계단과 층마다 예법대로 인도하네.	階級引行儀.
술이 없는 별미는 굽고 지졌고,	不飮羞燔炙,
평평하게 깐 양탄자는 화려했네.	平鋪毯陸離.
양쪽에서 양반다리로 앉고,	分邊盤坐處,
먹을 때는 옆으로 앉네.	異廣在餐時.
얼음과 서리 같은 정조를 언약하며,	言誓冰霜操,
예쁜 얼굴 옥이나 눈 같은 자태였네.	嬌顏玉雪姿.
파라밀은 말[斗]처럼 크고	波羅大如斗,
암륵은 짓누르듯 가지에 달렸네.	摩勒壓連枝.
농사법을 얼마나 일찍이 활용했으면,	耘耔何曾用,
풍년은 절로 당연할 뿐이네.	豐穰只自宜.
하늘의 광원함을 살펴보고,	照臨天廣遠,
수습하느라 기묘한 시구를 찾네.	採拾句搜奇.
은혜로운 조서로 중화를 흠모하니,	恩詔欽華夏,
그 유풍 바깥 오랑캐에 가득하네.	流風實外夷.
소신은 성실하게 살펴,	小臣存悃愊,
표문과 함께 붉은 섬돌에 올리려네.	隨表進丹墀.

『성사승람』 전집 끝(星槎勝覽前集終)[31]

『고금설해』(사고전서본, 권20, 1b~3b)[4-1] 벵골 왕국[榜葛剌國]

사무드라[蘇門答剌]에서 순풍에 20일 밤낮을 [항행하면] 이를 수 있다. ①이 나라는 서인도의 땅이다. ②서쪽으로 금강보좌(金剛寶座)로 통하는데, **소**납복아(**詔**納福兒)라고 하며,

그에 따라 고치고 보충했다.

31) '전집종(前集終)'은 나이지본에 빠져있다.

바로 석가모니가 득도한 곳이다. ③**영락 13년(1415)에 두 차례** 황상이 태감 후현(侯顯) 등에게 수군을 이끌고 조칙을 받들어 가, 국왕, 왕비, 두목 등에게 상을 내리도록 했다. ④그 나라 바다 어귀에는 '찰지항(察地港)'이라는 항구가 있는데, 교역의 세금[抽分]을 받는 곳이다. 그 나라 왕은 우리나라 보선들이 그곳에 온 것을 알고 부령(部領)을 보내 의복 등의 **예물**을 가져오는데 사람과 말 수천이 맞이했다. ⑤항구에서 열여섯 역참을 가면 쇄납아강(**瑣**納兒江)에 이르는데, 도성, 해자, 거리, 시장이 있어 상품을 집적하여 통상한다. ⑥또 사람을 보내 예물을 가져오고 코끼리와 말로 영접했다. 다시 스무 역참을 가면 판독와[板獨哇]에 도착하는데, 바로 추장이 사는 곳이다. 성곽이 매우 삼엄하고, 거리의 점포들은 기둥과 용마루를 연이어 있으며 온갖 상품이 다 모여 있었다. ⑦왕이 사는 곳은, 벽돌과 회(灰)로 겹쳐 쌓아[甃砌] 높고 넓으며, 궁궐의 꼭대기를 평평하고 **백회(白灰)**로 만들었다. ⑧**안쪽 문[內門]**은 삼중이고, 아홉 칸의 긴 대전이 있는데, 그 기둥들은 모두 황동(黃銅)으로 싸서 장식하고 꽃과 짐승을 조각했다. ⑨좌우의 긴 복도 안에는 밝은 갑옷을 입은 기마부대 1천여 명이 배치되어 있고, 밖에는 큰 장정들이 늘어서 있는데, 빛나는 투구와 갑옷을 입고, 예리한 칼과 활을 들고 있어 그 위용이 대단했다. 붉은 섬돌 좌우에는 공작의 꽁지깃[孔雀翎]으로 만든 일산 수백 개가 갖추어져 있고, 대궐 앞에는 코끼리 부대 백여 명이 배치되어 있었다. ⑩그 왕은 정전(正殿)에 여덟 가지 보석을 상감한 높은 왕좌를 갖추고, 그 위에 다리를 키[箕] 모양으로 펴고 앉으며, 검을 무릎에 가로로 놓았다. ⑪은 지팡이를 들고 흰 천으로 머리를 싸맨 두 사람이 와서 앞길을 인도하는데, 다섯 걸음에 한 번씩 외치고, 가운데 이르면 멈추었다. 다시 황금 지팡이를 든 두 사람이 이전의 예법대로 영접하여 인도한다. ⑫왕은 절하고 조서를 맞으며 머리를 조아리고 합장한 손을 이마로 가져가자[叩頭加額], [칙서를] 읽어주고 상을 내렸다. 하사가 다 끝나자, 대전 바닥에 카펫[絨毯]을 깔고, 우리 천자의 사신[天使]들을 접대하고 우리 관병들에게 잔치를 베풀었는데, 사례가 매우 두터웠다. ⑬소와 양고기를 굽고, 음주를 금하지 않았지만, 성정을 어지럽히거나 실례(失禮)할까 걱정하며 단지 장미수와 향긋한 꿀물을 마셨다. ⑭연회가 끝나자 또 황금 바리[金盔], 황금 허리띠[金繫腰], 황금 병[金瓶], 황금 동이[金盆]을 천자의 사신에게 주고, 부사(副使)들에게는 은 바리, 은 허리띠, 은 병, 은 동이 등을 주었으며, 그 아래 관리들에게도 황금 방울을 단 끈[金鈴紉], 저사(紵絲)로 만든 긴 옷[紵絲長衣]을 하사했고, 병사들은 모두 **은전(銀錢)**을 받았으니, **이 나라가 부유하고 예(禮)가 있었기 때문이었다**. ⑮그런 뒤에 공손히 황금 통에 넣은 금으로 만든 지면에 쓴 표문[金筒金葉表文]을 마련하여 사신을 보내 받들어 가져가 조정에 산물을 바치게 했다. ⑯이 나라의 풍속은 매우 **두텁다**. ⑰남자는 흰 베로 머리를 싸매고, 흰 베로 만든 긴 적삼을 입으며, 발에는 황금의 선(線)이 들어간 양가죽 신발을 신는데, [그러한 신발 중에는] 가지런하게 문자가 들어있는 것도 많았다. ⑱교역에는 많은 금액이라도, 값이 결정되어 손을 치면, 영원히 후회하거나 고치지 않았다. ⑲부녀자는 짧은 적삼을 입고 유색의 베[色布]나 비단[絲錦]으로 **둘렀다**. 연지와 분을 바르지 **않아도 원래부터** 곱고 희다. **귀에는** 보배 장신구를 늘어뜨리고, 목에는 목걸이를 걸며, 머리 뒤로 방망이 모양의 상투를 하고, 네 팔목과 팔꿈치[四腕]에는 황금 팔찌를 하며, **손발에는 반지를 꼈다**. ⑳그들 중에 인도인 한 부류가 있는데, 그들은 소고기를 먹지 않았다. 음식을 먹을 때 남녀는 함께 자리하지 않고, 남편이 죽으면 아내는 재가하지 않으며, 아내가 죽어도 남편은 재혼하지 않았다. 고아나 과부[孤寡]로 의지할 데가 없으면 온 마을의 사람들이 돌아가며 그들을 부양하고, 다른 마을에서 음식을 구하지 않도록 하는데, **그 의로운 기상에 족히 일컬을 만한 것이었다**. ㉑농도는 비옥하고 풍족하여, 한 해에 두 번 수확하며, 김매기를 할 필요 없이 때가 되면 저절로 알맞게 되므로 남녀는 파종과 베 짜기에 힘썼다. ㉒과일에는 잭푸르트[波羅蜜]가 있는데, 말[斗] 만큼 크고, 달며 맛있다. 암라[奄摩勒]는 향이 시고 매우 우수했다. 기타 과류[瓜果], 채소, 소, 말, 닭, 양, 오리, 거위, 바닷물고기 등이 매우 널리 있었다. ㉓조가비[海肌]를 유통하여 화폐로 시장에서 사용했다. ㉔이곳에는 가는 베[細布], 모직의 일종인 사클라트[撒哈剌], 양탄자[**毯絨**], 툴라[兜羅綿], 수정(水晶), 마노(**馬**瑙), 산호(珊瑚), 진주(珍珠), 보석(寶石), 엿과 꿀[糖蜜], 수유(酥油), 물총새 깃[翠毛], 얼굴을 가리는 각색의 수건[**各色手巾被面**]이 난다. ㉕교역하는 상품은 금은, 단견(段絹),[32] 푸른 꽃문양이 들어간 백자기[青花白磁器], 동전(銅錢), 사향(麝香), 은주(銀朱), 수은(水銀), **거적[草蓆]** 등이다.

自蘇門答剌順風二十晝夜可至. ①其國即西印度之地. ②西通金剛寶座國, 曰**詔**納福兒, 乃釋迦得道之所. ③永樂十三年二次上命少監侯顯等統舟師齎詔勅, 賞賜國王·王妃·頭目. ④其國海口有港曰察地港, 立抽分之所. 其王知我中國寶船到彼, 遣部領齎衣服等**禮**, 人馬千數迎. ⑤港口起程十**六**站至**瑣**納兒江, 有城池街市, 聚貨通商. ⑥又差人齎禮, 象馬迎接. 再行二十站, 至板獨哇, 是酋長之居處. 城郭甚嚴, 街市鋪店連楹接棟, 聚貨**百**有. ⑦其王之舍, 皆**磚灰甃砌**高廣, 殿宇平頂,

32) '단견(段絹)'이란 색단(色緞)과 색견(色絹)의 합칭일 것이다.

白灰爲之. ⑧內門三重, 九間長殿, 其柱皆黃銅包飾, 雕琢花獸. ⑨左右長廊, 內設明甲馬隊千餘, 外列巨漢, 明盔明甲, 執鋒刃弓矢, 威儀壯甚. 丹墀左右設孔雀翎傘蓋百數, 又置象隊百數於殿前. ⑩其王於正殿高座, 嵌八寶, 箕踞上坐, 劍橫於膝. ⑪乃令銀柱杖二人, 皆穿纏頭, 來引道前, 五步一呼, 至中則止. 又金柱杖二人, 接引如前禮. ⑫其王拜迎詔勑, 叩**頭**加額, 開讀賞賜. 受畢, 鋪**絨**毯於殿地, 待我天使, 宴我官兵, 禮之甚厚. ⑬燔炙牛羊, 禁不飮酒, 恐亂性而**失**禮, 以薔薇露和香蜜水飮之. ⑭宴畢, 復以金盔·金繫腰·金瓶·金盆贈天使, 其副使皆以銀盔·銀繫腰·銀瓶·銀盆贈之, 其下官員亦贈以金鈴紵·紵絲長衣, 兵士俱有**銀錢**, 蓋此國富而有禮者也. ⑮其後躬置金筒**金**葉表文, 差使臣齎捧, 貢獻方物於廷. ⑯其國風俗甚**厚**. ⑰男子白布纏頭, 穿白布長衫, 足穿金線羊皮靴, 濟濟然有文字者衆. ⑱凡交易雖有萬金, 價定打手, 永無悔改. ⑲婦女穿短衫, 圍色布·絲錦, 不施脂粉, 自然嬌白. 耳垂寶鈿, 項掛纓絡, 髻堆腦後, 四腕金鐲, 手足戒指. ⑳其有一種曰印度, 不食牛肉. 飮食男女不同處, 夫死不再嫁, 妻死不再娶. 若孤寡無倚, 一村人家輪流養之, 不容別村求食, **其義氣有足稱者**. ㉑田沃豐足, 一歲二收, 不用耘耔, 隨時自宜, 男女勤於耕織. ㉒果有波羅蜜, 大如斗, 甘甜甚美. 庵摩羅香酸甚佳. 其餘瓜果·蔬菜·牛·馬·雞·羊·鳧·鴨·海魚之類甚廣. ㉓使海肌, 准錢市用. ㉔地產細布·撒哈剌·毯絨·兜羅錦·水晶·馬瑙·珊瑚·眞珠·寶石·糖蜜·酥油·翠毛·**各色手巾被面**. ㉕貨用金銀·**段絹**·青花白磁器·銅鐵·麝香·銀朱·水銀·草蓆之屬.

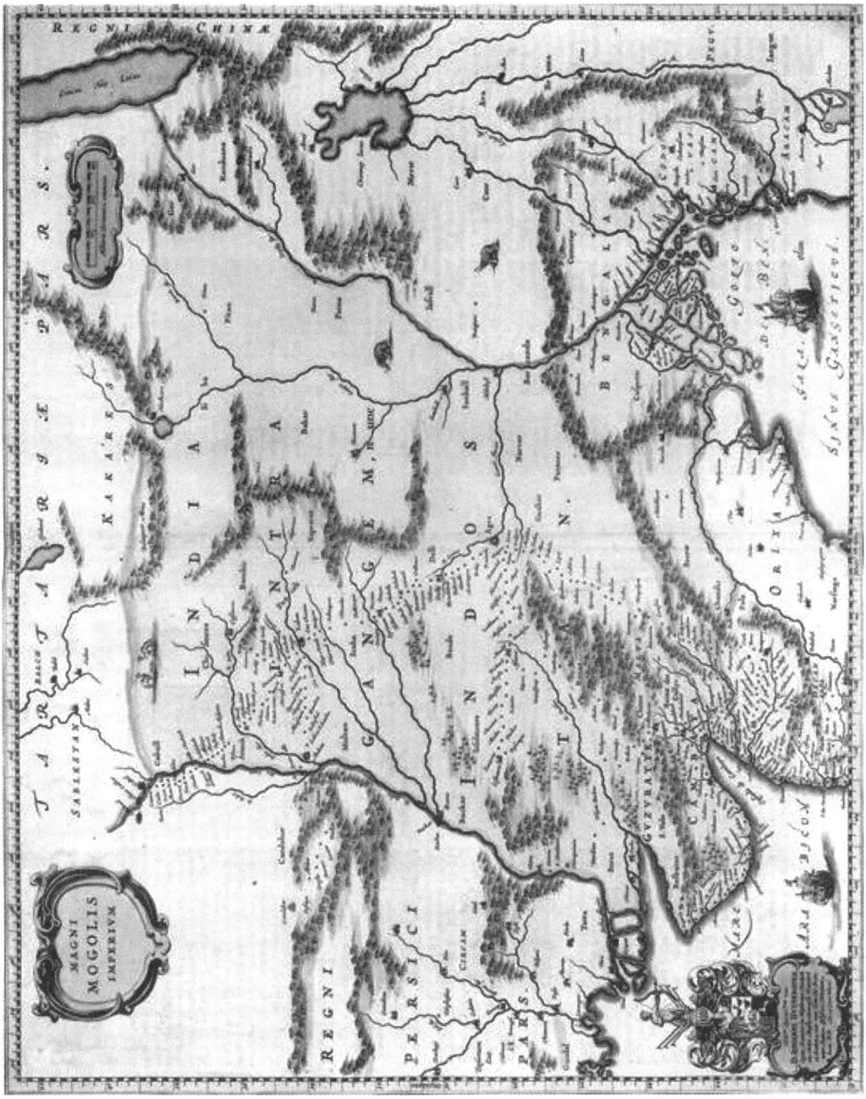

Joan Blaeu(1596~1673), 『Atlas Maior』(Amsterdam, 1665), Vol. X., 「Magni Mogolis Imperivm」 42x52cm.

영락(永樂) 7년 기축년(1409)에서 선덕(宣德) 8년 계축년(1433)에 그친다. 여러 차례 흠차 정사 태감 정화 등을 따라 서양의 각국에 가서, 칙서를 읽어주고 상을 내렸다. 공무의 여가에 여러 외국의 풍속, 인물, 토산의 다름을 채집하여 사정과 순서에 따라 집성하고 **시편으로 노래했다**. [自永樂七年己丑, 宣德八年癸丑止. 累從欽差正使太監鄭和等往西洋各[名]國, 開讀賞賜. 凡在公餘之暇, 採輯諸番風俗人物土産之異, 集[律]成事序, 詠其詩篇].

[23] 진랍국(眞臘國)
[24] 동서축(東西竺)
[25] 담양(淡洋)
[26] 용아문(龍牙門)
[27] 용아선제(龍牙善提) 『도이지략』 용아보제(龍牙菩提)
[28] 길리지민(吉里地悶[門])
[29] 팽갱(彭坑[玩])
[30] 유구국(琉球國)
[31] 삼도국(三島國)
[32] 마일국(麻逸國)
[33] 가리마정국(假里馬丁國) 『도이지략』 가리마타(假里馬打)
[34] 중가라(重迦邏)
[35] 발니국(渤泥國)
[36] 소록국(蘇祿國)
[37] 대구남국(大唄[嗔]喃國)
[38] 아단(阿丹[舟])
[39] 좌법아국(佐法兒國)
[40] 죽보국(竹步國)
[41] 목골도속(木骨都束[東])
[42] 유양국(溜洋國)
[43] 복랄와국(卜[小]剌哇國) 『명사』 부랄와(不剌哇)
[44] 천방국(天方國)

23. 캄보디아 왕국[眞臘國][1)]

1) 진랍[tɕjěn-lɑp](眞臘)은 현 캄보디아를 지칭하는 명칭으로, 점랍(占臘)으로도 표기되었다. 또한 캄보디아의 옛 명칭인 캄보자(Kamboja)를 그대로 음역하여 간부석(干不昔), 감부찰(甘不察), 간포채(柬埔寨), 감패지(甘孛智), 감포지(澉浦只), 감파자(甘破蔗) 등으로도 표기되었고, 또 민족의 이름을 따서 '길멸(吉蔑)', '각멸(閣蔑)', '합멸(閤蔑)'로도 지칭되었다. 이러한 명칭에 관해서는 이미 폴 펠리오의 유작인 『진랍풍토기역주』에 자세하다[역자의 역주본인 『앙코르 캄보디아』, 239~251쪽을 참고하시오].

여기 비신의 '진랍'은 4권본에서 "참파[占城]에서 순풍에 사흘 밤낮을 [항행하면] 이를 수 있다"라고 한 정보를 제외하면, 대체로 왕대연의 '진랍' 조목을 가져왔다. 따라서 역자의 『도이지략역주』, 102~113쪽을 참고하시오.

여기서는 『도이지략』 이후, 즉 1350년부터 정화의 사신단이 활동을 시작한 15세기 초까지 역사적 흐름을 살펴보기로 한다. 다행스럽게도 이 시기는 조르주 세데스(George Cœdès)가 『인도차이나와 인도네시아의 힌두화한 나라들(Les États hindouisés d'Indochine et d'Indonésie)』(Paris, 1948), 424~426쪽에서 연구된 바 있으므로, 그에 따라 약간의 설명을 넣어 소개한다.

"캄보디아는 14세기 중반 왕들이 안전한 것은 전혀 아니었지만, 옛 도읍인 야쇼다라푸라(Yaçodharapur, 앙코르)에 여전히 거주하고 있었던 유일한 나라였다. 1352년부터 아유타야 건국자이자 첫 번째 왕인 라마디파티(Rāmādhipati)는 니르바나파다(Nirvaṇpada, 1346~1351)의 아들인 람퐁 라자(Lampong-Rājā)가 거주하는 도시를 공격하러 갔다." 캄보디아가 시암의 공격을 받는 사건에 관해서는 브릭스(L. P. Briggs)가 「Siamese Attacks on Angkor before 1430」(『The Far Eastern Quarterly』, VIII, 1948, 1~33쪽)이라는 논문에서 고증한 바 있다.

"『아유타야 연대기』에 따르면, 앙코르는 이듬해에 정복되었고 시암의 왕은 매우 일찍 죽은 아들 중 하나를 왕좌에 올렸다. 두 명의 다른 시암 왕자들이, 라오스로 피신한 람퐁 라자의 형이 도시를 다시 수복하고 수르야왐샤 라자디라자(Sūryawaṃça Rājādhirāja)라는 칭호로 왕위에 오른 연대로 추정되는 1357년까지 왕위를 계승했다." 이 정보는 가르니에(Francis Garnier)가 『JA』(1871-2)에서 번역한 「캄보디아 연대기(Chronique Royale du Cambodge)」, 341~342쪽에서 확인된다.

"수르야왐샤 라자디라자는 시암 사람들의 새로운 공격을 방어하며 북쪽으로 코라트(K'orat)와 서쪽으로 프라친(Prachin)에 있는 국경을 유지한 것 같다. ⓐ

1370년 복종하라는 명나라 첫 번째 황제의 명을 받고 곧바로 조공을 한 사람이 바로 그일 것이다. ⓑ『명사』는 그를 홀이나(忽爾那)로 불렀다. 그는 20여 년을 재위하고 람퐁 라자의 아들이자 파라마라마(Paramarāma)라는 이름으로 알려진 그의 조카 중 한 사람에게 자리를 물려주었다." ⓐ와 ⓑ의 사실은 『명사』, 권324, 「진랍전(眞臘傳)」에서(8394쪽) "홍무 3년(1370) 사신 곽징 등을 파견하여 조서를 가지고 가 그 나라를 불러 타이르게 했다. 4년(1371) 이 나라의 파산왕 홀이나(忽爾那)가 사신을 보내 와 표문을 올리고 산물을 바치며 다음 해 원단(元旦)을 축하했다(洪武三年, 遣使臣郭徵等齎詔撫諭其國. 四年, 其國巴山王忽爾那遣使進表, 貢方物, 賀明年正旦)"라고 한 기록으로 확인할 수 있다.

"1379년 『명사』는 참답감무자지달지(參答甘武者持達志), 즉 삼다치 캄부자디라자(Samdach Kambujādhirāja)라는 새로운 왕을 언급하고 있는데 틀림없이 '파라마라마'일 것이나, 그에 관해서는 아무것도 모른다." 또한 『명사』, 「진랍전」에 "[홍무] 12년(1379)에 왕 참답감무자지달지(參答甘武者持達志)가 사신을 보내 와 산물을 바치자, [홍무제는] 예전처럼 잔치를 베풀고 [예물을] 하사하였다(十二年, 王參答甘武者持達志遣使來貢, 宴賜如前)"라고 하였다.

"1380년경에 그는 형인 담마소카라자디라자(Dhammāsokarājādhirāja)를 후계자로 삼는데, 이 왕은 『명사』에서 삼다치 차오 폰헤아 캄부자(Samdach Chao Ponhea Kambuja), 즉 참렬보비사감보자(參烈寶毘邪甘菩者)라는 이름으로 1387년에 나타난다." 『명사』, 「진랍전」에 "[홍무] 19년(1386)에 사신[行人] 유민(劉敏), 당경(唐敬) 등의 환관[中官]을 파견하여 자기를 가지고 가서 하사하도록 하였다. 이듬해(1387) 당경 등이 귀국할 때, [진랍국의] 왕이 사신을 보내어 코끼리 59마리·향료 6만 근을 바쳤다. [홍무제는] 얼마 후 사신을 보내 [진랍국] 왕에게 도금한 은인장을 하사하고, 왕과 왕비에게 모두 하사품을 내렸다. [진랍국] 왕 참렬보비사감보자(參烈寶毘邪甘菩者)가 사신을 보내이 코끼리와 방물을 바쳤다(十九年遣行人劉敏·唐敬偕中官齎磁器往賜. 明年, 敬等還, 王遣使貢象五十九·香六萬斤. 尋遣使賜其王鍍金銀印, 王及妃皆有賜. 其王參烈寶毘邪甘菩者遣使貢象及方物)"라고 하였다.

"1393년 시암의 왕 라메수엔(Ramesuen, Rāmeçvara)이 캄보디아를 침공하여 도성 앞에 진지를 구축했다. 시암의 연대기에 따르면, ⓒ도성은 다음 해(1394) 정복되었다. 담마소카 왕은 살해되고 시암 왕의 아들, ⓓ인다라자(Indarāja)로 대체되었다. 인다라자도 얼마 되지 않아 암살되었다." ⓒ의 정보는 우드(W. A. R. Wood), 『A History of Siam』(London, 1926), 76쪽에 언급되었고, ⓓ는 앞서본 가르니에가 번역한 「캄보디아 왕실 연대기」(344쪽)에서 확인할 수 있다.

"ⓔ1404년 『명사』는 참렬파비야(參烈婆毘牙), 즉 삼다치 차오 폰네아(Samdach Chao Ponhea)를 언급했는데, 그에 대한 추정은 확실하지 않다. 그의 죽음은 ⓕ1405년 [명나라] 조정에 알려졌고 참렬소평아(參烈昭平牙)가 그 자리를 계승했다. 참열소평아는 분명히 차오 폰헤아 야트(Chao Ponhea Yat)에 해당한다. 차오 폰네아 야트는 즉위할 때, 수르야바르만(Sūryavarman)이라는 영예로운 이름을 취했다. 너무 노출되어 방어하기 너무 어려웠던 수도를 결정적으로 포기하기로 했던 시기는 바로 근 50년에 가깝도록 통치를 이어간 1431년간이었다. ⓖ그는 바산(Basan, Srei Santhor)에서 체류한 지 얼마 되지 않아 홍수로 현 프놈펜 자리에 있는 꺄트르 브라(Quatre Bras)에 정착했다." ⓔ와 ⓕ의 정보는 『명사』, 「진랍전」(8395쪽)에 "영락 원년(1403)에 [영락제는] 사신[行人] 장빈흥(蔣賓興)과 왕추(王樞)를 파견하여 [자신의] 즉위 조서로 진랍국을 타일렀다. 이듬해(1404)에 [진랍국] 왕 참렬파비야(參烈婆毘牙)가 사신을 보내 조공했다. … [영락] 3년(1405)에 사신을 보내 와 조공하며 왕의 죽음을 알렸다(永樂元年, 遣行人蔣賓興·王樞以即位詔諭其國. 明年, 王參烈婆毘牙遣使來朝, 貢方物. …三年遣使來貢, 告故王之喪)"라고 하였다. ⓖ 조르주 세데스는 1913년 「캄보디아 연대기」에 따른 15세기 프놈펜 건설에 관한 논문에서 "15세기 중반에 크메르 왕 퐁아 야트(Poñã Yàt)가 결정적으로 앙코르를 포기하고 시암의 침입으로부터 안전한 거처를 찾을 때, 그는 먼저 스레이 산토르(Srĕi Santhor)에 정착하여 바산(Bàsàn)에 자신의 궁궐을 짓게 했다. 그러나 이곳에 들어갈 때는 우기였기 때문에, 새로운 도성은 물에 잠겨버렸다. 왕은 곧바로 잘못 선택된 그곳을 떠나 '꺄트르 브라'로 왕국의 거점을 옮겼다"라고 설명한 바 있다(『BEFEO』, XIII-6, 6쪽). 여기 스레이 산토르는 현 프놈펜에서 동북쪽으로 메콩강을 따라 대략 40km 지점에서 있다. '꺄트르 브라'는 '네 개의 팔'이란 뜻으로 프놈펜 왕궁 동쪽으로 톤레삽강과 메콩강이 남쪽으로 두 갈래로 나뉘기 때문에, 붙여진 명칭이다.

이상으로부터 15세기 초에서 중반 사이에 앙코르-스레이 산토르-프놈펜으로의 천도가 이루어졌음을 알 수 있다. 비신의 기록이 1436년 이전의 정보라고 생각하면 프놈펜으로 옮길 당시 또는 이후 기록으로 상당히 중요한 가치를 부여할

①그 나라 주(州)의 남쪽 문이 중심지가 되는 곳이다. ②주위 70여 리의 성이 있다. ③석하(石河)는 폭이 20장이다. ④궁전은 30여 곳이다. ⑤해마다 한 차례 조회할 때는 옥으로 만든 원숭이, 공작, 흰 코끼리, 코뿔소를 앞에 나열하는데,[2] 백탑주(百塔洲)라고 한다.[3] ⑥상향불사(桑香佛舍)이기 때문이다.[4] [①其國州南之門, 爲都會之所. ②有城

수 있겠지만, 비신은 14세기 중반 왕대연의 정보를 담고 있다는 점이 아쉽다.

2) 왕이 조회할 때 앞에 진열하는 것들이 나열되어있는데, 모두 옥으로 만든 원숭이, 공작, 흰 코끼리, 코뿔소 등인지, 아니면 원숭이만 옥으로 만들었고 나머지는 모두 실제 동물을 전시한 것인지 모호하다. 왕대연은 『도이지략』에서 "한 차례 만날 때는 옥으로 만든 원숭이, 금으로 만든 공작, 여섯 개의 어금니가 있는 흰 코끼리, 삼각형 은제 발굽을 갖춘 소를 앞에 펼쳐 헌상한다(歲一會, 則以玉猿·金孔雀·六牙白象·三角銀蹄牛羅獻於㢃)"라고 하였다(『도이지략역주』, 102쪽). 이로써 볼 때, 이상의 동물들은 각기 다른 재료로 만든 모형들이다. 한편 『명사』, 권324, 「진랍전」(8395쪽)에는 "왕이 세시에 한 번 조회할 때는 옥으로 만든 원숭이, 공장, 흰 코끼리, 코뿔소를 [왕] 앞에 벌려 늘어놓는다(王歲時一會, 羅列玉猿·孔雀·白象·犀牛於前)"라고 하였는데, 확실히 비신의 기록을 따르고 있다.

3) 이 문장은 펠리오가 지적한 것처럼(『진랍풍토기역주』, 318~319쪽), 상당히 당혹스럽다. 무엇을 '백탑주'라고 하는 것일까? 문장 그대로 놓고 본다면, 모형 동물을 진열하는 장소를 '백탑주'라고 한다는 말로 읽히지만, 매끄럽지 못하다. 다시 비신이 근거한 『도이지략』의 문장을 보면, "동대(銅臺) 위에는 금으로 만든 사자 10마리가 늘어서 있고, 늘어선 12개의 은탑은 구리로 만든 코끼리가 누르고 있다. 사람들이 먹고 마실 때는 반드시 금찻잔 굽 높은 제기, 금 그릇에 담아 먹는다. 밖에 백탑주(百塔洲)라는 곳은 금 스투파 1백 개로 이루어졌다(列金獅子十隻於銅臺上, 列十二銀塔, 鎭以銅象. 人凡飮食, 必以金茶盤·籩豆·金碗貯物用之. 外名百塔洲, 作爲金浮屠百座)"라고 하였다. 역시 어느 밖인지 분명하지 않고, 비신의 기술과는 지칭하는 대상이 확실히 다르다. 분명한 점은 왕이 조회하며, 모형 동물들을 늘어놓는 곳이 '백답주'가 아니라는 점이다.

4) ⑥의 문장은 확실히 비신이 『도이지략』의 기술을 잘못 가져왔다는 명백한 근거가 된다. 저본인 천일각본에 따르면, "'백탑주'라 부른다. 상향불사(桑香佛舍)이

周圍七十餘里. ③石河[所]廣二十餘丈.[5] ④殿宇三十餘所. ⑤凡歲時一會, 則羅列玉猿[轅]·孔雀·白象·犀牛於前,[6] 名曰百塔洲. ⑥以桑香佛舍.]

⑦음식은 반드시 황금 쟁반과 황금 그릇에 담아 먹는다. 속담에 '부귀한 진랍 사람들'이라고 한다. ⑧기후는 항상 덥고, 밭벼는 풍족하

기 때문이다(名曰百塔洲. 以桑香佛舍)"라고 되어있다. '이(以)'자는 『국조전고』, 나이지본에서도 같은 글자를 보여준다. 하지만 왕대연은 "밖 백탑주(百塔洲)라는 곳은 금 스투파 1백 개로 이루어졌다. 구소촉(狗所觸)이라는 한 스투파는 꼭대기가 완성되지 않은 채 세워져 있다. 다음은 마사록지(馬司錄池)라고 하는데 다시 5개의 스투파를 세워 황금으로 끝을 만들었다. 다음은 상향불사(桑香佛舍)라고 하는데, 금으로 돌을 싼 40여 장의 다리가 조성되어 있다(外名百塔洲, 作爲金浮屠百座. 一座爲狗所觸, 則造塔頂不成. 次曰馬司錄池, 復建五浮屠, 黃金爲尖. 次曰桑香佛舍, 造裹金石橋四十餘丈)"라고 하였기 때문이다. 이에 따라 펑청쥔 씨는 '이(以)'자를 『도이지략』의 '차(次)'자로 교정했다. '차(次)'자로 고치면 결국 비신의 문장은 '백탑주' 다음에 있는 건물이 '상향불사'가 된다. 어쨌거나 비신이 왕대연의 문장을 잘못 옮기고 있는 점에는 변함이 없다. 그렇지만, 비신이 축약한 의도를 살린다면, '이(以)'자를 그대로 유지해야 그런대로 왜곡이 덜하다. 즉 '상향불사'이기 때문에 '백탑주'라 부른다는 의미를 전하고 싶었던 것인지 모르겠다.

5) ③의 문장은 저본인 천일각본에는 "'소(所)'는 폭이 20여 장이다(所廣二十餘丈)"라고 되어있는데, 나이지본과 『국조전고』에서도 마찬가지이다. 4권본에만 "석하는 폭이 20여 장이다(石河廣二十餘丈)"라고 되어있다. 이는 비신이 참고하고 있는 왕대연의 『도이지략』 진랍 조목에서 확인할 수 있다. 따라서 저본의 '소(所)'자는 '석하(石河)'로 교정한다. 한편 13세기 말 주달관(周達觀)의 『진랍풍토기(眞臘風土記)』에는 "성 밖에는 큰 해자가 있고, 해자 위에는 다리를 놓아 접근하는 길이 있다(城之外皆巨濠, 濠之外皆通衢大橋)"라고만 한 것을 보면(『진랍풍토기역주』, 59쪽), 왕대연의 기술은 진일보한 관찰이라 할 수 있다.

6) 옥원(玉猿)의 '원(猿)'자는 저본에 '원(轅)'자로 잘못되어있어, 『국조전고』, 나이지본, 4권본에 따라 고쳤다.

다. ⑨[사람들은] 바닷물을 끓여 소금을 만든다. ⑩풍속은 풍요롭다.[7) [⑦飮饌必以金盤·金碗盛食之. 諺云, 富貴眞臘也. ⑧氣候常熱, 田禾豐足. ⑨煮海爲鹽, ⑩風俗富饒.]

⑪남녀는 방망이 모양으로 상투를 틀고, 짧은 적삼을 입고 베로 사롱[稍]을 두른다. ⑫법에는 코를 베거나 찌르거나 유배하는 형벌이 있다. 도둑질하면 수족을 자른다. ⑬그곳 사람들이 중국 사람을 죽이면 목숨으로 보상하게 하고, 중국인이 현지인을 죽이면 금으로 벌금을 내는데, 금이 없으면 물건을 팔아 돈을 마련하여 속죄한다. [⑪男女椎髻, 穿短衫而圍稍布. ⑫法有劓·刺·配, 犯盜則斷手足. ⑬番人殺唐人則償其命, 唐人殺番人則罰其金, 無金賣錢贖罪.[8)]

⑭그곳에서는 황랍, 코뿔소 뿔, 공작, 침향, 소목, 대풍자유, 비취새 깃 등이 난다. ⑮[교역하는] 상품은 금은, 소주(燒珠), 금단(錦緞), 사포(絲布) 등이다.[9) [⑭地產黃蠟·犀·象·孔雀·沉香·蘇木·大風子油·翠毛.

7) 풍속을 설명하는 ⑩의 정보는 『도이지략』에 "풍속은 호화스럽고 사치를 좋아하며 밭에 나는 것들은 풍요롭다(俗尙華侈, 田產富饒)"라고 되어있다. 이를 근거로 펑 청쥔 씨는 비신이 '풍속(風俗)' 아래 문장을 빠뜨렸다고 확신했다(교주본, 후집, 1쪽). 앞서 본 것처럼, 비신은 왕대연의 문장을 핵심만 요약하고 있으므로, 비신의 문장이 빠진 정보가 있다고 의문을 품을 필요는 없다.

8) '매전(賣錢)'은 『국조전고』, 나이지본에도 같은 글자를 보여준다. '매전'이란 어떤 물건을 팔아서 돈을 마련한다는 뜻이다. 왕대연은 "금이 없으면 몸을 팔아 속죄한다(如無金, 以賣身取贖)"라고 하며 '몸을 팔다[賣身]'라고 기술하고 있다. '신(身)'자는 4권본에서도 확인되므로 펑 청쥔 씨는 '전(錢)'자를 '신(身)'자로 교정했지만, 여기서는 그럴 필요 없을 것 같다. 사실 중국인은 이 나라에서 특별한 대접을 받고 있다. 몸을 판다고 살 사람이 없을 것이다. 따라서 물건이라도 팔아 돈을 마련하여 속죄한다는 의미로 읽으면 문제가 될 것이 없다.

9) 비신이 제시한 캄보디아의 산물들은 『진랍풍토기』와 『도이지략』의 산물들과 약

⑮貨用金銀·燒珠·錦緞·絲布之屬.]

⑯시로 노래한다[詩曰].

진랍의 산과 언덕들은 멀리 있고,	眞臘山崗遠,
황폐한 성은 바닷가에 붙어 있네.	荒城傍海涯.
들짐승 날짐승 아주 아름답고,	獸禽多彩麗,
사람들은 화려함을 좋아하네.	人物好奢華.
들어선 탑들은 기이하고,	列塔爲奇異,
소반을 벌려 예의를 다하네.	羅盤逞禮儀.
오랑캐 풍이라도 채집할만하여	夷風聊可採,
밝은 시절 감흥을 노래하노라.	吟詠感明時.

『고금설해』(사고전서본, 권17, 5a~5b)[1-5] 진랍국(眞臘國) 참파[占城]에서 순풍에 3일 밤낮을 [항행하면] 이를 수 있다. ①이 나라 국문(國門)의 남쪽이 중심지가 되는 곳이다. ②성지(城池)는 둘레가 70여 리이다. ③석하(石河)는 폭이 20장이다. ④궁전은 30여 곳이다. ⑤해마다 한 차례 조회할 때는 옥으로 만든 원숭이, 공작, 흰 코끼리, 코뿔소를 앞에 나열하는데, 백탑주(百塔洲)라고 한다. 황금 쟁반과 황금 그릇에 음식을 담아 먹는다. 속담에 '부귀한 진랍 사람들'이라고 한다. ⑧

간의 차이가 있다.

『성사승람』	『진랍풍토기』	『도이지략』
황랍(黃蠟), 코뿔소[犀], 코끼리[象], 공작(孔雀), 침향(沈香), 소목(蘇木), **대풍자유(大風子油)**, 취모(翠毛)	취모(翠毛), 상아(象牙), 코뿔소 뿔[犀角], 황랍(黃蠟), 강진(降眞), 두구(荳蔲), 화황(畵黃), 자경(紫梗), **대풍자유(大風子油)**	황랍(黃蠟), 코뿔소, 공작, 침향(沈香), 속향(速香), 소목(蘇木), **대풍자(大風子)**, 취모(翠毛)

기후는 항상 덥고, 밭벼는 풍족하다. ⑨바닷물을 끓여 소금을 만든다. ⑩풍속은 풍요롭다. ⑪남녀는 방망이 모양으로 상투를 틀고, 짧은 적삼을 입고 베로 사롱[梢布]을 두른다. ⑫법에는 코를 베거나 찌르거나 유배하는 형벌이 있다. 도둑질하면 수족을 사른다. ⑬그곳 사람들이 중국 사람을 죽이면 목숨으로 보상하게 하고, 중국인이 현지인을 죽이면 금으로 벌금을 내는데, 금이 없으면 몸을 팔아 속죄한다. ⑭그곳에서는 황랍, 코뿔소 뿔, 공작, 침향, 소목, 대풍자유, 비취새 깃 등이 난다. ⑮교역하는 상품은 금은, 소주(燒珠), 금단(錦段), 사포(絲布) 등이다.

自占城順風三晝夜可至. ①其國門之南, 為都會之所. ②有城池, 周七十餘里. ③石河廣二十餘丈. ④殿宇三十餘所. ⑤凡歲時一會則羅列玉猿·孔雀·白象·犀牛於前, 名曰百塔洲. ⑦金盤·金碗盛食, 諺云, 富貴眞臘也. ⑧氣候常熱, 田禾豐足. ⑨煑海為鹽. ⑩風俗富饒. ⑪男女椎髻, 穿短衫, 圍梢布. ⑫法有劓·刖·刺·配, 犯盜則斷手足. ⑬番人殺唐人則償命, 唐人殺番人則罰金, 無金賣身贖罪. ⑭地產黃蠟·犀象·孔雀·沈香·蘇木·大風子油·翠毛. ⑮貨用金銀燒珠錦段絲布之屬.

『Ambassades mémorables de la Compagnie des Indes orientales des provinces unies vers les empereurs du Japon』, Amsterdam, 1680. 30쪽에 실린 왕궁에 있는 캄보디아 왕을 묘사한 동판

24. 풀로 아우르[東西竺][1]

1) '동서축(東西竺)'이란 명칭은 1178년 주거비의 『영외대답』, 권3, 「항해외이(航海外夷)」(교주본, 126쪽)에서 '축서(竺嶼)'라는 표기로 처음 보이는 것 같다. "삼불제가 올 때는, 정북쪽으로 항행하여 배가 상하축(上下竺)과 교지양(交趾洋)을 지나면 중국의 경계에 이른다. 광주(廣州)로 가려는 자는 둔문(屯門)으로부터 들어간다. 천주(泉州)에 가려는 자는 갑자문(甲子門)으로 들어간다. 자바[闍婆]에서 올 때는 조금 서북쪽으로 항행하여 배가 십이자석(十二子石)을 지나면 축서(竺嶼) 아래에서 삼불제의 해로와 합쳐진다(三佛齊之來也, 正北行, 舟歷上下竺與交洋, 乃至中國之境. 其欲至廣者, 入自屯門. 欲至泉州者, 入自甲子門. 闍婆之來也, 稍西北行, 舟過十二子石而與三佛齊海道合於竺嶼之下)"라고 하였다.

이에 대해 심증식(沈曾植)은 "상하축(上下竺)이 바로 동서축(東西竺)이다. [『동서양고(東西洋考)』, 권9] 「남양침로(南洋針路)」에서 '팽형(彭亨, 파항)에서 오(午, 180도)침으로 5경(更)을 가면 지반산(地盤山, 티오만섬)에 이르고, 3경을 가면 동서축(東西竺)에 이르는데, 유불(柔佛, 조호르)의 경계이다. 정미(丁未, 205도)침으로 10경이면 나한서(羅漢嶼)에 이르는데, 유불의 항구이다'라고 하였다"라고 설명했다(『도이지략광증』, 하, 2a~2b). 이는 펠리오도 『8세기 말 중국에서 인도로 가는 두 갈래 여정』(역주본, 332쪽)에서 확인한 바 있다. 따라서 상하축(上下竺)=동서축(東西竺)=죽서(竹嶼)=풀라우 아우르(Pulau Aur)이며, 유불 즉 조호르와 가까운 곳이다.

조지 필립스(G. Phillips)는 『무비지(武備志)』, 권240에 실린 「정화항해도」(15a)에 서죽산(西竹山)과 동죽산(東竹山)으로 그려진 두 섬을 '동서죽(東西竹)'으로 표기하고 '풀로 아오르(Pulo Aor)'라고 추정했다(「The seaports of India and Ceylon」, 『Journal of the China Branch of the Royal Asiatic Society』, XXI, 39쪽). 후지타 도요하치는 필립스의 이 추정을 따르면서, 크로포드(Crawfurd)의 설명을 참고하여, 아오르(Aor)는 아와르(Awar)의 와전된 형태로 큰 대나무를 의미한다고 확인하고, '동서축'이란 명칭은 이로부터 나왔다고 추정했다(『도이지략역주』, 395쪽을 참고하시오).

하지만, 록힐은 1915년 동서축(東西竺)을 아남바(Anamba) 군도로 추정하고(『통보』, 16-1(1915), 66쪽과 75쪽), 이어서 비신의 『성사승람』을 번역할 때는 '풀로 아오르'라고 하였다(앞의 출처, 124쪽). 이는 페랑(G. Ferrand)의 설명으로 이어졌다. 페랑은 왕대연의 『도이지략』의 곤륜(崑崙) 조목에 언급된 동서축(東

이 섬[山]은 용아문(龍牙門)과 서로 바라본다. [其山與龍牙門相望.][2]

①산의 형세가 나뉘어 대치하며 우뚝 솟아있어, 봉래산(蓬萊山)과 방장산(方丈山)처럼 아득하다. ②농토는 척박하여 농사에 적합하지 않다. 해마다 이웃 나라인 담양(淡洋)에서 미곡을 빌려와 식량으로 삼는다. ③기후는 고르지 않다. ④바닷물을 끓여 소금을 만든다. ⑤야자를 빚어 술을 만든다. [①山形分對嵯峨, 若蓬萊·方丈之幽.[3] ②田瘠不宜稼穡.

西竺)을 아남바(Anamba) 군도로 추정하고 정치(鼎峙)라는 곳을 상정했으나(「Le K'ouen-louen et les anciennes navigations interocéaniques dans les Mers du Sud」, 『JA』, XIII(1919), 258쪽), 여기의 '정치'는 고유명사가 아니라, 세 발 솥처럼 마주하고 있다는 말이다.

1937년 밀스(J. V. Mills)는 『무비지』의 지도에 보이는 말레이를 지도와 함께 다시 고증하면서, "말레이어 아우르(Aur)는 아주 큰 대나무에 주어진 속명(屬名)이며 중국 명칭은 이 명칭에 유래했다는 점에는 의문이 없다"라고 했는데(「Malaya in the Wu-Pei-Chih Carts」, 『JMBRAS』(1937, 12월호), 29쪽), 이는 크로포드와 후지타 도요하치의 설명을 출처를 밝히지 않고 가져온 것이다. 이어서 "풀라우 아우르는 일반적으로 중국으로 가거나, 중국에서 돌아가는 배들의 출발점에 적용되었다. 맑은 날씨에는 1805피트(550m)의 남단 봉우리가 40~50마일(64~80km) 거리에서 보이기도 한다. 두 단어 'Pulau Aur'는 구어상 서로 뒤섞이며 몇몇 초기 여행자들은 혼란을 재생산했다. 예를 들어, 본테쿠(Bantekoe)는 'Laur'로 표기했고, 어떤 지도 제작자들은 '풀라우 라오르(Pulau Laor)'로 쓰는 잘못된 혼동을 불러왔다. 바로 1752년 당빌(D'anville)의 지도에서처럼 말이다"라고 '풀로 아우르'를 설명했다(앞의 출처, 30쪽).

2) 저본과 『국조전고』본의 이 주기 사항은 나이지본에 보이지 않는다. 4권본에서는 원문으로 기록하고 있다는 점에 주목하시오.

3) '만장(萬丈)'은 『국조전고』본, 4권본, 『도이지략』에서도 마찬가지이다. 다만 나이지만 '만장(萬丈)'으로 교정했다. 비신은 여기 '동서축'의 기술을 『도이지략』에서 가져왔음이 분명하고, 또 4권본에도 '방장'으로 되어있으므로, '방장'으로

歲藉[籍]隣邦淡洋米穀以爲食. ③氣候不齊. ④煮海爲鹽. ⑤釀椰子爲酒.]

⑥남녀는 머리카락을 자르고 베로 만든 사롱[稍布]을 묶는다. ⑦ 땅에서는 빈랑, 목면, 야심담(椰心簟)[4]등이 난다. ⑧교역하는 상품은 주석[花錫], 후추[胡椒], 철기(鐵器) 등이다.[5] [⑥男女斷髮, 繫稍布.[6] ⑦地產檳榔·木綿·椰心簟. ⑧貨用花錫·胡椒·鐵器也.]

⑨시로 노래한다[詩曰].

동서로 바다를 나누는 경계에	東西分海境,
사람과 산물 여느 곳과 다르네.	民物異於常.
과일로는 빈랑 열매를 먹고,	果啖檳榔實,
술로는 야자의 즙을 기울이네.	酒傾椰子漿.[7]

읽는 편이 더 순조롭다. 펑씨가 왜 나이지의 교정을 따랐는지 이해되지 않는다.

4) '야심담'에 관하여 『도이지략』에서는 "그곳 사람들은 야심(椰心)의 부드러운 것을 채취하여, 그대로 또는 염색하여 자리를 짜 중국인들에게 판다. 이 자리는 겨울에는 따뜻하고 여름에는 시원하다고 하니 또한 귀하게 여길 만하다(番人取其椰心之嫩者, 或素或染, 織而爲簟, 以售唐人. 其簟冬暖而夏涼, 亦可貴也)"라고 하였다(『도이지략역주』, 293쪽). 또한 『제번지』의 야심담 조목도 참고할만하다.

5) 여기 교역하는 상품에 관한 정보 역시 『도이지략』에서 가져왔지만, 왕대연은 '장미로수(薔薇露水)'라는 상품을 더 언급하고 있다. 특히 아랍 지역의 산물로, 사치품으로 알려진 이 향료는 '장미로' 또는 '장미수'가 일반적인 표기이다. '장미로수'의 '노(露)'와 '수(水)'는 중복된 정보이다. 이러한 이유로 비신이 이 상품을 빼버린 것일까?

6) ⑥의 문장은 『도이지략』에 "남녀는 머리카락을 자라고 참파의 베를 맨다(男女斷髮, 繫占城布)"라고 하였다(역주본, 293쪽). 비신은 왕대연의 '점성포'를 사롱을 의미하는 '초포(稍布)'로 바꾸었다. 왕대연은 베의 산지에 주목했고, 비신은 사롱에 초점을 맞추었다.

7) '장(漿)'자는 나이지본에 '장(醬)'자로 되어있다. '장(漿)'자와 '장(醬)'은 통용해 쓰

후추를 사며 그 값을 따지고	貿椒知價值,[8]
야심담을 짜 교역의 산물로 삼네.	織簟貨經商.
멀리서 바라보는 생각에 감흥하여	動我遐觀意,
읊조리고 짧은 문장을 기록했네.	吟哦記短章.

『고금설해』(사고전서본, 권18, 3a)[2-4] 동서축(東西竺)

이 섬[山]은 용아문(龍牙門)과 서로 바다 가운데 마주하고 있다. ①산의 형세가 나뉘어 대치하며 우뚝 솟아있어, 봉래산(蓬萊山)와 방장산(方丈山) **사이에 있는** 듯하다. ②농토는 척박하여 농사에 적합하지 않다. 해마다 **여러 나라**와 담양(淡洋)에서 미곡을 빌려와 식량으로 삼는다. ③기후는 고르지 않다. ④바닷물을 끓여 소금을 만든다. ⑤야자를 빚어 술을 만든다. ⑥남녀는 머리카락을 자르고 베로 만든 사롱[**梢**布]을 묶는다. ⑦땅에서는 빈랑, **목면포**, 야심담(椰心簟)등이 난다. ⑧교역하는 상품은 주석[花錫], 후추[胡椒], 철기(鐵器) 등이다.

其山與龍牙門相望海洋中. ①山形分對嵯峨, 若蓬萊方丈之**間**. ②田瘠不宜稼穡. 歲藉**諸邦**淡洋米穀以食. ③氣候不齊. ④煮海爲鹽. ⑤釀椰子爲酒. ⑥男女斷髮, 繫梢布. ⑦地產檳榔·**木綿布**·蕉心簟. ⑧貨用花錫·胡椒·鐵器之屬.

기도 하지만, '장(漿)'자는 가공되지 않은 '즙(汁)'을 의미하고 '장(醬)'은 가공 조미된 것을 지칭한다. 그래서 펑 청쥔 씨는 '장(漿)'자로 교정했다(교주본, 후집, 3쪽).

8) 펑 청쥔 씨의 교정에 따르면, '지(知)'자는 나이지본에 '진(眞)'자로 되어있고, 『국조전고』에는 '화(和)'자로 되어있다고 하였으나, 『국조전고』본에도 역시 '지(知)'자를 보여준다.

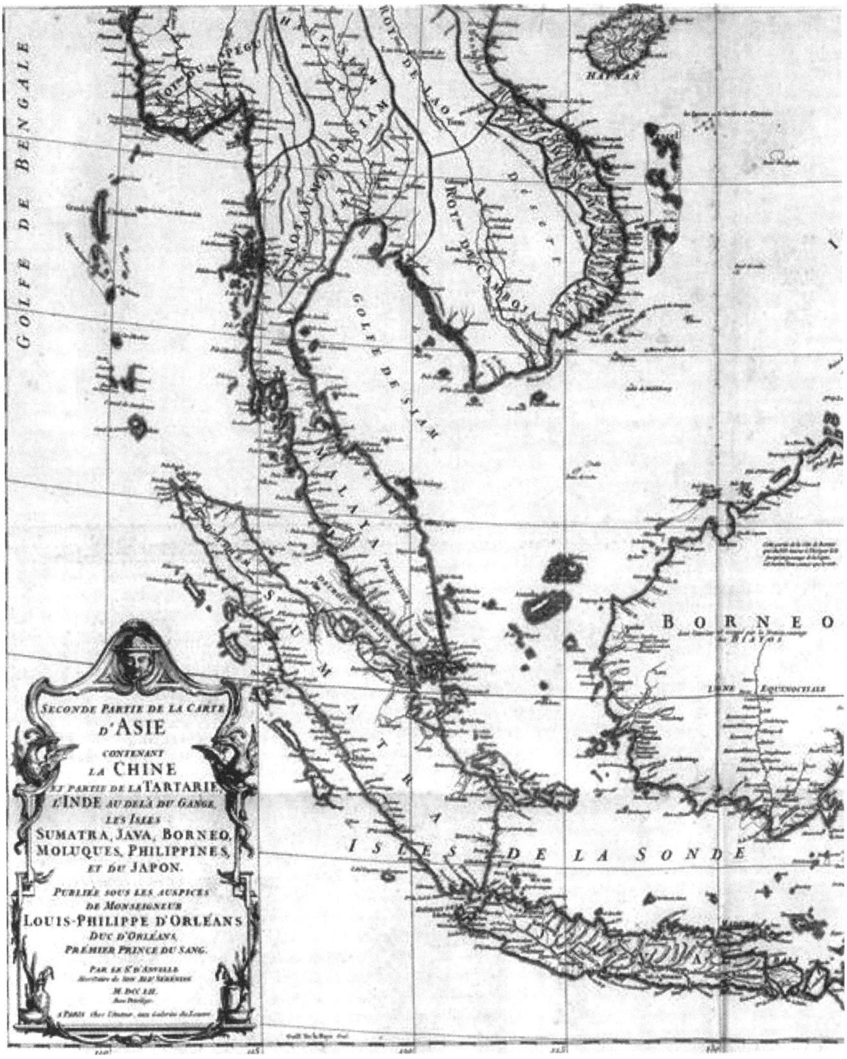

Jean Baptiste Bourguignon d'Anville(1697~1782)이 1752년 파리에서 출간한 아시아 지도의 두 번째 부분의 일부. 98cmx69cm, 1:7,150,0000. 말레이반도 동안 파항에서 5시 방향에 '풀로 라오르(Pulo Laor)'가 보이고, 그 동쪽으로 록힐과 페랑이 잘못 추정한 아남바(Anamba)가 보인다.

25. 타미앙[淡洋][1)]

1) 비신의 담양[dam-jiān](淡洋)은 "그곳이 아로(阿魯)와 산으로 연이어 있고 말라카[滿剌迦]에서 3일 거리에 있다"라는 정보를 제외하면 대부분 『도이지략』의 '담양(淡洋)' 기술을 채록했으므로, 우선 같은 곳으로 볼 수밖에 없다. 심증식은 『영애승람』 아로국(亞魯國) 조목과 『서양조공전록』 아로국(阿魯國) 조목에 언급된 '담수항(淡水港)'이 바로 담양(淡洋)이라고 하면서 "왕대연의 기록을 자세히 보면 '양(洋)'자의 의미에 더 부합하는 것 같다"라고 설명했다(『도이지략광증』, 하, 3b). 요컨대 '담양=담수항=아로국'임을 주장하고 있다. 이 설은 흐루너펠트, 록힐, 후지타 도요하치의 설명으로 이어졌다. 이에 관해서는 역자의 『영애승람역주』 해제를 참고하시오. 하지만 후지타 도요하치는 2권본 『성사승람』에 수록된 아로국(阿魯國)의 기술과 여기 담양(淡洋)의 기술이 다른 점을 확인하고, 급기야 명나라 초기에 담양과 아로가 합해졌다는 추측을 내놓았다(『도이지략역주』, 309쪽). 이 합병설은 무엇을 근거한 것인지 확인되지 않는다.

록힐, 후지타 도요하치, 그리고 쑤 지칭은 모두 이 담양이 '타미앙(Tamiang)'이라는 강의 음역으로 추정한다. 음성적으로 거의 완벽하게 대응한다. 담양이라는 곳은 비신의 설명대로 아로와 산으로 연결되어 있어야 하고, 마환의 기술대로 서쪽으로 소문답랄(蘇門答剌)과 접경하고 있다. 소문답랄 즉 사무드라 파사이(Samudra Pasai) 지역은 수마트라섬 서북쪽 록세우마웨(Lhokseumawe)를 중심으로 해안을 따라 펼쳐졌다는 점에 큰 이견이 없다.

Mapcarta

아로국(阿魯國)은 본 작업의 저본인 2권본에는 수록되어있지 않고, 4권본인 『고금설해』와 『기록휘편』본에 보인다. 두 총서의 편집자가 잘못 끌어다 붙였을 수도 있지만, 여기 담양의 기술과는 분명히 다르다. 따라서 후지타 씨가 명나라 초기에 담양과 아로국이 합병했다는 설을 성립하지 않으며, 담양이 바로 '아로'라는 설도 성립하지 않는다. 비신은 아로국의 위치에 관하여 "이 나라는 구주산(九州山)과 서로 마주하고 있으며, 말라카[滿剌加]에서 순풍에 사흘 밤낮이면 도착할 수 있다"라고 하였다.

구주산(九州山)은 『무비지』, 권240, 『정화항해도』, 17a에 '아로(亞路)' 맞은편에 그려져 있다. 조지 필립스는 '산(山)'자 없이 '구주(九州)'로 옮기고, 삼빌랑(Sambilangs)으로 추정했다(George Phillips, 「The seaports of India and Ceylon」, 『JCBRAS』, XXI, 38쪽). 한편 밀스는 '구주소(九州小)'로 옮기고, 페락(Perak)강 어구 너머에 있는 '아홉' 군도, 즉 셈빌란(Sembilan) 군도로 추정했다(J. V. Mills, 「Malaya in the Wu-Pei-Chih Charts」, 『JMBRAS』, 1937(12월호), 16쪽). 필립스와 밀스가 지목하는 곳은 현 말레이반도 말레이시아 서안에서 20~30km 떨어져 있는 풀라우 룸비아(Pulau Rumbia) 섬을 중심으로 펼쳐져 있는 군도(정확히는 10개의 섬으로 구성되어있음)를 말한다.

비신의 이 설명대로 셈빌란 군도와 마주하고 있는 수마트라섬 위치는 메단(Medan) 북쪽 해안인 벨라완(Belawan) 지역이다. 비신은 말라카에서 담양과 아로국까지 같은 사흘거리에 있다고 하였고, 마환은 말라카에서 아로(啞魯)까지 나흘로 기술했다. 누구의 측정이 정확한지 판단하기 어렵지만, 담양과 아로는 인접해있다는 사실은 분명하다. 따라서 비신의 기술대로라면, 담양이 서쪽으로 사무드라 파사이에 접해있다고 했으므로, 말라카에서 수마트라섬 서북 방향으로, 아로-담양-소문답랄 순으로 위치해야 한다. 마환의 기록에 따르더라도, 담양은 타미앙의 음역으로 인정되므로, 비신과 같은 위치로 배열시길 수 있다. 문제는 아로국의 중심을 어디에 두느냐인데, 벨라완과 서북쪽으로 랑사(Langsa) 사이에 있는 셈빌란섬 일대까지(대략 직선거리로 80km) '아로'라는 왕국이 펼쳐져 있었다고 보면 크게 문제가 되지는 않을 것이다.

왕대연의 『도이지략』 담양(『도이지략교주』, 105~106쪽) 기술은 다음과 같다. "항구는 관에서 운영하는 시장[官場]을 통해 1백여 리이고, [담]양의 바깥은 바다이다. 안에는 큰 계곡의 물이 있는데, 수원이 2천여 리이고, 세차게 흘러 바

이곳은 아루[阿魯]와 산으로 이어져 있고, 말라카[滿剌迦]에

다로 들어간다. 그 해면(海面)에는 한 줄기의 맑은 민물이 흘러 뱃사람들이 지나면서 종종 물이 부족하면 여기에서 물을 긷기 때문에 담양(淡洋)이라 한다. 여기를 지나가면 짜지 않은 바닷물을 만날 수 없다. 산의 우묵한 곳에는 전답이 있는데, 언제나 [곡물이] 잘 자란다. 기후는 덥고 풍속은 순박하다. 남녀가 상투하고 몰디브의 베[溜布]로 맨다. 추장이 있다. 그곳에서는 강진향(降眞香)이 나는데, 맛은 아로(亞蘆)와 같다. 쌀알은 작지만, 밥을 지으면 향기롭다. 교역하는 상품은 적금(赤金), 철기(鐵器), 거친 사발 등이다(港口通官場百有餘里, 洋其外海也. 內有大溪之水, 源二千餘里, 奔流衝合於海. 其海面一流之水清淡 船人經過, 往往乏水, 則必由此汲之, 故名曰淡洋. 過此以往, 未見其海洋之水不鹹也. 嶺窩有田, 常熟. 氣候熱, 風俗淳. 男女椎髻, 繫溜布. 有酋長. 地產降眞香, 味與亞蘆同, 米顆雖小, 炊飯則香. 貿易之貨, 用赤金·鐵器·粗碗之屬)."

마환의 『영애승람』 아로국(『영애승람교주』, 26~27쪽) 기술은 다음과 같다. "말라카[滿剌加]에서 배를 타고 순풍에 나흘 밤낮을 가면 도착할 수 있다. '담수항'이라는 한 갈래 항구가 있어 그 항구로 들어가 나라[도읍]에 이른다. 남쪽은 큰 산이고, 북쪽은 큰 바다이며, 서쪽은 사무드라[蘇門答剌]과 나라 경계가 닿아 있으며, 동쪽에는 평지가 있어 밭벼[旱稻]를 심을 수 있고, 그 쌀 알갱이는 가늘고 작으며, 식량이 종종 있다. 백성들은 밭 가는 것과 물고기 잡는 것을 생업으로 삼으며, 풍속은 순박하다. 나라 안의 혼인, 상례 등의 일은 모두 자바[爪哇], 말라카[滿剌加國]와 같다. 생활용품은 희소하고, 면포는 '고니(考泥)'라고 부르며, 아울러 미곡, 소, 양, 닭, 오리가 매우 넓게 분포하고, 유락(乳酪)을 파는 자가 많이 있다. 국왕과 나라 사람들 모두 아랍인이다. 산 숲에는 나는 호랑이 같은 것[飛虎]이 나는데, 고양이처럼 크고, 몸 한쪽의 털은 회색이며, 살로 이루어진 날개가 있어 박쥐와 같다. 다만 앞발의 살 날개가 뒷발과 연이어 나 있어, 날 수는 있지만 멀리 가지 못한다. 사람에게 잡히기라도 한 것은 집에서 사육되지 못하고 죽는다. 땅에는 황속향(黃速香), 금은향(金銀香) 같은 것들이 난다. 작은 나라이다(自滿剌加國開船, 好風行四晝夜可到. 其國有港名淡水港一條, 入港到國. 南是大山, 北是大海, 西連蘇門答剌國界, 東有平地, 堪種旱稻, 米粒細小, 糧食頗有. 民以耕漁爲業, 風俗淳朴. 國內婚喪等事, 皆與爪哇·滿剌加國相同. 貨用稀少, 棉布名考泥, 幷米穀·牛·羊·雞·鴨甚廣. 乳酪多有賣者. 其國王國人皆是回回人. 山林中出一等飛虎, 如猫大, 遍身毛灰色, 有肉翅, 如蝙蝠一般. 但前足肉翅生連後

서 3일 여정이다.[其處與阿魯山相連, 去滿剌迦三日之程.][2)]

①산은 멀고, 주위에는 안으로 통하는 항구가 있다. ②큰 강물[大溪]이 깊고 광활하여 2천여 리를 세차게 흘러 바다로 들어간다. ③한 물줄기가 맑고 감미로워 뱃사람들이 왕래하면서 물을 길어 일용하므로 '담양'이라 부른다. [①山遠, 周圍有港通內. ②大溪深汪洋二千十餘里, 奔流出海之中.[3)] ③一流清淡味甘, 舟人過往汲水日用, 名曰淡洋.[4)]]

足, 能飛不遠. 人或有獲得者, 不服家食卽死. 土產黃速香·金銀香之類. 乃小國也)." 자세한 주석 사항은 역자의 『영애승람』(6-1~6-5)들 참고하시오.

2) 저본과 『국조전고』본의 이 원주(原註) 형식의 이 정보는 4권본과 나이지본에 본문으로 처리되어 있다.

3) ①과 ②의 정보들은 왕대연의 『도이지략』에 "항구는 관에서 운영하는 시장[官場]으로 통해, 1백여 리이고, [담]양의 바깥은 바다이다. 안에는 큰 계곡의 물이 있는데, 수원이 2천여 리이고, 세차게 흘러 바다로 들어간다(港口通官場百有餘里, 洋其外海也. 內有大溪之水, 源二千餘里, 奔流衝合於海)"라고 하였다. 우선 저본에서 강의 길이를 기술하는 '20여 리(二十餘里)'의 '십(十)'자는 '천(千)'자로 고친다. 이는 4권본과 『국조전고』본에서 확인할 수 있다.

『등사룡국조전고』에 따르면, ①과 ②의 문장은 "산이 주위를 둘렀고, 내륙 큰 강으로 통하는 항구가 있는데, 깊고 넓어 2,000여 리이며, 세차게 흘러 바다로 들어간다(山遶周圍, 有港通內大溪, 深汪洋二千餘里, 奔流出海之中)"라고 하였다(2093쪽). 이렇게 읽으면, 깊고 넓은 대상이 항구인지 큰 강인지 모호해진다. 따라서 '큰 강[大溪]'은 2,000여 리의 주어가 되어야 하므로, 뒤로 붙여 읽어야 한다.

또 『등사룡국조전고』의 교감기에, '요(遶)'자는 원문에 '원(遠)'자로 되어 있어 『기록휘편』본에 따라 교정했다고 한다(2103쪽). 아래 4권본에서 보는 것처럼 '요(遶)'자는 물론 같은 뜻이지만 '요(繞)'자로 되어 있고, 우리의 저본인 천일각본, 『국조전고』본, 나이지본 모두 '원(遠)'자를 보여준다. 그러므로 '원(遠)'자를 '요(遶)'자로 교정할 필요가 없다. '산원(山遠)'은 글자 그대로 산이 멀리까지 이어진다는 의미일 것이다. 따라서 '산원' 뒤에 구두하는 것이 타당하다.

마지막으로 "큰 강은 깊고 넓어 2,000여 리이다(大溪深汪洋二千餘里)"에서,

④농토는 비옥하여 벼가 많으며, 쌀알은 작지만, 밥을 지으면 매우 향기롭다. ⑤그곳에서는 강향(降香)이 난다. ⑥민속은 순박하고 [인정이] 두텁다. ⑦기후는 항상 덥다. ⑧남녀는 몽둥이 모양으로 상투를 틀고 허리에는 베로 만든 사롱[稍布]을 두른다. ⑨교역하는 상품은 금은, 철기, 자기 사발[磁碗] 등이다. [④田肥禾盛, 米粒小, 然炊飯甚香. ⑤地產降香. ⑥民俗淳厚. ⑦氣候常熱. ⑧男女椎髻, 腰圍稍布.[5] ⑨貨用金銀[錢]·鐵器·磁碗之屬.[6]]

⑩시로 노래한다[詩曰].

감미로운 맑은 강물	清流甘且淡,
세차게 흘로 바다 가운데로 흘러드네.	奔出海中央.
전답은 풍요로워 맛을 더하고,	畎畝饒滋味,
뱃사람들 들려 물을 길어가네.	舟人過汲漿.
교역에 펼친 황금 붉고	貿交金鬬赤,
쌀알은 작아도 지은 밥 향기롭네.	米小飯炊香.

'심(深)'자와 '광양(汪洋)'이라는 형용사는 중복감이 없지 않다. 4권본에서는 '심(深)'자 없이 "큰 강물은 광활하여 끝이 없다(大溪汪洋)"라고 하였고, 『도이지략』의 기술에서도 '깊다'는 뜻의 '심(深)'자는 보이지 않는다. 따라서 저본과 『국조전고』본의 '심'자는 덧붙여졌을 가능성이 크다.

4) 『도이지략』에는 "여기를 지나치면 짜지 않은 바닷물을 만날 수 없다(過此以往, 未見其海洋之水不鹹也)"라는 추가 정보가 더 들어있다(『도이지략역주』, 307쪽을 참고하시오).

5) '초포(稍布)'는 『도이지략』에 '유포(溜布)'로 되어있는데, 여기의 '유(溜)'는 본서의 유양(溜洋, 몰디브군도)을 말한다. 이는 앞서 본 '동서축(東西竺)' 조목에서 왕대연의 '점성포(占城布)'를 '초포(稍布)'로 바꾼 것과 같은 방식을 보여준다.

6) '금은(金銀)'은 저본인 천일각본에만 '금·은전(金·銀錢)'으로 되어 있다. 4권본과 『국조전고』에 '금은(金銀)'을 보여주고, 또한 『도이지략』에서는 '적금(赤金, 순금)'이라 하였으므로, 저본의 '전(錢)'자는 잘못 덧붙여진 글자로 생각한다.

사람들 풍속은 순후하니, 民俗風淳厚,
어찌 이방에 있음을 알랴. 那知在異方.

『고금설해』(사고전서본, 권18, 4b~5a)[2-9] 담양(淡洋)
이곳은 아루[阿魯]와 산으로 이어져 있고, 말라카[滿剌迦]에서 3일 여정이다. ①산은 멀고, 주위에는 안으로 통하는 항구가 있다. ②큰 강물[大溪]이 깊고 광활하여 **1,000**여 리를 세차게 흘러 바다로 들어간다. ③**[물이] 맑고** 감미로워 뱃사람들이 왕래하면서 물을 길어 '담양'이라 부른다. ④농토는 비옥하여 벼가 많으며, 쌀알은 작지만, 밥을 지으면 매우 향기롭다. ⑤땅에서는 향(香)이 난다. ⑥민속은 상당히 순박하다. ⑦기후는 항상 덥다. ⑧남녀는 몽둥이 모양으로 상투를 틀고 허리에는 베로 만든 사롱[梢布]을 두른다. ⑨교역하는 상품은 금은, 철기, **자기(磁器)** 등이다.
其處與阿魯山地連接, 去滿剌加三日程. ①山繞[遶]周圍, 有港內通. ②大溪汪洋**千**里, 奔流出海. ③**清淡味甘**, 舟人過往**汲之**, 名曰淡洋. ④田肥禾盛, 米粒尖小, 炊飯甚香. ⑤**地產香**. ⑥民俗頗淳. ⑦氣候常熱. ⑧男女**椎**髻, 腰圍**梢**布. ⑨貨用金銀·鐵器·**磁器**之屬.

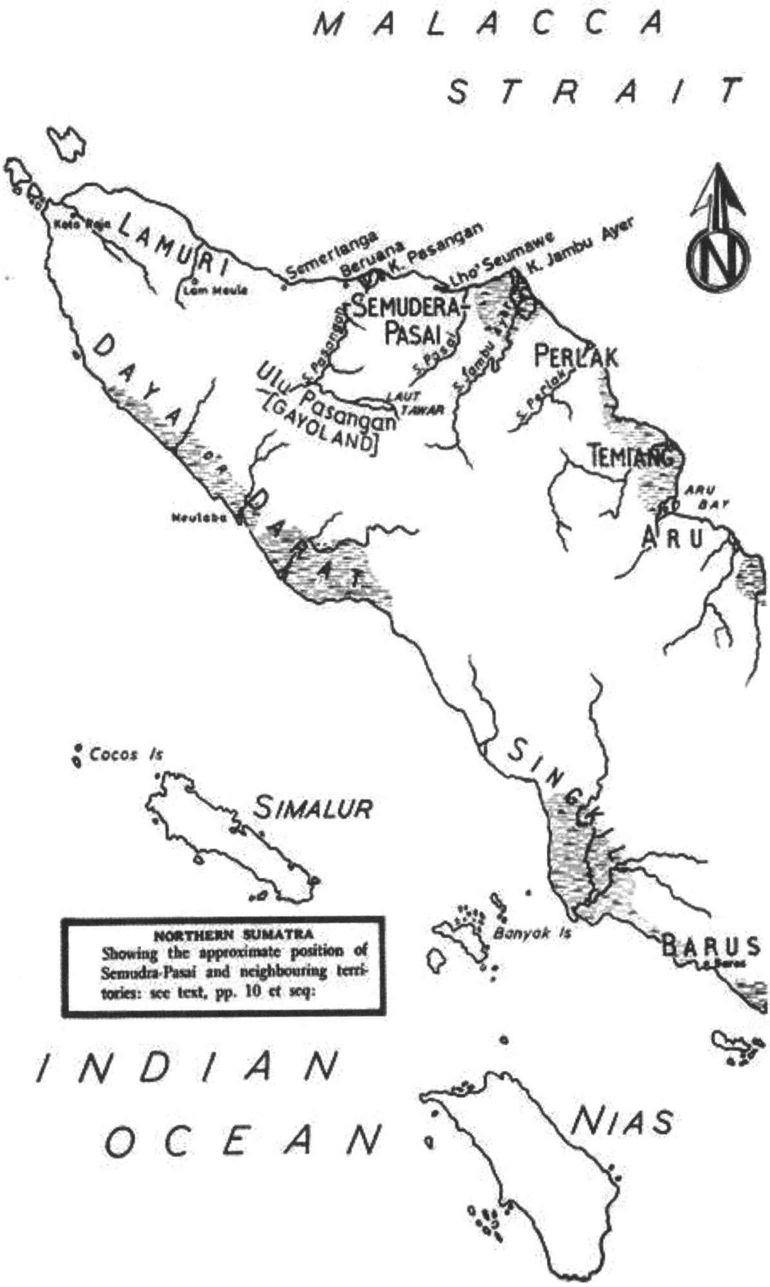

A. H. Hill, 「Hikayat Raja-Raja Pasai」, 『Journal of the Malayan Branch of the Royal Asiatic Society』, 1960(6월호, 33).

26. 싱가포르 해협[龍牙門][1)]

1) '문(門)'은 해협을 의미한다. '용아[ljwoŋ-ŋa](龍牙)'문은 1225년 『제번지』 삼불제[스리비자야] 조목에 보이는 능아[ljəŋ-ŋa]문(淩牙門)과 발음이 유사하여 상당한 혼동이 있었다. 조지 필립스는 흐루너펠트의 『말레이반도와 말라카에 관한 주석』(70쪽)을 인용하여 "링가(Linga) 해협은 팔렘방 서북쪽에 있는데, 높은 산들이 용의 이빨처럼 다른 산들과 서로 마주해 있어 그 사이로 배들이 지나간다"라고 하고, 이어서 『성사승람』의 '용아문' 정보를 인용하고 있는 "『동서양고(東西洋考)』(1617년)의 '용아문'과 『정화항해도』의 '용아문'은 싱가포르해협을 말한다. 지도에 그려진 '용아문'은 혼동하기 쉬운데, 나는 용아산(龍雅山) 즉 링가(Linga) 섬으로 읽고 싶다"라고 하였다(George Phillips, 「The seaports of India and Ceylon」, JCBRAS, XXI, 39~40쪽).

제리니는 『정화항해도』에 용아문(龍牙門) 밑에 그려진 삼불서(三佛嶼)를 추정하며, 용아문은 링가 해협과 섬으로 확인하고 삼불서는 풀로 베르할라(Pulo Berhala)로 알려진 싱켑(Singkep)섬으로 추정했다(G. E. Gerini, 『Researches on Ptolemy's Geography of Eastern Asia』, 617쪽). 후지타 도요하치도 『제번지』의 능아문(淩牙門)과 『도이지략』의 용아문을 동일시하고 있다(『도이지략역주』, 279쪽). 이러한 설은 펑 청쥔 씨로 이어졌다. 그는 '능아=용아'라는 설에 동의하며 모두 싱가포르해협의 옛 고브나도르(Govenador) 해협으로 설명했다(『성사승람교주』, 후집, 4쪽). 또, 조여괄의 『제번지』를 교주하면서, 스리비자야[三佛齊國]로 들어가는 길목으로 언급한 능아문(淩牙門)을 오늘날 링가(Lingga) 해협으로 추정하고, 『도이지략』의 용아문(龍牙門), 『동서양고(東西洋考)』「서양침로(西洋針路)」에 보이는 용아산(龍雅山)으로 모두 같은 곳으로 보는 착오를 했다(『제번지교주』, 1956, 14쪽).

한편 밀스 씨는 『정화항해도』에 쓰인 항해 지침에 보이는 '용아문'을 별다른 설명 없이 싱가포르해협으로 확신했다(J. V. Mills, 「Malaya in the Wu-Pei-Chih Charts」, 『JMBRAS』, 1937(12월호), 21쪽). 하지만 쑤 지칭 씨는 원나라, 명나라 시기에 용아문은 싱가포르섬과 그 남쪽의 해협을 지칭했는데, 『도이지략』의 용아문은 싱가포르섬을 지칭한다고 하였고, 『제번지』의 능아문에 대해서, "링가섬은 『동서양고』에 용아산(龍雅山)으로 되어있다. 능아(淩牙)는 링가(Lingga)라는 음에 잘 부합한다. 그렇지만 내 생각으로, 능아문도 중국어 명칭이지, 음역이 아닐 것이다. 용아문이라는 명칭은 송나라 시기에 이미 있었고, 와전되어 능아문이

되었을 것이다."라고 하였다(『도이지략교석』, 215쪽). 결국 능아문=용아산 등식을 말하고 있다.

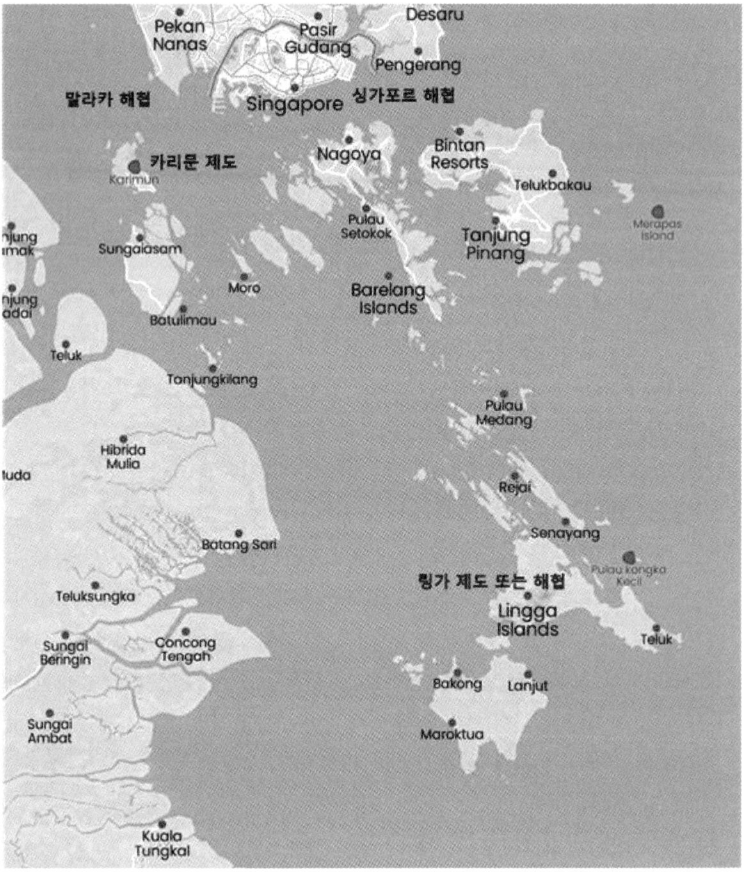

Mapcarta

장섭(張燮)의 『동서양고(東西洋考)』(1617년), 권4, 말라카[麻六甲] 조목에서 '용아산(龍雅山)'을 언급하며 "말라카 항구 밖에 있으며 그 산[섬]은 매우 높다"라고 설명했다(셰팡, 점교본, 68쪽). 이 '용아산(龍雅山)'은 해협이 아니라 분명 섬이다. 또 권9, 「서양침로(西洋針路)」에서는 동서축[풀로 아오르], 유불국[조호르], 나한서(羅漢嶼)에서 경유(庚酉, 265도) 방향으로 5경(更)을 가면 용아문(龍

팔렘방[三佛齊]의 서북쪽에 있다.[在三佛齊之西北也.][2]

①섬의 해협[山門]이 용의 이빨처럼 서로 마주하고 있어[3] 그 사이로 배들이 통과한다. ②산들이 두루 펼쳐져 있고[山塗] 농토는 척박하여, 미곡이 매우 적다^풍부하다^. ③기후는 항상 덥고, 4~5월 사이에 비가 세차게 내린다. [①山門相對, 若龍牙^角^狀,[4] 中通過船. ②山塗田瘠, 米穀

牙門)에 들어간다고 하였다. 이어서 용아문에 관하여 "『성사승람』에 '섬의 해협이 용의 이빨 모습으로 서로 대치하고 있어 그 가운데로 배들이 통행한다. 농토는 척박하고 곡물은 적다. 남녀는 짧은 적삼을 입으며 사롱[稍布]을 두른다. 노략질을 호기로 여기므로 외국 배들은 여기에서 대비한다'라고 하였다. 요즘 사람들은 밤에 배로 항해하지 않는데, 그 도적질이 심하고, 남쪽에는 양산초(涼繖礁)가 있기 때문이다. 가운데 물길은 30탁(托)이고 북쪽은 20탁이며 남쪽은 8~9탁이다. 또 투마식[淡馬錫] 해협을 지나 경유(庚酉)와 신술(辛戌, 295도) 방향으로 3경을 항행하면 카리문 군도[吉里問山]에 이른다(『星槎勝覽』曰, 山門相對如龍牙狀, 中通船. 田瘠穀薄, 男女穿短衫, 圍稍布. 擄掠為豪, 番舶於此防之. 今人夜舶不敢行, 以其多盜, 且南有涼繖礁也. 中打水三十托, 北二十托, 南八九托. 又過淡馬錫門, 用庚酉及辛戌針, 三更, 取吉里問山)"라고 하였다. 이 설명대로라면 링가(Lingga) 제도나 해협과는 거리가 너무 멀다. 따라서 용아산(龍雅山)은 싱가포르섬을, 용아문(龍牙門)은 싱가포르해협으로 보는 것이 타당하다.

2) 저본과 『국조전고』본의 이 주기 사항은 4권본과 나이지본에서는 원문으로 처리되어 있다. 이는 『제번지』 삼불제[스리비자야] 조목에 보이는 '링가해협[凌牙門]'과 혼동하여 덧붙여진 설명이다.

3) 펑 청쥔 씨는 다음과 같은 주석을 붙였다. "『도이지략』에 '[용아]문은 단마석(單馬錫)의 두 산이 서로 교차한다(門以單馬錫番, 兩山相交)'라고 하였다. 내 생각으로, 단마석(單馬錫)은 바로 투마식(Tumasik)에 해당하는 음으로, 싱가포르(Singapore)의 옛 명칭이다. '번(番)'자 위아래로 빠진 문장이 있는 것 같다. 용아(龍牙, Linga)섬을 지칭하므로 용아문은 고베르나도르(Governador) 해협을 가리키는 것으로 보인다."(교주본, 후집, 4쪽)

4) '용아(龍牙)'는 저본, 『국조전고』본, 나이지본 모두 용각(龍角)으로 되어있다.

甚薄厚.[5] ③氣候常熱, 四五月間洶雨.[6]]

④남녀는 방망이 모양으로 상투를 하고 짧은 적삼을 입으며 베로 만든 사롱[稍布]을 두른다. ⑤약탈하는 것을 호걸로 여겨, 외국의 배들을 만나면 작은 배 백 척을 타고 가, 수일 동안 맞서 싸운다. 순풍을 만나면, 다행히 벗어나지만, 그렇지 않으면 그들에게 저지[截]당해 재물을 겁탈당하므로, 바다를 다니는 사람들은 삼가고 대비해야 한다. [④男女椎髻, 穿短衫, 圍稍布.[7] ⑤擄掠爲豪, 遇有番船, 則駕小船百隻,[8] 迎敵數日. 若得順風, 僥幸而脫, 否則被其截, 財被所劫, 泛海之客, 宜當謹防.]

⑥시로 노래한다[詩曰].

산은 험준하여 용의 이빨 모습이요,　　山竣龍牙狀,

'용의 뿔'이라는 표현으로도 크게 문제 될 것은 없다. 그러나 뒤에 붙인 오언시에 '용아(龍牙)'라고 했는데, 이는 4권본과 『도이지략』에서도 확인되므로, '용아(龍牙)'로 고쳤다.

5) '후(厚)'자는 『국조전고』본과 나이지본에서도 마찬가지이다. 그러나 4권본에 '박(薄)'자로 되어있고, 『도이지략』에는 "벼가 적다(稻少)"라고 하였다. 또한 앞의 문장에서 "농토가 척박하다[田瘠]"라고 했으므로, 곡물이 풍부할 리 만무하다. 비신이나 필사자의 실수로 보인다. 『동서양고(東西洋考)』(1617년), 권9, 「서양침로(西洋針路)」, 용아문 설명에 인용된 문장은 "농토는 척박하여 곡물은 엷다(田瘠穀薄)"라고 하였다(셰팡, 점교본, 177쪽).

6) '흉우(洶雨)'란 비가 세차게 내린다는 의미로 읽히는데, 4권본에는 "4~5월은 장맛비가 내린다(四五月淫雨)"라고 하였고, 『도이지략』에는 "4~5월에 장맛비가 많이 내린다(四五月多淫雨)"라고 되어 있다. 펑 청쥔 씨처럼 꼭 '음우(淫雨)'로 고칠 필요는 없다.

7) 이 문장[圍稍布]은 『도이지략』에 "푸른 베로 사롱[捎]을 맨다(繫靑布捎)"라고 하였다. '초(稍)'자와 '소(捎)'자는 모두 사롱에 해당하는 음이다.

8) '백척(百隻)'은 『도이지략』에 '200~300척(二三百隻)'으로 되어있다.

안으로 통하는 강물 세차게 흐르네.	中通水激湍.
사는 사람들 노략질을 일삼으니,	居人爲擄易,
외국 상선들 왕래가 어렵네.	番船往來難.
여름 되면 항상 비가 많이 내리고,	入夏常多雨,
가을이 돼서도 춥지 않네.	經秋且不寒.
묵묵히 사신단을 배종하여,	從容陪使節,
이곳에서 유람하게 되었네.	到此得遊觀.

『고금설해』(사고전서본, 권18, 3b)[2-5] 용아문(龍牙門)

이곳은 팔렘방[三佛齊]의 서북쪽에 있다. ①섬의 해협[山門]이 용의 이빨처럼 서로 마주하고 있어 그 사이로 배들이 통과한다. ②**산의 농토는 척박하여, 미곡이 매우 적다**. ③기후는 항상 덥고, 4~5월 사이에 장맛비가 내린다. ④남녀는 방망이 모양으로 상투를 하고 짧은 적삼을 입으며 베로 만든 사롱[梢布]을 두른다. ⑤약탈하는 것을 호걸로 여겨, 외국의 배들을 만나면 작은 배로 [적이] **수백이라도** 맞서 싸운다. 순풍을 만나면, 다행히 벗어나지만, 그렇지 않으면 그들에게 **겁탈당하고 살해되므로**, 바다를 다니는 사람들은 이곳에서 저들에 대비한다.

其處在三佛齊西北. ①山門相對, 若龍牙狀, 中通船過. ②**山田瘠**, **米穀甚薄**. ③氣候常暑, 四五月淫雨. ④男女椎髻, 穿短衫, 圍**梢**布. ⑤擄掠爲豪, 遇番舶, 則以小舟**百數**迎敵. 若順風, 僥倖而脫, 否則被其**劫殺**, 舟客于此防之.

John George Bartholomew, 『Constable's Hand Atlas of India』, London, 1893. 59쪽. 싱가포르섬.

27. 용아보제(龍牙菩提)[1)]

1) 용아보제(龍牙菩提)는 『국조전고』본과 나이지본에는 '용아선제(龍牙善提)'로 되어있다. 하지만 비신이 참고하고 있는 『도이지략』에는 '용아보제(龍牙菩提)'로 되어있다. 펑 청쥔 씨는 아무런 설명 없이 '용아선제'를 채택하고 랑카위(Langkawi)섬으로 추정했다.

심증식(沈曾植)은 '용아보제'로 옮기고 있지만, 아무런 주석을 내지 못했다(『도이지략광증』, 상, 17a). 록힐에 따르면, "이 명칭은 『도이지략』뿐만 아니라 명나라 시기의 어떤 책에서도 보이지 않는다. 그러나 여기 말레이반도에 있는 지역에 잠정적으로 넣는 이유는 [이 용아보제]가 내가 랑카위(Langkawi) 군도의 옛 명칭으로 생각하는 랑카푸리(Lankāpurī)에 해당하는 것으로 보이기 때문이다"라고 설명했다(『통보』, 16-1(1915), 127쪽). 후지타 도요하치는 "『정화항해도』에는 용아교의(龍牙交椅)가 보이는데, 바로 랑 카위(Lang Kawi)에 해당하는 음으로, 옛날에는 랑카푸리(Langkapuri), 랑카바리(Langkavari)라고 했다. 그러나 보제(菩提)은 보디(Bodhi)에 해당하는 음 같은데 서로 같은지는 모르겠다"라고 미심쩍은 추측을 하였다(『도이지략교주』, 87쪽). 후지타 씨는 '용아보제'를 '용아교의[lịwoŋ-ŋa-kau-ʔjię](龍牙交椅)'와 같은 섬으로 보고 싶은 것이다. 사실 교의[kau-ʔjię](交椅)와 보제[bʱuo-dʱiei](菩提)는 음성과 자형이 온통 다르지만, 록힐이 제시한 '랑카푸리(Lankāpurī)'는 보제(菩提)를 우리 발음으로 읽으면 '보리'가 되므로, '랑카'는 '용아[lịwoŋ-ŋa]'에 대응시키고, '푸리'는 우리 발음인 '보리'에 해당하는 음으로 보면 매우 그럴법하다.

그러나 '보제'는 칼그렌이 추정한 상고음으로 '부오-디에이[bʱuo-dʱiei]'이다. 첫 번째 글자는 우리 발음 [보]로 표기할 수 있다. 그러나 두 번째 글자인 '제(提)'자는 산스크리트어 보디(bodhi)의 음에 해당하는 '菩提'를 읽을 때는 [리]로 발음한다. 이 [리] 발음은 어디에서 온 것인가? '제(提)'의 'd' 또는 't'가 어떻게 'l'로 발음될 수 있을까? 베트남어로 '제'자는 '데(đề)'로 발음하고, 일본어로는 '다이(だい)'로 발음한다. 다만 민(閩) 지방 발음 대부분이 'tʰ'라는 초성을 가지지만 [lei] 또는 [lɔi]로 발음되는 경우를 찾을 수 있다. 이는 왕대연의 출신을 고려해보면 그럴법하다. 더 훌륭한 고증이 나올 때까지는 랑카위=랑카푸리=용아보제[리]로 보자.

마지막으로 주목할 만한 점은 이곳 사람들은 모시풀[苧麻] 뿌리 또는 칡뿌리를 [찧어 또는 갈라] 물에 침전시켜 술을 빚는다는 양조법이다. 비신처럼 모시풀 뿌리로 술을 빚는 방법은 이곳에서 유일하다. 왕대연처럼 칡뿌리로 술을 빚는 방

①빙 둘러 모두 산이고, 보루의 문처럼 배치되어 있다. ②농사를 지을 농토가 없어 다만 참마[薯蕷]를 재배하여 식량으로 대용한다. 항상 익으면 수확하여 쌓아두었다가 시기에 따라 사용한다. [①周環皆山, 石[名]排壘門.[2] ②無田耕種, 但栽薯蕷代糧,[3]常熟[熱]收堆, 以供歲月.]

법은 『도이지략』 나위(羅衛) 조목에 "칡뿌리를 물에 침전시켜 술을 빚는데 맛이 감미롭고 부드러워 종일 마셔도 취하지 않는다(以葛根浸水釀酒, 味甘軟, 竟日飮之不醉)"라고 하였다(『도이지략역주』, 148쪽). 확실히 같은 양조법을 공유하고 있는 것을 보면, 나위(羅衛)와 인접한 곳으로 추측할 수 있다. 후지타 도요하치는 나위(羅衛)를 나월(羅越)로 추정했지만(『도이지략교주』, 48쪽), 실제 해당하는 음을 추적하지는 못했다. 『신당서』「지리지」(권43하, 1153쪽)에 기록된 안남(安南, 베트남 중북부)에서 천축(天竺, 인도)으로 통하는 길의 끝부분에 육진랍(陸眞臘)의 남쪽이 수진랍(水眞臘)이라고 하였고, 또 남쪽으로 소해(小海)에 이르는데 그 남쪽이 나월국(羅越國)이라고 했으며, 또 남쪽으로 대해(大海)에 이른다[一曰陸眞臘, 其南水眞臘. 又南至小海, 其南羅越國, 又南至大海]고 하였다. 여기서 말하는 '소해'는 시암만일 것이므로, 나위(羅衛)는 대략 말레이반도 중부에 있다고 짐작할 수 있다. 결국 나위(羅衛)가 나월(羅越)이라는 등식이 성립한다면, 앞서 우리가 추정한 랑카위섬과 지리적으로는 크게 어긋나지 않는다. 나위(羅衛)에 관한 자세한 위치 고증은 『도이지략역주』, 151~153쪽을 참고하시오.

2) 이 문장[石[名]排壘門]은, 펑 청쥔 씨의 교정에 따르면, "'석(石)'자는 천일각본, 『국조전고』본, 나이지본 모두 '명(名)'자로 잘못되어, 『도이지략』에 따라 고쳤고, '누(壘)'자는 『도이지략』에 '유(類)'자로 되어있는데, 빠진 문장이 있는 것으로 보인다"라고 하였다. 먼저 '석(石)'자는 『국조전고』본에 정확히 '석(石)'자를 보여준다. '용아보제'라는 곳의 지형을 설명하고 있으므로, '석(石)'자로 고치는 편이 간편하다. 펑씨가 빠진 문장이 있는 것 같다는 추측은 이해할 수 없다. 아래에서 보는 바와 같이 왕대연은 암석들이 문처럼 늘어 서 있다고 표현했고, 비신은 늘어선 암석들이 보루의 문을 이루었다고 쓴 것일 뿐이다.

한편 우리는 왕대연의 '석(石)'자로 고치는 것에 동의하고 있지만, '명(名)'자가 맞을 수도 있다. "용아보제는 빙 둘러 온통 산으로 이루어졌는데, [그 산을] 배루문(排壘門)이라 한다"라고 말이다. 중국 해양 지리서에 보이는 오호문(五虎門), 용아문(龍牙門), 능아문(凌牙門) 등의 '문(門)'자는 해협을 가리켰다. 그렇다

③기후는 대체로 덥고 쌀쌀한 날씨는 적다. ④풍속은 질박하고 순수하다. ⑤남녀는 몽둥이 모양으로 상투를 틀고, 목면의 베[4]를 입는다. ⑥바닷물을 끓여 소금을 만든다. ⑦모시풀[苧麻]의 뿌리를 침전시켜 술을 빚는다. [③氣候多熱少寒. ④俗朴而淳. ⑤男女椎髻, 披木綿布. ⑥煮海爲鹽. ⑦浸披苧麻根釀酒.5)]

⑧그곳에서는 속향(速香), 빈랑, 야자가 난다. ⑨교역하는 상품은

면 '배루(排壘)' 또는 왕대연처럼 '배류(排類)'라는 해협을 언급했을 수 있기 때문이다. 배루, 배류는 칼그렌이 추정한 중고음이 모두 바이-리위[bʰăi-ljwi]라는 일치를 보인다. 이렇게 보면, 비신이 왕대연의 '유(類)'를 '루(壘)'자로 옮긴 것이 이해된다. 하지만 이 해협이 어디인지 우리는 특정하지 못한다는 단점이 있다.

3) 펑 청쥔 씨의 교감 사항에 따르면, '양(糧)'자는 천일각본, 『국조전고』, 나이지본 모두 '양(粱)'자로 되어있어, 『도이지략』에 따라 고쳤다고 한다. 우리의 저본인 천일각본에는 정확히 '양(糧)'자로 되어있다.

4) '목면포(木綿布)'란 목면(木棉), 즉 면(cotton)을 말하지만, 다년생 나무에서 나는 종[Gossypium arboreum]인지, 초면(草綿, Gossypium herbaceum)인지는 확인할 수 없다. 중국에 이러한 '면' 제품들이 수입된 기록은 앞서본 '두라면(兜羅綿)'[앞의 뱅골 왕국 주석을 참고하시오]을 필두로 이른 시기에 보이지만, 중국 남방, 특히, 푸젠과 광둥을 중심으로 재배된 시기는 12세기로 추정된다. 이때는 이미 비단에 근거한 '면(綿)'와는 달리 '면(棉)'자로 통용되고 있었다. 비신이 '면(綿)'자를 선택한 것은 의고적 취향에 따른 것으로 볼 수 있다. 면을 지칭하는 두라면(兜羅綿), 길패(吉貝), 백첩(白氎), 반지화(攀枝花) 등의 별칭이 있음에도 '목면(木綿)'이라 통칭한 것은 『영애승람』의 마환과 비교하여 주목할 만한 점이다. 한중 '면(cotton)'의 수입과 재배에 관한 역사는 현재 작업 중에 있으므로 별도로 소개할 기회가 있을 것이다.

5) '침(浸)'자에 관하여, 펑 청쥔 씨의 교감에 따르면, 천일각본, 『국조전고』, 나이지본 모두 '파(波)'자로 되어있어, 『도이지략』에 따라 고쳤다고 한다. 이 또한 정확하지 못한 교감이다. 천일각본에는 '피(披)'자로 되어있고, 『국조전고』본은 정확히 '침(浸)'자를 보여준다. 여기서는 '침(浸)'자로 교정하는 편이 문맥에 유리하다.

소주(燒珠), 쇠솥, 유백의 베[色布] 등이다. [⑧地產速香·檳榔·椰子. ⑨貨用燒珠·鐵鼎·色布之屬.]

⑩시로 노래한다[詩曰].

쌓인 암석들이 문으로 제한하고	壘石爲門限,
천생의 [섬이] 바다에 있네.	天生在海洋.
곡물들은 전혀 심지 않지만	稻粱全不種,
참마는 역시 많이 저장해 두었네.	薯蕷亦多藏.
바닷물로 흰 소금 졸여 만들고,	海水煎鹽白,
저마 뿌리로 향긋한 술을 빚네.	麻根釀酒香.
풍속은 순박하다고 하지만,	雖云風俗朴,
날씨에는 더위와 서늘함이 있네.	氣候有炎涼.

[4권본에는 보이지 않는다].

『도이지략』, 용아보제(龍牙菩提): 빙 두른 것은 모두 산이고, 암석들이 문처럼 배치되어 있다. 농사짓는 농토는 없고, 단지 참마[薯], 토란을 재배하여 삶아 식량으로 대용한다. 수확할 때는 중국인들이 식량을 저장하는 것처럼 집마다 반드시 여러 방에 저장해 두고 한 해의 쓰임에 대비하고, 먹고 남으면 다음 해 [작물이] 익지 않는 것을 위해 보관해 둔다. 정원에는 과일나무를 심어 두었고, 방합조개, 물고기, 새우 등을 잡아 먹는데 참마[薯]나 토란보다 배는 [많이 먹는다]. 기후는 [다른 나라 보다] 곱절은 덥고, 풍속은 순박하다. 남녀가 방망이 모양으로 상투를 하고, 목면화로 만든 홑겹의 옷을 입는다. 바닷물을 끓여 소금을 만든다. 칡뿌리를 침전시켜 술을 빚는다.[6] 그곳에서는 속향(速香), 빈랑, 야자가 난다. 교역하는 상

6) 칡뿌리를 침전시켜 술을 빚는 풍습은 앞서 본 나위(羅衛) 조목의 것과 같다. 이로

품은 홍록의 소주(燒珠), **아정(牙錠)**, 쇠솥, **청백의 토인포(土印布)** 등이다.

環宇皆山, 石排類門. 無田耕種, 但栽薯芋, 蒸以代糧. 當收之時, 番家必堆貯數屋, 如中原人積糧, 以供歲用, 食餘則存下年之不熟也. 園種果, 採蛤·蚌·魚·蝦而食, 倍于薯芋. 氣候倍熱, 俗朴. 男女椎髻, 披木綿花單被. 煮海爲鹽. 浸葛根汁以釀酒. 地產粗香·檳榔·椰子. 貿易之貨, 用紅綠燒珠·牙箱錠·鐵鼎·青白土印布之屬.

나카무라 데키사이(中村惕齋, 1629~1702), 『훈몽도휘(訓蒙圖彙)』, 1789간행본, 권17, 9a.

써 볼 때, 여기 용아보제와 나위는 같은 문화권에 생활하고 있을 가능성이 있다.

28. 길리지민(吉里地悶)[1)]

1) 길리지민[kjĕt-lji-dʰi-muən](吉里地悶)에 관하여, 펑 청쥔 씨의 교감 사항에 따르면, "'길[kjĕt](吉)'자는 『도이지략』에 '고[kuo](古)'자로 되어있다. '민[muən](悶)'자는 원문에 '문[muən](門)'자로 되어있어 『국조전고』와 천일각본에 따라 고쳤다. 이곳은 길리 티모르(Gili Timor), 즉 티모르[地悶]섬을 지칭할 것이다"라고 하였다. '길[kjĕt](吉)'자와 '고[kuo](古)'는 발음상 다르지만, '길패(吉貝)'를 '고패(古貝)'라고도 음역 표기했으므로 문제가 되지 않는다. 펑씨의 설명은 결국 길리(gili)는 '섬'을, 지민(地悶)은 '티모르(Timor)'를 뜻한다는 말이다. 인도네시아어로 기리(giri)는 산을 의미하고, '끼리(kiri)'는 왼쪽을 의미한다.

1879년 흐루너펠트는 『성사승람』의 이 조목을 번역하며, "마지막 두 글자는 오늘날까지 티모르를 지칭하는 데 사용한다. 그러나 선행사인 'Kri' 또는 'Kiri'가 무엇을 의미하는지는 모른다"라고 주석했다(『Notes on the Malay Archipelago and Malacca』, 1879, 236쪽). 10년 뒤 슐레겔은 고리지민(古里地悶)을 자바의 동쪽 티모르섬으로 보는 근거는 티모르를 중국인들이 '지민(地悶)'이라 부르는 점에 근거할 뿐이라고 하면서, 말레이반도 말라카에서 찾아야 할 것을 주장했다. 그에 따르면 '티모르(timor)'는 말레이반도와 수마트라섬 동부 지역에서도 얼마든지 찾아볼 수가 있으며, '티모르'는 말레이어로 '동쪽'을 의미하고, 'kiri'는 '왼쪽'을 의미하여, 방카섬의 동쪽 큰 해안을 고송 티모르(Gosong Timor)라고 하는 것처럼 '티모르'를 말레이반도 쪽에서도 흔히 사용하므로, 티모르를 반드시 자바 동쪽의 티모르섬으로 볼 필요가 없다는 것이다. 따라서 여기 '지민(池悶)'은 말레이반도 동부 파항 동쪽에 보이는 티오만(Tioman)섬으로 확신했다. 나아가 길리지민 조목에서 암시한 성병인 매독이 말레이반도 남부, 수마트라섬 동부, 자바섬 서부에서도 만연하다는 공통점을 들었다(『통보』, 1898, 370~3쪽). 이러한 슐레겔의 추정은 앞서 본 '중가라(重迦羅)'를 탕카라(Tankara, 말라카)로 보면서 비롯된 것이다. 또한 왕대연이 암시한 '성병'은 16세기 서양인의 동양 진출과 더불어 만연해진 매독을 근거로 삼을 수는 없다.

1909년 제리니(Gerini)는 슐레겔의 설을 난센스로 일축하고, '길리(gili)'라는 말은 마두라 남부 해안에서 플로레스(Flores) 북부 해안까지 보이는 길리 두아(Gili Dua), 길리 판단(Gili Pandan), 길리 우탁(Gili Wutak), 길리 반다(Gili Banta), 길리 보도(Gili Bodo) 등에서처럼 일종의 접두사로 흔히 보이는 것을 지적하고, 여기 길리지민(吉里地悶)은 길리 티모르(Gili Timor), 즉 '티모르의 섬'이라

①[길리지민은] 장갈라[重迦邏]의 동쪽에 있다. ②온 섬[滿山]에는 숲이 무성한데, 모두 단향(檀香)의 나무이다. 별다른 산물이 없다. ③장사치들이 모이는 마두(馬頭, 중심지 또는 부두) 열두 곳에는, 추장이 있다. [①居重迦邏之東.[2] ②滿山茂林, 皆檀香樹, 無別產. ③馬[碼]頭商聚十二所, 有酋長.]

④농토는 비옥하여 곡물이 풍성하다. ⑤기후는 아침에는 덥고 저녁에는 썰렁하다. ⑥무릇 장삿배의 [사람들이] 병에 걸리면, 십중팔구는 죽는데, 아마도 그곳의 장기가 심하기 때문일 것이다.[3] ⑦남녀는 머

는 뜻에 지나지 않는다고 밝혔다(『Researches On Ptolemy's Geography Of Eastern Asia』, 520쪽). 확실히 펑 청쥔 씨는 제리니의 설을 훔쳤다. 이후 록힐 씨는 제리니의 이 설명을 참조하지 못했는지, 조여괄은 티모르를 저물(底勿)과 저문(底門)으로 언급한 것으로 보인다고 하면서, 왕대연에게서 시작된 '고리(古里)'에 대한 만족할 만한 설명을 찾지 못했다고 했다. 이어서 "'gili'는 '산'의 의미로 예상되지만 내가 보기에 그럴법하지 않다"(『통보』, 16-2(1915), 258쪽)라고 하며, 지민(地悶) 앞에 붙은 '고리' 또는 '길리'의 의미를 찾지 못했다. 이상에서 우리는 제리니의 설명에 따라, 본문에서 말한 가라(哥羅)는 중가라(重迦羅)의 약칭이며, 고리지민 또는 길리지민의 의미는 '티모르의 섬'으로 읽어야 할 것이다. 쑤 지칭 씨는 "포길사(布吉斯, Orang Bugis) 말인 케라엥(Keraéng)에 해당하는 음으로, 원래는 왕이란 뜻인데, 의미를 확장하여 나라라는 뜻으로 해석할 수 있다"(『도이지략교석』, 211쪽)라고 가정했으나 지나친 상상이다.

2) ①의 문장은 『도이지략』에 고리지민(古里地悶)은 "가라(加羅)의 동북쪽에 있다(居加羅之東北)라고 되어있다. '중(重)'자는 『도이지략』에 보이지 않고, 나이지본에도 빠져있다. 4권본에는 '중가라(重迦邏)'로 되어있다. 따라서 '가라(迦邏)' 또는 '가라(加羅)'로 볼 것인지, 장갈라(Jangala)의 음역인 '중가라'로 볼 것인지 의문이 남는다. 이 문제를 해결한 뒤에야 우리는 '동쪽'인지 '동북쪽'인지 판단할 수 있다. 앞서 본 주석의 잠정적 결론에 따라, '가라'는 중가라, 즉 장갈라로 놓고 본다면, 티모르섬은 비신의 동쪽이 왕대연의 동북쪽보다 더 정확하다.

3) ⑥의 정보는 4권본의 내용으로 볼 때, 생략된 정보가 많다. 왕대연은 "시장에 술

리카락을 자르고, 짧은 적삼을 입는다. 교역하는 상품은 금전, 철기, 자기 사발[磁碗] 등이다. [④田肥穀盛. ⑤氣候朝熱暮寒. ⑥凡其商船染病, 十死八九, 蓋其地甚瘴氣.[4] ⑦男女斷髮, 穿短衫. ⑧貨用金錢·鐵器·磁碗之屬.]

⑨시로 노래한다[詩曰].

길리는 동남쪽 바다에 있는데,	吉里東南海,
사는 사람들은 누워 배불리 먹는다네.	居人臥飽餐.
농토는 비옥하여 항시 곡물이 있고,	田肥時有穀,
아침에는 덥고, 저녁이면 춥다네.	朝熱暮生寒.
위험을 넘어 장사꾼들 이윤을 찾는 것은,	涉險商求利,
향나무로 단향을 심었다고 하기 때문이네.	聞香木種檀.
짧은 적삼에 항시 문란하여,	短衫常覆體,

과 고깃값이 저렴하고 부인들은 수치심을 모른다. 부령목(部領目, 두목)은 멋대로 먹고 주색을 탐한 나머지 누워, 이불도 덮지 않고 자다가 병에 걸려 죽는 일이 많다. 혹 그곳을 벗어나더라도 배로 돌아갈 때, 바람과 비를 맞으면 병이 나서 열이 심하게 나는데, '음양교(陰陽交)'라고 하고, 걸리면 반드시 죽는다. 옛날 천주의 오택(吳宅)은 뱃사공 백여 명으로 떠나, 이곳에 도착하여 교역을 끝내자 죽은 사람이 십중팔구로, 한둘이 살아남았는데, 대부분 쇠약해지고 기력이 떨어져 바람에 작은 배를 몰아 큰 배로 돌아왔다(市所酒肉價廉, 婦不知恥. 部領目縱食而貪酒色之餘, 臥不覆被, 至染疾者多死. 倘在番苟免, 回舟之際, 櫛風沐雨, 其疾發而爲狂熱, 謂之陰陽交, 交則必死. 昔泉之吳宅, 發船稍衆百有餘人, 到彼貿易, 旣畢, 死者十八九, 間存一二, 而多羸弱乏力, 駕舟隨風回舶)"라고 기술했다(『도이지략역주』, 272~273쪽).

4) 이 문장[蓋其地甚瘴氣]은 '심(甚)'자 때문에, 어색한 문장임이 분명하다. 펑 청쥔씨는 '심(甚)'자가 잘못된 것 같다고 의심했지만(교주본, 후집, 6쪽), 비신이 전하고자 하는 뜻은 장기(瘴氣)가 심하다는 말일 것이므로, 크게 혐의를 둘 필요는 없을 것 같다.

추한 모습 차마 볼 수 없네. 形醜不堪觀.

『고금설해』(사고전서본, 권17, 11a)[1-22] 길리지민(吉里地悶)

①**이 나라는** 장갈라[重迦邏]의 동쪽에 있다. ②**이어지는 산들은** 숲이 무성한데, 모두 단향(檀香)의 나무이다. 별다른 산물이 없다. ③장사치들이 모이는 마두(馬頭, 중심지 또는 부두)는 열두 곳에는, 추장이 있다. ④농토는 비옥하여 곡물이 풍성하다. ⑤기후는 아침에는 덥고 저녁에는 썰렁하다. ⑦남녀는 머리카락을 자르고, 짧은 적삼을 입는다. 밤에 잘 때 몸을 덮지 않는다. ⑥**무릇 장삿배들이 이곳에 이르면, 모두 부녀자들이 배를 타고 교역하러 오는데,** 사람들이 병에 걸려 십중팔구 죽는 것은, 아마도 그곳의 장기와 **그들이 음란하고 더러운 이유 때문일 것이다**. ⑧교역하는 상품은 금전, 철기, 자기 사발[磁碗] 등이다.

①**其國**居重迦羅之東. ②**連山**茂林, 皆檀香樹, 無別產. ③馬頭商聚十二所有酋長. ④田肥穀盛. ⑤氣候朝熱暮寒. ⑦男女斷髮, 穿短衫, **夜臥不蓋其體**. ⑥**商舶到彼, 皆婦女到船交易**, 人多染疾病, 十死八九, 蓋其地瘴氣及**其淫汚之故也**. ⑧貨用金銀·鐵器·磁碗之屬.

29. 파항 왕국[彭坑國][1)]

1) 팽갱[bʰɐŋ-kʰɐŋ](彭坑)에 관하여 학자들은 일반적으로 현 말레이시아 쿠알라룸푸르에서 동쪽으로 250km 남짓의 거리에 있는 말레이반도 동해안 도시인 파항(Pahang)의 음역 표기로 추정한다. 이 옛 왕국의 명칭은 『도이지략』의 기록이 가장 빠르며 거의 유일하다. 1225년 조여괄의 『제번지』 삼불제(三佛齊, 스리비자야) 조목에는 속국으로 봉풍[bʰuŋ-pʰi̯uŋ](蓬豐)이 거명되고 있는데, 히어트와 록힐은 이곳 파항으로 추정하기도 했다(『조여괄』, 65쪽). 대부분 연구자가 이에 동의하고 있지만(여기 펑 청쥔 씨도 주석에서 '팽갱=봉풍'설을 주장하고 있다), 팽갱과 봉풍은 음성적으로 잘 부합하는 것은 아니다. 다시 말해, 두 번째 글자의 초성이 'k' 또는 'g'가 어떻게 'p' 발음으로 음역될 수 있는지를 먼저 설명해야 한다.

또 487년 심약(沈約)이 지은 『송서(宋書)』 「본기」에는 파황국(婆皇國)이 7차례나 언급되어 있는데, 양 보원 씨는 이 '파황[bʰuɑ-ɣwɑŋ](婆皇)'이 중국 자료에서는 가장 이른 언급이라고 주장하지만(『제번지교석』, 2000, 40쪽), 사실 파황국이 조공했다는 기록일 뿐, 뚜렷한 근거가 있는 것은 아니고 음성적으로도 만족스럽지 못하다. 이 파황과 비슷한 파봉[bʰuɑ-bʰi̯uŋ](婆鳳)이 『신당서』(1060년), 권222하, '다마장(多摩萇)'이란 나라 위치를 설명하면서 언급되었는데(6305쪽), 역시 위치를 추정할 수 있는 근거는 전혀 없다.

『명사』, 권325, 「외국·발니(浡泥)」 8411쪽, '팽형[bʰɐŋ-xɐŋ](彭亨)'으로 표기하고, 그 아래 "분형[bʰuən-xɐŋ](湓亨), 또는 팽갱(彭坑)이라고도 한다"라는 주석이 보인다. 중고음의 표기가 팽갱과 근접하고, 특히 두 번째 글자인 형(亨)자는 'h'음가에 가깝게 음역되었음을 확인할 수 있다. 따라서 우리는 『도이지략』의 팽갱(彭坑)이 가장 확실한 파항에 관한 기록이자 음역 표기라고 추론할 수밖에 없다.

이제 아래 비신이 팽갱을 기록한 문장들은 대부분 왕대연의 『도이지략』에서 가져왔으므로, 이해를 위해 번역문만 참고로 제시한다. 원문과 자세한 주석 사항은 『도이지략역주』, 131~133쪽을 참고하시오.

"바위 절벽이 험난하게 둘러싸고 있어 멀리서 보면 평평한 성채 같으며, 전토는 비옥하지만, 곡식은 적게 달린다. 기후는 반년이 덥다. 풍속은 정가려(丁家廬, Treṅganu)와 조금 다르다. 남녀는 방망이 모양으로 상투를 틀고 베로 만든 긴 적삼을 입으며, 단포(單布)의 사롱[捎]을 맨다. 부귀한 여인들은 정수리에 금권(金圈) 4개[4~5개]를 단다. 일반인은 오색의 소주(燒珠)를 권(圈)으로 만들어 묶는다. 혼담을 나눌 때는, 서로 가서 백은(白銀)을 교환하는데, 5전(錢) 무게를 기준

시암[暹邏]의 서쪽에 있다.[在暹邏之西.]

①바위 절벽이 험준하게 둘러있으며, 멀리서 보면 평평한 성채와 같다. ②농토는 비옥하여 미곡이 풍성하다. ③기후는 항상 따뜻하다. [①石崖周匝崎嶇, 遠如平寨. ②田沃, 米穀盛. ③氣候常溫.]

④풍속은 괴기스러움을 좋아하여, 향나무를 깎아 신(神)을 만들고, 사람을 죽인 피로 제사하고 기도하여, 복을 구하고 재난을 물리친다. ⑤남녀는 방망이 모양으로 상투를 틀고, 긴 적삼을 입으며 홑겹의 베[單布][2]로 묶는다. ⑥부잣집의 여인들은 너덧 개의 황금 고리를 정수리 머리카락에 장식하고, 보통 사람은 오색의 구슬 고리를 한다. [④風俗尙怪, 刻香木爲神, 殺人血祭禱, 求福禳災. ⑤男女椎髻, 穿長衫, 繫單布. ⑥富家女子金圈四五飾于頂髮, 常人五色珠圈.]

⑦바닷물을 끓여 소금을 만든다. ⑧야자즙을 발효시켜 술을 만든다. ⑨그곳에서는 황숙향(黃熟香), 침향(沈香), 편뇌(片腦), 화석(花錫, 주석), 강향(降香)이 난다. ⑩교역하는 상품은 금은, 색견(色絹), 자바의 베[爪哇布], 청동과 철로 만든 기물[銅鐵器], 북[鼓], 판자 등이다. [⑦煮海爲鹽. ⑧釀椰漿爲酒. ⑨地產黃熟香·沉香·片腦·花錫·降香. ⑩貨

으로 삼는다. 사람들은 바닷물을 끓여 소금을 만들고 야자즙을 발효시켜 술을 만든다. 추장이 있다. 땅에서는 황숙향두(黃熟香頭), 침향(沈香), 속향(速香), 타백향(打白香), 뇌자(腦子), 화석(花錫), 거친 강진향(降眞香)이 난다. 교역하는 상품은 색견(色絹), 자바의 베[闍婆布], 동기(銅器), 철기(鐵器), 칠기(漆器), 자기(磁器), 북, 판자 등이다."

2) 『도이지략』에는 '단포(單布)'가 '홑겹의 베로 만든 사롱[單布稍]'으로 되어있다. 추측건대 비신이 옮겨 적으면서 사롱에 해당하는 '초(稍)' 또는 '소(捎)'자를 빠뜨린 것으로 보인다.

用金銀·色絹·爪瓜哇布·銅鐵器·鼓·板之屬.[3)]]

⑪시로 노래한다[詩曰].

아! 저 파항 왕국은	嗟彼彭坑國,
온화하여 언제나 봄이네.	溫和總是春.
산 사람을 해쳐 복을 구하고,	傷生在求福,
나무를 깎아 늘 신상을 만드네.	刻木慣爲神.
연장자를 존경하고 따르며,	尊敬惟從長,
백성에게는 납세 독촉이 없네.	催科不到民.
어찌 예악을 베풀고	焉知施禮樂,
교화하여 이륜을 펼칠 줄 알리오.	立教序彜倫.

『고금설해』(사고전서본, 권18, 2b~3a)[2-3] 파항[彭坑]

이곳은 시암[暹邏]의 서쪽에 있다. ①바위 절벽이 험준하게 둘러있으며, 멀리서 보면 평평한 성채와 같다. ②농토는 비옥하여 미곡은 풍족하다. ③기후는 따뜻하다. ④풍속은 괴기스러움을 좋아하여, 향나무를 깎아 **사람을** 만들고, 사람을 죽인 피로 제사하고 기도하여, 복을 구하고 재난을 물리친다. ⑤남녀는 방망이 모양으로 상투를 틀고, 긴 적삼을 입으며 홑겹의 치마[單**裙**]로 묶는다. ⑥부잣집의 여인들은 너덧 개의 황금 고리를 정수리 머리카락에 장식하고, 보통 사람은 오색의 **소주(燒珠**, 유리구슬) 고리를 한다. ⑦바닷물을 끓여 소금을 만

3) 색견(色絹)은 『도이지략』, 『국조전고』, 4권본 모두 일치하고 있지만, 나이지본에서만 '색단(色段)'으로 되어있다. 이로써 '색단(色段)' 또는 색단(色緞)은 바로 유색의 비단[色絹]을 뜻하는 것으로 추정할 수 있다. 또 '조와포(爪哇布)'는 『도이지략』에 '사바포(闍婆布)'로 되어있는데, 사바(闍婆)는 바로 조와(爪哇, 자바)보다 더 이전 음역 표기이다.

든다. ⑧야자즙을 발효시켜 술을 만든다. ⑨그곳에서는 황숙향(黃熟香), 침향(沈香), 편뇌(片腦), 화석(花錫, 주석), 강향(降香)이 난다. ⑩교역하는 상품은 금은, **색견(色絹)**, 자바의 베[爪哇布], 구리와 철로 만든 기물[銅鐵器], 북[鼓], 판자 등이다.

其處在暹羅之西. ①石崖周匝崎嶇, 遠望山平如寨. ②田沃, **米穀豐足**. ③氣候溫. ④風俗尚怪, 刻香木爲**人**, 殺人血祭禱, 求福禳災. ⑤男女椎**髻**, 繫單裙. ⑥富家女子金圈四五飾於頂髮, 常人五色**燒珠**穿圈. ⑦煮海爲鹽. ⑧釀漿爲酒. ⑨地產黃熟香·沈香·片腦·花錫·降香. ⑩貨用金銀·色絹·**瓜**哇布·銅鐵器·鼓·板之屬.

BOAT OF FORMOSA.

Jean-François de Galaup, comte de La Pérouse(1741~1788?), 『Charts and plates to la Pérouse's voyage』(London, 1798), No 60. 타이완의 배

30. 유구국(琉球國)[1)]

①이곳의 산 모양은 서로 껴안듯이 이 루어졌다. ②한 산은 취록[2)]

---

1) 유구[lĭəu-gʰi̯ə̯u](琉球)는 『수서(隋書)』(636년), 권3, 「수양제 본기」(67쪽)에 따르면, 대업(大業) 3년(607) 3월 계축(癸丑)일에 "우기위(羽騎尉) 주관(朱寬)을 유구국(流求國)에 사신으로 보냈다(遣羽騎尉朱寬使於流求國)"라고 하며 처음으로 역사 무대에 등장한다. 또 대업 6년(610)에는 조청대부(朝請大夫) 장진주(張鎭州[周])가 유구를 공격하여 격파했다는 사실도 기록되어 있다(74쪽). 또한 권81, 「동이열전(東夷列傳)」(1823쪽)에서는 유구[lĭəu-gʰi̯ə̯u](流求)의 위치를 "유구국(流求國)은 해도(海島) 중 하나로, 건안군(建安郡, 복건성, 천주泉州)의 동쪽과 마주하고 있고, 물길로 5일을 [항행하면] 이른다. 땅에는 산과 동(洞)이 많다(流求國, 居海島之中, 當建安郡東, 水行五日而至. 土多山洞)"라고 기술하고 있다. 상당히 길게 서술된 『수서』의 문장들은 대부분 1225년 조여괄의 『제번지』에 인용되는데, 여기 『수서』의 지리 정보에 대하여 조여괄은 "유구국은 천주의 동쪽과 마주하고 있으며, 배로 약 5~6일 거리에 있다(流求國當泉州之東, 舟行約五六日程)"라고 정리했다(『제번지역주』, 277쪽).

또한 마단림(馬端臨)의 『문헌통고(文獻通考)』(1307년), 권327(사고전서본, 4a)에는 '유구(琉球)'로 표기하고 "유구국은 바다 섬으로 천주의 동쪽에 있다. 팽호(彭湖)라는 섬이 있는데, 연기와 불빛을 서로 볼 수 있다. 물길로 5일을 [항행하면] 이른다. 땅에는 산과 동(洞)이 많다(琉球國居海島, 在泉州之東, 有島曰彭湖, 煙火相望. 水行五日而至. 土多山洞)"라고 하였다. 현 팽호섬과 본섬 가의(嘉義)현과는 단거리로 50km 안팎으로, 부산에서 대마도까지의 거리이다. 충분히 연기를 볼 수 있는 위치이다. 따라서 『수서』, 『제번지』, 『문헌통고』의 '유구'는 모두 타이완섬을 지칭하고 있다고 볼 수밖에 없다.

15세기 초 비신은 1349~1350년 왕대연의 『도이지략』의 설명을 상당 부분 가져왔다. 왕대연 역시 '유구(琉球)'로 표기하고, 팽호섬과 가깝다는 사실을 다시 한번 확인해 주고 있으며, 언급한 산물들은 타이완섬에 부합한다(『도이지략역주』, 41쪽의 후지타 도요하치의 설을 참고함). 따라서 비신의 유구(琉球) 역시 타이완섬을 지칭한다. 비신이 왕대연의 진술을 많이 참고한 점은 틀림없지만, 타이완 사람들의 실제 생활에 관한 정보(⑥과 ⑨)는 주목할만하다.

2) '취록[tsʰwi-luk](翠麓)'이라는 산에 관하여 후지타 씨는 아무런 설명을 내놓지 않았다. 쑤 지칭 씨는 주뤄산(諸羅山)으로 추정하며 "이 산은 현지 명칭으로 티루센

(翠麓), 한 산은 대기(大崎),[3] 한 산은 부두(斧頭),[4] 한 산은 중만(重曼)[5]

(Tirussen) 혹은 틸로센(Thilocen)이라 하는데, '취록'은 그 음역이다. 주뤄산은 샤먼(廈門)어로 '쭈로산(Tsulosan)'처럼 발음하고 청나라 시기에는 이곳에 주뤄(諸羅) 현을 두었고 이후에 지아이(嘉義)로 고쳤다. 항구는 분항(笨港)이라 하는데 『동서양고·동양침로』에는 망항(魍港)으로 되어있다"라고 설명했다(『도이지략교석』, 19쪽). 취록의 중고음 발음은 'tsʰwi-luk', 민(閩) 방언으로 'tʰəu|tsʰui-lu'라고 발음하므로, '취록=제라'라는 설은 수긍할 만하다.

3) 이미 『수서』(636년)의 기록에서 타이완섬에는 산과 동(洞)이 많다는 지리 정보는 이후 여러 책에서 인용되었다. 그러나 구체적으로 어떤 산이 있는지는 왕대연이 취록(翠麓), 중만(重曼), 부두(斧頭), 대기(大崎)라는 네 산을 언급한 것이 가장 빠르다. 이 정보는 비신이 순서만 바꾸어, 취록, 대기, 부두, 중만의 순으로 기록되었고, 비신의 순서는 1520년 황성증의 『서양조공전록』(교주본, 50쪽)에서도 유지되었다. 이 네 산은 본서의 유구(琉球)가 타이완섬임을 확신하게 해준다. 이 네 산 중에서 정확한 위치를 고증해 놔야 하는 산은 바로 대기산(大崎山)이다. 이 대기산은 『도이지략』과 『성사승람』의 '삼도(三島)'라는 지역을 추정하는데 결정적인 단서를 제공하기 때문이다.

먼저 왕대연은 "이 중에서 대기산(大崎山)이 가장 높고 험준하여, 팽호(彭湖)에서 바라보면 아주 가깝게 보인다"라고 설명했다. 그러므로 대기산은 팽호와 가깝고 육안으로 확인되는 위치에 있어야 한다. 대기산의 위치를 처음 고증한 학자는 후지타 도요하치일 것이다. 후지타 씨는 "본서의 대기산(大崎山)은 또한 『동서양고』의 타구자(打狗仔) 즉 지금의 타구(打狗)일 것이다"라고 하였다. 타구(打狗)는 현 가오슝(高雄)의 옛 명칭으로, 1603년 진제(陳第)의 『동번기(東番記)』에 처음으로 언급되었다. 대만 원주민인 마카타오(馬卡道) 족의 발음은 '타코(Takau)'로 의미는 '죽림(竹林)'이란 뜻이다. 가오슝의 일본어 발음은 '타카오(たかお)'인데, 바로 타구의 현지 발음 그대로이다. 그렇다면 대기산은 가오슝 인근의 산을 말하는 것일까? 왕대연이 대기산이 가장 높고 험준하여, 팽호에서 바라보면 아주 가깝게 보인다"라고 한 기술과 부합해야 한다. 그러나 현 지도로 볼 때, 가오슝 즉 타구[타코]는 해안 도시로, 인근에 높은 산은 보이지 않는다. 쑤 지칭 씨는 "그곳에는 산이 있는데, 이 때문에 대고산(大鼓山)이라 하고, 항구는 대고항(大鼓港)이라고 한다"라고 했는데(『도이지략교석』, 20쪽), '대고(大鼓)'라는

이라 부르며,[모두] 높이 솟아있고군락을 이룬 숲이다. [①其處山形抱合

음역 표기는 어디에 근거한 것인지 확인되지 않을뿐더러, 여기의 산(山) 또한 항구 또는 섬으로 읽어야 할 것이다.

명나라 장섭(張燮, 1574~1640)의 『동서양고(東西洋考)』「동양침로」 동번(東番) 항목에 "사람들이 '소동양'이라 하는데, 팽호에서 하루 밤낮을 가면 망항(魍港)에 이른다. 또 하루 밤낮을 가면 타구자(打狗仔)에 이른다(人稱爲小東洋, 從彭湖一日夜至魍港. 又一日夜至打狗仔)"라고 하였다(셰팡, 점교본, 185쪽). 여기 망항(魍港)은 네덜란드어 완칸(Wankan)으로, 지금의 부다이진(布袋鎭)이다. 또 타구자(打狗仔), 바로 타구(打狗)-가오슝이다. 이 설명대로라면, 팽호에서 타구까지는 배로 이틀 가는 거리이다. 후지타 씨처럼 대기산이 가오슝[타구]에 있는 산으로 본다면, 육안으로 팽호를 볼 수 있는 높은 산은 어디라는 말인가?

타이완에서 가장 높은 산은, 위산(玉山)으로 해발 3,952m이다. 가오슝에서 동북쪽으로 직선거리로 120km 정도 내륙에, 또 부다이진에서는 동쪽으로 80km 지점에 있는 산이다. 결국 이 위산에서 평후섬까지는 직선거리로도 130km 이상이다. 우리로 비교하자면, 제주도에서 흑산도까지 직선거리는 180km 이상이다. 그렇지만 쾌청한 날씨에 보인다는 기사가 보도된 바가 있다(2020년 11월 25일 서울신문 8면). 특히 가오슝 해안지역의 고지대라면 평후섬의 연기나 불빛을 충분히 육안으로 확인할 수 있을 것이므로, 왕대연의 진술이 과장된 것은 아닐 것이다.

그렇다면 대기(大崎)라는 산 이름은 현지의 발음을 옮긴 것인가? 음성적으로 대기[dʰ|tʰɑi-kʰię](大崎)는 타구[ta-kęu](打狗)의 또 다른 음역 표기일 수 있다. 게다가 '대기'의 민남 발음은 'tai-kia'이고 '타구'는 'tã-kau|io'이다. 한편, 중문판 위키백과[2022년 8월 19일 수정본]에 따르면, 'Patungkuonʉ', 'Saviah', 'Tongku Saveq', 'Tanungu'incu', 'Kanasi' 등의 명칭이 보이고, 또 청나라 지방지의 '설산(雪山)', 프로테스탄트 선교사 로버트 모리슨(Robert Morrison)의 이름을 딴 '모리스 산', 일본식 명칭인 '니이카 야마(新高山)' 등의 명칭이 언급되었지만, 대기(大崎)에 해당하는 음은 없다. 통쿠 사베크(Tongku Saveq)는 부눈[布農]족의 명칭으로, 가장 높은 봉우리라는 뜻이다. 이 산의 명칭이 부족마다 달랐으므로, 왕대연이 의역했을 가능성도 있다.

4) '부두[pi̯u-dʰęu](斧頭)'에 관하여, 후지타 씨는 안핑(安平)에 있는 후터우(虎頭)라고 추정했다. 후지타 씨가 근거한 자료는, 『동서양고』의 「동양침로(東洋針路)」(셰

而成.[6] ②一山曰翠麓, 一山曰大崎, 一山曰斧頭, 一山曰重曼, 高聳叢林.]

③밭은 비옥하여 곡물이 많다. ④기후는 항상 덥다. ⑤남녀는 꽃 문양을 날염한 베[花印布]로 [만든] 소매가 큰 적삼을 바지와 연결하여 입는다. ⑥그곳의 추장은 예법을 존중하고, 백성들에게 세금을 부과하지 않으며, 사람들은 모두 법을 따르다. [③田沃穀盛. ④氣候常熱. ⑤男女以花印布大袖衫連褲穿之. ⑥其酋長尊禮, 不科民下, 人皆效法.]

⑦사탕수수[甘蔗]를 빚어 술을 만든다. ⑧바닷물을 끓여 소금을 만든다. ⑨중국 책을 잘 익히고 읽으며, 옛 그림과 청동 기물을 좋아하

팡, 점교본, 182쪽)에 보이는 설명으로, "팽호섬에서 병사(丙巳, 155도) 방향으로 5경을 가면 호두산에 이르고, 호두산에서 병사(155도) 방향으로 7경을 가면 사마두오에 이른다(彭湖嶼, 用丙巳針, 五更, 取[虎頭山] 虎頭山, 用丙巳, 七更, 取沙馬頭澳)"라고 한 항해 정보이다. 역자는 『도이지략역주』에서 미처 언급하지 못했지만, 여기 『동서양고』의 호두산의 '산(山)'자는 항로를 기술하고 있으므로 섬[山]으로 읽어야지 후지타 씨처럼 현 타이난(臺南), 위징(玉井) 구에 있는 해발 251m의 야트막한 산이 아닐 것이다. 사실 안핑은 현 타이난 시의 가장 해변 쪽 구로, 후터우산이 있는 위징 구까지는 30km 이상의 거리가 있다. 이러한 거리상의 차이에 의문을 품은 쑤 지칭 씨는 안핑구 쿤선[鯤鯓] 지역의 어떤 사구(砂丘)일 것으로 추측했다. 게다가 '부[pi̯u](斧)'자와 '호[xuo](虎)'자는 자형으로 인한 혼동 가능성 외에 음성적 근접성은 없어 보인다. 따라서 역자도 타이난 안핑구 해변에 있는 호랑이 머리를 닮은 섬[山]일 것으로 생각한다.

5) 중만[dʰi̯woŋ-mi̯wɐn](重曼) 역시 후지타 씨가 앞서본 『동서앙고』에서 언급한 사마누오(沙馬頭澳)의 '사마[ṣa-ma](沙馬)'일 것이라는 막연한 추측을 한 이래 큰 진전이 없다. 쑤 지칭과 이후 셰팡 씨는 '사마두오'를 고양이 코 모양의 곶이라는 뜻으로 '마오비터우(貓鼻頭)'라고 추정한 것이 전부이다. 이에 관해서는 『도이지략역주』, 41쪽 주10을 참고하시오.

6) '성(成)'자는 『국조전고』와 나이지본 모두 '생(生)'자로 되어있다. 이에 대해 펑청쥔 씨는 교감을 빠뜨렸다. 문맥으로 볼 때, '성(成)'가 더 잘 어울린다.

고, 당나라 시체를 모방하여 시를 짓는다.[7] [⑦釀甘蔗爲酒. ⑧煮海爲鹽. ⑨能習讀中國書, 好古畫·銅器, 作詩效唐體.]

⑩이곳에서는 사금(沙金), 유황, 황랍이 난다. ⑪교역하는 상품은 진주(珍珠), 마노(瑪瑙), 자기 사발[磁碗] 등이다. [⑩地產沙金·硫黃·黃蠟. ⑪貨用珍珠·瑪瑙·磁碗之屬.]

⑫시로 노래한다[詩曰].

푸른 안개 자욱한 유구를	翠靄是琉球,
멀리서 바라보니 푸른 바다에 떠 있구나.	遐觀碧海浮.
네 산은 높이 솟구쳐 마주하고 있고,	四山高對聳,
한 줄기 강물 멀리 길게 흐르누나.	一水遠長流.
소매는 커서 이어진 바지와 겹쳤고,	袖大 復[健]連袴,[8]
머리털은 헝클어 머리 가득 모아 올렸네.	髮鬆撮滿頭.[9]

7) ⑨의 정보에 대하여 펑 청쥔 씨는 “『도이지략』의 유구(琉球)는 대만을 지칭하는데, 비신이 보탠 16자는 지금의 유구(琉球), 즉 오키나와섬에 해당한다”라고 하였다(교주본, 후집, 8쪽). 이 정보들이 왜 타이완섬에는 해당하지 않는지 이해하기 어렵다. 사신들을 수행하여 해외로 나간 경험이 있는 비신이 타이완섬과 더 동쪽에 있는 작은 섬인 오키나와섬을 혼동했을 리는 없어 보인다.

8) ‘건(健)’자는 나이지본에서도 확인되지만, 의미를 새기기 어렵다. 『국조전고』본에는 ‘복(復)’자로 되어있다. 6구와 대구를 고려하여 ‘복(復)’자로 고쳤다. 19세기 초 문순득(文淳得)의 표류기에 따르면, “유구에는 바지[袴]가 없고 긴 저고리[長襦]만 입는다. 길이는 발에 이르며 소매는 팔꿈치를 움직일 정도로 다닐 때는 걷어 올린다. 남녀의 [옷]에 다른 점은 없다. 베로 하반신을 감싼다(琉球無袴, 只衣長襦. 長至於足, 袂可運肘, 行則褰扱. 男女無異制. 布裹下體)”라고 하였다(『표해시말』, 영인본, 21엽-8행). 이와 비교해보면, 비신의 ‘유구’가 타이완을 지칭하고 있음을 알 수 있다.

9) 이 구는 본문에 보이지 않는 정보를 담고 있다. 『도이지략』에 “남자와 부인은 머

백성들은 시와 예를 숭상하니,	土民崇詩禮,
다른 곳이 짝할 수 있겠는가.	他[化]處若能儔.[10]

[4권본에는 보이지 않는다]
『도이지략』, 유구(琉球) : 지세는 넓고 크며, 숲의 나무들은 아름드리이다. 취록(翠麓), 중만(重曼), 부두(斧頭), 대기(大崎)라는 산이 있다. 이 중에서 대기산(大崎山)이 가장 높고 험준하여, 팽호에서 바라보면 아주 가깝게 보인다. 내가 이 산에 올라 조수가 들고 나는 것을 살폈고, 한밤중에는 양곡(暘谷)의 일출을 바라보면, 붉은빛이 하늘에 닿아 산 정상이 모두 환해졌다. 땅은 윤택하고 전토는 비옥하여 농사에 적합하다. 기후는 비교적 따뜻하여 사람들은 팽호와 차이가 없다고 [한다]. 물에서는 배가 없어 뗏목으로 건너다닌다. 남자와 부인은 머리를 말아 올리고 화포(花布)로 적삼을 만들어 입는다. 바닷물을 끓여 소금을 만들고 사탕수수[蔗]즙을 발효시켜 술을 만든다. 번주(番主)인 추장을 존경할 줄 알고, 부자간에는 골육의 정이 있다. 다른 나라 사람들이 죄를 짓기라도 하면 산채로 그 살을 베어내 먹고, 그 머리를 취해 나무 장대에 건다. 그곳에는 사금(沙金), **황두(黃荳)**, **서자(黍子)**, 유황(硫黃), 황랍(黃蠟), **녹(鹿)**, **표(豹)**, **궤피(麂皮)**가 난다. **토주(土珠)**, 마노(瑪瑙), 진주(珍珠), 조완(粗碗), 처주(處州)의 자기(磁器) 등을 교역한다. 해외의 나라들은 대체로 여기에서부터 [교역을] 시작한다.

리를 말아 올린다(男子婦人拳髮)"라고 한 정보를 표현한 것으로 보인다. 여기의 '권발(拳髮)'은 곱슬머리를 뜻하지만, '권(卷)'자로 읽어, 머리를 말아 올리는 것으로 이해한다.

10) '타(他)'자는 저본과 나이지본에 '화(化)'자로 잘못되어있어, 『국조전고』본에 따라 고쳤다.

地勢盤穹, 林木合抱. 山曰翠麓, 曰重曼, 曰斧頭, 曰大峙. 其峙山極高峻, 自彭湖望之甚近. 余登此山則觀海潮之消長, 夜半則望暘谷之出, 紅光燭天, 山頂爲之俱明. 土潤田沃, 宜稼穡. 氣候漸暖, 俗與彭湖差異. 水無舟楫, 以筏濟之. 男子婦人拳髮, 以花布爲衫. 煮海水爲鹽, 釀蔗漿爲酒. 知番主酋長之尊, 有父子骨肉之義. 他國之人倘有所犯, 則生割其肉以啖之, 取其頭懸木竿. 地產沙金·黃荳·黍子·琉黃·黃蠟·鹿·豹·麂皮. 貿易之貨, 用土珠·瑪瑙·金珠·粗碗·處州磁器之屬. 海外諸國蓋由此始.

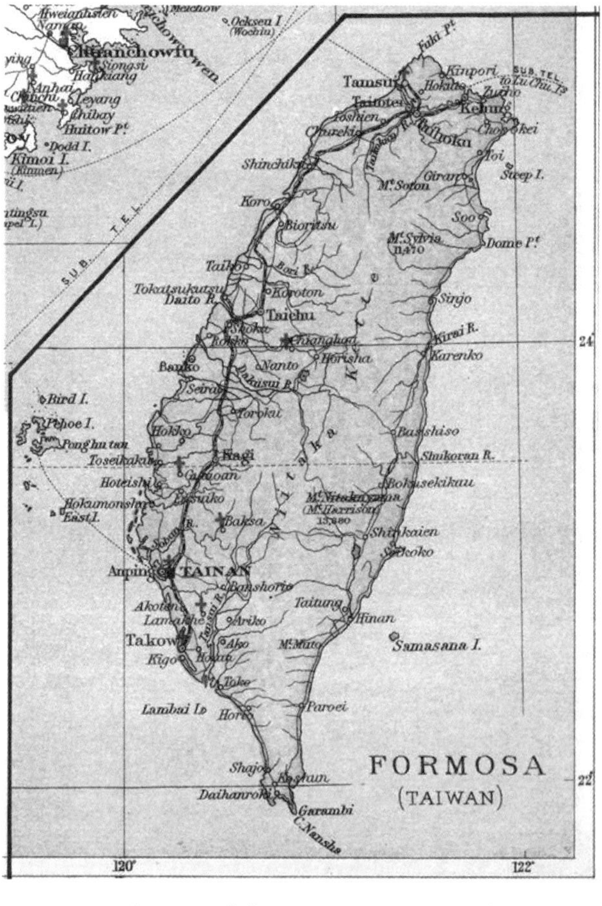

Edward Stanford(1827~1904), 『Atlas of the Chinese Empire』(London, 1908).

31. 삼도국(三島國)[1]

1) '삼도(三島)'는 조여괄(趙汝适)의 『제번지』에 삼서(三嶼)로 되어있다. 비신은 확실히 왕대연(汪大淵)의 『도이지략』 기술을 따르고 있다. 삼서(三嶼) 또는 삼도(三島)는 확실히 중국식 의역 명칭이다. 이 '세 섬'은 조언위(趙彥衛)의 『운록만초(雲麓漫抄)』(1206년), 권5(사고전서본, 2a)에 "파사란, 마일, 삼서, 포리환, 백포미국에서는 길패포(吉貝布)와 길패로 만든 사롱[吉貝紗]이 난다(波斯蘭·麻逸·三嶼·蒲哩喚·白蒲邇國, 則有吉貝布·吉貝紗)"라는 기술에서 언급되기 시작했다. 다시 말하자면 13세기 초부터 '세 섬'으로 통칭되며 알려졌다는 뜻이다. 여기에서 마일(麻逸)과 삼서(三嶼)가 나란히 언급되어 있다는 점, 네 번째로 언급한 나라인 '포리환(蒲哩喚)'이라는 나라는 『제번지(諸蕃志)』(1225년)에 보이는 포리로(蒲里嚕, Polillo)의 잘못된 표기로 보이는데, 역시 『제번지』에서 나란히 언급된다는 점에 주목할 필요가 있다.

이 '세 섬'에 관한 기록은 『제번지』의 기술이 제일 이르다. 조여괄은 "삼서(三嶼)는 마일(麻逸)에 속해 있는 가마연(加麻延), 파모유(巴姥酉), 파길농(巴吉弄)을 말한다. 각각 종족과 부락을 형성하여 도서 지역에 흩어져 살다가 [외래의] 배가 이르면 나와서 교역하는데, 이들을 모두 묶어서 '삼서'라고 한다(三嶼乃麻逸之屬, 曰加麻延·巴姥酉·巴吉弄, 各有種落, 散居島嶼, 舶舟至則出而貿易, 總謂之三嶼)"라고 하며 '삼서(三嶼)'가 '세 섬'의 통칭임을 확인해 준다(사고전서본, 권상, 45a). 여기서 '모(姥)'자의 발음에는 '로(lɑu)'의 음가도 있다. 아래에서 보게 될 서양학자들이 '파모유'를 팔라완(Palawan)으로 추정하는 근거는 바로 '로(lɑu)'라는 음가를 채택했기 때문이다. 조여괄은 이어서 "이들의 풍속은 대략 마일(麻逸)과 같다(其風俗大略與麻逸同)"라고 하며 마일(麻逸)과의 연관성을 시사하고 있지만, 실제 언급한 '세 섬'의 위치에 관해서는 침묵하고 있다.

『도이지략』보다 20년 뒤에 편찬된 『원사(元史)』(1370년), 권210, 「삼서전(三嶼傳)」(4668쪽)에, "삼서국은 유구(瑠求)와 가깝다(三嶼國, 近瑠求)"라고 하였을 뿐 어느 방향인지 언급하지 않았다. 이어서 평장정사(平章政事) 백안(伯顏)이 상소한 말에 "작년(1292년)에 유구(瑠求)에 들어갈 때, [우리의] 군선이 이 나라에 들린 적이 있습니다. 나라 사람들이 식량을 이바지하고 우리 장교들을 묵게 해 주었는데, 다른 의도가 없었습니다(去年入瑠求, 軍船過其國, 國人餉以糧食, 館我將校, 無它志也)"라고 하였다. '입유구(入瑠求)'라는 의미를 파악하기 애매하다. '입(入)'자를 '들어가다'는 미래형으로 읽을 것인지, 아니면 '들어갔다'는 과거형으로 읽느냐에 따라 '삼서'의 위치가 달라진다. 말하자면 '들어갈 때'라고 하면 타이완섬 이전이라는 말이고, '들어갔을 때'로 새기면 타이완섬에서 '삼서'에 들렸다는 말이 된다. 이미 천주(泉州)와 타이완섬 사이에는 펑후 군도가 차지하고 있으므로, 타이완섬에 '들어갔을 때'라는 의미로 읽어야 할 것 같다. 타이완섬과 가깝다는 점은 분명하지만, 역시 그 방향과 위치는 확인할 수 없다.

이들 '세 섬'의 위치를 언급한 사람이 바로 왕대연으로, 그는 『도이지략』(1349~1350년)에 '삼도(三島)'라는 항목을 두고 "[유구(琉球)의] 대기산(大崎山) 동쪽에 있으며, 섬들은 세 발의 솥처럼 나뉘어 있다(居大奇山之東, 嶼分鼎峙)"라고 하였다. 여기 대기산(大崎山)은 우리가 앞서 추정한 타이완섬인 유구(琉球)의 산이다. 또 이 산을 우리는 타이완섬에서 가장 높은 산인 위산[玉山]일 것으로 추정한 바 있다. 어쨌든 이 산이 타이완섬의 내륙에 있는 다른 산을 말할지라도, 타이완섬의 동쪽임은 분명하다.

'세 섬'의 위치를 추정하기 위해서는 다시 『제번지』로 돌아가 가마연[ka-ma-0i̯ɛn](加麻延), 파모유[pa-muo|lau-0i̯ęu](巴姥酉), 파길농[pa-ki̯ĕt-luŋ](巴吉弄)이란 곳을 추정해 보는 수밖에 없다. 라우퍼 씨는 [조여괄이 언급한] "세 섬[三嶼]은 아마도 부수앙가(Busuanga), 칼라미안(Calamian), 그리고 페농 데 코란(Peñon de Coran)일 것이다. 조여괄이 언급한 장소 중에서 백포연(白蒲延)은 루손의 북쪽에 있는 바부얀(Babuyan)으로, 포리로(蒲里嚕)는 루손의 동쪽에 있는 포릴로(Polillo)로 추정할 수 있을 것이다"라는 생각을 피력했다(「The relations of the Chinese to the Philippine Islands」, in 『Smithsonian Miscellaneous Collections』(1908년), 252쪽 주 1). 이에 따라, 히어트와 록힐은 '가마연'을 팔라완(Palawan) 북동쪽에 있는 칼라미언(Calamianes) 군도 중 가장 큰 섬인 칼라미언(Calamian) 섬으로, '파모유'를 팔라완으로, '파길농'을 부수앙가(Busuanga)섬으로 추측하고, 라우퍼 씨가 '파모유'를 페농 데 코란(Peñon de Coran)으로 추정한 것을 언급하며, 이 섬은 부수앙가의 동단에 있고 제비집[燕窩]이 나는 곳으로 잘 알려졌다고 설명했다(『조여괄』, 162쪽). 요컨대 이들은 모두 필리핀 팔라완 주의 도서 지역으로 민도로 섬 서남쪽의 섬들을 지칭하고 있다. 타이완 가오슝과 부수앙가섬은 직선거리로 1,100km 이상이다. 첫째, '삼서'는 타이완의 동쪽에 있다는 왕대연의 기술과 맞지 않고, 타이완섬과 가깝다는 『원사』의 거리와도 부합하지 않는다.

이러한 상치되는 점을 고려한 것인지는 모르지만, 후지타 도요하치는 마일

(麻逸, 민도로)에 속한다는 왕대연의 기술에서 착안하여, “루손섬 서남쪽 모퉁이인 시에라 드 마리벨스(Sierra de Mariveles)의 옛 명칭이 ‘카마야(Camaya)’인데, ‘가마연’일 것이다. 『제번지』의 파길농이 『도이지략』에서는 ‘파농길(巴弄吉)’로 되어있는데, 발랑가(Balanga)에 해당하는 음으로, ‘길농’ 두 글자가 도치된 것이다. 파모유는 『동서양고』의 파모원(巴姥圓, Palawan)과 거의 같지만, 루손섬 남단에는 발라얀(Balanyan)이 있으므로 파모유는 발라얀에 해당하는 음일 것이다. 요컨대, 삼서(三嶼)는 루손섬의 서남쪽 일대로 필리핀 열도에서는 동북쪽 모퉁이에 기대어 있다고 할 수 있다”라고 하며(『도이지략교주』, 7쪽), ‘세 섬’을 마닐라 서쪽과 남쪽으로, 즉 팔라완 도서에서 동북쪽으로 더 끌어 올렸다. 이로써 가오슝과 마닐라까지는 900km 정도로 이전보다 가까워졌다.

왕대연은 자신의 견문 기록에서 ‘세 섬’을 특정하지 않고, 그 밖의 섬들을 들어 “그다음은 답배(答陪), 해섬(海瞻), 파농길(巴弄吉), 포리로(蒲里咾), 동류리(東流里)라는 곳이 있다(次曰答陪, 曰海瞻, 曰巴弄吉, 曰蒲里咾, 曰東流里)”라고 하였다. 여기 ‘파농길’은 후지타 씨가 추정한 것처럼 『제번지』의 ‘파길농’을 말할 것이다. 그렇다면 ‘파길농’은 ‘세 섬’에 들어가지 않는다는 말이다.

다시 상기하자면, 타이완섬의 동쪽이라고 한 왕대연의 기술이 타이완섬의 남쪽이라고 수정해야만 이상 학자들의 추정에 부합한다. 사실 타이완섬의 동쪽(동북쪽)으로도 일본 오키나와 현에 속하는 다케토미조, 이사카기시, 미야코지마시 등의 섬들이 보인다. 이 섬들은 무엇보다도 『제번지』에서 말하는 ‘세 섬’과 음성적으로 전혀 관계가 없고, 또, 왕대연의 진행 방향은 펑후, 타이난, 가오슝, 헝춘으로 이어지고 있으므로, 왕대연의 ‘동(東)’은 ‘남(南)’의 잘못으로 읽을 수밖에 없다. 천주에서 동남쪽으로 항해해 왔던 왕대연의 방향감각은 여전히 동쪽으로 항해하고 있다는 착각이 있을 수 있다.

타이완섬의 남쪽을 말한다면 타이완섬과 가까워야 한다는 두 번째 조건에는 부합해야 한다. 『제번지』를 살펴보면, 일반적으로 민도로섬으로 추정하는 마일(麻逸)은 기술되어 있지만, 그보다 더 큰 섬인 루손섬은 언급이 없다. 타이완섬 헝춘에서 루손섬 북단까지는 직선거리로 370km 남짓이다. 타이완과 가장 가까우면서 『도이지략』에서 언급한 것처럼, 천주(泉州)에 와서 교역하고 돈을 들여 문신하며, 목면화와 황랍을 생산하고, 붉은 구리, 푸른 문양이 들어간 백자기, 꽃문양을 날염한 베를 수입하는 나라라면, 우리는 루손섬을 생각할 수밖에 없다.

①이곳은 대만[琉球]의 대기산(大崎山)의 동쪽과 세 발 솥처럼 마주하고 있다. ②쌓인 암석과 층층의 이어진 산들이 있고, 사람들을 그 가장자리에 의지하여 산다. ③밭이 척박하여 수확이 적다. 바다에서 그물로 물고기를 잡고, 베 짜는 일을 생업으로 삼는다. [①其處與琉球大崎山之東鼎峙. ②有壘石層巒[蠻], 民倚邊而居.[2] ③田瘠少收. 以網魚於海, 織布爲業.]

④풍속은 질박함을 높이 산다. ⑤남자들은 곱슬머리이고, 부녀들은 몽둥이 모양으로 상투한다. 홑겹의 베를 걸쳐 옷으로 삼으며, 재봉

사실 '여송[ljwo-suoŋ](呂宋)'이란 타갈로그어 '루송(lusong)'을 음역한 표기는 늦은 명나라 시기에 적용되었다. 그렇다면, 루손섬 북쪽 바부얀(Babuyan) 제도의 칼라얀(Calayan), 푸가(Fuga), 카미귄(Camiguin) 섬들은 왕대연의 말처럼 세 발 솥처럼 삼각형을 이루고 있고, 루손섬 북단과 푸가섬은 30km 정도이다. 이 섬들은 모두 루손섬의 부속 도서이다.

이로써 보면, 조여괄이 마일국의 속령으로 삼서(三嶼), 백포연(白蒲延), 리은(里銀), 동류(東流), 신리한(新里漢)을 든 이유가 이해된다. 따라서 역자는 이전 학자들과 달리 삼서(三嶼) 또는 삼도(三島)는 루손섬 북단의 섬들로 볼 것을 제안한다. 조여괄이 든 '세 섬'을 고증해 내는 것은 무의미하다. 왜냐하면 직접 견문을 기록했다고 한 왕대연은 '삼도'에서 조여괄이 세 섬 중 하나로 언급한 '파길농(巴吉弄)'을 '세 섬' 이외의 섬으로 들었고, 이 도서 지역은 '여송'으로만 알려졌기 때문이다. 이렇게 삼서를 루손섬 북쪽으로 추정해야 타이완섬과 가깝다는 조건에 충족시킬 수 있다. 마일(麻逸)에 관한 자세한 설명은 본서의 해당 조목의 해제를 참고하시오.

2) 저본인 천일각본 원문은 "포개진 암석층이 있고, 오랑캐 백성들은 가장자리에 기대어 산다(有壘石層, 蠻民倚邊而居)"라고 되어있다. 이 문장은 왕대연의 『도이지략』, 삼도(三島) 조목에 "첩첩의 산과 층층의 이어진 산이 있고, 사람들이 그 가장자리를 따라서 산다(有疊山層巒, 民傍緣居之)"라고 하였고, 등사룡의 『국조전고』(2096쪽)에 "有壘石層巒, 民倚邊而居"라고 하였으므로, '만(蠻)'자는 '만(巒)'자로 교정해야 할 것 같다.

질을 할 줄 모른다. ⑥남자들은 배를 빌려 타고 중국에 가지만, 그 자산을 탕진하고, 몸만 원래 살던 곳으로 돌아가면, 마을 사람들은 잘한 일[能事]이라고 하며, 그를 유덕하다고 존경하고, 부모 형제들 모두 그것을 칭찬한다.[3] ⑦바닷물을 끓여 소금을 만든다. ⑧사탕수수즙[蔗漿]으로 술을 빚는다. [④俗尙朴質. ⑤男生拳髮,[4] 婦女椎髻. 單布披之爲衣, 不解裁縫. ⑥凡男子得附舶之中國, 然罄其資, 身歸本處, 鄉人稱爲能事, 尊之有德, 父兄皆讚焉. ⑦煮海爲鹽. ⑧釀蔗漿爲酒.]

⑨이곳에서는 황랍, 목면의 베가 난다. ⑩교역하는 상품은 금은, 자기, 쇳덩이[鐵塊] 등이다. [⑨地產黃蠟·木綿布.[5] ⑩貨用金銀·磁器·鐵塊之屬.]

---

3) 이상 ⑥의 정보는 상당히 이해하기 어렵다. 조여괄의 『제번지』에는 보이지 않는 정보이다. 『도이지략』에는 "남자들은 선박을 타고 천주(泉州)에 이르러 장사를 하며 돈주머니를 다 쓰고, 몸에 문신을 새긴다. 그 나라로 돌아가면 나라 사람들이 그를 추장으로 예우하여 윗자리로 영접하는데, 부로(父老)라고 해도 그 자리를 다툴 수 없다(男子嘗附舶至泉州經紀, 罄其資囊, 以文其身. 旣歸其國, 則國人以尊長之禮待之, 延之上座, 雖父老亦不得與爭焉)"라고 하였다. 아마도 이 문장들을 비신이 베껴 쓰면서 잘못 정리한 것으로 보인다.

4) 이 문장[男生拳髮]은 『국조전고』본과 나이지본, 모두 같은 문장을 보여주지만, 『도이지략』에 "男頂拳[髮]"으로 되어있다. '권발(卷髮)'이란 표현은 곱슬머리를 말한다. 역자는 『바다와 문명: 도이지략역주』(44쪽)에서 '정(頂)'자 때문에, '정수리에 머리를 말아 올린다'라는 의미로 번역했었다. 비신은 '남성(男頂)' 대신에 '남생(男生)' 즉 남자를 제시하고 있으므로, 남자들은 곱슬머리라는 뜻일 것이지만, 그 의미가 분명한 것은 아니다.

5) '목면포(木綿布)'는 『제번지』에서 말하는 길패(吉貝)에 해당하는 산물이다. 하지만 『도이지략』에 '목면과 화포(木棉·花布)'로 되어있다. '화포(花布)'란 꽃문양 베를 말하는데, 『도이지략』에서 이곳의 교역 상품 중에는 '꽃문양을 날염한 작은 베[小花印布]'가 들어있는 것으로 보아, '목면의 베'로 보는 것이 타당할 것이다.

⑪시로 노래한다[詩曰].

아득한 세 섬의 나라는	幽然三島國,
꽃과 나무 무성하여 항상 봄이네.	花木茂常春.
기질이 솔직하면서도 더욱 순박하고	氣質尤宜朴,
옷에는 꿰매 이을 줄 모르네.	裳衣不解紉.
놀다 돌아오면 덕을 칭찬하며,	游歸名讚德,
축하하는 술을 자주 기울이네.	賀禮酒頻傾.
먼 영외의 남쪽에서 골라 노래하며	採吟荒嶠外,
시구를 얻으려 배회하네.	得句自逡巡.

[4권본에는 보이지 않는다]
『도이지략』, 삼도(三島): 대기산(大崎山)의 동쪽에 있으며, 섬은 세 발의 솥처럼 나뉘어 겹겹의 산과 층층의 봉우리가 있고, 사람들은 그 가장자리를 따라서 산다. 농토[田土]는 척박하고 곡식은 적으며, 풍속은 질박하며 기후는 조금씩 온난함이 다르다. 남녀 중에는 흰 사람이 있다. 남자는 정수리에 머리를 말아 올리고, 부인들은 상투를 틀고, 모두 홑겹의 옷을 입는다. 남자들은 선박을 타고 천주(泉州)에 이르러 장사를 하며 돈주머니를 다 쓰고, 몸에 문신을 새긴다. 그 나라로 돌아가면 나라 사람들이 그를 추장으로 예우하여 윗자리로 영접하는데, 부로(父老)라고 해도 그 자리를 다툴 수 없다. 습속에 중국에 다녀온 것을 높이 사기 때문이다. 사람들은 바닷물을 끓여 소금을 만들고, 사탕수수즙을 발효시켜 술을 만든다. 추장이 있다. 땅에서는 황랍(黃蠟), 목면, 화포(花布)가 난다. **교역하는 재화로는 동주(銅珠), 청백화완(青白花碗), 소화인포(小花印布), 쇳덩이 등을 사용한다. 그다음은 답배(答陪), 해섬(海贍), 파농길(巴弄吉), 포리로(蒲里咾), 동류리(東流里)라는 곳이 있다.** 그다지 특이한 산물이 없으므로 여기에

붙여 놓을 따름이다.[6]

居大奇山之東, 嶼分鼎峙, 有疊山層巒, 民傍緣居之. 田瘠穀少, 俗質朴, 氣候差暖. 男女間有白者. 男頂拳[髮], 婦人椎髻, 俱披單衣. 男子嘗附舶至泉州經紀, 罄其資囊, 以文其身. 既歸其國, 則國人以尊長之禮待之, 延之上座, 雖父老亦不得與爭焉. 習俗以其至唐, 故貴之也. 民煮海爲鹽, 釀蔗漿爲酒. 有酋長. 地產黃臘·木棉·花布. 貿易之貨, 用銅珠·青白花碗·小花印布·鐵塊之屬. 次曰答陪, 曰海贍, 曰巴弄吉, 曰蒲里咾, 曰東流里. 無甚異產, 故附此耳.

6) 자세한 주석 사항은 『도이지략역주』, 44~50쪽을 참고하시오.

32. 마닐라 왕국[麻逸國][1)]

1) 마일[ma-0i̯ět](麻逸)은 1225년 조여괄의 『제번지(諸蕃志)』에 별도의 항목으로 기술되어 있다. “마일국(麻逸國)은 브루나이[渤泥國]의 북쪽에 있다. 1천여 가구가 모여 살고 계곡을 끼고 산다. 토착민들은 천을 이불처럼 덮거나 천을 허리에 둘러, 몸을 가린다. 구리로 만든 불상들이 들판에 흩어져 있지만, 유래하는 바는 모른다. 도둑이 적다. *이 나라 경계로 상선이 입항하면 관영 시장[官場] 앞에 체류한다. 관영 시장[官場]은 거래가 이루어지는 곳이다.* [사람들은] 배에 올라 그들과 함께 산다. 추장은 매일 일산을 사용하므로 상인들은 반드시 그것을 가져와 선물로 삼는다. 교역하는 예를 들자면, 만고(蠻賈, 이민족 장사치)들이 빼곡히 이르러 광주리로 물건들을 옮겨가는데, 처음에는 알지 못하지만, 차차 물건을 가져간 사람을 알게 되는데, 그래도 유실되는 것은 없다. 이민족 장사치들은 이내 그 물건을 다른 섬에 들여가 교역하고 모두 8~9월이면 돌아와, 번 것에 따라 상선에 갚는다. 시기를 넘기고 돌아오지 않는 자도 있다. 그러므로 마일(麻逸)에 팔러 간 선박이 가장 늦게 돌아온다. …토산으로 황랍(黃蠟), 길패(吉貝), 진주, 대모(瑇瑁), 약빈랑(藥檳榔), 우달포(于達布)가 있다. 상인들은 자기, 금(金), 쇠솥[鐵鼎], 흑연[烏鉛], 오색의 유리구슬[五色瑠璃珠], 쇠바늘[鐵針] 등으로 교역한다(麻逸國, 在渤泥之北, 團聚千餘家, 夾溪而居. 土人披布如被, 或腰布蔽體. 有銅佛像, 散布草野, 不知所自. 盜少. 至其境, 商舶入港, 駐於官場前, 官場者, 其國闤闠之所也, 登舟與之雜處. 酋長日用白傘, 故商人必賚以爲賮. 交易之例, 蠻賈叢至, 隨篋簹搬取物貨而去, 初若不可曉, 徐辨認搬貨之人, 亦無遺失. 蠻賈迺以其貨轉入他島嶼貿易, 率至八九月始歸, 以其所得準償舶商, 亦有過期不歸者. 故販麻逸舶回最晚. …土產黃蠟·吉貝·眞珠·瑇瑁·藥檳榔·于達布. 商人用甆器·貨金·鐵鼎·烏鉛·五色瑠璃珠·鐵針等博易)”라고 하였다. 역자가 『제번지역주』, 270쪽에서 한 번역은, 특히 이탤릭체로 표시한 부분이 매우 잘못되어, 이 기회를 통해 바로잡는다.

조여괄의 이 기술은 자체적으로 모순이 있다. 마일(麻逸)의 관장(官場)에서 이민족 장사치들이 물건을 가져가 인근지역에 가서 장사하고 돌아와 가져간 물건값을 치르는 교역방식을 설명하고 있다. 출발점이 마일 관장인데, 어떻게 ‘마일’로 팔러 간 배가 가장 늦게 돌아온다는 말인지 이해되지 않는다.

한편 1349~1350년 왕대연은 『도이지략』에서 “산세는 평평하고 넓으며, 협곡에 부락을 이루었고, 전토는 비옥하며 기후는 조금 따뜻하다. 풍속은 절의(節

義)를 숭상한다. 남녀가 상투를 틀고 푸른 베로 만든 적삼을 입는다. 부인은 남편이 죽으면 머리를 자르고 7일 동안 먹지 않으며, [죽은] 남편과 함께 자는데, 대부분 죽음에 이른다. 7일 뒤에도 죽지 않으면 친척들이 음식을 권한다. 행여 살더라도 종신토록 절개를 고치지 않는다. 심지어 남편이 죽고 시신을 불태울 때 불에 뛰어들어 죽는다. 부유한 두목들의 상에는 노비 2~30명을 죽여 순장한다. 사람들은 바닷물을 끓여 소금을 만들고 사탕수수를 발효시켜 술을 만든다. 땅에는 목면, 황랍, 대모(玳瑁), 빈랑, 화포(花布)가 난다. 동정(銅鼎), 쇳덩이, 오채홍포(五采紅布), 홍견(紅絹), 아정(牙錠) 등을 교역한다. 오랑캐 상인들은 값을 상의하고 [물건을 가져가] 토속 상품과 교역한 뒤에 [그에] 준하여 선박 상인에게 갚는다. 시종일관 믿음을 지키며 약속을 어기지 않는다"라고 기술했다. 원문과 자세한 주석 사항은 『도이지략역주』, 51~54쪽을 참고하시오.

이상 조여괄과 왕대연의 마일(麻逸)은 산물로 보아 대략 같은 곳임을 알 수 있다. 처음으로 이 '마일(麻逸)'이란 곳을 필리핀 민도로섬으로 연결 지은 학자는 블루멘트리트(Ferdinand Blumentritt)이다. 그는 『필리핀의 민족 연구(Versuch einer ethnographie der Philippinen)』(Gotha, 1882), 65쪽에서, 민도로(Mindoro)가 옛날 '마이트(Mait)'라고 설명했다. 이어서 1892년에는 중국 자료에서 언급한 '마일'의 추정 지역으로, 루손의 옛 명칭으로서의 마일, 바이(Bay)의 옛 명칭으로서의 라구나 드 바이(Laguna de Bay), 불라칸(Bulacan)과 불라칸 타갈로그인 지역의 우두머리였던 가트마이탄(Gatmaitan, '마이탄(Maitan)의 우두머리'라는 뜻) 등 세 지역을 제시했다(Go Bon Juan, 「Ma'I in Chinese Records—Mindoro or Bai?」, 『Philippine Studies』, 53-1(2005), 131쪽). 결국 1882년 '민도로=마일'설을 바꾸었다. 그렇지만, 라우퍼(B. Laufer)는 블루멘트리트의 1882년 설을 다시 들고나와, "중국인들은 루손보다 이른 시기에 민도로섬을 알았을 가능성이 크다. 바로 이 민도로섬에서 1571년 스페인 사람들과 중국인이 처음으로 만났다. [조여괄이 언급한] 세 섬[三嶼]은 아마도 부수앙가(Busuanga), 칼라미안(Calamian), 그리고 페농 데 코란(Peñon de Coran)일 것이다"라고 하면서 마일(麻逸)의 위치를 민도로섬으로 되돌렸다(「The relations of the Chinese to the Philippine Islands」, in 『Smithsonian Miscellaneous Collections』(1908년), 252쪽 주1). 이러한 라우퍼 씨의 설은 히어트와 록힐의 『조여괄』(160쪽), 펑청쥔의 『제번지교주』(81쪽), 후지타 도요하치의 『도이지략교주』(10쪽), 쑤지칭의 『도이지략교석』(35쪽)에서 그대로 받아들여졌다.

마이트와 마일[ma-0i̯ĕt](麻逸)의 음성적 근접성은 상당히 만족스럽다. 마일(麻逸)이 민도로섬이라고 한다면, 방향은 브루나이 북쪽이 아니라 동북쪽이다. 조언위(趙彦衛)의 『운록만초(雲麓漫抄)』(1206년)에는 길패(吉貝)가 나는 곳으로 파사란(波斯蘭), 마일(麻逸), 삼서(三嶼), 포리환(蒲哩喚, 蒲哩嚕의 잘못으로 보임) 등을 들었는데(사고전서본, 권5, 20a), 필리핀의 같은 지역에 있음을 암시하고 있다. 또한 『문헌통고(文獻通考)』(1307년), 권332, 참파[占城] 조목에서(사고전서본, 19b) "동쪽으로 마일국(麻逸國)과 2일 거리에 있다(東去麻逸國二日程)"라고 하였다. 따라서 민도로=마이트=마일의 등식은 그럴법하게 성립하지만, 처음으로 돌아가 블루멘트리트가 추정한 세 곳에 대해 고증이 남아 있다. 마일=불라칸설은 음성적으로 어울리지 않는다. 둘째, 바이(Bai)는 마일(麻逸)의 '일'자가 가지는 입성의 종성을 설명할 수 없지만, 중국 남방 민월(閩粵) 방언에는 'yi'에 해당하는 발음을 찾을 수 있다. 그래도 'b'와 'm'의 차이를 극복해야 하지만, '바이(Bay)', 이 지역은 마닐라 구역이다. 따라서 우리는 마일은 마닐라일 가능성을 찾아야 한다.

이제 역자는 '마이트=마일=마닐라'설을 제기하고자 한다. 가령 마일(麻逸)이 민도로섬이라고 한다면, 그보다 더 큰 섬으로, 오늘날 필리핀의 수도인 마닐라가 있는 루손섬이 기록되지 않았다는 것은 이해하기 어렵다. 왕대연의 기록에 따르면, 삼도(三島)의 사람들은 천주에 와서 문신하기를 영광스럽게 생각한다는 증언이 보인다. 홍콩에서 루손섬 북단까지는 직선거리로 대략 800km로, 부산에서 도쿄까지의 거리보다 가깝다. 그렇지만 루손섬은 '여송(呂宋)'으로 음역되어, 명나라 시대부터 나타난다. 이러한 정황들은 루손섬이 명나라 이전 시기에 다른 이름으로 알려져 교역되었음을 충분히 짐작게 한다.

마닐라는 지금까지 연구된 어원으로 'may+nilad'와 'may+nila'에서 나왔다는 두 가지 설이 있다. 말하자면 '닐라드(nilad)' 또는 '닐라(nila)'라는 식물이 '나는' 또는 '풍부한' 지역 또는 도시라는 의미이고 닐라드 또는 닐라는 산스크리트어로 인디고(indigo), 즉 우리의 쪽[藍]을 뜻한다고 한다(Joseph Baumgartner, 「Manila-Maynilad or Maynila?」, 『Philippine Quarterly of Culture and Society』, 3(1975), 52쪽). 이로써 추정하건대, 조여괄의 마일(麻逸)은 바로 '마이(may)'에 해당하는 음이다. 따라서 송나라 시기에 이미 루손섬이 '마닐라' 즉 '마일'로 알려져 있었다고 추론할 수 있다. 우리는 이제 조여괄이 마일(麻逸)의 속령으로 삼서(三嶼), 백포연(白蒲延), 포리로(蒲里嚕), 리은(里銀), 동류(東流), 신리한(新里漢)을 든 이유와 삼서(三嶼)를 기술하면서 "'삼서(三嶼)'은 마일에 속한다"라고 한 설명을 이해할 수 있다. 또 왕대연이 삼도(三島) 이외의 섬으로 답배(答陪), 해섬(海贍), 파농길(巴弄吉), 포리로(蒲里咾), 동류리(東流里) 등의 부속 도서를 언급한 이유를 이해할 수 있다. 지나가면서, 역자는 지난 『제번지역주』(271쪽)에서 '리은동류신리한'을 끊어 읽지 못하고 그대로 붙여 놓았었다. 이 지면을 빌려 위와 같이 떼어 읽기를 제안한다.

4권본 『성사승람』, 즉 『고금설해』와 『기록휘편』본에는 마일(麻逸)이 '마일동[ma-0jĕt-tuŋ](麻逸凍)'으로 표기되어있다. 만약 '마일'이 마이트(Mait)에 해당하는 음이라면, '동(凍)'에 해당하는 음가는 무엇인가? 4권본에서 마일동(麻逸凍)을 기술한 내용이 일치하는 점을 보면, 마일(麻逸)=마일동(麻逸凍)임에는 분명하다. 이에 대하여, 고염무(顧炎武, 1613~1682)는 『천하군국리병서(天下郡國利病書)』, 권47(사부총간본, 49a)에서 [점성(占城)에서] "동쪽으로 2일 거리에 마일국(麻逸國)이 있고【마일(摩逸)이라고도 한다. 순니(淳泥, '순(淳)'자는 '발(浡)'자의 잘못으로 보임)에서 30일 거리에 있다. 태평흥국(太平興國) 연간에 사년(士年)이 보화를 싣고 광주에 이르렀다. 지금의 명칭은 마일동(麻逸凍)이다】, 물길로 하루면 동서축(東西竺)에 이른다(東去麻逸國二日程【一名摩逸. 去淳泥三十日程. 太平興国士年載宝貨至廣州. 今名麻逸凍】, 水行一日至東西竺)"라고 하였다.

그러나 비신의 『성사승람』 전집에 수록된 랑카수카[龍牙犀角]는 4권본에 '용아가모(龍牙加貌)'로 표기하고, "이곳은 마일동(麻逸凍)에서 순풍에 3일 밤낮을 [항행하는] 거리에 있다"라고, 2권본인 천일각본과 『국조전고』본에는 보이지 않는 정보를 기술하고 있다. 앞서 언급한 바대로, 마일=마일동이라면 4권본으로 편집한 필사자들이 잘못 '용아서각'을 '용아가모'로 오기했다고 판단하는 수밖에 없다. 이에 관한 설명은 전집, 용아서각 주석을 참고하시오.

블루멘트리트가 언급한 '가트마이탄(Gatmaitan)'이란 단어 구성을 세분해 보면, 가트(Gat)는 귀족에 속하는 인명의 접두사로 붙이는 타갈로그어 호칭이다(Jose Rizal, 『Political and Historical Writings』, 1976, 147쪽). 타갈로그어에서 '-an'은 지명에 붙이는 접미사 역할을 하고 있다. 따라서 'Gat+Mait+an'으로 구성된다. 결과적으로 마일동(麻逸凍)은 포르투갈어 발음으로 여기 '마이탕(Maitan)'

을 옮긴 것으로 잠정 추정한다. 현재로서는 '마일동'이 바로 '마일'임을 받아들일 수밖에 없다.

『명사』, 권323, 「마엽옹전(麻葉甕傳)」(8378~8379쪽)에 "마엽옹은 서남쪽 바다 가운데 있다. …참파[占城] 바렐라 곶[靈山]에서 배를 타고, **순풍에 10일 밤낮을 [항행하면] 교란산에 도착하는데, 그 서남쪽이 바로 마엽옹이다.** ⓐ산은 험준하지만 지세는 평평하여, 농토는 기름져 다른 나라보다 곱절을 수확한다. 바닷물을 끓여 소금을 만든다. 사탕수수를 발효시켜 술을 만든다. 남녀는 몽둥이 모양으로 [상투를] 틀고, 긴 적삼을 입으며 베로 옷을 두른다. ⓑ사람들은[俗] 지조[節義]를 높이 사, 부인이 남편을 잃으면 얼굴에 자상을 내고 머리를 깎은 다음 이레 동안 곡물을 끊고 시신과 동침하는데, 대부분 [그렇게] 죽는다. 이레 뒤에도 죽지 않으면 친척들이 음식을 권하지만, 종신토록 다시 시집가지 않는다. 혹 시신을 화장하는 날에도 스스로 불에 뛰어들어 몸을 불사른다. ⓒ바다거북[瑇瑁], 목면(木棉), 황랍(黃蠟), 빈랑(檳榔), 화포(花布) 등이 난다. ⓓ교란산은 매우 [지세가] 높고 넓으며, 대나무와 목재가 많다. 원나라 시기 사필(史弼)과 고흥(高興)이 자바[爪哇]를 정벌할 때, 풍랑을 만나 이 섬[山] 아래에 이르렀지만, 배가 대부분 부서져, 섬에 올라 벌목하여 다시 배를 건조하여 마침내 자바를 격파했다. 병들었던 병사 100여 명이 돌아오지 않고 머물며 요양한 이래로 더욱 [후손이] 많아졌기 때문에 이곳[교란산]에는 중국 사람이 많다. …(麻葉甕, 在西南海中. …自占城靈山放舟, 順風十晝夜至交欄山, 其西南卽麻葉甕. 山峻地平, 田膏腴, 收獲倍他國. 煮海爲鹽, 釀蔗爲酒. 男女椎結, 衣長衫, 圍之以布. 俗尙節義, 婦喪夫, 剺面剃髮, 絶粒七日, 與屍同寢, 多死. 七日不死, 則親戚勸以飮食, 終身不再嫁. 或於焚屍日, 亦赴火自焚. 産玳瑁·木棉·黃蠟·檳榔·花布之屬. 交欄山甚高廣, 饒竹木. 元史弼·高興伐爪哇, 遭風至此山下, 舟多壞, 乃登山伐木重造, 遂破爪哇. 其病卒百餘, 留養不歸, 後益蕃衍, 故其地多華人. …)"라고 하였다.

ⓐ, ⓑ, ⓒ의 기술은 비신의 『성사승람』, 마일(麻逸, 마닐라) 조목의 내용을 고스란히 옮겨 놓고 있다. 그렇다면 『명사』를 편찬한 사람들은 비신의 마일(麻逸)이 바로 마엽옹(麻葉甕)과 같은 섬 또는 나라로 이해하고 있었다고 추론할 수 있다. 또한 ⓐ, ⓑ의 정보는 비신이 왕대연의 『도이지략』 마일 조목에서 가져온 것이다. 한편 『문헌통고(文獻通考)』(1307년), 권332, 참파[占城] 조목에서(사고전서본, 19b) "동쪽으로 마일국(麻逸國)과 2일 거리에 있다"라고 하였다. 따라서

"참파에서 10일 걸린다"는 교란산의 서남쪽 마엽옹이 왕대연과 비신의 '마일(麻逸)'이 될 수 없다.

『명사』 편찬자들이 마일(麻逸)을 마엽옹[ma-0i̯ɛp-ʔuŋ](麻葉甕)으로 오인한 이유는, 첫째, 마일(麻逸)은 4권본 『성사승람』에 '마일동[ma-0i̯ĕt-tuŋ](麻逸凍)'으로 표기되었는데, 이 '마일동(麻逸凍)'이 '마엽옹'과 음성적으로 근접했기 때문에 혼동했을 것이다. 둘째, 『명사』의 편찬자들이 비신의 기술을 차용할 때, 천일각본과 『국조전고』본 또는 4권본에서 마일(麻逸)은 "교란산(交欄山)의 서쪽에 있다(在交欄山之西)"라는 지리 정보 때문에, 마일(麻逸)-마일동(麻逸凍)-마엽옹(麻葉甕) 순으로 혼동했기 때문일 것이다.

ⓓ의 정보는 마엽옹의 동북쪽에 있는 교란산에 어떻게 중국 사람들이 살게 되었는지를 기술하고 있다. 여기 등장하는 사필(史弼)과 고흥(高興)의 이야기는 『원사』, 권162, 「사필전(史弼傳)」(3802쪽)에 "다음 해 정월에 동동산(東董山), 서동산(西董山), 우기서(牛崎嶼)에 이르렀고, 혼돈대양(混沌大洋), 감람서(橄欖嶼), 가리마답(假里馬答), 구란(勾闌) 등의 섬[山]에 들어가 병력을 주둔시켜 나무를 베어 작은 배를 만들어 들어갔다(明年正月, 至東董西董山·牛崎嶼, 入混沌大洋橄欖嶼, 假里馬答·勾闌等山, 駐兵伐木, 造小舟以入)"라고 한 것으로 확인할 수 있다. 여기서 말하는 구란(勾闌)이 바로 교란(交欄)이다.

이상으로부터 '교란' 또는 '구란(勾闌)'이라는 섬은 중국 남해에서 자바로 가는 항로에 있다는 점과 그 섬에서 원나라 군대가 난파되어 목재를 구해 배를 수리 내지는 건조했다는 점은 확인된다. 그러나 이 섬의 서남쪽이 '마엽옹'이라는 『명사』의 정보는 어떻게 이해해야 하는가? 거꾸로 마엽옹의 동북쪽이 교란 또는 구란이란 섬이다. 이전 학자들이 내놓은 '겔람'섬은 칼리만탄(Kalimantan) 즉 보르네오섬 서남단에 있는 작은 섬이다. 사실 이 겔람섬 서남쪽으로, 이렇다 할 섬이 없다. 다시 『원사』 「사필전」의 항로에서 '구란'섬 이전 지점은 가리마답(假里馬答)이라는 섬이다. 이 가리마답은 지도에서 카리마타(Karimata)에 해당하는 음이 분명해 보인다. 이 카리마타섬의 '서남쪽'에는 상당히 큰 벨리퉁(Belitung)섬이 차지하고 있다. 이 '가리마답'이라는 섬은 『무비지』, 권240에 실린 「정화항해도」(13b)에는 가리마달(假里馬達)로 표기되어 있고, 그 서남쪽으로 교란산(交闌山)이 그려져 있다. 교란산이 바로 벨리퉁섬으로 보이지만, 방향을 바꾸어 읽어야 한다. 가리마달을 북쪽에 두면, 교란산은 동남쪽이 되고, 항해도 다음 페이지

교란산(交欄山)의 서쪽에 있다.[在交欄山之西.[2)]]

①산세는 험준하고, 땅은 평탄하며 넓다. 계곡을 끼고 모여 산다. ②기후는 조금 덥다. ③남녀는 방망이 모양으로 상투하고, 긴 적삼을 입으며, 유색의 수건을 두른다. ④밭은 대체로 기름져, 다른 나라보다 곱절을 수확한다. [①山勢峻, 地平寬, 夾溪聚居. ②氣候稍熱. ③男女椎髻, 穿長衫, 圍色布手巾. ④田多膏腴, 倍收他國.]

⑤풍속은 절개[節義]를 높이 사, 부인은 그의 남편이 죽으면, 머리털을 자르고, 얼굴을 훼손하며, 이레 동안 먹지 않고 남편 시신과 동침

(14a)에 그려진 길리민(吉利悶, 카리문-자바)섬 그 아래 자바섬이 그려진 지도로 읽어야 한다. 따라서 가리마답(假里馬答) 즉 가리마달(假里馬達)의 동남쪽에 그려진 교란산은 바로 학자들이 추정한, 풀라우 겔람(Pulau Gelam)일 것이다. 그렇다면 『명사』에서 말한 '서남쪽'에 있는 마엽옹은 '서쪽'의 마엽옹의 잘못이며, 이 '마엽옹'섬은 바로 「항해도」(15a)에 '팽가산(彭加山)'으로 크게 그려져[14b~15a] 있다. 여기 팽가(彭加)는 방카(Banka)에 해당하는 음일 것이다. 따라서 이 큰 '팽가산'은 현 방카섬과 그 동쪽에 있는 벨리퉁섬이다.

『고대남해지명회석』의 저자들은 마엽옹(麻葉甕)이 바로 마일동(麻逸凍)이고, 오늘날 벨리퉁섬으로 설명하고 있다(741, 745~745쪽). 마엽옹[ma-0ịɛp-ʔuŋ](麻葉甕)과 마일동[ma-0ịĕt-tuŋ](麻逸凍)의 음성적 근접성은 인정한다. 그러나 앞서 역자는 마일(麻逸)의 다른 표기로 추정한 바 있으므로, 결국 마엽옹(麻葉甕)이 빌리톤(Billiton) 또는 블리퉁(Blitung), 현지에서는 벨리퉁(Belitung)으로 표기하는 명칭과 음성적으로 어떻게 대응하는지를 밝혀내야 한다. 이 문제는 마엽옹과 비슷한 벨리퉁의 다른 발음 형태를 찾아내지 않는 한 해결이 어려워 보인다.

2) 이 주기 사항이, 비신의 기록이라면, 비신은 마일동(麻逸凍)을 마엽옹(麻葉甕, 벨리퉁섬)으로 보는 심각한 착각을 한 셈이다. 보르네오 서남단 섬인 겔람(Gelam)으로 추정하는 교란산(交欄山)에 관해서는 전집의 해당 조목 주석을 참고하시오. 어쨌든 저본과 『국조전고』에 원주로 처리된 이 문장은 4권본과 나이지본에서는 본문으로 들어가 있다.

하는데, 대부분 모두 죽는다. 이레 뒤에도 죽지 않으면 친척들이 음식을 권한다. 혹 소생하게 되더라도, 종신토록 재가하지 않는다. 혹 남편 시신을 화장하는 날에, 불에 달려가 죽기도 하는데, 아마도 그 절개를 고치지 않기 때문일 것이다. [⑤俗尚節義, 婦喪其夫, 則削髮碎面, 絶食七日, 與夫屍同寢, 多與並逝矣. 七日之外不死, 則親戚勸以飮食. 或得甦命, 乃終身不再嫁矣. 或至焚夫屍之日,[3] 則赴火而死, 蓋其節義之不改也.]

⑥바닷물을 끓여 소금을 만든다. ⑦사탕수수를 발효시켜 술을 만든다. ⑧그곳에서는 목면, 황랍, 대모(玳瑁), 빈랑, 꽃문양 베[花布]가 난다. ⑨교역하는 상품은 구리 솥[銅鼎], 쇳덩이[鐵塊], 오색의 베와 비단[五彩布絹] 등이다. [⑥煮海爲鹽. ⑦釀蔗爲酒. ⑧地產木綿·黃蠟·玳瑁·梹榔·花布. ⑨貨用銅[鼎]·鐵塊·五彩布絹之屬.[4]]

⑩시로 노래한다[詩曰].

아름답구나! 마일국이여	美哉麻逸國,
산은 험준하나 지세는 넓고 고르네.	山峻地寬平.
절개를 높이 사, 다른 마음이 없고,	尚節心無異,
농사지은 곡물 곱절의 수확이 있네.	耕田穀倍登.
빈랑은 씹을 거리로 삼고,	梹榔資咀嚼,
대모는 비추어 찬란하네.	玳瑁照晶熒[瑩].[5]

3) '남편의 시신을 불태우는 날(焚夫屍之日)'은 『국조전고』본과 나이지본에는 '지(之)'자 없이 '焚夫屍日'로 되어있으나, 의미상 변화는 없다.

4) '구리와 쇳덩어리[銅·鐵塊]'는 『국조전고』본에 '구리 솥과 쇳덩어리[銅鼎·鐵塊]'로 되어있다. 『도이지략』과 4권본에 모두 '동정(銅鼎)'으로 되어있으므로 '정(鼎)'자를 보충하기로 한다.

5) 정형[tsjɛŋ-ɣiweŋ](晶熒)의 '형(熒)'자는 저본인 천일각본에 '영[jiweŋ](瑩)'자로 되어있다.

물들인 베의 꽃들 다채롭고,	布染花生彩,
향긋한 사탕수수로 만든 술 절로 맑네.	糖香酒自清.
강 물결 찰랑임을 머금었고,	溪濤含蕩漾,
바다 태양 높고 밝게 떠오르네.	海日上高明.
오랑캐 땅이라도 어진 교화를 알고,	蠻土知仁化,
착착 예의를 행하네.	駸駸禮義行.[6]

『고금설해』(사고전서본, 권18, 2a~2b)[2-2] **마일동(麻逸凍) 이곳은 교란산(交欄山)의 서쪽 바다 가운데 있다**. ①**산은** 험준하고, 땅은 **평탄하다**. 계곡을 끼고 **촌락을 이루어 산다**. ②기후는 조금 덥다. ③남녀는 방망이 모양으로 상투하고, 긴 적삼을 입으며, 유색의 수건을 두른다. ④밭은 대체로 기름져, 다른 나라보다 곱절을 수확한다. ⑤절개[節義]를 높이 사, 부인은 그의 남편이 죽으면, 머리털을 자르고, 얼굴을 훼손하며, 이레 동안 먹지 않고 남편 시신과 동침하는데, 대부분 모두 죽는다. 이레 뒤에도 죽지 않으면 친척들이 음식을 권한다. 혹 소생하게 되더라도, 종신토록 재가하지 않는다. **남편을 화장하는 날에, 대부분 불에 달려가 죽는다**. ⑥바닷물을 끓여 소금을 만든다. ⑦사탕수수를 발효시켜 술을 만든다. ⑧목면, 황랍, 대모(玳瑁), 빈랑, 꽃문양 베[花布]가 난다. ⑨교역하는 상품은 구리 솥[銅鼎], 쇳덩이[鐵塊], 오색의 베와 비단[五彩

저본대로 '정영'도 의미상으로는 가능하지만, '정형'은 밝게 빛나는 모습을 형용하는 첩운(疊韻)의 수사법이므로, '영(瑩)'자가 되면 모음이 일치하지 않는다. 이는 위의 5구와 대구를 이루고 있으므로 '정형'과 대를 이루는 '저작[dzʰi̯wo-dzʰi̯ak](咀嚼)'은 쌍성(雙聲)의 수사법으로 이루어져 있다는 점으로 확인할 수 있다. 또한 운자(韻字)에도 맞추어야 하므로 '형(熒)'자로 바로 잡는다.

6) 침침(駸駸)은 말이 빨리 달리는 모양이나 그처럼 빠른 모습을 형용하는 표현이다.

布絹] 등이다.

其處在交欄山之西南洋海中. ①**山**峻地**平**, 夾溪**聚村落**而居. ②氣候稍熱. ③男女椎髻, 穿長衫, 圍色布. ④田膏腴, 倍收他國. ⑤尙節義, 婦喪夫, 則削髮嫠面, 絶食七日, 夫死同寢, 多有並逝者. 七日不死, 則親戚勸以飮食, 若得甦, 終身不再嫁矣. **至焚夫日, 多赴火死**. ⑥煑海為鹽. ⑦醸蔗為酒. ⑧產木綿·黃蠟·玳瑁·檳榔·花布. ⑨貨用銅鼎·鐵塊·五色布絹之屬.

「루손섬(Island of Luzon)」 지도의 일부. George Franklin Cram(1842~1928), 『Cram's Atlas of the World, Ancient and Modern』, New York, Chicago, 1901, 279쪽.

33. 카리마타 왕국[假里馬打[丁]國][1)]

1) 이 나라의 명칭[假馬里丁]은 『국조전고』, 4권본 모두 일치한다. 하지만 비신이 참고한 『도이지략』에는 '가리마타[ka-lji-ma-tɐŋ|tieŋ](假里馬打)'로 되어있다. 『원사』, 「사필전(史弼傳)」(3802쪽)에는 '가리마답[ka-lji-ma-tăp](假里馬答)'으로, 『무비지』, 권240, 「정화항해도」에는 '가리마달[ka-lji-ma-dʰɑt](假里馬達)'로 되어있다(13b). 이로써 '정(丁)'자는 '타(打)'자의 잘못일 것으로 보이지만, 타(打)의 상고음은 [tɐŋ|tieŋ]임으로 음을 혼동했을 것이다. 이 섬이 보르네오섬 서부 폰티아낙에서 서남쪽으로 150km 지점에 있는 카리마타(Karimata) 군도를 지칭하고 있다는 점에서는 이견이 없는 것 같다. 문제는 천일각본과 『국조전고』본에서 보이는 "이곳은 교란산(交欄山)과 바다 가운데 서로 마주 보고[相望] 있다"라는 주기 사항이다. 역자는 지난 『도이지략역주』, 264~265쪽 주5에서, 여기 '상망(相望)'이란 말에 이끌려 '교란산'을 벨리퉁섬으로 무리한 추정을 했었다. 사실 현 지도에서 카리마타섬과 마주 보는 섬들은 사방에 널려 있다. 그러므로 왕대연과 비신은 "섬[山]들이 병풍처럼 펼쳐져 있다"라고 시작한다.

전집에서 역자는 교란산(交欄山)을 필립스가 추정한 바대로 보르네오섬 서남단의 겔람(Gelam)섬으로 확인했다. 카리마타섬에서 동남쪽 겔람섬까지는 직선거리로 190km 이상이다. 카리마타섬 서남단에 있는 크라마트(Kramat)산에 올라본다고 하더라도 겔람섬이 보이지 않을 것이다. 동남쪽으로는 10km 남짓 되는 거리에 세루투(Serutu) 섬이 마주하고 있지만, 음성적으로도 거리가 멀고, 항로상 주요한 섬으로 언급되지도 않았다. 궁여지책으로 흐루너펠트와 슐레겔의 추정에 따라 '교란산'을 카리마타섬에서 170km 떨어진 벨리퉁섬으로 이해했었다.

결과적으로 비신의 위치정보를 근거 삼지 말아야 했다. 앞서본 '마일(麻逸, 마닐라)'이 교란산(交欄山) 서쪽에 있다는 주기 사항에서부터 비신의 위치정보는 이미 잘못되어있었다. 황성증(黃省曾)의 『서양조공전록(西洋朝貢典錄)』(1520년), 권3, 조와국(爪哇國) 편에서 참파에서 자바 신촌(新村)에 이르는 항로는 영산(靈山)-오기서(蜈蜞嶼)-모산(冒山)-나위산(羅幃山)-죽서(竹嶼)-계롱서(雞籠嶼)-구란산(勾欄山)-길리문산(吉里門山)-호초산(胡椒山)-나삼산(那參山, Lasem)-두판(杜板)-신촌(新村)이다(셰팡, 『서양조공전록교주』, 18쪽). '오기서(蜈蜞嶼)-모산(冒山)-나위산(羅幃山)-죽서(竹嶼)'의 섬들은 나투나 제도(Kepulauan Natuna)이고, 계롱서(雞籠嶼)의 카리마타 제도, '구란산(勾欄山)' 즉 교란산(交欄山)은 보르네오섬 서남단의 겔람섬, 길리문산(吉里門山)은 카리문

이곳은 교란산(交欄山)과 바다 가운데에서 서로 마주 바라보

자바섬이다. 펠리오의 추정에 따르면 호초산(胡椒山)은 자파라(Ĵapara) 북동쪽의 산, 나삼산(那參山)은 렘방(Rembang) 동쪽에 있는 산이고(「15초 중국의 대항해」, 374쪽), 두판(杜板)은 바로 투반(Tuban)이다. 베트남 중부에서 나투나 제도와 카리마타 군도에서 보르네오섬 서남단 겔람섬을 거쳐 카리문 자바를 지나 자바섬 투반으로 이르는 항로이다.

이어서 황성증은 투반, 수라바야에 관한 마환과 비신의 기록을 정리한 다음, '교란산(交欄山)'에 관하여 "높고 넓으며, 안에는 곰과 표범이 많이 사는 산이 있는데, 사람들이 수렵으로 생활한다.【전하는 바에 따르면, 고흥(高興)과 사필(史弼)이 자바에 오를 때, 이곳에서 배를 만들었는데, 병든 병사 100여 명이 남아서 [후손들이] 번성해졌다고 한다.】(有山焉, 峻而廣, 內多熊豹, 其名曰交欄之山, 人以射獵爲業.【相傳高·史征爪哇時登此造船, 留病卒百餘而蕃育者也.】"라고 하였다. 이 기술의 원문은 분명 내륙의 '교란'이라 불리는 산을, 원주(原註)는 바다의 섬을 지칭하는 것으로 보인다. 바로 『원사』, 권162, 「사필전(史弼傳)」(3802쪽)에 보이는 사실로, 이곳은 우리가 앞서 켈람섬으로 추정했다. 이 '교란산'을 추정하면서 역자는 짐작만으로 카리문자바 섬의 서단의 '탄중 겔람(Tanjung Gelam)'으로 추정한 바 있다(『도이지략역주』, 265쪽). 그러나 이 '산'은 수라바야 지역에 있는 내륙의 산으로 이해하는 편이 낫고, 원주는 앞서본 보르네오 서남단의 '겔람'과 음이 비슷하여 채록해 넣은 부가 정보로만 생각해야 할 것 같다.

왕대연은 가리마타에 관하여 "산들이 푸르게 병풍처럼 늘어서 있고 성시(城市)는 하천에 임해있으며, 농토에서는 곡식을 수확하지 못한다. 기후는 덥다. 풍속은 경박하다. 남녀는 머리를 깎고, 죽포(竹布)를 통처럼 만들어 입으며 사롱[捎]을 묶는다. 염치와 부끄러움을 모른다. 바나나를 싸서 식량으로 삼는다. 바닷물을 끓여 소금을 만들어 다른 나라로 가서 쌀과 교역한다. 소금 1근에 쌀 1말과 바꾼다. 땅에서는 현지의 양[番羊]이 나는데 커서 탈 수 있으며, 하루에 5~60리를 간다. 그리고 대모(玳瑁)가 난다. 교역하는 상품은 유황(硫黃), 산호로 만든 구슬[珊瑚珠], 자바의 베[闍婆布], 청색 유리구슬[青色燒珠], 작은 꽃문양을 날염한 베[小花印布] 등이다"라고 하였다. 원문과 주석 사항은 『도이지략역주』, 263~265쪽을 참고하시오.

고 있다.[其地與交欄山相望海洋中.[2)]]

①산들이 푸른 병풍처럼 늘어서 있고, 계곡과 밭이 있지만, 미곡의 수확은 적다. ②기후는 항상 덥다. ③풍속은 매우 시끄럽고 경박하다. ④남녀는 머리털을 깎고 죽포(竹布)로 옷을 만든다. ⑤바나나를 심어 그 열매를 따서 양식으로 대용한다. [①其地山列翠屛, 溪田雖有, 米穀少收. ②氣候常熱. ③俗甚囂薄. ④男女髡髮, 竹布爲衣. ⑤種芭蕉, 採其實以代糧.]

⑥바닷물을 끓여 소금을 만든다. ⑦사탕수수를 발효시켜 술을 만든다. ⑧그곳에는 대모(玳瑁)와 암염소[羖羊]가 난다. ⑨교역하는 상품은 자바의 베[爪哇布], 유리구슬[燒珠], 날염한 베[印布] 등이다.[3)] [⑥煮海爲鹽. ⑦釀蔗爲酒. ⑧地產玳瑁·羖羊. ⑨貨用爪[瓜]哇布·燒珠·印布之屬.]

⑩시로 노래한다[詩曰].

가리섬은 푸르름으로 둘렀고, 假里山環翠,
사람들은 추잡함을 모르네. 民風醜不知.
암양들 무리 지어 다니고, 羖羊行作隊,

---

2) 저본과 『국조전고』에 원주로 처리된 이 문장은 나이지본에서는 본문에 들어가 있다.

3) ⑨에서 언급한 교역 물품들은 『도이지략』에 "교역하는 상품은 유황, 산호주(珊瑚珠), 사바포(闍婆布), 청색 소주(燒珠), 소화인포(小花印布) 등이다(貿易之貨, 用硫磺·珊瑚珠·闍婆布·青色燒珠·小花印布之屬)"라고 하였다. 유황과 산호 구슬[珊瑚株]이 더 들어있다. 비신은 '사바포(闍婆布)'를 당시의 표기인 '조와포(爪哇布)'로 바꾸었음을 볼 수 있다. 또한 '푸른 유리구슬[青色燒珠]'과 작은 꽃 문양으로 날염한 베[小花印布]라는 설명을 수식어 없이 '소주(燒珠)'와 '인포(印布)'로 줄였다. 따라서 천일각본의 인포(印布)는 '화인포(花印布)'를 지칭한다.

대모는 가장 기이하네.	玳瑁最爲奇.
[물으면] 짹짹거리는 말로 대답하며,	答應呢喃語,[4]
생김새는 시끄럽고 경박한 모습이네.	生成囂薄姿.
농토는 우수하나 미곡이 적으니,	田收佳穀少,
더운 기운이 맞지 않기 때문이리.	熱候不相宜.

『고금설해』(사고전서본, 권17, 6b)[1-7] 가마리정(假馬里丁)
이곳은 교란산(交欄山)과 서로 마주 보는 바다에 있다. ①산들이 푸른 병풍처럼 늘어서 있고, **계곡물을 끌어와 농토에 관개하지만**, 미곡의 수확은 적다. ②기후는 항상 덥다. ③풍속은 매우 시끄럽고 경박하다. ④남녀는 머리털을 깎고 죽포(竹布)로 **만든 짧은 적삼을 입으며, 사롱[梢布]을 두른다**. ⑤바나나를 심어 그 열매를 따서 양식으로 대용한다. ⑥바닷물을 끓여 소금을 만든다. ⑦사탕수수를 발효시켜 술을 만든다. ⑧그곳에는 대모(玳瑁)와 **영양(羚羊)**이 난다.⑨교역하는 상품은 자바의 베[瓜哇布], 유리구슬[燒珠], 날염한 꽃문양의 베[印花布], 미곡 등이다.

其方與交欄山相望海洋中. ①山列翠屏, **引溪水溉田**, 禾穀少收. ②氣候常熱. ③俗囂薄. ④男子髡髮, **穿竹布短衫**, **圍梢布**. ⑤種芭蕉, 採其實以代糧. ⑥煑海為鹽. ⑦釀蔗為酒. ⑧地產玳瑁·羚羊. ⑨貨用**瓜**哇布·燒珠·印花布·**米穀**之屬.

4) 니남(呢喃)은 쌍성(雙聲)의 표현으로, 제비가 짹짹거리는 소리를 형용하는 의성어이다.

34. 장골라[重迦邏][1)]

1) 비신은 중가라[ɖʰi̯woŋ-ki̯ɑ-lɑ](重迦邏)의 기술도 왕대연의 『도이지략』 중가라(重迦羅)에서 가져왔다. 1225년 조여괄은 『제번지』 소길단(蘇吉丹, 수카다나) 조목에서 소길단은 자바에 속한 나라이며, 서쪽으로 순다[新拖], 동쪽으로 투반[打板]에 이어져 있다고 하였고, 또 이 '타판' 역시 자바의 속국 중 하나로 설명했다. "타판국은 동쪽으로 대사바(大闍婆)와 이어져 있고, 융아로(戎牙路)【혹 중가로(重迦盧)라고도 한다】라고 부른다. 거주하는 사람들이 지은 건물과 집들은 중국과 같다. 이 나라 땅은 평탄하고 항구가 있어 배와 수레가 왕래한다. 청염(靑鹽), 면양(綿羊), 앵무(鸚鵡) 등이 난다. 현지 관리들은 용맹하여 동쪽의 적국(賊國)과 혼인을 하는데, 친척을 찾아본다는 명분 때문에 외래의 선박들이 약탈을 당하는 우환이 많으며 심지어 사람을 사로잡아 특별한 상품으로 삼기도 한다. 한 사람당 금 2냥 또는 3냥으로 바꿨다. 이 때문에 (이 나라와의) 거래가 마침내 끊어졌다.【적국은 단중포라(丹重布囉), 파리(琶離), 손타(孫他), 고론(故論)이다】(打板國東連大闍婆, 號戎牙路【或作重迦盧】. 居民架造屋宇, 與中國同. 其地平坦, 有港通舟車往來. 產靑鹽·綿羊·鸚鵡之屬. 番官勇猛, 與東邊賊國爲姻, 彼以省親爲名, 番舶多遭劫掠之患, 甚至俘人以爲奇貨, 每人換金二兩或三兩, 以此商貨遂絕【賊國丹重布囉·琶離·孫他·故論是也】)"라고 하였다.

밑줄 친 정보는 타판, 즉 투반이 '중가로(重迦盧)'라고도 부르는 융아로(戎牙路)인지, 아니면 후지타 도요하치가 이해한 것처럼 '대사바(大闍婆)'가 융아로인지(『도이지략역주』, 221쪽) 분명하지 않다. 이미 조여괄은 소길단의 속국으로 '타판'과 '융아로'를 언급했으므로, 후지타 씨처럼 '대사바'가 '융아로' 또는 '중가로'라는 의미로 읽어야 한다. 이는 한전화(韓振華)도 『제번지주보(諸蕃志注補)』(2000, 110쪽)에서도 확인되었다. 사실 '대사바(大闍婆)'란 '큰 자바'는 의미일 것이다. 그렇다면 '소자바'도 있다는 말이다. 마르코 폴로는 '대자바'를 자바섬에, '소자바'를 수마트라섬이라 지칭한 바 있다. 실제로는 수마트라섬이 크므로, 여기 '대사바'는 수마트라섬으로 볼 수 있지만, 조여괄은 투반의 동쪽이라고 했으므로, 수마트라섬을 가리키지 않는다. 히어트와 록힐, 그리고 후지타 도요하치 모두 이 '대사바'가 무엇을 지칭하는지 설명하지 못했다. 셰팡(謝方)은 융아로(戎牙路)는 당시 스리비자야[三佛齊]를 대신하여 동서양 무역 중심지였으므로 '대사바'라고 불렀다는 설을 제시했다(『제번지교석』, 66쪽). 확인된 설명은 아니지만, 현재로서는 셰팡의 설을 따르기로 한다.

이상 '대사바'가 융아로(戎牙路)이고, '중가로(重迦盧)'라고도 부른다는 정보를 확인할 수 있다. 왕대연은 중가라(重迦羅) 조목을 시작하며, "두병(杜甁)의 동쪽을 중가라(重迦羅)라고 한다"라고 하였다. 여기서 말하는 두병(杜甁)은 바로 타반(打板), 즉 투반의 다른 음역 표기이다. 또 산물 속에 『제번지』에서처럼 앵무(鸚鵡)와 면양(綿羊)이 들어있고, 약탈을 일삼는다는 증언이 있으므로, 『제번지』의 '중가로'가 바로 비신의 중가라(重迦邏), 왕대연의 중가라(重迦羅)임이 분명하다. 그렇다면 '융아로=중가로=중가라'라는 등식이 성립한다.

존 크로포드(John Crawfurd)는 "12세기 후반은 내가 확실하게 말할 수 있는 자바 역사의 가장 이른 시기이다. 이때부터 15세기 말, 이슬람이 들어오기까지, 대부분 독립된 왕국으로 자바에 존재했고, 그들의 종교는 힌두교였다. … 이슬람교로 개종하기 이전, 3세기 동안 존재했던 왕국들로, 도호(Doho), 브람바난(Brambanan), 마당-카몰란(Mădang-kamolan), 장골라(Jangola), 싱하사리(Singhasari), 파자자란(Păjajaran), 모조파힛(Mojopahit) 등이다. …도호의 유적은 길이로 남부 해안까지 포함하는 섬의 중심인 카다리(Kadari)의 비옥한 지역에 있고, …브람바난에 있었던 왕국은 1266년~1296년까지 번성했다. …전승은 위로소보(Wirosobo)에 있었던 마당-카몰란이란 이름을 전해 주지만, 궁궐의 유적은 여전히 확인되지 않고 있다. …수라바야 지역의 장골로(Jănggolo)와 말랑(Malang) 지역에 있었던 싱가사리는 둘 다 자바의 동쪽 부분으로 향했고, 동시에 번성했다고 한다. …바타비아(Batavia)에서 약 40마일 떨어져 있는 파자자란은, 전승에 따르면, 순다(Sunda) 지역에서 상당한 규모로 번성한 유일한 고대 왕국으로 언급되었다. …이 왕국은 13세기 말에서 14세기 초 사이에 번성했던 것으로 보인다. 파자자란의 조상이자 자바의 힌두교 왕국으로 잘 알려진 모조파힛은 파자자란 왕국 만큼 불확실한 상태로 남아있다. …모든 기록은 모조파힛이 살리바나(Salivana) 1400년, 즉 1478년에 멸망했고, 추정되는 증거로 볼 때, 약 1세기 반 전에 건국되었다는 점에서 일치한다. …모조파힛의 유적은 여전히 위로소보 지역에서 볼 수 있다"라고 하였다(John Crawfurd, 『History of the Indian Archipelago』, Edinburgh, 1820, II, 297~302쪽).

크로포드의 설명으로부터 우리는 '융아로=중가로=중가라'에 해당하는 나라는 장골라(Jangola), 또는 장골로(Jănggolo)에 대응시킬 수 있다. 융아로[ȵʑiuŋ-ŋa-luo](戎牙路)와 중가로[dʰiwoŋ-kja-luo](重迦盧)의 고음들은 상당히 비슷하다. 따라서 'j'의

①이곳은 자바[爪哇]와 경계하며 서로 붙어있다. ②높은 산들은 유난히 빼어나며, 온 산이 모두 염부수(鹽敷樹)[2]와 남수(楠樹)[3]이다.

음가는 'ㅈ'에 해당한다고 추정할 수 있다. 이로써 투반의 동쪽에 있었던 장골라, 또는 장골로 왕국은 1225년 『제번지』에서 처음으로 중국 기록에서 나타난다.

2) 염부[0i̯ɛm-pʰi̯u](鹽敷)라는 나무에 관하여, 후지타 도요하치는 『도이지략교주』(74쪽)에서 여기 자바 장골라의 '염부'가 바로 망고를 뜻하는 암바(Amba)로 읽을 것을 제안했다. 그는 『영애승람』 소문답랄(蘇門答剌) 조목에서 "또 현지의 말로는 엄발(俺拔)이라 하는 매우 신 과일이 있는데 큰 소리(消梨) 모양이나…(一等酸子, 番名俺拔. 如大消梨樣…)"라고 하였는데, 여기 엄발은 암(Am), 암바(Amba)에 해당하는 음으로 바로 망고(Mango)를 말한다고 설명했다. 이어서 마리뇰리(Marignolli)의 여행기에는 '암부란(Amburan)'이라 했다는(Yule, 『Cathay and the way thither』, 362쪽) 근거를 들었다. 요컨대 '염부(鹽敷)=엄발(俺拔)=암바(Amba)=망고'라는 주장이다.

폴 펠리오는 비신의 『성사승람』에 기술된 나라들을 언급하면서, "[중가라(重迦邏) 조목은] 완전히 『도이지략』에서 가져왔다. 통행 개정본 『성사승람』에는 염부(鹽敷)와 남(楠)이란 나무에 관한 구절이 삭제되어 있다. 그러나 천일각본에는 들어있다. 록힐은 염부(鹽敷)를 알지 못했고, 후지타 도요하치는(50a) 요르다누스(Jordanus)와 바르테마(Varthema)의 암바(amba, 편집자가 aniba를 잘못 읽은 것임), 즉 망고를 뜻하는 『영애승람』의 엄발(掩拔)의 다른 표기로 생각했다. 나는 후지타의 견해와 같다"라고 하였다(「15세기 초 중국의 대항해」, 332쪽).

쑤 지칭 씨는 "『서역기』에는 암몰라[ʔăm-muət-lɑ]과(菴沒羅果)라고 하였는데, 바로 산스크리트어 암라(amra)의 음역이다. 페르시아어로는 '암바(amba)'라고 하고 아랍어로는 '안바(anba)'라고 한다. 이 나무는 대부분 500m 넘는 산지에서 난다. 중가라에는 염부나무가 산에 가득했다고 했으므로 그 나무가 엄발[ʔi̯ɛm|i̯əm-bʰuɑt](掩拔)의 이칭인지 의문스럽다. 내 생각으로 왕대연의 염부수는 동자바에서 흔히 보이는 수종인 야포(yapoh, mollotuc macrostachyus)인 것 같다"라고 하였는데(『도이지략교석』, 170쪽), 적절한 의문 제기이다.

결국 15세기 이전 불교 문헌이 아닌 중국 자료에서 망고는 언급되지 않았다. 마환은 사무드라[蘇門答剌]에서 엄발(俺拔)을 언급하고 있지만, 비신은 사무드라 조목에서는 언급하지 않고, 벵골[榜葛剌] 조목에서 '엄마륵[ʔi̯ɛm-muɑ-lək](奄摩勒)'

③안에는 바위 동굴이 있는데, 앞뒤로 문이 셋이며, 1~2만 명이 들어갈 수 있다. ④밭의 곡물은 자바에 버금간다. ⑤기후는 항상 덥다. ⑥풍속은 순박하다. [①其地與爪哇界相接. ②高山奇秀, 滿山皆鹽敷樹及楠

이란 형태로 나타난다. 비신은 이 과일이 "향이 시고 아주 우수하다(香酸甚佳)"라고 하였다(『성사승람교주』, 전집, 41~42쪽).

사실 쑤 지칭 씨가 언급한 '야포(yapoh)'라는 나무의 학명인 'mollotuc macrosta chyus'는 바로 '말로투스 마크로스타치우스(Mallotus macrostachyus)'로 말로투스는 우리나라에서는 예덕 나무속이다. 멜버른 대학에서 만든 '식물명 DB(Multilingual Multiscript Plant Name Database)'에 따르면, 말로투스 속 중에 'Mallotus philippinensis'라는 나무가 보이는데, 타갈로그어로는 '아푸요트(Apuyot)'라고 한다는 정보가 보인다. 아마도 쑤 지칭 씨가 제시한 '야포(yapoh)'는 여기 '아푸요트'을 잘못 옮긴 것으로 보인다. 그렇다면 '염부'와 음성적 거리는 멀어진다.

왕대연이 현지의 언어에 능통하여 그 나무가 어떤 나무인지 물어 그 발음을 옮겼을 가능성은 극히 적다. 아무래도 자신이 알고 있던 수종으로 불렀을 것이다. 역자의 생각으로 여기 염부수(鹽敷樹)는 『본초강목』(사고전서본, 권32, 22b)에 보이는 '염부(鹽麩)' 또는 '염부(鹽膚)' 나무일 것이다. 이시진은 진장기(陳藏器)의 설을 인용하여, "염부자는 오(吳)와 촉(蜀) 지방의 산골짜기에서 난다. 나무는 참죽나무[椿]와 비슷하다. 7월에 열매는 이삭이 형성되고, 알갱이는 작은 콩 같다. 표면에는 눈 같은 소금이 있어 국을 끓일 때 쓸 수 있다. 영남의 사람들은 그 열매를 채취하여 가루 내어 먹는데, 시고 짜 갈증을 멎게 하고, 말라리아[瘴]를 예방할 수 있다(鹽麩子生吳·蜀山谷. 樹狀如椿. 七月子成穗, 粒如小豆. 上有鹽似雪, 可爲羹用. 嶺南人取子爲末食之, 酸鹹止渴, 將以防瘴)"라고 하였다.

3) '남(楠)' 또는 '남(枏)'에 관하여 이시진(李時珍)은 "남방의 나무이므로, '남(南)'이라는 음가를 따랐다(南方之木, 故字從南)"라고 하며 중국 남방의 식물로 설명했다. 이어서 구종석(寇宗奭)의 설명을 인용하여 "남나무 재목은 지금 강남 지역에서 배를 만들 때, 모두 사용하는데, 그 나무의 성질이 견고하고 물에 좋기 때문이다. 오래되면 가운데가 텅 비게 되는데 흰 나방이 구멍을 내기 때문이다(楠材, 今江南造船皆用之, 其木性堅而善居水. 久則當中空, 爲白蛾所穴)"라고 하며 조선(造船)에 사용한 목재로 언급했다. 마지막으로 이전 설명을 종합하여, "남나무

樹^枝^.[4] ③內有一石洞, 前後三門, 可容一二萬人. ④田穀亞於爪瓜哇. ⑤氣候常暑. ⑥俗淳^淳^.

⑦남녀는 상투를 틀고, 긴 적삼을 입으며, 베를 접은 수건을 두른다. ⑧추장은 없고, 나이가 많고 유덕한 자가 주재한다. ⑨바닷물을 끓

는 남방에서 나는데, 검(黔), 촉(蜀) 지방의 산에 특히 많다. …속칭 투백남(骰柏楠)이라고도 한다. 용기를 만드는데 적합하다(楠木生南方, 而黔·蜀諸山尤多. …俗呼爲骰柏楠, 宜作器)"라고 하였다. 이상의 설명은 남나무는 조선용 또는 용기를 만드는데, 사용되었음을 알 수 있다. 한편 약재로서 나무와 껍질은 구토, 설사에 효능을 기록하고 있다(『본초강목』(사고전서본, 권34, 40a~40b).

역자는 『도이지략역주』(218쪽) 주에서 남(楠) 나무를 녹나무[樟], 즉 장뇌나무(Cinnamomum camphora)로 잘못 설명했다. 이는 우리나라 한자 사전에 보이는 정의에 따른 오류였다. 이 지면을 빌어 바로 잡는다. 또한 쑤 지칭 씨도 "동자바에 상견되는 나무 중에 일종의 노두수(露兜樹)가 있는데, 난총(nanchong, freycinetia malaccensis)라고 한다. 왕대연의 남수는 이 나무의 명칭에 해당하는 음으로 보인다"라고 설명했는데(『도이지략교석』, 171쪽), 쑤씨가 말한 '노두수'는 판다누스 오도라티씨무스(Pandanus odoratissimus L. f.)로, 키가 작고 덤불을 이루는 관목인 스크류파인(screw-pine)이다. 쑤씨가 제시한 '난총(nanchong)'이란 식물은 어원도 밝히지 않았을뿐더러, 프레이시네치아(Freycinetia) 속(屬)으로 설명했는데, '노두수'와는 전혀 다른 속의 식물이다.

한편, 이 남수는 『도이지략』, 마나리(麻那里)에서도 많은 식물로 언급되어 있다(『도이지략역주』, 389쪽). 역자는 이 '마나리'의 위치를 추정하면서 "남목(楠木), 정남(楨楠)으로도 부르는 남수(楠樹)는 녹나무과(Lauraceae), 포에베속(Phoebe)의 교목으로 구이저우, 후베이, 쓰촨성의 특산으로, 견고한 목재로 알려져 황실 건물용으로 사용되었다"(389쪽)라고 기술한 것은 타이완 위키백과의 내용을 근거한 것임을 밝혀 둔다.

4) '만산(滿山)'은 저본과 나이지본에 '산(山)'자가 빠져있어, 『도이지략』과 『국조전고』본에 따라 보충했다. '남지(楠枝)'는 저본, 『국조전고』, 나이지본 모두 일치한다. 『도이지략』의 '남수(楠樹)'가 맞을 것이다.

여 소금을 만든다. ⑩차조를 빚어 술을 만든다. ⑪그곳에는 암염소[羖羊], 앵무, 목면, 야자, 면사(綿紗)[5)]가 난다. ⑫교역하는 상품은 화은(花銀)과 꽃문양 비단[花絹]이다. [⑦男女撮髻, 穿長衫, 圍摺布手巾. ⑧無酋長, 以尊年高有德者主之. ⑨煮海爲鹽. ⑩釀秫爲酒. ⑪地產羖羊·鸚鵡·木綿·椰子·綿紗. ⑫貨用花銀·花絹.]

⑬이곳 섬에서 물길로 약 며칠 거리에, 손타라(孫陀羅), 비파타(琵琶拖), 단중(丹重), 원교(圓嶠), 팽리(彭里)라는 곳이 있는데,[6)] 농사를

5) '면사(綿紗)'란 앞에 '목면(木綿, cotton)'이 나오므로, '면(綿)'과 가볍고 가는 비단을 지칭하는 '사(紗)'로 읽을 수는 없을 것 같다. 도종의(陶宗儀)의 『철경록(輟耕錄)』(사고전서본, 권24, 15b~16a)에는 "황도파(黃道婆)라는 할멈이 애주(崖州)에서 와서 [목면의] 씨를 빼고[捍?], 솜을 타고[彈], 실을 뽑고[紡] 천을 짜는[織] 도구를 만드는 법을 가르쳤다. 외올실[紗]을 섞고, 색을 섞고, 선을 넣어 짜고, 꽃문양을 넣는 데도 각기 그 방법이 있어, 이불[被], 깔개[褥], 허리띠[帶], 수건[帨]을 짜서 만들었는데, 그 위에는 꺾은 가지, 둥근 봉황, 바둑판, 글자 [문양이] 쓴 것처럼 잘 드러났다(有一嫗名黃道婆者, 自崖州來, 乃教以做造捍·彈·紡·織之具. 至於錯紗配色, 綜線挈花, 各有其法, 以故織成被·褥·帶·帨, 其上折枝·團鳳·棋局·字樣, 粲然若寫)"라고 하였다. 이를 미루어 여기 '면사'는 면과 명주실을 섞어 만든 직물을 지칭하는 것 같다.

6) 이상의 나라는 『도이지략』에는 '손타(孫陀), 비파(琵琶), 단중(丹重), 원교(圓嶠), 팽리(彭里)'로 표기되어있다. 비신은 '손타'를 '손타라(孫陀羅)'로, 비파(琵琶)를 '비파타(琵琶拖)'로 표기하고 있다.

'손타라'의 '손타(孫陀)'에 관하여, 후지타 도요하치는 "『세번지』에 손타(孫他)로 되어있는데, 신타(新拖, Sunda)일 것이다. 『성사승람』에는 손타라(孫拖羅)로 되어있는데, '라'자는 잘못 베낀 것 같다. 그러나 『제번지』에서 동쪽의 적국[東邊賊國]이라 한 기술과는 부합하지 않는다"라고 하였다(『도이지략교주』, 78쪽). 하지만 쑤 지칭 씨는 『제번지』의 손타(孫他)는 바로 플로레스(Flores), 엔데(Endeh) 북안 '신데(Sindeh)'를 음역한 것으로 추정했다(『도이지략교석』, 171쪽).

1225년 조여괄의 『제번지』에는 신타국(新拖國)이 별도의 항목으로 기술되

짓지 않고 오로지 노략질을 일삼는다. 길타(吉陀), 아기(亞崎) 등의 나

어 있는데, 산물로 후추를 특기하면서 타판(打板)보다 품질이 우수하다고 했고, 노략질을 일삼아 상인들이 장사하러 오지 않는다고 기술하고 있다(『제번지역주』, 98~99쪽). 또 소길단(蘇吉丹) 조목에서는 "서쪽으로 신타(新拖)에 접해있고, 동쪽으로 타판(打板)에 이어져 있다"라고 하였고, 소길단의 적국으로 "단중포라(丹重布囉), 파리(琶離), 손타(孫他) 고론(故論)이 있다"라는 원주(原註)가 보인다. 또한 하권, 후추 조목에서 "후추는 자바[闍婆]의 소길단(蘇吉丹), 타판(打板), 백화원(白花園), 마동(麻東), 융아로(戎牙路)에서 나는데, 신타(新拖)의 후추를 상품으로 치고, 타판의 후추를 다음으로 친다"라고 하였다.

이상에서 우리는 서쪽에서 동쪽으로 타판(打板)-소길단(蘇吉丹)-신타(新拖) 순으로, 자바섬에 있는 나라들임을 알 수 있다. 또 『제번지』 사바(闍婆) 조목의 마지막 문장을 보면, 중국 조정이 사바와 교역을 금지하자 이름을 소길단(蘇吉丹)으로 바꾸었다는 정보가 보인다(『제번지역주』, 116쪽). 따라서 사바=소길단=중부 자바라고 추론할 수 있다.

먼저 조여괄이 기술한 타판(打板)이 투반(Tuban)이라는 추정에 대해서는 학자들의 이견이 없다. 신타[sįĕn-tʰɑ](新拖)는 손타[suən-tʰɑ](孫他)라고도 표기하는 나라로, 자바섬에서 이에 대응시킬 만한 왕국은 자바섬의 서부를 차지하고 1579년까지 존속한 순다(Sunda)이다. 조여괄의 설명대로라면 타판 즉 투반의 '동쪽' 지역이 순다이다. 조여괄이 방향을 잘못 기록한 것일까? 쑤 지칭 씨는 『제번지』의 손타(孫他)는 바로 플로레스(Flores), 엔데(Endeh) 북안 '신데(Sindeh)'를 음역한 것으로 추정하며(『도이지략교석』, 171쪽), 신타 또는 손타를 더 동쪽으로 끌어가 버렸다.

후치타 도요하치는 "『제번지』에 손타(孫他)로 되어있는데, 신타(新拖, Sunda)일 것이다. 『성사승람』에는 손타라(孫拖羅)로 되어있는데, '라'자는 잘못 베낀 것 같다. 그러나 『제번지』에서 동쪽의 적국[東邊賊國]이라 한 기술과는 부합하지 않는다"라고 하였다(『도이지략교주』, 78쪽). 후지타 씨는 "현지 관리들은 용맹하여 동쪽의 적국[東邊賊國]과 혼인을 하는데, 친척을 찾아본다는 명분 때문에 외래의 선박들이 약탈을 당하는 우환이 많으며 심지어 사람을 사로잡아 특별한 상품으로 삼기도 한다(番官勇猛, 與東邊賊國爲姻, 彼以省親爲名, 番舶多遭劫掠之患, 甚至俘人以爲奇貨)"라고 한 『제번지』 소길단 조목의 설명과 조금 뒤에 "적국은 단중포라(丹重布囉), 파리(琶離), 손타(孫他) 고론(故論)이다(賊國丹重

라들과 통상하지만, 상선들은 잘 가지 않는다. [⑬其處山約去至數日水

布囉·琶離·孫他·故論是也)"라는 이조원(李調元) 단 것으로 추정되는 주기 설명을 잘못 읽었다. 이 주에는 분명 소길단이 적대하는 나라들을 언급한 것이지 동쪽의 적국들을 언급하지 않았다. 따라서 후지타 씨가 동쪽의 적국[東邊賊國]이라는 언급 때문에, 신타(新拖) 또는 손타(孫他)를 순다로 추정하지 못할 아무런 근거가 없다. 쑤 지칭 씨도 후지타 씨와 똑같은 실수를 하고, 터무니없이 신타를 더 동쪽으로 데려가 버렸다.

'비파타'의 '비파(琵琶)'에 관하여, 록힐은 『통보』(1915, 253쪽)에서 비신의 중가라(重迦邏)를 역주하며, 여기 비파(琵琶)가 앞서본 소길단(蘇吉丹) 조목 원주(原註)에 거명한 적국 중에 들어있는 파리(琶離), 즉 발리섬으로, 자신 없는 짐작을 내놓았다. 한편 쑤 지칭 씨는 발리섬보다 더 동쪽에 있는 숨바와섬 동북부에 있는 '비마(Bima)'에 해당하는 음으로 추정했으나, 짐작일 뿐 명확한 근거가 있는 것은 아니다. 앞서본 『제번지』 소길단 조목에 보이는 적대국 목록에 '파리(琶離)'가 보이고, 왕대연과 비신도 이곳은 노략질을 일삼는다고 하였으므로, 이 '비파'는 '파리'의 오기로 읽는 편이 현재로서는 유리하다. 역자의 생각으로, '푸리(puri)' 즉 말레이어로 '성이나 도시' 의미하는 단어를 전사한 것으로 '-puri'의 약칭일 것이다. 히어트와 록힐가 파리(琶離)가 발리섬으로 추정한 이래, 후지타 도요하치, 록힐, 펑 청쥔, 쑤 지칭 등이 모두 따르고 있지만, 이곳을 발리섬으로 놓고 보면 뒤에 나오는 팽리(彭里) 또한 발리섬의 또 다른 음역 표기로 읽어야 한다.

단중[tɑn-ɖʰi̯woŋ](丹重)은 말레이어로 '곶이나 반도', 또는 '나무 이름'을 뜻하는 '탄중(Tanjung)'의 음역 표기임에는 분명해 보인다. 당연히 '탄중'을 지명으로 쓰는 곳은 한두 곳이 아니다. 특정하자면, 『제번지』 소길단 조목에 보이는 '단중포라[tɑn-ɖʰi̯woŋ-puo-lɑ](丹重布囉)'의 약칭일 것이다. 펑 청쥔 씨는 "옛날 자바어로 보르네오섬을 탄중푸라(Tanjungpura)라고 불렀는데, 이곳을 가리킬 것이다"라고 설명했다(『성사승람교주』, 후집, 13쪽). 펑씨는 출처를 밝히지 않았다. 히어트와 록힐은 "단중포라는 말레이 탄중 풀로(Tanjung Pulo) 또는 인도어 형태인 탄종 푸라(Tanjong pura)일 것이다. 자바인들이 보르네오에 적용한 15개 나라에 보인다"라고 하였다(『조여괄』, 86쪽). 이어서 히어트는 폴 펠리오도 『8세기 말 중국에서 인도로 가는 두 갈래 여정』에서 단중포라는 틀림없이 자바 동쪽 해안에 있을 것이라고 했다고 하지만, 펠리오는 추정을 내놓지 못했다(역주본, 170쪽). 다니 이르완토(Dhani Irwanto) 씨에 따르면 "탄중푸라는 옛날 지도에 칼리만탄 남쪽 해안

程,[7] 曰孫陀羅·曰琵琶拖·曰丹重·曰圓嶠·曰彭里, 不事耕種, 專尙寇掠, 與吉陀·亞崎[吉陀峙]諸國相通,[8] 商舶少能[至也].[8]]

에 그려져 있다. 여러 옛 필사본에도 이 명칭이 언급되었다. 그 글자적 의미는 탄중(tanjung)이란 나무의 도시[pura]란 뜻으로, 중간 크기의 상록수이다. …이 나무의 산스크리트 명칭은 바쿨라(bakula)로, 자바의 싱하사리(Singhasara) 왕국에서 나온 옛 필사본에는 바쿨라푸라(Bakulapura)라고 불렀다. '탄중'은 '곶 또는 반도'라는 의미로 지명에 사용하는데, 이 경우는 아니다"라고 설명했다『(Taprobana: Classical Knowledge of an Island in the Opposite-Earth』, Indonesia Hydro Media, 2019, 43쪽).

원교[jiwɛn-gʰiɛu](圓嶠)라는 곳은, 지금까지 학자들의 추정이 없다. 쑤 지칭 씨에 따르면 "원교는 원래 중국 고대 신화에 보이는 바다에 있는 신산(神山)의 명칭이다. 왕대연의 원교는 웨타르(Wetar)로 복원할 수 있을 것 같다. 소순다[小巽他] 군도 중에서 가장 동쪽에 있는 섬일 것이다"라고 추정했지만(『도이지략교석』, 172쪽), 음성적으로 전혀 근접하지 않는다. 역자는 단순히 음성적 측면에서 숨바와섬 남동쪽에 있는 와인가푸(Waingapu)섬으로 추측한다.

팽리[bʰɐŋ-lji](彭里)에 관하여, 후지타 도요하치는 『제번지』 소길단(蘇吉丹) 조목에 보이는 적대국 중 '파리(琶離)'로 읽었다(『도이지략역주』, 224쪽). 사실 음성적으로 와전되었을 가능성이 매우 적다. 펑 청쥔 씨도 '팽리=파리'를 주장하며 '발리(Bali)'섬을 지칭하는 것으로 생각했다(교주본, 후집, 13쪽). 장섭(張燮)의 『동서양고』, 권9에 "마리산(麻里山, Bali)【바로 『성사승람』에서 말한 팽리이다. [팽리에서] 오로지 을(乙, 105도)침으로 3경을 가면 낭목산(郎木山, Lombok)에 이른다】(磨里山【卽星槎勝覽所謂彭里者也. 俗尙寇掠, 用單乙, 三更, 取郎木山】)"이라고 했다(셰팡, 점교본, 181쪽). 따라서 팽리(彭里)는 파리(琶離)의 다른 음역이 아닐 것이다.

7) '거(去)'자는 저본에는 '지(至)'자로 되어있고, 나이지본에는 빠졌다. 『도이지략』과 『국조전고』본에 따라 고쳤다.

8) '길타·아기(吉陀·亞崎)'은 저본, 『국조전고』본, 나이지본 모두 '길타치(吉陀峙)'로 되어있다. 바로 뒤에 '제(諸)'자라는 복수를 암시하는 글자가 보이므로, 『도이지략』에서처럼 길타(吉陀)와 아기(亞崎)로 읽어야 할 것 같다. '길타(吉陀)'는 『제번지』(1225년), 남비(南毗), 고림(故臨) 조목에 "매년 스리비자야, 캄파르[監

⑭시로 노래한다[詩曰].

[중]가라의 산은 기이하고 빼어난데 迦邏山奇秀,
자바와 몇 정(程) 거리에 접해있네. 脩程接爪哇.
깊은 골짜기는 유원한 곳으로 통하고, 洞深通窈窕,
뜬 상투는 매우 비스듬하게 틀었네. 髻撮甚欹斜.
나이가 많으면 오로지 덕으로 높이고, 齒長惟尊德,
목면이 많아 가는 꽃을 토해내네. 綿多吐細花.
어찌 농사를 지을 줄 알리오. 如何不耕種,
노략질을 평생 일삼네. 寇掠作生涯.

篔, 수마트라섬 동쪽 해안], 길타(吉陀) 등의 나라에서 배가 온다(每歲自三佛齊·監篔·吉陀等國發船)"라고 한 것에서 처음 언급되었다. 이 길타에 관하여 펠리오는 크다(Kedah)로 추정한 바 있다(『8세기 말 중국에서 인도로 가는 두 갈래 여정』, 역주본, 389쪽). 하지만 쑤 지칭 씨는 말레이반도에 있는 이 '크다'를 부정하고 동자바 베수키(Besuki) 근처의 '크다(Kedah)'라는 곳으로 추측했다(『도이지략 교석』, 172쪽). 크다는 말레이반도에 있는 무역 거점으로 노략질을 일삼는 나라지만 그곳에 특산물들이 있으므로 통상하지 않을 수 없다고 읽히는데, 왜 이 말레이반도의 '크다'를 동자바 너머에 있는 '크다'로 봐야 하는지 이해하기 어렵다. 아기[ʔa-kʰĭe](亞崎)는 수마트라섬 서북단에 있는 아체(Aceh), 즉 '아제[ʔa-dzʰiei](亞齊)'란 표기와 음성적으로 비슷하다. 그러나 중국 자료에 아체는 명나라 시기에 언급되기 시작했다. 왕대연이 언급한 지역은 다른 지역이었지만, 비신이 아체로 읽었을 수는 있다. 쑤 지칭 씨는 역시 동자바에서 이곳을 찾아야 할 것이라고 제안했다(앞의 출처).

9) 저본의 마지막 문장[商船少能]은 '능'자 뒤에 글자가 빠진 것이 분명하다. 『도이지략』에는 "뱃사람들은 가지 않는 곳이다(舶人所不及也)"라고 하였고, 4권본, 『국조전고』본, 나이지본에는 모두 "상선들은 거의 잘 가지 않는다(商舶少能至也)"라고 했으므로, 저본의 마지막에 '지야(至也)' 두 글자를 보완해야 할 것이다.

『고금설해』(사고전서본, 권17, 10b~11a)[1-11] 중가**라**(重迦**羅**)
①이곳은 자바[爪哇]와 경계하며 서로 붙어 있다. ②**높은 산들은 유난히 빼어나다**. ③안에는 바위 동굴이 있는데, 앞뒤로 문이 셋이며, 1~2만 명이 들어갈 수 있다. ④밭의 곡물은 자바와 **대략 같다**. ⑤기후는 항상 덥다. ⑥풍속은 **상당히 순박하다**. ⑦남녀는 상투를 틀고, **몸에는 홑겹의 베[單布]로 [만든] 긴 적삼을 걸치고, 사롱 수건[梢布手巾]을 두른다**. ⑧추장은 없고, 나이가 많고 유덕한 자가 주재한다. ⑨바닷물을 끓여 소금을 만든다. ⑩차조를 빚어 술을 만든다. ⑪그곳에는 **영양(羚羊)**, 앵무(鸚鵡), 목면, 야자, 면사(綿紗)가 난다. ⑫교역하는 상품은 화은(花銀)과 꽃문양 비단[花絹]이다. ⑬이곳 섬에서 물길로 약 며칠 거리에, 손타라(孫陀羅), 비파타(琵琶拖), 단중(丹重), 원교(圓嶠), 팽리(彭里)라는 곳이 있는데, 농사를 짓지 않고 오로지 노략질을 일삼는다. **길타(吉陀)**, **기(崎)** 등의 나라들과 통상하지만, 상선들은 잘 가지 않는다.

①其地與瓜哇界相接. ②**高山奇秀**. ③內有一石洞, 前後三門, 可容一二萬人. ④田穀與瓜哇**畧同**. ⑤氣候常暑. ⑥風俗頗淳. ⑦男女撮髻, **身披單布長衫**, **圍梢布手巾**. ⑧無酋長, 以年高有德者主之. ⑨煮海為鹽. ⑩釀秫為酒. ⑪地產**羚羊**·鸚鵡·木綿·椰子·綿紗. ⑫貨用花銀·花絹. ⑬其處約去數日水程, 曰孫陀羅·琵琶拖, 曰丹重, 曰圓嶠, 曰彭里, 不事耕種, 專尚寇掠. 與**吉陀崎**諸國相通, 所以商舶少能至矣.

35. 보르네오 왕국[渤泥國][1)]

1) 비신은 상당 부분 『도이지략』의 내용을 참고하고 있지만, 기술하고 있는 내용은 무시할 수 없는 차이가 있다. 10세기 말부터 중국 자료에 언급된 발니[bhuət-niei](渤泥), 또는 발니(浡泥)는 모두 부르니(Burni), 즉 보르네오에 해당하는 음으로 알고 있다. 그러나 이곳 '발니'의 정확한 위치 추정에는 한 가지 남은 숙제가 있다.

제리니(G. E. Gerini)는 『문헌통고』의 사바(闍婆) 조목에서 언급된 나라들과의 거리를 인용하고 "언급한 발니(渤泥)는 브루네이(Brūnei)가 될 수 없다. 대략 북위 2도 20분~2도 30분에 있는 수마트라섬 동쪽 해안, 바루문(Barumen) 즉 파니(Pāni) 강에 있는 파니(Pāni), 또는 파네이(Pānei)이다"라고 하며 발니를 수마트라섬으로 추정하고 있다(『프톨레마이오스의 동아시아 지리에 관한 연구』, 512~513쪽). 사실, 마단림이 언급한 자바로부터의 거리는 "서북쪽으로 바다로 나가 15일이면 발니국(渤泥國)에 이르고, 또 10일이면 삼불제국(三佛齊國)에 이르며, 또 7일이면 고라국(古邏國)에 이르고, 또 6일이면 시력정에 이르고, [그 뒤로]교지와 광주에 이른다(西北汎海十五日至渤泥國, 又十日至三佛齊國, 又七日至古邏國, 又七日至柴歷亭, 抵交趾, 達廣州)"라고 하였다(사고전서본, 권332, 7b). 이 설명대로라면 자바의 서북쪽으로 15일 거리에 발니국이 있다는 뜻인데, 보르네오는 발니의 북동이며, 거리가 15일은 지나치게 먼 거리이다. 결국 제리니는 수마트라섬의 '파니'로 추정했지만, 이곳 역시 자바에서 15일을 가야 하는 거리에 있는 것은 아니다.

1225년 조여괄은 『제번지』에서 "발니(渤泥)는 천주 동남쪽에 있고, 자바에서 45일 정(程)이고, 스리비자야[三佛齊]에서 40일 정이며, 참파[占城]와 마닐라[麻逸]에서 각각 30일 정으로 모두 순풍을 기준으로 한 것이다(渤泥在泉之東南, 去闍婆四十五日程, 去三佛齊四十日程, 去占城與麻逸各三十日程, 皆以順風爲則)"라고 하였다(『제번지역주』, 261쪽). 조여괄의 발니(渤泥)에 관하여 히어트는 광동어로 'put-ni'로 발음하는데, 즉 브르니(Bṛnı), 보르네오에 해당하는 음이라고 확신했다. 이어서 "조여괄은 저문(底門, 티모르섬)과 틀림없이 루손섬인 마일(麻逸)의 남쪽과 가깝다고 했다. 조여괄은 인근 섬들을 말하고 있지만, 수마트라섬에 있을 것으로 보이는 곳은 없었고, 적어도 몇몇은 술라웨시에 있었던 것으로 보인다. 몇몇 다른 사실들, 예를 들어 두 진주에 관한 이야기는 보르네오를 가리키지, 수마트라에 있는 것이 아니다. 자바[闍婆] 조목에서 조여괄은 발니가 자바에서 북서쪽으로 15일 항해하는 거리에 있다고 했지만, 발니 조목에서는 자바에서 45일 정(程)이라고 했다. 이는 앞서 바다에서 중국인들이 방향 오류에 관해 언급한(58쪽) 것을 참고하면 어느 정도 설명될 수 있을 것이고, 항해해 가는 코스가 직선인지, 해안선을 따라가느냐도 고려해야 한다"라고 설명했다(『조여괄』, 158쪽).

발니(渤泥)는 '발니(勃泥)'라는 표기로, 9세기 후반 번작(樊綽)이 쓴 운남의 지방지인 『만서(蠻書)』, 권6에 처음으로 보인다. 번작은 운남(雲南)의 은생성(銀生城)을 기술하면서 "또 남쪽에는 파라문(婆羅門), 파사(波斯), 자바[闍婆], 발니(勃泥), 곤륜(崑崙) 등 여러 종의 이교도가 있다(又南有婆羅門·波斯·闍婆·勃泥·崑崙數種外道)"라고 하였다(시앙 다, 『만서교주』, 164쪽). 번작이 언급한 이민족들의 위치가 정확히 밝혀진 것은 자바[闍婆] 뿐이지만, 운남의 서쪽과 남쪽의 나라들이다.

진양(陳暘)은 『악서(樂書)』(1101년), 권159(사고전서본, 7b~8a)에서 "발니국은 상도(上都, 카이펑)의 서남쪽 대해에 있고, 스리비자야에서 불과 40여 정(程) 떨어져 있다. 12월 7일 세수(歲首)로, 우리 왕조 태평흥국 연간(976~984)에 조공을 들였다. 이 나라 사람들이 모여 즐길 때는 반드시 북을 치고, 피리를 불며, 징을 두드리고, 손뼉을 치며 가무하는 것을 오락으로 삼는다(渤泥國 在上都之西南大海中, 去三佛齊國不過四十餘程. 以十二月七日為歲首, 聖朝太平興國中來朝. 其國人宴會聚樂, 必坎鼓·吹笛·擊鈸·批掌·歌舞, 以為樂焉)"라고 기술했다.

이상으로부터 우리는 '발니'라는 나라가 10세기부터 중국에 알려지며, 통교한 것으로 짐작할 수 있다. 또한 조여괄, 진양(陳暘), 그리고 마단림이 제시한 거리 문제만 해결된다면, 히어트와 록힐이 추정한 보르네오섬으로 추정해도 크게 문제될 것은 없어 보인다. 그러나 완전히 다른 곳으로 추정하는 기록도 있다. 장섭(張燮)은 『동서양고』(1618년), 권3, 「서양열국고(西洋列國考)」에서 다음과 같이 기술했다(셰팡, 점교본, 55~56쪽).

ⓐ대니(大泥)는 바로 옛 발니(浡泥)이다. 원래는 자바[闍婆]의 속국이었으나, 지금은 시암[暹羅]에 예속되어 있다. 이 나라는 판자로 성을 만들고【『송사』에 성안에 사는 사람은 1만여 명이고, 다스리는 곳은 14주라고 했다】 구리[銅]로 갑옷을 주조한다【『송사』에 전투하는 사람은 칼을 들고 갑옷을 입으며 갑옷은 구리로 주조하여 그 모양이 큰 통(筒)과 같으며, 그것을 입으면 배와 등을 보호해 준다고 하였다】. 이 나라 왕이 사는 곳은 패다라(貝多羅) 잎으로 지붕을 덮는다. 왕의

복장은 상당히 중국을 모방했다. 왕의 좌우에 있는 사람은 대인(大人)들이다. 왕은 밧줄에 단 침상[繩牀]에 앉는다. 나갈 때는 큰 베 위에 앉으면 사람들이 그것을 들고 가는데 완낭(阮囊)이라 한다. 사람들이 사는 집은 풀로 덮었고, ⑤상투를 틀며, 오색의 비단으로 허리를 두르고 꽃문양 비단[花錦]으로 적삼을 만들어 입는다. 시장에서는 황금 주화를 사용하며 나라 사람들이 잔치할 때는 북을 치고, 피리를 불며, 징을 치고 가무하는 것을 오락으로 삼는다. ⑦⑧중국 사람을 경애(敬愛)하여 취한 중국 사람을 보면 부축하여 돌려보낸다. 혼인 지참금은 우선 야자로 빚은 술로 하고 빈랑은 다음이며, 반지 또한 그 다음이다. 그런 뒤에 금주화를 계산하여 혼례를 치른다. 장례에는 관이 있고, 대나무로 들것을 만들어 그곳에 실어 산속에 버린다. 2월에 농사를 시작하고 제사를 지내는데, 이처럼 7년을 하면 더는 제사하지 않는다. 원래 농토는 산출이 많으며, 12월 7일을 설날[歲節]로 삼는다. 땅은 덥고 비바람이 많다. 음식을 담는 그릇이 없고 대나무에 패다라 잎을 짜서 그곳에 담는다. 음식을 다 먹으면 곧바로 버린다. 옛날 이 나라 인근에 약나무[藥樹]가 있어서 뿌리를 캐 고(膏)로 만들어 복용하고, 몸에 바르면 병장기에도 상처를 입지 않는다(大泥, 卽古浡泥也. 本闍婆屬國, 今隸暹羅. 其國以板爲城.【『宋史』曰, 城中居者萬餘人, 所統十四州.】以銅鑄甲.【『宋史』曰, 戰鬬者將刀被甲, 甲以銅鑄, 狀若大筒, 穿之於身, 護其腹背.】其王所居屋覆貝多葉. 王服頗効中國. 在王左右者爲大人. 王坐繩牀. 出卽大布坐其上, 衆舁之, 名曰阮囊. 民居覆草椎髻, 以五綵帛繫腰, 花錦爲衫. 市用金錢, 國人宴會, 鳴鼓, 吹笛·擊鉦·歌舞爲樂. 愛敬華人, 見華人醉者扶之以歸. 婚聘之資, 先以椰子酒, 檳榔次之, 指環又次之, 後量用金錢成禮. 喪葬有棺, 以竹爲轝, 載棄山中. 二月始耕, 則祀之, 如是者七年, 不復祀矣. 原田豐利, 臘月七日爲歲節. 地熱多風雨. 盛食無器, 並以竹編貝多葉貯之. 食畢輒棄捐. 古稱其鄰有藥樹, 取根煎爲膏服之, 及塗其體, 兵刃不能傷也).

이상 『동서양고』의 문장은 대체로 『송사』, 권489, 「발니국전(渤泥國傳)」(14094~14095쪽)에서 채록했다. 또한 『송사』의 문장은 대부분 조여괄의 『제번지』에서 가져왔다. ⑤와 ⑦, ⑧은 왕대연과 비신의 문장에서도 확인된다. 그러나 ⓐ의 정보는 확실히 『동서양고』에서만 보인다. 또 권9 「서양침로」에 대니국은 바로 옛 발니이다(大泥國, 卽古渤泥也)라고 하는데(176쪽), 여기 대니는 말레이반도 동안의 파타니(Patani)로 추정된다. 『동서양고』의 기술은 두 곳에서 모두

'동양(東洋)'이 아닌 '서양(西洋)' 카테고리에 들어있다는 사실과 앞뒤의 기술이 일치하고 있다는 점에서 어떤 오류를 상정하기 힘들다. 결과적으로 우리는 『제번지』, 『도이지략』, 『성사승람』, 『송사』, 『동서양고』의 발니(渤泥) 또는 발니(浡泥)가 같은 곳을 말하고 있음을 확인할 수 있다.

한편, 황성증의 『서양조공전록』(1520년)에 따르면, 발니국(浡泥國)은 "참파[占城]에서 서남쪽으로 6,000리가량(2,356km) 떨어져 있으며, 다스리는 곳으로 14개 주(洲)가 있다"라고 하며(셰팡, 교주본, 44쪽). 이전과는 다른 기술을 보여준다. 예를 들어 베트남 꾸이년에서 브루나이까지는 남동쪽으로 직선거리로 1,172km로 방향과 거리가 맞지 않는다. 『동서양고』에서 말하는 대니(大泥), 즉 현 태국 남부 말레이반도에 있는 파타니로 놓고 보면, 방향은 서남쪽이 분명하고, 직선거리는 1,146km지만 해안선을 따라 서남쪽으로 돌게 되면 황성증이 말한 거리에 근접한다. 또, 동시대 정효(鄭曉, 1499~1566)의 『오학편』에 수록된 『황명사이고(皇明四夷考)』, 권하, 발니(浡泥) 조목은 역시 "발니(浡泥)는 원래 자바[闍婆]의 속국으로, 서남쪽 대해에 있다"라고 기술하고 있다(사부총간본, 1b). '자바의 속국'이란 정보는 『동서양고』와 일치한다. 여기에서도 방향은 서남쪽이다. 조금 뒤 장황(章潢, 1527~1608)의 『도서편(圖書編)』(1577년) 역시 『황명사이고』와 일치된 정보를 보여준다.

다시 1225년 조여괄의 발니(渤泥)로 돌아가보면, "㉠발니(渤泥)는 천주 동남쪽에 있고, ㉡자바에서 45일 정(程)이고, ㉢스리비자야[三佛齊]에서 40일 정이며, ㉣참파[占城]와 마닐라[麻逸]에서 각각 30일 정으로 모두 순풍을 기준으로 한 것이다"라고 하였다. ㉠의 정보는 현 지도에서 천주에서 브루나이까지는 직선거리로 2,305km이고, 확실히 남동쪽에 있으므로 착오가 있다. ㉡의 거리 정보는 사바(闍婆)를 중부 자바로 놓고 보면, 북서쪽으로 향해 폰티아낙을 돌아 브루나이까지 가야 하므로, 현재 추정하고 있는 것처럼, 삼불제가 팔렘방이라면, 팔렘방에서 브루나이까지가 더 가까운 것은 그럴법하다. 또한 베트남 중부, 즉 꾸이년에서 브루나이까지는 온통 바다로 직선거리로 1,172km이고, 마일(麻逸)을 마닐라로 놓고 본다면, 직선거리로 1,297km로, 거리는 상당히 비슷하다. 그러나 이 두 곳에서 30일을 항해해 가야 하는 거리는 아니다. 따라서 역자는 조여괄의 문장에서 '십(十)'자를 뺄 것을 제안한다. 따라서 자바에서는 4~5일, 스리비자야에서는 4일, 참파와 마닐라에서는 3일 거리에 있다고 한다면, 그럴법한 거리이다.

사실 발니(渤泥|浡泥)를 보르네오로 추정한 것은 히어트와 록힐의 『조여괄』(158쪽)에서이다. 히어트는 자신의 추정을 뒷받침하는 근거로 흐루너펠트의 『말레이반도와 말라카에 관한 주석』(1876년), 101~102쪽을 들었다. 그러나 흐루너펠트는 보르네오에 관하여 『신당서』, 권222중에 보이는 파라(婆羅)와 『동서양고』, 권5의 문래(文萊)를 번역했지, '발니=보르네오 또는 브루나이'를 말하지 않았다. 그래도 록힐은 1915년 『통보』(265쪽)에서 발니(浡泥)를 브루나이로 다시 확인한 바 있다. 그러나 이러한 추정은 조여괄이 서남쪽을 동남쪽으로 잘못 기록했다는 전제에서만 가능하다. 결국 우리는 파타니인지 보르네오인지 선택해야 한다.

『제번지』에 따르면, (1)발니(渤泥) 사람들은 사호(沙糊, 사고야자)를 식량으로 삼는다고 한다(역주본, 262쪽). 『제번지』에는 사호를 먹는 나라로 스리비자야, 중부 자바의 소길단(蘇吉丹)이 보인다. 또한 주달관의 『진랍풍토기』에는 광랑(桄榔) 나무로 언급되어 보고된 바 있다(『진랍풍토기역주』, 306~310쪽). (2)사람들은 양잠하지 않고 길패(吉貝)로 베를 짠다고 한다. 길패(吉貝)는 산스크리트어 '카르파사(karpāsa)'의 음역으로, 케이폭 같은 나무에서 나는 열매에 들어있는 목면 같은 섬유질로 짠 베를 말한다(『제번지역주』, 381쪽). 이 길패가 나는 곳으로, 통킹[交趾], 참파[占城], 자바[闍婆], 구자라트[胡茶辣國], 촐라[注輦], 마닐라[麻逸國], 필리핀 삼서(三嶼) 등에서 언급되었다. (3)"불(佛) 이외에 다른 우상은 없고, 여러 층으로 띠집을 탑처럼세우고 아래에는 작은 감실을 두고 진주 두 알을 넣어 덮어 두는데, '성불(聖佛)'이라 부른다. 토착민들은 두 진주가 처음에는 작았으나 지금은 점점 커져 엄지손가락만 해졌다고 한다(佛無他像, 茅舍數層, 規制如塔, 下置小龕, 罩珠二顆, 是謂聖佛. 土人云, 二珠其初猶小, 今漸大如拇指矣)"라고 하였다. 13세기 보르네오섬에서 불교가 신봉되었는지는 확인되지 않는다. 조여괄은 이슬람교도 역시 '불(佛)'로 기술하고 있으므로, 다른 힌두교 등을 말하는지도 모른다. 한편 마젤란과 함께 동남아를 항해했던 안토니오 피가페타(Antonio Pigafetta, 1492?~1531)의 항해기록이 바로 『최초의 세계 일주 항해에 대한 보고서(Relazione del primo viaggio intorno al mondo)』로 원본은 남아있지 않지만, 그 일부가 남아 전하는데, 그에 따르면 "그들은 '브르네(Bruné)의 왕은 암탉 달걀만 한 진주 두 알을 가지고 있는데 완전히 둥글어, 그것을 부드러운 탁자에 놓으면 빙빙 돌아 멈추지 않았다'라고 말했다"라고 기록했다(『First Voyage round the World by Magellan』, Hakluyt Society, 1874, 117쪽). 여기 브르네(Bruné)

①용산(龍山)[2)]은 광대하고, 땅과 집들은 광활하다. ②들과 밭에 농

는 바로 보르네오섬 북서쪽의 브루나이를 말한다.

현재로서는 (3)의 정보를 근거로, 발니(渤泥)를 보르네오로 볼 수밖에 없을 것 같다. 그러나 '대니(大泥)=발니(渤泥)'설이 잘못된 정보라는 의미는 아니다. 후지타 도요하치는 "또 명나라 사람들의 자료에 따르면 발니(浡泥)를 대니(大泥, Patani)로 보았다. 하교원(何喬遠)의 『명산장(名山藏)』에 이 나라 속국으로 길란단(吉蘭丹)을 언급하고 있고, 모서징(茅瑞徵)의 『상서록(象胥錄)』에서는 현재 일컫는 대니는 섬라(暹羅)에 예속되었다고 하였으며, 『동서양고』에서는 대니(大泥)는 바로 옛 발니(浡泥)라고 하였는데 모두 잘못이다. 명나라 초 이전에 대니는 없었고 『정화항해도』에도 실려 있지 않다. 또 『명산장』에서 '명나라 때, 그 나라[발니(浡泥)] 왕 모하메드 샤(Mohamed Shah)가 나라를 일으켜, 소륙(蘇陸, Sulu)으로 침공하자 사바가 출병하여 물리쳤다(明興其國王馬合謨沙也國, 侵於蘇陸, 闍婆爲發兵, 擊卻之)'라고 하였는데, 소륙이 대니를 침공한 것이 아니다. 이로써 볼 때, 발니는 대니가 아님을 알 수 있다"라고 결론지었지만(『도이지략역주』, 197쪽), 『동서양고』에서는 분명히 대니(大泥)는 옛 발니(浡泥)라고 했으므로 문제가 해결되는 것은 아니다.

앞서 본 『제번지』의 (1)과 (2)의 정보는 대니 즉 파타니로 추정해도 크게 어긋나지 않으며, 다시 『만서(蠻書)』로 거슬러 올라가, 운남의 남쪽 나라들이라면, 보르네오섬보다는 파타니가 더 적합하다. 그곳에서 언급한 곤륜(崑崙) 또한 폴 펠리오에 따르면, 현 미얀마 테나세림으로 추정하고 있다(『8세기 말 중국에서 인도로 가는 두 갈래 여정』, 160~181쪽). 또한 왕대연과 비신은 자바 중부 투반 동쪽의 장골라[重迦邏]라는 나라가 보르네오섬 서남쪽에 있는 탄중푸라(Tanjungpura)와 적대했다는 언급이 보이고, 16세기 자료들은 일관적으로 자바[闍婆]의 속국이라고 하였다. 만약 보르네오가 자바[闍婆]의 속국이었다면, 조여괄이 그 속국 목록에 빠뜨렸을 리 없을 것이고, 조여괄이 제시한 자바국의 속국 목록에는 우리가 현 베트남 남부 판두랑가로 추정하는 빈동룡(賓瞳龍)이 들어있다(『제번지역주』, 50쪽). 마지막으로 비신이 "차조를 발효시켜 술을 빚는다(釀秫爲酒)"라고 기술한 나라들로, 시암[暹羅], 랑카수카[龍牙犀角], 장골라[重迦邏] 등이라는 점에서 말레이반도의 파타니로 볼 수 있는 소지는 여전히 남아있다.

2) 심증식 씨는 『도이지략광증』(상, 12b)에서 "『동서양고』에 발니(渤泥)에는 금산

사를 지으면, 풍성하게 익어 이득이 많다. ③기후는 반대로 여름에는 조금 썰렁하고 겨울에는 매우 덥다. [①龍山磅礴,3) 地宇横廣. ②原[源]田

(金山)이 보이는데, '[금산은] 바로 오롱리탄으로, 깊은 곳, 깊은 강물[澗]을 거슬러 올라가는데, 배를 몰아가기가 매우 힘들다. 양쪽 언덕에는 녹음이 짙고, 아름드리나무들이 많으며, 매일 석양과 새벽 구름에 새소리가 사방에서 들려 사람의 간장을 끊을 듯한다. 중국 상인들은 좋은 때를 틈타 가보지만 중도에 돌아오지 않는 자가 없었다(卽烏籠里彈, 深處幽澗遡流, 驅舟良苦, 兩岸繁陰, 木多拱抱, 每夕景曉雲, 禽聲四合, 幾斷人腸. 華商卽乘興以行, 未有不中道返者也)'라고 하였다. 생각건대, 오롱리탄(烏籠里彈)이 바로 여기 용산(龍山)에 해당한다"라고 용산을 설명했다. 먼저 역자는 『도이지략역주』(194쪽 주1)에서 여기 오롱리탄(烏籠里彈)의 한자를 '조롱리탄(鳥籠裏彈)'으로 잘못 옮겼다. 이로써 바로 잡는다. 장섭(張燮)은 발니(渤泥)에 별도의 기술을 두지 않았다. 심증식이 말하는 『동서양고』의 '발니'는 바로 문랑마신(文郎馬神) 조목이다(셰팡, 점교본, 86쪽).

록힐은 『도이지략』의 발니(浡泥) 조목을 『통보』(1915, 265쪽)에서 역주하면서 용산(龍山)에 관하여, "『동서양고』, 권5, 문래(文萊) 조목에 문래에는 성산(星山)이 있는데, 그곳 사람들은 이 산이 세상에서 제일 큰 산으로 여긴다고 했는데, 여기에서 말하는 '용산'일 수 있을까?"라고 추측하는 주석을 붙였다. 록힐은 문래(文萊)가 바로 브루나이를 음역한 다른 명칭으로 보고 있기 때문이다.

쑤 지칭 씨는 심증식이 추정한 오롱리탄(烏籠里彈)에 관하여 "내 생각에 말레이어, 자바어로 미개인들을 '오랑 리아르(orang liar)'라고 하는데, 중국어는 'r'음을 모음의 글자로 보고 'n'음 또는 't'음으로 대신하므로, 오롱리탄 마을이란 '미개인의 마을'이란 뜻으로 일반 명사도 아니고 고유 명사도 아니다"라는 단호한 설명을 했지만(『도이지략교적』, 150쪽), 위의 원문에 보듯이 고유 명사로 읽어야 한다. 이어서 쑤 씨는 발니(浡泥)의 위치를 부르네오섬 서쪽의 폰티아낙으로 추정하고 "이 산은 루모르(Lumor)에 해당하는 음으로 보이며, 폰티아낙의 북쪽으로 구불구불하게 오른쪽에 있다"라고 용산을 설명했다(앞의 책, 151쪽). 먼저 폰티아낙과 발니는 음성적으로 아무런 관련이 없고, 현 지도에서 폰티아낙 북쪽으로 '루모르'란 지명은 보이지 않으며, 'Lumor'를 아무리 남방 방언 발음을 썼다고 하더라도 '용[li̯woŋ](龍)'자로 옮겼을 가능성은 보이지 않는다.

3) '방박[pʰaŋ-bʱwak](磅礴)'이란 쌍성(雙聲)의 표현으로 넓고 큰 모양을 형용한다. 비신

種植,[4] 豐登甚利. ③氣候反夏稍寒,[5] 冬月極熱.]

④풍속은 사치를 좋아한다. ⑤남녀는 한결같이 방망이 모양으로 상투하고, 오색의 비단으로 허리를 묶으며, 꽃문양 베로 적삼을 만든다. ⑥이 나라의 사람들은 불상을 숭배하며, 즐겨 재계하고 목욕한다. ⑦그 나라에 온 중국 사람을 보면, 몹시 경애심을 갖는다. ⑧길에 취한 사람이 있으면 집으로 부축해 돌아가 재워주고, 예의로 대접하는 것을 친구처럼 한다. [④俗好奢侈. ⑤男女一般椎髻, 五彩帛繫腰, 花布爲衫. ⑥其國之民崇佛像, 好齋沐. ⑦凡見唐人至其國, 甚有愛敬. ⑧路有醉者, 則扶歸家寢宿, 以禮待之若故舊.]

⑨바닷물을 끓여 소금을 만든다. ⑩차조를 빚어 술을 만든다. ⑪추장이 쓰는 것은, 백성들의 산물을 거두지 않고, 생리 그대로 한다. [⑨煮海爲鹽. ⑩釀秫爲酒. ⑪酋長之用, 不斂民物, 生理自如.]

이 참고하고 있는 『도이지략』에 이 문장은 "용산(龍山)의 검은 너럭바위가 오른쪽에 있다(龍山磻礴於其右)"라고 되어있다. 여기 왕대연의 '반제(磻礴)'란 표현은 상당히 보기 드문 조합으로, 그 고음 발음은 [bʱuan-tiei]로, 검고 큰 바윗돌을 의미하는 것으로 읽힌다. 이러한 이유에서 비신이 '방박'이란 수사적 표현으로 바꾼 것인지도 모르겠다.

4) '원(源)'자는 우리가 앞서 활용하고 있는 모든 사본에 일치하는 글자를 보여준다. 후지타 도요하치는 『도이지략교주』(63쪽)에서 '원(原)'자로 읽을 것을 제시한 이래로 펑 청쥔 씨도 이에 따르고 있다.

5) '반(反)'자는 『국조전고』본과 나이지본에서도 확인된다. 그러나 펑 청쥔 씨는 주당면(朱當㴐)의 『국조전고』본에 따라 '급(及)'자로 교정했고, 등사룡(鄧士龍)의 『국조전고』본을 점교(點校)한 학자들도 '급'자로 교정했지만, 역자는 '반(反)'자를 그대로 살린다. 이곳은 펑씨의 추정대로라면, 보르네오섬에 해당한다. 항상 더운 곳임을 전제하고 있다.

⑫그곳에서는 강[진]향, 황랍, 대모, 편뇌(片腦)가 난다. ⑬교역하는 상품은 백은(白銀), 적금(赤金), 색단(色緞), 아상(牙箱),[6] 철기(鐵器) 등이다. [⑫地產降香·黃蠟·玳瑁·片腦. ⑬貨用白銀·赤金·色緞·牙箱·鐵器之屬.]

⑭시로 노래한다[詩曰].

발니가 창해의 밖에서	渤泥滄海外,
나라를 세운 지 언제일까?	立國自何年.
여름은 춥고 겨울에는 더워지며,	夏冷冬生熱,
산은 넓고 크며 땅은 궁벽하네.	山盤地自偏.
쌓고 닦으며 불교를 숭상하고,	積脩崇佛教,
취한 사람 부축하여 손님처럼 대접하네.	扶醉待賓賢.
신용이 있어 상선들과 통상하니,	取信通商□舶,[7]
전할 만한 풍속과 사실을 남겨두네.	遺風事可傳.

[4권본에 보이지 않는다]
『도이지략』, 발니(浡泥): 용산(龍山)의 검은 너럭바위가 오른쪽에 있다. 터전과 집은 크고 넓으며, 들과 밭에는 소득이 높다. 여름철은 조금 썰렁하고 겨울에는 매우 덥다. 풍속은 매우 사치스럽다. 남녀는 상투를 틀고, 오색의 비단으로 허리를

6) '아상(牙箱)'이란 물품은 『도이지략』, 용아보제(龍牙菩提), 층요라(層搖羅) 조목 등에도 '아상'이란 명칭이 보이는데, 비신은 '용아보제' 조목에서 이 물품을 넣지 않았다. 쑤 지칭 씨는 여기 '아(牙)'자를 마일(麻逸) 조목에서 보이는 '아정(牙錠)'의 '아'자와 같은 뜻으로, 모두 '작다'는 의미로 해석할 것을 주장했지만(『도이지략교석』151쪽), '아(牙)'자 자체에는 '작다'라는 의미가 없으므로, '아(亞)'자를 상정해야 하는데, 설득력이 없다. 여기서는 글자 의미 그대로 '상아로 만든 상자 같은 기물'을 말한다고 보면 될 것 같다.

7) 저본에는 '상(商)'자가 빠져있어, 『국조전고』본과 나이지본의 '상(商)'자를 따랐다.

묶으며, 화금(花錦)으로 적삼을 만든다. 부처 숭배가 매우 엄정하다. 중국 사람들을 더욱 공경하고 좋아하여 [중국인이] 술에 취하면 부축하여 쉴 곳으로 돌려보낸다. 사람들은 바닷물을 끓여 소금을 만들고 차조를 발효시켜 술을 만든다. 추장이 있고, 그 나라에서 셈에 능한 한 사람을 뽑아 장부를 맡기고, 그 출납을 계산하며, 세금을 받는데 조금의 차이도 없다. 땅에서는 강진(降眞), 황랍(黃蠟), 대모(玳瑁), **매화**편뇌(**梅花片腦**)가 난다. [향이 나오는] 그 나무는 삼나무나 회나무 같고, 쪼개서 채취하며, 반드시 목욕하고 간다. 교역하는 물품은 백은, 적금(赤金), 색단(色緞), 상아 상자[牙箱], 철기 등이다.

龍山磁礴於其右. 基宇雄敞, 源田獲利. 夏月稍冷, 冬乃極熱. 俗侈. 男女椎髻, 以五采繫腰, 花錦爲衫. 崇奉佛像唯嚴. 尤敬愛唐人, 醉則扶之以歸歇處. 民煮海爲鹽, 釀秫爲酒. 有酋長, 仍選其國能算者一人掌文簿, 計其出納, 收稅, 無纖毫之差焉. 地產降眞·黃蠟·玳瑁·梅花片腦. 其樹如杉檜, 劈裂而取之, 必齋浴而後往. 貨用白銀·赤金·色緞·牙箱·鐵器之屬.

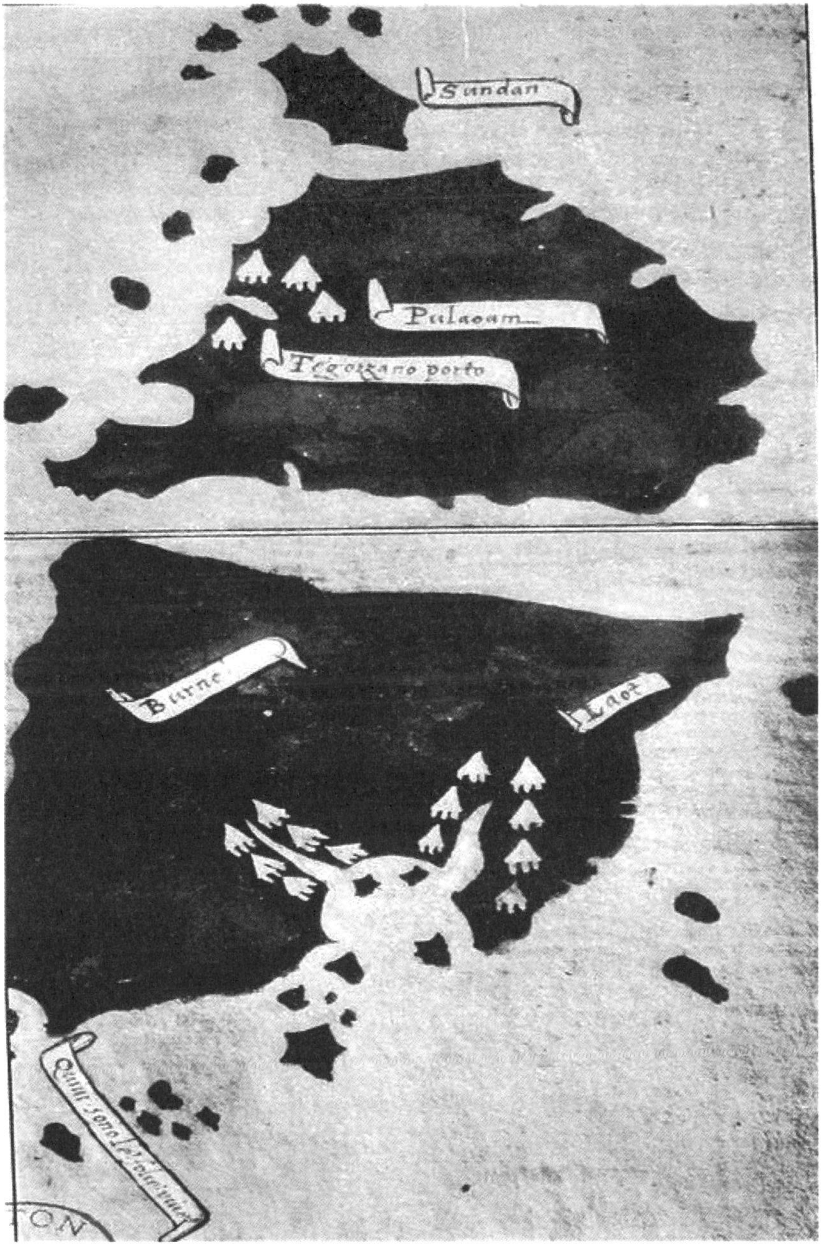

James Alexander Robertson, 『Magellan's voyage around the world』, II, Cleveland, 1906, 24쪽.

36. 술루 왕국[蘇祿國][1)]

1) 비신이 '소록[suo-luk]국(蘇祿國)'으로 표기한 나라는 왕대연의 『도이지략』에서 처음으로 보이는데, 왕대연은 '국(國)'이라 하지 않았다. 하지만 왕대연의 기록에는 이곳을 추정할 아무런 단서도 없다. 비신 또한 왕대연의 기록을 채록했으므로 우리에게 도움을 주지 않는다. 결국 우리는 이후 16세기의 자료를 참고할 수밖에 없다. 『서양조공전록』에 "이 나라는 동해(東海)의 바다에 있고, 그 진(鎭)은 '석기'라는 섬[山]이다(其國在東海之羊, 其鎭曰石崎之山)"라고 하였다(교주본, 46쪽). 또 『동서양고』에서도 "소록은 동남해 가운데 있다(蘇祿在東南海中)"라고 하였다(점교본, 96쪽). 이들로부터 '소록'은 동남해에 있다는 정보뿐이다. 다음으로 하교원(何喬遠, 1558~1632), 『명산장(名山藏)』(1640년 간행, 북경대 소장본), 권106, 「왕향기(王享記) 3」(16a)에, "소록국은 동남해 가운데 있는데, 발니(浡泥), 쇄리(瑣里)와 서로 가깝다. 이 나라는 동서로 나뉘어 있고, 별도로 하나의 동(峒)이 있어, 결코 서로를 통할하지 않는다(蘇祿國在東南海中, 與浡泥·瑣里相近. 其國分東西, 別有一峒, 竝不相統攝)"라는 정보를 주고 있다. 여기의 발니(浡泥)는 앞 조목에서 본 발니(渤泥)로 보이며, 우리는 보르네오섬으로 추정해 왔다. 또한 쇄리(瑣里)는 코로만델 해안 남부에 있었던 촐라 왕국, 바로 『제번지』의 주련국(注輦國)을 가리킨다. 『명산장』의 오류거나 보르네오섬과 가까운 또 다른 '쇄리'라는 것을 상정해야 한다.

심증식 씨는 『도이지략광증』(상, 16쪽)에서 "「동남해이총도(東南海夷總圖)」에는 소륙(蘇六)으로 되어있다"라고 하였다. 여기의 「동남해이총도」는 원나라 주사본(朱思本)이 그린 지도를 토대로 나홍선(羅洪先, 1504~1564)이 편집하고 보완한 『광여도(廣輿圖)』(1566년), 4권에 수록된 지도를 말한다. 이 지도에는 왜노(倭奴, 일본)에서 5시 방향 아래에 '소원(蘇元)'으로 보이고, 그 1시 방향에는 주련(注輦)이 정확히 보인다. 그러나 『명산장』에서 가깝다고 한 발니(浡泥)는 보이지 않는다(아래 참고도를 보시오). 심증식 씨의 이 관찰은 '소록'을 찾는 중요한 실마리를 제공했다는 점에서 가치가 있다. 이는 '록[luk](祿)'자와 '육[ljuk](六)'자의 발음이 비슷한데, 이 '육(六)'자를 나홍선(羅洪先)이 '원(元)'자로 잘못 썼거나, 인쇄상 오류를 전제해야 한다. 이로써 우리는 '소록'을 중국의 동남해, 한국과 일본의 남쪽, 마닐라의 동남쪽 해상에 있는 섬으로 향할 수 있다.

우리는 이상의 위치에 부합하면서, '소록'과 발음이 유사한 섬을 찾을 수 있다. 바로 보르네오섬 동북쪽과 민다나오섬 삼보앙가(Zamboanga) 7시 방향 사이에 술루(Sulu) 군도를 확인할 수 있다. 크로포드(J. Crawfurd)는 『인도양 군도와 부속 나라들에 관한 사전(A Descriptive Dictionary of the Indian Islands & Adjacent Countries)』(London, 1856, 406쪽), 술로(Soolo) 항목에서 "원주민들은 '수그(Sug)'라고 부르고, 말레이인들은 '술룩(Suluk)'이라 부르는데, '술로'라는 단어는 여기에서 비롯되었다. '술로'는 중심지의 이름으로, 군도의 4개의 주요 섬 중에서 가장 크지는 않지만, 그곳으로 명명되었다. 이 섬의 길이는 35마일(56km), 폭이 가장 큰 곳은 12마일(19km)이며, 면적은 745km^{2}이다"라고 설명했다. 참고로 서울 면적은 서울 면적 605km^{2}이다. '소록'은 말레이어 '술룩(Suluk)'에 정확히 대응하고 있다.

술루 군도의 진주는 상당히 잘 알려져 있었다. 두아르테 바르보사(Duarte Barbosa, 1480?~1521)는 "이 섬에 금이 많아 땅에서 찾는다. 섬의 전역에서 무어인(이슬람교도)들은 많은 진주알(seed pearl)과 색깔은 완벽하지만 둥글지 않은 좋은 진주를 채취한다"라고 증언한 바 있다(Henry E.J. Stanley(tr.), 『A description of the coast of East Africa and Malabar』, London, The Hakluyt Society, 1866, 203쪽). 또한 크로포드도 『인도양 군도의 역사(History of the Indian Archipelago)』(III, 1820년, 444~5쪽)에서 "진주와 진주층은 인도양 섬에서 나는 산물이다. 교역의 상품으로 진주는 술룩(Suluk) 군도 이외에는 보이지 않으며, 진주층도 주로 그곳에서 발견된다. 진주는 이 군도의 많으면서 위험한 얕은 곳에 있는 좁은 해협 또는 수로에서 발견된다. 진주는 군도의 여러 언어에서 같은 이름으로 알려졌고, '무티야(Mutya)' 또는 '무티야라(Mutyara)'라는 명칭은 산스크리트어이고 이로부터 장식품으로서 진주의 사용과 그에 따른 진주 잡는 기술이 인도인들에게서 알려졌다고 추론될 수 있다. 연간 중국으로 수출되는 양은 현지에서 25,000 스페인 달러에 달했고, 같은 나라로 수출된 진주층의 양은 1담(擔)에 14 스페인 달러 비율로 대략 5,000 담(擔), 70,000달러 즉 15,750파운드였다. 사납고 해적질을 하는 술룩 군도 원주민의 습성을 고려하면, 현지 이들 어상에 적용될 수 있는 것보다 더 큰 기술과 산업의 공유가 생산량과 가치를 크게 끌어올렸음이 분명하다"라고 하며 술룩 군도의 진주산업을 언급했다.

여기 중국의 왕대연, 비신, 황성증, 장섭, 하교원의 책에서 '소록'의 특산이 진주라는 기술과 정확히 부합한다. 특히 하교원은 『명산장』(권106, 16b)에서 "[영락(永樂)] 19년(1421)에 도마함이 내조하여 진주 1과를 헌상했는데, 무게가 7냥 5전(대략 280g)이 나갔다. 그 나라에 진주 못이 있다고 했다(十九年, 都麻含来

①[술루 왕국은] '동해'의 바다에 있다. ②석기산(石崎山)[2]이 성처럼 막고 있고, 산길에 난 밭은 척박하여, 농사짓는 일이 희박하다. ③사람들은 물고기와 새우를 잡아 날로 먹고, 나합 조개는 삶아 먹는다.[3] [①居東海之洋. ②石崎堡障, 山塗田瘠, 種植稀簿. ③民下捕魚蝦生啖, 螺蛤煮食.]

④남녀는 머리를 자르고, 검은 켐반[縵]으로 머리를 감싸며, 허리

朝, 献臣珠一顆, 重七兩五錢. 蓋其国有珠池云)"라고 하였다.

이상으로부터 우리는 중국인들이 술루 군도를 인식한 시기는 14세기 중반이며, 직접적인 통상은 15세기라고 할 수 있다. 마지막으로 「동남해이총도」의 '소륙(蘇六)' 1시 방향에 있는 주련(注輦)과, 『명산장』에서 언급한 쇄리(瑣里)는 같은 곳으로 보이는데, 왜 인도 동남의 왕국이 이곳에 표기되고 언급되었는지, 단순히 지도를 그린 사람의 잘못으로 돌려야 할 것인지, 아니면 중국 자료에는 '쇄리(瑣里)'가 있고, '서양쇄리(西洋瑣里)'가 보이는 것처럼, 이곳은 또 다른 '쇄리' 인지는 풀어야 할 숙제로 남겨두기로 한다. 우리는 『제번지』의 '주련(注輦)'을 완전히 다시 고증해야 할지도 모른다.

2) 『명일통지(明一統志)』, 소록국 조목 석기산(石崎山) 원주(사고전서본, 권90, 23a)에 "나라는 이 산을 울타리로 삼는다(國以此山爲保障)"라고 하였다. 쑤지칭 씨는 샤먼 발음을 근거로 시아시(Siasi) 섬으로 추정했다(『도이지략교석』, 180쪽). 그러나 '석'자의 발음은 잘 대응하는 것으로 보이지만, '기(崎)'자의 'k' 또는 'kʰ'의 초성을 가지므로 불가능하다. 또한 시아시섬은 술루 본섬에서 5시 방향으로 대략 50km 떨어져 있는 섬이다. 크로포드의 기술에 따르면(『A Descriptive Dictionary of the Indian Islands & Adjacent Countries』, 406쪽), 술루섬에는 높은 고도의 산은 없고, 언덕과 구릉으로 형성되어있다고 한다. 따라서 역자는 '석기산(石崎山)'은 고유명사가 아니라, 글자 그대로 암석으로 형성된 갑이나 곳으로 읽을 것을 제안한다.

3) 주민들이 먹는 음식으로 왕대연은 사호(沙糊, 사고야자)를 언급하고 있는데, 확실히 『동서양고』(점교본, 97쪽)와 『명산장(名山藏)』(북경대 소장본), 권106, 「왕향기(王享記) 3」(16b)에서도 확인할 수 있다.

에는 꽃문양으로 날염한 작은 베[小印花布]를 두른다. ⑤풍속은 여전히 비루하다. ⑥바닷물을 끓여 소금을 만든다. ⑦사탕수수를 빚어 술을 만든다. [④男女斷髮, 頭纏皂縵, 腰圍小^水^印花布.[4] ⑤俗尙鄙陋. ⑥煮海爲鹽. ⑦釀蔗爲酒.]

⑧[사람들은] 죽포(竹布)를 짜고, 진주를 채취하는데, 그 색이 희며 품질이 우수하다. 진주 중에는 지름이 1촌짜리가 있는데, 7~8백 정(錠)[5]의 값이 나가기도 하고, 중간 크기는 2~3백 정(錠)이 나간다. [⑧織竹布, 採眞珠, 色白絕品. 珠有徑寸者, 已値七八百錠, 中者二三百錠.]

⑨영락 16년(1418)에 그 추장이 황제의 은혜에 감복하여 아내와 자식들을 데리고 바다를 건너와 천자를 뵙고, 큰 진주 1과(顆)를 헌상했다. 무게는 7냥 5전이 나가, 옛날부터 희귀한 것으로, 가질 수 없는 것이었다. 황제는 크게 기뻐하며, 노고를 위로함에 더하여, 황금 인장과 관대(冠帶)를 후하게 하사하여 나라로 돌아가게 했다. [⑨永樂十六年, 其酋長感慕聖恩, 乃挈妻携子涉海來朝, 進獻巨珠一顆. 重七兩五錢, 罕古莫能有也.[6] 皇上大悅, 加勞, 厚賜金印·冠帶, 歸國.]

---

4) 원문의 수인화포(水印花布)는 『국조전고』와 나이지본 모두 일치하지만, 『도이지략』에는 꽃문양을 날염한 작은 베[小印花布]로 되어있고, 『동서양고』(점교본, 97쪽)에도 "작은 날염한 베를 맨다(繫小印布)"라고 하였으므로, '수(水)'자는 '소(小)'자의 오기로 읽는다.

5) '정(錠)'은 원래 발이 달린 '두(豆)'라는 제기(祭器)를 지칭하는 글사로 만들어졌으나, 이후 덩어리진 물건을 헤아리는 양사로 사용했다. 원나라 시기부터 사용된 것으로 보이며, 주로 금이나 은 덩어리, 또는 초(鈔) 뭉치에 사용되었다. 『원사』, 권30, 「태정제 본기」(677쪽)에, 태정(泰定) 4년(1327년) 2월에 "친왕 야선철목아(也先鐵木兒)가 북쪽 변방으로 나가, 금 1정(錠), 은 5정(錠), 초(鈔) 500정(錠), 폐(幣)와 백(帛) 각 10필을 하사했다(親王也先鐵木兒出鎭北邊, 賜金一錠·銀五錠·鈔五百錠·幣帛各十匹)"라는 기록을 근거 삼을 수 있겠다.

⑩이곳에는 진주, 강[진]향, 황랍, 대모(玳瑁), 죽포(竹布)가 난다. ⑪교역하는 상품은 금은, 팔도랄(八都剌)의 베, 푸른 구슬[青珠], 자기, 쇠 창[鐵銚] 등이다. [⑩地產珍珠·降香·黃蠟·玳瑁·竹布. ⑪貨用金銀·八都剌布·青珠·磁器·鐵銚之屬.[7)]]

⑫시로 노래한다[詩曰].

소록은 동서로 나뉘어 蘇祿分東海,
주민들은 만 가구에 달하네. 居民幾萬家.
날씨의 반은 더워 작은 베를 두르고, 半熱丸烹圍爲小水布,[8)]
날로 먹으며 물고기와 새우를 즐기네. 生啖愛魚蝦.
지름 1촌의 진주는 둥글고 순결하여, 徑寸珠圓潔,
뱃길로 항행하여 거래하네. 行舟路去賖.
진주를 헌상하며 조정에 조공하니, 獻珠朝玉王闕,[9)]

---

6) '한(罕)'자는 『국조전고』본과 나이지본에서 확인된다. 주당면의 『국조전고』에는 '금(今)'자로 되어있다. '금'자로 해석하면, "옛날이나 지금이나 가질 수 없는 것이었다(今古莫能有也)"라고 해석할 수 있을 것이다. 문맥상 '한(罕)'자로는 의미가 중복되는 것은 사실이다.

7) 철조(鐵銚)의 '銚'자는 '조[tiáo]'로 읽을 경우, 창[矛]과 비슷한 무기를 의미하고, '요[yáo]'로 읽을 때는 흙을 파헤치거나 떠서 던지는 기구인 가래를 의미한다. 『도이지략』에서는 같은 발음의 '철조(鐵條, 철사?)'로 되어있다.

8) 이 구는 원문 그대로는 의미가 통하지 않는다. 바로 '환팽(丸烹)'이란 단어 조합이 문제인데, 『국조전고』, 나이지본 모두 일치한다. 짐작건대, 4구와 대구를 이루고 있으므로, '생담(生啖)' 즉 날로 먹는다는 말과 짝을 이루어야 하는 것은 분명해 보인다. 『도이지략』에 "날씨의 반은 덥다[氣候半熱]"라고 하였는데, '환팽(丸烹)'은 여기의 '반열(半熱)'의 오기로 보인다. 세 번째 글자인 '위(圍)'자는 저본과 나이지본에는 '위(爲)'자로 되어있어, 『국조전고』본에 따라 고쳤다. 위의 본문에서도 '위(圍)'자를 썼다.

9) 저본의 '왕궐(王闕)'은 『국조전고』와 나이지본에 따라 황궁이나 조정을 의미하는 '옥궐(玉闕)'로 고쳤다.

후하게 하사품으로 광영을 입었네. 厚賜被光華.

[4권본에는 보이지 않는다]

『도이지략』, 소록(蘇祿): 이곳은 석기산(石崎山)을 방어하는 장벽으로 삼으며, 산길에 있는 전토는 척박하고 조와 맥(麥)을 심기에 적합하다. 사람들은 사호(沙糊), 물고기, 새우, 소라를 먹는다. 기후는 반년이 덥다. 풍속은 천박하다. 남녀는 머리를 자르고, 검은 명주를 감아 소인화포(小印花布)로 맨다. 바닷물을 끓여 소금을 만들고 사탕수수즙을 발효시켜 술을 만들며 죽포(竹布) 짜는 것을 생업으로 한다. 추장이 있다. 땅에는 중급의 강진조(降眞條), 황랍(黃蠟), 대모(玳瑁), 진주가 나는데, 사리팔단(沙里八丹), 제삼항(第三港) 등에서 나는 것과 비교하면, 여기 소록의 진주는 색이 청백색이고 둥글며 그 값이 매우 비싸다. 중국 사람들은 머리 장식으로 사용하는데, 그 색이 퇴색되지 않아 절품(絶品)이라 불린다. 직경이 1촌 되는 것이 있는데 산출하는 곳에서 큰 것은 7~8백여 정(錠)이 나가고 중간 것은 2~3백 정, 작은 것은 1~2십 정이 나간다. 그 나머지 작은 진주 1만 개가 1냥을 상회하는 것 또는 1천에서 3~4백 개가 1냥을 상회하는 것들은 서양(西洋)의 제삼항(第三港)에서 나는데, 이곳(소록)에는 없다. 교역하는 상품은 적금(赤金), 화은(花銀), 팔도랄포(八都剌布), 청주(靑珠, 푸른 유리구슬), 처주 자기[處器], 철조(鐵條) 등이다.

其地以石崎山爲保障, 山畬田瘠, 宜種粟麥. 民食沙糊·魚·蝦·螺·蛤. 氣候半熱. 俗鄙薄. 男女斷髮, 纏皂縵, 繫小印花布. 煮海爲鹽, 釀蔗漿爲酒, 織竹布爲業. 有酋長. 地產中等降眞條·黃蠟·玳瑁·珍珠, 較之沙里八丹·第三港等處所產, 此蘇祿之珠, 色靑白而圓, 其價甚昂. 中國人首飾用之, 其色不退, 號爲絶品. 有徑寸者, 其出產之地, 大者已直七八百餘錠, 中者二三百錠, 小者一二十錠. 其餘小珠一萬上兩重者, 或一千至三四百上兩重者, 出於西洋之第三港, 此地無之. 貿易之貨, 用赤金·花銀·八都剌布·青珠·處器·鐵條之屬.

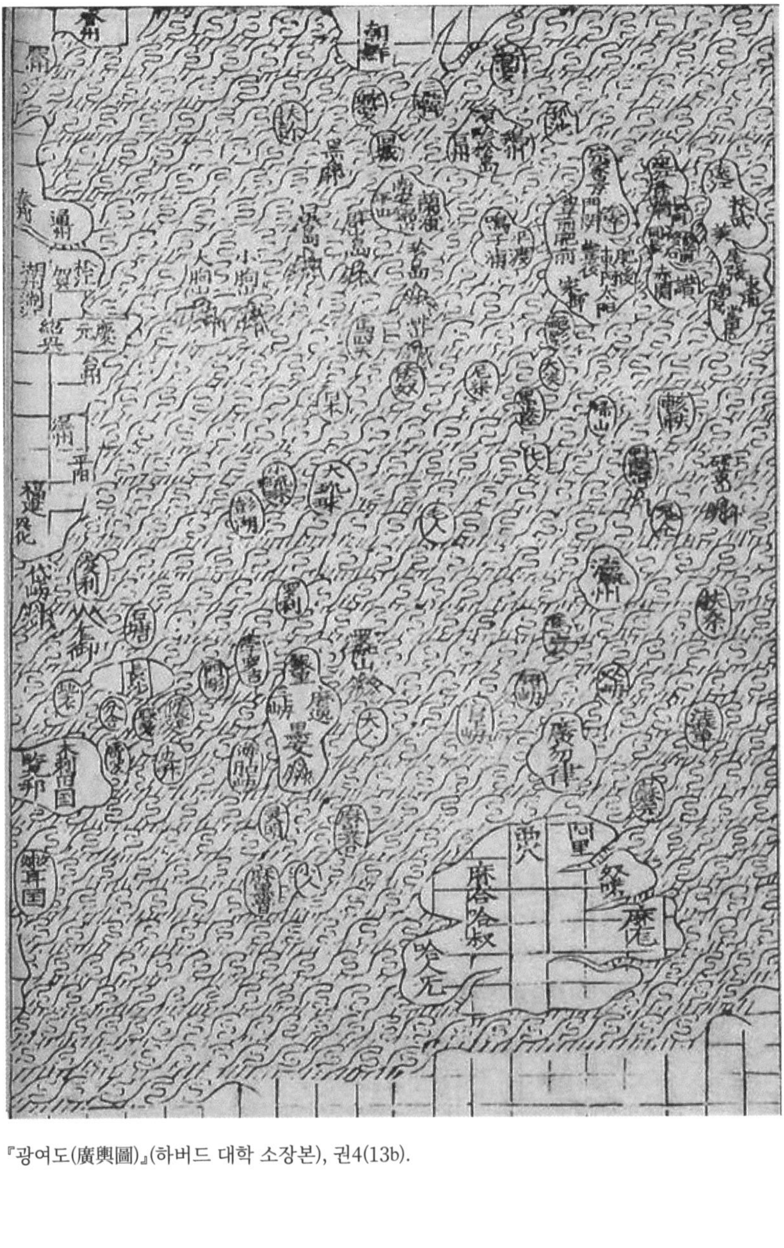

『광여도(廣輿圖)』(하버드 대학 소장본), 권4(13b).

37. 대구남국(大唄喃國)[1]

1) 펑 청쥔 씨는 다음과 같은 주석을 붙이고 있다. "4권본과 『명사』에는 대갈란(大葛蘭)으로 되어있다. 이 조목은 『도이지략』의 소구남(小唄喃) 조목을 따랐다. 아마도 당시에 이런 나라는 없었거나 대소(大小)의 구남(唄喃)이 모두 같은 곳이었을 것이다. 후지타 도요하치는 『도이지략교주』에서 소구남(小唄喃)은 『원사』 「식화지(食貨志)」 시박(市舶) 조목에 보이는 범답랄역납(梵答剌亦納, Fandaraina)으로 보았다. 특히 범답랄역납(梵答剌亦納)이 판다라니(Pandarani)인지 모르고, 『도이지략』에는 별도로 '반달리(班達里)'로 옮긴 별도의 조목이 들어있다."

율과 버넬의 『Hobson-Jobson』, 판다라니(Pandarāni) 항목(666쪽)에 따르면, 이곳은 중세에 잘 알려진 말라바르 해안의 한 항구로, 'Sacrifice Rock' 맞은 편에 있다고 한다. 엘리엇(Henry Miers Elliot)은 12세기 중반 아랍의 지리학자 알 이드리시(al-Idrisi)의 기술을 다음과 같이 옮겼다. "판다리나(Fandarina)는 마니바르(Manibar)[말라바르]로 나오는 한 강어귀에 세워진 도시로, 그곳에 인도와 중국의 배들이 닻을 내린다. 그곳 주민들은 부유하며, 시장이 잘 형성되어 교역이 왕성하다."(『The History of India, as Told by Its Own Historians』, I, 90쪽). 또한 1343년경 이븐 바투타는 이 도시에 관하여 "중국 배들이 겨울을 나는 곳이 이 도시[판다라이나(Fandaraina)]이다"라고 했다(『Voyages d'Ibn Batoutah』, IV, 88쪽).

『원사』, 「식화지(食貨志)」, 시박(市舶) 조목(2402~3쪽)에서 "[원정(元貞)] 2년(1296)에 바다 상인들에게 세세한 상품을 마아바르[馬八兒], 패남(唄喃), 범답랄역납(梵答剌亦納) 등 세 오랑캐 나라와의 교역을 금지하고, 별도로 중통초 5만 정(錠)을 내어 사부정(沙不丁) 등에게 해운에 관한 법을 의논케 했다(二年, 禁海商以細貨於馬八兒·唄喃·梵答剌亦納三蕃國交易, 別出鈔五萬錠, 令沙不丁等議規運之法)"라고 하였다. 프랑스 동양학자 뽀띠에(Guillaume Pauthier)는 이 문장의 '범답랄역납'을 '판다라이나(Fandaraînâ)'로 읽었다(『Le Livre de Marco Polo』, II, 532쪽). '범답랄역납'과 '판다리이니'사이의 음성적 근섭성은 매우 그럴법하다. 후지타 도요하치는 왕대연의 소구남(小唄喃)을 판다라이나로 추정하고자 했다. 그러나 왕대연은 『도이지략』에서 반달리(班達里) 즉 판다라이나를 별도로 언급하고 있다. 따라서 후지타 씨의 추정은 따르기 어렵다(자세한 설명은 『도이지략역주』, 425쪽을 참고하시오). 하나의 해법이라면, '구남(唄喃)'은 콜람에 해당하는 음이라는 점에 동의하므로, 『원사』의 문장은 마아바르, 콜람, 판다라이나 등 세 나라로 읽을 수밖에 없다.

『명사』, 권326, 「소갈란(小葛蘭)」 조목(8443쪽)에 “이 나라는 코치[柯枝]와 접경해 있다. 실론섬[錫蘭山]에서 서북쪽으로 6일 밤낮을 [항행하면] 이를 수 있다. 동쪽은 큰 산이고 서쪽은 큰 바다이며, 남북의 땅은 좁은 서양(西洋)의 작은 나라이다. 영락 5년(1407)에 [이 나라에서] 보낸 사신이 캘리컷[古里], 사무드라[蘇門答剌]와 함께 와서 조공하여, 이 나라 왕에게 금기(錦綺), 사라(紗羅), 안마(鞍馬) 등의 물품을 하사하고, 그 사신에게도 하사품을 내렸다. 왕과 신하들 모두 촐라[瑣里] 사람이며, 불교를 신봉한다. 소를 중시하는 일과 혼인과 장사 등의 예법은 대부분 실론과 같다. 풍속은 순박하다. 땅은 척박하고 수확은 적어 벵골[榜葛剌]에 의존하여 공급받는다. 정화가 이 나라에 사신으로 간 적이 있다. 그들이 바친 산물은 진주로 장식한 일산[珍珠傘], 백면포(白綿布), 후추[胡椒]뿐이다(其國與柯枝接境. 自錫蘭山西北行六晝夜可達. 東大山, 西大海, 南北地窄, 西洋小國也. 永樂五年遣使附古里·蘇門答剌入貢, 賜其王錦綺·紗羅·鞍馬諸物, 其使者亦有賜. 王及群下皆瑣里人, 奉釋教. 重牛及他婚喪諸禮, 多與錫蘭同. 俗淳. 土薄, 收穫少, 仰給榜葛剌. 鄭和嘗使其國. 厥貢惟珍珠傘·白棉布·胡椒)”라고 하였다.

이어서 기록된 「대갈란(大葛蘭)」 조목(8444쪽)에서는 “또, 대갈란(大葛蘭)이라는 곳이 있는데, 파도가 빠르고 사나워 배가 정박할 수 없었기 때문에, 상인들이 드물게 이른다. 땅은 검고 비옥하여, 원래 곡물과 밀[麥]에 적합했지만, 사람들이 농사를 게을리하여 해마다 오다(烏爹)의 쌀에 의존하여 식량을 충당한다. 풍속과 산물은 대체로 소갈란과 비슷하다(又有大葛蘭者, 波濤湍悍, 舟不可泊, 故商人罕至. 土黑墳, 本宜穀麥, 民懶事耕作, 歲賴烏爹之米以足食. 風俗·物產, 多類小葛蘭)”라고 하였다.

이상으로부터 우리는 두 곳이 인접한 곳임을 추론할 수 있다. 소갈란의 동쪽은 대산이고 서쪽은 대해이므로, 대갈란과는 남북으로 이어져 있다는 말이다. 그렇지만 소갈란은 수확이 적어서 벵골에서 쌀을 빌어오고, 대갈란은 비옥한데, 농사를 게을리하여 인도 동북쪽인 오다(烏爹) 지역의 쌀에 의지하고 있다. 벵골과 오다는 모두 동인도 지역에 해당한다. 다시 말하자면 이들 두 곳은 같은 지역의 곡물에 의존하고 있다. 또 소갈란은 코치와 접경해 있다고 했으므로 소갈란이 퀼론 즉 콜람이면, 대갈란은 퀼론과 코치 사이에 있어야 한다. 코치와 콜람 거리는 약 140km이다. 이 좁은 공간에서 한 곳은 땅이 척박하고 한 곳은 비옥한데 농사를 게을리하여 곡물을 수입한다는 설명은 이해하기 어렵다. 한편, 『명사』의 대

①땅은 도란초(都欄礁)와 서로 가깝다. ②토양은 검은색이며 또한 곡식과 맥(麥)에 적합하다. ③주민들은 농사에 게을러 해마다 오다(烏爹)[2]의 쌀에 의존하여 식량을 충당한다. [①地與都欄礁相近.[3] ②厥土

갈란 기술은 분명 비신의 『성사승람』을 근거하고 있다. 그래서 펠리오 씨는 이 대갈란=대구남 조목이 비신(費信)이 지어냈다는 의심을 했을 것이다(『Notes on Marco Polo』, 399~402쪽). 어쨌든 『명사』의 설명대로라면 우리는 코치와 콜람(소갈란) 사이에서 대갈란을 찾아야 한다.

가브리엘 페랑(G. Ferrand)은 『JA』(1920, II, 94~150쪽)에서 동인도의 동전과 도량형을 연구하며, 101쪽 주2에서 칼리코일랑(Calicoylang)을 다음과 같이 설명했다. "이 항구는 오늘날 우리 지도에 보이는 퀼론으로, 1349년 『도이지략』에서는 '소구남(小唄喃)', 1425~1432년 『영애승람』과 1436년 『성사승람』에서는 '소갈란(小葛蘭)'으로 불렸다(록힐, 『통보』, XVI(1915), 445~448쪽). 반대로 『성사승람』은 퀼론을 대갈란(大葛蘭)이라 불렀다(앞의 출처, 448쪽)"라고 하며, 록힐의 설명을 그대로 따랐다.

페랑은 4년 뒤에 『두아르테 바르보사의 책(The Book of Duarte Barbosa)』를 서명하며, "코일람(Coilam) 왕국은 퀼론으로 아랍의 지리학자들은 이곳을 9세기부터 쿨람(Kūlam)으로 언급했으며 중국인들도 중세, 즉 남송 시기 고림(故臨) 또는 고림(古林)으로, 원나라 시기에는 구람(俱藍)으로 알고 있었다"(『조여괄』, 12쪽과 88쪽)라고 하였다. 이어서 보드 가야(Bodg-Gaya)의 중국 비문에 보이는 '구란(拘蘭)'이라는 다른 음역을 추가한 다음, 코일람(Coilam)=쿨람(Kulam)과 칼레 코일람(Cale Coilam)=소구남(小唄喃)=소갈란(小葛蘭)=대갈란(大葛蘭)이라는 등식을 다시 한번 확인했다(『JA』, 1924, I, 115쪽). 그러나 이번에도 페랑은 그 근거를 밝히지 않았지만, 바르보사의 코일람이 콜람과 칼리코일랑(Calicoylang) 즉 카인 쿨람(Kayn Kulam)이라는 두 곳이라고 이해한 점은 틀림없다. 앞서 『명사』에서 확인한 것처럼 소갈란과 대갈란이 인접해 있고 코치와 콜람 사이에 있다면, 대갈란은 잠정적으로 '카인 쿨람'에 둘 수밖에 없을 것 같다.

2) '오다(烏爹)'에 관하여, 심증식(沈曾植) 씨는 네팔 쪽에 있는 우드(Oudh) 지역으로 추정했고(『도이지략광증』, 하, 19쪽), 록힐 씨는 현장(玄奘)의 기록에 보이는 '오다(烏荼)' 즉 오리싸(Orissa) 지역으로 추정했다(444쪽). 한편, 후지타 도요하치는 사청고(謝清高)의 『해록(海錄)』에 보이는 오토(烏土), 즉 미얀마로 비정했

黑壤, 亦宜穀麥. ③居民懶事耕作, 歲藉[籍]烏爹[麥]之米供食.]

④상선들이 계절풍 때문에 늦어지면, 파도가 거세져, 화물을 다 싣지 못하는 것은 감히 정박할 수 없기 때문일 것이다. 만약 역풍이 불면 [남]무리양([喃]巫里洋)의 험한 어려움에 봉착할 것이고, 고랑부(高郎阜)의 물에 잠긴 암석 위험에 막힌다. ⑤풍속은 상당히 순후(淳厚)하다. ⑥남녀는 머리를 싸매고[纏頭], 긴 적삼을 입는다. [④商舶風信到遲, 則波濤激灘, 乃載貨不滿, 蓋以不敢停泊也. 若風逆, 則遇巫里洋險阻之難矣, 及防高郎阜沉水石之危.[4] ⑤風俗頗厚. ⑥男女纏頭, 穿長衫.[5]]

다. 쑤 지칭 씨는 이미 『도이지략』의 대오다(大烏爹)를 오리싸 지역에 비정했기 때문에, 후지타 씨의 '오토(烏土)'설에 기울고 있다. 자세한 것은 『바다와 문명: 도이지략역주』, 503~505쪽을 참고하시오.

3) 도란초(都欄礁)'의 '란(欄)'자는 사고전서본 『도이지략』에는 '란(攔)'자로 되어있다. '도란+암초[礁]' 구조로 '도란'이 음역한 부분에 해당한다. 페랑(G. Ferrand)은 『Relations de voyages et textes géographiques arabes, persans et turks』(파리, 1913)에서 오스만의 항해가 세이디 알리 레이스(Seydi Ali Reis, 1498~1563)의 항해기록인 『나라들의 거울(Mirat ul Memalik)』의 내용을 번역 소개하면서, 여러 곳에서 인도의 서쪽 해안에 있는 툴루완(Tuluwān)이란 곳을 언급하고 있다(522쪽). 펑 청쥔 씨는 이 '툴루완'이란 곳을 도란초로 추정하고 있다(교주본, 후집, 16쪽). 하지만 이곳은 지금까지 나온 어느 지도에서도 확인되지 않는다. 초(礁)는 암초군을 말하므로, 결국 '도란'이 툴루완의 음역이라는 추정인데, 그다지 만족스럽지 못하다. 한편 쑤 지칭 씨는 대고람(大故藍), 대구남, 대갈란은 현 말라바르 해안의 안장고(Anjengo) 부근에 있는 것으로 추정했는데(『도이지략교석』, 323쪽), 참고도에서 보는 바와 같이 『명사』의 설명과는 부합하지 않는 위치이다. 또한 도란초를 안장고 부근 남쪽만 동쪽의 작은 강 하류에 스트라얀킬(Strayankil)이라는 명칭이 보이는데, 's'를 뺀 나머지에 해당하는 음으로 보인다고 추측했지만(앞의 책, 324쪽), 지리적 위치나, 음성적으로 만족스럽지 못하다.

4) 이상의 문장은 『도이지략(島夷志略)』 소구남(小唄喃) 조목을 근거하고 있지만, 전하는 정보의 내용이 조금 다르다. 왕대연은 "혹 [계절]풍이 [그 시기가] 빠르거

⑦그곳에서는 후추, 야자, 유어(溜魚, 건어)물고기와 새우[魚蝦], 빈랑이 난다. ⑧금전(金錢), 청백의 꽃문양이 있는 자기[青白花磁器],[6] 포단(布段, 직물) 등을 교역한다. [⑦地產胡椒·椰子·溜魚[魚蝦]·檳[榔]榔.[7] ⑧貨用金錢·青白花磁器·布緞之屬.]

나 늦으면 말을 운송하는 배[馬船]가 가더라도 화물을 가득 싣지 못한다. 혹 바람이 빠르거나 역풍이면 남무리 바다를 지날 수 없거니와 콜롬보[高浪阜]의 노고석(鹵股石) 위험에 막힌다. 그러므로 이곳[퀼론]에서 겨울 동안 머물다가 이듬해 8~9월 마선(馬船)이 오기를 기다려 배를 갈아타고 캘리컷[古里佛]으로 돌아가 교역한다(或風迅到遲, 馬船已去, 貨載不滿. 風迅或逆, 不得過喃噁哩洋, 且防高浪阜中鹵股石之厄. 所以此地駐冬, 候下年八九月馬船復來, 移船回古里佛互市)"라고 하였다.

이로부터 비신이 말한 '상박(商舶)'은 마선(馬船)이고, '무리양(巫里洋)'은 남무리양(喃噁哩洋), 고랑부(高郎阜)는 콜롬보[高浪阜]의 다른 음역 표기임을 확인할 수 있다. 남무리에 관해서는 역자의 『도이지략역주』, 337쪽을 참고하고, 고랑부에 관해서는 같은 책, 고랑보(高郎步) 조목(354쪽)을 참고하시오. 한 가지 흥미로운 점은, 비신은 후집에 자신이 가보지는 않았지만 전하는 기록을 토대로 기록하여 모았다고 밝힌 바 있다. 본 조목에서 보는 것처럼, 비신은 왕대연의 기술을 십분 활용하고 있지만, 여기 '남무리'는 『성사승람』에 별도의 조목으로 다루지 않았다는 점이다. 마환은 『영애승람』에서 별도의 조목으로 다루고 있다.

5) 이상 ⑤와 ⑥의 정보는 『도이지략』에 보이지 않는다. 왕대연은 "풍속과 남녀의 의복은 캘리컷[古里佛]과 같다(風俗·男女衣著與古里佛同)"라고 하였다. 또한 ⑤와 ⑥의 정보는 『도이지략』의 고리불(古里佛) 조목에서도 확인되지 않는다. 비신이 어느 자료를 근거했는지 의문이다.

6) 여기의 '청백화자기(青白花磁器)'는 역시 푸른 꽃문양이 들어간 백자기[青花白磁器]를 말할 것이다.

7) '어하(魚蝦)'는 나이지본에 '어(魚)'자로만 되어있고, 『국조전고』에는 '해어(海魚)'로 되어있다. 하지만 『도이지략』 소구남(小唄喃) 조목과 『고금설해』본에는 '유어(溜魚)'로 되어있으므로, 몰디브에서 나는 말린 물고기인 '유어(溜魚)'로 고치는 것이 적절하다.

⑨시로 노래한다[詩曰].

대구남은 모나고 험해	大唄喃方險,
도란초와 연결되어 있다네.	都欄與結盟.
땅은 비옥하여 곡물과 맥에 적합하지만	土肥宜稻麥,
사람들이 게을러 농사를 짓지 않는다네.	民懶不耘耕.
단지 오다(烏爹)에 구제받을 뿐이고	但有烏爹[爹]濟,
반드시 막힌 노고석에 놀란다네.	須防羅股驚.
이 나라의 풍속은 달라도	此邦風俗異,
배들은 멋대로 노래하며 다니네.	舟船恣吟行.

『고금설해』(사고전서본, 권19, 5b~6a)[3-7] **대갈란국(大葛蘭國).**

①땅은 도란초(都欄礁)와 서로 가깝다. ②토양은 검은색이며 또한 곡식과 맥(麥)에 적합하다. ③주민들은 농사에 게을러 해마다 오다(烏爹)의 쌀에 의존하여 식량을 충당한다. ④**상선들이 바람에 막혀 제때 이르지 못하면, 파도가 거세져, 화물을 감히 싣지 못하는 것은 정박할 수 없기 때문일 것이다**. **만약 [남]무리양을 지난다면 험한 어려움에 봉착할 것이고, 높은 부두[高頭埠]에는 물에 잠긴 노고석의 위험이 있다**. ⑤풍속은 순박하고, 남녀는 전두(纏頭)를 하며, **홑겹** 장삼을 입고 **색포(色布)로 만든 수건을 두른다**. 그곳에서는 후추, 야자, 유어(溜魚, 건어), 빈랑이 난다. 금전(金錢), 청백의 꽃문양이 있는 자기, 포단(布段, 직물) 등을 교역한다.

地與都欄樵相近, 厥土黑**墳**, **本**宜穀麥. 居民懶事耕作, 歲**賴**烏爹之米**爲**食. 商船**爲風所阻**, **不以時到**, 則波濤激灘, 載貨不**敢**滿, 蓋以不可停泊**之故**也. 若**過**巫里洋, 則**罹重**險之難矣, 及**有高頭埠**沉水**羅股**石之危. 風俗**淳厚**. 男女纏頭, 穿**單布**長衫, **圍色布手巾**. 地產胡椒·椰子·**溜**魚·檳榔. 貨用金錢·青白花磁器·布段之屬.

『도이지략』, 소구남(小唄喃)[도이지략교주, 140쪽]

이곳은 도란초(都欄礁)와 서로 가깝다. 그 땅은 검은 언덕으로 원래부터 곡물과 맥(麥)에 적합하다. 사는 사람들은 농사일에 게을러 해마다 오다(烏爹)에게 의존하여 쌀을 공급한다. 혹 [계절]풍이 [그 시기가] 빠르거나 늦으면 말을 운송하는 배[馬船]가 가더라도 화물을 가득 싣지 못한다. 혹 바람이 빠르거나 역풍이면 남무리 바다를 지날 수 없거니와 콜롬보[高浪阜]의 노고석(鹵股石) 위험에 막힌다. 그러므로 이곳[퀼론]에서 겨울 동안 머물다가 이듬해 8~9월 마선(馬船)이 오기를 기다려 배를 갈아타고 캘리컷[古里佛]으로 돌아가 교역한다. 풍속과 남녀의 의복은 고리불과 같다. 촌주(村主)는 있으나 추장은 없다. 땅에서는 후추[胡椒], 야자(椰子), 빈랑(檳榔), 유어(溜魚, 건어)가 난다. 교역하는 상품은 금, 은, 청백의 꽃문양이 들어간 자기[靑白花器], 팔단포(八丹布), 오색단(五色緞), 철기 등이다.[8]

地與都欄礁相近. 厥土黑墳, 本宜穀麥. 民居懶事耕作, 歲藉烏爹運米供給. 或風迅到遲, 馬船已去, 貨載不滿. 風迅或逆, 不得過喃哑哩洋, 且防高浪阜中鹵股石之厄. 所以此地駐冬, 候下年八九月馬船復來, 移船回古里佛互市. 風俗·男女衣著與古里佛同. 有村主, 無酋長. 地產胡椒·椰子·檳榔·溜魚. 貿易之貨, 用金·銀·靑白花器·八丹布·五色緞·鐵器之屬.

8) 『도이지략』의 원문과 번역문을 제시한 이유는 첫째, 비신이 기술한 것과 비교를 보여주기 위함이고, 둘째는 역자가 출간한 『바다의 문명: 도이지략역주』, 423쪽의 번역문을 바로잡고자 함이다.

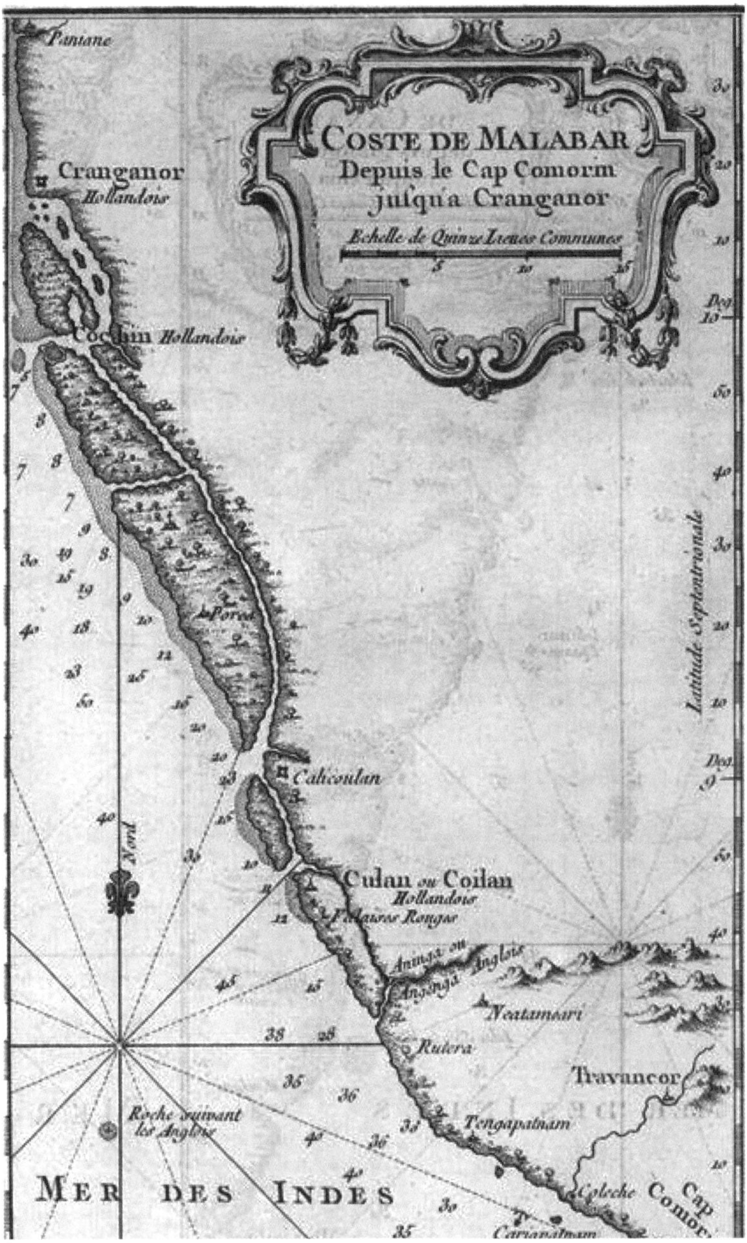

Jacques Nicolas Bellin(1703~1772), 『Le petit atlas maritime, recueil de cartes et plans des quatre parties du monde』, 파리, 1764. 남서쪽으로부터 안장가(Angenga) 어귀가 보이고, 그 위로 코일란(Coilan, 콜람), 다시 북쪽으로 칼리 콜란(Calicolan, 카인 콜람)을 확인할 수 있다.

38. 아덴 왕국[阿丹國][1]

1) 현 예멘의 수도 아덴은 『에리트라해 안내기(Periplus of the Erythraean Sea)』에 따르면(Wilfred H. Schoff, London, 1912, 31~32쪽), 기원 전후로 아덴은 인도와 홍해를 잇는 거점 항구로 가장 이른 언급을 보여주는 것 같다. "오셀리스(Ocelis)를 넘어 바다가 다시 동쪽으로 펼쳐지고 곧 탁 트인 대양이 눈에 들어오면, 그로부터 약 1,200 스타디아(stadia)에 유대몬 아라비아(Eudaemon Arabia)가 있다. 이곳은 바닷가 마을로, 샤리빌(Charibael) 왕국에 속하며, 편리한 정박지와 물을 깃는 곳이 있는데 오셀리스보다 더 낫다. 이곳은 만의 입구에 있고 육지는 이곳에서 더 들어간다. 이곳은 유대몬이라 불리는데, 도시의 초창기에 인도에서 이집트까지 항해가 이루어지지 않았기 때문에, 이집트에서 대양을 가로지르는 항해를 엄두도 못 냈지만, 모두 이곳에 모여, 알렉산드리아가 지금 해외에서 그리고 이집트에서 오는 물건들을 받는 것처럼, 두 나라에서 오는 화물을 받았다. 얼마 되지 않아 샤리빌은 이곳을 파괴했다"라고 기록하고 있다. 쇼프(Wilfred H. Schoff)는 이곳을 다음과 같이 설명했다. "유대몬 아라비아(Eudaemon Arabia)는 오늘날 아덴(북위 12도 48분, 동경 45도)으로, 아주 이른 시기부터 동방에서 오는 상품들이 지중해 시장으로 운송되는 교역의 중심이다. 아마도 에제키엘(Ezekiel), 27-3의 에덴(Eden)이며 미나(Mina)인과 사바(Saba)인 왕조의 주요 항구일 것이다. 힘야리트(Himyarite) 왕들의 일시적 침체가 있었지만 4세기 콘스탄티우스 황제가 이곳에 교회를 세우려 할 정도로 부활했다. 아랍의 지리학자들과 마르코 폴로는 아가타치데스(Agathachides)의 기술만큼이나 눈부신 어투로 이곳의 번영을 언급했다(앞의 책, 115쪽)."

영국 소말리아령 중령 헌터(Frederick Mercer Hunter, 1844~1898)는 『아라비아 아덴 영국 식민지에 관한 기술(An account of the British settlement of Aden in Arabia)』(London, Trübner, 1877, 161~2쪽)에 따르면, 역사적으로 확인되는 아덴은 342년 콘스탄티우스 황제가 보낸 기독교 사신들이 세운 교회가 있는 한 곳으로 언급된다. 525년경부터 에티오피아, 페르시아의 통치를 받았고, 606년 이슬람의 흥기까지 언급할 만한 군주가 없었다. 이후 예멘 은 우마이야 칼리파의 속국이 되었고, 749년 아바시드의 수중에 들어갔다. 905년 예멘은 카라미트(Karamite) 칼리파의 통치를 받다가 932년 이맘(Imam)이라는 칭호로 독립했고 왕조의 명칭은 아사드 이븐 야푸르(Asad ibn Yafur)였다. 아덴은 1454년까지 예멘 이맘의 통치를 받았다. 이후 포르투갈의 진출이 시작되면서 1503년 루도비코

드 바르테마(Ludovico de Varthema)가 아덴을 찾으면서 아라비아 역사 무대에 등장했다. 이 밖에도 우리는 13세기 말 마르코 폴로, 14세기 중반의 이븐 바투타, 그리고 15세기 초의 마환과 비신의 비공식 기록을 만날 수 있다. 따라서 이들의 기록은 아덴의 역사를 살펴볼 수 있는 중요한 자료임에는 분명하다.

마르코 폴로는 13세기 아덴 지방에 관하여 다음과 같이 기술하고 있다(Yule, 『The Book of Ser Marco Polo』, II, 438~39쪽). "아덴 지방에는 술탄이라 불리는 왕이 있다. 사람들은 모두 **사라센들이며 모하메드 신봉자**들로 기독교도에게 엄청난 증오심을 품고 있다. 이 지방에는 많은 도시와 마을이 있다. 아덴은 많은 화물을 실은 많은 **인도의 배들이 오는 항구**이다. 그리고 이 항구로부터 상인들은 작은 선박으로 7일 남짓 걸리는 곳으로 상품을 실어 간다. 7일 만에 도착하여 그들은 상품을 하역하고, 낙타에 다시 싣고 30일 여정의 육로로 운송한다. 이렇게 알렉산드리아 강으로 가져간 다음 그 강을 따라 내려가 알렉산드리아 도시에 이른다. 알렉산드리아의 사라센들이 후추와 다른 향신료를 받는 것은 아덴을 통한 이 길이다. 이들 상품을 운송할 수 있는 좋고 편리한 다른 길은 없다. 아덴의 술탄은 인도와 이곳을 오가며 다른 상품들을 수입하는 선박으로부터 많은 세금을 받는다. 그리고 수출품에서도 소득을 챙긴다. 아덴항에서 인도까지 많은 **아랍 군마와 승용마, 그리고 사역용 땅딸막한 말**들이 보내지기 때문에, 이것들은 수입업자들에게 막대한 이익을 가져 주었다. 말들은 인도에서 아주 비싼 가격에 팔리지만, 내가 앞서 말한 것처럼, 그곳에서는 사육하는 사람이 없어, 군마 1필에 은 100마르크 이상에 팔린다. 이에 대해 아덴의 술탄은 항구에서 무거운 세금을 받기 때문에 그가 세상에서 가장 부유한 왕 중 한 사람이라고 한다"라고 하였다.

마르코 폴로의 기술에 대해, 펠리오 씨는 직접 가보지 않고 소문을 통해 아덴('Aden)을 기술했으며 '아단(阿丹)'이란 명칭은 중국 문헌에서 1425년 이전에는 보이지 않고, 아덴('Aden)이란 명칭이 분명히 중세를 넘어 올라가는 것은 아니라고 하며, '유대몬=아덴'설을 다루지 않았다(『Notes on Marco Polo』, 13~14쪽). 14세기 중반 이븐 바투타는 확실히 아덴을 직접 목격한 것 같다.

"나는 예멘의 수도인 세나아(Senaā)라는 도시를 여행했다. 크고 잘 건설된 도시였다. 이곳에서 나는 아덴이라는 도시로 갔다. 이 도시는 바닷가에 있었다. 큰 도시였지만 곡물, 물, 또는 나무가 없었다. 그러나 그들은 수조를 만들어 그곳에 마실 빗물을 모았다. 약간의 부유한 상인들이 여기에 살았고, 인도에서 오는 배

①[아덴 왕국은] 바다에 의지해 있다. ②돌을 쌓아 성을 만들었다. ③나고석(羅股石)[2)]을 쌓아 집을 만드는데, 3~4층의 높이로 주방과 거

들이 자주 이곳에 이르렀다. 사람들은 겸손했고 신앙심이 깊었다."(Samuel Lee, 『Travels of Ibn Batuta』, 1829, 55쪽)

이븐바투타의 동시대인 왕대연(汪大淵)은 메카에 관한 기술을 남기고 있으면서도, 아덴에 관한 조목은 보이지 않는다. 이에 관한 설명은 역자의 『영애승람역주』, 아덴 왕국 해제를 참고하시오.

2) 나고[la-kuo]석(羅股石)은 『제번지』 삼서(三嶼) 조목에 보이는 "바다에는 노고[luo-kuo](鹵股)라는 돌[鹵股之石]이 많다(海多鹵股之石)"라고 하였는데, 노고석(鹵股石)의 다른 음역일 것이다. 히어트와 록힐 씨는 이 '노고석'을 'bare ribs of rock'로 번역했는데(『조여괄』, 162쪽), '드러난 바위의 늑골'이란 뜻이다. 이후 록힐 씨는 '노고석'이 산호 또는 산호 모체가 죽어 굳은 암석(Madreporic Rocks)으로 보인다고 하였다(111쪽 주1). 이 노고석은 왕대연의 『도이지략』의 고랑부(高浪阜) 조목과 소구남(小唄喃) 조목에서도 나타난다. 한편 『서양조공전록』 아단(阿丹) 조목은 "사람들의 집은 나고(羅股)라는 돌로 만든다"라고 하였다. 또 『동서양고·동양침로』, 『순풍상송』, 『지남정법』에는 노고석(老古石)으로 되어있다. 이 음역 명칭을 쑤지칭 씨는 다음과 같이 복원했다. "말레이어로 '모여 있는 것[簇聚]'을 롱콜(rongkol)이라 하는데, 노고석은 바투 롱콜(batu rongkol)로 복원할 수 있을 것 같다. 뜻은 군락을 이룬 암석으로, 산호가 형성한 일종의 암석을 가리킨다. 그 경도는 비록 일반 암석보다는 못하지만, 항해에 장애가 되기에는 족하다"라고 하였다(『도이지략교석』, 92쪽).

그다지 설득력 있는 설명은 아니다. 쑤씨의 주장대로라면 '바투'가 암석이므로 '군집을 이룬 암석'이란 뜻인데, 형용사를 음역하여 사용하지는 않았을 것이다. 한편 사스트리(K. A. Nilakanta Sastri)는 『남인도에 관한 외국의 기술-메가스테네스에서 마환까지((Foreign Notices of South India. From Megasthenes to Ma Huan)』(1936, 293쪽)에서 '노고'를 '울퉁불퉁한 암석(ragged rocks)'으로 번역했는데, 무엇을 근거한 것인지 모르겠다.

『팽호청지(澎湖廳志)』(1894년간본, 권10, 16b)에 "노고석은 『부지』에는 루국석(磟碅石)으로 되어있는데, 바다에서 자라며 모두 소금 결정체로 이루어져 거칠고 쉬 문드러지며, 현지인들이 항아리에 넣고 완상한다고 한다. 진정헌은

실 모두 그 위에 있다.[3] ④조와 밀을 먹는다.[4] [①倚海而居. ②壘石爲

'바다 바닥에 있는 어지러운 암석으로, 포개지고 푸석푸석하여 노고석이라고 한다. 집으로 주워 와 소금기가 빠지기를 기다리면 단단하게 된다. 그것으로 담장을 쌓고 포개 집을 짓는데 모두 그러하다'라고 했다. 또 서필관의 시 주에는 노과석(鹵裹石)으로 되어있다(老古石, 府志作碌硦石, 云生海中, 皆鹹鹵結成, 粗劣易腐, 土人置盆盤中充玩. 陳廷憲云, 海底亂石, 磊砢鬆脆, 俗名老古石. 拾運到家, 俟鹹氣去盡, 即成堅實, 以築牆·砌屋皆然. 又徐必觀詩註作鹵裹石)"라고 하였다. 이에 따르면, 소금 결정체가 암석화된 해저 암석을 말한다.

1803~1805년간 팽호(彭湖)의 통판(通判)을 지낸 진정헌(陳廷憲)은 '노고석'이 그 암석이 포개져 푸석한 성질에 따른 명칭이라고 했지만, 이 자료는 더 많은 다른 표기를 보여줌으로써, '로고'가 현지의 발음을 음차한 것일 가능성을 더 짙게 만들었다. 노고(鹵股)=라고(羅股)=로고(老古)=루국(碌硦)=로과(鹵裹)는 확실히 서로 비슷한 음으로 구성되어있다. 이 암석은 담장을 쌓거나 집을 짓는 데 사용한다는 정보는 마환, 비신의 기술과 일치한다. 따라서 이 바다 암석은 산호가 죽어 암석화한 산호초(珊瑚礁, hermatypic coral)를 말하는 것임을 알 수 있다.

헌터(F. M. Hunter)의 『아라비아 아덴 영국 식민지에 관한 기술(An account of the British settlement of Aden in Arabia)』(London, Trübner, 1877, 2~3쪽)에 따르면, 부석(浮石, pumice)은 [아덴의] 여러 지역에서 발견되며 많은 양이 봄베이로 수출되었다고 한다. 마환은 돌을 특정하지 않았지만, 비신은 '노고석'이라고 밝혔다. 집을 지을 정도라면 그만큼 많다는 말이므로, 헌터가 말하는 부석(浮石)일 가능성이 제일 크다. 15세기 이후 아덴을 기록한 자료 중에서 노고석(鹵股石, 老古石)을 언급한 자료는 비신의 기술을 채택한 『서양조공전록』 뿐이다. 따라서 비신이 이 아덴 조목에서 언급한 '라고석'은 잘못 베낀 정보일 것이다.

3) 집의 높이 또는 층수에 관해, 마환은 『영애승람』에서 '삼층(三層)'이라 했다. 앞서 본 헌터(F. M. Hunter)의 기술에 따르면(앞의 책, 7쪽), "2,000여 돌과 진흙으로 지은 집들이 하얀 칠을 하고 거리에 늘어서 있었고 집들 대부분은 2층이었다"라고 하였다. 이는 마환이나 비신이 모두 이곳에 가지 않았다는 방증이 될 수 있다. 여기까지 비신이 기록한 정보들은 대체로 마환의 기술과 비슷하다.

4) 이 정보는 마환의 기술과 사뭇 다르다. 마환은 "사람들의 음식으로 쌀가루와 밀가루 등의 여러 제품이 모두 있고, 대부분 유락(乳酪), 수유(酥油), 당밀을 제조

城. ③砌羅股石爲屋, 三四層高, 廚房臥屋房坐室皆在其上.[5] ④用粟麥.]

⑤풍속은 상당히 순수하고, 사람들은 풍요롭다.[6] ⑥남녀는 곱슬머리[拳髮]에 긴 적삼을 입는다.[7] ⑦여자가 나갈 때는 파란 망사[青紗]로

하여 먹는다(人之飲食, 米粉麥麵諸品皆有, 多以乳酪·酥油·糖蜜制造而食)"라고 하였다(『영애승람교주』, 57쪽). 한편, 헌터(F. M. Hunter)가 기록한 바에 따르면, "아랍인들은 밀로 만든 빵, 버터[ghee], 꿀, 쌀, 육류를 주로 먹으며 생선과 채소는 드물게 먹는다"라고 하였고(앞의 책, 47쪽), 그곳에서 나는 곡물을 언급하며 쌀, 조와리(Jowari, 수수), 밀, 바즈리(Bajri, 기장), 콩류, 인디언 옥수수(Zea Mays)를 기록했다(63쪽). 이로써 볼 때, 비신이 말하는 '속(粟)'은 조와리 또는 바즈리에 해당하는 곡물일 것이다.

5) 저본의 '방좌실(房坐室)'은 나이지본과 일치한다. 글자 그대로 '방과 거실'이란 의미로, 특기할만한 것은 못 된다. 한편 『국조전고』와 4권본인 『고금설해』에서는 모두 '주방와실(廚房臥屋)'로 되어있으므로, 펑 청쥔 씨는 이로써 교정했는데(교주본, 후집, 17쪽), 타당하다.

6) 이 정보는 『영애승람』에서 확인되지 않는 상당히 상투적인 기술이다. 아덴의 사람들의 주류는 아랍인들이고 이들은 상업에 종사했다. 이들이 부유했다는 사실은 이븐바투타가 소개하고 있는 한 일화에서도 확인할 수 있다. 정수일 역, 『이븐바투타 여행기』, I, 369쪽을 보시오.

7) '권발(拳髮)'이란 곱슬머리라는 뜻이다. 중국 정사 외국전에 따르면, 이 곱슬머리를 한 나라 사람들로, 부남(扶南, 베트남 중남부), 임읍(林邑, 베트남 중북부), 진랍(眞臘, 캄보디아), 파리(婆利, 보르네오), 불랑기(佛郎機, 프랑코?) 등의 사람들을 묘사했다. 아덴 사람들이 곱슬머리라는 정보는 비신의 책에서 유일하다. "긴 적삼을 입는다"라는 정보 역시 『영애승람』에서는 확인되지 않는다. 마환은 "나라 사람들의 복식으로, 남자들은 전두(纏頭, 터번)를 하고, 살합라(撒哈喇), 사폭(梭幅), 수놓은 비단, 저사(紵絲) 등으로 만든 옷을 입으며, 발에는 가죽신을 신는다(國人穿絆, 男子纏頭, 穿撒哈喇·梭幅·錦繡·紵絲等衣, 足著靴鞋)"라고 하였다(『영애승람교주』, 56쪽). 앞서 참고한 헌터(F. M. Hunter)의 책 43~44쪽에 따르면, 아랍 남성들은 인도 수랏(Surat)에서 제조한 터번[doosmal]을 하는데, 부유한 사람들의 경우는 실크제품을 쓰기도 하지만 일반적으로 면제품이다. **엉덩**

얼굴을 가리고 천으로 머리를 온통 둘러 용모를 드러내지 않으며, 두 귀에는 금 주화 몇 개를 늘어뜨리고, 목에는 목걸이를 찬다.[8] [⑤風俗頗淳, 民下富饒. ⑥男女拳髮, 穿長衫. ⑦女若出, 則用靑紗蔽面, 布幔兜頭, 不露形貌, 兩耳垂金錢數枚, 項掛瓔珞.]

⑧그곳에서는 꼬리 아홉(?)의 염소[九尾羖羊], 천 리를 가는 낙타[千里駱駝], 검고 꽃문양이 있는 나귀[黑白花驢], 낙타 발굽을 가진 닭[駝蹄雞], 황금 주화 문양이 있는 표범[金錢豹]이 난다.[9] ⑨교역하는

이까지 내려오는 느슨한 재킷[shaiah]을 입는데, 희거나 염색한 면으로 만들었다. 하의는 무릎까지 내려오는 면으로 만든 일종의 킬트 치마[maawiz]를 입는다. 왼쪽 어깨에는 면으로 만든 스카프[radif]를 걸친다. 가죽 샌들[madas]을 신는다고 하였다. 마환의 기술이 비교적 완전해 보이지만, "긴 적삼을 입는다"라는 정보가 추가되어야 한다.

8) 아덴 부인들의 복장에 관하여 마환은 "부인들의 복장은 몸에는 긴 옷을 입고, 어깨와 목에는 관음보살의 복식과 같이 보석이나 진주를 꿰어 만든 장식물을 차며, 귀에는 금으로 상감한 보석 귀걸이를 두 쌍씩 달고, 팔에는 금과 보석으로 만든 팔찌를 차며, 발가락에도 반지를 한다. 또 명주실을 섞어 짠 수건으로 머리를 덮지만, 얼굴만은 드러낸다(婦人之絆, 身穿長衣, 肩項佩寶石·珍珠纓絡, 如觀音之絆, 耳帶金廂寶環四對, 臂纏金寶釧鐲, 足指亦帶指環. 又用絲嵌手巾蓋于頂上, 止露其面)"라고 하였다(『영애승람교주』, 56쪽). 비신의 기술과 비교해보면, 상세함의 정도 차이는 있지만, 크게 다른 것은 없다. 다만 얼굴을 가리는 천으로 비신은 '청사(靑紗)'를 들었고 마환은 '명주실을 섞어 짠 수건[絲嵌手巾]'이라 했다. 앞서 본 헌터(F. M. Hunter)의 책에 따르면(44쪽), 여인들은 면이나 실크로 만든 셔츠 같은 옷을 입고, 붉거나 검은 숄[makramah]를 걸치는데, 밖에 나갈 때는 얼굴의 절반을 가린다. 작은 실크 수건으로 머리를 단단히 싸매고, 머리털은 땋아 기름을 바른다. 유향(乳香) 검댕에 기름을 섞어 만든 것으로, 얼굴, 목, 손, 발 등에 문신한다는 정보를 보여주고 있다.

9) 이곳에서 나는 동물로, 마환은 "화복록(花福鹿, 얼룩말), 푸른 꽃문양이 있는 흰 타조[靑花白駝雞], 큰 꼬리에 뿔이 없는 면양[大尾無角棉羊]이 있다(幷花福鹿·

상품으로는 금은, 색단(色緞), 청백의 꽃문양 자기[青白花磁器], 단향(檀香), 후추[胡椒] 등이다. [⑧地產九尾羖羊·千里駱駝·黑白花驢·駝蹄雞·金錢豹. ⑨貨用金銀·色段·青白花磁器·檀香·胡椒之屬.]

⑩시로 노래한다[詩曰].[10)]

아단 왕궁에 반석들 펼쳐져 있고,	阿丹城廟石盤羅,
[땅은] 검고 비옥하여 곡물이 많네.	黑色滋肥粟麥多.
풍속은 사뭇 순박하고 사람들 부귀하며,	風俗頗淳民富貴,
한해 내내 꽃이 늘 피고 날은 온화하네.	歲華常見日融和.
경계에는 작은 풀도 없고 많은 산 겹겹이고,	境無寸草千山接,[11)]
양은 가슴을 드리우고 아홉 꼬리 끄네.	羊有垂胸九尾拖.

青花白駝雞·大尾無角棉羊)"라고 하였다(『영애승람교주』, 58쪽). 비신의 '검고 꽃문양이 있는 나귀[黑白花驢]'이 '화복록'이고, '낙타 발굽을 가진 닭[駝蹄雞]'이 '푸른 꽃문양이 있는 흰 타조[青花白駝雞]'임을 확인할 수 있다. 하지만 양에 관해서는 당당히 다르다. 비신의 '꼬리 아홉(?)의 염소[九尾羖羊]'는 마환의 '큰 꼬리에 뿔이 없는 면양[大尾無角棉羊]'인 셈이다. 사실 꼬리가 아홉인 염소나 양은 없다. '구미(九尾)'의 '구(九)'자는 '대(大)'자의 자형상 오기일 수 있다. 그러나 고양(羖羊)과 면양(綿羊)은 별개의 문제이다. 마환은 이 문장에 앞서, 면양(綿羊)을 특기하면서 "면양은 흰 털에 뿔이 없고, 머리에는 검은 털 두 뭉치가 있는데, 중국 동자들의 머리 뭉치와 같으며, 목 아래에는 소가죽으로 만든 전대와 같고, 털은 개처럼 짧고, 꼬리는 쟁반처럼 크다(棉羊白毛無角, 頭上有黑毛二團, 如中國童子頂搭. 其頸下如牛袋一般, 其毛短如狗, 其尾大如盤)"라고 하였다(『영애승람교주』, 57쪽). 이로써 볼 때, 마환은 두 번씩 중복되게 면양을 언급하고 있다. 따라서 여기서는 비신이 말하는 동물은 염소[羖羊]일 가능성이 크다. 한편 앞서 본 헌터(F. M. Hunter)의 책에는(69쪽) 가축으로 소말리아, 아랍, 인도, 이집트산 말, 낙타, 당나귀, 소, 양, 염소, 노새, 가금류가 있다고 기록되어있다.

10) 비신은 이 아덴 왕국의 기술을 시로 노래하면서, 유일하게 7언 율시 형식을 채택했다.

11) '경(境)'자는 주당면의 『국조전고』에 '경(景)'자로 되어있다.

눈가는 대로 인물의 다름을 채록하여, 縱目採吟人物異,
돌아가 머리를 조아리고 조정에 바치리. 過歸稽首獻鑾坡.[12)]

『고금설해』(사고전서본, 권20, 5a~5b)[4-7] 아덴 왕국[阿丹国]

캘리컷 왕국[古里國]에서 순풍에 22일 밤낮을 [항행하면] 이를 수 있다. ①**이 나라는** 바다에 의지해 있다. **초목이 자라지 않는다. 농토는 비옥하여 농사를 짓는다**. ④조와 밀[粟麥]이 **풍성하다**. ②돌을 쌓아 성을 만들었다. ③나고석(羅股石)을 쌓아 집을 만드는데, 3~4층의 높이로 주방과 거실 모두 그 위에 있다. ⑤풍속은 상당히 순수하고, 사람들은 풍요롭다. ⑥남녀는 곱슬머리[拳髮]에 긴 적삼을 입는다. ⑦여자가 나갈 때는 파란 망사[青紗]로 얼굴을 가리고 용모를 드러내지 않으며, 두 귀에는 금 주화 몇 개를 늘어뜨리고, 목에는 목걸이를 찬다. ⑧그곳에서는 **영양(羚羊)이 나는데, 가슴에서 꼬리까지 아홉 덩어리를 드리우고 있어 '구미양'이라 한다**. 천 리를 가는 낙타[千里駱駝], 검고 꽃문양이 있는 나귀[黑白花驢], 낙타 발굽을 가진 닭[駝蹄雞], 황금 주화 문양이 있는 표범[金錢豹]이 난다. ⑨교역하는 상품으로는 금은, 색단(色段), 청백의 꽃문양 자기[青白花磁器], 단향(檀香), 후추[胡椒] 등이다. **그곳 추장은 성은에 감복하여 직접 산물을 [조정에] 바쳤다**.

12) 펑 청쥔 씨에 따르면, '과(過)'자는 주당면의 『국조전고』에 '사(使)'자로 되어있다고 하였으나(교주본, 후집, 18쪽), '환(還)'자로 되어있다. 한편 등사룡의 『국조전고』에는 '우(遇)'자를 보여준다. '난파(鑾坡)'는 문한(文翰)을 담당하는 조정 부서를 상징하는 말로, 여기서는 조정을 지칭한다. 이상 두 구는 비신이 장차 이 기록을 조정에 바칠 것임을 염두에 두고 있음을 말해준다. 그 결과가 바로 4권본일 것이다.

自古里國順風二十二晝夜可至. ①其國傍海而居, 草木不生. 田肥, 種植. ④粟麥**豐盛**. ②壘石爲城. ③砌羅股石爲屋, 三四層高, 廚房臥室皆在其上. ⑤風俗頗淳, 民下富饒. ⑥男女拳發, 穿長衫. ⑦婦女出則用青[紗]蔽面, 布幔[帽]兜頭,[13] 不露形貌. 兩耳垂金錢數枚, 項掛纓絡. ⑧地產羚羊, 自胸中至尾垂九塊, 名爲九尾羊. 千里駱駝·黑色花驢·駝蹄雞·金錢豹. ⑨貨用金銀·色段·青白花磁器·檀香·胡椒之屬. 其酋長感慕恩賜, 躬以方物貢獻.

13) '모(帽)'자는 『고금설해』, 『기록휘편』 모두 일치하지만, 저번에 따라 '만(幔)'자로 고치는 것이 맞다.

39. 도파르 왕국[佐法兒國][1)]

1) 좌법아[tsɑ-pi̯wɐp-ȵʑię](佐法兒)란 나라는 현 오만 남부, 예멘과 경계를 이루는 한 주의 명칭인 도파르(Dhofar)에 해당하는 음으로 알려져 있다. 우선 언제부터 중국에 알려졌을까? 1225년 조여괄(趙汝适)은 『제번지(諸蕃志)』「대식국(大食國)」 조목에서 이 왕국의 속국 중 하나로 '노발[nuo-pi̯wɐt](奴發)'이라는 나라를 들었다. 조여괄은 주거비(周去非)의 『영외대답(嶺外代答)』을 상당 부분 참고했지만, 주거비는 '노발'이란 나라를 언급하지 않았다. 히어트와 록힐에 따르면(『조여괄』, 121쪽), "노발은 주파르(Zufar)이다. 오늘날 도파르(Dhofar)이자, 마르코 폴로의 두파르(Dufar)로 쉐르(Shehr) 동쪽에서 400마일 떨어져 있다. 『명사』, 권326에서는 '조법아[tsuo-pi̯wɐp-ȵʑię](祖法兒)'라고 했다"라고 하며 노발(奴發)=주파르(Zufar)=두파르(Dufar)=도파르(Dhofar)=조법아(祖法兒)라고 설명했다.

'노발'은 주파르, 두파르, 도파르, 조법아 등과 음성적 근접성을 찾을 수 없다. 그런데도 펠리오 씨는 "ⓐ중국 자료에서 이 명칭은 1225년 조여괄이 노발(奴發)['발'은 고음에 '-t'를 가지며, 또한 '-l', '-r'로 사용됨]이라는 형태로 사용하면서 처음으로 나타난다. 이곳은 또한 15세기 초반에 조법아(祖法兒)와 좌법아(左法兒, Ẓufār와 Ẓofār)로 언급되었다. ⓑ정화가 조파르를 방문한 것은 아마도 1421~1422년에 있었을 것이다"라고 하며(『Notes on Marco Polo』, II, 637쪽) 히어트의 설명을 그대로 따랐다. ⓐ에 관하여, 노(奴)의 중고음 발음은 [nuo]이다. 어떻게 '-n'이 '-d', '-z'로 변이될 수 있는지를 설명해야 한다. ⓑ에서 정화가 이 나라를 방문한 시기에 관하여, 펠리오 씨는 1421~1422년으로 추정했는데, 이는 정화의 5차 원정, 마환에게는 2차 수행에 해당하는 시기이다. 이 5차 원정은 총 1년 6개월이 걸렸다. 도파르까지 다녀오기는 부족한 시간이다. 정화가 도파르에 갔다면, 4차 항해 시기(1416~1419년)로 보는 것이 더 합리적이다(역자의 『영애승람역주』, 부록편을 참고하시오). 이 4차 원정이 출발한 해는 비신의 세 번째 수행을 마치고 온 1416년이라는 점에서 더 그럴법하다. 따라서 정화의 이 도파르를 처음으로 기술한 사람은 마르코 폴로에게 돌릴 수밖에 없을 것 같다.

현재 주의 명칭으로 사용하고 있는 도파르를 마르코 폴로는 '두파르(Dufar)'라고 표기하고 한 '도시'라고 기술했다. 한편 이븐바투타는 '자파르(Ẓafār)'로 표기하고 역시 '도시'로 설명했다. 이 도시의 정확한 위치는 어디일까? 먼저 율(Yule)은 마르코 폴로가 기술한 이 '두파르'가 "쉐르(Shehr)의 동쪽 약 400마일(643km) 지점에 있는 곳으로, 바다 쪽으로 관계가 잘 이루어지는 비옥한 평원 지역에 붙어 있다. …다음 주석에서의 인용문은 이 평야의 동단에 있는 메르바트(Merbát)가 중세의 도파르 항구였음을 보여준다. 스프렝거(Sprenger) 교수는 이 도시 자체는 평원의 동쪽 부분에 있다고 생각했다"라고 하였다(『The Book of Ser Marco Polo』, II, 445쪽).

아불페다(Abulfeda, 1273~1331)의 지리서를 번역하고 주석한 레이노(J. T. Reinaud) 씨는 아불페다가 '다파르(Dhafar)'를 기술하면서 다른 '다파르'와 혼동했다고 설명했다. 이어서 『메라씨드-알-이띨라(Merasid al-Itthila)』라는 책을 인용하여 두 곳의 다파르를 구분했다. "다파르는 예멘에 있는 두 도시의 명칭이다. 하나는 사아나(Sanaa) 근처에 있고, 오닉스를 공급하는 곳으로 이후 알다파리(Aldhafâry)라는 별명을 가졌다. 이곳에는 힘야르 왕국 왕자들의 거처였다. 어떤 저자는 이곳이 사나아에 지나지 않는다고 한다. 다른 다파르는 지금도 남아 있는데, 인도양 가에 있으며 알시르(Alschihr) 주에 있는 미르바트(Mirbath)에서 5파라쌍(20마일)이다. 다파르 아래에 있는 미르바트가 항구 역할을 한다. 시르(Schihr) 지방에서 사방 3일 거리에 펼쳐진 다파르의 산에서만 향이 있다. 주민들은 **나무에 칼로 자상을 내면, 향이 땅으로 흐른다**. 잘 보관했다가 다파르로 가져가는데, 다파르의 술탄이 대부분을 차지하고 나머지는 주민들에게 넘긴다. 다파르에서 이와는 달리 향을 지닌 누구라도 사형된다"라고 하였다[레이노(J. T. Reinaud), 『Géographie d'Aboulféda』, II, 124쪽]. 이로부터 우리는 도파르가 미르바트와 가까운 해안 도시였음을 알 수 있다.

13세기 말 마르코 폴로는 '두파르'라는 도시에 대해 다음과 같이 이야기해 주고 있다. "두파르는 크고, 유명하며 아름다운 도시로, **에쉐르(Esher) 서북쪽에서 500마일에 떨어져 있다**. 사람들은 사라센인들이고 그들의 주군으로 아덴 술탄에게 예속된 백작이 있다. 이 도시가 그래도 아덴 지방에 속해있기 때문이다. 도시는 연해에 있으며 매우 훌륭한 **항구를 갖추고 있어 이곳과 인도 사이의 많은 해상교역이 이루어진다**. 그러므로 상인들은 많은 **아랍의 말**들을 그들 시장에 가져와 많은 이윤을 남긴다. 이 도시는 아래 다른 많은 도시와 마을을 거느리고 있다. **많은 백향[유향]이 여기에서 생산된다**. 어떻게 생산하는지 말해주겠다. **이 나무들은 작은 전나무(fir tree)와 비슷하며, 칼로 여러 곳에 칼집을 내면 그곳으로부터 향이 흘러나온다. 이따금 칼집을 내지 않아도 나무에서 흘러나오기도 한다. 그곳의 엄청난 태양열 때문이다**."(Yule, 『The Book of Ser Marco Polo』 2, 444~445쪽)

도파르는 현재 오만에 속하지만, 14세기 말은 예멘의 하드라마우트(Hadramaut)의 카티리(Kathiri)와 라술리드(Rasulid)의 경합지역이었다. 도파르에서 영국 군관으로 외교관을 지낸 마일스(Samuel Barrett Miles, 1838~1914)의 기술에 따르면, 마르코 폴로가 이 지역을 찾은 것은 1285년이라고 한다(『The countries and tribes of the Persian Gulf』, II, 507쪽).

그로부터 반세기의 이후 이곳을 방문한 이븐바투타는 '자파르'로 읽고 다음과 같이 기술했다. "쿨루아(Couloua)에서 자파르 알후무드(Zhafar alhoumoudh)[짜고 쓴 식물이 있는 자파르]로 향했다. 자파르라는 단어는 격의 변화가 없으며, 마지막 철자에는 모음 [i]가 항상 따라붙는다. 자파르는 인도양 연안의 예멘 끝에 있다. 사람들은 비싼 값에 말들을 인도로 수출한다. 순풍일 경우 횡단에는 꼬박 한 달이 걸린다. 내 경우에 **인도의 도시 칼리쿠트(캘리컷)에서 자파르까지 28일 걸린 적이 있다**. 순풍이어야만 밤낮으로 나아갈 수 있을 뿐이다. 자파르와 아덴은 육로로 사막을 횡단하여, 한 달이다. 자파르와 하드라마우트(Hadramaut) 사이는 16일이고, 자파르와 오만 사이는 20일 여정이다. 자파르란 도시는 마을이나 부속된 도시도 없이 사막 평원에 있다. 시장은 도시 밖, '하르자(Hardja)'라는 촌락에 있는데, 많은 양의 과일과 물고기들이 그곳에서 팔리기 때문에, **가장 더럽고, 가장 악취가 나며 가장 파리가 많은 곳 중 하나이다**. 대체로 물고기는 사르딘[정어리]으로 이곳에서는 아주 기름진 음식이다. 놀라운 것은 바로 **가축들에게도 이 정어리를 먹여 기른다**는 점이다. 양들도 마찬가지이다. 나는 다른 나라에서 이러한 것을 본 적이 없다. 시장의 상인들 대부분은 여성 노예들이며 그녀들은 검은 옷이 입혀져 있다. 자파르 사람들이 주로 경작하는 것은 밀(dhourah)로, 아주 깊은 우물을 퍼내 관개한다. …특히 '알라스(alas)'라는 밀이 있는데 사실은 일종이 보리이다. 쌀은 인도에서 수입한다. 쌀은 사람들이 주식으로 삼는 것이다. 이 도시의 주화들은 **구리와 주석으로 주조한 주화**로 다른 것은 통용하지 않는다. 사람들은 상인이며 전적으로 장사로 먹고산다. …자파르 사람들은 겸손하고, 천성을 타고났으며 너그러워 외국인을 좋아한다. 그들의 옷은 **인도에서 수입한 면으로 만들었고, 바지 대신에 허리에는 [사롱 같은] 간단한 옷을 맨다**. 날씨가 무더우므로 대체로 몸 중간에 수건 하나를 싸매고 등에 다른 수건을 걸친다. 사람들은 하루에 여러 차례 씻는다. 도시에는 많은 모스크가 있는데, 그 안에는 세정을 위한 작은 방들이 많다. 자파르 사람들은 비단, 면, 아마로 매우 아름다운 천을 짠다. 이 도시의 사람들이 가장 많

①[왕국의 사람들은] 바닷가에 모여 산다. ②돌로 만든 성(城)과 집들은 높이로 3~5층을 쌓아 올려 그 위가 탑과 같다.[2] ③농토는 넓으나 경작하는 곳이 적으며, 산지(山地)는 모두 누렇다. ④또한 초목이 자라지 않아, 소, 양, 낙타, 말들이 말린 물고기만 먹는다.[3] [①臨海聚居.

이 걸리는 병은 두 다리가 붓는 코끼리 다릿병이다. 남자들 대부분은 탈장으로 고생한다(C. Defrémery, B. R. Sanguinetti, 『Voyages d'Ibn Batoutah』, II, 196~199쪽).”

앞서 본 마일스의 설명에 따르면, 이븐바투타는 1325년 처음 도파르에 도착했을 당시 술탄은 나시르 빈 알 말릭 알 모기트(Nasir bin al-Malik al-Moghith)였고, 1347년 다시 도파르로 돌아왔을 때도 같은 술탄이 통치하고 있었다고 한다(앞의 책, 508쪽). 이븐바투타는 마르코 폴로가 특기한 유향을 기술하지는 않았지만, 인도와의 거리, 하드라마우트와의 거리를 언급했고, 그곳 사람들의 생활을 가장 상세하게 증언하고 있다.

정화의 원정이 이루어진 15세기 초 도파르의 역사는 잘 알려지지 않았다. 마일스는 현지의 연대기를 통해 도파르의 역사적 사건들을 소개했다. 그의 책에 따르면, 1397년경 라술리드 사람들이 도파르를 수복했으며, 술탄 알 마자히드 알 와테크 알 도파리(al-Mujahid al-Wathek al-Dhofari)가 쉐르(Shehr)로 들어갔다가, 예멘으로 나가 군대를 모집한 다음, 도파르로 진격하여 장악했다. 샤이크 베드르(Shaikh Bedr), 즉 카티리 사람들에게는 베드르 바 타와렉(Bedr-ba-Towarek)이 세이윤 카티리 술탄국(Kathiri State of Seiyun)의 무카둠(Muccadum, 추장)으로, 하드라마우트와 도파르의 영주가 되었다. 카티리 왕조의 개국자는 알리 빈 오마르 알 카티리(Ali bin Omar al-Kathiri)였고, 라술리드 왕조의 마지막 왕은 알 마다파르 유수프 빈 만수르(Al-Madhaffar Yusuf bin Mansur)였다. 이 왕은 수도를 사나아(Sanaa)에서 타이즈(Taiz)로 옮겼고, 1446년에 죽었다고 한다(『The countries and tribes of the Persian Gulf』, II, 509~510쪽).

2) 이상 ①과 ②의 정보들은 마환의 『영애승람』에서 “이 나라는 해변에 산을 기대고 있고, 성곽은 없다(其國邊海倚山, 無城郭)”라고 하였다(『영애승람교주』, 52쪽). 누구의 기술이 맞을까? 기술한 분량이 많고 상세하다고 해서 마환의 손을 들어 줄 수는 없다.

3) ③과 ④의 정보는 앞서 본 아덴 왕국의 설명을 옮겨 놓은 것처럼 비슷하다. 같은 예멘에 속한 나라들로 기후환경이 비슷하므로 그다지 이상하게 여길 필요는 없

②石城石屋, 壘起高層[層高]三五者,[4] 若塔其上. ③田廣而少耕, 山地皆黃. ④亦不生草木, 牛·羊·駝·馬惟食魚乾.]

⑤남녀는 곱슬머리이고 긴 적삼을 입는다. ⑥여인들은 베로 머리와 얼굴을 가리고, 나가서 다른 사람을 만날 때도 얼굴을 드러내지 않는다.[5] ⑦풍속은 상당히 순수하다.[6] [⑤男女拳髮, 穿長衫. ⑥女人則以布兜頭面, 出見人也不露面貌. ⑦風俗頗淳.]

⑧이곳에서는 기린[祖剌法][7], 황금 주화 모양의 표범[金錢豹],[8]타

지만, 상투적인 기술이라는 느낌은 지우기 어렵다. 어쨌든 이 정보들은 비신의 텍스트에서만 확인된다. 하지만 초목이 자라지 않는다는 기술과 아래에서 기술한 산물들과는 배치되는 것임에는 분명하다.

4) '고층(高層)'은 저본과 나이지본에 '층고'로 도치되어있어, 『국조전고』에 따라 바로잡는다.

5) ⑤와 ⑥의 정보 또한 아덴 왕국의 사람들을 기록할 때와 매우 유사한 표현들이다. 마환의 기록과 이를 근거한 『명사』의 열전에서도 확인되지 않는다.

6) 이 정보는 비신이 기술한 거의 모든 나라에 상투적으로 쓰고 있는 표현이다.

7) '조랄법[tsuo-lɑt-pjwɐp](祖剌法)'은 조여괄의 『제번지』, 필파라국(弼琶囉國) 조목에 보이는 '조랍(徂蠟)'의 다른 음역 표기이다. 히어트와 록힐은 이 '조랍'이 '기린'을 뜻하는 페르시아어 '주르나파(zurnāpā)', 수르나파(surnāpā)', 아랍어 '자라파(zarāfa)'를 음역한 것으로 설명했다. 이 지라프(girafe)를 마환은 아덴 왕국 조목에서 '기린(麒麟)'으로 옮겼고, 비신은 '조랄법(祖剌法)'으로 옮겼다. 가브리엘 페랑(G. Ferrand)은 「영애승람의 기린이란 명칭(Le Nom de la Girafe dans le Ying Yai Cheng Lan)」이란 논문에서(『JA』, XII(1918), 155~158쪽), '조랍'이 '조랄법'의 약칭으로, 모두 아랍어 자라파(zarāfa)를 음역한 것이고, 이 아랍어 자라파는 페르시아어 '주르나파(zurnāpā)'의 속칭으로 히어트와 록힐의 설명을 확인한 바 있다. 펑청쥔 씨는 『영애승람』 아덴 조목의 '기린(麒麟)'은 소말리아어를 음역한 것이라고 설명했다(『성사승람교주』, 19쪽). 비신의 기술은 앞서본 바와 같이 아덴 왕국의 기술과 거의 비슷하지만, 아덴 조목에서 보이지 않던 조랄법(祖剌法)이 여기

조[駝雞], 유향(乳香), 용연향(龍涎香)[9]이 난다. ⑨교역하는 상품은 금전(金錢), 단향(檀香), 미곡(米穀), 후추[胡椒], 색단(色緞), 견(絹), 자기(磁器) 등이다. [⑧地產祖剌法·金錢豹·駝雞·乳香·龍涎香. ⑨貨用金銀錢·檀香·米穀·胡椒·色緞·絹·磁器之屬.[10]]

⑩시로 노래한다[詩曰].

도파르라 부르는 나라는	佐法兒名國,
둘레를 돌로 쌓은 도성이네.	周圍石累城.
유향은 땅에서 많이 나고,	乳香多土產,
미곡은 수확이 적네.	米穀少收成.
대해의 물고기는 무한하지만,	大海魚無限,
황야의 풀들은 자라지 않네.	荒郊草絕生.

에서 언급되는 점은 주목할만하다. 아덴과 여기 도파르까지는 약 1,300km로 떨어져 있기 때문이다. 마환과 비신의 기술대로라면, 이 두 곳은 기린이 자생할 환경은 못 된다. 아마도 아프리카 동안 지역에서 수입된 것을 말하는지도 모르겠다.

8) 황금 주화의 문양이 있는 이 표범은 아덴 왕국에서도 언급되었다. 하지만 마환의 『영애승람』 조법아국(祖法兒國) 조목에는 침묵하고 있다.

9) 이 나라에서 용연향(龍涎香)이 난다는 기술도 주목할 필요가 있다. 마환은 조법아국 조목에서 용연향을 뜻하는 아랍어 '안바르(anbar)'의 음역인 '엄팔아(俺八兒)'를 그곳 사람들이 예배당에 갈 때, 옷을 훈증하는 향으로 설명하고 있다(『영애승람교주』, 53쪽).

10) 교역하는 상품에 들어있는 '금은(金銀)'은 저본, 나이지본, 『국조전고』 모두 '금전(金錢)'으로 되어있다. 마환의 『영애승람』 조법아국(祖法兒國) 조목에 "그 왕은 '당가(倘伽)'라는 금전을 주조하는데, 개당 중국 저울로 2전이 나가고, 지름은 1촌 5푼이며, 한 면에는 문양이 있고, 한 면에는 사람 형상의 도상이 있다(其王鑄金錢名倘伽, 每箇重官秤二錢, 徑一寸五分, 一面有紋, 一面人形之紋)"라고 했다(『영애승람교주』, 54쪽). 이 기술이 맞는다면, 이곳에서는 이미 황금 주화를 사용하고 있음을 알 수 있다. 따라서 4권본에 '금은(金銀)'으로 되어있으므로, 고치는 것이 타당할 것이다.

풍속을 채록하고 다른 경계를 읊조려 採風吟異境,
사람과 사물을 서로 다루어 보았네. 民物互經營.

『고금설해』(사고전서본, 권20, 6b~7a)[4-7] 도파르 왕국[佐法兒國]

캘리컷[고리국]에서 순풍에 20일 밤낮을 가면 이를 수 있다. ②이 나라는 돌을 쌓아서 성을 만들고 **노고석을 포개어 집을 짓는다.** 높이가 3~4층 되는 것도 있어 탑과 같은 모습이다. **주방, 화장실, 거실이 모두 그 위에 있다.** ③농토는 넓으나 수확이 적다. 산지는 황적색이고 ④역시 초목이 자라지 않는다. 사람들은 **물고기를 잡아 햇볕에 말린다. 큰 것은 사람이 먹고 작은 것으로는 소, 말, 낙타, 양을 사육한다.** ⑤남녀는 곱슬머리이고 긴 적삼을 입는다. ⑥**여인들이 나갈 때는 베로 머리와 얼굴을 가려 다른 사람들이 보지 못하도록 한다.** ⑦풍속은 상당히 순수하다. 그곳에서는 조랄법(祖剌法), 황금 주화 문양의 표범, **낙타 발굽의 새[駝蹄鳥]**, 유향, 용연향이 난다. ⑨교역하는 상품으로는 금은, 단향, 미곡, 후추, 단견(段絹)[11], 자기 등이 있다. **그 추장은 하사품에 감복하여 사신을 보내 방물을 바쳤다.**

自古里國順風二十晝夜可到. ②其國壘石爲城, **砌羅股石爲屋**, 有高三四層, 若塔之狀, **廚廁臥室皆在其上.** ③田廣少收, 山地黃赤, ④亦不生草木. **民捕海魚曬乾, 大者人食, 小者喂養牛馬駝羊.** ⑤男女拳發, 穿長衫. ⑥女人出則以布兜頭面, 不令人見. ⑦風俗頗淳. ⑧地產祖剌法·金錢豹·**駝蹄鳥**·乳香·龍涎香. ⑨貨用金銀·檀香·米穀·胡椒·段絹·磁器之屬. **其酋長感慕恩賜, 遣使奉貢方物.**

11) 여기의 '단견(段絹)'도 '색단(色段)'과 '색견(色絹)' 또는 '견(絹)'을 말한다고 읽어야 할 것 같다.

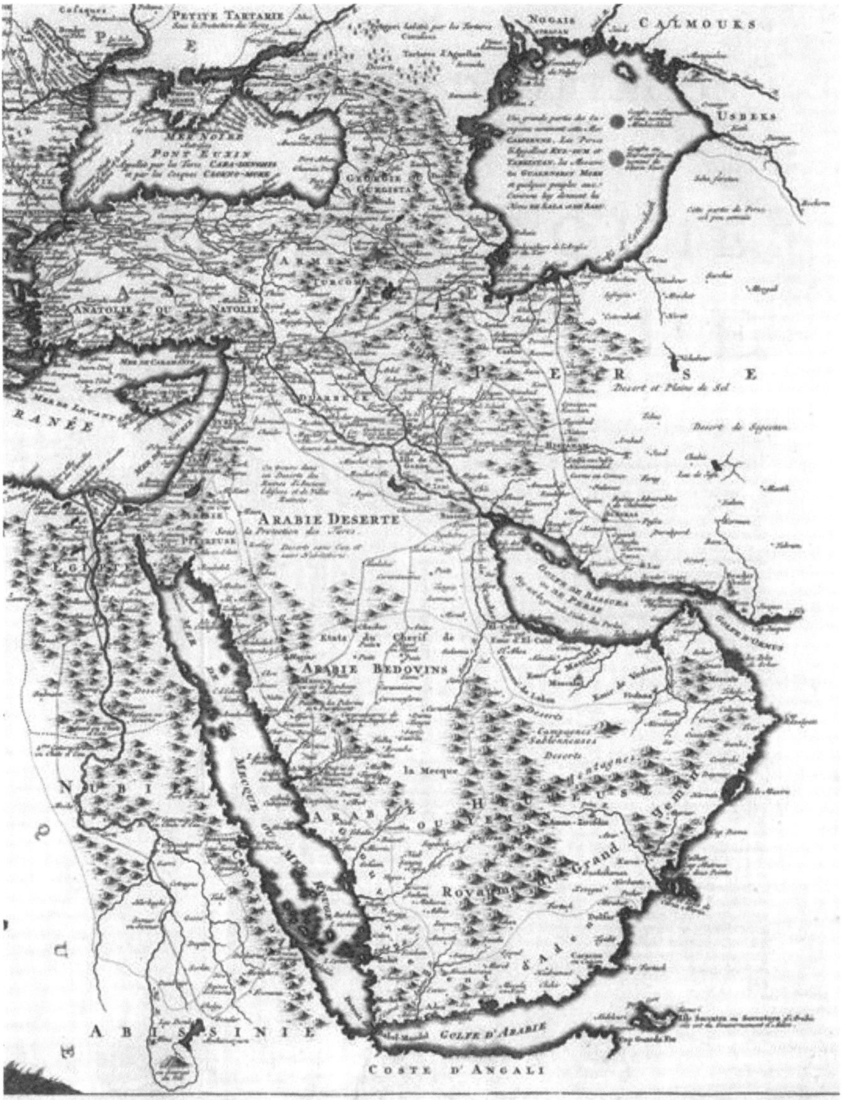

Chatelain Henri(1684~1743), 『Atlas historique, ou nouvelle introduction』, V, 1719. 29쪽, 「아시아와 아프리카의 튀르크 제국 지도(Carte de L'Empire des Turcs en Asie & en Afrique)」의 일부. 홍해 동쪽 해안의 다파르와 오만 지역의 돌파르(Dolfar, 도파르), 미라바트(MIrabat, 미르바트)의 위치를 확인할 수 있다.

40. 주보 왕국[竹步國][1)]

1) '죽보[tjuk-bʰuo](竹步)'라는 나라는 확실히 비신의 이 책에서 가장 빠르게 보인다. 『명사』, 권326, 외국전에는 별도의 조목으로 간략한 기술이 들어있다(8449쪽). "죽보(竹步)도 모가디슈[목골도속]와 땅이 이어져 있다. 영락(永樂, 1402~1424) 연간에 일찍이 조공한 바 있다. 그곳은 인구가 많지 않고, 풍속이 당당히 순수하다. 정화(鄭和)가 그곳에 갔다. 땅에는 역시 초목이 없다. 돌을 쌓아 산다. 해마다 가뭄이 심한 것은 대체로 모가디슈와 같다. 나는 것으로 사자(獅子), 황금 주화 문양이 있는 표범[金錢豹], 낙타 굽이 있는 닭[駝蹄鷄, 타조], 용연향, 유향, 금박(金珀), 후추[胡椒] 등이 있다(竹步, 亦與木骨都束接壤. 永樂中, 嘗入貢. 其地戶口不繁, 風俗頗淳. 鄭和至其地. 地亦無草木, 壘石以居, 歲多旱暵, 皆與木骨都束同. 所產有獅子·金錢豹·駝蹄鷄·龍涎香·乳香·金珀·胡椒之屬)"라고 하였다. 대체로 비신의 설명을 참고했다는 점을 확연히 알 수 있다.

이 나라는 『명사』, 권304, 정화(鄭和)와 후현(侯顯)의 열전에 등장하고(7768쪽), 외국전(권326)에서 고리(古里, 캘리컷) 조목에서 언급되었으며(8439쪽), 또한 같은 권326, 랄살(剌撒) 조목에서도 언급되었다(8451쪽). 앞서 랄살(剌撒) 조목에서 소개한 것처럼, "사는 집은 모두 죽보 등의 나라들과 같다"라고 하였고, 기술하고 있는 내용도 랄살(剌撒)과 유사하므로, 우리는 이 '죽보'라는 나라가 모가디슈, 랄살과 가까이 있음을 추론할 수 있다. 앞서, 『명사』의 「죽보전」에서 정화가 이곳에 갔다고 설명했지만, 사실 『무비지』, 권240에 실린 정화항해도에는 모가디슈와 랄살 인근에 '죽보'는 그려져 있지 않다. 게다가 모가디슈와 랄살은 「본기」에 보이지만, 분명 영락 연간에 조공해 왔다고 했지만, 죽보는 「본기」에 전혀 보이지 않는다.

서양학자로 이 죽보를 추정한 사람은 록힐로 보인다. 그는 1915년 『통보』, 615쪽에서 『성사승람』의 기록을 번역하며, 다른 설명 없이 '주보(Jubo)'라고 확인했다. 이어서 펠리오는 1933년 「15세기 초 중국의 대항해」라는 긴 논문에서 아프리카 동쪽 해안에 있는 '조보(Djobo)'라고 확인하고 아무런 주석도 붙이지 않고, 록힐의 번역문을 참조케 했다(326쪽). 역시 펑 청쥔 역시 아무런 설명 없이, 주브(Jubb) 또는 조보(Jobo)를 그대로 따랐다(교주본, 후집, 19쪽). 결국 아프리카 동안으로 특정한 것은 펠리오의 설명이 유일하다. 이들이 말하는 곳은 소말리아 바라아웨(Baraawe)에서 7시 방향 남쪽으로 270km 지점에 있는 지움보(Giumbo)로, '죽보'란 바로 소말리아어 '줌부(Jumboo)'에 해당하는 음으로 보인

①촌락은 적막하고, 땅은 서방 구석진 곳이다. ②성과 담은 돌로 쌓았고, 집은 섬돌로 높이 쌓았다. ③풍속은 매우 순박하다. ④초목이 자라지 않는다. [①村居寥落, 地僻西方. ②城垣石壘, 屋砌高堆. ③風俗甚淳.[2] ④草木不生.]

⑤남녀는 곱슬머리이고, 나갈 때는 베로 머리를 두른다. ⑥산지는 황량하고 넓지만 대부분 비가 내리지 않아 양수기를 [쓰며] 우물은 깊다. ⑦그물로 바닷물고기를 잡는다. [⑤男女拳髮, 出以布兜.[3] ⑥山荒地廣, 而多無雨,[4] 絞車深井. ⑦捕網海魚.]

다. 주바(Juba) 강어귀에 있으므로, 남수단의 주바와 혼동해서는 안 된다. 그러나 의문은 여전히 남는다. 죽보의 위치는 모가디슈와 비교하여 『명사』의 설명을 이해하면 인정할 만하다. 그러나 앞서 전집에서 본 랄살은 『무비지』 항해도에서 도파르와 아덴 사이에 그려져 있었다. 그렇다면 『명사』에서 랄살의 집들이 죽보 등의 나라들과 같다는 말을 어떻게 이해해야 할까?

2) 펑 청쥔 씨는 교주에서(후집, 20쪽) '심(甚)'자가 천일각본, 『국조전고』, 그리고 나이지본에 모두 '유(有)'자로 되어있어, 『기록휘편』에 따라 '역(亦)'자로 고쳤다고 밝혔다. 천일각본에는 분명히 '심(甚)'자로 되어있고, 『국조전고』에는 "풍속에는 상당히 순수함이 있다(風俗頗有淳)"라고 되어있다. 한편 『명사』 권326, 「죽보전」(8449쪽)에는 "風俗頗淳"으로 되어있으므로, '심(甚)'자나 '파(頗)'자가 선본일 것이다.

3) 이 문장[出以布兜]은 『국조전고』, 나이지본 모두 일치하고 있다. 펑 청쥔 씨는 『기록휘편』본에 따라 '두(頭)'자를 더 추가하여 "出以布兜頭"라고 교정했는데, 절절한 보충으로 보이지만, 없어도 문제가 되는 것은 아니다. ⑤의 두 문장 사이에는 빠진 문장이 있을 것이다. 왜냐하면 외출하는 사람이 남자인지 여자인지 그 주체가 분명하지 않기 때문이다. 그 빠진 문장은 아래 『고금설해』본을 참고하시오.

4) 천일각본의 이 문장[而多無雨]은 펑씨가 빠뜨린 교정사항이 있다. 『국조전고』와 나이지본에는 '우(雨)'자가 '림(霖)'자로 되어있다. 『고금설해』와 『명사』의 '우(雨)'자가 선본일 것이다.

⑧이곳에서는 사자, 황금 주화 문양의 표범[金錢豹], 키가 6~7척의 타조[駞雞]가 나고, 용연향, 유향, 금박(金珀)이 있다. ⑨교역하는 상품은 중국산 구슬[土珠], 색견(色絹), 금은, 자기, 후추, 색단(色緞), 미곡 등이다. [⑧地產獅子·金錢豹·駞雞六七尺高者, 有龍涎香·乳香·金珀.[5] ⑨貨用土珠·色絹·金銀·磁器·胡椒·色緞·米穀之屬.[6]]

⑩시로 노래한다[詩曰].

'죽보'라는 섬 오랑캐의 [나라는]	島夷名竹步,
산이 붉어 가을이 된 것처럼 보이네.	山赤見應愁.
땅은 가물어 화초가 없지만	地旱無花草,
교외 황무지엔 말과 소가 있네.	郊荒有馬牛.
짧은 사롱[稍]을 남자들은 무릎까지 가렸고,	短稍男掩膝,
홑겹의 베로 여인들은 머리를 가렸네.	單布女兜頭.
눈이 가는 대로 읊조리며 바라보니	縱目逢吟眺,
쓸쓸하게 온통 흙 언덕이로다.	蕭然一土丘.

『고금설해』(사고전서본, 권20, 4a~4b)[4-3] 죽보국(竹步國).

이 나라는 모가디슈와 산지가 연결되어 있다. ①촌락은 적막하고, ②돌을 쌓아 성을 만들었고, 돌을 포개 집을 지었다. ③

5) ⑧의 문장은 『국조전고』와 나이지본에 "地產獅子·金錢豹·駞雞有六七尺高者, 龍涎香·乳香·金珀"로 되어있다. '유(有)'자의 위치가 다르다. 뒤에 볼 『고금설해』본 역시 『국조전고』, 나이지본과 같은 위치에 들어있다. 천일각본에 따라 "땅에서는 사자, 황금 주화 문양의 표범, 키가 6~7척 되는 타조가 나고, 용연향, 유향, 금박이 있다"라고 읽는 것이 문맥에는 유리하다.

6) ⑨의 문장은 사본마다 열거하는 순서가 조금 다르다. 『국조전고』와 나이지본에 "貨用土珠·色段·色絹·金銀·磁器·胡椒·米穀之屬"으로 되어있고, 『고금설해』에서는 '색단(色段)'은 없이 "貨用土朱·段絹·金銀·磁器·胡椒·米穀之屬"으로 되어있다.

풍속은 매우 순박하다. ⑤남녀는 곱슬머리이고, 남자는 베를 두른다. **부녀자들이** 나갈 때는 베로 머리를 덮어, **몸과 얼굴을 드러내지 않는다**. 산지는 **누렇고 붉으며, 수년 동안 비가 내리지 않고** ④초목이 자라지 않아, 도르래를 [활용하는] 우물을 깊이 판다. ⑦그물로 바닷물고기를 잡는다. ⑧그곳에서는 사자, 황금 주화 문양의 표범[金錢豹], 키가 6~7척의 **낙타 발굽을 가진 닭[駝蹄雞]이 있는데** 그 다리는 낙타 발굽 같다. 용연향, 유향, 금박(金珀)이 난다. ⑨교역하는 상품은 중국산 구슬[土珠], 색견(色絹), 금은, 자기, 후추, 색단(色緞), 미곡 등이다. **추장은 [황제의] 성은에 감동하여 방물을 받들어 바쳤다**.

其處與木骨都東山地連接. ①村居寥落, ②壘石爲城, 砌石爲屋. ③風俗亦淳. ⑤男女拳髮, 男子圍布. 婦女出則以布兜頭, **不露身面**. 山地**黃赤**, **數年不雨**, ④**草木不生**, 絞車深井. ⑦網魚爲業. ⑧地產獅子·金錢豹·駝蹄雞, 有六七尺高者, **其足如駝蹄**. 龍涎香·乳香·金珀. ⑨貨用土朱·段絹·金銀·磁器·胡椒·米穀之屬. **酋長受賜感化**, **奉貢方物**.

Jean(Robert) Janvier(1743?~1776), 「L'Afrique divisée en ses principaux etats」, Paris, 1762. 31x45cm.

적도선 바로 위에 주보(Jubo)를 확인하시오.

41. 모가디슈 왕국[木骨都束國][1)]

1) 목골도속[muk-kuət-tuo-ɕi̯wok](木骨都束)은 현 소말리아 수도인 모가디슈(Mogadishu, Muqdisho)의 음역임에 별다른 이견이 없다. 무크타르(Mukhtar) 씨는 모가디슈를 다음과 같이 개술했다. "모가디슈는 남부 소말리아의 한 도시로 수도이다. 적도 바로 위의 인도양에 있다. 모가디슈는 나라의 가장 큰 도시이자 주요 항구이다. 이 도시의 역사는 오래되었다. 『에리트라해 안내기(Periplus of the Erythraean Sea)』에서는 '세라피온(Serapion)'이라 불렸고 아프리카와 동양 산물의 주요 시장으로 묘사했다. 페르시아와 아랍의 무역상들은 동아프리카 해안에 있는 번성한 교역 중심지로 알고 있었다. 10세기에 무슬림의 이주와 모가디슈 사람들과의 혼인으로 '아프리카의 뿔[Horn of Africa]' 중에서 가장 일찍이 이슬람의 중심이 되었다. 13세기경 이 도시는 주도적인 상업 항구가 되었고 정치력도 파크룻딘 술탄 왕국[Fakhruddin Sultanate]의 지배하에 공고해졌다. 모가디슈는 내륙으로부터, 가축, 가죽, 그리고 상아 같은 상품을 받았고, 바나디리(banadiri) 또는 알린디(alindi)로 알려진 자신들의 직물 산업을 일구었다. 14~15세기까지 무자파르(Muzafar) 왕국이 이 도시를 통치했다. 모가디슈는 포르투갈의 팽창에 맞서 싸웠으나 17세기 말경 이 도시는 잔지바르 사람들에게 넘어갔다."(Mohamed Haji Mukhtar, 『Historical Dictionary of Somalia』, Lanham, Maryland, and Oxford, The Scarecrow Press, 2003, 151쪽).

이 도시를 가장 처음 언급한 것으로 보이는 자료는 『에리트라해 안내기(The Periplus Of The Erythraean Sea)』로, "아자니아 코스(Courses of Azania)에서 첫 번째는 사라피온(Sarapion), 두 번째는 니콘(Nicon)이라 불렸다"라고 했다(27쪽). 이어서 쇼프(Wilfred H. Schoff)는 주석에서(92쪽), '세라피온'은 북위 2도 5분, 동경 45도 25분의 오늘날 모가디슈에, '니콘'은 북위 1도 10분과 동경 45도 25분의 오늘날 바라와(Barawa)로 추정했다. 세라피온과 모가디슈가 어원적으로 어떤 연관성이 있는지는 모른다. 여기 '아자니아'가 잔지바르(Zanjibar)와 연관되면서 그럴법하게 받아들여졌다.

13세기 말 마르코 폴로는 '마데이가스카르(Madeigascar)' 또는 '모게다쇼(Mogedaxo)'라는 '섬'을 방문하고 상당히 길고 자세하게 이곳의 기록을 남겼다. "마데이가스카르(Madeigascar)는 소코트라(Socotra)에서 남쪽으로 약 1,000마일 떨어져 있는 섬이다. 사람들은 세라센들이고 마호메트를 숭배한다. 그들에게는 장로를 뜻하는 네 명의 에쉐크(Eshek)들이 있는데, 이들이 섬 전체를 지배

한다. 당신들은 세상에서 이곳이 가장 고귀하고 아름다운 섬이고, 둘레가 4,000 마일이나 되는 가장 큰 섬 중 하나임을 알아야 한다. 사람들은 교역과 수공업으로 살아간다. 앞으로 당신들에게 말하겠지만, 이 섬과 그 너머에 있는 '잔기바르(Zanghibar)'라는 섬에는 세상 다른 어느 나라보다도 많은 코끼리가 있다. 이들 두 섬에서 상아(象牙)의 교역량은 놀랄만한 것이다. 이 섬에서 사람들은 고기는 먹지 않지만, 낙타고기는 먹는다. 그들은 매일 믿을 수 없을 정도로 낙타를 도살한다. 그들은 모든 고기 중에서 가장 좋고 완전하다고 한다. 그래서 그들은 한해 내내 낙타고기를 먹는다. 이 섬에는 아주 많은 양의 자단목이 있다. 사실 모든 숲은 이 자단목으로 구성되어있다. '오일-헤드(Oil-head)'라는 것은 거대한 물고기로, 또한 고래처럼 암버그리스(ambergris)를 생산한다. 이 나라에는 표범, 곰, 사자가 많고, 다른 짐승들도 풍부하다. 많은 상인과 배들이 금실과 비단으로 짠 직물, 여러 종류의 상품들을 가져와서 이윤을 남기는 거래를 한다. 이 섬은 이렇게 먼 남쪽에 있어서 배들은 더 남쪽으로 가거나, 당신들에게 말해 줄 '잔기바르'라는 다른 섬을 제외한, 그 방향에 있는 다른 섬으로 갈 수 없다는 점을 알아야 한다. 왜냐하면 해류가 남쪽으로 너무나 세게 흘러 시도하려는 배들이 다시 돌아올 수 없기 때문이다. 실제로 '마데이가스라르'라는 이 섬을 방문한 마아바르(Maabar)의 배들과 놀라운 속도로 그곳에 이른 잔기바르의 배들은 거리는 멀어도 20일 만에 오지만, 돌아갈 때는 석 달 이상 걸린다. 왜냐하면 남쪽으로 흐르는 강한 해류가 사계절 내내 균일한 세기와 같은 방향으로 계속되기 때문이다."(『The Book of Ser Marco Polo』, II, 411~412쪽).

폴 펠리오 씨가 제시한 여러 판본에 따르면, 'Ft'본의 'mogclasio'와 'Z'본의 'mogdaxo'를 제외한 나머지 10여 본은 모두 '마데이가스카르(Madeigascar)'에 가깝다. 한편 마다가스카르를 탐험한 알프레드 그랑디디에(Alfred Grandidier, 1836~1921)는 1885년 "'마다가스카르'라는 명칭은 원본에서 '마데이가스카르(Madeigascar)' 또는 '마겔라시오(Magelasio)'라고 다르게 쓰였는데, 이는 '모가디쇼(Magadicho)' 또는 '모그디쇼(Mogdicho)'라는 형태의 단순한 오류일 뿐이다"라는 견해를 폈다(『Histoire de la géographie de Madagascar』, 1885, Paris, 26쪽). 또한 율(Yule)은 분명히 마다가스카르를 언급한 최초의 사람으로 생각하면서도, "이 섬에 관한 정보는 여러 면에서 매우 부정확하다. 이 섬에는 코끼리, 낙타, 또한 표범, 곰, 사자가 없다. 나는 마르코 폴로가 다른 자료에서 정보를 수합하면서 마크다쇼(Makdashau, Magadoxo, 즉 모가디슈)와 마다가스카르를 혼동하여 특성들을 여기에 섞었다는 점에 의심이 없다. 마다가스카르 '너머'에 있는 잔기바르, 사람들에 전적으로 부여한 모하메드의 성격, 상아와 산물 거래, 마찬가지로 사자, 코끼리, 그리고 다른 짐승들에 대한 설명이 바로 그것이다. 그러나 무엇보다도 낙타를 도살하는 것은, 그 정보가 나온 실제 지역으로 소말리아 내륙과 마가도쇼(Magadoxo)를 시사한다. 이븐바투타에 따르면, '자일라(Zaila)를 떠나 우리는 15일을 항해하여, 아주 튼 도시인 마크다쇼(Makdashau)에 도착했다. 원주민들은 많은 낙타를 가지고 있었고, 그들은 매일 수백 마리를 도살했다'(『Voyages d'Ibn Batoutah』, II, 181쪽)라고 하였다. 식용으로 낙타도살은 여전히 소말리아에서 행해진다"(『The Book of Ser Marco Polo』, II, 413쪽)라고 하면서 모가디슈와 마다가스카르의 혼동 가능성을 제시했다. 이러한 근거들을 들면서 '마데이가스카르(Madeigascar)'를 '모게다쇼(Mogedaxo, 모가디슈)'로 읽어야 한다고 주장한 학자가 바로 폴 펠리오이다(『Notes on Marco Polo』, II, 779~782쪽).

비신의 문장으로 돌아와, 4권본인 『고금설해』와 『기록휘편』본에는 여기 목골도속(木骨都束)이 퀼론[小葛蘭]에서 20일 거리라고 한 점, 산물로 금전표(金錢豹), 용연향(龍涎香)이 들어있는 점은 확실히 마르코 폴로의 기술과 일치한다.

이 나라 또한 비신의 『성사승람』에 처음으로 기록되었다고 할 수 있다. 『명사』, 권326, 외국전에는 항목을 별도로 두고 두 나라와의 조공 관계를 다음과 같이 기술하고 있다(8448~9쪽). "ⓐ모가디슈[목골도속]는 소갈란에서 배로 20일 밤낮을 [항행하면] 이를 수 있다. ⓑ영락 14년(1416)에 사신을 보내 바라와[부랄와], 마림(麻林) 등의 나라와 표문을 받들어 조공해 왔다. 정화(鄭和)에게 칙서와 예물을 가지고, 그 나라 사신들과 함께 가서 보답하게 했다. ⓒ뒤에 다시 조공해와 또 [정]화에게 함께 가서 왕과 왕비에게 예물을 하사하게 했다. ⓓ21년(1423)에 조공하는 사신이 또 이르렀다. 같이 돌아가 그 왕과 왕비에게 다시 하사품을 내렸다. ⓔ선덕(宣德) 5년(1430)에 [정]화가 다시 그 나라에 가서 조서를 내렸다(木骨都束, 自小葛蘭舟行二十晝夜可至. 永樂十四年遣使與不剌哇·麻林諸國奉表朝貢, 命鄭和齎敕及幣偕其使者往報之. 後再入貢, 復命和偕行, 賜王及妃綵幣. 二十一年, 貢使又至. 比還, 其王及妃更有賜. 宣德五年, 和復頒詔其國)."

ⓐ의 정보는 아래 보게 될 『고금설해』본의 문장으로 확인된다. 나머지 정보들은 모두 비신의 기록에는 보이지 않는다.

ⓑ의 사실은 『태종실록(太宗實錄)』, 권182 영락 14년(1416) 11월 1일자 기사에 "캘리컷[고리], 자바[조와], 말라카[만랄가], 참파[점성], 수마트라[소문답랄], 람브리[남무리], 사리만니(沙里灣泥), 파항[팽형], 실론[석란산], 모가디슈[목골도속], 몰디브[우산], 남발리(喃渤利), 바라와[부랄와], 아덴[아단], 마림(麻林), 호르무즈[홀로모사], 코치[가지] 등 여러 나라와 팔렘방[구항]의 선위사(宣慰司)가 각기 사신을 보내, 말, 코뿔소, 코끼리 등 방물을 바쳤다"라고 한 것을 확인할 수 있고, 한 달 뒤인 12월 10일 조목에 "[각국 사신들이] 하직하고 돌아갈 때, 모두 문기(文綺)와 습의(襲衣)를 하사하고, 중관(中官) 정화 등에게 칙서와 금기(錦綺), 사라(紗羅) 등의 물품을 가지고 함께 [그들 나라에] 가서 각 국왕에게 하사토록 했다(辭還, 悉賜文綺·襲衣, 遣中官鄭和等賚敕及錦綺·紗羅·綵絹等物偕往, 賜各國王)"라는 기록으로 확인할 수 있다. 하지만 『명사』, 권7, 「성조본기(成祖本紀)」, 영락 14년에 "이 해, 참파, 캘리컷, 자바, 말라카, 수마트라, 람브리[南巫里], 보르네오[浡泥], 파항, 실론, 몰디브[溜山], 남발리(南渤利), 아덴[아단], 마림(麻林), 호르무즈, 코치가 조공해 왔다"(96쪽)라고 기록하고 있다. 『실록』의 나라들과 비교해보면 출입이 있고, '바라와[不剌哇]'와 '모가디슈[목골도속]'가 보이지 않는다. 이는 언제 처음으로 모가디슈와 공식적인 관계를 맺었느냐는 문제를 따진다면, 논란이 될 수 있다. 『명사』에서 모가디슈가 처음으로 중국과 관계를 맺은 시기는 영락 19년(1421)이다.

ⓒ의 사실은 『명사』, 「성조본기」에 영락 19년(1421)에 "호르무즈, 아덴, 도파르[祖法兒], 랄살(剌撒), 바라와[부랄와], 모다디슈[목골도속], 캘리컷, 코치[가지], 카일[加異勒], 실론, 몰디브, 람브리[南渤利], 수마트라, 아루[阿魯], 말라카, 캄파이[甘巴里], 술루[蘇祿], 벵골[榜葛剌], 보르네오[浡泥], 고마랄랑(古麻剌朗)의 왕이 조공해 왔다"(101쪽)라고 하였고, 『태종실록』, 권233, 영락 19년 1월 25일 기록에 "호르무즈, 아덴, 도파르[祖法兒], 랄살(剌撒), 바라와[부랄와], 모가디슈[목골도속], 캘리컷, 코치[가지], 카일[가이륵], 실론, 남브리[喃渤利], 수마트라, 아루[阿魯], 말라카, 캄파이[甘巴里] 등 16개국이 사신을 보내 명마와 산물을 바쳐, 예부에 명하여 잔치를 열어 위로하게 했다"라는 기록과 약간의 출입은 있지만 같은 일로 볼 수 있다.

ⓓ의 사실은 『태종실록』, 권263, 영락 21년(1423) 9월 20일자에 "예부에서 서양의 캘리컷, 호르무즈, 실론, 아덴, 도파르, 랄살(剌撒), 바라와, 모가디슈, 코

①[모가디슈 왕국은] 바닷가에 있다. ②돌을 쌓아 성을 만든다. ③군대를 조련하고 활쏘기를 익힌다. ④풍속은 소란스럽고 강인함을 좋아한다. [①瀕海之居. ②堆石爲城. ③操兵習射. ④俗尙嚚強.[2)]]

치, 카일, 몰디브, 람브리[喃渤利], 수마트라, 아루, 말라카 왕국이 사신을 보내, 1,200명이 산물을 바치러 도읍에 이르렀다고 아뢰었다. 황제는 황태자에게 칙서를 내려 '날씨가 추워지려 하니 서남쪽의 번국(番國) 사신들은 예부에 명하여 회동관(會同館)에서 잔치를 열어 위로하게 하고, 전례에 따라 [물품을] 하사하여 보내도록 하고, [이들이] 돌아갈 때, 토산물을 시장에 나와 팔려 하면, 관급(官給)한 돈으로 그 값을 보상해 주라[還其以土物來市者官給鈔酬其直]'라고 하였다" 라는 기록으로 확인할 수 있다. 또한 『명사』, 「성조본기」에서도 "이 해 실론 왕이 내조했고 또 사신을 보내 조공했다. 참파, 캘리컷, 호르무즈, 아덴, 도파르, 랄살(剌撒), 바라와, 모가디슈, 코치, 카일, 몰디브, 람브리[南渤利], 수마트라, 아루, 말라카, 시라즈[失剌思], 벵골, 유구(琉球), 중산(中山)이 조공해 왔다"(103쪽)라고 하였다.

ⓔ의 정보는 『선종실록(宣宗實錄)』, 『명사』, 그 어디에도 보이지 않는다. 아마도 이 정보는 『명사』, 권304, 「정화전」(7767쪽)에 "선덕(宣德) 5년(1530) 6월, 황제가 즉위한 지 오래되었으나 멀리 있는 여러 나라가 조공해 오지 않아, 이에 정화, 왕홍경이 다시 황명을 받들어 호르무즈[忽魯謨斯] 등 17개국을 편력하고 돌아왔다(宣德五年六月, 帝以踐阼歲久, 而諸番國遠者猶未朝貢, 於是和·景弘復奉命歷忽魯謨斯等十七國而還)"라고 한 말을 추측해 기록한 것으로 보인다. 이에 관해서는 본서 전집 목록에 보이는 일정표를 참고하시오.

2) 앞의 조공 관계를 기술한 내용 이외에 직접 모가디슈에 관한 기술은 대체로 비신이 기록한 것과 일치한다. 다만 여기 풍속에 관한 기술은 조금 엇갈린다. "풍속은 미련하고 어리석다(俗頑嚚)"라고 하였다. '은(嚚)'자는 『국조전고』, 『고금설해』, 『기록휘편』 그리고 나이지본 모두 '효(囂)'자로 되어있고, 『명사』 사고전서본과 절강대학 판본에도 '효(囂)'자로 되어있으므로, 바로 잡을 필요가 있다. 문제는 『고금설해』본과의 차이이다. 아래에서 보게 되겠지만, "풍속은 소란스럽고 미련하다(風俗囂頑)"라고 하였기 때문이다. 천일각본의 '강(强)'자는 『국조전고』, 나이지본 모두 일치한다. 한편, 1644~1672년 사계좌(査繼佐)가 지은 『죄유록(罪惟錄)』, 권36, 80b에는 『고금설해』와 『기록휘편』본에 따라 "風俗囂頑"라

⑤돌을 쌓아 집을 만드는데, 높이는 4~5층이며, 방, 주방, 화장실, 거실 모두 위층에 있다. ⑥남녀는 곱슬머리를 사방에 늘어뜨리고, 허리에는 사롱[稍布]을 두른다. ⑦여자들은 머리를 둘둘 말고 노란색을 칠해 머리를 빛내며, 두 귀에는 고리 몇 개를 늘어뜨리고, 목에는 은 고리를 두르며 목걸이는 가슴까지 늘어뜨린다. 나갈 때는 홑겹의 베로 머리를 두르고, 푸르고 가는 망사[青紗]로 얼굴을 가리며, 발에는 가죽 신을 신는다. [⑤壘石爲屋,[3] 四五層高, 屋房房屋廚廁待客俱於上也. ⑥男女拳髮四垂, 腰圍稍布. ⑦女髮盤, 黃漆光頭, 兩耳垂珞索數枚, 項帶銀圈, 瓔珞垂胷. 出則單布兜遮, 青紗蔽面, 足履皮鞋.]

⑧산지가 드넓게 이어지고, 흙과 돌은 누렇고 붉으며, 초목이 자라지 않아 밭에서는 수확이 적다. ⑨몇 년 동안 비가 내리지 않아 우물을 파서 양수기를 [사용하며], 양가죽 포대로 물을 긷는다. 낙타, 말, 소, 양 모두 말린 바닷물고기를 먹는다. [⑧山連地廣, 黃赤土石, 不生草木, 田瘠少收. ⑨數年無雨, 穿井絞車, 羊皮袋水. 駝·馬·牛·羊皆食海魚之乾.]

⑩그곳에서는 유향, 황금 주화 문양이 있는 표범[金錢豹]이 나고, 바다에서는 용연향을 채취한다. ⑪교역하는 상품은 금은, 색단(色緞), 단향(檀香), 미곡, 자기, 유색의 비단 등이다. [⑩地產乳香·金錢豹, 海內採龍涎香. ⑪貨用金銀·色緞·檀香·米穀·磁器·色絹之屬.]

고 하였다. 새로운 자료가 나오지 않는 한, 판단을 유보해야 할 것이다.

3) 여기 집을 짓는 정보에 관해서도, 『명사』의 기록과 다르다. “또한 호르무즈처럼 돌을 쌓아 집을 만든다(亦如忽魯謨斯, 壘石爲屋)”라고 하였다. “또한 호르무즈처럼”이라는 정보는 어디서 온 것일까? 아덴이 아니라 더 북쪽에 있는 호르무즈를 언급한 것은 무엇을 말하는 것일까? 사실 비신의 모가디슈 기술은 전집에 수록된 랄살(剌撒)의 기술과 매우 유사하다. 아마도 『명사』의 편수관들이 랄살의 정보를 혼동하여 잘못 베낀 것으로 읽어야 할 것 같다. 자세한 것은 랄살(剌撒) 조목을 참고하시오.

⑫시로 노래한다[詩曰].

목골은 이름과는 달리	木骨名題異,
산은 붉고 땅은 누렇네.	山紅土色黃.
오래 갠 하늘엔 비는 내리지 않고	久晴天不雨,
여러 해가 지나도 땅에는 양식이 없네.	歷歲地無糧.
보석과 구슬을 이어 꼬아 찼고	寶石連珠索,
용연향과 유향이 나네.	龍涎及乳香.
멀리서 풍물의 다름을 보고	遙看風物異,
문구를 얻어 다행히 시편을 이루었네.[4]	得句喜成章.

『고금설해』(사고전서본, 권20, 4b~5a)[4-4] 모가디슈 왕국[목골도속국] 첨자는『기록휘편』본의 글자이다.

[모가디슈 왕국은] **콜람[소갈란]에서 순풍에 20일 밤낮을 [항행하면] 이를 수 있다**. ①이 나라는 바닷가에 있으며, ②돌을 쌓아 성을 만든다. ⑤돌을 포개 집을 4~5층으로 만들고, 주방, 화장실, 거실 모두 위층에 있다. ⑥**남자는** 곱슬머리로 사방으로 늘어뜨리고, 허리에는 사롱을 두른다. ⑦여인들은 머리에 둘둘 감고, 정수리를 노랗게 칠해 빛내며, 두 귀에는 고리 여러 개를 걸고, 목에는 은 고리를 차며, 목걸이를 가슴까지 늘어뜨린다. 나갈 때는 홑겹의 베로 머리를 가리고, 푸르고 가는 망사[靑紗]로 얼굴을 가리며 발에는 가죽 신을 신는다. ⑧산지가 드넓게 이어지고, 흙과 돌은 누렇고 붉으며, 초목이 자라지 않아 밭에서는 수확이 적다. ⑨몇 년 동안 비가 내리지 않고, 판 우물은 너무 깊어 양수기를 이용하여 양가죽

---

4) 전편에 붙인 시들이 비신이 지은 것이라면, 여기 마지막 두 구는 비신이 모가디슈에 직접 가지 않고 전하는 정보에 따라 기록했음을 확인해 준다. 이는 자신이 서문에서 밝힌 편집 의도와도 부합한다.

포대로 길어 올린다. ④풍속은 시끄럽고 완강하며, ③군대를 조련하고 활쏘기를 익힌다. **부유한 사람들은 배를 타고 멀리 상품을 교역하며, 가난한 사람들은 그물로 바닷물고기를 잡아, 햇볕에 말려 식량으로 삼고, [그것으로] 낙타, 말, 소, 양을 먹여 기른다**. ⑩그곳에서는 유향, 황금 주화 문양이 있는 표범[金錢豹], 용연향이 난다. ⑪교역하는 상품은 금은, 색단(色緞), 단향, 미곡, 자기, 유색의 비단[色絹] 등이다. 그 추장은 예를 다하여 방물을 바쳤다.

自小葛蘭順風二十晝夜可至. ①其國瀕海, ②堆石爲城. ⑤壘石爲屋, 四五層, 廚廁待客俱在其上. ⑥**男子**拳髮四垂, 腰圍梢[稍]布. ⑦女人髮盤於腦, 黃漆光頂, 兩耳掛絡索數枚, 項帶銀圈, 纓絡垂胸. 出則單布兜遮, 青紗蔽面, 足履皮鞋. ⑧山連地曠, 黃赤土石, 田瘠少收. ⑨數年無雨, 穿井甚深, 絞車以羊皮袋水. ④風俗嚚頑, ③操兵習射. **其富民附舶遠通商貨, 貧民網捕海魚, 曬乾爲食, 及餵[喂]養駝·馬·牛·羊**. ⑩地產乳香·金錢豹·龍涎香. ⑪貨用金銀·色段·檀香·米穀·磁器·色絹之屬. **其酋長效禮進貢方物**.

1) 비신의 '유양국(溜洋國)'은 왕대연 『도이지략』의 '북류(北溜)'이고, 마환 『영애승람』의 '유산국(溜山國)'이다. 모두 오늘날 몰디브(Maldives) 군도를 기술하고 있다는 점에 이견이 없다. 이 나라의 해제는 역자의 『도이지략역주』, 342~344쪽과 『영애승람역주』 해제를 참고하시오. 비신의 문장은 『도이지략』의 문장을 많이 가져왔다고 알려졌지만, 특히 이 조목은 『영애승람』의 문장과 가깝다.

동서양의 기록을 통틀어 '몰디브'를 말하는 것으로 추정되는 명칭은 361년경 처음으로 등장한다. 율리아누스 황제의 즉위 시기에 암미아누스 마르켈리누스(Ammianus Marcellinus)는 "이웃과 먼 나라들 모두 그의 임박한 접근에 두려워 일제히 다급히 사신을 보내왔다. 티그리스강 너머의 사람들과 아르메니아 사람들은 평화를 간청했다. 또 다른 인디언 부족들, 심지어는 몰디브 군도와 실론에서도 예물을 들려 귀족들을 다투어 보내왔다[Legationes undique solito ocius concurrebant; hine Transtigritanis pacem obsecrantibus et Armeniis, inde nationibus Indicis certatim cum donis optimates mittentibus ante tempus, ab usque Divis et Serendivis]"라고 기술했다고 한다[Charles Duke Yonge, 『The Roman history of Ammianus Marcellinus』(London, 1887), 285~286쪽의 번역을 따름]. 여기서는 몰디브 군도를 '디비스(Divis)'로 지칭했다.

또한 6세기 그리스 상인 코스마스(Cosmas the Monk)는 『기독교 지리(Topographia Christiana)』(545년경)에서 '타프로바네(Taprobane)'라는 섬에 관하여 기술하며, "이곳은 후추의 나라[말라바르] 다른 쪽에 있다. 그 주위로 많은 작은 섬들이 있는데, 그곳 어디에서나 신선한 물과 코코넛을 찾을 수 있다. 이들은 거의 모두 서로 가깝게 형성되어 있다"라고 하였다. 율은 이 군도를 몰디브 군도를 설명하는 문장으로 이해했다(『Cathay and the Way Thither』, I, 보충 주석, clxxvii).

9세기 술레이만 상인(Sulaimān at-Tājir)은 850년경 인노, 벵골, 중국을 여행하고 남긴 여행기록인 『중국과 인도의 관계(Aḥbār aṣ-Ṣīn wa l-Hind)』을 남겼는데, 이 책을 편집한 사람은 아부 제이드 알 하싼(Abou-Zeyd-Al-Hassan de Syraf)이다(『Annales de philosophie chretienne』, XIII(Paris, 1846), 29쪽). 레이노(Reinaud)는 '연대기 사슬(Chaîne de chroniques)'이라는 술레이만의 증언을 기록한 책의 내용을 번역하며, "세 번째 바다는 '헤르켄드(Herhend, 라카디브 제도) 바다'라고 한다. 이 바다와 알-라르비(Al-larevy) 바다 사이에는 아주 많은 섬이

①그 가운데 유산(溜山)이 있고, 실론섬[錫蘭山]이 있다. ②별라리(別羅里)에서 출발하여 남쪽으로 가면, 바다 가운데 하늘이 만들어 놓은 듯이 공교로운 석문(石門) 셋이 있는데, 멀리서 보면 성문과 같고,

---

있는데, 그 숫자가 1,900에 달한다고 한다. 이 섬들은 알-라르비와 헤르켄드 사이에 흩어져 있고, 한 여인에 의해 통치된다. 바다는 이들 섬의 여러 해변에 큰 덩어리의 암브르(Ambre)를 내는데, 이 덩어리 중 어떤 것들은 식물군 또는 그와 비슷한 모습을 형성한다. 암브르는 바닷속에서 식물처럼 자라며 바다가 몹시 흔들릴 때, 이것이 호박이나 송로버섯의 모양으로 토해낸다. 한 여인이 통치하는 이 섬들에는 야자나무들이 심겨 있다. 섬들 사이의 거리는 2~3 파라쌍이다. 섬들에는 사람이 살고 있고 야자나무가 있다. 돈은 카우리(cauris)를 사용한다. 여왕은 이 카우리를 시장에 집적한다. 이 섬들의 주민보다 솜씨 좋은 사람들은 없다고 한다. 그들은 원피스로 소매, 커프스(소매의 접힌 부분), 테두리가 있는 코트용 천을 제조한다. 그들은 자기들의 선박을 건조하고 집을 짓는 일과 같은 유의 모든 일을 담당한다. 카우리들은 해수면에 되돌려 놓으면 살아있는 것이 들어와 틀어박힌다. 사람들은 야자나무 줄기를 바닷물에 던져 넣으면 카우리들이 가지에 들러붙는다. 그 카우리를 '알-카브타즈(al-kabtadj)'라고 한다. 이 군도의 마지막 섬이 헤르칸드 바다에 있는 세렌디브(Serendyb, 실론)이다. 모든 섬의 중심이다. 이 군도를 '디바자트(Dybadjat)'라고 부른다. 세렌디브에는 진주 어장이 있다. 세렌디브는 완전히 바다로 둘러싸여 있다. 이 섬에는 아담이 만든 '알-로훈(Al-ruhoun)'이라는 산을 볼 수 있다. 그에게 평화를! 그의 발자국이 산꼭대기 암석 위에 찍혀 있다. 단 하나의 발자국만 보이는데, 아담이 다른 발을 바다에 두었다고 한다. 산꼭대기에 남긴 발자국은 70꾸데(coudée, 약 50cm)라고 한다. 이 산의 주변에는 붉은 루비, 노란 루비, 히아신드(hyacinthe)가 나는 광산이 있다. 섬은 두 왕이 다스린다. 섬은 크고 넓으며, 알로에, 금, 그리고 보석들이 난다. 그 섬 항구에는 진주가 있고, 큰 조개를 지칭하는 '슈네크(schenek)'는 나팔로 사용하는데, 사람들이 많이 찾는다. …"라고 하였다(『Relation des Voyages fait par les Arabes et Persans』, I(Paris, 1845), 4~6쪽).

중국 사료에 따르면, 몰디브와의 관계는 영락 10년(1412)에 수립되어 선덕 5년(1430)까지 관계가 유지되었다.

그 안으로 배가 지나간다. [①其中有溜山, 有錫蘭[羅]山.[2] ②別羅里起程南去,[3] 海中天巧石門有三,[4] 遠遠如城門, 中過船.[5]]

---

2) '란(蘭)'자는 저본에 '라(羅)'자로 되어있고 『국조전고』에는 '유(維)'자로 되어있다. 펑 청쥔 씨는 4권본 이외에 모두 '라(羅)'자로 되어있다고 했으나(교주본, 후집, 22쪽) 잘못 읽은 것이다. 『고금설해』 본처럼 실론을 가리키는 '석란산(錫蘭山)'임에 틀림없다. 그러나 이 문장은 매우 애매하다. '기중(其中)'이란 유양국(溜洋國) 안으로 읽을 수밖에 없다. 그렇다면 유양국 안에 유산(溜山)이 있고 석란산(錫蘭山)이 있다는 말을 어떻게 이해할 것인가. 『고금설해』에는 이에 해당하는 기술이 없는 것으로 보아 이 문장에 적어도 오류가 있음을 짐작케 한다.

3) 펑 청쥔 씨는 다음과 같은 주석을 붙였다. "'별라리(別羅里)'라는 지명은 축윤명(祝允明)의 『전문기(前聞記)』「하서양(下西洋)」 조목에 보인다. ⓐ옛 고증에 따르면, 이곳은 실론섬에 있는 벨리감(Belligamme)이라고 하였는데, 이 설이 그럴법하다. 이곳은 『도이지략』 대불산(大佛山) 조목의 아리(迓里, Galle)와 매우 가깝고, 정화(鄭和) 등이 세운 세 비문이(본서 석란산 조목에 보임) 바로 여기 아리(迓里)에서 발견되었다. ⓑ'남거(南去)' 아래에는 분명 빠진 문장이 있다. 4권본에는 '순풍에 7일 밤낮을 가면 이 섬에 이를 수 있다(順風七晝夜可至其山)'라는 문장이 있다. 이상의 문장들은 비신이 전하는 바에서 나온 것이리라. ⓒ이 아래에 기록된 것은 모두 『영애승람』 유산(溜山) 조목에 보인다"라고 하였다.

펑씨가 ⓐ에서 말하는 옛 고증이란 조지 필립스(George Phillips)는 1886년 「인도와 실론의 항구들(The seaports of India and Ceylon)」(『Journal of the China Branch of the Royal Asiatic Society』, XX, 211쪽)에서 "여기에서 언급된 이 항구는 갈레(Galle)에서 약 13마일 떨어져 레드 베이(Red Bay)에 있는 벨리감(Belligamme)이 틀림없다고 생각한다"라고 한 것과 록힐이 록힐은 '별라리=벨리감' 등식을 확인한 것을(『통보』, 1914, 439쪽과 1915, 378쪽) 말한다. ⓑ의 추측은 원문이 『국조전고』와 나이지본 모두 일치할뿐더러, 문맥에서도 빠진 문장이 있다고 상정하기는 어렵다. ⓒ의 설명은 단언하기 어렵다. 비신이 마환의 기술을 가져온 것인지, 아니면 그 반대인지 알 수 없다. 마환은 『영애승람』 유산국(溜山國) 조목에서 사무드라[蘇門答剌]에서 몰디브에 이르는 항로를 보여주며, "나라의 서쪽은 가는 길이 일정치 않고 바다에는 성궐 같은 천연의 석문 하나가 있으며, 여덟 개의 큰 곳이 있다. 유(溜)에는 각각의 이름이 있는데, 첫째는 사류(沙

③유산은 여덟이 있는데 사류(沙溜), 관서류(官嶼溜), 임부지류(壬不知溜), 기래류(起來溜), 사리계류(麻里溪溜), 가평년류(加平年溜), 가가류(加加溜), 안도리류(安都里溜)이다. 모두 사람이 살고 또한 주인이 있어 상선들과 통상한다. [③溜山有八, 曰沙溜·官嶼溜·壬不知溜·起來溜·麻里溪溜·加平年溜·加加溜·安都里溜, 皆人聚居, 亦有主焉[牛馬],[6] 而通商船[泊].]

溜), 둘째는 **인**부지류(人不知溜), 셋째는 기**천**류(起**泉**溜), 넷째는 마리**기**류(麻里**奇**溜), 다섯째는 가**반**년류(加**半**年溜), 여섯째는 가가류(加加溜), 일곱째는 안도리류(安都里溜), 여덟째는 관**서**류(官**瑞**溜)이다. 이 여덟 곳 모두 주인이 있고, 상선들이 통행한다(國之西去程途不等, 海中天生石門一座如城闕樣, 有八大處. 溜各有其名, 一曰沙溜, 二曰人不知溜, 三曰起泉溜, 四曰麻里奇溜, 五曰加半年溜, 六曰加加溜, 七曰安都里溜, 八曰官瑞溜. 此八處皆有所主, 而通商船)"라고 하였다(『영애승람교주』, 50쪽).

4) '삼(三)'자는 『영애승람』에 '일(一)'자로 되어있다. 비신과 마환의 설명대로 크게 여덟 개의 섬으로 구성되어있다면, 들어가는 입구도 한 곳이라고 보기는 어렵다. 벨(H. C. P. Bell)은 1602~1607년 몰리브를 여행한 프랑수아 피라르 드 라발(François Pyrard de Laval)의 기록에 근거하여 "[자연적으로 구성된 구역인] 아톨(Atol)들은 양쪽으로 두 개의 입구가 있어 그 사이로 배들이 드나든다. 어떤 곳은 상당히 넓고, 어떤 곳은 200보에서 30보 정도로 매우 좁다"라고 출입하는 입구를 설명했다(『The Maldive Islands』, Colombo, 1883, 4쪽). 이로써 볼 때, 적어도 마환의 '일(一)'자는 배제하는 것이 맞다. 또한 중국에서 서양으로 가는 바닷길을 기술한 자료들에 보이는 '문(門)'자는 수로나 해협을 의미하는데, 라발(Laval)의 기록에, 말로스 마두(Malos madou), 카리두(Caridou), 아두(Addou), 수아두(Suadou) 등 4곳을 언급했다(앞의 출처).

5) '선(船)'자는 『국조전고』에만 '박(舶)'자로 되어있다.

6) 이 문장[亦有主焉]은 저본에 "또한 소와 말이 있다(亦有牛馬)"라고 하였고, 나이지본에는 '亦有生焉'으로 되어있으며, 『국조전고』에는 '亦有主焉'으로 되어있다. 나이지본의 '생(生)'자는 '주(主)'자의 오기로 보는 것이 맞다. 한편 평 청쥔 씨는 주당면의 『국조전고』에 따라 "또한 주인이 있다(亦有主者)"라고 교정했지

④이 여덟 곳에는 용연향(龍涎香), 유향(乳香)이 난다.[7] ⑤교역하는 상품은 금은, 색단(色緞), 색견(色絹), 자기, 미곡 등이다. ⑥전하는 바에 따르면, 3만 8천여 유산이 있다고 하는데, 바로 '약수삼천(弱水三千)'이라는 말이다. ⑦또한 사람들이 모여 사는데, 나무에 둥지를 틀거나 굴에서 산다. [④其八處地產龍涎香·乳香. ⑤貨用金銀·色緞·色絹·磁器·米穀穀米之屬. ⑥傳聞有三萬八千餘溜山,[8] 即弱水三千之言也. ⑦亦有人聚, 巢樹穴居.]

⑧미곡을 알지 못하고 바다에서 물고기와 새우를 잡아먹는다. ⑨나체이며 옷이 없어, 나뭇잎을 엮어 앞뒤를 가린다. ⑩만약 상선이 바람 때문에, 유(溜)에 떨어지면 사람이나 배 [모두] 살아남지 못한다. [⑧不識米穀, 但捕海中魚蝦而食. ⑨裸形無衣,[9] 惟結樹葉遮前後也. ⑩若商船因風落溜, 人船不得復矣.]

만, '亦有主焉'이 선본으로 판단되어 고쳤다.

7) 몰디브의 용연향(ambergris)에 관하여, 이븐 바투타는 언급하지 않았지만, 16세기 초 두아르테 바르보사의 기록(『The book of duarte barbosa』, London, 1621, 106~107쪽)과 17세기 초 프랑수아 피라르 드 라발(François Pyrard de Laval)의 기록(『The voyage of François Pyrard of Laval to the East Indies, the Maldives, the Moluccas and Brazil』, London, 1887, 229쪽)에는 상당히 자세하게 다루고 있다. 또한 마환의 『영애승람』에서도 확인된다. 그러나 이 군도에 유향(乳香)이 나는지에 관한 진위는 확인되지 않는다. 마환은 "토산으로 강진향 또한 많지 않지만, 야자는 매우 많다(土產降眞香也不多, 椰子甚廣)"라고 하며(『영애승람교주』, 51쪽) 강진향(降眞香)의 존재를 언급했지만, 강진향과 유향은 전혀 다른 향이다.

8) 펑 청쥔 씨는 '3만 8천여 류(三萬八千餘溜山)'에 대해 『영애승람』의 '삼천여류(三千餘溜)'를 들어, '만팔(萬八)'은 덧붙여진 것으로 추측했다. 그럴법한 추정이지만, 나이지본, 『국조전고』, 『고금설해』 모두 일치된 수치를 보여준다.

9) '나(裸)'자는 나이지본에 '나(倮)'자로 되어있는데, 같은 의미이다.

⑪시로 노래한다[詩曰].

몰디브 군도는 나뉘고 모여,	溜山分且衆,
얕은 물이면 서로 통하네.	弱水即相通.
미곡을 어찌 파종했을 것이며,	米穀何曾種,
둥지 거처 또한 본디 같았네.	巢居亦自同.
지남침이 상응하는 점을 능히 가리켜도,	盤針能指侶,
상선들은 광풍을 걱정하네.	商船慮狂風.
잎을 엮어 앞뒤를 가리고,	結葉遮前後,
원래부터 알몸으로 다녔네.	裸形爲始終.
비록 대해 밖에 있다고 하지만,	雖云瀛海外,
암석 해협 가운데를 지나기 어렵네.	難過石門中.
두루 살펴 시구를 이루어,	歷覽吟成句,
간절한 마음으로 구중궁궐에 바치려네.	慇勤獻九重.[10]

『고금설해』(사고전서본, 권19, 5a~5b)[3-6] 몰디브 왕국[溜山洋國]

실론섬[錫蘭山] 별라리(別羅里)에서 남쪽으로 순풍에 7일 밤낮을 가면 이 섬에 이를 수 있다. ②바다 가운데 하늘이 만들어 놓은 듯이 공교로운 석문(石門) 셋이 있는데, 멀리서 보면 성문과 같고, 그 안으로 배가 지나갈 수 있다. ③유산은 여덟이 있는데 사류(沙溜), 관서류(官嶼溜), **인**부지류(**人**不知溜), 기래류(起來溜), 사리계류(麻里溪溜), 가평년류(加平年溜), **가안도리류(加安都里溜)**[11]이다. **이 여덟 곳에서는 그물**

10) 마지막 두 구 역시 비신이 이 기록을 장차 조정에 바칠 것을 염두에 두고 있음을 다시 한번 확인할 수 있다.

11) 여기 가안도리류(加安都里溜)는 가가류(加加溜)와 안도리류(安都里溜)를 잘못 베낀 것일 것이다.

로 유양(溜洋)에서 큰 고기를 잡아 덩어리로 만들어 햇볕에 말려서 식량으로 대용한다. 남자들은 곱슬머리[拳髮]이며 짧은 적삼을 입고 사롱[梢布]를 두른다. 풍속은 시끄럽고 사납다.[12] ④이곳에서는 **용연향이 난다.** ⑤교역하는 상품은 금은, **난백(段帛)**, 자기, 미곡 등이다. **이곳 추장은 성은에 감복하여 항상 산물을 바친다.** ⑥전하는 바에 따르면, 3만 8천여 유산

---

12) 4권본에만 보이는 "ⓐ이 여덟 곳에서는 그물로 유양(溜洋)에서 큰 고기를 잡아 덩어리로 만들어 햇볕에 말려서 식량으로 대용한다. ⓑ남자들은 곱슬머리[拳髮]이며 짧은 적삼을 입고 사롱[梢布]를 두른다. ⓒ풍속은 시끄럽고 사납다"라는 정보는 혼란스럽다.

ⓐ는 마환의 『영애승람』(교주본, 52쪽)에서 "마교어(馬鮫魚)는 큰 덩어리로 잘라서 햇볕에 말려 저장해 두면, 각국이 또한 수매하여 다른 곳에 파는데, '해류어(海溜魚)'라고 하며 그것을 판다(其馬鮫魚切成大塊, 曬乾收貯, 各國亦來收販他處, 名曰海溜魚而賣之)"라고 한 기술로 확인할 수 있다. ⓑ의 정보는 ⑨의 정보와 분명히 배치된다. 이렇게 상반되는 기술은 『영애승람』에서도 마찬가지이다. 마환은 "[그곳의 사람들은]옷 입는 것을 모르고, 나뭇잎으로 앞뒤를 가린다(不解穿衣, 以樹葉遮其前後)"라고 하였고(『영애승람교주』, 50쪽), 조금 뒤에는 그곳 사람들의 복식을 기술하면서 "남녀의 체모는 약간 검으며, 남자는 흰 베로 머리를 싸매고 아래는 수건을 두른다. 부인들은 위에 짧은 옷을 입고, 아래는 또한 넓은 베로 만든 수건을 두른다. 또한, 넓고 큰 베수건으로 머리를 넘겨 가려 덮지만, 그 얼굴은 드러낸다(男女體貌微黑, 男子白布纏頭, 下圍手巾. 婦人上穿短衣, 下亦以闊布手巾圍之. 又用闊大布手巾過頭遮蓋, 止露其面)"라고 하였다(앞의 책, 51쪽). 몰디브 군도는 남북으로 1,200km에 달한다. 구역마다 다른 풍습을 가질 수 있고, 민족 구성도 다를 수 있다고 짐작해 볼 수는 있지만, 이러한 상반된 기술은 비신과 마환 모두 현지에 직접 가보지 않고 전하는 말에 의존하여 기록했다는 방증이 될 수 있다.

ⓒ의 정보는 어디에서도 확인되지 않는다. 다만 모가디슈 왕국의 기술에 "풍속은 시끄럽고 강함을 좋아한다(俗尙囂強)"라는 문장이 보인다. 아마도 잘못 들어온 문장으로 보인다.

이 있다고 하는데, 바로 '약수삼천(弱水三千)'이라는 말이다. ⑦또한 사람들이 모여 사는데, 둥지를 틀고 살거나 굴에서 산다. ⑧미곡을 알지 못하고 단지 바다에서 물고기와 새우를 잡아먹는다. ⑨나체이며 옷이 없어, 나뭇잎을 엮어 앞뒤를 가린다. ⑩만약 상선이 바람 때문에, 유(溜)에 떨어지면 사람이나 배 [모두] 살아남지 못한다.

自錫蘭山別羅里南去, 順風七晝夜可至其山. ②海中天巧石門有三, 遠望如城門, 中可過船. ③溜山有八, 沙溜, 官嶼溜, 人不知溜, 起來溜, 麻里溪溜, 加平年溜, 加安都里溜. **其八處網捕溜洋大魚作塊, 曬乾以代糧食**. **男子拳髮**, 穿短衫, 圍梢布. 風俗囂強. ④地產龍涎香. ⑤貨用金銀·段帛·磁器·米穀之屬. **其酋長感慕聖恩, 常貢方物**. ⑥傳聞又有三萬八千餘溜山, 即弱水三千之說也. 亦有人聚, 巢居穴處, 不識米穀, 但捕魚蝦爲食. ⑨裸形無衣, 惟紉樹葉, 遮其前後. ⑩若商舶因風落其溜, 人船不可復矣.

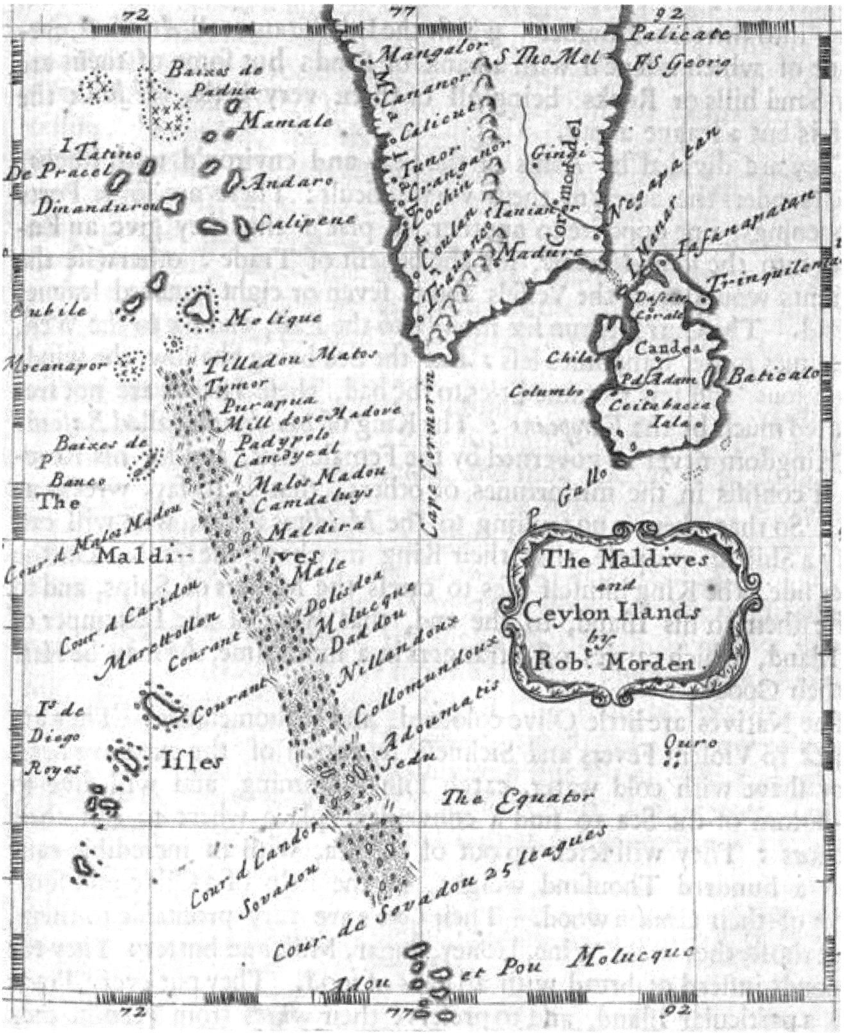

Robert Morden(1650?~1703), 『Geography rectified』, London, Stock-Market, 1680, 307쪽. 20x30cm.

43. 바라와 왕국[卜剌哇國][1)]

1) '복랄와[puk-lat-ɣwai](卜剌哇)'라는 곳은 아프리카 동해안 소말리아의 수도 모가디슈에서 7시 방향 남쪽으로 200km 남짓에 있는 항구 도시 바라아웨(Baraawe)의 음역 명칭으로 추정된다. 모하메드 하지 무크타르(Mohamed Haji Mukhtar)는 이 도시를 다음과 같이 소개했다.

"바라와는 소말리아 남쪽 해안에 있는 옛 도시이다. 구전에 의하면, 내륙의 아우 알리(Aw Ali)가 아라 구두드(arra guduud, 붉은 사구 언덕)와 데호(deeho, 흰 모래) 사이의 숲에 정착했다고 한다. 아우 알리는 신선한 바닷바람을 좋아하여 그 안에 사는 사람들에게 숲을 청소하고 그와 그의 가족을 위해 여러 채의 집을 짓게 했다고 한다. 사실 이 정착지는 대부분 수중에 잠겼지만 바라와 반 아우 알리(Barawa Ban Aw Ali, 아우 알리의 열린 공간)라고 하는 도시로 발전했다. 바라와 사람들은 침발리지(Chimbalazi)로 알려진 자신들의 고유한 언어를 사용한다. 이 언어는, 툰니(Tunni), 아프 마이(Af-Maay), 아프 마하(Af-Mahaa)의 어휘를 포함하고 있지만, 스왈리어 남방 방언과 더 연관되어 있다. 지역 사가들은 바라와 사람들의 기원을 이집트인, 페르시아인, 아랍인, 인도인, 그리고 심지어는 자바 사람들까지도 연결 짓는다. 그러나 역사적으로, 바라와 사람들은 와르다이(Wardaay, Bantu), 툰니(Tunni), 와지두(Wajiddu, Jiddu), 아주란(Ajuran), 왐발리지(Wambalizi, Galla) 사람들로, 수 세기에 걸쳐 서로 싸웠던 다양한 민족들 모두이다. 다섯 부족으로 구성된 툰니족이 가장 늦게 지두(Jiddu) 사람들을 내륙으로 내몰고, 쿼리울리(Qoryooley)에 자신들의 술탄 왕국을 건설했다. 툰니는 지두와 조약을 맺고 툰니는 샤벨(Shabelle)의 서쪽에, 지두는 동쪽에 정착했다. 둘 다 외세의 침입을 막고, 세다 사무드(seddah saamood, 툰니, 지다, 그리고 야생 짐승의 세 발자국)만 허용하기로 합의했다. 그러나 그들은 10세기 종교적, 상업적인 이유로, 최초의 이슬람 이민자, 즉 예멘 출신의 하티미(Hatimi)인 그리고 샴(Sham, 시리아) 출신의 아마위(Amawi)인들을 받아들였다. 도시는 번영했고 혼(Horn), 바라와니 울라마(Barawaani Ulama)에 전 지역의 학생들을 끌어모으며 주요 '이슬람' 중심지 중 하나로 되었다. 알 이드리시(al-Idrisi) 같은 당시의 무슬림 학자들은 바라와에 대해 '소말리아 해안에 있는 아랍의 이슬람 섬'으로 묘사했다. 알

이드리시는 또한 아마도 아랍과 페르시아 디자인에 따른 산호로 꾸민 집들을 묘사했고, 바라와 시장이 내국과 국외의 상품들로 가득했다고 기술했다.

바라와는 알린디(alindi) 또는 키코이(kikoy) 천의 직조, 지금까지도 고관들이 쓰는 코피야 바라위(Kofiya baraawi, 모자), 전통 샌들, 방패와 허리띠, 가구 그리고 현재에도 지역적으로 만들고 있는 다양한 종류의 요리 그릇, 헤이반(Heyban) 도자기에 보이는 점토 뿔 난로 등의 전통 공예로 유명하다. 바라와는 아티르(Atiir, wedding bed), 왐바르(wambar, 가죽으로 덮은 나무 의자), 미흐밀(mihmil, 코란 지지대) 등과 같은 상품에서 알 수 있는 가구 제작과 목각에 독특한 양식이 있다. 금은 목걸이, 팔찌, 그리고 보석함은 철제 트렁크, 차나 커피 주전자, 철제 침대, 창 그리고 화살처럼 생산되었다. 바라와는 자신들의 고유한 건축 양식으로도 알려졌다. 넓은 거리와 큰 창문들은 공통적이다. 바라와는 여인들 또는 나이 많은 사람들이 거리로 나가지 않고 다른 집을 방문할 수 있도록 거리 위로 세운 다리를 갖춘 2층의 집이 많다. 도시는 주요 구역으로 나뉘며, 각기 중심 마스지드(masjid, 모스크)가 있다. 산호는 낙타 수레로 운송되었고 태워 건물의 석회로 사용했다. 이는 수입되는 시멘트를 사용하는 것보다 더 경제적인 전통 기술이었다.

브라와는 1506년 포르투갈 함대에 잿더미로 변했고 이후 포르투갈의 주요 항구가 되었지만, 다른 해안 도시들과 동맹을 맺으면서 1758년 포르투갈로부터 독립했다. 이때 브라와는 잔지바르 술탄국이 이끄는 해안 동맹의 하나가 되었다."(『Historical Dictionary of Somalia』, Lanham, Maryland, and Oxford, The Scarecrow Press, 2003, 50쪽).

비신의 복랄와(卜剌哇)는 『명사』에서 일곱 차례 언급되었는데, 모두 '부랄와(不剌哇)'로 표기하고 있다. 한편 나이지본에는 '소랄와(小剌哇)'로 되어있는데, '소(小)'자는 '부(不)' 또는 '복(卜)'자의 오기일 것이다. 『명사』, 권326에는 별도의 전(傳)이 실려 있다(8449쪽). 이 열전에 해당하는 내용은 앞서 본 모가디슈 왕국과 같은 기술 방식을 취하여, 앞에는 중국과의 조공 관계를 서술했고, 뒤에는 『고금설해』 또는 『기록휘편』의 문장을 간결하게 옮겨 놓고 있다. 그 내용은 다음과 같다.

『명사』, 권326, 「부랄와(不剌哇)」(8449쪽)에 따르면, "부랄와는 모가디슈[木骨都束]의 땅과 접해있다. 실론[錫蘭山] 별라리(別羅里)에서 남쪽으로 항행하여, 21일 밤낮이면 이를 수 있다. ⓐ영락 14년(1416)에서 21년(1423)까지 모가디슈와 함께 네 차례 조공을 바쳤다. ⓑ정화(鄭和) 또한 이 나라에 두 차례 사신으로 갔다. ⓒ선덕 5년(1430) 정화가 다시 사신으로 나갔다. 이 나라는 바닷가에 있으며, 땅은 넓지만, 소금기가 많은 땅으로 초목이 드물다. 역시 돌을 쌓아 집을 짓는다. 그곳 소금 못에서는 단지 나뭇가지를 [못]안에 던졌다가 들어 올리기만 해도 소금이 그 [나뭇가지] 위에 응결된다. 풍속은 순박하다. 밭은 경작할 수 없어 마늘과 파 이외에는 달리 심는 것이 없고, 오로지 물고기를 잡아 양식으로 삼는다. 나는 것으로, 노루[獐] 같은 마합수(馬哈獸), 나귀[驢]처럼 생긴 화복록(花福祿), 그리고 코뿔소[犀], 코끼리, 낙타, 몰약, 용연향 등으로, 항상 조공품에 들었다(不剌哇, 與木骨都束接壤. 自錫蘭山別羅里南行, 二十一晝夜可至. 永樂十四年至二十一年, 凡四入貢, 並與木骨都束偕. 鄭和亦兩使其國. 宣德五年, 和復往使. 其國, 傍海而居, 地廣斥鹵, 少草木. 亦壘石爲屋. 其鹽池, 但投樹枝於中, 已而取起, 鹽卽凝其上. 俗淳. 田不可耕, 蒜蔥之外無他種, 專捕魚爲食. 所產有馬哈獸, 狀如獐; 花福祿, 狀如驢; 及犀·象·駱駝·沒藥·乳香·龍涎香之類, 常以充貢)"라고 하였다.

복랄와(卜剌哇), 부랄와(不剌哇)는 모가디슈 왕국과 항상 같이 중국 사료에서 언급되었다. 따라서 중국과의 관계 역시 같은 시기로 판단할 수밖에 없다. ⓐ에서 말한 영락 14년에서 21년까지의 4차례 조공은 『태종실록(太宗實錄)』, 권182 영락 14년(1416) 11월 1일자 기사, 『태종실록』, 권233, 영락 19년 1월 25일 기록, 『태종실록』, 권263, 영락 21년(1423) 9월 20일자 기사를 통해 3차례만 확인된다. 이에 대한 자세한 설명은 모가디슈 왕국 조목의 주 1을 참고하시오.

ⓑ와 ⓒ의 정보에 따르면, 정화는 바라와 왕국에 3차례 사신으로 나갔다. 사실, 정화가 직접 이곳에 갔다는 언급은 없다. 다만 모가디슈 왕국 조목 주 1-ⓑ에서 언급한 대로, 영락 14년(1416)에 모가디슈, 바라와 등등 여러 나라의 사신들이 돌아갈 때 그들을 수행해 해당 나라의 국왕들에게 예물을 하사하라는 명을 받은 것은 분명해 보이지만, 그곳에 직접 갔다는 말은 어느 자료에도 없다. 설령 갔다고 하더라도 1차에 불과할 뿐이다. 또한 ⓒ의 정보는 모가디슈 왕국 조목(주 1-

①바닷가에 나라를 세워 사람들이 취락을 형성했다. ②땅은 넓지만, 소금기가 많다. 소금 못[池]이 있어, 나뭇가지를 못에 던졌다가 한참 뒤에 꺼내면 흰 소금을 맺는데, [그것을] 식용한다. ③경작할 만한 밭이 없어 물고기 잡는 것을 생업으로 삼는다. [①傍海爲國, 居民聚落. ②地廣斥鹵, 有鹽池, 但投樹枝於池, 良久撈起, 結成白鹽食用. ③無耕種之田, 捕魚爲業.[2]]

④남녀는 곱슬머리이고, 짧은 적삼을 입으며 사롱[稍布]을 두른다. ⑤부녀들은 두 귀에 황금 주화를 달고, 목에는 목걸이를 찬다. ⑥파와 마늘만 있고, 오이나 가지는 없다. ⑦풍속은 상당히 순수하다. ⑧사는 집은 돌을 쌓아 높이 3~5층으로 세운다. [④男女拳髮, 穿短衫, 圍稍布. ⑤婦女兩耳帶金錢, 項[頂]帶瓔珞.[3] ⑥惟有葱·蒜, 無瓜·茄. ⑦風俗頗淳. ⑧居屋壘石, 高起三五層者.[4]]

⑨땅에서는 마합수(馬哈獸),[5] 얼룩말[花福祿], 표범, 노루[麂], 코뿔

ⓔ를 참고하시오)에서 보이는 기술과 같은 맥락에서 나온 추측일 것이다. 이 두 경우를 모두 포함한다고 할지라도, 정화가 바라와에 갔다는 단서는 두 건뿐이다.

2) 이상 ①~③의 문장들은 명나라 장황(章潢, 1527~1608)의 『도서편(圖書編)』(권, 51, 88a~88b)에 그대로 인용되어있지만, 나라의 명칭은 나이지본처럼 '소랄와(小剌哇)'로 되어있다.

3) 천일각본의 '정(頂)'자는 『국조전고』, 나이지본 모두 일치하지만, 『고금설해』에서만 '항(項)'자를 보여준다. 목걸이를 하는 위치를 말하고 있으므로 『고금설해』본에 따라 고쳤다.

4) '자(者)'자는 『국조전고』에서도 확인할 수 있다. 『고금설해』에서는 이 정보가 전혀 보이지 않고, 나이지본에만 '자(者)'자가 빠져있다. 이 글자는 덧붙여진 것으로 판단한 나이지본에 따라 삭제하는 것이 맞을 것이다.

5) ''마합수(馬哈獸)'라는 동물에 관하여 펑 청쥔 씨는 오릭스(oryx)라고 추정했다(후집, 24쪽). 이러한 추정은 『고금설해』와 『기록휘편』본에 "마합수는 노루처럼

소[犀牛], 몰약, 유향, 용연향, 상아, 낙타가 난다. ⑩교역하는 상품은 금은, 단견(緞絹), 쌀, 콩, 자기 등이다. [⑨地產馬哈獸·花福祿·豹·麂·犀牛·沒藥·乳香·龍涎香·象牙·駱駝. ⑩貨用金銀·緞絹·米·豆·磁器之屬.]

⑪시로 노래한다[詩曰].

바라와 나라는 바닷가에 임해있고	卜剌邦瀕海,
벼를 심는 밭이 없네.	無田種稻禾.
나뭇가지를 연못에 던지면	樹枝投入沼,
소금물이 소금으로 응결되네.	鹹水結爲鹺.
예부터 오이와 가지는 없었고	自古瓜茄乏,
파와 마늘이 많이 있었네.	從來葱蒜多.
기이한 향과 기이한 짐승들에	異香兼異獸,
감흥하여 한 번 읊조리노라.	感與一吟哦.

『고금설해』(사고전서본, 권20, 3b~4a)[4-2] 바라와 왕국[卜剌哇國]

[바라와 왕국은] 실론 별라리(別羅里)에서 21일 밤낮을 가면 이를 수 있다. 이 나라는 모가디슈 왕국[목골도속국]과 연이어 있다. ①산과 땅은 바다 가까이에 있다. ⑧돌을 쌓아 성

생겼다(馬哈獸, 狀如麝獐)"라는 설명에서 나왔을 것이다. 영양(羚羊)의 일종인 오릭스는 아덴만 북쪽에서 보이는 아라비안 오릭스(Arabian oryx)와 북아프리카 튀니지 일대에서 보이는 치미타르 오릭스(Scimitar oryx), 그리고 동아프리카의 오릭스(East African oryx)와 이와 유사종인 남아프리카 젬스복(gemsbok)이 있다. 비신의 '마합수'라는 음에 대응할만한 명칭이 보이지 않는다. 리빙스턴(David Livingstone, 1813~1873)은 『Missionary travels and researches in South Africa』(London, 1857), 56쪽에서 사막의 동물들을 기술하며, '젬스부크(gemsbuck, Oryx capensis), 즉 쿠카마(kukama)'를 언급했는데, '마합'은 이 '쿠카마'의 잘못된 표기가 아닐까.

을 만들고, 돌을 포개 가옥을 만든다. 산과 땅에는 초목이 없다. ②땅은 넓지만, 소금기가 많다. 소금 못이 있어, 못에 나뭇가지만 던져 넣고, 한참 있다가 들어 올리면 하얀 소금이 맺힌다. ⑦풍속은 상당히 순수하다. ③밭을 갈고 씨를 뿌릴 밭이 없어, 물고기잡이를 생업으로 삼는다. ④남녀는 곱슬머리이고, 짧은 적삼을 입고, 사롱[梢布]을 두른다. ⑤부녀들은 두 귀에 황금 주화를 달고, 목에는 목걸이를 건다. ⑥단지 파, 마늘만 있고, 오이나 가지는 없다. ⑨땅에서는 **사향노루[麝獐] 처럼 생긴** 마합수(馬哈獸), **꽃문양 나귀처럼 생긴** 화복록(花福祿), 표범, 노루[麂], 코뿔소[犀牛], 몰약, 유향, 용연향, 상아, 낙타가 난다. ⑩교역하는 상품으로 금은, 단견(緞絹), 미두(米豆), 자기 등이다. **추장은 성은에 감복하여 나라의 산물들을 조공했다**.

自錫蘭山別羅里南去二十一晝夜可至. 其國與木骨都東國接連. ①山地傍海而居, ⑧壘石爲城, 砌石爲屋. 山地無草木, ②地廣斥鹵. 有鹽池, 但投樹枝於池, 良久撈起, 結成白鹽. ⑦風俗頗淳. ③無田耕種, 捕魚爲業. ④男女拳髮, 穿短衫, 圍梢布. ⑤婦女兩耳帶金錢, 項掛纓絡. ⑥惟有蔥·蒜, 無瓜·茄. ⑨地產馬哈獸, **狀如麝獐**. 花福祿, **狀如花驢**. 豹·麂·犀牛·沒藥·乳香·龍涎香·象牙·駱駝. ⑩貨用金銀·段絹·米豆·磁器之屬. **其酋長感慕恩賜, 進貢方物**.

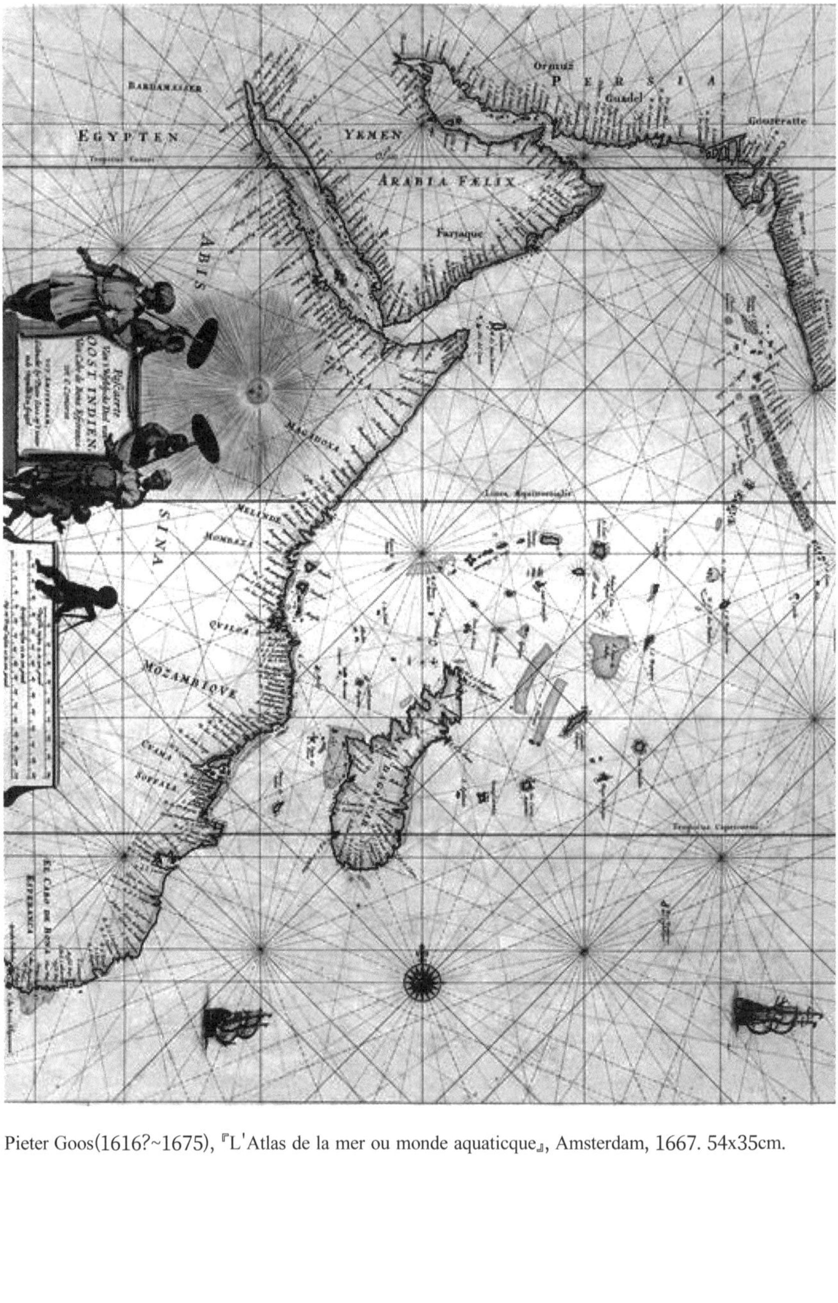

Pieter Goos(1616?~1675), 『L'Atlas de la mer ou monde aquaticque』, Amsterdam, 1667. 54x35cm.

44. 메카 왕국[天方國][1)]

1) 『영애승람』의 국명도 같은 이 나라는 오늘날 이슬람 성지인 메카의 카아바를 의역한 명칭이다. 펑 청쥔 씨는 "『영외대답(嶺外代答)』에는 묵가[mək-gja](默伽)로 되어있고, 『제번지』에는 마가[ma-ka](麻嘉)로 되어있다"라고 하였는데(교주본, 후집, 25쪽), 『영외대답』에도 '마가(麻嘉)'로 되어있어 바로잡는다. 중국인들은 언제부터 메카를 알았을까?

히어트와 록힐은 『제번지』를 역주하면서, 중국 자료 중에서 모하메드, 메디나, 카아바의 검은 돌을 처음으로 언급한 자료로 『구당서』, 권198(5315쪽), 대식국(大食國) 조목의 문장을 들었다. 그 문장은 다음과 같다. "대식국은 원래 파사(波斯)의 서쪽에 있었다. 대업(大業) 연간(605~617)에 파사의 아랍인[胡人]이 구분마지나(俱紛摩地那) 산에서 낙타를 기르고 있었는데, 문득 사자(獅子)가 사람의 언어로 말하기를 '이 산 서쪽에 동굴 세 개가 있는데, 그중 큰 굴에는 병장기가 있으니 네가 그것들을 가져도 된다. 아울러 굴 안에는 흰 글씨가 있는 검은 돌이 있는데, 그것을 읽으면 왕위에 오를 수 있다'라고 하였다. 그 아랍인이 말대로 [가보니] 과연 굴 안에는 돌과 창칼이 매우 많았고, [그 돌]에는 글이 있었는데, 그의 반란을 교사하는 것이었다. 이에 [세력을] 규합하고 망명하여 항갈수(恒曷水)를 건너 상단을 겁탈하니 그 무리가 점차 많아져 마침내 파사의 서쪽 경계를 차지하고 스스로 왕이 되었다. 파사와 불름(拂菻)은 각기 군대를 보내 그를 토벌했으나 모두 패배했다(大食國, 本在波斯之西. 大業中, 有波斯胡人牧駝於俱紛摩地那之山, 忽有獅子人語謂之曰, 此山西有三穴, 穴中大有兵器, 汝可取之. 穴中并有黑石白文, 讀之便作王位. 胡人依言, 果見穴中有石及矟刃甚多, 上有文, 教其反叛. 於是糾合亡命, 渡恒曷水, 劫奪商旅, 其衆漸盛, 遂割據波斯西境, 自立爲王. 波斯·拂菻各遣兵討之, 皆爲所敗)"라고 기록하고 있다.

이 정사의 기록에 대해 히어트와 록힐은 여기 '파사(波斯)의 호인(胡人)'을 마하말(摩訶末) 즉 모하메드(Mohammed)로, 구분마지나(俱紛摩地那)의 '구분'을 빼고 '마지나(摩地那)'만 메디나(Medina)로 읽었으며, 카아바의 검은 돌을 언급한 가장 이른 중국 기록으로 설명했다(『조여괄』, 125쪽).

한편 혜초(慧超)는 『왕오천축국전(往五天竺國傳)』에서 파사국(波斯國)을 기술하면서 "이 나라의 왕은 이전에 대식(大寔)을 다스렸다. 대식은 파사 왕의 낙타들을 방목하는 사람들[放駝戶]이었다. 뒤에 반란을 일으켜, 곧바로 그들 왕을 죽이고, 스스로 군주가 되었다. 그러나 지금 이[파사] 나라는 되레 대식에게 병탄

되었다(此王先管大寔. 大寔是波斯王放駝戶. 於後叛, 便殺彼王, 自立為主. 然今此國, 却被大寔所呑)"라고 하였다.

이에 대해 후지타 도요하치(『慧超往五天竺國傳箋釋』, 1931, 57b~58a)는 "[여기의] 파사국 사람은 마합말[muɑ-ŋăp-muɑt](摩哈末, Mohammed)로 일찍이 목동이었다. 흑석(黑石)은 메카 카아바에 있는데 옛날부터 아랍인들이 가장 숭배하는 것이다. 메카 동남쪽으로 아부 코바이스(Abou Kobais) 산이 있는데 아래로 전체 도시가 내려다보인다. 전설에 하느님이 산을 만들면서 이것을 가장 먼저 만들었고, 홍수가 났을 때 이곳에 검은 돌을 두었다고 한다. 구분마지나는 바로 이 산일 것이다"라고 하였다. 후지타 씨는 이러한 추정을 근거하도록 아불페다(Abulfeda)와 이븐바투타의 기록을 들었으나, 아불페다의 기록에는 여기 '아부 코바이스'를 찾을 수 없다.

이븐 바투타는 아부 코바이스, 메카, 카아바, 검은 돌과 관련된 전설을 상세하게 기록하며 "아부 코바이스(Abou Kobaïs)라는 산은 메카의 남동쪽에 있는데, 두 아흐차브(Akhchab) 중 하나이다. 이 두 산 중에서 숭고한 도시에서 가장 가까운 산이다. 이 산은 검은 돌의 모서리와 마주하고 있다. 가장 높이 솟은 쪽에 모스크와 수도원, 숙소의 흔적이 남아있다. 자히르(Zhâhir) 왕이 이들 유적을 수리하려 했다. 아부 코바이스는 고귀한 성소와 도시 전체를 굽어본다. 이 지점에서 메카의 아름다움과 사원의 웅장함, 규모, 숭배되는 카아바를 발견할 수 있다. 아부 코바이스는 신이 창조한 첫 번째 산이라고 한다. 홍수가 났을 때 이곳에 검은 돌을 놓았다. 이 때문에 쿠라이시(Quraysh) 사람들이 그것을 이것을 '신도'라고 부르는데, 신의 친구인 아브라함에게 맡긴 돌이기 때문이다"라고 하였다(『Voyages d'Ibn Batoutah』, I, 335~336쪽).

사실 대식(大食)은 페르시아 쪽으로, 홍해의 메카와는 상당한 거리가 있으므로, 『구당서』의 내용을 『왕오천축국전』에서 기술한 바와 연결하는 것은 그럴법하지만, 여기 메카의 카아바, 검은 돌과 연관 짓는 것은 무리하다. 첫째, 『구당서』와 『왕오천축국전』에서는 모두 '마합말(摩哈末)' 또는 '마하말(摩訶末)'이라는 명칭이 전혀 언급되지 않았다. 둘째, '구분마지나[kǐu-pʰǐuən-muɑ-dʰi-na](俱紛摩地那)'라는 산 이름에서 '구분'을 빼고 '마지나(摩地那)'만 메디나로 읽을 수 없다. 셋째, '구분마지나'가 '아부 코바이스'[정수일 씨의 역본에 따르면(『이븐바투타 여행기』, I, 185쪽), 아비 까비스(Abi, Qabis)라고 표기함]의 음역이라면 우리는 어떠한 음성적 근접성도 찾을 수 없다. 넷째, 모하메드가 메디나로 떠난 해는 622년으로 대업(大業) 연간과 부합하지 않는다. 따라서 『구당서』의 기록을 메카와 검은 돌에 관한 최초의 언급으로 추정할 수 없다.

이슬람 성지인 메카가 중국 문헌에서 기록된 것은 주거비(周去非)가 1178년에 쓴 『영외대답(嶺外代答)』 권3의 「대식제국(大食諸國)」 조목(『영외대답교주』, 99~100쪽)에서일 것이다. 주거비는 메카를 '마가(麻嘉)'라고 음역하고 다음과 같이 기술했다. "마가국이 있다. 마리발(麻離拔)에서 육로로 서쪽으로 80여 정(程)을 가면 도착한다. 이곳은 무함마드[麻霞勿]가 태어난 곳으로 성인[佛]이 거처하는 방장(方丈, 카아바)이 있는데, 오색 옥과 벽돌로 담장과 집을 만들었다. 매년 죽은 날이 되면 대식(大食)의 여러 나라 왕이 모두 사람을 보내 보배와 금은을 보시하고 비단으로 그 방장을 덮었다. 매년 여러 나라가 앞다투어 와 방장에 예배하고, 아울러 다른 나라 관리들과 부호들이 멀다 하지 않고 모두 와서 참배한다. 방장 뒤에는 성인의 묘[佛墓]가 있는데, 밤낮으로 언제나 노을빛을 드러내어, 사람이 가까이 다가가지 못하고 종종 눈을 감고 지나간다. 만약 사람이 죽음이 임박했을 때 무덤 위의 흙을 가슴에 바르면 곧바로 성력[佛力]으로 다시 태어날 수 있다고 한다(有麻嘉國. 自麻離拔國西去, 陸行八十餘程乃到. 此是佛麻霞勿出世之處, 有佛所居方丈, 以五色玉結甃成牆屋. 每歲遇佛忌辰, 大食諸國王, 皆遣人持寶貝金銀施捨, 以錦綺蓋其方丈. 每年諸國前來就方丈禮拜, 幷他國官豪, 不拘萬里, 皆至瞻禮. 方丈後有佛墓, 日夜常見霞光, 人近不得, 往往皆合眼走過. 若人臨命終時, 取墓上土塗胸, 卽乘佛力超生云)."

왕운(王惲, 1227~1304)의 문집인 『추간집(秋澗集)』에 수록된 유욱(劉郁)의 『서사기(西使記)』(사고전서본, 권94, 10b)에 "바그다드[布達]의 서쪽으로 말을 타고 20일을 가면 천방[국](天房[國]))이 있고, 그 안에는 천사(天使)이자 신(神)인 나라의 개조가 묻힌 곳이 있다. 이 성인[師]은 페이겜베르[peighember, 癖顏八兒]라고 한다. 그 방(房, 카아바)안에는 쇠줄이 걸려 있어, 손으로 잡는데, 마음이 진실하면 미칠 수 있고, 불성실하면 잡을 수 없다. 경전이 매우 많은데, 모두 페이겜베르가 지은 것이다. [이 천방국은] 10여 개의 큰 도시[城]를 관할하며, 이 [나라의] 사람들은 부유하다[富實](布達之西, 馬行二十日, 有天房, 內有天使神國之祖葬所也. 師名癖顏八兒, 房中懸鐵絙, 以手捫之, 心誠可及, 不誠者竟不得捫. 經文甚多, 皆癖顏八兒所作. 轄大城數十, 其民富實)"라고 하였다.

이로부터 반세기 뒤에 왕대연(汪大淵)은 『도이지략』에서 이 천방(天房)을 '천당(天堂)'으로 표기하고 별도의 조목을 두어 다음과 같이 기술했다. "땅은 대부분이 광활한 사막으로 옛날 균충(筠冲)의 땅이며, '서역'이라고도 한다. 풍경은 조화롭고 사계절이 봄이다. 농토는 비옥하고 곡물은 풍요로우며 사는 사람들도 생업을 즐긴다. 운남(雲南)으로 통하는 길이 있어 1년이면 그곳에 이를 수 있다. '서양'으로도 통하는 길이 있다. '천당'이라 부르는 이곳에는 회회력(回回曆)이 있어 중국의 수시력(授時曆)과 앞뒤로 3일의 차이가 있을 뿐, 택일하는 것에는 큰 차이가 없다. 기후는 따뜻하고 풍속은 매우 훌륭하다. 남녀는 변발하고 세포(細布)로 만든 긴 적삼을 입으며 세포로 만든 사롱[梢]을 맨다. 그곳에서는 서마(西馬)가 나는데 키가 8척가량이다. 사람들이 대부분 말 젖을 밥에 섞어 먹어 사람들이 살이 찌고 아름답다. 교역하는 상품은 은(銀), 오색단(五色緞), 청백의 꽃문양이 있는 자기[青白花器], 쇠솥 등이다(地多曠漠, 卽古筠冲之地, 又名爲西域. 風景融和, 四時之春也. 田沃稻饒, 居民樂業. 雲南有路可通, 一年之上可至其地. 西洋亦有路通. 名爲天堂. 有回回曆, 與中國授時曆前後只爭三日, 其選日永無差異. 氣候暖, 風俗好善. 男女辮髮, 穿細布長衫, 繫細布梢. 地產西馬, 高八尺許. 人多以馬乳拌飯爲食, 則人肥美. 貿易之貨, 用銀·五色緞·青白花器·鐵鼎之屬)"라고 하였다(『도이지략역주』, 472~473쪽).

왕대연은 이곳에 직접 가지 않고 전하는 기록을 옮겨 놓은 것으로 보인다. 또한 왕대연은 앞의 주거비나 유욱의 기록을 참고하지 않았음을 알 수 있다. 그렇다면 왕대연이 기록한 정보들은 어디에서 온 것일까? 주거비, 유욱, 왕대연의 기록이 모두 메카를 기술하고 있지만, 그 내용이 다르다. 공통적인 점은 세 기록 모두 '검은 돌'에 대한 언급이 전혀 없다는 점일 것이다. 다시 반세기 이후 마환은 '천방(天方)'으로 표기하고, 이 나라로 가는 길, 종교, 복식, 언어, 풍속, 카아바, 이스마엘의 무덤, 기후, 산물과 특산, 통화, 성수(聖水), 조공 관계 등을 상세히 다루었지만, 역시 '검은 돌'에 관한 기록은 보이지 않는다. 이는 이슬람교도로 알려진 마환이 직접 이곳에 가지 않았다는 방증이 될 수 있다.

마지막으로 『명사』, 권332, 「천방전(天方傳)」(8624쪽)의 기록을 보면, "ⓐ서역에 있는 천방(天方)은 대국으로, 사계절이 항상 여름과 비슷하며, 비, 우박, 서리, 눈이 없고 단지 이슬만 짙어 초목들은 모두 이슬에 힘입어 생장한다. ⓑ토양은 비옥하여 조, 밀, 검은 기장이 풍부하다. ⓒ사람들은 모두 훤칠하다. 남자는 머리를 깎고 베로 싸맨다. 부녀들은 머리를 땋고 머리를 덮어 얼굴을 드러내지 않는다. ⓓ전하는 바에 따르면, 이슬람교를 개종한 모하메드[馬哈麻]라는 사람이 처음 이곳에서 교리를 행하다가 죽은 뒤에 이곳에 묻혔다고 한다. ⓔ무덤의 꼭대기는 항상 광채가 있어 밤이나 낮이나 없어지지 않는다. ⓕ후세 사람들이 그의 교리를 따라 오래되었으나 쇠락하지 않아 사람들이 모두 선(善)을 지향한다. ⓖ나라에는 소요가 없고, 또한 형벌도 없으며, 상하가 화목하고 도적질을 하지 않으니 서방의 사람들이 낙토(樂土)로 칭송한다. ⓗ풍속에 음주를 금한다. ⓘ예배하는 사원에서는 달이 처음 떠오를 때, 왕과 신하가 모두 하늘에 절을 하는데 소리쳐 [신을] 부르는 것을 예법으로 여긴다. 사원은 사방으로 나뉘어 있고, 한쪽은 90칸이며 모두 360칸으로 모두 백옥으로 기둥을 만들고 황감옥(黃甘玉)으로 바닥을 만들었다. ⓙ당(堂)은 오색의 돌을 쌓아 만들었고 사방의 꼭대기는 평평하다. 안에는 큰 침향나무로 다섯 개의 들보를 만들었고 또 황금으로 누각을 만들었다. 당 안에 있는 담장은 모두 장미수[薔薇露], 용연향을 흙과 섞어 만들었다. 두 마리의 검은 사자가 문을 지킨다. ⓚ당의 왼쪽에는 이스마엘[司馬儀]의 무덤이 있는데, 나라 사람들은 성인의 무덤이라 칭송한다. 바닥[土]은 모두 보석들이고, 담장을 두른 것은 황감옥(黃甘玉)이다. 양옆에는 조사(祖師)들이 법을 전하던 당이 있는데, 또한 돌을 쌓아 만들어 모두 매우 장엄하고 아름답다. Ⓛ이슬람교를 신봉함이 이와 같았다(ⓐ天方於西域爲大國, 四時常似夏, 無雨雹霜雪, 惟露最濃, 草木皆資之長養. ⓑ土沃, 饒粟·麥·黑黍. ⓒ人皆頎碩. 男子削髮, 以布纏之. 婦女則編髮蓋頭, 不露其面. ⓓ相傳回回設教之祖曰馬哈麻者, 首於此地行教, 死卽葬焉. ⓔ墓頂常有光, 日夜不熄. ⓕ後人遵其教, 久而不衰, 故人皆向善. ⓖ國無苛擾, 亦無刑罰, 上下安和, 寇賊不作, 西土稱爲樂國. ⓗ俗禁酒. ⓘ有禮拜寺, 月初生, 其王及臣民咸拜天, 號呼稱揚以爲禮. 寺分四方, 每方九十間, 共三百六十間, 皆白玉爲柱, 黃甘玉爲地. ⓙ其堂以五色石砌成, 四方平頂. 內用沈香大木爲梁凡五, 又以黃金爲閣. 堂中垣墉, 悉以薔薇露·龍涎香和土爲之. 守門以二黑獅. ⓚ堂左有司馬儀墓, 其國稱爲聖人塚. 土悉寶石, 圍牆則黃甘玉. 兩旁有諸祖師傳法之堂, 亦以石築成, 俱極其壯麗. Ⓛ其崇奉回回教如此)"라고 하였다.

ⓐ~ⓒ의 정보는 『영애승람』에서 가져왔다. ⓓ의 정보는 출처가 확인되지 않고, ⓔ는 『영외대답』에 비슷한 내용이 보인다. ⓕ와 ⓖ는 『영애승람』과 『성사승람』의 기록에서 모두 확인되지만, 『영애승람』의 문장을 더 따랐다. ⓗ는 『영애승

①땅은 대부분이 광활한 사막으로 옛날 균충(筠冲)의 땅이며, '서역'이라고 한다. ②풍경은 조화롭고 사계절이 봄이다.[2] ③농토는 비옥하고 곡물은 풍요로우며[3] 사는 사람들도 생업을 즐겨, 풍속이 매우 좋다.[4] ④추장이 있지만, 백성들에게 세금이나 부역[科擾], 형법에 따른 다스림이 없다. 자연 그대로 순화하며, 도적이 생기지 않고 위아래가 화목하다.[5] [①地多曠漠, 即古筠沖之地, 名爲西域. ②風景融和, 四時皆春也. ③田沃稻饒, 居民安業, 風俗好善. ④有酋長, 無科擾於民, 刑

람』에만 보인다. ⓘ의 정보는 특이하게도 『성사승람』의 문장을 고스란히 가져왔다. ⓙ와 ⓚ는 『영애승람』을 따랐다. 역시 검은 돌에 대한 언급은 없다.

2) 이곳의 기후에 관하여, 마환은 『영애승람』에서 "그곳의 기후는 사계절이 항상 여름처럼 덥다(其處氣候四時常熱如夏)"라고 하였다(『영애승람교주』, 70쪽). 메카의 지리적 위치상 비신의 '봄'보다는 여름이 맞을 것이다

3) 이 정보는 왕대연의 『도이지략』에서 따온 것이다. 마환의 기술에 따르면(『영애승람교주』, 70~71쪽), "토산으로 미곡은 적고, 모두 속(粟), 맥(麥), 흑서(黑黍)를 파종한다(土產米穀僅少, 皆種粟·麥·黑黍)"라고 한 것과는 조금 다르다.

4) ①에서 ③의 문장들은 모두 왕대연의 『도이지략』에서 가져왔다. '균충(筠沖)'이란 명칭은 왕대연의 책에 처음 보이는 것 같다. 록힐 씨는 균충(筠沖)에 관한 정보를 찾지 못했지만, 메디나 또는 그 영역을 지칭하는 고유한 옛 명칭이라고 하는 '야트레브(Yathreb)'를 전사하려 한 것은 아닐까 하는 의문을 남겼다. 이어서 "이 명칭은 아라비아를 기술한 이전 자료인, 『당서』(권221), 『송사』(권490)에 보이지 않는다. 『당서』에서 메디나는 마지나(摩地那)로 불렸다"라고 하였다(『통보』, 618쪽). 여기의 '마지나(摩地那)'는 구분마지나(俱紛摩地那)의 부분으로 이미 그 오류를 앞의 주에서 살펴보았다. 쑤 지칭 씨는 "'균(筠)'자는 샤먼[廈門]어로 'hum' 또는 'hi'로 읽는데 그 음이 가깝다. 그리고 '충(冲)'자는 샤먼어로 'chóng' 또는 'chan'으로 읽는다. 알 히자즈는 원래 아라비아반도에 있었던 옛 나라의 명칭인데, 메카와 메디나는 그 경내에 있는 도시들이다"(『도이지략교석』, 354~355쪽)라고 추측했지만, 민월(閩粵) 지방 방언 발음에서 쑤 씨가 제시한 발음은 확인되지 않을뿐더러, 그렇다 하더라도 알 히자즈에 해당시키는 것은 억지스럽다.

5) ④의 정보는 비신의 책에서만 보이는데, 그 출처를 알 수 없다.

法之治.[6] 自然淳化. 不生盜賊, 上下和美.]

⑤옛날부터 예배당[禮拜寺]을 만들어 놓고, 달이 막 생겨나면, 그 추장과 백성들이 모두 하늘에 절하는 것을 온 나라의 교화로 삼고, 달리 실시하는 바가 없다.[7] ⑥이 예배당은 사방으로 나뉘어, 각 방향에는 90칸이 있어 모두 360칸이다.[8] 모두 백옥(白玉)으로 기둥을 만들었

---

6) 이상의 문장[有酋長, 無科擾於民, 刑法之治]에서 펑 청쥔 씨는 '형법지치(刑法之治)' 앞에 주당면의 『국조전고』에 따라 '무(無)'를 넣어 교정했다. 이러한 교정에는 뒤에 볼 『고금설해』에서 "酋長無科擾於民, 亦無刑罰"라고 했으므로 상당히 그럴법한 교정이다. 그러나 저본, 나이지본, 등사룡의 『국조전고』에는 '무(無)'자가 없다. '무'자가 없어도 크게 문제가 되지는 않는다.

7) 이 정보는 하늘에 예배하는 시기 또는 시간을 언급한 것으로, 다른 중국 자료에서 찾아볼 수 없는 정보이다. 또한 문장 자체도 초승달이 뜰 때, 즉 한 달에 한 번이라는 의미인지, 매일 달이 뜰 때를 말하는 것인지 판단하기 어렵다. 이슬람교도들은 하루에 다섯 번 기도하는 것을 의무로 여긴다. 어쨌든 비신의 정보는 사실에 부합하지 않는다.

8) 이상의 설명은 카아바를 둘러싸고 있는 사각형의 바깥 건물을 기술하고 있다. 여기 비신은 이 건물을 방을 헤아리듯이 칸[間]으로 계산했지만, 마환은 칸의 양쪽에 세워진 기둥을 헤아렸다. "그 성에는 466개의 문이 있으며, 문의 양옆에는 백옥의 돌[대리석]로 기둥을 만들었는데, 그 기둥은 467개이다. 앞에는 99개, 뒤에는 101개, 좌변에는 132개, 우변에는 135개이다(其城有四百六十六門, 門之兩傍皆用白玉石爲柱, 其柱共有四百六十七箇. 前九十九箇, 後一百一箇, 左邊一百三十二箇, 右邊一百三十五箇)"라고 하였다(『영애승람교주』, 69~70쪽). 동시대의 두 사람이 기술한 내용에서 공통점이라고는 사각형이라는 점 외에는 서로 부합하지 않는다. 무히 알딘 라리(Muhi Al-Din Lari, 16세기)가 1582년 『(두 성소에 관한 책(Kitab Futūḥ al-Ḥaramayn)』(Khalili Collections MSS 1038)에서 보여주는 그림에서는 2층으로 구성된 건물로, 직사각형이며 일정하다. 긴 쪽은 16칸 짧은 쪽은 10칸으로 그려져 있다. 2층의 칸수는 방향마다 각기 다르다. 또한 아드리안 리란드(Adriaan Reland)의 『모하메드 종교에 관한 보고서(Verhandeling

고,[9] 황감옥(黃甘玉)으로 바닥을 만들었으며,[10] 가운데에는 검은 돌 한

---

van de godsdienst der Mahometaanen)』(1718)에 수록된 삽도에 따르면, 가장 긴 쪽의 기둥은 55개이다. 원래 있었던 것을 축소하지는 않았을 것이므로 15세기 초 마환과 비신의 기록은 상당한 오류가 있음은 분명하다. 한 가지 흥미로운 점은 『명사』, 권332, 천방국 기록에서 이 바깥 건물에 관한 정보를 비신의 기록에 따르고 있고, 명나라 엄종간(嚴從簡)이 1583년 편찬한 『수역주자록(殊域周咨錄)』에도 비신의 기록을 고스란히 채택하고 있다는 점일 것이다.

9) 기둥을 백옥으로 만들었다는 정보는 마환의 기술과 일치한다.

10) 바닥을 황감옥(黃甘玉)으로 깔았다는 정보는 비신의 기술이 유일하다. 하지만 바깥 건물 안쪽의 바닥을 말하는지, 아니면 카아바 안의 바닥을 말하는지 분명하지 않다. 문맥상 카아바 안의 포석을 말하는 것이어야 한다. 문제는 『명사』에서도 사용된 '황감옥(黃甘玉)'이다. 마환은 이스마엘의 무덤을 기술하면서 '감황옥(泔黃玉)'이라고 했다. 이에 대하여 폴 펠리오 씨가 「15세기 초 중국의 대항해」(442~443쪽)에서 보여준 고증이 유용하다. "마환 원문은 이스마엘 무덤의 벽은, 마지막 글자가 옥(玉)자의 잘못임이 틀림없는 감황왕(泔黃王)으로 되어있다. 이에 대해 비신은 카아바의 포석(鋪石)은 황감옥(黃甘玉, 두 개정본에서도 같음)으로 만들어졌다고 했다. 황성증은 마환과 비신의 기술 내용을 모았지만, 당연히 거기에는 약간의 혼동이 있다. 카아바의 포석에 대해 차월산방(借月山房)과 월아당(粤雅堂)본은 비신과 같이 '황감옥(黃甘玉)'으로 되어있으나 별하재(別下齋)본은 마환처럼 '감황옥(泔黃玉)'으로 쓰여 있다. 이스마엘의 무덤에 대해서, 월아당본은 비신에게서 가져온 문장에서처럼 '황감옥(黃甘玉)'으로 되어있지만, 차월산방본과 별하재본은 마환의 원문에서 우리가 읽은 '감황옥(泔黃玉)'으로 되어있다. 그러므로 '감황옥(泔黃玉)'은 이미 1451년 마환의 판본 속에 틀림없이 있었다. 하지만 감황옥은 황감옥보다 더는 뚜렷한 의미를 제시하지 않는다는 것을 인식해야 한다. 어쨌든 황옥(黃玉)은 존재하는 표현으로, 전문적인 의미로 토파즈와 같다. 가경(嘉慶) 시기에 태양의 신에게 제사를 지내는 잔을 만들기 위해 홍황옥(紅黃玉)을 찾고자 했으나, 메카와 쿠물(Qumul, 신강의 하미)의 사람들에게서는 찾지 못했다. 한 역관이 투루판에서 남서쪽으로 2천 리 떨어진 곳에 있는 아단(阿丹, 아마도 호탄과 혼동한 것으로 보임)에서 생산된다고 하며, 영락제와 선덕제 시기에 그것을 사기 위한 대규모

조각이 있는데, 사방 1장(丈) 남짓으로 한나라 초기에 하늘에서 내려왔다고 한다.[11] 이 예배당은 높이 위로 층을 이루어 탑 같은 모습이다.[12] ⑦남자들은 긴 하얀 적삼을 입는다.[13] [⑤古置禮拜寺,[14] 見月初生, 其

사신단을 조직할 것을 제안했나. 그러나 허락을 받지 못했었다(『명사』 권326, 5b). 나는 '감황옥(泔黃玉)'이란 어순을 유지하고 싶다. 하지만 '감(泔)'자는 어떠한 의미도 제시하지 않는다. 혹 1451년의 판본에서 이미 보이는 자줏빛을 뜻하는 '감(紺)'자의 잘못된 것이지는 않겠는가. 마환의 '자줏빛 황옥'은 1세기 뒤에 얻고자 했던 홍황옥(紅黃玉)과 그다지 멀어 보이지 않는다. [『승조유사』에는 '감황옥(紺黃玉)'으로 되어있다]"라고 하였다. 이로써 추론해보면, 서법상 '감(泔)'자와 '감(紺)'자는 '홍(紅)'자와 혼동할 가능성이 다분히 있다. 따라서 원문의 '감(泔)'자를 '감(紺)'자로 고치는 것이 타당하다.

11) 15세기 초 중국 자료에서 처음으로, 유일하게 검은 돌의 존재를 언급한 문장이다. 현재 이 검은 돌은 크게 7~8조각으로 쪼개진 상태로 카아바 동쪽 모퉁이에 박혀 전시되어 있다. 이 돌은 원래 한 덩어리였다고 하며, 기록상 측정된 수치는 시기마다 달랐다고 한다. 10세기에는 46cm의 길이로, 17세기쯤에는 140x122m로, 18세기 110cm의 높이로 기록되었다고 한다(John G. Burke, 『Cosmic Debris: Meteorites in History』, University of California Press, 1991, 221~23쪽 참고). 이를 기준 삼아 볼 때, 비신이 이 돌의 크기를 사방 1장 남짓이라고 한 수치는 지나치게 부풀려진 것임이 분명하다.

12) 이 기술은 어떤 건물을 묘사한 것인지 불분명하다. 앞서 언급한 아드리안 리란드(Adriaan Reland)의 삽도에서 탑처럼 보이는 것은 'F' 건물로, '설교단'이라고 설명되어있다.

13) 비신은 남자들의 복장만 언급하고 있지만, 매우 중요한 정보를 담고 있다. 마환은 더욱 자세하게 "남자들은 터번을 하고 긴 옷을 입으며 발에는 가죽신을 신는다. 부인들은 모두 면사포를 쓰고 그 얼굴을 드러내서는 안 된다(男子纏頭, 穿長衣, 足着皮鞋. 婦人俱戴蓋頭, 莫能見其面)"라고 설명했다(『영애승람교주』, 69쪽). 주목할 정보는 비신은 '희고 긴 적삼'이라 했고, 마환은 '긴 옷'이라고만 했다. 한편 이븐 바투타는 메카 사람들의 모습을 기술하며 "메카 사람들은 복장에 있어서 우아하고 청결하다. 옷 대부분은 흰색이며 복장은 항상 말끔하며 눈부시다"라고 하였다(『Voyages d'Ibn Batoutah』, I, 346쪽).

酋長及民下悉皆拜天, 以爲一國之化, 餘無所施. ⑥其寺分爲四方, 每方九十間, 共三百六十間. 皆白玉爲柱, 黃甘玉爲地, 中有黑石一片, 方丈餘, 曰漢初天降也. 其寺層次高上, 如塔之狀. ⑦男子穿白長衫.]

⑧이곳에서는 금박(金珀), 보석(寶石), 진주(珍珠), 사자(獅子), 낙타(駱駝), 기린[祖剌法], 표범[豹], 노루[麂]가 난다. 말은 키가 8척으로, 바로 천마(天馬)이다. ⑨교역하는 상품은 금과 은, 단필(緞疋),[15] 색견(色絹), 푸른 꽃문양의 흰 자기[靑花白磁器], 쇠솥[鐵鼎], 쇠 냄비[鐵銚] 등이다. ⑩한낮에는 시장이 열리지 않고 해가 진 뒤에 야시장이 열리는데, 아마도 날씨가 더운 탓일 것이다.[16] [⑧地產金珀·寶石·珍珠·獅子·駱駝·祖剌法·豹·麂. 馬八尺之高也, 即爲天馬也.[17] ⑨貨用金銀·緞疋·色絹·靑花白磁器·鐵鼎·鐵銚之屬. ⑩乃日中不市, 至日落之後以爲夜市, 蓋其日色熱之故也.]

⑪시로 노래한다[詩曰].

보기 드문 메카 왕국	罕見天方國,
유풍와 예의 뛰어나네.	遺風禮義長.

14) 이 문장[古置禮拜寺]은 등사룡의 『국조전고』에 "右置禮格寺"로 되어있고, 나이지본에는 "古値禮拜寺" 로 잘못되어있다. 저본과 『고금설해』본을 따라야 한다.

15) '색단(色緞)'과는 달리 '단필(緞疋)'이란 용어는 비신의 책에서 이곳에만 보인다. 사전적 정의에 따르면, 단(緞)의 총칭으로 견직물을 지칭한다.

16) 마치 직접 목격한 것처럼 보이는 이 정보는 미신의 기록에만 보이는 특이사항이다.

17) 이곳에서 나는 산물에 관해서는 마환의 기술이 매우 상세하다. 마환이 언급한 짐승 중에는 '초상비(草上飛)'라는 동물이 눈에 띄지만, 비신은 마환이 강조하지 않은 '천마(天馬)'을 특기하고 있다. 비신의 천마에 관한 설명은 왕대연의 『도이지략』에서 "그곳에서는 서마가 나는데, 키가 8척 가량이다(地産西馬, 高八尺許)"라고 한 문장에서(『도이지략역주』, 473쪽) 가져왔을 것이다.

마음을 지켜 토지신을 모시고,	存心恭后土,
이마에 대고 하늘에 감사하네.	加額感穹蒼.[18]
옥 궁전 서역에 임해있고,	玉殿臨西域,
산성은 큰 황야에 접해있네.	山城接大荒.
진주 광채 순결하고,	眞珠光彩潔,
기이한 짐승 잘 길들여 값은 비싸네.	異獸貴馴良.
매일 생업에 안락하며,	日以安民業,
밤에는 시장에 모여 장사하네.	晩來聚市商.
날씨는 온화하여 농사는 성하고,	景融稼禾[禾稼]盛,[19]
사물은 풍부하고 초목은 향기롭네.	物阜草木香.
특히 만백성을 생각하는 마음은,	尤念蒼生志,
은혜로운 보살핌을 먼 나라까지 이어졌네.	承恩覽遠邦.
비록 시 몇 구로 풍속을 채록했지만,	採詩雖句俗,
마음을 다하여 군왕께 바치려네.	誠意獻君王.[20]

18) 펑 청쥔 씨의 교정에 따르면, "'궁(穹)'자는 나이지의 원문, 『국조전고』와 천일각본 모두 '궁(窮)'자로 잘못되어 고쳤다"라고 하였다(교주본, 후집, 26쪽). 등사룡의 『국조전고』와 저본인 천일각본에는 모두 '궁(穹)'자로 되어있다. 펑씨의 오독으로 보인다.

19) 저본에는 '화가(禾稼)'로 도치되어있어 『국조전고』와 나이지본에 따라 바로잡았다.

20) 저본에 수록된 마지막 나라인 천방국(天方國)을 노래한 마지막 두 구는 다시 한번 비신이 수행에 따라나선 원래 임무를 확인시켜 주고 있다. 나이지 본에 따른 펑 청쥔 씨의 교감 주석에 따르면, "이 뒤에는 두 행의 문장이 더 보이는데, 하나는 '도광 갑진년(1844) 청명일. 경천 나이지(道光甲辰清明日校, 鏡泉羅以智)'라고 하였고, 다른 하나에는 '이 본은 명나라 사람의 옛 필사본을 베낀 것으로, 『설해』본으로 한 차례 교감을 거쳤다. 을사년(1845) 정월 15일 씀(是本爲明人舊抄本傳抄, 以說海本校一過, 乙巳 試鐙日識)'이라 되어있다고 하였다(교주본, 후집, 26쪽).

『고금설해』(사고전서본, 권20, 7b~8a)[4-2] 메카 왕국[天方國]

이 나라는 호르무즈[忽魯謨斯]에서 40일을 밤낮으로 [항행하면] 이를 수 있다. 이 나라는 서쪽 바다의 끝으로, 육로로 1년이면 중국에 이를 수 있다고도 한다. ①땅은 대부분이 광활한 사막으로 옛날 균충(筠冲)의 땅이며, '서역'이라고 한다. ②풍경은 조화롭고 사계절이 봄이다. ③농토는 비옥하고 곡물은 풍요로우며 사는 사람들도 **생업을 즐긴다**. ⑦남자들은 긴 하얀 적삼을 입는다. **남자들을 머리털을 깎고 베로 터번을 한다[纏頭]. 부녀들은 머리카락을 땋아 동그랗게 말아 쪽을 짓는다[盤頭]**.[21] ③풍속이 매우 좋다. ④추장이 있지만, 백성들에게 세금이나 부역[科擾], 형법에 따른 다스림이 없다. 자연 그대로 순화하며, 도적이 생기지 않고 위아래가 화목하다. ⑤옛날부터 예배당[禮拜寺]을 만들어 놓고, 달이 막 생겨나면, 그 추장과 백성들이 모두 하늘에 절하며 **소리쳐 [신을] 칭송하는 것을 예로 삼으며**, 달리 실시하는 바가 없다. ⑥이 예배당은 사방으로 나뉘어, 각 방향에는 90칸이 있어 모두 360칸이다. 모두 백옥(白玉)으로 기둥을 만들었고, 황감옥(黃甘玉)으로 바닥을 만들었으며, 가운데에는 검은 돌 한 조각이 있는데, 사방 1장(丈) 남짓으로 한나라 초기에 하늘에서 내려왔다고 한다. 이 예배당은 높이 위로 층을 이루어 탑 같은 모습이다. ⑩매일 해가 진 뒤에 야시장이 열리는데, 아마도 날씨가 더운 탓일 것이다. ⑦남자들은 긴 하얀 적삼을 입는다. ⑧이곳에서는 금박(金珀), 보석(寶石), 진주(珍珠), 사자(獅子),

21) 여기 ⑦의 문장은 마환의 『영애승람』에서 따온 것으로 보인다. 다만 『영애승람』의 '개두(蓋頭)'가 '반두(盤頭)'로 되어있는 것이 다르다. '반두'란 머리털을 둥글게 말아서 만든 쪽을 말하기도 하지만 머리를 덮는다[蓋頭 또는 包頭]는 의미로도 사용된다.

낙타(駱駝), 기린[祖剌法], 표범[豹], 노루[麂]가 난다. 말은 키가 8척으로, 바로 천마(天馬)이다. ⑨교역하는 상품은 금과 은, 단필(段疋), 색견(色絹), 푸른 꽃문양의 흰 자기[靑花白磁器], 쇠솥[鐵鼎], 쇠 냄비[鐵銚] 등이다. **이 나라 왕과 신하들은 천조(天朝, 중국)의 사신들이 이른 것에 깊이 감복하여 손을 이마에 모으고, 산물로 사자, 기린을 조정에 바쳤다.**

其國自忽魯謨斯四十晝夜可至. 其國乃西海之盡也, 有言陸路一年可達中國. ①其地多曠漠, 即古筠沖之地, 名爲西域. ②風景融和, 四時皆春也. ③田沃稻饒, 居民安業. ⑦男女穿白長衫, 男子削髮以布纏頭. 婦女編髮盤頭. ③風俗好善. ④酋長無科擾於民, 亦無刑罰, 自然淳化, 不作盜賊, 上下安和. ⑤古置禮拜寺, 見月初生, 其酋長與民皆拜天, 號呼稱揚以爲禮, 餘無所施. ⑥其寺分爲四方, 每方九十間, 共三百六十間, 皆白玉爲柱, 黃甘玉爲地, 中有黑石一片, 方丈餘, 曰漢初時天降也. 其寺層次高上, 如塔之狀. ⑩每至日落, 聚爲夜市, 蓋日中熱故也. ⑦地產金珀·寶石·眞珠·獅子·駱駝·祖剌法·豹·麂. 馬有八尺高者, 名爲天馬. ⑨貨用金銀·段疋·色絹·靑白花磁器·鐵鼎·鐵銚之屬. 其國王臣深感天朝使至, 加額頂天, 以方物獅子·麒麟貢於廷.

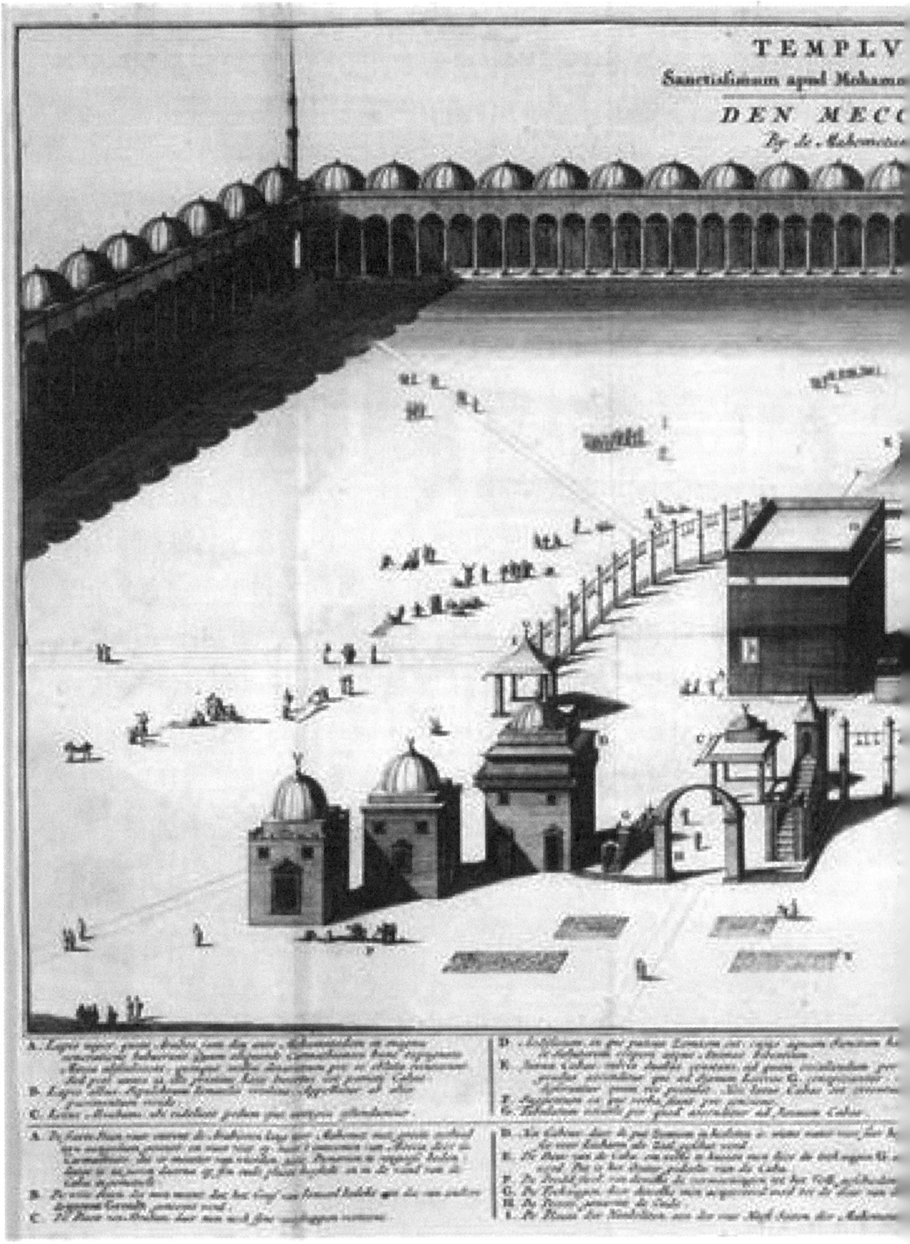

Adriaan Reland(1676~1718), 『Verhandeling van de godsdienst der Mahometaanen』, Amsterdam, 1718. 45
National Library of the Netherlands

ECCANVM
vetustissima religione conservatum.
EN TEMPEL
heylig gehouden.

Khalili Collection Hajj and Arts of Pilgrimage mss 1038 fol 19b.

[45] 아루 왕국[阿魯國][1]

『고금설해』(사고전서본, 권18, 4b)[2-8] 아루 왕국[阿魯國]

①이 나라는 구주산(九州山)[2]과 서로 마주하고 있으며, 말라카[滿剌加]에서 순풍에 사흘 밤낮이면 도착할 수 있다. ②이 나라의 풍속과 기후는 사무드라[蘇門答剌]과 대동소이하다. ③농토는 척박하고 수확이 적어, 바나나와 야자를 많이 심어 주식으로 삼는다. ④남녀는 나체이며, 베로 만든 사롱[梢布]를 두른다. ⑤항상 나무로만 만든 배[獨木舟]를 타고, 바다에 들어가 물고기를 잡거나, 산에 들어가 미뇌(米腦) 향을 채취하며 산다. ⑥각기 독약을 바른 화살촉과 쇠뇌로 방어한다. ⑦그곳에서는 학정(鶴頂), 편미당뇌(片米糖腦)를 생산하여 장삿배에 판다. ⑧교역하는 상품은 색단(色段), 색견(色絹), 자기(磁器), 소주(燒珠) 등이다. [①其國與九州山相望, 自滿剌加順風三晝夜可至. ②其國風俗·氣候與蘇門答剌大同小異. ③田瘠少收, 盛種芭蕉·椰子爲食. ④男女裸體, 圍梢布. ⑤常駕獨木舟, 入海捕魚, 入山採米腦香物爲生. ⑥各持藥鏃弩防身. ⑦地產鶴頂·片米糖腦, 以售商舶. ⑧貨用色段·色絹·磁器·燒珠之屬.]

---

1) 이 나라는 저본의 목록에서도 보이지 않는다. 4권본인 『고금설해』와 『기록휘편』에서만 보인다. 이에 권말에 붙여 역주해 둔다. 펑 청쥔의 주석에 따르면, 『영애승람』에는 '아로(啞魯)'로 되어있다. 『나가라크르타가마』의 하르와(Harwa)로, 수마트라섬 동북 해안의 아루(Aru) 항이라고 한 것을 보면 확실히 펑 청쥔도 아루가 앞서 본 담양(淡洋)[25]과 다른 지역으로 보았디. 펑씨가 표기한 '하르와(Harwa)'는 잘못된 표기이다. 함부르크 대학에서 제공하는 원문에 따르면, 칸토(Canto), 13-1에 "kampe harw athawe mandahilin i tumihaŋ parllak"라고 하였으므로 하루(Harw)가 정확한 표기이다.

2) 현 말레이반도 말레이시아 서안에서 20~30km 떨어져 있는 풀라우 룸비아(Pulau Rumbia) 섬을 중심으로 펼쳐져 있는 군도(정확히는 10개의 섬으로 구성되어있음)를 말한다. 자세한 설명과 지도는 위의 담양 조목[25] 주석을 참고하시오.

부록 I. 「비신전(費信傳)」『곤신양현속수합집(崑新兩縣續修合志)』, 권30, 문원(文苑)[1]

비신(費信)의 자는 공효(公曉)이다. 영락 연간에 칙서로 중관(中官) 정화(鄭和)를 사신으로 보내 여러 오랑캐를 타이르게 하면서, 정예 병사 2만 3천, 배 48척을 징발하고, 문채가 있고 의론에 유식한 선비를 골라, 책서(策書)에 전념하도록 하여 [그 내용을] 갖추어 볼 수 있도록 올리게 하였다. 비신이 우선으로 미리 선발되어 동오(東吳)의 바다에서 배를 타고 광주(廣州)와 민(閩) 지역의 여러 섬을 거쳐, 무릇 40여 나라에 가니 거리로 계산하면 8만 리였다. 기축년(己丑年, 1409)에서 선덕(宣德) 계축년(癸丑年, 1433)에 이르기까지 보낸 세월이 20년을 넘겼다. 비신은 외국 도성에 이를 때마다, 책상에 엎드려 붓을 적셔[濡毫][1] 편장을 기술하고 이어가며, 산천, 오랑캐 부류, 산물, 기후, 풍습, 그리고 여러 신기하고 괴이한 일을 기록하였다가 그 채택한 것을 모아 『성사승람』이라 제목을 붙였다. 고을 사람 주복준이 간결하게 다듬고, 옥봉(玉峯)[2]의 시를 붙여 편찬하여 세상에 전했다.

費信字公曉. 永樂間詔中官鄭和使西洋, 撫諭諸番夷, 發銳卒二萬三千, 艅四十有八, 簡文釆論識之士顓一策書, 備上淸覽. 信首預選, 由東吳海壖開艅, 歷廣·閩諸島, 凡四十餘邦, 計程八萬. 自己丑至宣德癸丑, 歲踰二紀. 信每涖番城, 輒伏几濡毫, 叙綴篇章, 標其山川夷類物候風習, 諸光怪奇詭事, 以儲釆納, 題曰星槎勝覽. 邑人朱復俊爲删析, 附玉峯詩纂行世.

---

1) 펑 청쥔 씨의 교주본 원문에는 '호(毫)'자가 '호(豪)'자로 잘못되어있어 바로잡는다.

2) 이 지방지에 따르면, '옥봉(玉峯)'은 비신의 호가 아닌 다른 사람이다.

「귀유광의 제(歸有光題)」[1] 귀유광(歸有光, 1506~1571)

우리 집에 가지고 있는 『성사승람』은 그 문장과 어휘가 비루하고 난잡했다. 상해(上海)의 육자연(陸子淵)[2] 학사(學士)의 집에서 각인한 『설해(說海)』 중에 이 책이 들어있었는데, 삭제와 윤색을 보탰지만, 나는 책 수집을 좋아하여 단지 당시 기록한 것이 비록 문장이 되지 않고 진실을 잃었더라도 보전하여 반고(班固)와 범엽(范曄)의 무리로 대우하는 것이 옳다고 생각했다. 무릇 이러한 유의 글에 대해, 나는 일일이 서로 대조하고 교정하는 일[讎校]을 꺼리지 않았다. 권질(卷帙)이 더럽고 망가져, 아이에게 꼭 다시 베끼도록 한 것은, 서책에 대한 나의 애호가 이와 같기 때문이로다. 기미년(己未年, 1559), 중추일.

余家有星槎勝覽, 辭多鄙蕪. 上海陸子淵學士家刻說海中有其書, 而加删潤, 然余性好聚書, 獨以爲當時所記, 雖不文亦不失眞, 存之以待班固·范曄之徒爲之可也. 凡書類是者, 予皆不憚讎校. 卷帙垢壞, 必命童子重寫, 蓋余之篤好於書如此. 己未中秋日.

귀유광은 이 글에 이어서 『영애승람』에 제(題)한 글을 다음과 같이 수록했다. 「영애승람에 제함(題瀛涯勝覽)」 『진천집(震川集)』(사고전서본), 권5, 13a~b.

내 친구인 주유윤(朱孺允)[3]의 집에는 소장한 책이 많아, 나는 일찍이 그를 따라다니며 『성사집』을 구하여 우리 집의 사본

1) 『진천집(震川集)』(사고전서본, 권5, 13a)에 「『성사승람』에 해제함(題星槎勝覽)」으로 되어있다.

2) '자연(子淵)'은 명나라 문인 육심(陸深, 1477~1544)의 자(字)이다. 서법가로 이름을 날렸으며 호는 엄산(儼山)이다. 바로 『고금설해(古今說海)』라는 총서를 편집한 육집(陸楫, 1515~1552)의 아버지이다.

3) 주유윤(朱孺允)은 태창(太倉) 사람으로, 자(字)가 사순(士洵), 주광(朱廣, 1474~1531)의 아들이다.

과 교감하자, 주유윤이 이 책[『영애승람』]을 보여주었다. 이 두 사람[비신과 마환]이 동시에 외국에 갔기 때문에, 서로 참고할 수 있었는데, 이따금 옛 기록에 실리지 않은 것들도 있었다. 옛날 문문산(文文山)[4]이 북해(北海)에서 양자강(揚子江)을 건너면서, 소동파(蘇東坡)의 '이번 유람의 신기함은 평생 으뜸이로다[茲遊奇絕冠平生]'라는 시구를 암송하며, 난초양(亂礁洋)[5]으로 들어가니 푸르름이 만 겹으로 모습을 다 형용할 수 없었다. 지금 해남(海南) 끝, 만 리에, 해와 달, 바람과 구름, 산과 물이 매우 다르니, 허황하고 괴이한 문장들을 다 이해할 길 없음이 애석하도다. 기미년(己未年, 1559), 조수가 이는 날에 씀.

4) '문산(文山)'은 남송말의 문신이었던 문천상(文天祥, 1236~1283)의 호(號)이다.

5) '난초양(亂礁洋)'은 닝보[宁波] 시 서남쪽, 시앙 산[象山] 현 서북쪽 바다를 지칭하는데, 문천상은 이 제목으로 오언 율시를 지었다. 그 서문에 "북해(北海)에서 양자강을 건너 소주양(蘇州洋)에 이르니, 그사이에 가장 이르기 어려운 산들이 있었다. 사산(蛇山), 양산(洋山), 대소산(大小山) 등 몇몇 섬에만 이를 수 있었다. 제동(淛東)으로 들어가자 섬들이 점점 많아졌다. 난초양(亂礁洋)으로 들어가자 푸르름이 만 겹으로 그림 속에 있는 것 같았다. 그 바다 가운데에는 높고 낮고, 크고 작은 섬들이 바닷물과 서로 부딪쳐 그 기괴한 모습을 다 이를 수 없었다. 양옆에 있는 것이 해안의 산들이 모여 있는 산처럼 보였으나, 실은 바다 한가운데로 가장자리가 있는 것이 아니었다. 이날 바람은 적고 파도는 약해 배가 암석 사이로 가니 하늘의 공교로움이 순식간에 드러나, 서로 읊조릴 겨를이 없게 하니, 거의 신선의 나라였다. 세상에 대한 분노와 극도의 근심 속에 마음이 넓어지고, 눈이 밝아졌으니, 이번 행차는 헛된 것이 아니로다(自北海渡楊子江至蘇州洋, 其間最難得山. 僅得蛇山·洋山·大小山數山而已. 自入淛東, 山漸多. 入亂礁洋, 青翠萬叠, 如畫圖中. 在洋中者, 或高或低, 或大或小, 與水相擊, 觸奇恠不可名狀. 其在兩傍者, 如岸上山叢山, 實則皆在海中, 非有畔際. 是日風小浪微, 舟行石間, 天巧捷出, 令人應接不暇, 殆神仙國也. 孤憤愁絶中為之心廣目明, 是行為不虛云)"라고 하였다.

余友周孺允家多藏書, 予嘗從求星槎集, 以校家本, 孺允並以此書見示. 蓋二人同時入番, 可以相參考, 亦時有古記之所不載者. 昔文文山自北海渡楊子江, 便誦東坡茲遊奇絕冠平生之句, 入亂礁洋, 青翠萬疊, 不可名狀. 今海南際天萬里, 其日月風雲山水之殊異, 惜無以極其恢詭之辭也. 己未潮生日書.

비신(費信)의 『성사승람』 2권은 『사고전서』에 수록되지 않았다. 일찍이 『설해』에 들어가면서, 여러 학자의 도서 목록에 4권으로 나뉘게 되었는데, 이 사본은 명나라 사람의 옛 필사본이다. [費信星槎勝覽二卷, 四庫未著錄. 曾刊入說海中, 與諸家書目皆分四卷, 是本明人爲舊抄.]

---

1) 나이지(羅以智, ?~1860): 청나라 장서가(藏書家)이자 문학가로, 자(字)는 경천(鏡泉), 호는 학박(學博)이며, 스스로 '염옹(恬翁)'이라 불렀다. 신등(新登, 현 저장 푸양) 사람이다. 도광(道光) 5년(1825) 공생(貢生)에 선발되어 자계현(慈溪縣) 교유(教諭)를 지냈다. 천성이 담박하고, 벼슬살이를 흠모하지 않았다. 옛 시와 문장에 뛰어났고, 특히 굴원(屈原)의 「이소(離騷)」를 좋아하여 주를 달기도 했는데, 주석한 내용은 대체로 공허하다.

만년에는 경학(經學)을 매우 성실하게 닦았다. 집안이 대대로 독서(讀書)를 좋아했고, 또 책 수집에 성실하여, 다른 사람들의 장서를 빌려 베꼈다. 베낀 사본으로 당나라 우세남(虞世南)의 『대당내요(大唐內要)』(160권), 송나라 구양수(歐陽修)의 『태상인혁례(太常因革禮)』(100권), 주숙진(朱淑眞)의 『단장시집(斷腸詩集)』(10권), 『후집』(7권), 시악(施諤)의 『순우임안지(淳祐臨安志)』(6권), 원나라 이문중(李文仲)의 『자감(字鑑)』(5권)과 청나라 여러 학자의 저작 수십 종이 있다. 교감(校勘)에도 근면하여, 앞과 뒤에 제발(題跋)을 써서 해당 책의 연원과 본말을 기술했다. 집에는 '염양재(恬養齋)', '태화당(太和堂)', '향영암(香影庵)' 등의 서재를 두고 많은 도서를 수장하고 지방 문헌들 대부분을 갖추었다. 『길상보장서목(吉祥寶藏書目)』을 만들어 도서 수천 종을 기록해 두었다. 함풍(咸豐) 10년(1860) 태평군이 강소(江蘇)와 절강(浙江)으로 진군하여 피난길에 올랐다가 해염(海鹽)에 이르러 죽었고, 장서들은 전란에 소실되었다. 장서에는 '강동나씨소장(江東羅氏所藏)', '경천과안(鏡泉過眼)', '무림나씨교본(武林羅氏校本)' 등의 인장이 찍혀 있다. 저서로는 『조청헌연보(趙淸獻年譜)』, 『문묘종사현유고(文廟從祀賢儒考)』, 『신문산기(新門散記)』, 『경사광응(經史匡凝)』, 『금석취견록(金石取見錄)』, 『송시기사보(宋詩紀事補)』, 『시원아담(詩苑雅談)』, 『염양재시집(恬養齋詩集)』 등이 있다(이옥안(李玉安), 황정우(黃正雨) 편저, 『중국장서가통전(中國藏書家通典)』, 홍콩, 중국국제문화출판사, 2005, 611~612쪽).

전집(前集)에는 [비신이] 직접 편력한 22개국이 수록되었는데, 점성국, 빈동룡국, 영산, 곤륜산, 섬라국, 조와국, 구항【바로 『명사』의 삼불제국이다】, 만랄가국, 구주산, 소문답랄, 화면국【바로 『명사』의 유불국(柔佛國)이다】, 용아서각, 용연서, 취람서, 석란산국, 소구남국【『설해』본의 구남(唄喃)은 모두 갈란(葛蘭)이다. 『명사』도 마찬가지이다】, 가지국, 고리국, 홀로모사국, 랄살국, 방갈랄국이다. [前集所親歷者二十二國, 曰占城國, 曰賓童龍國, 曰靈山, 曰崑崙山, 曰交欄山, 曰暹羅國, 曰爪哇國, 曰舊港【卽明史三佛齊國】, 曰滿剌加國, 曰九洲山, 曰蘇門答剌, 曰花面國【卽明史柔佛國】, 曰龍牙犀角, 曰龍涎嶼, 曰翠藍嶼, 曰錫蘭山國, 曰小唄喃國【說海本唄喃, 皆作葛蘭. 明史同】, 曰柯枝國, 曰古里國, 曰忽魯謨斯, 曰剌撒國, 曰榜葛剌國.]

후집(後集)은 전하는 [정보를] 옮긴 것으로 25개국인데, 진랍국, 동서축【바로 『명사』의 유불국(柔佛國)이다】, 담양, 용아문, 용아선제, 고리지문, 팽갱【『명사』에는 팽형(彭亨)으로 되어있다. 그 주에 "어떤 곳에는 분형(湓亨), 또 어떤 곳에는 팽갱(彭坑)으로 되어있다"라고 하였다】, 유구국, 삼도국, 마일국, 가리마정국, 중가라, 발니국, 소록국, 구남국, 아단국, 좌법아국【『명사』에 '좌(佐)'자는 '조(祖)'자로 되어있다】, 죽보국, 목골도속, 유양, 복랄와국【『명사』에 '복(卜)'자는 '부(不)'자로 되어있다】, 천방국이다. [後集所傳譯者二十二國, 曰眞臘國, 曰東西竺【卽明史柔佛國】, 曰淡洋, 曰龍牙門, 曰龍牙善提, 曰吉里地門, 曰彭坑【明史作彭亨. 注云, 一作湓亨, 又作彭坑】, 曰琉球國, 曰三島國, 曰麻逸國, 曰假里馬丁國, 曰重迦邏, 曰渤泥國, 曰蘇祿國, 曰唄喃國, 曰阿丹國, 曰佐法兒國【明史佐作祖】, 曰竹步國, 曰木骨都束, 曰溜洋, 曰卜剌哇國【明史卜作不】, 曰天方國.]

『설해』본에는 40개국뿐이고, 뒤섞여 실려 있다. 아로(阿魯)【『명사』에는 아로(啞嚕)라고도 되어있다】가 있지만, 용아선제, 유구, 삼도,

발니, 소록이 없다. [說海本祇四十國, 錯雜載之. 有阿魯【明史亦作啞嚕】, 而無龍牙善提·琉球·三島·渤泥·蘇祿.]

그 문구에는 크게 상세함과 소략함이 있다. 예를 들어 소문답랄국 같은 조목은 "황금 주화 28개당 금 5냥 2전이 나간다"라고 하였는데, 이 사본[고금설해본]에서는 "황금 주화 48개당 금 1냥 4푼이 나간다"라고 했으니 그 차이가 더 심하다. [其文句大有詳略, 如蘇門答剌國一條, 金錢每二十八箇, 重金五兩二錢, 是本則云, 金錢每四十八箇, 重金一兩四分, 更為歧異.]

책 첫머리의 「자서(自序)」는 두 사본이 각기 다르다. 기년(紀年)이 모두 정통(正統) 병진년(丙辰年)이지만 어찌 이처럼 같지 않은지 모르겠다. [首冠自序, 兩本各別. 紀年皆為正統丙辰, 不解何以不同如是.]

이 2권본은 각 나라 뒤에 각각 시를 붙여 두었는데, 유독 아단(阿丹) 조목의 한 수만 칠언시이고 나머지는 모두 오언시이다. 교란산(交欄山)에는 유독 시가 없는데 원래 빠졌거나 없어진 것으로 보인다. 『설해』본의 시들은 모두 삭제되어, 주죽타(朱竹垞)[2]가 『명시종(明詩綜)』

2) '죽타(竹垞)'는 명말 청초의 저명한 학자 주이존(朱彝尊, 1629~1709)의 호로, 자(字)는 석창(錫鬯)이다. 그가 편집한 『명시종(明詩綜)』은 100권으로 된 시가(詩歌) 총집이다. 총 3,337명의 명나라 시인들의 짧은 생평과 작품들을 선록하고 있다. 『전당시(全唐詩)』처럼 1권에는 명나라 황제들이 지은 시편들이 들어있다. 특히 그가 쓴 '소전(小傳)'은 명나라 시인 연구에 중요한 토대 자료를 제공한다. 강희(康熙) 44년(1705) 간행본은 일부만 전하고 있고, 통행본은 건륭(乾隆, 1711~1799) 육봉각(六峰閣) 간행본이다. 그의 문집인 『포서정집(曝書亭集)』(사고전서본 35, 23a)에 수록된, 「포서정저록서(曝書亭著錄序)」에 따르면, 8만 여 권을 소장하고 있었다고 밝히고 있는데, 이들 장서 속에 비신의 책은 들어있지 않았거나, 시가 없는 '4권본'만 소장하고 있었을 것이다.

을 검토하고 편집했지만, 생각건대, 역시 이 2권본을 보지 못했으므로, 그 사람이 채록해 넣지 못했을 것이다. [是本每國後各繫以詩, 唯阿丹一首為七言, 餘悉五言. 交欄山獨無詩, 疑有脱佚. 說海本詩皆删去, 朱竹垞檢討輯明詩綜, 想亦未見是本, 故其人未經采入.]

이 책에서 기록한 각국의 지리[道里], 산과 물, 풍속, 그리고 산물은 대부분 『명사』와 같다. 비신은 영락(永樂)에서 선덕(宣德) 연간에 선발되어 '서양(西洋)'에 네 차례 갔다. 생각건대 역사에 전하는 정화(鄭和)는 세 조정에 벼슬하며 앞뒤로 일곱 차례 사신으로 서양에 갔다. 이 책에서 한 번은 영락 7년(1409)에 있었다고 했지만, 『명사』에는 6년(1408)으로 되어있다. 한 번은 영락 10년(1412)년에 사신인 소감 양칙(楊勅) 등을 수행했다고 하면서 정화를 언급하지 않았지만, 『명사』「본기」에는 이해 11월 병진(丙辰) 일에 정화를 사신으로 보냈다고 하였다. 한 번은 영락 13년(1415)에 있었는데, 『명사』에는 14년으로 되어있다. 한 번은 선덕(宣德) 6년(1431)에 있었으나 『명사』에는 5년(1430)으로 되어있다. [是書所紀諸國道里山川風俗物產, 多與明史同. 信自永樂至宣德間, 選往西洋四次. 按史傳鄭和經事三朝, 先後七奉使上西洋. 是書一在永樂七年, 明史作六年. 一在永樂十年隨奉使少監楊敕等, 不言鄭和, 明史本紀是年十一月丙辰亦使鄭和. 一在永樂十三年, 明史作十四年. 一在宣德六年, 明史作五年.]

생각건대, 이해 정화의 서양 사신행에 직접 수행한 사람으로 공진(鞏珍)이 있는데, [그는] 『서양번국지(西洋番國志)』를 지었다. 한 번은 영락 19년(1421) 10월 16일에 있었지만, 『명사』「본기」에는 정월 계사(癸巳)일로, 서로 부합하지 않는다. 한 번은 선덕 5년(1430), 5월 4일로 『명사』와는 부합하지만, 이 책[2권본 『성사승람』]과는 맞지 않는다. [考當年親隨鄭和下西洋者, 尙有鞏珍, 著西洋番國志. 一在永樂十九年十月十六日, 與明史本紀書於正月癸巳不符. 一在宣德五年五月四日,

與明史符, 而與是書不符.]

마환(馬歡)은 『영애승람』을 지었는데, [한 번은] 영락 11년(1413)으로 되어있지만, 『명사』「본기」에는 10년 11월 병진일로 쓰고 있어 부합하지 않는다. 이 또한 어떻게 이처럼 같지 않은지 모르겠다. 과연 역사서를 입증하는 근거로 삼는다면, 예를 들어, [『명사』의] 「조와전」에 지금 이 나라의 공문서 뒤에는 1376년으로 쓰여 있는데, 아마도 한나라 선제(宣帝) 원강(元康) 원년은 바로 그 나라 건국의 시작일 것이다라고 했다.[3] 생각건대, 한나라 선제(宣帝) 원강(元康) 원년인 병진년(丙辰年, 기원전 65)에서 선덕(宣德) 7년 임자년(1432)까지는 25갑자로, 1497년이므로, 동한 광무제 중원(中元) 2년 정사년(기원후 57)에 건국했을 것이다. 이처럼 상고하는 것이 어렵지 않은데도, 오류가 있으므로, **역사서도 믿고 따를 수 없으며**, 여러 저자들이 전하는 기년(紀年)도 의거하기에는 부족하다고 말할 수 있을 것이다. [馬歡著瀛涯勝覽, 在永樂十一年, 與明史本紀書於十年十一月丙辰不符, 又不解何以不同如是. 果以史書為足徵, 如爪哇傳中云, 至今國之移文後書一千三百七十六年, 蓋漢宣帝元康元年, 乃其建國之始也. 推元康元年丙辰, 至宣德七年壬子, 歷二十五甲子, 為一千四百九十七年, 當肇啓於東漢光武帝中元二年丁巳. 此不難於稽考者, 猶有舛誤, 亦未可遽信史書, 謂諸家傳紀盡不足依據者矣.]

또한 공진과 마환의 두 책에는 모두 여벌(黎伐)과 남발리(南勃里)【『명사』에는 '발리(勃里)'가 '발리(渤利)'로 되어있다】가 있는데, 『명

---

3) 『명사』, 권324, 「조와전」(8405쪽)의 원문은 "선덕 7년(1432) 조공하면서, 그 표문에 1376년이라고 썼는데, 아마도 한나라 선제 원강 원년이 바로 그 나라 건국의 시작일 것이다(宣德七年入貢, 表書一千三百七十六年, 蓋漢宣帝元康元年, 乃其建國之始也)"라고 되어있다.

사』를 참고해보면, 정화가 사신으로 간 나라에는 서양쇄리(西洋瑣里), 쇄리(瑣里), 가이륵(加異勒), 아발파단(阿撥把丹), 남무리(南巫里), 감파리(甘把里), 급란단(急蘭丹), 비랄(比剌), 아리(阿利), 마림(麻林), 사리만니(沙里灣泥), 소아란(小阿蘭)이 더 있지만, 이들 책에는 기록되지 않았다. 이들 나라를 비신이 직접 가지 않았거나, 전하는 [정보를] 옮기면서 그 대략을 얻지 못한 것인가? 본서에서 기록한 용아서각(龍牙犀角), 담양(淡洋), 용아보제(龍牙菩提), 길리지민(吉里地悶), 가리마정(假里馬丁), 중가라(重迦邏) 등의 나라는 『명사』에서 빠진 것들을 보완할 수 없는 것은 아니었을 것이다. [又按鞏·馬兩書皆有黎伐·南勃里【明史勃里作渤利】, 稽之明史, 鄭和所使之國, 更有西洋瑣里·瑣里·加異勒·阿撥把丹·南巫里·甘把里·急蘭丹·比剌·阿利·麻林·沙里灣泥·小阿蘭, 是書未紀及. 意者此數國信未親歷, 抑傳譯亦莫得其略者歟. 至是書所紀龍牙犀角·淡洋·龍开善提·吉里地門·假里馬丁·重迦邏諸國, 則未嘗不可以補明史之所闕遺耳.]

지난해 나는 『영애승람』 교주를 마치고, 이어서 여러 판본의 『성사승람』을 교감하려 했으나, 당시에는 겨우 상우나씨(上虞羅氏)[1]가 영인한 천일각(天一閣) 본만 있어 다른 자료와 대조 검토할 수 없었다. 『성사승람』 판본의 유전은 『영애승람』과 같다. 대략 두 종류로 나눌 수 있는데, 하나는 원본으로 2권이며 문자는 거칠고 저속하다. 다른 하나는 개정본으로 4권이며 원본보다 약간의 증감이 있고 문자는 단정하고 깔끔하다. 개정본으로 오늘날 상고할 수 있는 것은 모두 여덟 판본이 있다. 즉, 『고금설해(古今說海)』본, 『역대소사(歷代小史)』본, 『기록휘편(紀錄彙編)』, 『백명가서(百名家書)』본, 『격치총서(格致叢書)』본, 『학해류편(學海類編)』본, 『차월산방휘초(借月山房彙鈔)』본【『택고재총초(澤古齋叢鈔)』본과 같음】, 『손민당총서(遜敏堂叢書)』본이다. 이 여덟 판본 중에서 『백명가서』본 만 볼 수 없는데, 이 판본과 『격치총서』본은 모두 호문환(胡文煥)이 편집한 것으로 판본은 당연히 같다. 『역대소사』본은 1권으로 합해져 있지만 여러 판본과 모두 같다. 다만 진랍(眞臘) 조목만 빠져있다. 아마도 『성사승람』 뒤에 『진랍풍토기(眞臘風土記)』가 이어 나오기 때문에 이 조목을 삭제한 것으로 보인다. 『격치총서』본을 저본으로 삼은 것은 아마도 『역대소사』본인 것 같다. 역시 1권으로 합해져 있고 진랍 조목이 빠져있다. 이 밖에 베껴 쓰거나 판각 상의 탈루와 오자를 제외하면 여덟 판본의 내용은 거의 같다.

『성사승람』 판본을 두 종류로 나뉜 것은 원본의 문자가 거칠고 저속하여 후세 사람들이 특별히 개정하고 윤색했기 때문으로 보인다. 개정한 사람은 결국 누구일까? 펠리오 교수의 설에 따르면, 비신(費信) 자신이라고 하였다【이 설은 『정화하서양고(鄭和下西洋考)』, 79쪽에

---

1) 나진옥(羅振玉, 1866~1940): 절강성 상우현(上虞縣) 출신으로, 자는 숙온(叔蘊) 또는 숙언(叔言), 호는 설당(雪堂)이다. 고고학, 문헌학, 금석학, 고증학에 저명한 학자로 잘 알려져 있다.

보임】. 그러나 이 설은 근거가 없다. 원본의 문자를 보면 비신은 고아한 글을 지을 수 없는 사람인 것으로 보인다. 곤산(崑山) 신양(新陽) 두 현을 합한 현지(縣志) 권30, 「문원(文苑)」에 실린 비신의 전기【뒤에서 다시 볼 것임】에, "문채가 있고 논의에 유식한 선비를 골라 책서(策書)에 전념하게 하여, 갖추어 볼 수 있도록[淸覽][2] 올리게 하였다(簡文采論識之士, 顓一策書, 備上淸覽)"라는 말이 있는데, 아마도 현지를 편수한 사람이 지어낸 말로 근거로 삼기에 부족하다. 나의 친구인 시앙다(向達)가 『건륭곤산신양합지(乾隆崑山新陽合志)』【권35 「예문(藝文)」】에 실린 주복준(朱復俊)의 「성사승람서」를 검토하였는데, 그 끝에 "내가 칩거할 때, 한가한 틈이 많아, 조금 보태고 삭제하여 깨끗한 한 본(本)으로 기록하여 육매재(六梅齋)에 두었다. 훗날 의자에 기대어 옛 도서를 보며 즐긴다면, 구주(九洲)를 알고, 오악(五嶽)에 임할 무슨 필요가 있으리오(予屛居多暇, 稍加删析, 錄一淨本, 寘六梅齋中. 他時隱囊臥遊, 又何必識九洲而臨五嶽也)"라고 하였다. 이로써 추단하자면 개정한 사람은 바로 주복준이다【『소설월보』, 제20권 1호, 53~54쪽을 보시오】. 이 설이 가장 진실에 가깝다. 이 설을 채택하여 설명하면서 명나라 사람이 저술한 지(誌)와 '하서양(下西洋)' 일을 고찰한 것으로 육용(陸容)【1436~1494】의 『숙원잡기(菽園雜記)』, 축윤명(祝允明)【1460~1526】의 『전문기(前聞記)』, 귀유광(歸有光)【1506~1571】의 『진천집(震川集)』, 고기원(顧起元)【1565~1628】의 『객좌췌어(客座贅語)』, 주복준(朱復俊)의 「성사승람서」【주복준(朱復俊)에게는 『태복집(太僕集)』, 일명 『육매관집(六梅館集)』이 있는데 현재까지 보이지 않는다. 이 서문은 『건륭곤산신양합지(乾隆崑山新陽合志)』에 실려 있는데, 광서(光緖) 속수(續修)본에는 삭제되어 있다】가 있다. 이 사람 중에서 축윤명만이 장주(長洲) 사람이고, 주복준, 귀유광은 모두 곤산 사람

2) 펑 청쥔 씨의 원문에는 '친람(親覽)'으로 되어있는데, 펑씨가 부록에 첨부한 「비신전」에 따라 바로 잡았다.

이며, 고기원은 곤산 사람인데, 남경(南京) 금오위(金吾衛) 진사로 기록되어 있다【국자감(國子監) 진사로, 명패에는 "萬曆戊戌一甲三人顧起元"으로 쓰여 있고 주(注)에는 "강녕에 적을 둔 곤산사람(江寧籍崑山人)"으로 되어있다】. 육용은 『명사』에 전기가 실려 있는데, 태창(太倉) 사람이다. 태창 아래에는 분명 '위(衛)'자가 빠졌을 것이다. 태창에는 홍치(弘治) 10년【1498년】 처음으로 주(州)가 설치되었으나【『명사』「지리지」에 보임】 육용은 주가 설치되기 3년 전에 죽었으므로, 육용이 태어났을 때는 태창위(太倉衛)였고 곤산현에 속했다. 이로써 볼 때, 이 사람들과 비신은 모두 동향의 사람으로, 비신의 여행 기록이 가장 먼저 곤산에 유포되었으므로 당연히 알고 있었을 것이다. 가정(嘉靖) 기미년【1559년】에 귀유광과 그의 친구 주유윤(朱孺允) 모두 『성사승람』 원본을 가지고 있었다【『진천집』, 권5에 보임】는 것을 입증할 수 있다. 따라서 주복준과 귀유광은 동향의 동시대 사람이었으니 응당 필사하여 가지고 있었을 것이다. 비신의 서문에서 나이 22세에 서양(西洋)에 간 것을 찬술했고, 처음 서양에 사신으로 간 것이 영락(永樂) 7년【1409년】이라고 밝히고 있다. 그런즉 이 사람은 홍무(洪武) 21년【1388년】에 태어났다. 80세를 산 것으로 가정한다면, 주복준이 이 사람을 직접 만날 수는 없었어도, 그 시대가 멀지 않아 그 책을 얻어 보는 것은 어렵지 않았을 것이고, 틀림없이 원본이 저급하고 거친 것을 보고 산정했을 것이다. 육심(陸深)【1477~1544년】 부자는 이 산정본을 『고금설해』에 넣었다. 이후 여러 총서를 판각하면서 두루 수록되었는데 증감이 없다. 원본에는 없지만 이 산정본에 더해진 아로(阿魯) 조목과 기타 조목들은 아마도 주복준이 『서양번국지(西洋番國志)』에서 아로 등의 조목을 채록해 넣은 것일 것이다.

산정본이 통행 되자, 원본은 결국 사라지게 되었다. 다행히도 귀유광 등이 "당시 기록한 것이 문장답지 못하지만 그대로 진실을 잃지 않았다"라고 생각하여 필사하여 가지고 있었다. 이에 원본이 오늘날까지 전해지게 된 것이다. 그중에서 오늘날 볼 수 있는 것으로는 셋이 있는데, 『국조전고(國朝典故)』본, 나이지(羅以智)가 교정하여 전사한 명초본(明鈔本), 상우 나씨가 영인한 천일각본이다【광주 중산대학에서 다시 판각한 것 또한 천일각본이다】. 이 세 판본은 대략 서로 같지만 틀린 글자와 빠진 문장이 보이는 것이 전부이다. 그러나 세 판본을 상호 교감하여 옛 모습을 회복하는 것은 어렵지 않다. 『곤산신양합지』「비신전」에서 "『옥봉시찬(玉峯詩纂)』에 붙여 세상에 내놓는다"라고 하였지만, 오늘날 장사(長沙) 섭씨(葉氏) 관고당(觀古堂)에 소장된 명나라 판각본 『옥봉시찬』을 보면, 뒤에 『성사승람』이 붙어있지 않는다. 아마도 기록을 편수한 사람이 잘못 적은 것이리라.

이제 나이지(羅以智)가 교감한 판본을 저본으로 삼고, 국조전고본【주본으로 약칭함】, 천일각본【경본으로 약칭함】으로 대조하여 교감하였다. 비신의 책에는 왕대연(汪大淵)의 『도이지략(島夷誌略)』에서 채록한 것이 상당히 많아 후지타 도요하치(藤田豊八)가 교감하고 주석한 책으로 상호 고증하였다. 4권 본과 원본은 상세하고 소략함이 서로 다르다. 이에 그 원문을 각 조목의 뒤에 첨부하여 참고자료로 삼게 하였다. 현존하는 여덟 판본 중에서 『고금설해』본이 가장 오래되었으나 명나라 판각본은 구하기 어렵고, 복각본은 착란과 오자가 너무 심하다. 그다음으로는 『역대소사』본인데, 완전하지 않으므로 여기 수록하는 것은 모두 명나라 판각본 『기록휘편(紀錄彙編)』의 문장이다. 이 판본에서 빠지고 잘못된 곳은 모두 원서에도 그러하므로 교정하지 않았다. 판각본 원래 모습을 그대로 남겨서 비신의 원본과 대조한다면 그 오류들이 저절로 드러날 것이다. 그 밖의 체재는 『영애승람교주』와 비슷하여 다만 명칭과 사물에 관한 주석 중에 『영애승람교주』에 보이는 것은 중복하여 주를 내지 않고, 잘못되고 빠진 부분만 별도로 설명하였다. **이 책을 보는 사람은 『영애승람교주』를 함께 보는 것이 좋겠다**.

앞서 지은 『영애승람교주』 서문에서 이미 정화가 일곱 차례 서양에 간 연월을 조목에 따라 고증했는데, 책이 출간된 뒤로 계속하여 중요한 발굴이 있어 원래 고증했던 2, 3, 4, 5차로 서양에 간 연월을 3, 4, 5, 6차로 서양에 간 연월로 고쳐야 하는 것이 입증되었다. 영락 5년에서 7년 사이에 별도로 한 차례 번국에 간 일이 있다. 『명사』의 「기」와 「전」에는 빠져있지만 비문을 통해 증명할 수 있다. 영락 7년 2월 갑술(甲戌)일에 정화는 실론섬 아리성(逕里城)에 세운 세 가지 비문에 따르면【본서 석란산(錫蘭山) 조목에 보임】, 정화가 영락 7년 봄에 실론에 이르렀음을 알 수 있다. 또 본서 구주산(九洲山) 조목에서는 영락 7년 정화 등이 관병을 차출하여 산에 들어가 향을 채취했고, 또 『영애승람』 만랄가(滿剌加) 조목에서 영락 7년 기축(己丑)에 상(上)이 정사 태감 정화 등에게 칙서를 가지고 가서 달래고 두목에게 은인장, 관대(冠帶), 의복을 하사하라고 하여 비석을 세우고 성을 쌓았다고 하였다. 정효(鄭曉)의 『황명대정기(皇明大政記)』에 기축 영락 7년 봄, 정월에 태감 정화가 바다를 항해하여 서남이(西南夷)와 교통했다고 하였고, 또 정효의 『황명사이고(皇明四夷考)』에, 영락 7년 태감 정화, 왕경홍, 후현(侯顯)이 3만 명을 거느리고 서양에 갔다고 하였고, 또 낭영(郎瑛)의 『칠수류고(七修類藁)』에는 영락 정해(丁亥)【5년】에 태감 정화, 왕경홍, 후현 등 세 사람에게 동남의 여러 나라로 갈 것을 명했다고 하였다. 모두 정화 등이 영락 5년~7년 사이에 한 차례 여러 번국에 사신으로 간 것을 입증해 주지만 『명사』의 「기」와 「전」에는 기록되지 않았다. 전곡(錢穀)의 『오도문수속집(吳都文粹續集)』, 28권에는 누동(婁東) 유가항(劉家港) 천비궁(天妃宮)에 여러 빈국으로 간 사적을 석각한 기문(婁東劉家港天妃宮石刻通番事蹟記)이 들어있다【이 비문은 처음으로 정학성(鄭鶴聲)군이 밝혀냈다. 『대공보사지주간(大公報史地周刊)』 제56기】. 복건 장락(長樂)현 남산(南山) 탑사(塔寺)에는 석각한 「천비영응기(天妃靈應記)」가 있는데【이 비석의 탁본은 고맙게도 진기사(陳幾士)군이 한 본을 보내 주었다. 아울러 이 비석은 전해지지 않았는데, 민국 20년 친구 오정분(吳鼎芬)이 지사(知事)로 있어서 조사를 부탁했고, 옛터의 흙 속에서 파내 탁본한 것이라고 운운했다】. 모두 영락 5년과 7년 사이에 정화 등이 서양에 갔다는 것을 증명하고 있다. 이로부터 앞서 여러 책에서 인용한 연월이 비로소 풀리게 되었고, 아울러 역사의 빠진 부분을 보충할 수 있을 것이다. 이에 다시 일곱 차례 서양에 간 연월을 다음과 같이 바로잡아 기록해 둔다.

첫 번째 황제의 명을 받들어 사신으로 나간 것은 『명사』「본기」에 영락 3년 6월 을묘로 기록하고 있고, 북경으로 돌아온 것은 『태종실록(太宗實錄)』에 영락 5년 9월 임자라고 하였다. 비문에는 영락 3년에 갔다가 영락 5년에 돌아왔다고만 기록하고 있다.

두 번째로 황명을 받들어 사신으로 나간 것은 『실록』에는 기록되지 않았다. 다만 『명사』「본기」에 영락 5년 9월 계해에 정화가 다시 서양에 나갔다고 했으니 영락 5년 구월 초2일에 북경에 돌아와 있다가 같은 달 13일에 다시 황명을 받들어 사신으로 나갔다. 비문에서는 영락 5년에 갔다가 7년에 돌아왔다고만 하였다.

세 번째로 황명을 받들어 사신으로 간 것은 『명사』「본기」에 영락 6년 9월 '계해'라고 했는데, 『실록』에도 마찬가지이다. 다만 '계해'가 '계유'로 되어있다. 북경으로 돌아온 것은 영락 9년 6월 을사일이다. 『명사』와 『실록』이 일치한다. 비문에서는 영락 7년에 갔다가 영락 9년에 돌아왔다고 하였다. 황명을 받은 연월과 출발한 연월이 서로 부합하지 않는 것은 조칙이 수시로 내려오고 항해는 계절풍을 기다려야 했기 때문일 것이다. 이번에 황명이 내려 온 것은 보선(寶船)이 돌아오지 않은 시기였다.

네 번째로 황명을 받들어 사신으로 간 것은 『명사』「본기」에는 영락 10년 11월 병진으로 기록되어 있다. 이 해 11월에는 병진일이 없으므로 『실록』의 병신을 따라야 할 것이다. 북경으로 돌아온 것은 영락 13년 7월 계묘로 『명사』와 『실록』이 일치한다. 비문에서는 영락 11년에 나가서 13년에 돌아왔다고만 하였다.

다섯 번째로 황명을 받들어 사신으로 간 것은 『명사』 「본기」에 영락 14년 12월 정묘이고, 북경에 돌아온 것은 17년 가을 7월 경신일이다. 『실록』에도 마찬가지이다. 비문에서는 영락 15년에 갔다고만 하였다.

여섯 번째로 황명을 받들어 사신으로 간 것은 『명사』 「본기」에 영락 19년 봄 정월 계사일이고, 돌아온 것은 20년 8월 임인일이다. 비문에는 영락 19년에 갔다고만 되어 있다.

일곱 번째 황명을 받들어 사신으로 간 것은 『명사』 「본기」에 실려 있지 않다. 다만 「정화전」에 선덕(宣德) 5년 6월로 되어 있다. 비문에는 선덕 6년에 나갔다고만 되어있다. 축윤명(祝允明)은 이 사신행을 상세하게 기록하고 있는데, 선덕 5년 윤 11월 6일에 남경의 용만(龍灣)에서 출항하여 6년 2월 26일 복건 장락항에 이르렀으며, 같은 해 11월 12일 출발했다가 선덕 8년 7월 6일에 수도로 돌아왔다고 하였다.

이 밖에도 한 차례의 사신행이 더 있는데, 『명사』 「본기」와 비문에는 기록되어 있지 않고 다만 『명사』 「정화전」에만 보인다. 즉, 영락 22년 정월에 정화는 칙서, 인장을 가지고 가서 구항(舊港) 추장에게 하사한 일을 기록하고 있다. 이번 사행에는 정화가 가지 않았거나,【『대공보사지주간(大公報史地周刊)』에 관경승(管勁丞)군의 글을 참고하시오.】 이번 사신행에서 인도양으로 진출하지 않아 서양에 간 사신행에 넣지 않은 것 같다.

앞서 『영애승람』을 주석한 뒤에 『명초설집(明鈔說集)』본 『영애승람』을 보게 되었는데,【이 판본과 나이지가 교감한 『성사승람』 판본은 모두 북평(北平, 북경) 인문과학연구소에 소장되어 있음】 아마도 기승한(祁承爜)의 『담생당장서목(澹生堂藏書目)』, 권3에 수록된 『설초(說鈔)』본, 국조전고본은 아마도 이 판본을 따라서 베껴낸 것으로, 족히 『영애승람』의 많은 문장을 교감할 수 있었다. 고리 조목에서 이 판본은 "哲地未訥几郎書算手官府牙人來會"로 되어있는데, 바로 펠리오 교수의 설【1935년 『통보』에서 『영애승람교주』을 서평한 글에 보임】 그대로이다. 이전에 교감할 때에는 애석하게도 이 판본을 보지 못했다. 또 마경(馬敬)의 서에 "跨越海外, 與諸番貨"란 구가 당초에는 빠진 글자가 있는 것 같았는데, 나중에 국조전고본을 검토해보니 그 구 아래에 '역(易)' 한 글자가 빠졌다. 또 남발리(南浡里) 조목에서 "番名那沒嚟洋" 문장에서 잘못 '번(番)'자를 빠뜨렸다. 이 모두 이전의 실수로 특별히 여기에서 바로잡아 둔다.

민국 25년(1936) 동지에 서(恕) 은(隱) 두 아들에게 마감하게 하였다. 펑청쥔(馮承鈞) 씀.

[273]이러한 정보[비신의 네 차례 여정]를 더 잘 판단하기 위해 정화의 일곱 차례 항해 연대를 정확히 할 필요가 있을 것이다. 그 요체는 정화의 전기에 들어있는데, 조금 빼먹기는 했지만 이미 흐루너펠트에 의

---

1) 이 부록은 폴 펠리오(Paul Pelliot, 1878~1945)가 1933년 『통보』, 237~452쪽에 발표한 장편의 논문 「15세기 초 중국의 대항해(Les Grands voyages maritimes chinois au début du XVe siècle)」에서 발췌한 내용이다. 이 논문은 네덜란드 중국학자 뒤펜다크(J.J.L. Duyvendak, 1889~1954)의 『Ma Huan re-examined』(Amsterdam, 1933)의 책을 검증하며, 『영애승람』, 『성사승람』, 『서양번국지』 등의 판본 및 주요 내용을 검토한 다음, 황성증의 『서양조공전록』을 통해 주로 마환의 『영애승람』의 내용을 고증한 연구물이다. 여기 소개하는 부분은, 우리가 서두에서 다룬 비신(費信)의 '네 차례' 원정을 고증하기 위해, 펠리오가 정화(鄭和)의 일곱 차례 항해를, 『명사』, 권304, 「정화·후현열전」(7766~7769쪽, 이 열전의 번역문은 『영애승람역주』, 하권, 358~365쪽을 참고하시오)의 기술을 중심으로 고증한 내용이다. 이 자료는 이전 서양의 중국학자들이 보고한 정보를 모두 섭렵하고, 세심한 검토를 했다는 점에서 중요한 작업이다. 펠리오에게 수학한 경험이 있는 펑청쥔 씨는 1934년 『정화하서양고(鄭和下西洋考)』라는 서명으로 번역 출간한 바 있다. 역자도 이 자료를 완역해 두고 있지만, 공진(鞏珍)의 『서양번국지』에 대한 검토가 끝날 때까지 출간을 미루고 있다.

앞서 펑청쥔 씨가 교주 서문에서 설명한 내용은, 같은 목적으로, 즉 비신이 밝힌 네 차례의 수행 일정표를 검증하기 위해 펠리오가 고증한 '일곱 차례 항해'를 참고한 것이다. 펑씨는 새롭게 발견된 비문의 기록을 약간 언급하기도 했지만, 펠리오의 설명에서 크게 벗어나지 못했다. 펑씨가 쓴 1936년 서문의 서명을 보면 확실히 건강상의 문제가 있었던 것으로 보인다. 그러나 이 '일곱 차례 항해'에 관한 난제들은 철저히 다뤄져야 했다. 이러한 이유로 여기에 펠리오가 고증한 내용을 소개한다. 이 자료는 『명실록』을 참고하지 않았고, 약간의 오류들도 눈에 띄지만, 여기서 꼼꼼히 다 다룰 수는 없다. 또한 펠리오가 본문보다 길게 설명한 주석 내용은 대체로 등장하는 나라의 위치추정, 이본, 이전 학자들의 설을 검증하는 데 할애되어있으므로, 여기서는 생략하고 본문만 제시한다. 번역문에 붙인 [페이지]는 원문의 페이지이다. 펠리오가 제시한 연대는 양력으로 추산한 값이다. 한자들은 대부분 역자가 추가한 것임을 밝혀둔다.

해 번역되었다. 록힐은 나름대로 이러한 항해를 한 도표로 만들어 제공했지만, 항상 정확한 것은 아니었다. 나는 이 정보들을 다시 취해 완전하게 만들고자 한다.

첫 번째 항해—"영락(永樂) 3년, 6월(1405년 6월 27~7월 25일), 정화와 그의 동료 왕경홍(王景弘) 등에게 명하여 [274]서양에 사신으로 가게 했다. 이들은 27,800명의 관리와 병사들을 데리고 갔으며, 많은 금과 비단 제품들을 예물로 가져갔다. 길이 44장(丈)과 폭 18장(丈)의 큰 배 62척을 건조했다. 소주(蘇州)의 유가하(劉家河)를 떠나, 바다로 배를 띄워 복건(福建)에 도착했다. 그리고 복건의 오호문(五虎門)에서 돛을 펴고 우선 참파에 이르렀고, 이어서 많은 번국(番國)을 다니면서 천자의 칙령을 선포했다. 그리고 그 나라들의 왕과 수장들에게 선물을 하사했고, 복종하지 않는 자들은 무력으로 정복했다. 5년 9월(1407년 10월 1일~30일), 정화와 일행들이 돌아왔다. 많은 나라의 사신들이 정화를 따라와서 황제를 알현했다. 정화는 사로잡은 구항(舊港, 팔렘방)의 추장(酋長)을 황제에게 헌상했다. 황제는 크게 만족해하며 각각 서열에 맞게 상과 작위를 하사했다. 구항은 옛날 삼불제국(三佛齊國)이다. [275] 추장 진조의(陳祖義)는 상단을 약탈했기 때문에 정화는 그에게 사신을 보내 회유했다. 진조의는 복종하는 척하면서 몰래 [정화를] 약탈하려 음모했다. 정화는 [진조의의] 사람들을 크게 패퇴시키고 진조의를 사로잡았다. 정화는 황제에게 이 죄수를 헌상하고 수도의 저잣거리에서 목을 잘랐다."(『명사』, 권304, 1b). —"[영락(永樂)] 3년, …6월 기묘(己卯, 1405년 7월 11일)에 중관(中官, 환관) 정화를 수군의 수장으로 서양의 나라에 사신으로 보냈다."(『명사』 권6, 2a). —"[영락] 5년, 9월 계해(癸亥[2]), 1407년 10월 2일)에 정화가 돌아왔다."(『명사』 권6, 3a).

---

2) 펠리오는 '임자(壬子)'라고 하였는데, 판본상의 문제인지는 모르지만, 실수로 판단되어 바로 잡았다.

거의 모든 곳에서도 마찬가지로 이 첫 번째 여정은 상당히 모호해 보인다. 왜냐하면 정화가 탐방한 각 나라의 기술에서 간혹 언급된 날짜들은 원정을 보낸 황제의 명령 날짜이지 어느 곳으로 실제 지나간 날짜가 아니기 때문이다. 적어도 1405~1407년에 정화가 자바(『명사』 권324, 9b), 아체(수마트라, 같은 책, 권325, 4b), [276]람브리(南巫里, 같은 책, 권326, 4b)에 갔고, 캘리컷(古里)에 가서 기념비를 세웠으며, 아마도 실론을 탐방했을 것이고, [277]1407년에 팔렘방에서 진조의를 사로잡은 것은 '서양(西洋)'에서 돌아올 때임을 알 수 있다. 이 첫 번째 항해가 정화를 인도 연안 저편으로 이끈 것은 아닌 것 같다.

두 번째 항해—"[영락] 6년, 9월(1408년 9월 20일~10월 18일), [정화는] 다시 석란산(錫蘭山)에 갔다. [278][이] 나라의 왕 아열고내아(亞烈苦柰兒)는 [정]화를 나라 중심으로 끌어들이고 [279]금과 비단 제품들을 요구했고, 군사를 보내 [정]화의 선단을 약탈했다. [정]화는 적의 군대가 나가 나라 안이 빌 때를 염탐하여, 거느리던 2,000여 명을 이끌고 느닷없이 [280]그 성(城)을 공격하여 빼앗고 아열고내아, 그의 아내, 자식들, 주요 관료들을 사로잡았다. [정]화의 선단을 약탈하려고 갔던 이들은 이러한 소식을 듣고 그들을 구하려고 돌아왔으나 황제의 군대가 다시 크게 무찔렀다. 9년 6월(1411년 6월 21~7월 20일), [정화는] 조정에 이 포로들을 헌상했다. 황제는 이들을 처형하지 않고 사면하여 그들의 나라로 돌아가도록 풀어줬다. 이때, 교지(交阯, 통킹과 안남 북쪽)는 이미 멸망하여 이 나라에는 군현(郡縣)이 설치되어 있었다. 다른 나라들의 공포가 [이러한 진과를 계기로] 증가하여 [조정으로] 오는 사람들이 날이 가면 갈수록 더 많아졌다."(『명사』 권304, 1b~2a). —"[영락] 6년, …9월…, 계해(癸亥, 1408년 10월 7일)에, 정화는 다시 사신으로 서양에 갔다."(『명사』 권6. 3b). —"[영락] 9년, …6월, 기사(己巳[3] ,

3) 펠리오는 「정화와 그의 항해에 관한 보충 주석(Notes Additionnelles sur Tcheng

1411년 7월 6일)에, 정화는 서양으로 갔다. 이달에 교지(交阯)를 정복했다."(『명사』 권6, 5a). —"[영락] 9년, 7월 9일(1411년 7월 29일), [정화는] 수도에 도착했다. 황제는 황성(皇城)에서 [부처의 치아]가 놓인 금강보좌(金剛寶座)와 제수를 마련하여 [281]많은 사람이 혜택을 누리게 하고, 백성들의 행복을 기원하여 무량한 공덕을 짓도록 하였다."(현장의 『대당서역기』에서 명나라 사람이 가필한 부분이다. 이는 레비(S. Lévi)에 의해 번역되지 않았다).

이 두 번째 항해의 시작을 비신은 첫 번째 항해로 기술하고 있는데 다음과 같다.

(『천일각본』)—"영락(永樂) 7년 즉, 기축년(1409)에, 황제는 태감(太監) 정화 등의 사신들에게 관병(官兵)을 거느리고 해선(海船) 48척을 띄워 여러 번국(番國)에게 가서 황제의 명을 전하고 상을 내리라고 명했다. 이해 가을 9월(1409년 10월 9일~11월 6일), 태창(太倉) 유가항(劉家港)을 출발했다. 10월(1409년 11월 7일~12월 6일)에 복건(福建, 민강閩江 어구) [282]장락(長樂)[현]의 태평항(太平港)에 도착했고, 거기에서 정박했다. 12월(1409년 12월 7일~1410년 1월 4일)에 복건의 오호(五虎)[문(門)]에서 바다로 들어가 12개의 돛을 펼쳐 순풍에 10일 밤낮 만에 점성국(占城國, 참파)에 도착했다."

록힐이 번역한(92쪽) 통행본은 간지 표기를 하지 않은 것과 '정화 등등' 대신에 '정화(鄭和), 왕경홍(王景弘) 등등'이라고 한 것, '관병(官兵)' 대신에 '27,000여 명의 관병(官兵)'이라고 한 것을 제외하면 사실상 일치한다. 결정적인 잘못은 없지만 이렇게 추가된 것들은 약간 의심

Houo et sur Ses Voyages)」, 『통보』, 31(1934), 283쪽 주1에서, '기사(己巳)'는 '을사(乙巳)'의 인쇄상 오류임을 밝혔다.

스럽다. 1405~1407년에 왕홍경은 정화의 봉사(奉使)였다(적어도 「정화전」에 따르면). 1430년~1433년의 원정에서 구성원이었음이 확실하지만, 그러나 『성사승람』 통행본을 제외하면 1408년~1411년의 항해에도 참여했는지는 모른다. 1466년 진사에 오른 육용(陸容)의 『숙원잡기(菽園雜記)』라는 책에는 1408년~1411년 항해에 관한 기사가 들어있는데, 그 기사는 다음과 같이 시작한다. "영락 7년(1409)에 태감(太監) 정화, 왕홍경, 후현(侯顯) 등등이 관병(官兵) 27,000여 명을 통솔하여 [283]보선(寶船) 48척을 타고…"라고 하였다. 태창(太倉) 출신의 육용은 비신(費信)과 동향 사람으로 특별히 기사의 마지막에 이 사실을 환기하고 있다. 그리고 그가 알고 있었던 비신의 문장은 이미 통행 개정본이었다. 어쨌든 육용은 이 개정본에 보이는 정화와 왕경홍의 이름에다 후현을 추가했다. 1408년~1411년의 원정에서 후현이란 이름을 두 사람에 추가한 개정본이 있었거나, 영락제가 정화, 왕경홍, 후현 등등을 외국에 사신으로 보냈다고 하는 통행본의 1436년의 서문에서 가져왔을 수도 있지만 적어도 함께 보내졌다는 것도 명시하지 않았고, 보내진 연도도 언급하지 않았다. 16세기에 낭영(郎瑛)이 『칠수유고(七修類稿)』(권12)에서, "영락 정해(丁亥, 1407)에 정화, 왕홍경, 후현의 세 환관이 동남해의 여러 나라에 사신으로 파견되었다"라는 정보를 가져온 곳도 또한 통행본 『성사승람』이다. 그렇지만 아무런 관계가 없었던 낭영은 7년(1409)이라는 연도를 잘못 설정했다. 그에 따르면 1407년인데 이는 불가능하다. 왜냐하면 정화는 1407년 10월 2일 수도로 돌아왔고 이 해에 다시 사신으로 파견되었을 리는 없기 때문이다. [248]우리는 육용도 정화의 두 번째 항해에서 꾸려진 27,000여 명의 병사를 말한 문장을 보았지만, 그의 원문에는 『성사승람』의 통행 교정본의 권위에 추가된 것은 아무것도 없다. 왜냐하면 통행본을 단순히 베꼈기 때문이다. 『오학편(吾學編)』(권67, 아마도 1552년인 『황명사이고(皇明四夷考)』의 초반부)는 "영락 7년(1409), 태감 정화, 왕경홍과 후현을 파견하여, 30,000병사를 거느리고 서양으로 갔다"라고 하였다. 그러나 정효(鄭

曉)가 별도의 자료에서 가져왔다고는 생각하지 않는다. 27,000여 사람들은 첫 번째 항해에서의 '27,800여 명'을 연상시키므로, 일견에 『성사승람』의 통행 개정본이 단순하게 그것을 빌려왔을 것으로 충분히 생각할 수 있다. 이번 항해에는 48척의 해선(海船)밖에 없었으므로 한 척의 배에 평균적으로 560명 이상을 실어야 하는 것을 계산하지 않은 것이다. 그러나 나중에 내가 번역한 아주 정확한 원문은, 1430년~1433년의 항해와 관계되는데, 이번에도 27,550명을 실었음을 보여준다. 『성사승람』의 통행 개정본에서 병사수의 합산이 부정확한 계산이지만, 『명사』에서 정화의 첫 번째 원정으로 주어진 숫자는 일곱 번째 항해의 실제 숫자에 의해 영향을 받았다고 추측하지 않는 한, 통행본 『성사승람』의 정보를 먼저 거부할 이유는 없다. 무엇보다도 같은 토대로 여러 차례의 원정이 조직되었을 수 있다. 승선한 인원에 대한 이러한 일치가 왜 그들을 실어 간 배의 숫자에는 적용되지 않았는지 물을 수 있을 뿐이다.

그러나 이 두 개정본에서 비신의 책은 정화의 두 번째 항해의 시기와 관련하여 상당이 심각한 난제를 제기하고 있다. 비신에 따르면, 정화를 두 번째로 원정을 보낸 명령은 1409년이다. 그래서 선단은 [285]1409년의 마지막 며칠 또는 1410년 첫 며칠 상간에 결정적으로 중국 해안을 떠난다. 이 두 개정본에서 비신이 말라카(록힐, 118쪽)의 조목과 실론(록힐, 382쪽)의 조목에서 황제의 명을 받은 연도로 말한 것도 영락(永樂) 7년(1409)이다. 그런데 우리가 앞서 본 것처럼, 분명히 영락 6년, 더 정확히 말하자면 1408년 10월 7일이다. 한편 이는 마환이 "영락 7년, 즉 기축년(己丑年, 1409)에 황제는 태감 정화에게 말라카를 국(國)으로 책봉하라고 명했다"(록힐, 114쪽)라고 한 것과 같다. 정효(鄭曉)의 『황명대정기(皇明大政記)』(『오학편(吾學編)』, 권2, 5b)는 마찬가지로 "영락 7년, 즉 기축년, 봄, 1월(1409년 1월 16~2월 14일)에 태감 정화가 서남의 오랑캐와 관계를 맺기 위해 바다로 항해했다(己丑, 永樂七年春正月太監鄭和航海通西南夷)"라고 아주 정확하게 언급하고 있다. 그러나 『명사』 권324~326에 실려 있는 많은 나라에 대한 언급에서 환기되는 정화의 두 번째 원정은 1408년이다. 그렇지만 정화가 말라카와 실론에 실제로 나타난 날짜는 1409년일 수 있다는 것은 분명해 보인다. 왜냐하면 비신 자신이 말한 것에서도, 배는 1410년 1월 1일 전후로 중국 연안을 최종 떠났기 때문이다. [286]이 언급은 더 당황스러운 마지막의 경우를 벗어나게 해준다. 비신은 구주산(九洲山)이란 조목을 가지고 있는데, 거기에서 그는 영락 7년(1409)에 정화가 병사들을 나무를 채취하도록 보냈다고 했다. 여기서는 황제의 명령을 말하는 것이 아니라, 사건의 정확한 연도를 말하고 있다. 그러나 정화는 1409년 수마트라 지역에서 병사들을 육지로 보내지 않았다. 왜냐하면 1409년 그의 배는 아직 중국의 항구에 있었기 때문이다. 내가 생각하기에, 1433년~1436년 사이 비신이 『성사승람』을 편집했을 때 그는 1408~1411년의 원정 일자를 정확하게 기억할 수 없었을 것이다. 이것이 바로 1431~1433년 항해에 대해서는 믿을 만한 날짜를 가지고 있지만(이들 중 하나에는 근접한 월일이 있음), 1410년 또는 1411년의 행적에 대해서는 이러한 원정을 시킨 황제가 명령을 내린 날짜라고 생각되는 것을 기록하는데, 그친 이유일 것이다. 이 명령의 날짜에 관하여, 남아있는 유일한 방법은 비신과 마환이 1408년이 아니라 1409년이라고 생각했다는 것을 인정하는 것이다. 배가 태창(太倉)을 떠난 것은 1409년 10월~11월 사이로, 매우 말단 관리였던 마환과 비신이 이미 한 해 전이었던 황제의 첫 번째 명령을 알지 못했다고 하는 것은 그리 놀라운 일은 아니다. 우리는 1412~1415년과 1430년에 명을 받은 1431~1433년의 항해에서 비슷한 경우를 보게 될 것이다. 그리고 1408년 10월 7일 최초의 명령은 『황명대정기』의 매우 놀랄만한 기술을 설명하는 1409년 1월에서 2월 사이에 있었던 명령을 따랐을 가능성도 있다. [287]마지막 난제가 남아있다. 여러 나라에 관한 기술을 하면서 『명사』는 일반적으로 원정의 날짜인 연도는 지시하고 있지만, 월에 대한 언급은 없다. 그렇지만 하나의 예외가 있다. 섬라(暹羅) 조목에서(『명사』, 권324, 7b), 영락 6년, 8월(1408년 8월 21일~9월 19일)에 황제는 한 환관을 보내 안남 사람들에게 학살당했던 섬라의 사신 중에서 유일하게 살아남은 사람을 섬라로 데려가도록 했다. 그리고 그 원문은 다음과 같이 이어진다. "9월(1408년 9월 20일~10월 18일)에 환관 정화는 이 나라에 사신으로 갔다. 그 나라 왕은 나라의 산물들을 바치고 과거의 잘못을 빌기 위해 사신을 보냈다. 7년(1409)에 한 사신은 인효(仁孝) 황후의 제사에 참석했다. …" 예상하지 못한 사람 때문에 정화는 1408년에 섬라에 가게 되었고, 섬라의 왕은 당시에 한 사신을 보낸 것 같지만 사실은 그렇지 않다. 1408년 9월(9월 20일~10월 18일)은 정화를 보낸 칙령이 나온 연도이다. 정화는 1410년 1월경에 중국 해안을 떠났는데 이 연간에는 섬라에 도착할 수 없다. 섬라왕의 사유서를 가지고 온 사신은 1410년에 떠나, 1409년 인효 황후의 제사에 참석하기 위해 도착했던 사신 바로 뒤이므로, 1411년에 중국에 도착했을 수밖에 없다. 『명사』의 편수관들이 섬라의 두 사신의 순서를 상당히 부주의하게 뒤바꾼 것은 정화의 원정과 관계된 모든 것을 함께 배치하기 위해서일 뿐이다.

천일각(天一閣) 본 『성사승람』의 첫 일정표에서는 1408~1411년 항해 과정에서 [288]정화는 참파, 자바, 말라카, 수마트라(아체), 실론, 퀼론(小唄喃), 코치(Cochin), 캘리컷(古里) 등등의 나라를 찾았다고 하였다. 그의 말라카 방문은 비신과 마환에 의해 확인되었고 실론은 비신에 의해 확인되었다. 게다가 비신은 풀로 셈빌란[九洲山]에 가서 나무를 채취했다고 특기하였다. 이국들에 관한 『명사』의 기록에서(권324~326), 정화의 행적은 1408년 사신으로 첫 번째 명을 받은 날짜를 언제나 가지고 있는데, 참파, 자바, 말라카, 실론, 소구남(小唄喃), 코치로 확인된다. 1405~1407년 항해에 관하여, 수마트라에 대해 [289]정화는 세 번이나 이 나라에 갔으나 언제 마지막 두 번의 항해가 있었는지는 언급하지 않았다. 어쨌든 이어지는 원문은 정화가 확실히 1412~1415

년과 1431~1433년에 아체에 갔음을 보여준다. 그렇다면 정화는 이 나라에 세 번이 아니라 네 번 간 것이 된다. 『명사』도 마찬가지로 정화가 '여러 차례' 캘리컷[古里]에 갔다고 하였다. 결국 『명사』의 기록은 정화가 1408~1411년 원정에서 섬라(暹羅), 람브리[南巫里], 카일[加異勒], [290]감파리(甘巴里) 그리고 아발파단(阿撥把丹)에 간 것으로 귀결된다.

결과적으로 첫 번째 원정에서 방문한 나라들보다 더 많지 않은 두 번째 항해에서 정화와 그의 선단은 인도를 넘지 않았다.

세 번째 항해-"[영락] 10년, 11월(1412년 12월 4일~1413년 1월 2일)에, 다시 정화 등을 사신으로 보내는 명이 내려졌다. 그들은 소문답랄(蘇門答剌, 아체)에 도착했다. 이전 왕의 아들이라 스스로 칭한 소간랄(蘇幹剌)이라고 하는 자가 당시 그 왕을 시해할 음모를 꾸며 스스로 왕위에 올랐다. 정화가 하사하는 [황제의 예물들이] 자신에게 이르지 않은 것에 화가 난 [291]그는 직접 군사들을 거느리고 황제의 군대를 공격하러 갔다. 정화는 힘껏 싸워 그를 추격하여 남발리(喃渤利, Lambri)에서 그를 포로로 잡았고, [292]그의 부인과 아들을 체포했다. 13년, 7월(1415년 8월 5일~9월 2일), [정화는] 조정으로 돌아왔다. 황제는 매우 만족하여 사신단의 서열에 맞게 장수와 관리들에게 선물을 내렸다."(『명사』, 권304, 2a)—"[영락] 10년, …11월, …병진(丙辰, 1412년?[4] 12월 8일)에, 정화는 다시 서양에 사신으로 갔다."(『명사』, 권6, 5b).—"[영락] 13년, …7월, 계묘(癸卯, 1415년 8월 12일)에, 정화가 돌아왔다."(『명사』, 권7, 1b).

4) 펠리오의 원주: "이해 11월에는 병진(丙辰) 일이 없다. 나는 병술(丙戌)로 읽고 번역했다. 아니면 12월 병진(1413년 1월 7일)으로 읽어야 하는데, 그럴 가능성은 적다."

이 항해의 일정표에 따르면, 비신은 1412~1415년 정화의 세 번째 항해에 가지 않았음이 틀림없다. 그는 수마트라에서 소간랄(蘇幹剌)에 관해서만 관심을 보일 따름이다(천일각본, 록힐, 157쪽을 참고하시오). “영락 11년(1413), 위왕(僞王) 소간란이 이 나라를 짓밟았다. [합법적인] 왕은 하소연하고 도움을 요청하기 위해 궁궐에 사신을 보냈다. 황제는 정사(正使)인 태감(太監) 정화 등에 명하여 관군을 이끌고 가서 [가짜 왕]을 복종시키고 붙잡게 했다. [정화는] 그 가짜 왕을 사로잡았다. 영락 13년(1415)에 [정화는] 돌아와서 궁문(宮門)에서 [그 포로]를 헌상했다. 제번(諸番)들이 동요하여 복종했다.”

마환은 오히려 이 세 번째 항해에 참석했다. 장승의 개정본은 그에 관한 이야기를 왜곡했다(록힐, 153~154쪽, 뒤펜다크, 46쪽). 이 개정본에 따르면 그 ‘늙은 어부’는 7년(1409) 중국 조정에 갔고, 10년(1412)에 황제가 수마트라에 사신을 보냈으며, [293]11년(1413)에 정화가 소간랄(蘇幹剌)을 사로잡아 조정에 데려와 처형시켰다. 그러나 마환의 원본에 따르면, 7년(1409)에 그 ‘늙은 어부’가 조정에 갔다가 10년(1412)에 다시 그의 나라로 돌아갔고, 13년(1415)에 정화는 소간랄을 사로잡아 조정으로 데려와 처벌했다. 『명사』(권325, 5a)도 마찬가지로 정화가 “이 나라에 다시 가서” 소간랄을 잡은 것은 13년(1415)으로 되어있다. 믿어야 할 것은 바로 마환의 원본이다. ‘늙은 어부’의 살해는 1412년 말보다는 일찍 발생했고, 아버지를 위해 복수하고 싶어 소간랄이 벌인 혼란은 당연히 살해 이후이다. 그러므로 합법적인 왕은 1412년 말에 황제가 정화에게 가서 소간랄을 체포하러 가라고 명령을 내리도록 중국에 사신을 보낼 수 없었다. 소문으로 기술했기 때문에 비신은 잘 알지 못했다.

정화에게 그 위왕(僞王)을 잡으라는 명령이 내려진 것에 대하여 비신이 언급한 11년(1413)의 날짜가 남는다. 실제로 두 번째 항해의 경우와 마찬가지이다. 원정 명령은 10년 말에 있었다. 그러나 비신은 그 날짜를 알지 못했으므로 그 원정이 다음 해에 있었을 것으로 생각했다. 우리는 1416년의 서문에서 마환이 제시한 간접적인 증거를 가지고 있다. 거기에서 원정을 하게된 황제의 명령에 관해 말하면서 계사(癸巳)년이라고 했는데 바로 1413년이다. 비신처럼 마환은 선단이 조직된 때만을 알았을 뿐이다. 우리는 우리의 원본이 소간랄을 사로잡은 것으로 말하는 것 같은 1415년의 날짜에 관해 더 깊이 천착할 수 없다. 사실은 이 해가 바로 정화가 소간랄을 사로잡아 조정에 포로로 데려온 날짜이다. 이론상 그 체포 자체는 1413년과 [294]1415년 초 사이에 실행되었을 수 있다. 그렇지만 나는 1415년 초로 보고 싶지는 않다.

1412~1415년 원정에 붙여진, 내가 보고하여 우리가 본, 마환의 첫 번째 시는 마환이 당시에 다닌 주요 나라들을 열거하고 있다. 참파, 자바, 팔렘방[三佛齊], 말라카[五嶼], 수마트라, 실론, 코치, 캘리컷, 몰디브[溜山], 호르무즈이다. 『명사』(권324~권326)의 기술들은, 1412년 사신으로 명을 받은 날짜와 함께, 정화의 여정이 참파, 수마트라(아체), 코치, 카일(Caïl), 말디브, 호르무즈에 간 것으로 확인된다. 그러나 여기에는 파항(Pahang), 케란탄(Kelantan), 아루(Aru)와 람브리[喃渤利]가 더 추가되어 있다.

이상에서 정화가 처음으로 인도 남방을 넘어 페르시아만에 도달한 것은 바로 이 세 번째 항해에서 임을 알 수 있다.

네 번째 항해- "[영락] 14년, 겨울(1416년 10월 21일~1417년 1월 17일), 말라카, 캘리컷 등 19개국이 사신을 파견하여 조정에 감사를 표하고 조공을 바쳤다. 그들을 돌려보내면서 [황제는] 다시 정화 등에게 그들을 수행하여 그들의 왕에게 선물을 주러 가라는 명령을 내렸다. 17년, 7월(1419년 7월 23일~8월 20일), [정화는] 돌아왔다"(『명사』, 권

304, 2a). ―"[영락] 14년, …12월, 정묘(丁卯, 1416년 12월 28일)에, 정화는 다시 서양에 사신으로 나갔다."(『명사』, 권7, 2b)―"[영락] 17년, [295]7월, 경신(庚申, 1419년, 8월 8일)일에, 정화가 돌아왔다."(『명사』, 권7, 3a).

마환은 이 네 번째 항해에 없었고, 비신도 가지 않았음을 뒤에서 보게 될 것이다. 그러나 정화가 1417~1419년에 간 나라들에 관한 근사한 일람표를 만들 수 있는 간접적인 방법을 가지고 있다. 「정화전」은 정화가 1416년 말에 명을 받아, 같은 해에 중국을 찾은 19개 나라의 사신들의 나라로 따라갔다. 그러므로 우리는 『명사』(권7, 3a)에서 1416년의 중심 기사 끝에 있는 외국 사신들의 일람표로부터 출발할 수 있을 것이다. 이 일람표에는 19개의 나라 이름이 들어있지 않고 서로 중복되기도 했으며, 어떤 것은 근거 없는 것들도 있다. 그렇지만 우리의 연구에 하나의 기초가 되는 것은 사실이다. 그 원문은 다음과 같다.

"이 해(1416년)에 참파, 캘리컷, 자바, 말라카, 수마트라(아체), 남무리(南巫里, Lambri), 보르네오[浡泥], 파항, 실론[錫蘭山], 몰디브[溜山], 남발리[南渤利, Lambri], 아덴, 마림(麻林 Malinde), 호르무즈, 코치가 조공을 들였다. 유구(琉球)의 중산(中山)이 두 번째로 조공을 들였다."

우선 유구(琉球)란 나라를 제외하자. 이 나라에 대한 기록은 『명사』 권323에서 정화에 관련된 언급이 전혀 없다. 그리고 정화가 방문한 나라들이 열거된 것과 「정화전」을 끝맺고 있는 일람표에는 유구가 없다. 비신은 (천일각본에서만) 유구에 관한 언급을 한 차례 했을 뿐이지만, 그것도 소문에 따라 언급한 것일 따름이다. 따라서 정화가 이 나라에 가지 않은 것은 거의 확실해 보인다.

보르네오도 역시 의심스럽다. 「정화전」의 마지막 일람표에는 이 나라가 거명되었으나 『명사』 권325의 기술에서는 이러한 정보가 없다(록힐, 82, 265쪽을 참고하라). 천일각본 [296]『성사승람』에서 발니(浡泥)에 관한 기록은 유구의 경우와 마찬가지이다. 비신은 거기에 가지 않았으므로 정화 또한 그러할 것이다.

일람표에는 남무리(南巫里)와 남발리(南渤利)라는 두 개의 명칭이 실려 있는데 나는 이 두 나라가 람브리(Lambri)라고 확인했다. 이 두 명칭은 「정화전」의 마지막 리스트에서도 보인다. 그래서 이 두 나라의 명칭이 『명사』에서는 별도의 기록을 가지고 있다(권325, 7b, 권326, 6b). 비신은 이 두 나라 중에서 어느 하나도 언급하지 않았다. 『명사』와 「정화전」에 따르면, 1413~1415년에 정화가 남발리(喃渤利)의 땅에서 소간랄(蘇幹剌)을 추포한 것을 보았다. 게다가 정화의 세 번째 항해에서 남발리(南渤利)로의 행적이 이 나라의 언급에서 확인된다. 마환은 '람브리의 바다'란 의미로 나몰리(那沒嚟)라고 표기했다. 마환의 이러한 정보는 『명사』(권325, 7b)과 『서양조공전록』에서 인용되었으나 『서양조공전록』에서는 남발리(南浡里)가 남무리(南巫里)라고도 불린다고 덧붙였다. 남무리(南巫里)는 바로 『도이지략(島夷誌略)』의 남무리(喃哑哩)의 옛 표기이다(록힐, 148쪽을 참고하라). 1405~1407년과 1408~1411년 항해와 관련하여 15세기 초반까지 알려진 이 나라의 명칭은 남무리(南巫里)였다. 그러나 마합마사(馬哈麻沙, Mohammed-šāh) 왕의 사신이 1412년 중국 조정에 도착했을 당시 그 나라 이름은 처음으로 남발리(南渤利)로 쓰었나. 1416년에 사신들의 일람표가 동시에 남무리(南巫里)와 남발리(南渤利)를 언급했다면, 이 해에 두 나라의 사신이 왔을 것이다. 그러므로 하나는 옛 이름으로 기록되었고 하나는 새로운 명칭으로 기록되었을 것이다. 그리고 『명사』의 편집자들은 『서양조공전록』의 저자 또는 그 출처를 확인하지 못했기 때문에 두 개의 명칭이 하나이며 같은 나라라는 것을 알지 못했다.

[297]1416년 리스트에 있는 다른 나라들은 모두 정화가 네 번째 항해에서 방문했던 것 같다. 『명사』에서 이들의 기술은 파항, 람브리와 아덴에서만 정확한 표현으로 확인될 뿐이다. 그러나 이 나라들은 1416년 리스트에서 언급하지 않은 다른 나라로 거명되었다.

이들 중 하나로 사리만니(沙里灣泥)는 「정화전」 마지막 리스트에 보인다. 『명사』, 권326, 6b에서 이 나라에 관해 간략하게 언급하고 있는데, 이 나라는 1416년에 사신을 보냈고 그래서 정화가 보답으로 사리만니에 갔다고 특기하고 있다. 록힐은(83쪽)은 사리만니는 북인도에 있다고 했으나 정확히 어디를 지칭하는지는 모른다. 그러나 1417~1419년에 정화가 북인도에 갔다는 것을 보여주는 것은 아무것도 없다. 그러므로 나는 록힐이 사리만니를 왜 그곳에 비정했는지 알 수 없다. 내가 빼먹은 자료가 없는 만큼 나는 사리만니를 『도이지략』의 사리팔단(沙里八丹), 즉 아랍의 주르파탄(Jurfattan)[록힐, 464쪽]과 같은 명칭으로 보고 싶다.

『명사』에서 1416년 「본기」에서 언급되지는 않았지만 권326, 「정화전」 리스트에서 정화가 간 것으로 확인되는 다른 나라들은 목골도속(木骨都束, Mogeduxu), 부랄와(不剌哇, Brawa) [298]그리고 랄살(剌撒)이다. 1416년의 리스트는 불완전하다. 왜냐하면 기록들은 마림(麻林)이란 나라와 같은 시기인 1416년에 이 세 나라가 사신을 보냈다고만 특기하고 있기 때문이다. 반대로 마림이란 나라가 1416년 리스트에 언급되었지만, 정화가 거기에 갔다고 하는 권326의 「마림전」기술에는 언급되어 있지 않다. 그러나 이는 기록하면서 빠뜨린 것이 틀림없다. 그리고 그것은 정화가 이후 어떤 시기에 그곳에 갔다는 것을 의미하지는 않는다. 그런데 마림은 「정화전」에서 정화가 실제로 방문했던 나라들 가운데 보인다. 정화(또는 사절단)에 대한 언급 회피는 1416년 사신을 보내기 1년 전보다 더 독특하다. 마림은 다른 사신을 보내 조공으로 기린을 바쳤고 그것은 조정을 놀라게 했었다. 적어도 셋 아니면 네 나라는 동아프리카 해안에 있고 마림은 록힐이 생각하는 것처럼(83쪽) 뭄바사(Mombasa) 북쪽의 멜린드(Melinde)가 틀림없다. 더군다나 『무비지(武備志)』의 지도에는 마림지(麻林地)라고 쓰여 있다. 랄살(剌撒)은 확인되지 않았다. 록힐은 83쪽에서 "마림에서 가까운 어느 항구"라고 했으나 76쪽과 616쪽에서는 글자상의 도치를 전제하면서 그곳을 소말리아의 제일라(Zeila)라고 하였다. 그러나 여러 차례 나타나는 하나의 이름에서 순서가 바뀌었을 가능성은 매우 적다. 이에 대해 슐레겔(『통보』, 9책(1898), 368쪽)은 바로 'Shedjer(the Schähhr of Niebuhr)'라고 했다. 숙고 없이 언급된 것으로 이러한 추정에 근거한 것은 아무것도 없다. 이는 단지 슐레겔이 랄살(剌撒)을 자살(剌撒)로 잘못 읽었던 것에서 기인한 것으로 보인다. [299]크게 비약해보자면, 갑(岬)이란 뜻을 가진 아랍어 'ras'인데, 일반적으로 앞에 오는 지명을 생략했다고 상상해볼 수는 있다. 『무비지(武備志)』의 지도는 랄살을 아라비아반도, 아덴의 서북쪽에 위치시키고 있다.

이처럼 1~2차 항해에서는 인도를 넘지 않았고, 3차 항해에서는 걸프만까지 갔던 정화는 이 네 번째 항해에서 인도양을 완전히 가로질러 아프리카까지 나아갔다.

다섯 번째 항해-"[영락] 19년, 봄(1421년 2월 2일~5월 1일), [정화는] 디시 [시양에] 갔나. 이듬해 8월(1422년 8월 17일~9월 15일)에 돌아왔다."(『명사』, 권304, 2a). ㅡ"[영락] 19년, 봄, 1월, …계사(癸巳, 1421년 3월 3일)에, 정화는 다시 대양의 나라에 사신으로 보내졌다."(『명사』, 권7, 3b). ㅡ"[영락] 20년, …8월, …임인(壬寅, 1422년 9월 3일), …정화가 돌아왔다."(『명사』, 권7, 4a).

『명사』, 권326의 기록은 이번 항해의 과정에서, 정화가 인도의 감파리(甘巴里, Koyampadi?), 아라비아 연안에 있는 조법아(祖法兒, Djofar), 아프리카 동쪽 해안에 있는 목골도속(木骨都束, Mogedoxu)와 부랄와(不剌哇, Brawa)에 갔으나 나머지 기항지들은 알 수 없다. 어쨌든 1422년으로 된 내용의 끝과 단순히 조공을 바치러 온 나라들을 열거하기 전에, 『명사』의 「본기」들은 이 해에 "시암, 수마트라, 아덴 등등의 나라들은 사신을 보내 그 나라의 산물을 조공으로 바쳤다(遣使隨貢方物)"라고 하였다. 이러한 자료를 근거로, [300]이 나라들의 사신들이 당시의 관례에 맞추어 자신들을 찾아 준 중국 사신들과 같은 배를 타고 그들의 주인에 의해 보내졌고, 따라서 시암, 수마트라와 아덴은 정화가 다섯 번째 항해에서 간 나라들에 추가되어야 한다고 이해해야 할 것이다. 원정의 칙령이 1421년 3월 3일 내려졌고, 이 원정의 준비가 상당히 길었을 것이며, 여름 계절풍은 유리하지 않아 정화는 1422년 9월 3일부터 수도에 돌아와 있었음을 상기한다면, 우리는 이 다섯 번째 항해가 예외적으로 빨랐다고 추정한다. 나는 앞에서 마환이 1421~1422년의 이 항해에 참여했다는 견해를 제시했다. 그러므로 1416년 그의 기록에서 조법아(祖法兒)에 관한 기록을 추가했을 수 있다. 1423년 중국 조정에 함께 온 고리(古里) 등등의 15개국의 원정은 1421~1422년 정화의 원정에 따른 간접적인 결과일 수 있다.

여섯 번째 항해—"[영락] 22년, 1월(1424년 2월 1일~29일)에, 구항(舊港, 팔렘방)의 추장, 시제손(施濟孫)은 선위사(宣慰使)의 직책을 계승하고자 했다. [301]정화는 칙령과 인장을 가져가서 그에게 주었다. 그가 돌아왔을 때 성조(成祖, 영락제)는 이미 죽었다. 홍희(洪熙) 원년, 2월(1425년 2월 18일~3월 19일)에 인종(仁宗, 홍희제)은 정화에게 군대를 데려가서 제번(諸番)이 와있는 남경의 안전을 확보하라는(以下番諸軍守備南京) 칙령을 내렸다. 남경의 수비(守備)를 설치한 것은 정화로부터 시작되었다."(『명사』, 권304, 2a). —"[영락] 22년, 봄, 1월, … 계사(癸巳, 1424년 2월 16일)에, 정화는 서양에 사신으로 다시 보내졌다."(『명사』, 권7, 5a).

이 간략한 원정에 관하여 다른 정보가 없다. 돌아온 날짜는 「본기」에서는 명시되지 않았기 때문에 우리는 단지 그의 복귀가 남경의 수비(守備)가 된 날짜인 1425년 2월 25일 이전으로 확정할 수 있다. 단지 팔렘방 추장에게 인장을 가져다주기 위해 정화와 같은 나이와 서열에 있는 사람을 보냈을 것으로는 보이지 않지만, 정화가 갔다면 그는 말레이군도를 넘지 않았을 것이다.

이번 항해가 정화와 보선(寶船)의 대항해의 마지막이었던 것 같다. 사실 [302]영락제의 후계자 홍희제는 즉위하는 날인 1424년 9월 7일 부친에 의해 조직된 여러 사업, 특히 '서양보선(西洋寶船)'의 폐지를 공표했다(『명사』, 권8, 1b). 그러나 홍희제는 1424년 5월 29일 죽고 선덕제로 바뀌었다. 재위 5년 만에 그는 영락제의 통치를 드러낸 서양 사신들의 행렬을 재현하는 것을 보고 싶었다. 그래서 그는 다시 정화를 소환하였는데 이것이 바로 일곱 번째, 마지막 항해가 된다.

일곱 번째 항해—"선덕(宣德) 5년, 6월(1430년 6월 20일~7월 19일)에, 황제는 왕위에 오른 지 상당한 세월이 흘렀다고 생각했으나 멀리 있는 제번(諸番)이 아직도 조공을 바치지 않았다. 이에 정화와 왕경홍(王景弘)은 다시 호르무즈 등 모두 17개국을 둘러오라는 명을 받고, 돌아왔다."(『명사』, 권304, 2a). 명을 받고 출발한 날짜와 수도로 돌아온 날짜는 「본기」에서는 언급되지 않았다.

이 일곱 번째 항해에 마환, 비신, 그리고 『서양제번지(西洋番國志)』의 저자 공진(鞏珍)도 참여했다. 비신에 의해(록힐 247쪽), 우리는 이 원정이 1432년에는 자바에 있었고 1432년 11월 15일부터 17일까지는(또는 1432년 11월 14일부터 16일까지) 니코바르[翠藍山]에 있었음을 알 수 있다. 또한, 우리는 마환에 의해 어떻게 메카[天方]에 가게 되었는지를 알 수 있다. 마환은 정화가 제번(諸番)에 가는 임무를 맡게 된 첫 번째 명령을 1430년으로 기억하고, [303]나뉜 선단이[分䑸] 캘리컷에 갔을 때, 태감 홍(洪)은 캘리컷 왕국이 메카에 사람을 보내는 것을 보았다. 그래서 그는 7명과 통역관 등에게 캘리컷 사람들이 탄 배에 예물을 실어 메카에 가게 했다는 것을 덧붙이고 있다. [304]이 사신들은 1년 만에 캘리컷에서 돌아왔다. 마환이 메카에 관해 제공하고 있는 정확한 세부 사항은 회교도 진사로 순례를 하고 싶었던 마환이 환관 홍의 일곱 사신 중의 한 사람이었음을 보여준다. 곽숭례(郭崇禮)도 수행한 것으로 보인다. 반면에 이슬람교도라고 상상할만한 것이 아무것도 없는 비신은 메카에 가지 않았다. 그리고 「정화전」 마지막에 보이는 나라들 명단에 천방(메카)이 들어있지만, 정화는 가지 않았다. 중심 선단에서 나뉜 대장의 사신들만이 그 항해를 했다. 그러나 이 사신들이 보석, 기린, 사자, 낙타를 가져왔으므로 돌아왔을 때, 황제에게 이 전리품을 헌상한 것은 당연히 정화였을 것이다.

「정화전」은 1431~1433년의 원정에서 17개국을 돌았다고 했으나, 이 항해에 이어서 편집된 공진(鞏珍)의 『서양번국지(西洋番國志)』는 모두 20개국을 써놓고 있는데 다음과 같다. 1) 참파, 2) 자바, 3) 시암, 4) 팔렘방, 5) 아로(啞嚕), 6) 말라카, 7) 수마트라, 8) 나고아(那孤兒, Battaks), 9) 여대(黎代, Lidé), 10) 남발리(喃勃里, Lambri), 11) 몰디브[溜山], 12) 벵갈, 13) 실론[錫蘭山], 14) 소갈란(小葛蘭, Quilon), 15) 아체[柯枝, Cochin], 16) 고리(古里, 캘리컷), 17) 조법아(祖法兒, Djofar), 18) 호르무즈, 19) 아덴, 20) 천방(天方, 아라비아반도, 메카).

[305]사실 이 목록은 정확하지 않다. 공진이 1431~1433년의 원정으로 방문한 나라들을 써놓은 것일 뿐 모든 나라를 기록한 것은 아니다. 그래서 니코바르(Nicobar)에 관한 기술은 전혀 없는데, 바로 이곳에서 비신은 3일 동안 묶여 있었다. 『명사』 권325~326에 실려 있는 조목들

은 1431~1433년 사이의 원정이 자바, 아루[아로(阿魯), 수마트라, 람브리, 몰디브, 코치, 도파르, 호르무즈, 아덴, 말하자면 공진이 쓴 20개국 중에서 적어도 10개국을 지났음을 확인할 수 있다. 게다가 『명사』에는 정화가 1431~1433년에 공진이 언급하지 않은 나라, 즉 감파리(甘巴里, Koyampadi?, 여기에서 육로로 캘리컷에 갔을 것이다), 목골도속(木骨都束), 부랄와(不喇哇), 랄살(剌撒)에도 갔던 것으로 기록하고 있다. 정화 자신이든, 나눈 배[分腙]들에 의해서든, 1431~1433년의 선단은 인도양 전역을 돌았다.

『족본성사승람』(천일각본)	『고금설해(古今說海)』본 철자 표기는 『기록휘편』본임
전집 ① 점성국	권17권1 ① 점성국
② 빈동룡국	③ 영산
③ 영산	④ 곤륜산
④ 곤륜산	② 빈동룡국
⑤ 교란산	㉓ 진랍국
⑥ 섬라국	⑥ 섬라국
⑦ 조와국	㉝ 가리마정[가리마타]
⑧ 구항	⑤ 교란산
⑨ 만랄가국	⑦ 조와국
⑩ 구주산	⑧ 구항
⑪ 소문답랄국	㉞ 중가라
⑫ 화면왕국[화면국]	㉘ 길리지민
⑬ 용아서각	권18권2 ⑨ 만랄가국
⑭ 용연서	㉜ 마일동(麻逸凍)
⑮ 취람서	㉙ 팽갱
⑯ 석란산국	㉔ 동서축
⑰ 소구남국	㉖ 용아문
⑱ 가지국	⑬ 용아가모(龍牙加貌)
⑲ 고리국	⑩ 구주산(九州山)
⑳ 홀로모사국	(1) 아로국(阿魯國)
㉑ 랄살국	㉕ 담양
㉒ 방갈랄국	권19권3 ⑪ 소문답랄국
후집 ㉓ 진랍국	⑫ 화면국왕
㉔ 동서축	⑭ 용연서
㉕ 담양	⑮ 취람서
㉖ 용아문	⑯ 석란산국
㉗ 용아보제	㊷ 유산양국(溜山洋國)

㉘ 길리지민	㊲ 대갈란국(大葛蘭國)
㉙ 팽갱국	⑰ 소갈란국(小葛蘭國)
㉚ 유구국	⑱ 가지국
㉛ 삼도국	⑲ 고리국
㉜ 마일국	권20권[4] ㉒ 방갈랄국
㉝ 가리마정국[가리마타국]	㊸ 복랄와국
㉞ 중가라	㊵ 죽보국
㉟ 발니국	㊶ 목골도속국
㊱ 소록국	㊳ 아단국
㊲ 대구남국	㉑ 랄살국
㊳ 아단국	㊴ 좌법아국
㊴ 좌법아국	⑳ 홀로모사국
㊵ 죽보국	㊹ 천방국
㊶ 목골도속국	
㊷ 유양국	
㊸ 복랄와국	
㊹ 천방국	
*굵은 글씨는 2권본에만 보임	(괄호)는 4권본에만 보임

찾아보기

ㄷ

ㅅ

저자소개

저자 비신(費信)

쑤저우(蘇州) 쿤산(崑山) 출신으로 자(字)는 공효(公曉)이다. 15세기 전반 정화(鄭和), 왕경홍(王景弘), 후현(侯顯) 등이 이끄는 사신단에 '네 차례' 수행하여 문서기록을 담당했다. 비신의 활동 시기는 1409년~1433년까지였다. 해외의 소식을 황제에게 보고할 목적으로 『성사승람(星槎勝覽)』(2권)을 남겼다.

역주 박세욱(朴世旭)

둔황의 부(賦) 문학을 연구하여(E.P.H.E. IV, 소르본, 2001) 박사학위를 받고 중국 고전문학과 예술, 특히 동서양 문물교류를 중심으로 공부하는 강사이다. 현재는 경북대학교 퇴계연구소에 소속되어 학술연구교수로 활동하고 있다. 연관 역주서로 『실크로드』, 『제번지역주』, 『8세기 말 중국에서 인도로 가는 두 갈래 여정』, 『파리에서 둔황까지』, 『진랍풍토기역주』, 『도이지략역주』, 『영애승람역주』 등이 있다.

서양으로 간 명나라 사신들의 기록: 『성사승람』역주
저자　비신(費信)
역주　박세욱
발행일 2023년 9월 10일 초판 1쇄
발행인 최외출
발행처 영남대학교 출판부
경북 경산시 대학로 280
전화 053 - 810 - 1801~3
팩스 053 - 810 - 4722
book.yu.ac.kr
출판등록 1975년 9월 5일 경산 제16 - 1호
ISBN 978 - 89 - 7581 - 874 - 5 93910